U0139860

战争与和平
两次世界大战的比较研究

徐蓝 著

创于1897
商务印书馆
The Commercial Press

图书在版编目（CIP）数据

战争与和平：两次世界大战的比较研究 / 徐蓝著. —— 北京：商务印书馆，2023
（中外文明传承与交流研究书系）
ISBN 978-7-100-21124-6

Ⅰ.①战⋯ Ⅱ.①徐⋯ Ⅲ.①第一次世界大战－对比研究－第二次世界大战 Ⅳ.①K143②K152

中国版本图书馆CIP数据核字（2022）第090881号

（中外文明传承与交流研究书系）
战争与和平：两次世界大战的比较研究
徐蓝 著

商 务 印 书 馆 出 版
（北京王府井大街36号　邮政编码 100710）
商 务 印 书 馆 发 行
三河市尚艺印装有限公司印刷
ISBN 978 - 7 - 100 - 21124 - 6

2023 年 4 月第 1 版　　　　开本 710×1000　1/16
2023 年 4 月第 1 次印刷　　　印张 25 1/4

定价：128.00 元

首都师范大学历史学院
中外文明传承与交流研究书系

总　序

这套中外文明传承与交流研究书系，是首都师范大学历史学院于 2021 年获批北京人文科学研究中心后，开始策划出版的一套旨在集中反映本院教师在"中外文明传承与交流"这一主题下所作出的科研创新成果。书系拟分甲种和乙种两个系列。甲种确定为专著系列，乙种则为论文集系列。

首都师范大学历史学院力争入选北京人文科学研究中心，目的在于发挥自身在发掘和传播中华优秀传统文化，以及培养具有全球视野的各类高级复合型人才方面的经验和优势，强化为北京"四个中心"建设的服务意识，力争服务并解决国家重大战略需求，为构建中国特色人文社会科学话语体系贡献力量。是首都师大历史学科在新时代、新形势下，加强自身学科建设，加强社会服务意识，加强科研攻关能力，加强复合型人才培养的重要举措。我们有基础、有实力，也有信心，在"中外文明传承与交流"研究方面，做出足以代表北京人文社科最高水平的科研成果，以及提供足以解决北京市乃至国家现实需求的社会服务。

首都师范大学历史学院的前身是 1954 年成立的北京师范学院历史系。自创系伊始，我们建系的第一代教师就十分注重中国史和世界史协同发展。几位老先生当中，成庆华、宁可先生治中国古代史，谢承仁先生治中国近代史；戚国淦、齐世荣先生分别治世界中世纪史和现代国际关系史。他们为历史学科的发展奠定了基础，留下了"敬畏学术，追求卓越"的宝贵精神财富。2003 年，历史系开始设立考古学学科，并于 2004 年开始招收文物专业的本科生。历史系改为历史学院后，2011 年，一举获得教育部历史学门类下三个一级学科博士点，成为学院学科建设上一座新的里程碑。从此，首都师大历史学院也成为全国范围内为数不多的、按完整的历史学门类建设、三个学科协同发展的历史院系。

近二十年来，历史学院三个一级学科都有了较快的发展，并形成了自己的特色，有了明确的发展目标。其中世界史在连续几次学科评估中保持全国第三，至今仍是全校各学科在学科评估中排名最靠前的学科。除了我们的老前辈打下的坚实基础外，也是因为世界史学科的后继者们，具有勇于挑战自我、开辟新路的"敢为人先"的精神。世界史一方面保持了传统的优势学科方向，如世界上古中世纪史、国际关系史。另一方面则在国内率先引进全球史的学科理论，并对国别区域研究赋予新时代的新内涵。中国史是全国历史院系普遍都很强的学科。首都师大的中国史研究，从一开始就不追求"大而全"，而是把有限的力量集中在自己优势的方向上去。如出土文献的整理研究，包含简帛学和敦煌学等"冷门绝学"，秦汉、魏晋南北朝、隋唐、宋等断代史研究，近代社会文化史研究，并在历史地理学、宗教史研究等方面有新的拓展。考古学重点发展的是新石器时代至三代考古，特别是在中华文明起源研究、手工业考古等方面具有优势。此外还着重发展文物博物馆、文化遗产、科技考古等专业方向。

社会在发展，时代在进步，历史学的发展也应该在保持原有优势的前提下不断开创新的增长点。强调服务社会，强调学科交叉，等等，这些都要求我们在三个一级学科协同发展方面要有新的举措。

有鉴于此，首都师大历史门类，将建设"中外文明传承与交流"人文科研中心作为一个重要的契机，力争在过去三个学科互相支持、共同发展的基础上，进一步深化三个学科在具体科研课题方面的交流与合作。历史学院有三个一级学科博士点的有利条件，完全可以在中外文明起源与传承研究、中外文明交流互鉴研究等方面，实现合作攻关。虽然目前书系第一批的著作和论文集还有"各自为战"的意味，但我们的最终目标是能够推出代表中国历史学科最高水平的、能够充分体现历史学三个一级学科之间互通互补的科研成果，以及探索历史学三个一级学科之间，乃至与历史学之外其他学科之间交叉合作的研究模式。只有这样，才能达到"中外文明传承与交流"北京人文科学研究中心建设的目标。

编委会

2022 年 6 月

前　言

　　世界大战是 20 世纪前半期留给我们的时代印记。20 世纪以前，人类从未有过"世界级"的大战。自 19 世纪初的拿破仑战争之后，世界已有大约 100 年没有打过大型战争，但是 1914 年爆发的第一次世界大战却席卷了当时的每一个强国，并将 30 多个国家卷入其中。这场从欧洲开始的冲突，使约 1850 万人死亡，直接和间接的经济损失超过 3000 亿美元，被当时的人们称为"结束一切战争的战争"。然而，仅仅过了 20 年，另一场大战的战火就在 1939 年再次在欧洲燃起。如果从 1931 年日本侵略中国东北的九一八事变算起，第一次世界大战后的和平仅仅维持了 13 年。而第二次世界大战的规模，就其广度、深度和破坏程度而言，可以说是超过了人类历史上一切战争的总和。它使全世界绝大多数独立国家，无论是主动还是被动，几乎无一幸免。约 6000 万人死亡，经济损失超过 40000 亿美元，数千年的人类文明几乎毁于一旦，人们的精神创伤更无法用数字计算。

　　第一次世界大战的结束距今已超过 100 年，第二次世界大战的隆隆炮声，也已经沉寂了 75 年。尽管如此，人们对这两场人类历史上旷古未有的全球性大战，至今仍不能忘怀。作为 20 世纪最重大的历史事件之一，两次世界大战一直深刻地影响着战后历史的发展进程。时至今日，人类社会已经发生和正在发生的种种巨大变化，无不与世界大战有着直接或间接的关系。

　　那么，两次世界大战是如何打起来的？它们给 20 世纪带来了怎样的变化？人类是否能够避免这样的浩劫？人类为了避免这样的浩劫做出了哪些努力？为什么第二次世界大战后，尽管有长达 40 多年的冷战与多场局部热战，但世界还能够处于较长时间的整体和平状态？这些问题始终萦绕在人们的脑海之中。于是，研究世界大战的起源，考察世界大战的影响，从而深入探讨战争与和平这一人类历史上的永恒主题，自然成为历史学家、政治家、军事家乃至普通民众长久关心和思考的问题。

　　本书以马克思主义唯物史观为指导，以历史的实证研究和比较研究为基础，适当运用国际关系理论，通过对两次世界大战的起源与目的，国际体系、国际格局、国际秩序的演变，反战与和平运动的发展，世界大战与非殖民化进程等方面的研究和论述，力图从历史发展的角度和国际机制的层面，探究20世纪的战争与和平问题，考察20世纪的时代主题从"战争与革命"向"和平与发展"逐渐转化的深层原因，揭示国际关系中形成的各种制约和预防世界大战、维护世界和平与安全、促进全球经济发展与合作的多维机制与持续诉求，以及人类历史发展中日益显现的求和平、谋发展、促合作、创共赢的文明进步趋势。

目　录

导　论

一、问题的重要性

战争与和平问题，作为一个涉及国家和民族生存，人类命运和文明发展的重大问题，始终受到各个民族国家和各种社会集团的高度重视。特别是 20 世纪爆发的两次世界大战，曾使数千年的人类文明几乎毁于一旦。因此研究世界大战的起源，考察世界大战的影响，探讨人类应当从中汲取的历史教训，以维护和保障一个和平、安定和有利于发展的国际环境，避免再度濒临毁灭性战争的边缘甚至重堕大战的深渊，继而深入探讨战争与和平这一人类历史的永恒主题，是历史学家和政治家们长久关心和思考的问题。

本专著运用历史实证的微观研究与国际关系理论的宏观思辨，以六章的结构，对两次世界大战的起源与目的，两次世界大战与战后国际体系、国际格局、国际秩序的建立和演变，两次世界大战对世界非殖民化进程的持续推动，以及大战对世界和平运动与世界和平机制的建立产生的重要影响等方面，逐一进行深入论述，以期回答 20 世纪历史中的一些重大问题，如：两次世界大战是如何打起来的？它们给 20 世纪带来了怎样的变化？人类是否能够避免这样的战争浩劫？人类为了避免这样的浩劫做出了哪些努力？为什么第二次世界大战后，尽管有长达 40 多年的冷战与局部热战，但世界还能够处于较长时间的整体和平状态？怎样看待和评价第二次世界大战后建立的国际秩序？怎样看待世界的非殖民化进程？等等。并力图从历史发展的角度和国际机制的层面，通过对两次世界大战的比较研究，探究 20 世纪的战争与和平问题，考察 20 世纪的历史从战争与革命的年代向和平与发展的时代主题逐渐转化的深层次原因，揭示国际关系中形成的各种制约和预防世界大战、维护世界整体和平与安全、促进全球经济发展与合作的多维机制与持续诉求，以及人类历史发展中日益显现的求和平、谋发展、促合作、创共赢的文明进步趋势。

　　另一方面，21 世纪的战争形式和战争内容已经与两次世界大战有所不同，但是如何防止战争，维护世界和平，促进全人类的共同发展，仍然是各国政府和人民面临的共同问题。因此，认真研究和比较两次世界大战爆发的原因和结果，特别是深入探讨大国在国际危机频发的 20 世纪前半期的外交决策和危机处理方法同战争与和平之间的关系，揭示国际关系的复杂性和多变性，不仅可以为我国的国际关系理论研究提供丰富的历史背景资料，而且能够为我国在 21 世纪的新的历史条件下更好地发挥大国作用、避免大国对抗升级、妥善处理地区争端与国际冲突、制止战争、维护和平、促进发展与合作等方面提供可资借鉴的历史经验与教训，以及某些十分重要的有益启示。与此同时，本专著希望通过这样的学术考察，以服务于中国继续改革开放、继续发展独立自主和平外交政策，以及努力构建人类命运共同体的国家大战略。

二、研究现状述评

　　两次世界大战是 20 世纪前半期留给我们的极其鲜明而重要的时代印记，因此一直是国内外学术界的研究热点，已经有大量与本课题相关的研究成果问世。

　　在国际史学界，各国学者努力挖掘并大量利用第一手档案资料，分别从政治、经济、军事、外交、科技、意识形态等方面，对第一次世界大战和第二次世界大战的起因、进程和结果进行了深入的探讨，研究成果层出不穷。举其要者，从 20 世纪 30 年代的 S. B. Fay, *The Origins of the World War I: Before Sarajevo: Underlying Causes of the War*, The Macmillan Company, New York, 1930（《第一次世界大战的起源》中文版由商务印书馆 1959 年出版）。到 40 年代的 W. M. Jordan, *Great Britain, France and the German Problem, 1918-1939: A Study of Anglo-French Relations in the Making and Maintenance of the Versailles Settlement*, Oxford University Press, London, 1943（《英国、法国与德国问题，1918—1939：关于在缔造和维持凡尔赛安排中的英法关系研究》）。到 50 年代的 Herbert Feis, *The Road to Pearl Habor: The Coming of the War Between the United States and Japan*, Princeton University Press, 1950（《通向珍珠港之路——美日战争的来临》，中文版由商务印书馆 1983 年出版）。到 60 年代的 Fritz Fisher, Griff Nach Ger Weitmacht, *Die Kriegszielpolitik des Kaiserlichen Deutschland 1914/1918*, Dusseldorf, 1961（《争雄世界：德意志帝国 1914—1918 年战争目标政策》，中文版由商务印书馆 1987 年出版）；John W. Wheeler-Bennett, *Munich: Prologue to Tragedy*, Duell, Sloan and Pearce, New York, 1962（《慕尼黑——悲剧的序幕》，

中文版由北京出版社 1978 年出版）；Barbara W. Tuchman, *The Guns of August*, Dell publishing Co., Inc. 1963（《八月炮火》中文版由上海译文出版社 1981 年出版）；Dorothy Borg, *The United States and the Far Eastern Crisis of 1933-1938*, Cambridge, 1964（《美国与 1933—1938 年的远东危机》）；A. J. P. Taylor, *The Origins of the Second World War with A Reply to Critics*, Fourth Printing, published by Fawcett World Library, New York，1966（《第二次世界大战的起源》，中文版由华东师范大学出版社根据 1966 年第四次印刷的版本于 1991 年出版）。70 年代的 Christopher Thorne, *The Limits of Foreign Policy: The West, the League and the Far Eastern Crisis of 1931-1933*, London, 1972（《外交政策的限度：西方、国联和 1931—1933 年的远东危机》）；Bradford A. Lee, *Britain and Sino-Japanese War，1937-1939: A Study in the Dilemmas of British Decline*, London, 1973（《英国与中日战争（1937—1939）》）；Nicholas Clifford, *Retreat from China, British Policy in the Far East 1937-1941*, Washington, 1973（《从中国撤退：1937—1941 年的英国远东政策》）；Ann Trotter, *Britain and East Asia 1933-1937*, Cambridge University Press, 1975（《英国与东亚（1933—1937）》）；Aron Shai, *Origins of the War in the East ── Britain, China and Japan 1937-1939*, London, 1976（《战争在东方的起源 ── 英国、中国与日本（1937—1939）》）；Arnold A. Offner, *American, Appeasement: United States Foreign Policy and Germany, 1933-1938*, New York, 1976（《美国的绥靖政策（1933—1938）：美国的外交政策与德国》，中文版由商务印书馆 1987 年出版）；A. J. P. Taylor, *The Struggle for Mastery in Europe 1848-1918*, Oxford University Press, Second impression, 1977（《争夺欧洲霸权的斗争（1848—1918）》，中文版由商务印书馆 1987 年出版）。80 年代的 C. A. MacDonald, *The United States, Britain and Appeasement,1936-1939*, The Macmillan Press LTD, 1981（《美国，英国与绥靖（1936—1939）》，中文版由中国对外翻译出版公司 1987 年出版）；Ian Nish ed., *Anglo - Japanese Alienation 1919-1952*, Cambridge, 1982（《英日离异（1919—1952）》）；D. C. Watt, *How War Came: The Immediate Origins of the Second World War, 1938-1939*, New York, 1989（《战争如何来临：第二次世界大战的直接起源（1938—1939）》）。90 年代的 Paul W. Doerr, *British Foreign Policy, 1919-1939: "Hope for the Best, Prepare for the Worst"*, Manchester University Press, 1998（《英国外交政策（1919—1939）："抱最好的希望，作最坏的准备"》）。21 世纪的 Dale C. Copeland, *The Origins of Major War*, Cornell University Press, 2000（《大战的起源》，中文版由社会科学文献出版社 2017 年出版）；Louise Grace

Shaw, *The British Political Elite and the Soviet Union, 1937-1939*, Routledge, 2003
（《英国的政治精英与苏联（1937—1939）》）；Keith Neilson, *Britain, Soviet Russia and the Collapse of the Versailles order, 1919-1939*, Oxford University Press, 2006
（《英国、苏俄与凡尔赛秩序的崩溃（1919—1939）》）；David Reynolds, *The Long Shadow: The Great War and the Twentieth Century*, Simon & Schuster, 2014（直译为：《长长的阴影》，中文译本名称：《大英帝国与第一次世界大战》，中国友谊出版公司2019年出版）。另有剑桥大学出版社最新出版的第一次世界大战史和第二次世界大战史：Jay Winter ed., *Cambridge History of the First World War*, Vols. 3, 2013-2015; General editor Evan Mawdsley，*Cambridge History of the Second World War*, Vols. 3, 2015-2016。 在日本方面，也有西村成雄编：《中国と国連の成立》（《中国与国际联盟的成立》），（日本）法律文化社2004年出版；明石岩雄：《日中戦争についての歴史的考察》（《对中日战争的历史考察》），（日本）思文阁2007年出版，等等。相关论文则不胜枚举。

特别是20世纪90年代以来，国际学界更深入到研究两次世界大战对西方各国的政治体制、社会生活以及文学艺术等领域的深刻影响方面。另外，围绕两次世界大战的历史文献资料选集也相继问世。

在中国史学界，也有不少学者对两次世界大战特别是对第二次世界大战进行了相当细致的考察，不仅出版了一批以描述战争进程为主的著作，而且对二战前史特别是对德意日法西斯主义和西方民主国家的绥靖政策的研究，已经取得了具有开拓性和填补我国学术空白的重要成果。举其要者：通史类著作如：萨那、孙成木等编著：《第一次世界大战史》（人民出版社1979年）；张继平、胡德坤编著：《第二次世界大战史》（甘肃人民出版社1983年）；朱贵生、王振德、张椿年：《第二次世界大战史》（人民出版社2005/2015年）；军事科学院编著：《第二次世界大战史》（五卷本，军事科学出版社1999/2015年）。专题类著作如：朱庭光主编：《法西斯新论》（重庆出版社1991年）和《法西斯体制研究》（上海人民出版社1995年）；徐蓝：《英国与中日战争（1931—1941）》（北京师范学院出版社/首都师范大学出版社1991/2010年）；李世安：《太平洋战争期间的中英关系》（中国社会科学出版社1994年）；武寅：《从协调外交到自主外交——日本在推行对华政策中与西方列强的关系》（中国社会科学出版社1995年）；朱瀛泉：《近东危机与柏林会议》（南京大学出版社1995年）；齐世荣主编：《绥靖政策研究》（首都师范大学出版社1998年）；韩莉：《新外交·旧世界——伍德罗·威尔逊与国际联盟》（同心出版社2002年）；吴伟：《苏联与

"波兰问题"（1939—1945）》（世界知识出版社 2002 年）；韩永利：《战时美国大战略和中国抗日战场》（武汉大学出版社 2003 年）；张振江：《从英镑到美元：国际经济霸权的转移（1933—1945）》（人民出版社 2006 年）；赵军秀：《英国对土耳其海峡政策的演变》（中国社会科学出版社 2007 年）；舒建中：《多边贸易体系与美国霸权——关贸总协定制度研究》（南京大学出版社 2009 年），等等。相关论文举不胜举。

国内外史学工作者的研究成果，不仅为我们提供了丰富的原始档案资料和具有相当学术含量的著述，而且开阔了我们的视野，启发了我们的思路，为进一步深化研究奠定了良好的基础。

但是，以往史学界对这一课题的研究，也存在着不足：其一，在研究的方法论方面，以往的研究主要集中在对两次世界大战的微观个案探讨方面，比较缺乏宏观的视野，缺乏将它们联系起来进行横向与纵向的比较研究，因此对两次世界大战在起源上的因果关系以及它们对 20 世纪的历史巨变所产生的深刻影响便缺少总体的把握。其二，尽管已有学者尝试从人类战争史的角度研究战争与和平问题，但是尚缺乏从两次世界大战的角度，详细论述它们对国际格局、国际体系、国际秩序等国际政治发展的重要方面的影响，并探讨 20 世纪的战争与和平之间的内在联系，以及它们对世界和平机制的最终建立所产生的积极作用。因此在理论上缺乏应有的深度。其三，在使用的资料方面，由于一些著作出版较早，虽然已成经典，但是对其后陆续解密或出版的档案资料的利用和解读存在不足，缺少对新问题的研究成果。

另外，在国内外国际政治学界亦有相当多的研究成果出版，这里不再详细列举。总的看来，这些研究成果主要是依据欧美国家关系的发展历史以及它们处理国际关系的经验而发展出来的一系列国际关系理论，通过对历史案例的解读和相对宏观的论述，说明大国之间的关系以及对国际体系、国际格局、国际秩序的影响，以此分析当今的国际问题和国际形势发展趋势，并提出对策。他们把国际政治学和国际关系史结合起来的研究方法，以及通过对当前的国际问题的研究为中国外交提出对策的视角，对本课题的研究具有重要的启发和借鉴作用。

但是这些成果同样存在不足，如：一是比较缺少对国际体系、国际格局、国际秩序、国际组织的建立和发展过程的基于史料的历史考察，更缺少对两次世界大战与国际格局、国际秩序的建立和演变之间的互动关系的历史研究。二是由于这些研究主要是从国际政治学出发的，许多著作只是把历史作为构建其理论框架的案例，因此缺乏对第一手原始资料的掌握，所取证的历史知识点也较为落后，特别是缺少历史研究的新成果。三是西方学术界依据他们的国际关系理论来看待 20 世纪国际格局和大国关系的发展，带有很大的片面性。

因此，将历史学与国际政治学二者结合起来、将微观研究与宏观考察结合起来，具体探讨国际格局、国际体系、国际秩序的构建和演变与两次世界大战之间关系变化的互动研究，是本专著的学术创新空间。

三、论证思路与方法

本专著以唯物史观为指导，以宏观视野思辨，以国关理论分析，以微观考证落实。力图将历史学与国际政治学相结合，进行一定程度的历史学与国际政治学的跨学科交叉研究，以实证史学和比较史学的基本研究方法，以历史学的微观探究为手段，利用原始档案资料和前人的研究成果，把两次世界大战放在 20 世纪的历史时空中进行横向比较与纵向考察；同时以国际政治学的宏观战略高度为分析框架，把国际政治学的分析工具同历史学研究的叙事方式相结合，深层次多角度揭示两次世界大战与国际体系、国际格局、国际秩序演变之间的互动关系，从而对两次世界大战的起源和后果，以及世界大战对 20 世纪人类社会的和平与发展等问题做出中国学者自己的回答。

本专著的研究和写作，严格遵守学术引证和著述规范。

四、史料基础

本研究建立在坚实的史料基础之上。以下仅列出主要使用的美国和英国出版的原始档案资料。

美国：R. S. Baker ed., *Woodrow Wilson and World Settlement*, Vol. 2, New York, 1922; Charles Seymour ed., *The Intimate Papers of Colonel House*, Vol. 2, Vol. 3, Vol. 4, 1928; The U. S. Department of State ed., *Peace and War*, Washington D. C. 1943; The U. S. Department of State ed., *Foreign Relations of the United States, Diplomatic papers (FRUS)/ The Conferences at Washington and Quebec*, Washington D.C.: Government Printing Office (GPO), 1943; *FRUS/The Conferences at Cairo and Tehran 1943*, 1961; *FRUS/the Paris Peace Conference, 1919*, Vol. 4, Washington, D. C. (GPO), 1946; *FRUS/1943*, Vol. 1, Washington D. C., 1950; F*RUS/ The Conferences at Malta and Yalta 1945*, Washington D.C. (GPO), 1955; *FRUS/1945*, Vol. 5, Washington, D. C. (GPO), 1969; *FRUS/1946*, Vol. 6, Washington, D. C. (GPO), 1970; *FRUS/1950*, Vol. 1,

Washington, D. C. (GPO), 1974; Richard Stebbins and Adam, Elaine eds., *Documents on American Foreign Relations, 1968-1969*, New York, 1972; *Public Papers of the Presidents of the United States: Richard Nixon, 1970, 1971*, Washington D. C. (GPO), 1972; Arthur S. Link, ed., *The Papers of Woodrow Wilson*, Vol. 4, Vol. 49, Vol. 53, Vol. 54, Princeton, NJ: Princeton University Press, 1970, 1985, 1986.

英国：*Documents on British Foreign Policy, 1919-1939(DBFP)*, ser. 3, Vol. 8, Vol. 9, ser. 2, Vol. 13, HSMO, 1955, 1960; Kenneth Bourne and D. Cameron Watt ed., *British Documents on Foreign Affairs (BDFA): Reports and Papers from the Foreign Office Confidential Print*, Part II: From the First to the Second World War, Series H: The First World War, 1914-1918, Vol. 4: The Allied and Neutral Powers: Diplomacy and War Aims, IV: July-November 1918, University Publications of America, 1989；*BDFA*, Part II, Series J: The League of Nations, 1918-1941, Vol. 1, Britain and the League of Nations, 1918-1941: Attitudes and Policy, 1992；*BDFA*, Part IV, from 1946 through 1950, Series A, Soviet Union and Finland, 1946, Volume 1, Northern Affairs, January 1946-June 1946, 1999.

其他资料，请参见本书所附"参考文献"部分。

五、结构和主要内容

本专著由前言、导论、主要内容和结束语组成。前言简述研究目的；导论介绍选题的意义、研究现状、研究的方法论、资料基础和主要内容。本书主体为六章，各章主要内容如下。

第一章，两次世界大战的起源与目的。对帝国主义、民族主义、法西斯主义、绥靖政策、联盟体系等与两次世界大战密切相关的重大问题进行实证的学术考察，研究它们在起源上的共性与个性，分析它们之间的相互联系以及在战争的动机和目的方面的相同之点和不同之处，以揭示两次世界大战的起源和目的。本章提出，两次世界大战发生在20世纪的世界已经形成一个息息相关的整体的时代，帝国主义、帝国主义发展的不平衡以及西方国家恶性膨胀的民族主义，是两次世界大战在起源上的主要共性；第一次世界大战后战胜国列强以强权政治构建的凡尔赛-华盛顿体系，与战后法西斯主义的发展和第二次世界大战的爆发有着直接的因果关系；西方民主国家面对法西斯国家的侵略扩张所采取的绥靖政策，也与第一次世界大战密切相关，该政策并不是维护和平之举，而是促使二战提前爆发的错误政策。该章还指出，第一次世界大战是一场帝国主义性质的战争；第二次世界大战就其发动者法西斯国家的动机来说，其性质是帝国主义的，但就其战争的目的和性质来说，是一场反法西斯的正义战争。反法西斯同盟的协同作战，不仅赢得了战争，也使人类赢得了和平。

第二章，两次世界大战与国际关系体系的变迁。首先追溯、梳理自 17 世纪威斯特伐利亚体系开始建立的、经过 19 世纪的维也纳体系所巩固的近代以来民族国家之间关系的基本原则，作为展开论述的基础。然后在此基础上，对两次世界大战之后建立的凡尔赛-华盛顿体系和雅尔塔体系的主要内容、特点、发展演变等进行剖析和比较，论述了它们对两次世界大战之后的国际关系的不同影响。本章指出，第一次世界大战后战胜国列强建立的凡尔赛-华盛顿体系的与生俱来的弊端与内在矛盾，如战争罪责、赔款与领土安排、对苏联的根本排斥与敌对、美国的孤立以及强化了日本在远东军事战略的优势，等等，实际成为德国法西斯主义和日本军国主义发展的土壤，是孕育第二次世界大战的温床。第二次世界大战中后期由美国、苏联、英国、中国等反法西斯同盟国家所建立的雅尔塔体系，尽管仍具有明显的强权政治的烙印，但也具有相当的历史进步性：它将苏联和美英两种不同社会制度国家之间的和平共处原则正式纳入国际关系体系，共同制约了美国与苏联这两个超级大国在产生任何争端时的行为方式，即双方不是以战争手段，而要用和平手段、协商谈判来解决处理。因此，二战以后特别是冷战时期，尽管东西方存在着紧张对峙以及在局部战场上的冲突始终不断，但是冷战中的两个主要对手美国和苏联之间从未发生过直接的军事对抗，从而在整体上维持了世界的和平状态。从这一点来说，反法西斯同盟建立雅尔塔体系的主要目标已经实现，同时也有利于社会主义事业的发展。雅尔塔体系所提倡的和平、民主、独立的原则，对战后世界的和平、民主、独立、发展有很大作用，从一定意义上说，决定了战后世界和平与发展的时代主题。

第三章，两次世界大战与国际格局的演变。以两次世界大战和历时数十年的"冷战"为主线，系统论述了国际格局从以欧洲为中心到美苏两极对峙，再到多极化发展趋势的演变过程。本章指出，第一次世界大战作为一个历史的转折点相当引人注目，它从根本上动摇了欧洲的世界中心地位，实际结束了欧洲的全球霸权时代，并预示了未来国际格局发展的趋势。列宁提出的不同社会制度的国家可以和平共处的外交原则，第一次体现了民族国家平等和国际社会公正的思想，奠定了 20 世纪新型国际关系的基础。第二次世界大战完成了国际格局的巨大变革：以欧洲大国均势为中心的传统的国际格局完全被战火所摧毁，取而代之的是美苏对峙的两极格局。从雅尔塔体系实际运作的过程中而产生的既不对称又不完全的两极格局中，孕育了各国之间在政治、经济、文化、意识形态、价值观念等方面的相互宽容态度，孕育了国际格局多极化的发展方向。同时认为：国际格局的演变是一个比较长期的过程，要经过许多重大的事件导致国际关系特别是大国之间的关系发生一系列变化的量化积累，最后才会导致国际格局发生质变。

第四章，两次世界大战与国际秩序的变化。通过对第一次世界大战后的国际联盟和第二次世界大战后的联合国的建立过程、国联盟约和联合国宪章的内容分析以及对这两个组织建立目的的学术考察和比较，通过对二战后建立的包括国际货币基金组织、世界银行、关贸总协定（后为世界贸易组织所取代）的布雷顿森林体系的研究，系统探讨了 20 世纪国际秩序的发展。本章指出，国际联盟的出现，表达了人类在经历了一场空前残酷的大战之后对世界和平的追求与向往，是史无前例的国际政治的重要发展；但是国联在其各种机制尤其是决策机制上所具有的先天缺陷和弱点，使其在保卫世界和平方面没有做出应有的贡献。建立在二战中的美、苏、英、中、法等五大国力量基本均势基础上的、吸取了国际联盟经验教训的联合国，以及建立在美国超强实力基础上的布雷顿森林体系，代表了二战后的国际政治秩序和国际经济秩序，前者在维护世界整体和平和推动经济、社会的发展方面，后者在恢复和促进世界经济发展、推动经济全球化方面，都有相当积极的作用，并且仍然是支撑和协调 21 世纪的世界政治和经济秩序的主要支柱。另一方面，我们也必须看到，目前的和平是带有强权政治和霸权主义色彩的不完全公正的和平，目前的发展也是在一定程度上以牺牲发展中国家利益的不完全均衡的发展。实际上，如何改变这种不公正和不均衡，正是摆在联合国和世贸组织，以及国际货币基金组织和世界银行等国际组织面前的根本任务。它们的改革势在必行。

第五章，两次世界大战与世界非殖民化进程。与两次世界大战密切相关的另一个重要的世界历史现象，是非殖民化进程。殖民地半殖民地人民奋起"对西方造反"，以争取民族独立，社会发展与文化解放。这一进程贯穿了整个 20 世纪，最终基本击碎了欧洲殖民国家构筑了几个世纪的世界殖民体系。非殖民化被视为 20 世纪最伟大的革命性变化和人类历史的巨大进步。从"殖民化"（"殖民地化"）到"非殖民化"（"非殖民地化"），历经 5 个多世纪，而非殖民化又与两次世界大战密切相关。尽管在本书的其他章节里，已经有一些关于这个问题的论述，但是本章仍然对这个重大问题，从"非殖民化"概念阐释，到亚非拉的殖民化，以及伴随两次世界大战的非殖民化进程进行了集中论述。并指出，至今世界上仍然存在的 17 小块非自治领土，说明了非殖民化尚未彻底完成；而已经获得政治独立的原殖民地国家，在整个政治制度、经济与文化乃至价值观等方面真正脱离殖民主义的影响而获得"解放"，还有相当长的路程要走。

第六章，两次世界大战与和平运动的发展。以两次世界大战为界标，较为系统地论述了 20 世纪的反战与和平运动，以及第二次世界大战后的军备控制与裁军活动。本章指出，两次世界大战之间特别是 20 世纪 30 年代西方国家的和平运动，是当时英法等国家形成的绥靖政策和美国形成的中立政策的重要因素之一，其影响相当消极。第二次世界大战后以反对原子武器和世界战争为主要内容的反战与和平运动，对制止世界大战、控制和结束局部战争、推动裁军与军控、维持世界整体和平，都具有非常积极的作用，也从一个方面折射了战后和平与发展的时代主题和历史发展趋势。

结束语，对战争与和平的思考。力图通过这些思考，进一步深化本研究的主题，并对 21 世纪的战争与和平问题提供一些有益的启示。

第一章　两次世界大战的起源与目的

人类历史上的两次世界大战已经成为历史，第二次世界大战也已经结束 75 年了。当我们以这样的时间和空间的距离来审视这两场惊心动魄的战争时，我们发现它们在起源上不仅存在着共性，更有着极为不同的个性。

第一节　两次世界大战在起源上的共性分析

一、帝国主义是两次世界大战的根源

从人类社会发展的历史来看，战争的规模与社会生产力的发展水平直接相关。战争的历史与人类社会的历史一样久远，但不同社会发展阶段的战争目的和起因却各不相同。原始社会的部落战争，不过是为了争夺自然条件比较优越的生活区域和生活资料。奴隶社会和封建时代的大国征伐，是要开疆拓土，囊括天下（当然是征服者当时所知的"天下"）。人类进入资本主义时代之后，也曾有过拿破仑的南征北战，甚至打到海外，但其目的是向欧洲输出法国革命原则的同时，建立法国在欧洲的霸权，因此并未形成世界大战。在历史长河中，一般看来，社会经济愈发展，科学技术愈进步，战争的规模就愈宏大，其破坏性就愈强烈，对人类社会生活的影响也就愈深远。可以说，不同的社会生产力发展水平，规定了战争的动力和内容，也规定了战争的形式与规模。因此，真正的世界大战，即具有影响整个人类社会生活的总体性和牵动全球的世界性战争，是 20 世纪的产物，是世界形成一个息息相关的整体的产物。当 20 世纪初社会生产力和资本的规模已经遍布全球，资本主义列强之间已经结成覆盖全球的层层利害关系的网络之时，他们之间的竞争与争夺，就必然会影响到全球，而最终为争夺世界霸权所引发的战争，也极易发展为世界大战。

　　从这一视角出发，我们看到，两次世界大战在起源上存在的第一个共性，就是它们都根源于资本主义发展到垄断阶段，即帝国主义。人类进入 20 世纪时，各资本主义大国发展到垄断阶段，各国在垄断基础上的竞争以及政治经济发展的极不平衡，社会生产和资本的规模越出民族国家的狭隘范围，整个世界经济融为一体而整个世界又被瓜分完毕，几个最富有的大国对全世界的统治、控制与争夺等，正是列宁（1870—1924）在其名著《帝国主义是资本主义的最高阶段》中所高度概括的帝国主义时代的这些特征，为大国争霸提供了前所未有的动力和内容。它们不仅要争夺原料产地、市场和投资场所，还要独占这些地区。因此，从 19 世纪 80 年代到第一次世界大战爆发前，英国、法国、德国、意大利和比利时等国纷纷奉行帝国主义政策，为建立自己的殖民帝国，疯狂地卷入对非洲的瓜分之中。为了调解矛盾，欧洲列强于 1884 年 11 月—1885 年 2 月召开柏林会议，规定了瓜分非洲的"原则"①。此后它们大大加快了瓜分非洲的速度。19 世纪 70 年代前，欧洲列强只侵占了 10% 左右的非洲土地；到 1900 年，非洲 90.4% 的土地已经落入欧洲列强的统治之下；与此同时，这些国家和日本与美国一道，也同样狂热地在亚洲进行领土的争夺。正如当时的一位法国政治家所说："要保持一个大国的地位，或成为一个大国，你就必须开拓殖民地。"②它们把这种对小国、弱国和前工业化国家的残酷进攻并把它们变成殖民地的帝国主义争斗，看成是为本国的福利、生存和在国际上权势的增长而进行的斗争。而且当这种争夺不能用谈判来解决时，列强就会兵戎相见。1900 年，德意志银行首席执行官乔治·冯·西门子（George von Siemens）就曾在《民族》杂志上撰文《论交易所的民族意志》，认为德国与英国关系紧张，两国之间太有可能进行战争，并因此而要求建立强大的德国交易所为战争作准备。③事实上，英法在北非的争夺几乎是在 1898 年的法绍达冲突中结束的④；美国与老牌殖民国家西班

① 柏林会议通过的《总议定书》规定，任何国家今后在非洲占领新的土地，必须以"有效占领"为原则，并必须通知其他国家，以求得到其他国家的承认，避免国际纠纷。英国还在会上提出"势力范围"的主张，得到与会国的赞同。它们可以先在地图上划定彼此的势力范围，然后再去占领。因此，这次会议也是一次"地图上作业"的会议。

② James Joll, *The Origins of the First World War*, 2nd ed. London: Longman, 1992, p. 174.

③ 参见弗里茨·费舍尔：《争雄世界：德意志帝国 1914—1918 年的战争目标政策》上册（何江等译），北京：商务印书馆，1987 年，第 23 页。

④ 1898 年英法在争夺非洲时爆发的战争危机。在英法争夺非洲的过程中，英国企图建立从普敦到开罗的纵跨非洲的英属殖民帝国，即所谓"二 C 计划"（Cape-Cairo）；法国梦想建立从塞内加尔到索马里的横跨非洲的法属殖民帝国，即所谓"二 S 计划"（Senegal-Somaliland，一说 V-S 计划，Vert, C.-Somaliland，即从佛得角到索马里）。1898 年，马尔尚上尉率领的法军分遣队和基钦纳将军率领的英军

牙的争夺，以同年的一场美国发动的美西战争结束；英国同荷兰移民后裔布尔人为争夺的南非领土和资源，发生了 1899—1902 年的英布战争；而日本与俄国在亚洲的争夺则最终演化为 1904—1905 年的另一场帝国主义战争。正如英国学者弗兰克·麦克多诺在《第一次和第二次世界大战的起源》一书中所说：“欧洲列强变得如魔鬼附体一般地要获得更多的领土，而且这种着迷的程度丝毫也没有减退。”①

就第一次世界大战②来说，它不同于以往的任何战争，因为那些战争的目标都是有限而特定的，但是一战的交战双方都把整个世界作为其争夺的自然边界。仅以英国和德国这两个一战中的主要对手为例。德国要成为一个帝国的野心和英国对帝国不断衰落的担心之间的不可调和，最终使它们用战争解决问题。自 19 世纪 90 年代以来积极推行“世界政策”的德国一心要取代英国的全球霸权与世界制海权的地位，企图建立一个从北海、波罗的海到亚得里亚海，从柏林到巴格达的“大德意志帝国”，并在非洲、太平洋和南美洲从英国、法国、葡萄牙、比利时等国手中夺取殖民地。当时的一本极具煽动性的小册子《德国需要殖民地吗？》指出，德意志殖民帝国应当包括萨摩亚、新几内亚、马达加斯加、北婆罗洲、中国台湾，还应对中东和近东进行商业渗透。③ 在具体贯彻“世界政策”而“向东方推进”的过程中，修建柏林—拜占庭（即今伊斯坦布尔）—巴格达的从欧洲到波斯湾的巴格达铁路（即三 B 铁路）是其中心环节。④ 1903年普鲁士邦的内政大臣贝特曼·霍尔维格（Bateman Hollweg，后来成为德国宰

部队先后到达尼罗河上游苏丹境内的法绍达，并升起各自的国旗，以示占领此地，导致了双方的战争危机。英国态度强硬，而法国由于在欧洲与德国敌对，担心与英国的冲突会造成本土的某种不安全，遂在最后一刻让步并撤回军队。第二年，双方签订协定，确定了两国在苏丹地区的殖民边界。关于法绍达危机的详细情况，可参见 John F. V. Keiger, *France and the Origins of the First World War*, London: Macmillan, 1983, pp. 13-20。

① Frank McDonough, *The Origins of the First and the Second World Wars*, Cambridge: Cambridge University Press, 1997, p. 7. 实际上，19 世纪末 20 世纪初，美、日同样参与了帝国主义争夺。

② 1939 年以前，人类从未使用过“第一次世界大战”这一术语。欧洲人将 1914—1918 年的这场冲突称之为“大战”（Great War 或 Major War）。直到 1939 年战争在欧洲再次来临，才有了“第一次世界大战”这一术语。

③ Parker Thomas Moon, *Imperialism and World Politics*, New York: Macmillan, 1927, p. 49. 关于德国计划的全部详情，还可参见费舍尔：《争雄世界》上册，第 95—102 页。

④ 在修建巴格达铁路的过程中，德国曾在土耳其首都伊斯坦布尔的亚洲一侧的海边建造了一座巨大的德式火车站，作为该铁路的组成部分，并将其赠送给土耳其苏丹。参见诺曼·斯通：《一战简史·帝国幻觉》（王东兴等译），北京：中信出版社，2014 年，第 20—23 页。有关德国和英国在修建巴格达铁路上的争斗，参见徐蓝：《试论修筑巴格达铁路的德英之争》，《北京师范学院学报》1985 年第 3 期。

相）曾经说："皇上（指德皇威廉二世）首要的和基本的思想就是粉碎英国的霸权，以有利于德国。"[1] 但是如果德国的愿望得逞，英国这个老牌殖民帝国通往印度的海上通道和陆上桥梁则不再有安全可言，国势日衰的英国的地位将更趋低落。1899—1905 年任印度总督的寇松勋爵（George Curzon）对这一点看得十分清楚："如果我们失去〔印度〕，我们就会一直下跌成一个三等国。"[2] 于是，同年 4 月，英国外交大臣兰斯多恩侯爵（Marquess of Lansdowne）在上院宣称："我们必须把任何国家在波斯湾建立海军基地或设防港口的行为看作对英国利益的一种十分严重的威胁，而且我们必须毫无疑问地使用我们所掌握的一切手段去抵抗它。"[3] 当德国提出并着手建立一支大海军舰队的时候，英德两国就开始了直接的对抗。德国海军上将阿尔弗雷德·冯·蒂尔匹茨（Alfred von Tirpitz）认为，德国建立一支大海军计划的基础和目的是为了用这支舰队反对英格兰，而英国外交大臣爱德华·格雷爵士（Sir Edward Grey）则要保住英国的海上霸权。他在 1911 年 5 月的英联邦总理会议上有一句重要的秘密发言："真正决定我国外交政策的，是海上霸权的问题。"[4] 因此第一次世界大战是列强之间的一场世界霸权争夺战，是一场不是你死就是我活的帝国主义之战。这也是参战各国最终坚决走上拒和之路而非要分个绝对胜负不可的根本原因。[5]

　　就第二次世界大战来说，其发动者是日本、德国和意大利等法西斯国家，而法西斯国家是帝国主义国家发展到最极端的产物。鉴于法西斯主义所具有的独特性以及它与第二次世界大战的爆发密不可分，是第二次世界大战的重要起因，因此我们将在本章第二节有关第二次世界大战起源的个性探讨中给以具体论述。

　　20 世纪前半期发生的两次世界大战的另一个决定性的因素，是帝国主义的

---

[1]　Fritz Fischer, *War of Illusions: German Policies from 1911 to 1914*, London: Chatto and Windus, 1975, p. 1.

[2]　James Joll, *The Origins of the First World War*, p. 194.

[3]　E. M. Earle, *Turkey, The Great Powers and the Bagdad Railway*, New York: Macmillan, 1923, p. 197.

[4]　悉·布·费：《第一次世界大战的起源》上册（于熙俭译），北京：商务印书馆，1959 年，第 23 页。

[5]　一些学者不同意这场战争的世界性。例如，J. M. K. 维维安认为："'第一次世界大战'这个名称用得不当。战争的起因和战场都不是世界性的。战争所发生的民族对抗是欧洲的民族对抗"；A. J. P. 泰勒也认为，第一次世界大战的争夺目标是欧洲，他曾写道："如果有谁直截了当地质问：'打仗为了什么？'对于第一次战争，其答案是：'决定欧洲将怎样改建'，对于第二次战争，其答案却仅仅是：'决定这个改建了的欧洲该不该延续'。"分别见 C. L. 莫瓦特编：《新编剑桥世界近代史》第十二卷《世界力量对比的变化》（1898—1945）第二版（中国社会科学院世界历史研究所组译），北京：中国社会科学出版社，1987 年，第 190 页；A. J. P. 泰勒：《第二次世界大战的起源》（潘人杰等译），上海：华东师范大学出版社，1991 年，第 14 页。对于这样的看法，笔者并不赞同。实际上，第一次世界大战是要决定如何重新安排世界，第二次世界大战是要决定一战后安排的这个世界是否要延续下去。

政治经济发展不平衡规律的作用。与自由资本主义时期相比，垄断资本主义的一个重要特点，就是各国在经济发展速度上具有较强的跳跃性，这就导致各国实力对比的变化具有较大的突变性。由于这种发展上的不平衡，使原来落后的或曾被打败的帝国主义国家能够迅速地发展并追赶上来，从而使按照旧的实力对比瓜分世界的格局很快过时，而按照新的实力对比重新瓜分世界的问题日益尖锐。当后起的国家在实力上赶上甚至超过旧有的既得利益者时，前者对自认为是合理利益的绝对追求，后者对已获得的全球利益的固守死保，最终必是经过一番真刀真枪的较量才能一见分晓。

　　我们可以用两组数字来表示第一次世界大战前的主要帝国主义国家的经济发展情况。

表 1　1887—1912 年美英德主要工业产量和贸易量的增加率（%）

国家 产业	美国	英国	德国	法国
煤	336.6	72.6	218.1	
生铁	368.5	30.6	387	
贸易	173.3	113.1	214.7	98.1
进口	136.9		243	95

德国的增长速度远远超过英国和法国。

表 2　1880—1913 年各大国在世界工业品出口中所占份额变化（%）

年代 国家	1880	1913
英国	41.4	29.9
美国	2.8	12.6
法国	22.2	12.9
德国	19.3	26.5
日本	0	7.1

德国已经大大超过法国并以接近英国的份额而占世界的第二位。[1]

---

[1] 参见弗里茨·费舍尔：《争雄世界》上册，第 14—23 页；M. W. Kirby, *The Decline of British Economic Power Since 1870*, London: George Allen & Unwin, 1981, p.139, Table 2.

正是这种经济发展状况和经济发展潜力，使德国把英国列入"日趋衰落的国家"行列，并认为德国不仅应该拥有一个与至极的实力相称的帝国，而且在欧洲大陆上也能赢得无可争辩的领导地位。

第二次世界大战前的主要资本主义国家的经济发展情况，我们也可以用几组数字来说明。20 世纪 20 年代中期以后，随着欧洲经济混乱和政局动荡的结束，外国首先是美国的资本和技术源源不断地流向德国，使德国的经济迅速恢复与发展，到 1928 年，德国的工业生产已经仅次于美国而占到世界工业总产量的 12%，超过英国和法国而位居世界第二。[1] 如果从 1930 年和 1938 年各大国的钢铁产量（百万吨）来看，更可以反映出这一时期各国的潜在军事力量。

表 3　1930 年和 1938 年各大国的钢铁产量（百万吨）

国家 年代	美国	英国	德国	法国	俄国	日本	意大利
1930	41.3	7.4	11.3	9.4	5.7	2.3	1.7
1938	28.8	10.5	23.2	6.1	18.0	7.0	2.3

可以看出，到 1938 年德国已经超过英法的总和，日本已经超过法国。

我们还可以从 1929—1938 年各大国在世界制造业中所占份额的变化情况来看他们之间力量的消长情况。

表 4　1929—1938 年各大国在世界制造业中所占份额变化（%）

国家 年代	美国	苏联	德国	英国	法国	日本	意大利
1929	43.3	5.0	11.1	9.4	6.6	2.5	3.3
1938	28.7	17.6	13.2	9.2	4.5	3.8	2.9

德国已经接近英法两国之和。[2]

正是由于德、日等法西斯国家的经济迅速增长，它们的政治野心也急剧膨胀。

因此，我们可以说，从第二帝国到第三帝国，困扰了欧洲政治家几十年的

---

[1]　张炳杰、黄宜选译：《世界史资料丛刊·现代史部分·1919—1939 年的德国》，北京：商务印书馆，1997 年，第 40 页。

[2]　根据保罗·肯尼迪：《大国的兴衰——1500—2000 年的经济变迁与军事冲突》（王保存等译），北京：东方出版社，1988 年，第 243 页表 15、第 405 页表 30。

"德国问题"，说到底是在帝国主义政治经济发展不平衡规律的作用下，迅速崛起和重新迅速崛起的德国，急不可耐地向1815年以后建立起来的以欧洲大国均势为基础的欧洲协调体制，以及向第一次世界大战后战胜国列强建立的以凡尔赛体系为代表的世界秩序的一再挑战。如果说，"轻率的"威廉二世（Kaiser Wilhelm II von Deutschland）和狂妄自大的希特勒（Adolf Hitler）成了近代以来世界历史上的"风云人物"，这的确是历史的发展所使然。日本敢于向美、英等国挑战，同样也受到了帝国主义发展不平衡规律的作用。

二、民族主义与世界大战

两次世界大战在起源共性上的另一个层面，即它们都是民族主义在西方国家恶性发展的结果。但是，迄今为止，国内外学术界对19世纪末20世纪初的西方列强的民族主义的恶性发展论述极少，而对巴尔干民族主义的评价也不够公允。有鉴于此，为了说明这个问题，有必要首先对民族主义的含义、产生及发展轨迹给以简要阐述。

（一）民族主义的含义、产生及其发展

研究民族主义的现代学者发现，把民族主义的所有特征汇集起来，或给民族主义下一个确切的定义，是相当困难的。E. B. 哈斯曾做过这种比喻：民族主义是只大象，研究者是个瞎子，每个研究者只摸到"民族主义"大象的一个部分。[①]然而，国内外学者仍然从不同的角度进行了探讨，并使民族主义的定义表现出巨大差异。国外学者的定义各不相同，试举几例：1975年版的《大英百科全书》中的"民族主义"词条中说明：民族主义是个人认为每一个人对于民族国家（the nation-state）应尽的最高的世俗忠诚的一种心态。民族主义是一种近代运动。在历史上个人与自己的故土、传统和既有的权威连在一起，但到了18世纪行将结束之时，民族主义才开始形成，从而成为近代历史最有决定性的因素之一。1972年麦克米伦出版公司出版的《国际社会科学百科全书》的"民族主义"词条中认为，"民族主义是一种基于现代化社会内聚力，以这种社会权力合法化要求的政治信条，民族主义集中了绝大多数现存的或要求建立中的国家的极度忠诚"。1987年圣马丁出版公司出版的《现代政治观念词典》的"民族主义"词条中认为，"民族主义指建立在共同语言、文化、血缘 —— 有时也包

---

① 参见 E. B. Hass, "What is Nationalism and Why Should We Study it?" *International Organization*, Vol. 40, No. 3 (Summer, 1986), pp. 707-744。

括共同宗教和领土等之上而胜过其他个人忠诚要求的一组亲和力"。代表国内基本看法的是 1992 年由中国大百科全书出版社出版的《中国大百科全书·政治学卷》中的"民族主义"词条，它认为民族主义是"资产阶级思想在民族关系上的反应，是资产阶级观察和处理民族问题、民族关系的指导原则"。这些定义有益于我们多侧面理解民族主义，但都具有明显的缺陷。国外学者在一定程度上揭示了民族主义的文化、传统与宗教因素，但忽略了决定民族生存、发展的政治经济因素；国内学者重视民族主义的阶级特征而忽略了它的文化与价值观，因此不能涵盖民族主义的基本内容。

为了说明民族主义的真意，我们可以从词源学、语言学和民族主义的起源等方面进行探讨。

从词源学来说，英语中的 -ism 作为后缀，表示一种思想体系，它最初来自于希腊文和拉丁文，但其含义却不能只用"主义"一词完全概括；它的本意主要有两个：一个是"行动或实践"（action or practice），另一个是"理论或原则"（theory or doctrine）[①]。因此，如果我们把 Nationalism 仅理解为"主义"的话，就只反映了它的第二个含义，而没有把它的第一个含义即行动或实践包括进来。所以，民族主义的内容应当包括上述两个方面，即民族主义既是行动或实践，又是理论或原则，或称为意识形态（ideology）。

从语言学来说，欧洲语言中的"民族"（Nation）一词来源于拉丁语 Natio，其本意大致为一个有亲缘关系的定居某处的社会团体。但是 nation 也具有"国家"之意，而且为了说明民族与国家在历史上的密切关系，还出现了惯用的词汇"民族国家"（nation-state）。实际上，尽管"民族"和"国家"是两个不同的概念，但是由于它们共同具有的内在的统一性和外在的独立性，这就使它们可以互为载体。近代民族和近代国家伴随法国大革命而来，这场革命把民族这一本无多少政治含义的概念与资产阶级民主和国家主权的思想相结合，把民族荣誉、民族自决、民族主权、民族命运等以民族为主体的意识上的认同与政治自主性相结合，从而赋予近代民族主义以最根本的特征——民族需要组成国家，成为国际政治主权单位，即民族国家。可以说，在民族国家中，民族是国家的灵魂，国家是民族的躯体。

从民族主义的起源来说，作为一种现代的意识形态和实践运动，民族主义

---

① C. T. Onions ed., *The Oxford Dictionary of English Etymology*, Oxford: Oxford University Press, 1966, reprint 1996, about-ism.

首先是在西方兴起的。它一开始就是欧洲资产阶级革命时代疾风暴雨的产物。它的思想基础是追求个性自由的世俗哲学和与之相关联的自然法权观念。中世纪不存在民族主义。当时所有的基督教徒都属于天主教会，所有受过教育的人都使用拉丁语，大多数人认为自己首先是基督徒，其次认为自己是某一地区如勃艮第或康沃尔的居民；只是最后，如果实在要说的话，他们才说自己是法兰西人或英吉利人。在那时，无人知晓民众应忠实于国家，也无人感到他们的命运依赖于民族的命运。[①] 即使是当时的有识之士，也只认为自己是在同某位君主的权力和政策保持一致，而不是同国家的权力和政策一致。生活在德意志统一之前的歌德（Johann Wolfgang Von Goethe）有一句很有代表性的话，他在自传中写道："我们全都支持腓特烈大帝，但是普鲁士与我们何干？"[②]

随着中世纪封建制度的逐渐式微，在欧洲出现了在本民族区域内行使独立权力的、其教会脱离天主教会的王朝国家（dynasty-state），最有代表性的是当时的英格兰、法兰西和西班牙。它们为现代民族国家的诞生提供了母体模式，也为民族主义的兴起打下了基础。民主和工业革命为民族主义的产生提供了必要条件。阿诺德·汤因比（Arnold Joseph Toynbee，1889—1975）在《历史研究》中指出，民主"同区域性的（或地方的）政权发生了冲突；在区域性国家这个旧机器里注入了民主和工业主义这两个巨大的新力量以后，就产生了两个很突出的东西，一个是政治上的民族主义，一个是经济上的民族主义"。[③] 因此，虽然 17 世纪的英国内战与所谓"光荣革命"首开欧洲资产阶级革命之先河，18 世纪的美国独立战争首开从旧帝国体制内创立新国家的先例，但毫无疑问，正是法国大革命从理论和实践上对现代民族主义运动产生了更为直接的影响。法国大革命之父卢梭（Jean-Jacques Rousseau，1717—1778）首先倡导的全民主权观点，第一次体现在 1789 年 8 月 26 日公布的《人权与公民权宣言》之中，宣布"在权利方面，人生来是而且始终是平等的"，"主权本质上存在于全体公民之中"。于是，国王和贵族阶级的一切特权都被剥夺，对立的等级结构也被彻底破坏，传统的社会差别不复存在，全体公民终于组成了民族整体。正如法国历史学家阿尔贝·索布尔（Albert Soboul，1914—1982）所说："民族是一个整体，全体公民都汇成一体，等级和阶级都不复存在，全体法国人组成了法兰西民

---

① B. C. Shafer, *Nationalism, Myth and Reality*, New York: V. Gollancz, 1955, p. 61; Hans Kohn, *Nationalism: Its Meaning and History*, Princeton: D. Van Nostrand Company, 1955, p. 10.

② 转引自汉斯·J. 摩根索：《国家间的政治》（杨岐鸣等译），北京：商务印书馆，1993 年，第 144 页。

③ 汤因比：《历史研究》中册（曹未风等译），上海：上海人民出版社，1986 年，第 53 页。

族。"① 从此，民族国家取代了王朝国家，尽管当时它是由有财产的公民所组成，但是"这些公民居住在一个共同的地区，在他们共同的政府中拥有一个发言权，并意识到他们共同的（想象或真实的）遗产和他们共同的利益"。② 民族利益取代了王朝利益。

民族主义在整个法国革命和拿破仑时期得到了最大的促进。法国革命不仅创立了国旗、国歌和国家节日等民族主义的仪式和象征，而且以说法语，鼓励报刊的出版发行，灌输对国家的热爱等，促进着民族主义的发展，更以渴望为祖国而战的公民所组成的军队捍卫法兰西民族国家的生存。"大众皇帝"拿破仑·波拿巴（Napoléon Bonaparte，1769—1821）首先带兵输出革命，为民族主义在欧洲的扩散和欧洲各民族国家的建立铺平了道路。在研究民族主义起源问题上做出重要贡献的英国历史学家艾瑞克·霍布斯鲍姆认为，现代民族主义起源于 18 世纪末的欧洲，是一个以法国大革命为契机的近代现象。这个看法是很有道理的。③

在进行了上述考察之后，我们可以对民族主义给予这样的叙述：民族主义是近代以来民族在其生存与发展过程中产生的，基于对本民族历史和文化的强烈认同、归属、忠诚的情感与意识之上的，旨在维护本民族权益、实现本民族和民族国家发展要求的意识形态与实践运动。如果对此做进一步的阐述，可以说，民族主义作为意识形态，至少有以下三种功能：其一，加强对本民族起源和民族家园的认同；其二，表达民族的集体身份并以此为基础证明国家政权的合法性；其三，提供维系和丰富本民族的价值观体系。民族主义作为社会实践运动，可能有三种不同的取向：一是创立民族国家；二是维护和提高民族国家的声望；三是对外扩张。④ 但第三种取向是一种非理性的蜕变的民族主义行动。

---

① 索布尔：《法国大革命史》（马胜利等译），北京：中国社会科学出版社，1989 年，第 475 页。

② B. C. Shafer, *Nationalism, Myth and Reality*, p. 105.

③ E. J. Hobsbawm, *Nations and Nationalism since 1780: Programme, Myth, Reality*, Cambridge: Cambridge University Press, 1990, p. 3.

④ M. Reijai, *Political Ideology: A Comparative Approach*, New York: Westport, 1991, p. 25. 关于 20 世纪 90 年代国内学者对民族主义的各种定义和评述，请参见程人乾：《论近代以来的世界民族主义》，《历史研究》1996 年第 1 期；张晓刚：《民族主义、文化民族主义、第三世界民族主义》，《战略与管理》1996 年第 3 期；马瑞映：《民族主义：概念与现实》，《陕西师范大学学报》1995 年第 4 期；李宏图：《论近代西欧民族主义和民族国家》，《世界历史》1994 年第 6 期；徐蓝：《关于民族主义的若干历史思考》，《史学理论研究》1997 年第 3 期。关于国内学者对民族主义的主要研究成果，还可参考《战略与管理》1994 年第 3、4、5 期和 1996 年第 1、2、3 期。其中分别以"变动中的世界格局与民族主义"和"世纪之交的民族主义"为主题收集了若干论文。徐迅：《民族主义》，北京：中国社会科学出版社，1998 年。进入 21 世纪，国内学者对民族主义的研究兴趣不衰，有关研究的综述，可参见彭萍萍：《民族主

随着法国大革命的胜利，民族主义开始了从西欧向东欧乃至世界的传播过程。如果对这一过程给予最概括的说明，可以说，19 世纪是民族主义在欧洲并随之向拉丁美洲扩散、先后在欧洲和拉丁美洲取得胜利的时代，也是西欧民族主义的蜕变时期和东方民族主义的萌发时期；20 世纪是民族主义在东方取得全面胜利的时代，也是民族主义在世界范围内全方位多元化发展的时代。

拿破仑帝国建立后，拿破仑几乎与英国和欧洲所有的君主作战，连续打败第三、第四、第五次反法联盟，使帝国不断扩大：以法兰西帝国为中心，其权势辐射到整个亚平宁半岛、伊比利亚半岛、"莱茵邦联"[①]、荷兰和比利时，以及东欧。拿破仑的军队所到之处，传播资产阶级自由、平等、博爱的观念，贯彻法国革命的一些基本原则，推行《拿破仑法典》，进行了具有进步意义的改革，受到当地许多革命者的欢迎。但是，拿破仑也压榨被征服地区，掠夺财富、摊派兵役，凭借武力进行专横统治，这就激起了当地人民的强烈不满。正是在法国革命思想的影响下，欧洲各地出现了不断高涨的民族独立意识和民主要求，欧洲的知识分子以极大的热情宣扬本民族的民族身份、民族团结和民族自治，并把他们的民族主义发展为推翻拿破仑统治的民众运动。意大利的动乱、西班牙的武装抵抗和德意志日益增强的民族团结，正是这种反抗的标志。

1815 年以后，欧洲的民族主义更加强烈地表现出来。这是因为维也纳会议的领土解决方案使数百万德意志人、意大利人、比利时人、挪威人以及奥匈帝国和奥斯曼帝国的许多民族，或遭受外族统治，或陷于民族分裂。于是在欧洲各地接二连三地爆发了民族反抗斗争，比利时和希腊首先分别摆脱了荷兰与土耳其的统治，分别于 1830 年和 1832 年赢得了独立。1848 年的革命进一步唤起了中欧、东欧和南欧各民族的觉醒。到 1871 年，意大利的统一和德意志帝国的

义研究综述》，《当代世界与社会主义》2003 年第 1 期；花永兰：《国外学者关于当代民族主义研究综述》，《国际资料信息》2004 年第 8 期；《国内学者关于当代民族主义研究综述》，《理论前沿》2004 年第 8 期；叶江：《西方民族主义研究现状及历史刍议》，《国际观察》2006 年第 4 期；贾东海：《关于60 年来"民族"概念理论研究的述评》，《西北民族大学学报》2009 年第 6 期。相关的专著包括：彭树智：《东方民族主义思潮》，西安：西北大学出版社，1992 年；花永兰：《当代世界民族主义与中国》，北京：华文出版社，2006 年；等等。

① 1806—1813 年，在法国保护下的德意志南部、中西部 14 个邦国（后增至 16 个）通过签署莱茵联邦条约而建立的政治联合体，宣布脱离德意志神圣罗马帝国，组成由法国皇帝保护下的"莱茵邦联"。该邦联存在期间，拿破仑要求邦联各成员按照法国模式进行改革，颁布宪法，实行与《拿破仑法典》相一致的法律规章，建立中央集权的官僚行政管理体制等，以期确立一种稳定法国优势统治的国家结构，进而长期稳定其统治。但是拿破仑试图通过推动莱茵邦联各邦的改革来强化其影响力的努力，却在很大程度上推动了莱茵邦联德意志民族主义及其现代化改革和向现代社会的转型。

建立，标志着民族主义的原则已在西欧和部分中欧地区获胜，并为资本主义的发展排除了障碍。

19世纪，也是民族主义向拉丁美洲传播并取得初步胜利的时期，其结果是西班牙、葡萄牙在拉丁美洲的殖民地基本获得了独立。

19世纪末20世纪初，欧洲的民族主义朝着两个方向发展。其一，在中欧、东欧和东南欧，它继续鼓舞着德意志帝国、奥匈帝国、沙皇俄国和奥斯曼帝国各民族人民的民族主义运动，到20世纪初，塞尔维亚、罗马尼亚、黑山、保加利亚已赢得独立；其二，正是在这个时期，西欧国家的民族主义逐渐蜕变为极端民族主义和帝国主义，并最终在它们之间爆发了大战。

（二）民族主义与两次世界大战

产生于19世纪的现代民族主义，随着法国大革命的胜利开始了从西欧向世界的传播过程。但是到19世纪末20世纪初，西欧的民族主义发生了蜕变。资本主义的迅速发展和生产力的快速增长，使欧美各国的国内市场相对狭小，以武力开拓国际市场成为列强竞相选择的发展道路。资产阶级利用本国人民的民族主义情感，利用本民族是"上帝独选之子民"的迷信，进行狂热的民族优越论甚至种族优越论的宣传，假借为本民族"谋利益"和"传播文明"的名义，对东方众多弱小与落后国家和地区大搞殖民扩张、侵略和掠夺，把亚非拉的广大地区变成了它们的殖民地和附属国，从而对整个世界进行瓜分，疯狂争夺"阳光下的地盘"，建立起了帝国主义的殖民体系。霍布斯鲍姆尖锐而生动地指出："民族主义就其本身而言，显然不是新鲜事，可是，在1880—1914年间，民族主义却戏剧化地向前大大跃进，而其意识形态和政治内容也都发生了改变。这个词汇本身便说明了这些年的重要性。因为民族主义（nationalism）一词在19世纪末首次出现之际，是用来形容若干法国和意大利的右翼思想家群体。这些群体激烈地挥舞着国旗，反对外国人、自由主义者和社会主义者，而支持其本国的侵略性扩张，这种扩张，行将成为这些运动的特色。也就是在这段时期，《德国至上》取代了其他竞争歌曲，而成为德国事实上的国歌。"[1]

在进行对外扩张和殖民的过程中，已经建立了殖民大帝国的英国和法国自不必说，后起的德国的民族主义者野心更大，他们宣称："我们是所有民族中的精华……最有资格统治其他民族"；成为海军元帅的阿尔弗雷德·冯·提尔皮

---

[1] 艾瑞克·霍布斯鲍姆：《帝国的年代（1875—1914）》（贾士蘅译），南京：江苏人民出版社，1999年，第176—177页。

茨（Alfred von Tirpitz，1849—1930）坚持认为，德国的工业化和海外征服"像自然法则一样不可抗拒"；曾任德国外交大臣高和宰相的伯恩哈特·冯·皮洛夫（Bernhard von Bülow，1849—1929）则狂妄地说："问题不是我们是否要殖民，而是我们必须殖民，不管我们是否想殖民"；第二帝国皇帝威廉二世（Wilhelm II von Deutschland，1859—1941）自己也轻率地宣布德国"要在旧欧洲狭窄的边界之外完成重要任务"。[①]1891 年德国成立的"泛德意志协会"的目的，就在于在国内外促进德国的民族利益。协会的宣言声称："由于我们缺乏自己的幅员足够大的殖民地，所以我们还没有在任何条件下都可以使我国的工业得到保障的市场。"该协会鼓吹德意志人优越于其他一切民族，宣扬德意志文化是世界上最高的文化，要求促进和推动德国的殖民行动。为此，他们不仅要在欧洲扩张，在非洲和南美洲建立辽阔的殖民帝国，重新瓜分英国、法国以及葡萄牙和比利时的殖民地，而且更要把整个奥斯曼帝国纳入德国的殖民范围之内。[②]

其他西方列强也宣布了他们国家的"天定命运"。例如，早在 1850 年，美国的一个记者就在一篇文章中淋漓尽致地表达了这种认识："我们的使命是执行对整个墨西哥、南美、西印度群岛和加拿大的'命定扩张论'。三明治群岛和墨西哥湾的群岛对我们西部和东部的贸易来说都是必不可少的。中华帝国的门户必定为来自萨克拉门托和俄勒冈的人所拆毁，蔑视基督教的桀骜不驯的日本人必定为民主理论和选举方法所开导。共和国之鹰在掠过喜马拉雅山或乌拉尔山之后，将俯视滑铁卢战场，华盛顿的后继者将登上世界帝国的宝座！"[③]俄国的外交大臣沙佐诺夫（S. D. Sazonov）则在第一次世界大战前急欲完成"占领海峡控制君士坦丁堡这样的大斯拉夫主义的'历史任务'"。[④]

当这些西方国家堂而皇之地瓜分世界其他国家的领土或肆意划分势力范围的时候，他们以世界的主宰自居，全然不考虑被侵略被瓜分的国家的民族情感和民族利益。因此，随着 19 世纪的逝去，西方国家的民族主义发生了本质变化，逐渐失去了维护本民族正当权力和利益的进步性，而是向恶性发展，蜕变为维护资产阶级统治集团利益的极端民族主义、民族沙文主义、殖民主义、帝

① 肯尼迪：《大国的兴衰》，第 256 页。
② 参见维纳·洛赫：《德国史》（北京大学历史系译），北京：生活·读书·新知三联书店，1959 年，第273—274 页；B. M. 赫沃斯托夫编：《外交史》第二卷（上）（高长荣等译），北京：生活·读书·新知三联书店，1979 年，第364—365 页。
③ 杰弗里·巴勒克拉夫：《当代史导论》（张广勇等译），上海：上海社会科学院出版社，1996 年，第96—97 页。
④ 悉·布·费：《第一次世界大战的起源》上册，第 431 页。

国主义,并给人类带来了第一次世界大战的灾难,从而把民族主义作为社会实践运动的第三个取向——侵略扩张,发展到了极致。

第一次世界大战前,西方大国在日益蜕变而膨胀的民族主义的支持下,不仅在它们的海外殖民地展开争斗,还在东欧、东南欧和整个巴尔干地区进行激烈争夺。其中特别要指出的是德国的大德意志主义和俄国的大斯拉夫主义,以及在大斯拉夫主义支持下的大塞尔维亚主义。在大德意志主义的鼓动下,德国与奥匈帝国联手,决心在与俄国争夺巴尔干的过程中取得胜利。1913年10月16日在莱比锡举行的战胜拿破仑一百周年的纪念大会上,德皇威廉二世接见奥匈帝国的参谋总长,鼓励后者向贝尔格莱德进攻,并表示德国会坚决支持盟友,与奥匈帝国一起干。[①] 而奥匈帝国为了巩固它在巴尔干东、西部的统治地位,对抗俄国向巴尔干扩张,力图兼并波斯尼亚和黑塞哥维那,把塞尔维亚变成为自己的附庸,并夺取爱琴海的出海口。为此,奥匈帝国公开站在奥斯曼帝国一边,反对南部斯拉夫民族的独立运动。

沙皇俄国作为最大的斯拉夫国家,宣扬大斯拉夫主义,不仅自居于领导和保护东欧和巴尔干地区主要由斯拉夫民族构成的国家的地位,而且把南方斯拉夫各族作为其反对奥斯曼帝国和奥匈帝国的同盟军,最终目的是使俄国能够控制巴尔干,从而攫取伊斯坦布尔并自由进出黑海海峡。这被俄国看作是"确立对欧洲的统治的决定性一步"[②]。但是,俄国通过支持巴尔干斯拉夫人的民族解放运动,至少造成了三个后果:第一,它进一步巩固了俄国在巴尔干的地位,同时也间接瓦解着奥斯曼帝国和奥匈帝国;第二,它使奥匈帝国逐渐靠拢德国,以借德国之手与俄国在巴尔干一决高下,俄国与德国和奥匈帝国的关系更为紧张;第三,它使巴尔干的大塞尔维亚主义得到发展,更加激化了该地区的矛盾。

主要由南部斯拉夫民族建立的国家塞尔维亚,1881年与奥匈帝国签订秘密条约[③],此后,奥匈帝国在塞尔维亚的影响一度扩大。但是1903年,塞尔维亚发

---

① 参见康春林:《世界战争起源新论——东欧与两次世界大战》,北京:社会科学文献出版社,2003年,第8页。

② 《马克思恩格斯全集》第22卷,北京:人民出版社,1965年,第20页。

③ 该条约于1881年6月28日签订于贝尔格莱德,为期10年,塞尔维亚承诺未得奥匈帝国的事先允许,不同外国缔结政治条约,不准外国武装力量进入其领土,不准在其境内以及在奥匈帝国所占领的波斯尼亚、黑塞哥维那等地从事旨在反对奥匈帝国的任何政治、宗教活动和其他活动。奥匈帝国则同意承认塞尔维亚为王国,并应允敦促欧洲其他国家承认塞尔维亚为王国,还承诺不反对塞尔维亚在一定程度上的领土扩张。参见安·扬·维辛斯基、苏·阿·洛佐夫斯基主编:《外交辞典》(杨穆等译),北京:东方出版社,1986年,第14—15页。

生政变，亲奥匈的奥布伦诺维奇王朝被推翻，亲俄的势力上台。政变后的新王朝在外交上完全倒向俄国一边，指望俄国帮助它建立一个以塞尔维亚民族为主体的大南斯拉夫国家，即"大塞尔维亚"。在大塞尔维亚主义者看来，这个国家不仅包括与他们同文同种的居住在波斯尼亚和黑塞哥维这两个土耳其省份的人民[①]，还包括在奥匈帝国南部省份的克罗地亚人和斯洛文尼亚人。于是，大塞尔维亚主义的斗争目标直指奥匈帝国，而且为了达到这一目标，大塞尔维亚主义也就需要大斯拉夫主义的支持。因此，从一定意义上说，大塞尔维亚主义充当了大斯拉夫主义与大德意志主义争夺巴尔干过程中的前哨阵地和急先锋，而沙皇俄国对大塞尔维亚主义的支持，也使自己越来越直接地卷入巴尔干的争夺之中。

　　奥匈帝国和俄国对巴尔干地区的明争暗斗，与该地区的民族独立运动和内部争斗交织在一起，使巴尔干的形势异常复杂多变；而奥匈帝国与俄国之间矛盾的背后是"三国同盟"与"三国协约"的对抗这一国际政治现实，则使巴尔干地区更是危机四伏，干戈迭起。1908 年，由奥匈帝国宣布兼并波斯尼亚和黑塞哥维那造成的危机几乎酿成战争，其背后是德国、奥匈帝国与俄国、塞尔维亚的争夺；1912 年和 1913 年的两次巴尔干战争，虽然使巴尔干各族人民摆脱了土耳其的统治，但其背后都有英国、法国、俄国、奥匈帝国、德国和意大利等列强的插手并实际反映了两大军事集团的对立。这一切进一步毒化了国际关系，使欧洲越来越处于全面战争的阴影之中，而巴尔干则变成了欧洲战争的火药库。

　　当然，就总体来说，在第一次世界大战前，东欧和东南欧的各个少数民族，虽然也有着不断高涨的民族主义愿望和行动，然而它们国小力弱，内部纷争，又为大国所利用，为争取自由或保持独立而苦苦挣扎，还无法完全主宰自己的民族命运。[②]直到第一次世界大战之后，随着地处东欧、中欧和东南欧的四大帝国——沙皇俄国、奥匈帝国、德意志帝国和奥斯曼帝国的毁灭，波兰、芬兰、立陶宛、爱沙尼亚、拉脱维亚、捷克斯洛伐克、南斯拉夫（塞尔维亚-克罗地亚-斯洛文尼亚联合王国）、阿尔巴尼亚等一系列基本根据民族自决原则恢复或建立的民族独立国家，才出现在这些帝国的废墟上。

　　但是，第一次世界大战之后，西方这种蜕变的民族主义在意大利、德国和日本得到了进一步发展。在意大利，国家法西斯党的纲领具有突出的极端民族

---

① 根据 1878 年柏林条约的规定，波斯尼亚和黑塞哥维那由奥匈帝国占领，而主权仍属土耳其所有。

② Frank McDonough, *The Origins of the First and the Second World Wars*；悉·布·费：《第一次世界大战的起源》。

主义倾向，宣称"法西斯主义为民族而奋斗，它的目标是实现意大利人民的荣耀"①，这种荣耀的具体表现就是要重振古罗马帝国的霸业，强调意大利"要实现自己历史上的完全统一"，"行使地中海与拉丁文明之堡垒的职能"，"重视地中海和海外的意大利殖民地"。②德国纳粹党的极端民族主义则深深植根于种族主义，宣扬雅利安种族是对人类进步做出显著贡献的唯一民族，理应统治世界，而把犹太人和斯拉夫人都视为劣等民族。希特勒（Adolf Hitler，1889—1945）在《我的奋斗》中不仅要求建立把所有雅利安人的后代日耳曼种族和说德语的民族都包括在内的大德意志国家，而且要首先向东方发展，"建立在劣等民族的奴隶劳动基础之上的统治民族的帝国"。③正是在这种丧失理性的极端种族主义狂热中，成千上万的犹太人最终被惨无人道地送进了纳粹的焚尸炉。在日本，极端民族主义表现为宣扬大和民族优越论，宣扬日本的国体"万世一系"，"万国无比"，并把这种宣传引入对外事务，宣扬"国兼六合，八纮一宇"，以此煽动对外侵略战争。

因此，第一次世界大战后，这种蜕变的极端民族主义进一步与法西斯主义、极权主义、军国主义、帝国主义相结合，形成了意大利法西斯极权主义、德国纳粹主义和日本军国主义的法西斯国家体制；并最终驱使他们发动了再一次使生灵涂炭的第二次世界大战，去实现墨索里尼的恢复古罗马帝国、希特勒的建立拥有无限"生存空间"的第三个千年德意志帝国以及日本法西斯的建立"大东亚共荣圈"的迷梦。有关法西斯主义与第二次世界大战的关系，我们还会在本章第二节中探讨。

三、联盟体系与世界大战

这里还必须指出的是，在研究世界大战起源的问题上，一些西方学者和政治家认为，大国的结盟政策和相互冲突的同盟体系，是世界大战爆发的基本原因之一。在两次世界大战之间的年代（即战间期）中，特别是在孤立主义盛行的美国，以及在力图恢复与操纵欧洲均势的英国，这种看法很有市场。④但是，

---

① 萨尔沃·马斯泰罗尔：《欧洲政治思想史：从十五世纪到二十世纪》（黄华光译），北京：社会科学文献出版社，1998年，第506页。

② 朱庭光主编：《法西斯新论》，第87页。

③ 艾伦·布洛克：《大独裁者希特勒》上册（朱立人等译），北京：北京出版社，1986年，第315页。这里的"日耳曼种族"实际上是指"德意志种族"，由于本书从英语翻译过来，故译为"日尔曼种族"。

④ 参见悉·布·费《第一次世界大战的起源》，斯塔夫里阿诺斯《全球通史：1500年以后的世界》。

这似乎是从第一次世界大战中总结出来的经验，在第二次世界大战时却并不适用。因为二战爆发的重要原因之一，恰恰就是英法美等资产阶级民主国家未能及早协调行动并与苏联结成反法西斯的同盟，从而使希特勒提前发动了战争

那么应当如何认识联盟体系与大战爆发之间的关系问题呢？实际上，并不是同盟体系引起了战争，而是大国争霸利益的需要产生了同盟体系，大国的争霸斗争牵制着同盟体系，从而在一定程度上促成了大战的来临。就一战前德国和奥匈帝国的结盟动机而言，德国人一心要在全世界前进，而他们如果要取得对近东的控制，奥匈帝国对他们就必不可少。奥匈帝国驻君士坦丁堡的大使曾经以得意的心情语言尖刻地对德国人摆出这一抉择："要末放弃博斯普鲁斯海峡以及德国在近东的地位，要末同奥地利并肩前进，祸福与共。"[1] 英国著名史学家 A. J. P. 泰勒在分析了德国和奥匈帝国决定进行战争时深刻指出："奥匈正越来越衰弱，德国则相信它正处于鼎盛时期。所以，这两个国家决定打仗是出于相反的动机，而它们的决定凑到一起就造成了一场欧洲大战。"[2] 另一个例子也很有代表性。第一次世界大战前，意大利与德国和奥匈帝国结成三国同盟。但是战争爆发后，意大利却采取中立立场，待价而沽，坚持在它的盟国答应了它的条件后才会参战。意大利的要求是：取得蒂罗尔和伊斯特里亚以完成"民族统一"；[3] 在亚得里亚海获得主宰地位；在近东及殖民事务中的强国地位得到承认。但是奥匈帝国绝不能同意将原属于奥地利的居住在蒂罗尔的 30 万德意志人让给意大利，而协约国却并不在乎把蒂罗尔的德意志人牺牲给意大利，特别是英法（尽管俄国人表示担心）还愿意把达尔马提亚全部许给意大利，并答应使阿尔巴尼亚成为意大利的保护国。1915 年 4 月 26 日协约国与意大利签订了《伦敦密约》，允诺在战后把奥匈帝国所属的特兰提诺、蒂罗尔、达尔马提亚、的里雅斯特等地区划给意大利，英国还答应给意大利 5000 万英镑的贷款作为其参战的费用；意大利则答应同协约国一起"对它们所有的敌国"进行战争，并在一个月之内"进入战场"。因此，当奥匈帝国也想对意大利让步时，已为时太晚。5 月 23 日，意大利站在协约国一边对奥匈帝国宣战。

因此，正如麦克多诺所说："每一个国家对战争的决定是基于它对其国家

---

① A. J. P. 泰勒：《争夺欧洲霸权的斗争（1848—1918）》（沈苏儒译），北京：商务印书馆，1987 年，第 569 页。

② A. J. P. 泰勒：《争夺欧洲霸权的斗争（1848—1918）》，第 584 页。

③ A. J. P. 泰勒认为，意大利对这些地区的"民族"要求不过是一个神话，因为在这些地区的居民中意大利人均不占多数。A. J. P. 泰勒：《争夺欧洲霸权的斗争（1848—1918）》，第 601 页注释 2。

利益的判断，这种国家利益可能与盟国相一致，但是在所有情况下，都不是由其盟国决定的。"① 英国史学家 D. 迪尔克斯主编的《从权力撤退》一书中对这个问题讲得更为清楚："人们普遍认为，只是因为有个相互牵连的同盟体系，才使巴尔干争端变成了一场大战。这是大可存疑的。一些国家在 1914 年打起来，未必是因为同盟条款的强使，倒是出于他们对自己利益的判断。就这个意义来说，即使原来没有德奥之间和法俄之间的有效同盟，战争开始时，力量的组合也会同样出现。"② 可以说，酿成世界大战的起决定性作用的因素是大国之间的相互牵连的利益关系，而这种利益关系早晚会把那种同盟体系制造出来。一旦这种同盟得以形成，他们之间的恶性互动，便成为导致大战爆发的因素之一。

综上所述，我们可以说，帝国主义、帝国主义政治经济发展不平衡的规律，以及恶性膨胀的民族主义，是 20 世纪两次世界大战起源上的共性。

但是第二次世界大战的起源与第一次世界大战相比，又有着极大的不同。这便是我们要说明的第二次世界大战起源的个性问题。

第二节　第二次世界大战起源的个性探讨

一、两次世界大战之间的延续关系

一些严肃的历史学家和政治家认为，第二次世界大战是第一次世界大战的继续。A. J. P. 泰勒在其震动学界的名著《第二次世界大战的起源》中明确指出："第二次世界大战就是从第一次世界大战的种种胜利成果中生长出来的，是从运用这些胜利成果的方式中生长出来的。"③ 美国历史学家 H. 斯图尔特·休斯在其颇有影响的著作《欧洲现代史》中认为："正是第一次大战，使得欧洲社会不可能在旧基础上重建。这次战争'为未来洗好了牌'；它造成一种人们无法维持国内国际稳定的局面，从而下一次大战终于不可避免。"④ 在关于第二次世界大战起源的个性研究上，这些看法颇具启发性。因为第二次世界大战与第一次世界大

① 　Frank McDonough, *The Origins of the First and the Second World Wars*, p. 33.

② 　David Dilks ed., *Retreat From Power: Studies in Britain's Foreign Policy of the Twentieth Century*, Vol. 1, London: Macmillan, 1981, p. 8.

③ 　A. J. P. 泰勒：《第二次世界大战的起源》，第 15 页。

④ 　H. 斯图尔特·休斯：《欧洲现代史（1914—1980 年）》（陈少衡等译），北京：商务印书馆，1984 年，第 49 页。

战在因果关系上的继承性，正是二战在起源上的重要个性之一。

第二次世界大战的一个重要根源，即在于第一次世界大战后战胜国对世界做出的和平安排之中。正如英国学者理查德·拉姆所说："第二次世界大战的种子深植于 1919—1920 年签订的凡尔赛、圣日耳曼和特里亚农条约的条款之中。"[①]可以说，凡尔赛体系是产生第二次世界大战的温床。大量的资料和不断做出的研究成果已经表明，第一次世界大战是两大帝国主义集团共同发动的，战争的罪责应当由双方承担。在一战期间上台执政的英国首相劳合-乔治（David Lloyd George，1863—1945）承认，当年"所有的欧洲国家都滑过沸腾的大锅的边缘而掉进了 1914 年的战争之中"。[②]然而战胜国却根据强权政治的原则，在《凡尔赛条约》第 231 条中明确规定德国及其盟国应当承担战争责任，这就给战胜国堂而皇之地掠夺战败国提供了法律依据。但是它至少造成了两个极其严重的后果。

第一，根据这一条款，使构成凡尔赛体系的几个主要条约对战败国极为苛刻，其掠夺性骇人听闻，其中最为典型的是关于德国赔款的规定，而第 231 条正是《凡尔赛条约》中关于赔款部分的第一条内容。著名的英国经济学家约翰·梅纳德·凯恩斯（John Maynard Keynes，1883—1946）曾经深刻地指出，这种要求德国支付赔款的方法是"年复一年地永远地把它（指德国）的皮剥光。无论这种手术作得如何熟练和小心，在手术中多么注意不要杀死病人，它却代表了一种政策，这种政策如果真被采纳并蓄意实行，人们的判断就会宣告，它是一个残忍的胜利者在文明史上所干出的最凶残的行为之一"。[③]德国虽然被迫接受了《凡尔赛条约》，但从未承认过自己的失败，并对该条约充满仇恨。例如，当 1919 年 5 月 12 日德国国民议会讨论是否接受和约时，参加会议的所有党派空前一致地反对批准和约，会议主席康斯坦丁·费伦巴赫（Constantin Fehrenbach，1852—1926）曾用这样的话来结束会议：今天的会议进程是目前这一痛苦时期的巨大安慰。这是德国人民的全体代表反对他们命令我们接受的残酷和约的强有力的表现。谁也不能说我们之间有细微的分歧，有不同的心情；不，所有发言人的心情都是同样炽热的！我们不能接受这项和约。在和约的签

---

① Richard Lamb, *The Drift to War 1922-1939*, London: W. H. Allen, 1989, p. 3.

② David Lloyd George, *War Memoirs*, Vol. 1, London: Ivor Nicholson & Watson, 1933, p. 52. 关于一战的研究情况的概括介绍，参见 Frank McDonough , *The Origins of the First and the Second World Wars*, chap. 2。

③ 齐世荣主编：《世界通史资料选辑·现代部分》第一分册，北京：商务印书馆，1998 年修订第 2 版，第 40 页。凯恩斯是参加巴黎和会的英国代表团的首席经济顾问，因不满和会对欧洲经济问题的政策而辞职。

字之日，德国各右翼报纸在第 1 版都在公布的和约的文本上加了表示哀悼的黑框。[①] 可以肯定，随着国力的恢复与增长，德国必然会从要求修改条约到不履行条约，直至撕毁条约。实际上，在巴黎和会期间，和约的缔造者之一、英国首相劳合-乔治就已经预感到了这种危险。他在 1919 年 3 月 25 日的《草拟和约条款最后文本前对和平会议的几点意见》（即《枫丹白露备忘录》）中写道："历史证明，一项作为外交技巧和政治家手腕的成就而受到胜利者欢呼的和约，即使从长远后果看来是适度而有节制的，也必将被证明是目光短浅的，并且对胜利者来说，也是充满危险的。"他还说："你们可以夺走德国的殖民地，将它的军队裁减到只够建立一支警察部队的数量，将它的海军降到五等国家的水平。这一切终归毫无意义，如果德国认为 1919 年的和约不公平，那么它将会找到对战胜国进行报复的手段。"[②] 积极主张掠夺德国的法国元帅费迪南·福煦（Ferdinand Foch，1851—1929）也预言："这不是和平。这是 20 年的休战。"实际上，和会刚刚结束，德国的复仇主义者就喊出了"打倒凡尔赛条约"的口号。战后民族主义和复仇主义在德国的蔓延并达到了历史上的最高点，是 30 年代希特勒领导的纳粹党得以上台的重要原因之一。

　　第二，魏玛共和国本来是德国历史的进步，但无论是德国的右派还是左派，都对这个共和国十分反感。右派认为它是在对德意志第二帝国的革命中诞生的，左派则认为它是镇压了 11 月革命的结果。魏玛共和国成立后的第一件大事就是签订《凡尔赛条约》，左派谴责它是帝国主义的和约，右派则站在德帝国主义复仇的立场上，认为谁签订和约，谁就是民族的罪人。然而战胜国只要求这个新生的共和国承担战争罪责，裁减军备，割地赔款，并对其进行经济制裁，而对于加速德国的民主化进程却置若罔闻，使本来就先天不足的共和国更失人心。这种社会状态，同样是纳粹党和希特勒上台的合适土壤。

　　另外，对于现状深感不满的国家，并不只限于战败国。日本和意大利虽然算是胜利的一方，心中也总是因为分赃不均而耿耿于怀。意大利为盟国未能全部兑现战时签订的伦敦密约中所许诺给它的战利品而十分不快，日本则由于华盛顿体系对它在远东扩张野心的一定限制而始终不悦。实际上，正是在意大利、德国和日本这些对第一次世界大战的后果强烈不满的国家中，产生了不同形态

---

① 科佩尔·S. 平森：《德国近现代史：它的历史和文化》下册（范德一等译），北京：商务印书馆，1987 年，第 530—531、532 页。

② 《枫丹白露备忘录》是英国首相劳合-乔治主要为督促法国尽早签订对德和约所写。全文见 David Lloyd George, *The Truth about the Peace Treaties*, vol. 1, London: V. Gollancz Limited, 1938, pp. 404-416。

的法西斯运动，并对和平造成威胁。因此第一次世界大战后的和平十分短暂。特别是当 30 年代法西斯国家的侵略扩张日益猖獗之时，英法美等西方民主国家为避免再一次战祸，实行以牺牲小国和弱国的利益来满足法西斯国家侵略扩张要求的绥靖政策，同时仍然坚持巴黎和会所定下的敌视苏联的基调，致使世界反法西斯统一战线未能在二战前建立，并因此对二战的进程产生了极为不利的影响。丘吉尔曾尖锐地把凡尔赛体系称为"胜利者所做的蠢事"[①]，此话颇有见地。

有关第一次世界大战后的战胜国列强对战后世界的和平安排——凡尔赛-华盛顿体系在构建世界和平方面的致命缺陷，我们还将在第二章进一步详细论述。

二、法西斯主义与第二次世界大战

20 世纪 30 年代的法西斯国家日本、德国和意大利是第二次世界大战的发动者。这与第一次世界大战有所不同。为了深入说明这个问题，我们有必要介绍有关法西斯运动与法西斯研究的一些情况。

（一）法西斯运动及法西斯主义研究简介

"法西斯"一词来源于拉丁文"Fasces"，原意是中间插着一把战斧的一束棍棒，是古罗马帝国高级长官的一种权力标志，在他们出巡时其扈从每人肩负一束，寓意人民必须服从至高无上的国家权威，否则立即绳以斧钺。今天，"法西斯"是一个令人憎恶的字眼，它是独裁、暴政、恶行和侵略战争的代名词。实际上，在第一次世界大战爆发以前，世界上的任何地方都不曾存在法西斯主义。毫无疑问，正是由于大战带来的社会大动乱及其造成的破坏和引发的危机，在一些国家中出现的激烈的极端民族主义情绪和对"红色"革命的深深恐惧，以及"凡尔赛-华盛顿体系"的安排所激起的新的不满与冲突，才产生了称之为法西斯主义的运动。在世界范围内，这一运动几乎同时产生于意大利、日本和德国，并最终在这些国家成了气候，其领导人分别掌握了这些国家的政权，进而为这个世界带来了另一场战争大灾难。

在国际范围内，法西斯运动有两次高潮。

第一次高潮为第一次世界大战后的 1919—1923 年，这是法西斯运动的"滋生期"。其主要表现是：1919 年 3 月，本尼托·墨索里尼（Benito Mussolini，1883—1945）于 1919 年 3 月在意大利的米兰成立了"战斗的意大利法西斯"，

---

① 温斯顿·丘吉尔：《第二次世界大战回忆录》第一卷上部第一分册（吴万沈译），北京：商务印书馆，1974 年，第一章。

是世界上第一个法西斯主义政党。该政党在墨索里尼的领导下，于1922年10月在意大利建立了世界上第一个法西斯政权。1919年8月，日本出现第一个民间法西斯社团"犹存社"。1921年10月27日在德国留学的三个军人永田铁山（1884—1935）、冈村宁次（1884—1966）、小畑敏四郎（1885—1947）在莱茵河畔的巴登巴登温泉订立密约，约定回国后将致力于"消除派阀、刷新人事、改革军制、建立总动员态势"，第二天东条英机（1884—1948）加入。"巴登巴登密约"是为日本军部法西斯运动的开始。1920年2月，希特勒宣布把德意志工人党改名为"民族社会主义德意志工人党"，是为德国法西斯运动的开始。1923年希特勒发动"啤酒馆暴动"，企图仿效墨索里尼向罗马进军，利用暴力推翻魏玛共和国，但很快失败。

　　第二次高潮为1929—1936年，这是世界经济大危机时期，也是法西斯主义及法西斯运动的"泛滥期"。其主要表现是：在纳粹德国，纳粹党员从1928年的10万人，发展到1932年3月的100万人；在国会选举中，纳粹党的选票从1928年的81万张，增加到1932年的1374.5万张；1933年1月，纳粹党领袖希特勒上台执政。在日本，1931年9月18日，日本发动了侵略中国东北的"九一八事变"，燃起了20世纪30年代的第一场战火，是为第二次世界大战的序幕，中国共产党领导的东北抗日联军开始了局部抗战。1936年5月，以广田弘毅（1878—1948）内阁（1936年）恢复陆海军大臣现役武官专任制为标志，日本法西斯政权初步确立。1937年7月7日，日本法西斯发动了全面侵华战争，成为第二次世界大战在亚洲开始的标志。中国开始全国抗战，开辟了第二次世界大战的东方主战场。[①]意大利则于1935年10月发动了侵略埃塞俄比亚（当时称阿比西尼亚）的战争，在世界上燃起了另一场战火，并于1936年5月完成了对埃塞俄比亚的占领。

　　法西斯主义和法西斯运动作为20世纪的一种特殊的历史现象，从一开始就引起了学术界的重视。因此，国际学术界关于法西斯主义的研究，在法西斯主义作为一种社会运动出现之后即已开始。关于意大利法西斯主义的研究始于

---

① 改革开放以来，中国学术界对第二次世界大战的研究不断深入，出现了许多新的研究成果。其中一个重要的看法就是，不再将1939年9月1日德国入侵波兰视为第二次世界大战的开端，而是认为第二次世界大战是一个从局部战争不断发展为世界大战的过程：1931年的"九一八事变"，揭开了二战的序幕；1937年的"七七事变"，是二战在亚洲的开始；1939年9月德国入侵波兰，是二战在欧洲的开始；1941年6月22日德国入侵苏联，是二战在欧洲的扩大；1941年12月7日日本偷袭珍珠港，使二战真正发展到全球阶段。

20 世纪 20 年代。在论述早期意大利法西斯主义的英文著作中，1936 年出版的
G. 萨尔维米尼的《在法西斯主义的斧头下》①，被学术界认为是一本关于意大利法
西斯主义的杰出著作；1938 年出版的 A. 罗西的《意大利法西斯主义的兴起》②，
对早期意大利法西斯主义运动做了具体的描述。

关于德国纳粹主义的研究，德国史学家康拉德·海登在研究早期纳粹运动
方面，做出了杰出的贡献。他于 1932 年出版了《民族社会主义史》，1934 年出
版了《第三帝国的诞生》③，他将这两本书合并、删节后，成为《民族社会主义的
历史》④。1936 年他出版了《阿道夫·希特勒》，1944 年出版了《元首：希特勒上
台》⑤。凡从事第三帝国研究的学者，在纳粹党的早期历史方面，无不得益于海登。

中国学术界对法西斯主义的研究与国际学术界几乎是同步发展的。1933
年，上海光华书局出版了萧文哲的《德国法西斯蒂运动》；同年，上海神州国光
社出版了他的《德国法西斯蒂及其政治》；还出版了傅无退的《日本法西斯主
义》。1935 年商务印书馆翻译出版了海登的著作，名为《德国民族社会主义工
人党史》，以后多次再版，更名为《德国国社党史》⑥；同年该馆出版了希特勒的
《我的奋斗》，以后亦有多种版本；同年，该馆出版了萧文哲的《意大利法西斯
蒂运动》。1937 年商务印书馆出版了吴有三的《法西斯运动问题》。1938 年上海
现实书社出版了季米特洛夫的《论法西斯主义》，等等。

第二次世界大战结束后，纽伦堡国际军事法庭对纳粹首要战犯审判的 42 卷
记录和文件，远东国际军事法庭对日本甲级战犯审判的 43000 多页速记录⑦，以
及从缴获的德国、意大利、日本的档案中选出的文件，为各国学者提供了大量
原始资料，从而使这一课题的研究得到深化。今天，国际学术界把法西斯主义
和法西斯运动作为 20 世纪世界范围内的一种历史现象，在其历史背景、理论基
础、政纲核心、基本特征、主要类型、阶级关系、内部派别、运动性质、扩张
本性、外交政策以及内部极权体制等一系列重要问题上进行了多层次全方位的

---

① Gaetnao Salvemini, *Under the Axe of Fascism*, London: The Viking Press, 1936.
② A. Lossi, *The Rise of Italian Fascism 1918-1922*, London: London Press, 1938.
③ Konrad Heiden, *Geschichteds Nationalso-zialismus*, Berlin, 1932; *Gburt desDritten Reiches*, Zurich, 1934.
④ Konrad Heiden, *A History of National Socialism*, New York, 1934.
⑤ Konrad Heiden, *Adolf Hitler*, Zuricch, 1936; *Der Fuhrer, Hitler's Rise to Power*, Boston: Gollancz, 1944.
⑥ 实际上，National Socialism 应当译为"民族社会主义"更确切，因为它是极端的民族主义、种族主义
性质的社会主义。
⑦ 1968 年日本雄松堂书店将这些记录整理，出版了 10 卷本日文版的《極東國際軍事裁判速記録》。

探讨，新的研究成果层出不穷，一些重要的成果也陆续介绍到中国。①

对日本法西斯主义的研究始于 20 世纪 30 年代。在 20 世纪的日本学术界，虽然法西斯主义肯定论始终占主导地位，但法西斯主义否定论也一直持续存在多年，而且都自觉不自觉地把否定日本存在法西斯主义和否定日本对外侵略罪责的思潮联系在一起。1953—1954 年，日本东洋经济新报社出版了历史学研究会编写的 5 卷本《太平洋战争史》，提出作为法西斯主义特殊形态的日本是"天皇制法西斯主义"的观点，此后这种日本法西斯主义肯定论在日本即占主流地位。② 但 20 世纪 50 年代末至 60 年代，日本已经出现了法西斯主义否定论，如竹山道雄的《昭和精神史》、中村菊男的《昭和政治史》，但影响不大。但是到了 20 世纪 60 年代末至 20 世纪 70 年代，这种否定论发展为一种不可忽视的潮流，其中有中村菊男的《天皇制法西斯主义论》，伊藤隆的《昭和初期政治史研究》和他的论文《昭和政治史研究的一个视角》，等等。③ 随着 20 世纪 70 年代日本成为世界第三经济大国，以及日本要逐渐改变战败国的形象并成为政治大国的追求，日本学术界关于法西斯主义否定论也在继续发展。

从 20 世纪 60 年代开始，欧美学术界盛行"国际法西斯主义"研究和法西斯主义的比较研究，但很少把日本列为研究的对象，因为一些专门研究日本的欧美学者对日本法西斯主义也持否定看法。如爱尔兰学者乔恩·哈利戴的《日本资本主义政治史》（纽约 1975 年，中译本由商务印书馆 1980 年出版），美国学者戈登·M. 贝格尔的论文《昭和史研究序说》（《思想》1976 年 6 月号）；乔治·威尔逊的论文《"日本法西斯主义问题"的新见解》（《政治经济史学》1980 年 166 号）等。他们都对日本法西斯主义持否定说。即使美国的日本问题专家赖萧尔的《日本人》（哈佛大学 1977 年，中译本由上海译文出版社 1980 年出版，后来再版）一书，对于战时日本是否是一个法西斯国家也是含糊其辞

① 例如，艾伦·布洛克：《大独裁者希特勒〔暴政研究〕》（上下册，朱立人等译），北京：北京出版社，1986 年；弗·卡斯顿：《法西斯主义的兴起》（周颖如等译），北京：商务印书馆，1989 年；莱因哈德·屈恩尔：《法西斯主义剖析》（邸文等译），北京：军事科学出版社，1992 年；沃尔特·拉克尔：《法西斯主义——过去、现在、未来》（张峰译），北京：北京出版社，1996 年；以及本文中引用的其他相关著作。

② 当时的日本历史学研究会是日本一个比较进步的学术团体。这套书的中译本 1959 年由商务印书馆出版，译者是金锋等人。

③ 竹山道雄：《昭和の精神史》，新潮社，1956 年；中村菊男：《昭和政治の一過程》，《法学研究》，1957；中村菊男：《天皇制フアシズム論》，原书房 1967 年；伊藤隆：《昭和初期政治史研究 ロンドン海軍軍縮問題をめぐる諸政治集団の対抗と提携》，东京大学出版会，1969；伊藤隆：《昭和政治史研究への一視角（1930 年代の日本）》，《思想》，1976。

（参见该书第 104—105 页）。对于这种现象，究其学术上的原因，一方面在于对"法西斯主义"这一特定概念的不同理解，另一方面也是由于日本法西斯主义和法西斯体制与德国和意大利法西斯有着不同的特点，因此在历史比较方法上出现了错位。

中国史学界大体上是进入 20 世纪 80 年代之后，才开始将法西斯主义作为一个重要的研究课题。最初是结合第二次世界大战起源的研究，继而发展成为一个相对独立的专题。以朱庭光为首的一批专家学者，十几年来一直致力于这一课题的研究，逐步填补了我国史学的这一空白领域。1988 年由华夏出版社出版的《法西斯主义与第二次世界大战》，是我国关于法西斯主义的第一本论文专集。该书主要围绕德国和意大利法西斯的崛起与第二次世界大战之间的关系，论述了德国和意大利法西斯主义产生的历史条件、与各阶级的关系、如何攫取政权及其内外政策，大致反映了我国学者 20 世纪 80 年代中期所达到的研究水平，但没有包括对日本法西斯主义的研究。1991 年由重庆出版社出版的朱庭光主编的《法西斯新论》[1]，是我国关于法西斯主义研究的第一部学术专著。该书以法西斯主义在德、意、日的兴起和法西斯政权在这三国的确立为重点，在参阅和吸收国内外许多学者的研究基础上，对上述所说的国际学术界关于法西斯主义和法西斯运动的一系列问题进行了探讨，对有关这些问题的主要争论，给予了系统的阐述和回答，并就若干问题提出了自己的看法，反映了我国学者 20 世纪 80 年代末所达到的研究水平。1995 年上海人民出版社出版了朱庭光主编，李巨廉、陈祥超、孙仁宗副主编的《法西斯体制研究》，是我国关于法西斯主义研究的第二部学术专著，是《法西斯新论》的姊妹篇。该书的重点在于深入到德、意、日法西斯国家内部，通过对德国的纳粹体制、意大利的极权体制、日本的"国防国家体制"的全面确立过程和运行机制的详细探讨，揭示德、意、日法西斯国家体制的特点，以及与第二次世界大战的密切关系。[2]2004 年，中国华侨出版社出版了陈祥超撰写的《墨索里尼与意大利法西斯》，深入论证了意大利法西斯主义的起源、历史与现状。

在中国学者的研究中，特别值得指出的是关于法西斯主义的定义的发展。

20 世纪 30 年代，法西斯运动方兴未艾，其发展过程远未结束。当时的世界

---

[1] 朱庭光主编：《法西斯新论》，重庆：重庆出版社，1991 年。该书提供了在当时所能收集到的德、英、意、日、中文的重要参考书目，参见第 577—586 页。

[2] 有关对《法西斯体制研究》一书的评介，以及对法西斯主义研究的史学史的简介，参见徐蓝：《法西斯主义研究的重要进展》，《首都师范大学学报》1996 年第 1 期，第 57—60 页。

共产党人看到这一历史现象的产生所带来的危险，希望号召世界人民团结起来反对这种危险。在这种情况下，保加利亚共产党领导人、共产国际领导人季米特洛夫（Georgi Dimitrov Mikhailov，1882—1949）在1933年12月召开的共产国际第七次代表大会上，提出了什么是法西斯主义的问题。他对法西斯主义的定义有两段话最为重要。其一，"无论法西斯戴的是哪些假面具，无论它是以哪些形式出现，无论它用哪些方法获得政权——法西斯是资本家对劳动人民大众的最猖獗的进攻；法西斯是肆无忌惮的沙文主义和侵略战争；法西斯是疯狂的反动和反革命；法西斯是工人阶级和全体劳动人民最恶毒的敌人"。其二，"执政的法西斯是金融资本的极端反动、极端沙文主义、极端帝国主义分子的公开恐怖独裁"。[①]

这两段话，抓住了法西斯主义的反动本质，指明了世界人民面临的危险和威胁，为全世界共产党人和人民大众指出了国际斗争的主要打击方向，成为建立广泛的反法西斯统一战线的理论指导，是当时国际共产主义运动中的一次重大战略转变。如果当时世界各国共产党能够组织人民坚持贯彻这个方针，坚决一贯反对法西斯主义，那么国际形势和世界历史将变成另一个样子。遗憾的是人们未能这样做。

但是，当法西斯主义产生几十年之后，特别是今天它作为一种历史现象，它的发生、发展和灭亡的全过程已经完结后[②]，我们对这一独特的历史现象的认识自然会比当时的人们更为深化，更为全面，更为客观，更为准确。这就是《法西斯新论》中对法西斯主义的定义：

> 法西斯主义是在帝国主义陷入全面危机期间（按作者的观点，帝国主义陷入全面危机，是指第一次世界大战和十月革命爆发到50年代中期这样一个历史时期），主要在一些封建主义和军国主义传统影响浓厚的帝国主义国家出现的，以克服危机、对抗革命、实行扩张为目标的反动社会思潮的政治运动和政权形式。

执政的法西斯主义的基本特征是：

第一，它是崛起于社会中下层的右翼狂热运动，同原有统治阶级权势集团结成政治联盟所建立的反动政权，代表以垄断资产阶级为主体的新老

---

① 《季米特洛夫选集》，北京：人民出版社，1953年，第47、46页。

② 今天出现的所谓新法西斯主义与我们所说的20世纪20—40年代的法西斯主义不同，不包括在本文的叙述范围之内。

统治集团的利益。

第二，它是以极端民族主义为政纲核心，以侵略扩张，发动战争，争霸世界为其一切重大政策根本出发点的最野蛮凶残的帝国主义国家政权。

第三，它是以极权制取代民主制的反共、反社会主义、反民主主义的恐怖独裁统治，是资产阶级专政的极端形式。[1]

这个定义指出了法西斯主义产生的历史背景、滋生土壤，以及法西斯主义及其建立的政权的组成和阶级实质，揭示了法西斯政权的帝国主义侵略本性，概述了该政权的政治体制，因此是比较完整而准确的。[2]

历史已经证明，正是法西斯政权的对外侵略和无限扩张的帝国主义本质，导致德国、日本、意大利等法西斯国家发动了第二次世界大战。

（二）法西斯国家是第二次世界大战的发动者

对第二次世界大战的发动者——帝国主义国家的极端形式法西斯国家来说，它们争霸世界的帝国主义目的更为明显。希特勒从其种族主义而生出的"生存空间论"，具有潜在的无限扩张性。这种要使空间去适应日益增长的人口理论的唯一可能性，就是不断进行扩张直到最后占领整个地球，而这就意味着不断的对外战争。曾为希特勒的副手的鲁道夫·赫斯（Rudolf Walter Richard Heß，1894—1987）在 1927 年说过，希特勒认为，只有"当一国（种族上最优秀的那一国）取得了完全而无可争辩的霸权时"，世界和平才会到来。希特勒本人在 1928 年对此做了更确切的说明："我们考虑着我们（预计）的牺牲，衡量着可能成功的规模，并将继续进攻，不管进攻是否会在目前战线之外十公里或一千公里处停止。因为无论我们的成功可能在哪里结束，这将永远仅仅是一场新战斗的起点。"[3] 正如曾任德国总理的巴本（Franz von Papen，1879—1969）在纽伦堡审判时所说："正是由于纳粹目的的无限性，致使我们触了礁。"[4]

墨索里尼所建立的法西斯政权同样奉行帝国扩张与战争政策，他曾在官方的《意大利百科全书》"法西斯主义"词条中写道："只有战争能使人类的能力达到最高水平，能在敢于从事战争的人身上打上高贵的印记……法西斯主义认

① 朱庭光主编：《法西斯新论》，序论第 10 页。

② 但是，正如一些西方学者所说，"法西斯主义是一个颇有争议的话题"，对其概括非常困难，所以西方学者在论述法西斯主义时，一般是对德国的纳粹主义、意大利的法西斯主义做具体的说明。

③ 格哈特·温伯格：《希特勒德国的对外政策》上编《欧洲的外交革命（1933—1936 年）》（何江等译），北京：商务印书馆，1992 年，第 11 页。本书的第一章有对希特勒的种族论和空间论十分清楚的说明。

④ 艾伦·布洛克：《大独裁者希特勒〔暴政研究〕》上册，第 316 页。

为获得最高统治权的趋向……是生命力的表现。"①

　　日本法西斯也同样如此。早在 1918 年 12 月 15 日，当时随同日本元老西圆寺公望（1849—1940）参加巴黎和会的近卫文麿（1891—1945）就曾发表文章，认为第一次世界大战是赞成维持现状的英美等"富国"和要求打破现状的德国等"穷国"之间的战争，他肯定德国发动大战是正当要求，并宣称日本为了自己的生存，也应该像德国一样要求打破现状，并且"从我们自己的前途出发建立新的国际和平秩序"。②1931 年，时任"满铁"副总裁的众议员松冈洋右（1880—1946），提出满蒙是日本的"生命线"的煽动性口号，③而制造九一八事变的关键人物、关东军高级参谋板垣征四郎（1885—1948）则叫嚣："切实拥有支那以增强国力，真正掌握东洋和平之关键，就能完成未来争霸世界的战争准备。"④

　　可以看出，希特勒以无限"生存空间"为依托的扩张野心，墨索里尼对"最高统治权"的追求，以及日本要征服亚洲最终争霸世界的目标，都是要用战争的手段与一战的获利者英、法、美等国进行全球争夺。它们的战争目的仍然是帝国主义性质的。德国研究法西斯主义的专家莱因哈特·屈尔曼深刻指出："实现大资本的利益是法西斯政策的主要社会内容，这不仅表现在对内政策上。在那些国际竞争中拥有独立而重要地位、经济实力强大的国家里，法西斯主义一旦上台，这一社会内容也表现在要求实行军备和战争，也就是说，要求用军事暴力手段改变领土现状这一强大趋势上。德国民族社会主义和在意大利及日本所建立的制度同样都具有这种趋势。进行掠夺和重新瓜分世界是以上三个国家的欲望，这种欲望导致了第二次世界大战的爆发。"⑤因此，尽管两次世界大战的具体爆发情况有所不同，但是列宁关于垄断是世界大战最深厚的根源这一论断，对两次世界大战的起源来说都是正确的。

三、绥靖政策与第二次世界大战

　　所谓绥靖政策，是指 20 世纪 30 年代西方资产阶级民主国家（特别是英

①　斯塔夫里阿诺斯：《全球通史：1500 年以后的世界》（吴象婴等译），上海：上海社会科学院出版社，1992 年，第 669 页。
②　参见矢野贞治：《近卫文麿》，东京：读卖新闻社，1976 年，第 84—86 页；Akira Iriye, *The Origins of the Second World War in Asia and the Pacific*, London & New York: Longman, 1987, pp.38-39.
③　松冈洋右：《動く満蒙》，东京，1931 年，第 112 页。
④　日本国际政治学会太平洋战争原因研究部编：《通向太平洋戦争への道》，别卷·资料编，东京：朝日新闻社，1963 年，第 102 页。
⑤　莱因哈德·屈恩尔：《法西斯主义剖析》，第 86 页。

国和法国）面对德、意、日法西斯国家的侵略扩张和挑战，实行的一种以牺牲其他国家利益为手段，换取与法西斯妥协，从而保住自己的既得利益的外交政策。[①] 这一政策的实施，成为推动世界大战再次爆发的一个不容忽视的重要因素。

（一）绥靖政策的实施

绥靖政策的实施，可以根据地域及实行程度的不同分为两条主线：其一是英法等国对日本侵略中国制定并采取了绥靖日本的政策；其二是英法等国对法西斯意大利和纳粹德国在北非和欧洲的侵略扩张实行了绥靖政策。下面我们分别对主要事件给以简洁的概述。

1. 对日本帝国主义侵略中国采取的绥靖政策

1931 年 9 月 18 日，日本发动了侵略中国的战争，中国共产党领导的东北抗日联军奋起抵抗。然而，面对日本在中国东北燃起的侵略战火，英法等国无意为一个遥远的被侵略国伸张正义，反而荒谬地把侵略者和被侵略者等同对待，要求中日双方停止一切冲突，撤退军队；美国仅仅是坚持没有实际行动支持的"不承认主义"[②]；它们通过国际联盟发表的"李顿报告书"，对日本的侵略采取了祖护、纵容乃至做出重大让步的妥协政策，而日本则以退出国联表明了坚持侵略的决心。在这里，我们已经看到了绥靖政策的萌芽。当 1933 年以后国际形势发生重大变化时，英国就把处理远东这一紧急事件的对日妥协退让政策发展成了明确的对日绥靖政策。

1933 年，希特勒成为德国总理。德国法西斯的崛起使英国在东西方面临日本和德国两个敌人。但英国政府把保住经济利益放在第一位，不肯为重整军备花费更多的金钱，便企图以对日实行绥靖外交来弥补远东防御的空虚状态，以达到保卫英国远东利益的利己目的。1934 年 10 月 16 日，时任英国财政大臣的尼维尔·张伯伦（Arthur Neville Chamberlain，1869—1940）和外交大臣的约翰·西蒙（John A.Simon，1873—1954）提交了一份《关于英日关系前途》的联合备忘录，第一次明确提出在远东"政治绥靖"（Political Appeasement）日本的政策，其办法是：英国与日本签订一个英日互不侵犯条约，其中英国对"满洲国"给予事实上的承认，即"准承认"，同时承认日本在华北的"特殊地位"，

---

① 绥靖政策的英文 Appeasement Policy，按其原意，可译为"安抚政策"，按其政策实质，可译为"纵容政策"，本文仍从旧译，译为"绥靖政策"。关于该政策的实际含义及其译名问题，可参见齐世荣主编：《绥靖政策研究》，北京：首都师范大学出版社，1998 年，第 1—2 页、第 430—431 页。

② 1931 年 1 月 7 日，美国国务卿史汀生（Henry L. Stimson，1867—1950）发表声明，表示不承认中日两国达成的任何违反九国公约和非战公约的形势或协定。该声明亦称"史汀生主义"。

换取日本不再向长城以南侵略和渗透，使英国"从与日本的有保证的友谊中获得巨大利益"。[①] 在以后两年多的时间里，英国一直在为此而努力，并于1936年7月至1937年7月与日本断断续续地进行了近一年的缔结英日互不侵犯条约的谈判。只是由于日本发动了卢沟桥事变，该谈判才被迫中止。英国"政治绥靖"日本政策的实行，只是更加坚定了日本吞并全中国并夺取英国在华全部权益的决心。

1937年7月7日，日本发动了全面侵华战争。中国全国抗战。但是，无论是在当年9月的国联大会期间，还是在11月专为解决日本侵华而召开的布鲁塞尔九国公约签字国会议期间，英法美等国均无所作为，既不制裁日本，也不积极援助中国。英国首相尼维尔·张伯伦于布鲁塞尔会议召开之前就在下院宣布："我认为，到这个会议上去谈论经济制裁、经济压力和武力，是完全错误的。我们是在这里缔造和平，而不是在这里扩大冲突。"[②] 他们的做法，使国际社会丧失了援助中国抑制日本侵略的良机，鼓励了日本的侵略战争不断升级，使中国人民的抗日斗争极其艰苦。

不仅如此，1938年5月2日，英国还与日本签订了《一九三八年英日关于中国海关的非法协定》，将中国沦陷区的海关收入存入日本的正金银行，这些收入占当时中国全部海关收入的75%。英国的这种做法，"使中国一面拿血肉去膏敌人的弹火，一面更悲剧的以自己的海关收入供敌人置办弹火之需"。[③]

1939年7月24日，英国更是与日本签订了《有田-克莱琪协定》，即为解决日本封锁天津英租界（也包括法租界）引发的天津租界危机问题，而制定的所谓英日"关系准则"，其中声明："英王陛下政府充分认识正在进行大规模敌对行动的中国的实际形势，并注意到，只要这种事态继续存在，在华日军为了保障其自身的安全和维护其控制地区的公共秩序，就有其特殊的需要；他们必须压制或取消任何将妨碍他们或有利于他们敌人的行动或起因。陛下政府无意鼓励任何有损于日本军队达到上述目的的行动或措施；它并愿趁此机会重申它在这方面的政策，向在华英国当局和侨民说清，他们必须避免这类的行动和措施。"[④] 这个协定不但承认了日本侵略中国的合法性，而且承诺不援助中国抗击日

---

① *Documents on British Foreign Policy, 1919-1939* (以 下 简 写 为 *DBFP*), ser. 2, vol. 13, London: HMSO, 1960, p.61.

② Neville Chamberlain, *The Struggle for Peace*, London: Hutchinson, 1939, p. 42.

③ 中国近代经济史资料丛刊编辑委员会：《一九三八年英日关于中国海关的非法协定》，北京：中华书局，1983年，第128页、第98—99页、第208页。

④ 1939 年 7 月 24 日，为解决日本封锁天津的英法租界而引发的危机，英国按照日本提出的要求和原则，由日本外相有田八郎和英国驻日大使罗伯特·克莱琪签订了《有田-克莱琪协定》，见 *DBFP*, ser. 3,

本的侵略。它把英国政府在过去几年实际执行的纵容鼓励日本侵华的政策，第一次用文字的形式表达出来，进一步出卖了中国的主权。英国这些重大的对日绥靖行动，是其在远东实行绥靖政策的顶点。但是，在英国不断纵容下羽翼已日渐丰满的日本帝国主义，不但要独占全中国，而且要进一步南下，对英法美等国的远东利益开刀了。

1939 年 9 月 1 日由德国入侵波兰所再次引爆的欧洲战争，迫使英国在军备不足的情况下参战。英国把战略重点放在欧洲，把打败德国放在第一位，更加担心与日本反目而招致东西两线作战之苦，遂继续对日绥靖。1940 年 7 月 17 日，英国与日本达成的关闭滇缅公路三个月的协定，一时切断了外部世界对中国提供军需品和其他必需品的重要国际通道。这是英国对日本采取的一系列绥靖行动中的最后一次重大行动。但它得到的回报却是日本提出建立"大东亚共荣圈"的口号，并以进驻印度支那北部而迈出了南进的第一步。此后，虽然英国没有再采取具体的对日绥靖行动，但直到 1941 年 7 月日本进驻印度支那南部，英国才决心与美国一道制裁日本，不过为时已晚。它不但不能使日本停止其南进步伐，相反却促使日本最后下定决心对英美开战。太平洋战争的爆发使英国的对日绥靖政策以其彻底失败而结束。[①]

2. 对法西斯意大利和纳粹德国在北非和欧洲的侵略扩张实行的绥靖政策

1935 年，意大利悍然侵入埃塞俄比亚，继 1931 年日本侵华的九一八事变后，在世界上点燃了又一处战火。法国对意大利的侵略行径采取明确支持的态度。[②] 英国则实行"与意大利协商和忠于国联"的所谓"双重政策"。[③] 虽然英法等国在国际社会的压力下，不得不通过国联对意大利实行了制裁，但由于并

---

vol. 9, p. 313。另外，1939 年 7 月 26 日的"重庆各报联合版"，也发表了这一协定的内容，但译文文字有些区别，见复旦大学历史系中国近代史教研组：《中国近代对外关系史资料选辑（1840—1949）》下卷第二分册，上海：上海人民出版社，1977 年，第 143 页。

① 有关 20 世纪 30 年代英国对日本侵华采取绥靖政策的详细探讨，参见徐蓝：《英国与中日战争（1931—1941）》，北京：北京师范学院出版社，1991 年。该书于 2010 年由首都师范大学出版社再版。

② 在墨索里尼正式发动侵略埃塞俄比亚的战争之前，1935 年 1 月 7 日，法、意签订《罗马协定》，主要内容是：意大利逐步放弃在法属突尼斯的特权地位，维护突尼斯现状；法国把法属突尼斯和法属索马里的部分地区划给意大利；法国将吉布提亚的斯亚贝巴铁路公司的 2500 股份让与意大利；除了这条铁路区域的经济利益和保护法国国民的权利外，法国在埃塞俄比亚不寻求其他利益的满足。这后两点是以墨索里尼给法国外长赖伐尔的信件的形式说明的。该协定已经向墨索里尼表明，他可以放心地对埃塞俄比亚动手了。D. C. Watt, *Document: The Secret Laval-Mussolini Agreement of 1935 on Ethiopia*, in E. M. Robertson ed., *The Origins of the Second World War*, London: Macmillan and Co. LTD, 1971, pp. 225-242.

③ 对英国的"双重政策"研究，参见齐世荣：《意埃战争与英国的"双重政策"》，载齐世荣主编：《绥靖政策研究》，第 81—109 页。

未把石油等重要的战略物资包括在禁运之列，因此这种制裁并不能制止侵略；美国则对交战双方都实施武器禁运的中立法案。与此同时，英法还秘密拟定了一份打算以一半以上的埃塞俄比亚领土来满足意大利要求的"霍尔-赖伐尔协定"①。尽管这一方案由于舆论的提前曝光而未能实行，但是它牺牲被侵略国的利益来绥靖侵略者的意图是无法否认的。正如一位英国官员所说，该协定的条件使"侵略者得到的东西比他已经得到的还要多一些，虽然比他希望得到的要少一些"。②英法美的态度进一步鼓励了意大利法西斯，并最终牺牲了埃塞俄比亚的独立和主权。

　　1936 年 3 月 7 日，希特勒悍然派出 3 万多德军开进了莱茵非军事区，彻底破坏了德法相互保证莱茵兰地区安全的洛迦诺公约③。面对德国的行动，英法的反应却是"理智"和"镇静"。他们除了向德国提出抗议外，没有采取任何行动。因为对英国来说，早在德国决定进军莱茵兰之前就已经将它放弃了。英国外交部在 1936 年 1 月 16 日的一份关于莱茵非军事区的备忘录中说明："即使是在很有限的将来保留这一非军事区，也是很不现实的，因此我们现在最好还是考虑一下能够用什么方法，以保证它的消失得到和平地进行。"④英国虽然不得不承认德国的行动是对"条约的神圣性原则"的重大打击，但又认为"德国人终究不过是进入他们自己的后院而已"⑤，并没有引起与法国敌对行动的危险，因此英国让法国保持冷静，不值得为此大惊小怪。法国对德国的行动虽有切肤之痛，但在英国以可能引起战争为由拒绝支持法国对莱茵兰出兵之后，法国也就放弃了它那采取军事行动的一点点想法。实际上，如果英法当时采取果断的军事行动，是完全可以使希特勒垮台的。希特勒本人后来承认："进军莱茵兰以后的 48小时，是我一生中神经最紧张的时刻"，"如果当时法国人也开进莱茵兰，我们就只好夹着尾巴撤退，因为我们手中可资利用的那一点点军事力量，即使用来

① Henderson B. Braddick, *The Hoare-Laval Plan: A study in International Politics*, in Hans W. Gatzke ed., *European Diplomacy Between Two Wars, 1919-1939*, Chicago: Quadrangle Books, 1972 (Henry A. Turner, Jr. ed., *Modern Scholarship on European History*), pp.152-171.

② Keith Middlemas and John Bernes, *Baldwin: A Biography*, London: Weidenfeld and Nicolson, 1969, p.885.

③ 1925 年 10 月 16 日英、法、德、意、比、捷、波七国代表在瑞士洛迦诺举行的会议上通过的 8 个文件的总称，其中德、比、法、意、英签订的《莱茵保安公约》规定德、法、比互相保证德比、德法边界不受侵犯，遵守《凡尔赛和约》关于莱茵区非军事化的规定，英意充当保证国，承担援助被侵略国的义务。

④ *DBFP*, ser. 2, vol. 15, p. 565.

⑤ 威廉·夏伊勒：《第三帝国的兴亡——纳粹德国史》上册（董乐山等译），北京：世界知识出版社，1979 年，第 413 页。

稍作抵抗，也是完全不够的"。① 英法妥协所导致的希特勒冒险的成功，使希特勒"不发一枪就赢得了第二次世界大战的第一仗"②。

1936 年 7 月爆发的西班牙内战，由于德意法西斯以对叛乱一方公开援助的方式介入其中，遂使这场国内战争变成了一场具有国际性的反法西斯民族革命战争。但是本应支持共和政府的法国却与英国共同制定了当代外交史上最大骗局之一的所谓"不干涉"政策，英国首相尼维尔·张伯伦在一封家信中说出了这样做的原因："有一点十分明显：除非我们准备同佛朗哥交战……而同佛朗哥交战，很可能导致同德、意两国交战，无论如何，这样做都会把我的绥靖总政策拦腰截断。"③ 与英法遥相呼应的是，美国专门通过的一项对西班牙内战双方实行武器禁运的决议案以及所谓的"永久中立法"，加速了共和国的覆灭。

1937 年 11 月，希特勒主持召开了一次重要的秘密会议。在会上希特勒阐述了德国未来的侵略扩张意图，并声称他计划最早于 1938 年、至迟于 1943—1945年，解决捷克斯洛伐克和奥地利，以扩大德国的生存空间。④

1938 年 3 月，纳粹德国的军队开进奥地利，对欧洲的他国领土下手。但是在此之前，英国首相尼维尔·张伯伦就已经制定了绥靖德国的总计划，并通过枢密大臣哈里法克斯（1st Earl of Halifax，1881—1959）将这一计划转告了希特勒，即英国人认为，《凡尔赛条约》酿成的一些错误，必须加以纠正；英国也认识到随着时间的推移可能注定要发生的欧洲秩序变更问题，其中包括但泽、奥地利和捷克斯洛伐克，英国所关注的是任何变更都应该通过和平演进的方式；英国的最终目的是以英德两国的谅解为基础，实现欧洲问题的"全面解决"。⑤因此英法等国听任德国对奥地利的兼并，全然无意为保持奥地利的独立采取任何行动，而顺利得手的希特勒则迅速把下一个目标指向了捷克斯洛伐克。

1938 年 9 月，德国公然对捷克斯洛伐克的苏台德地区提出领土要求，可是张伯伦却认为牺牲捷克斯洛伐克以实现英德谅解的时机已经成熟。于是他几次往返于英德之间，最终同法国总理达拉第（Edouard Daladier，1884—1970）和

① 保·施密特：《我是希特勒的译员》（刘同舜译），上海：上海人民出版社，1982 年，第 29 页。
② 约翰·惠勒-贝内特：《慕尼黑——悲剧的序幕》（林书武等译），北京：北京出版社，1978 年，第279 页。
③ 伊恩·麦克劳德：《张伯伦传》（西安外语学院英语系译），北京：商务印书馆，1990 年，第 211 页。
④ 这次会议的记录，见《霍斯巴赫备忘录》，载李巨廉、王斯德主编：《第二次世界大战起源历史文件资料集（1937.7—1939.8）》，上海：华东师范大学出版社，1985 年，第 50—59 页。希特勒的军事副官霍斯巴赫将希特勒在这次会议上的讲话记录并整理，形成文件，故名。
⑤ 参见李巨廉、王斯德主编：《第二次世界大战起源历史文件资料集（1937.7—1939.8）》，第 68—79 页。

意大利的墨索里尼与希特勒，达成了将捷克斯洛伐克的苏台德地区及一些其他领土割让给德国的《慕尼黑协定》。这是英、法对法西斯明目张胆的侵略行径实行绥靖政策的顶峰，而美国总统富兰克林·罗斯福（Franklin D. Roosevelt，1882—1945）却对该协定的签订感到十分欣慰，他还向张伯伦表示祝贺，称赞他是"一个大好人"。[①] 然而绥靖并没有换来真正的和平。仅仅 6 个月以后，希特勒就把他在慕尼黑的保证践踏殆尽，将捷克斯洛伐克的其余部分无情地肢解了。

在战略上，处于中欧的捷克斯洛伐克以其与法苏的同盟关系和小协约国[②]的成员地位，而在欧洲起着安全拱顶石的作用。然而对于捷克斯洛伐克的亡国，无论是英国还是法国却都没有动一个手指头来挽救它，尽管它们在慕尼黑会议时都曾庄严地担保过剩余的捷克斯洛伐克的安全，尽管它们对希特勒的背信弃义感到震惊。面对国内对德国的暴行和政府的绥靖政策的谴责之声，张伯伦不得不发表了一篇被称为"外交革命"的演说。在演说中张伯伦表示："如果以为我国由于感到战争是一件愚蠢而残酷的事因而已丧失血性，以至于在受到挑战的时候也不会尽其全力予以抵抗，那就是大错特错了。"[③] 但是该演说除了姿态强硬之外并没有什么实际重要的内容，而希特勒却准备对他的下一个目标——波兰动手了。

捷克斯洛伐克灭亡后，希特勒立即以强硬的态度要求波兰割让但泽并解决波兰走廊问题。至此，绥靖政策的后果已经十分清楚，即英法等国对欧洲危机的一次次局部的"地区安排"，所换来的却是战争的日益临近。

在我们一一细数了 30 年代法西斯国家挑起的一系列侵略事端与局部战火的同时，我们不仅依次看到英、法（有时也包括美国）等国一而再、再而三地以妥协退让甚至出卖其他国家领土主权利益来对付侵略者的窘相，更看到贯穿其中的一条绥靖主义外交路线的萌芽、形成、发展、演变及至达于顶峰的历史过程。这一过程与法西斯国家不断扩大侵略相辅而行，终于使大战再次爆发。

（二）绥靖政策的研究与评价

自 20 世纪 30 年代以来，绥靖政策便成为学术界研究的热点，始终不衰。仅就慕尼黑这个题目来看，自 1948 年出版了约翰·惠勒-贝内特的《慕尼黑——

[①] Frederick W. Marks III, *Wind Over Sand: The Diplomacy of Franklin Roosevelt*, Athens: The University of Georgia Press, 1988, p. 146. 罗斯福在通知他这件事的纸上写上了"A good man"（"一个大好人"）的字样。

[②] "小协约国"是指 1920—1921 年捷克斯洛伐克、罗马尼亚和南斯拉夫以分别缔结军事同盟条约的形式而形成的政治军事集团，目的是防范德国和匈牙利的报复和侵略，南斯拉夫则主要是为了防范意大利。

[③] Neville Chamberlain, *The Struggle for Peace*, pp. 419-420.

悲剧的序幕》^①以来，已经又陆续出版了大量的专著和论文，1972 年又有基思·米德尔马斯的《绥靖战略》和 1979 年特尔福德·泰勒的巨著《慕尼黑——和平的代价》^②问世。1989 年 D. C. 瓦特出版了《战争如何到来：第二次世界大战的直接起源（1938—1939）》^③。1992 年美国威尔逊中心出版了玛雅·拉蒂恩斯基主编的论文集《重新评价慕尼黑协定：大陆观点》^④。1998 年，保罗·W.多尔出版了《英国外交政策（1919—1939）："抱最好的希望，做最坏的打算"》^⑤。1999 年艾戈尔·卢克斯和埃里克·戈尔斯坦出版了论文集《慕尼黑危机，1938 年：第二次世界大战的序曲》（另一个标题是：外交和管理国家的本领）^⑥。

在几十年的研究过程中，在有关英国对纳粹德国实行的绥靖政策方面，西方学者大致形成了两个学派："正统派"和"修正派"。

"正统派"产生于 20 世纪 30—40 年代，但直到当代，一直有新的成果问世。该派认为，绥靖外交是英国政治家基于一种对《凡尔赛条约》的道义上的"罪恶感"而产生的，张伯伦的绥靖政策是一种"错觉外交"，其致命的"错觉"就在于他认为希特勒追求的目标仅仅限于修正《凡尔赛条约》；由于张伯伦要不惜任何代价保住和平，而他又处于一种虚弱的地位（当时的防御战略不能保卫英国免遭空中进攻），因此使他实行了故意把小国牺牲给希特勒的绥靖政策。^⑦

"修正派"产生于 20 世纪 60 年代，而大量的研究成果是在 1967 年以后，因为当时英国陆续解密了 20 世纪 30 年代的档案。于是，大多数修正派学者避

---

① 约翰·惠勒-贝内特：《慕尼黑——悲剧的序幕》（林书武等译），北京：北京出版社，1978 年。

② 基思·米德尔马斯：《绥靖战略》（上下册，复旦大学国际政治系译），上海：上海译文出版社，1978 年；特尔福德·泰勒：《慕尼黑：和平的代价》（上下册，石益仁译），北京：新华出版社，1984 年。

③ D. C. Watt, *How War Came: The Immediate Origins of the Second World War, 1938-1939*, New York: Pantheon Books, 1989.

④ Maya Latynski, ed., *Reappraising the Munich Pact: Continental Perspectives*, Washington D. C: Woodrow Wilson center Press, 1992.

⑤ Paul W. Doerr, *British Foreign Policy, 1919-1939: "Hope for the Best, Prepare for the Worst"*, New York: Manchester University Press (distributed by St. Martin's Press), 1998.

⑥ Igor Lukes & Erik Goldstein eds., *The Munich Crisis, 1938: Prelude to World War II* (Diplomacy and Statecraft), London: Frank Cass, 1999.

⑦ "正统派"的代表人物和著作是 1948 年问世的英国史学家约翰·惠勒-贝内特的著作《慕尼黑——悲剧的序幕》（J. Wheeler-Bennett, *Munich: Prologue to Tragedy*, London, 1948）。其他代表著作包括：Keith Middlemass, *The Diplomacy of Illusion: The British Government and Germany, 1937-1938*, London: Weidenfeld & Nicolson, 1972; W. Fuecher, *Neville Chamberlain and Appeasement*, London, 1982; W. Rock, *British Appeasement in the 1930s*, London: Edward Arnold, 1981; R. A. C. Parker, *Chamberlain and Appeasement: British Policy and the Coming of the Second World War*, London: Palgrave Macmillan, 1993，等等。

免通过道义来判断张伯伦，而是在档案文献的基础上，广泛讨论了张伯伦所面临的国际、国内、经济、社会、军事、战略、意识形态、舆论等情况，以说明绥靖政策形成的原因。他们的总体看法是：其一，基于复杂的国内、国际、军事和经济的因素，张伯伦和他的内阁成员认为实行抵抗独裁者的政策是不切实际的，而实行一种为和平而战的政策是更为可取的。其二，20世纪30年代的英国外交政策应该从一种国际的视野来观察，因此应该强调在欧洲的对抗性的意识形态，经济体系和社会组织。其三，做出决定的英国领导人被他们不可控制的社会和公众舆论所束缚。其四，英国的绥靖政策有助于战争爆发的罪责，但不能仅仅放在张伯伦的身上，张伯伦是有能力的现实主义的政治家，他认识到英国和法国不能维持欧洲的秩序，而且希望英国保持其世界霸权的地位，并相信在另一场大规模的战争中，英国将失去这种地位。

对于张伯伦为什么实行绥靖政策，他们还提出了其他几个具体的重要原因：一是英国的经济体量不足以容纳熟练工人去实现大规模的重整军备计划，同时又不危及脆弱的英国经济从20世纪30年代的经济大萧条中复苏。二是陆海军参谋长们不断地警告英国并没有准备好同时与德国、意大利和日本三个敌人作战，并建议政府实行绥靖政策。三是公众舆论持续地反对急速地重整军备以及对独裁者采取针锋相对的强硬立场。四是绥靖政策是源于巴黎的和平安排（即凡尔赛体系）未能建立欧洲军事力量的有效平衡，未能防止德国军事力量的复活。五是张伯伦了解拥有军事力量对于一项成功的外交政策是至关重要的，而其绥靖政策是基于这种原则：英国并不拥有足够的军事力量去防止或推迟德国实现对《凡尔赛条约》的修正。六是张伯伦希望高水平的谈判能在不诉诸武力的情况下解决希特勒的怨气，于是他给了希特勒除战争之外的每一个机会去解决这个问题。但是，这条路径要靠为最坏的情况所做的准备，要靠不断地增加国防开支来达到目的，但英国政府并没有做到这一点。因此，修正派认为，绥靖政策是"抱最好的希望，做最坏的打算"（hope for the best, and prepare for the worst）的政策。

另外，修正派还认为，张伯伦不断地在希特勒的目标是巨大的还是有限的疑问之间挣扎；他希望和平，真诚地憎恨战争，并了解没有不付出任何代价的和平；一旦希特勒表明要不顾一切地靠武力来获得欧洲的霸权——这在德国占领捷克斯洛伐克之后似乎是唯一的可能，张伯伦便带着沉重的心情，决定用武力对付武力。因此，在修正派看来，绥靖政策不再被视为一种基于投降的可耻政策，而是一种合乎逻辑的现实主义政策。这是一种更同情地对待张伯伦和绥靖政策的倾向。①

　　由于修正派提供了大量论据，因此目前支持正统派分析的人占少数地位。但是，正如麦克多诺所指出的："可能修正派在所有的方面都有问题，因为这导致提升了张伯伦的地位，特别是某些超修正主义者把张伯伦提高到国家的拯救者的地位，认为他能够拯救帝国并阻止战后英国的衰落。"②

　　西方学者关于 20 世纪 30 年代英国对日本的政策的研究，是从 20 世纪 40 年代开始的，但由于当时档案还没有解密，因此在史料的运用方面受到限制。而大量的研究成果则产生于 60 年代以后，并在 70—80 年代形成了规模。这时的研究成果运用大量档案资料，对英国对日政策进行了深入的个案探讨。他们主要形成了两种基本观点。

　　第一种观点认为，英国对日本侵略中国，有绥靖日本的一些行动，但是没有绥靖政策。其中最重要的绥靖行动是 1938 年英国和日本关于中国海关的非法协定和 1939 年的有田-克莱琪协定。③另一种观点认为，在整个日本侵华的过程中，英国不仅有对日本的绥靖行动，而且有绥靖政策。但是这种绥靖政策并没有达到像《慕尼黑协定》那样的程度，因此没有"远东慕尼黑协定"。④

　　之所以出现这样的分歧，其中的一个重要原因就是对绥靖政策的内涵和外延的看法不同。例如，英国学者 B. A. 李认为，20 世纪 30 年代英国在西方实行了绥靖政策，但是在东方即在日本侵略中国的问题上没有对日本实行这一政策，

---

① 修正学派的代表人物和著作是 1961 年出版的英国历史学家 A. J. P. 泰勒的《第二次世界大战的起源》（A. J. P. Taylor, *The Origins of the Second World War*, London: Hamish Hamilton, 1961），中译本分别于 1991 年和 1992 年由华东师范大学出版社和商务印书馆出版。其他代表著作包括：M. Cowling, *The Impact of Hitler: British Politics and British Policy, 1933-1939*, Cambridge: Cambridge University Press, 1975; W. J. Mommsen and L. Kettenacker, eds., *The Fascist Challenge and the Policy of Appeasement*, London: G. Allen & Unwin, 1983; Paul Kennedy, *Appeasement*, in G. Martel ed., *Origins of the Second World War Reconsidered: The A. J. P. Taylor Debate after 25 Years*, London: Unwin Hyman, 1986; D. Dilks, *We Must Hope for the Best and Prepare for the Worst: The Prime Minister, Cabinet and Hitler's Germany, 1937-39*, Proceedings of the British Academy, 1987; J. Charmley, *Chamberlain and the Lost Peace*, London: Hodder and Stoughton, 1989; 等等。关于西方学者对绥靖政策研究的概括介绍，参见 Frank McDonough, *The Origins of the First and the Second World Wars*, Cambridge: Cambridge University Press, 1997, pp. 94-96。

② Frank Mcdonough, *The Origins of the First and Second Wars*, p. 96.

③ 第一种观点的代表著作：Bradford A. Lee, *Britain and Sino-Japanese War, 1937-1939: A Study in the Dilemmas of British Decline*, Stanford: Stanford University Press, 1973。

④ 第二种观点的代表著作：N. R. Clifford, *Retreat from China, British Policy in the Far East, 1937-1941*, Washington: Longmans, 1967; W. R. Louis, *British Strategy in the Far East, 1919-1939*, Oxford University Press, 1971; A. Shai, *Origins of the War in the East — Britain, China and Japan 1937-1939*; J. G. Utley, *Going to War with Japan 1937-1941*, Knoxville: University of Tennessee Press, 1985; 等等。

因为他们没有把中国的东北领土（即"满洲国"）给予日本，即没有正式承认"满洲国"；而在西方则是把捷克斯洛伐克的苏台德区割让给了纳粹德国。因此他至多承认英国在中国有对日本的绥靖行动，而没有绥靖政策。这个认识来源于两个方面：一是他对绥靖政策的看法，即认为只有对法西斯国家割让领土的行为才算是绥靖政策，而英国对日本在中国做出的那些让步，并没有把中国的某一块土地割让给日本，所以不是绥靖政策，只是绥靖行动。二是英国还对中国提供了一些援助。如：1938 年 12 月 20 日英国宣布对华提供 50 万英镑信贷，为滇缅公路购买卡车；1939 年 3 月 10 日英国向中国提供 500 万英镑外汇平准基金贷款；1940 年 12 月，英国宣布对华贷款 1000 万英镑，其中 500 万英镑为平准基金，500 万英镑为出口信贷，用于购买英镑集团的货物。[①] 一些西方学者之所以不承认有"远东慕尼黑协定"，也主要是出于这种考虑。[②]

　　但是，无论是研究英国对德国和意大利实行绥靖政策的"正统派"观点和"修正派"观点，还是研究英国对日本实行的是"绥靖行动"的看法或"绥靖政策"的看法，也无论人们对绥靖政策形成的原因进行了怎样深入的探讨与分析，都不能否认这样一个基本的事实，那就是：绥靖政策是 20 世纪 30 年代西方资

[①]　关于 30 年代英美法等国家的对华援助情况，见 Arthur N. Young, *China and the Helping Hand, 1937-1945*, Boston: Harvard University Press, 1963。关于所提到的英国的援助，见该书第 84、440（附录）、173 页。有关 1939 年的 500 万英镑平准基金贷款，见 *DBFP*, ser. 3, vol. 8, p. 486。

[②]　其他一些重要的有关 30 年代英、日、中关系研究，参见 I. S. Friedman, *British Relations with China: 1931-1939*, New York, 1940; J. B. Crowley, *Japan's China Policy, 1931-1938: A Study of the Role of the Military in the Determination of Foreign Policy*, Ph.D. thesis, University of Michigan, 1960, and *Japan's Quest for Autonomy, National Security and Foreign Policy 1930-1938*, Princeton: Princeton University Press, 1966; M. D. Kennedy, *The Estrangement of Great Britain and Japan, 1917-1935*, California: University of California Press, 1969; A. D. Coox, *Year of the Tiger*, Orient-West (Tokyo), 1971; Sir Llewellyn Woodward, *British Foreign Policy in the Second World War*, Vols. 1 and 2, London: HMSO, 1971; Christopher Thorne, *The Limits of Foreign Policy: The West, the League and the Far Eastern Crisis of 1931-1933*, London: Hamish Hamilton, 1972; S. L. Endicott, *Diplomacy and Enterprise: British China Policy 1933-1937*, Manchester: Manchester University Press, 1975; N. H. Gibbs, *Grand Strategy*, Vol. 1, *Rearmament Policy*, London: HMSO. 1976; P. Lowe, *Great Britain and the Origins of the Pacific War: A Study of British Policy in East Asia 1937-1941*, Oxford: Oxford University Press, 1977; R. Storry, *Japan and the Decline of the West in Asia 1894-1943*, New York, St. Martin's Press, 1979; A. J. Marder, *Old Friends, New Enemies: The Royal Navy and the Imperial Japanese Navy Strategic Illusions*, 1936-1941, Oxford: Oxford University Press, 1981; P. Haggie, *Britannia at Bay: The Defence of the British Empire against Japan 1931-1941*, Oxford: Oxford University Press, 1981; Akira Iriye, *The Origins of the Second World War in Asia and the Pacific*, London: Longman, 1987；等等。中国学者的专著，参见徐蓝：《英国与中日战争（1931—1941）》；李世安：《太平洋战争时期的中英关系》，北京：中国社会科学出版社，1994 年；陶文钊、杨奎松、王建朗：《抗日战争时期中国对外政策》，北京：中共党史出版社，1995 年；等等。

产阶级民主国家（特别是英法）面对德、意、日法西斯国家的侵略扩张和挑战，实行的一种以牺牲其他国家利益为手段，换取与法西斯妥协，从而保住自己的既得利益的外交政策。所谓牺牲其他国家，指这种牺牲可以从经济利益到领土利益；所谓保住既得利益，包括经济、政治利益，反共，保卫西方文明，消弭国内革命危机，稳定资本主义，等等。

历史已经证明，绥靖政策并不是维护和平之举，而是纵容法西斯国家扩大侵略促使二战提前爆发的错误政策。

在对绥靖政策的评价中，正统派的看法值得重视。例如，尽管研究这一政策的"正统派"代表人物、已故英国著名史学家约翰·惠勒-贝内特在其1948年出版的名著《慕尼黑——悲剧的序幕》中认为，英法推行绥靖政策是为了维护和平，绥靖主义者是"以和平的名义、绥靖的名义宽恕德国的不义和侵略"，但是他也承认：慕尼黑协定是"西方民主国家的奇耻大辱"，"德国的征服国策，英国的绥靖国策，就像两股并行的溪水在奔流"，它们将在一个交叉点，即"慕尼黑"结合起来，并成了导致第二次世界大战的最重要的因素之一。[①] 当代正统派学者对绥靖政策的批评也很中肯。如R. A. C. 帕克就认为，张伯伦像相信宗教一样相信绥靖，以至于尽管有多种选择，包括对法国承担明确的义务、进一步加强与国联的协调以及与苏联结成联盟等，但都被张伯伦完全拒绝；张伯伦依靠他的高超的政治技巧和策略能力，使每个人确信，绥靖政策是唯一合乎逻辑的行动方针，并因此破坏了对许多可选择的行动路线的支持；如果不是张伯伦如此固执地相信绥靖德国的好处，将会更早地建立起阻止希特勒扩张主义的屏障；正由于此，当战争爆发时，英国和法国没有成熟的同盟，并处于一种虚弱的军事地位。[②]

中国学者从20世纪70年代末开始，在对法西斯主义展开研究的同时[③]，也开展了对30年代英法绥靖政策的考察，并成为80年代以来中国学者研究的热点问题之一。

20世纪70年代末80年代初，中国学者开始探讨英法，特别是英国的绥靖政策产生的原因。主要有两种观点："祸水东引"，即把法西斯这股祸水引向苏

---

①　参见约翰·惠勒-贝内特：《慕尼黑——悲剧的序幕》，第5页、第212页、第22页。

②　R. A. C. Parker, *Chamberlain and Appeasement: British Policy and the Coming of the Second World War*, London: Palgrave Macmillan, 1993. 关于西方学者对绥靖政策研究的概括介绍，参见 Frank McDonough, *The Origins of the First and the Second World Wars*, pp. 94-96。

③　有关法西斯主义研究情况的简介，参见第一节相关内容。

联，反苏反共，或"避战求和"。一些学者对苏联和中国学术界长期流行的关于英国实行绥靖政策的主要原因是"祸水东引"提出质疑，认为其不足以说明绥靖政策的产生原因。同时中国学者越来越重视通过研读原始档案资料来研究绥靖政策。在深入的专题研究方面，中国学者更为具体地研究英法对德国和意大利侵略扩张所实行的具体政策，并从"祸水东引""避战求和"，发展到从政治、经济、军事、战略思想、意识形态、舆论、社会以及内阁决策等各个方面对绥靖外交形成的原因进行更深层次的探讨。从 80 年代后期开始，中国学者开始深入研究英法美等国对日本侵略中国的绥靖政策。90 年代以后，对绥靖政策的研究继续深化，通过一系列个案研究，论证了英国在东西方实行这一政策的异同，以及法西斯国家如何利用西方列强的绥靖政策步步扩大侵略战争。进入 21 世纪，随着大量原始档案的出版，继续有利用新资料的专题研究成果问世，其中特别探讨了第一次世界大战对第二次世界大战的影响。①

通过研究，中国学者对绥靖政策的定义是：绥靖政策是日益衰落的英、法帝国主义，面临德、意、日法西斯国家的挑战，为了保存自己的既得利益，采取的一种以牺牲其他国家利益的手段，换取与对手妥协的政策。这一定义已经为国内学术界普遍接受。

国际学术界和中国学者的研究，为我们提供了极其丰富的资料、观点和学术视野，使我们对绥靖政策形成原因的认识更为深化。

实际上，绥靖政策作为 20 世纪 30 年代指导英国和法国的基本外交政策，其形成原因十分复杂，而且英法也有差异；美国的政策表现和形成原因也与英法不尽相同。

对英国来说，第一次世界大战的极端残酷性所引起的战后和平主义盛行②；在地缘政治和意识形态的双重意义上阻止"布尔什维主义的蔓延"；在保住既得利益的前提下修正《凡尔赛条约》以平复德国的不满，从而通过英德协调形成英德法意四大国主宰欧洲的局面并恢复欧洲的均势；世界经济萧条和各国以邻为壑的对外经济政策所造成的英国经济的虚弱，以及当权者无视国际形势的日益恶化而一味削减国防开支；还有英国所面临的不可忽视的全球战略困境，

---

① 20 世纪 70—80 年代的一些有关绥靖政策的论文，收入齐世荣主编的《绥靖政策研究》论文集中。关于 1978—2008 年改革开放 30 年来中国学者对绥靖政策研究的较为详细的概括介绍，参见徐蓝：《围绕第二次世界大战的国际关系史研究——30 年来的成就与前瞻》，《世界历史》（纪念改革开放 30 年、纪念《世界历史》创刊 30 年）2008 年增刊。

② 有关第一次世界大战后英国和平主义的发展情况，详见第六章的相关内容。

都是绥靖政策在英国形成的重要因素。这里所说的英国的全球战略困境，主要指两个方面：其一是英国受到其自治领和殖民地的有力牵制，前者拒绝为任何欧洲的问题而冒战争的风险，后者则以其方兴未艾的民族独立运动而分散了英国的精力并使之难以招架；其二是英国在东西方和地中海同时面对德、日、意三个敌人，形成了英国的战略选择难题，并在一定程度上分散了英国的军事力量。①

但是，比较英国同时在东西方实行的绥靖政策，可以看出，英国在西方对德国的绥靖政策的顶点是直接出卖捷克斯洛伐克领土的《慕尼黑协定》，在东方对日本的绥靖政策的顶点是《有田-克莱琪协定》，但后者并没有达到把中国的领土出卖给日本的程度，还称不上英国"远东慕尼黑协定"。其主要原因有两点：一是英国在东西方所处的形势不同。英国视纳粹德国为直接的心腹大患，主动绥靖，英国视日本为其第二的敌人，实行被动的渐进的绥靖。二是英国所要牺牲的对象不同。中国不是捷克斯洛伐克，中国共产党作为抗战的中流砥柱，在中国共产党影响下国民政府坚持了抗战道路，决定了中国不会沦为第二个捷克斯洛伐克。②

对法国来说，世界性萧条对其经济所产生的恶性影响，政坛斗争的异常激烈而使国家的政治无稳定可言，右翼对左翼的强烈的意识形态敌意而导致亲纳粹势力的发展，消极防御战略以及对英国的一味依赖所造成的战略瘫痪，则是法国之所以选择绥靖政策的重要原因。法国的战略瘫痪表现在：在洛迦诺公约签订后不久就开始修筑的马其诺防线，不仅强烈地体现了法国在自己的边界内坐等战争到来的消极防御战略，而且使德国可以大举东进而无须顾虑两线作战之险；与此同时，英国却并不可靠。③

对美国来说，对第一次世界大战后和平安排的强烈不满而导致的普遍的孤

---

①　除了上述已经论及的著作之外，还可参见 M. Gilbert and R. Gott, *The Appeasers*, London: Weidenfeld & Nicolson, 1963; Margaret George, *The Warped Vision, British Foreign Policy 1933-1939*, Pittsburgh: University of Pittsburgh Press, 1965; N. H. Gibbs, *Grand Strategy*, Volume I, *Rearmament policy*, London: HMSO, 1976; 等等。

②　关于英国在东西方实行的绥靖政策有所不同的原因，参见徐蓝：《英国与中日战争（1931—1941）》，第 450—452 页。

③　关于法国绥靖政策的形成原因，可参见 Arthur H. Furnia, *The Diplomacy of Appeasement: Anglo-French Relation and the Prelude to World War Ⅱ 1931-1938*, Washington, 1960; S. B. Butterworth, *Daladier and the Munich Crisis: An Appraisal*, Journal of Contemporary History, July 1974; Anthony P. Adamthwaite, *France and the Coming of the Second World War 1936-1939*, London: Frank Cass, 1977; 威廉·夏伊勒：《第三共和国的崩溃》（上下集，尹元耀等译），海口：海南出版公司，1990 年。

立主义情绪，战后国内的和平主义与反战运动，经济大危机使政府不得不将注意力集中在国内经济恢复和社会救济以缓和国内局势，以及担心过于介入欧洲的政治而将美国再次拖入战火，是 30 年代中立法被提出并得以实施的主要原因。①值得注意的是，英法所实行的绥靖政策是与法西斯国家不断挑起侵略事端和局部战火同步发展，直至达于顶峰的。在此期间，美国的孤立主义与 1935 年通过的中立法案的实施，则基本与绥靖政策并行不悖。

总之，两次世界大战具有历史的连续性。第一次世界大战前，人们怀着绝对的目的，追求绝对的利益，使用绝对的手段，毫不妥协，最终使大战爆发。一战以后，人们在一定程度上接受了教训，使通向二战的道路曲折得多。作为既得利益者的英法等战胜国，既处于衰落之中，又担心再来一次大战将意味着西方文明的毁灭，因此他们的政治家们愿意对凡尔赛体系做出一定的调整，以求妥协。但是他们犯了两个极大的错误：第一，他们是在向具有无限侵略扩张本性的法西斯国家做出的让步，其让步对象发生了错误；第二，他们是在拿其他国家的主权利益不断填进法西斯的无休止要求的胃口之中，是强权政治的表现。因此这种所谓的妥协与让步虽能牵制法西斯国家于一时，但同时也进一步刺激了后者的欲望，最终使第二次世界大战未能避免。

四、从局部战争到第二次世界大战

第二次世界大战与第一次世界大战在起源上还有一个极为不同的特点，那就是它经历了一个从局部战争向全面大战爆发的 10 年发展过程。尽管一战前也曾有过一连串局部战火，但它们都不像从九一八事变开始的局部战争那样，成为二战的一个不可分割的有机组成部分。从 1931 年 9 月 18 日日本在中国燃起第一场战火，到 1937 年 7 月 7 日日本发动全面侵华战争，再到 1939 年 9 月欧战爆发，1941 年 6 月苏德战争爆发，直至 1941 年底太平洋战争爆发，各主要大国才完全卷入进去，打成了一场名副其实的世界大战。正因为二战有这样一个

---

① 关于两次世界大战之间美国的孤立主义与中立法，可参见 Robert Divine, *The Illusion of Neutrality*, Chicago : Chicago University Press, 1962; Kenneth S. Davis, *FDR into the Storm, 1937-1940: A History*, New York: Random House, 1993。罗伯特·达莱克：《罗斯福与美国对外政策（1932—1945）》（上下册，伊伟译），北京：商务印书馆，1984 年；托马斯·帕特森等：《美国外交政策》（上下册，李庆余译），北京：中国社会科学出版社，1989 年；阿诺德·A. 奥夫纳：《美国的绥靖政策：1933—1938 年美国外交政策与德国》（陈思民等译），北京：商务印书馆，1987 年；C. A. 麦克唐纳：《美国、英国与绥靖（1936—1939）》（何抗生等译），北京：中国对外翻译出版公司，1986 年；迈克尔·H. 亨特：《意识形态与美国外交政策》（褚律元译），北京：世界知识出版社，1999 年。

从区域性局部战争到全球战争的发展过程，因此，如果战前各国人民能够联合起来，在每一场局部战争中尽可能地遏制侵略者的野心，打乱它们的侵略计划，并阻止法西斯国家的联合，就有可能制止大战的再度发生，即使爆发也会被限制在较小的规模之内。可惜的是，当时的反法西斯国家并没有做到这一点。

然而，当我们回顾第二次世界大战起源的这段历史时，有一个现象是必须提出并值得特别重视的，那就是第一场在亚洲燃起的战火是经过整整 10 年才演变为亚太地区的全面战争的。这里的一个最为重要的原因是，中国人民的英勇抗战，最终打破了日本要在三个月内征服中国的侵略计划，并迫使日本陷入"中国泥潭"而不能自拔，使其长期难以与德、意结成军事同盟，从而延缓了战争的扩大并大大有助于其他国家的抗战。

1937 年 7 月 7 日，日本悍然发动了全面侵华战争，法西斯的侵略战火蔓延到欧、亚、非三大陆。中日战端初启时，"对支一击"论在日本统治阶级中甚嚣尘上，认为只需一个月日军便可"凯旋班师"。但是，在中国共产党的积极努力和直接推动下，中国已经出现了抗日救亡的高潮并形成了抗日民族统一战线，此时日本侵略者面对的并不是有如一盘散沙的中国，而是由四亿多人民组成的坚不可摧的铜墙铁壁。在随后的淞沪抗战、平型关战役、台儿庄战役以及武汉和广州战役中，中国军队顽强作战，使日军遭到重创。从七七事变到 1937 年底，日本已向中国战场（不包括中国东北）投入了 16 个师团约 60 万人，占当时日本陆军总数 95 万人的 2/3。到 1938 年，日本投入中国战场的兵力已达 24 个师团 100 万人以上，其国内本土只剩 1 个师团，真可谓倾巢而出了。此后，日军再也无力进行攻势作战，中日战争转入战略相持阶段。因此，正是中华民族的全民族抗战，使日本法西斯企图迅速征服中国的狂妄野心彻底破产。

从七七事变到 1939 年 9 月欧战爆发，是中国人民孤军奋战抵抗法西斯的时期。中国抗日战争不仅关系着中国人民的生死存亡，也关系到世界人民的安危。但是当时只有苏联认识到唇亡齿寒的关系，援助中国。从 1938 年 3 月到 1939 年 6 月，苏联先后向国民党政府提供 2.5 亿美元的贷款，以供从苏联购买军火和其他物资之用。与此同时，中国的抗战也大大减轻了日本对苏联的压力，有助于苏联打退日本在张鼓峰和诺门坎的两次入侵。但是面对德、意、日侵略扩张的西方列强则目光短浅，它们在继续绥靖德、意法西斯的同时，也用同样的办法来安抚日本，致使国际社会丧失了援华抑日的良机。尽管在这一时期美、英也分别向中国提供了 2500 万美元和 550 万英镑的少量援助，但只是杯水车薪。随着日本的侵略战争不断升级，中国人民的抗战斗争也极其艰苦。然而，正是由于中国顽强抵御着日本的百万大军，才推迟了德、意、日三国同盟的缔结，使日本在欧战爆发时未能在军事上配合德国，从而大大减轻了英法在远东所受到的压力，也为日后同盟国反法西斯的共同事业奠定了坚实的基础。

1939年9月1日，德国进攻波兰，随后英、法相继对德国宣战，欧战全面爆发。但是由于日本法西斯已经深深陷在中国大陆，因此对欧战采取观望态度，声明"帝国不介入，专注于中国事变"。正是中国的英勇抗战使日本无法结束"中国事变"，早日南下。国民党战场方面陆续进行了第一次长沙战役、桂南战役、枣宜战役、豫南战役、中条山战役、第二次长沙战役等，抵抗了日军的疯狂进攻；八路军方面则发动了著名的百团大战，在华北向日军大举进攻，这场历时3个半月的大破袭战共进行大小战斗1824次，毙伤日军20645人，伪军5155人，并破坏了河北和山西的铁路和公路等交通动脉。[①] 与此同时，中国共产党领导的抗日根据地不断扩大，游击战争日益发展。1939年，解放区战场抗击的日军就达到日本在华兵力的62%。[②] 据日方统计，仅日本华北方面军在1940年就进行了20123次战斗，[③] 由此可见，八路军的游击战给了日军多么频繁的打击。正是由于中国抗战的牵制，才制止了日军的北进，并迫使日军放慢了南进的速度，削弱了日军南进的实力。因此，中国的抗战不仅有效地支援了苏联的抗德战争，而且是控制局部战争迅速向全面战争发展的中坚力量。

1941年6月22日，德国发动了侵略苏联的战争。但是日本并没有与其盟国德国协同对苏联作战，而是通过六次政府和大本营联络恳谈会，最终确立了南进政策。1941年12月8日，日军偷袭珍珠港，太平洋战争爆发了。

从1939年9月欧战爆发到1941年12月珍珠港事件前，英、法、苏等国虽然已经先后参战，但是在亚太地区仍然是中国孤军奋战的局面。苏联出于自卫的需要，在1941年以后援华力度大减。美、英的援助虽然比以前增加，分别再提供1.45亿美元和1000万英镑的援华贷款，并将租借法案运用于中国，使中国的抗战条件稍有改善，但是仍远远不能满足中国战场的巨大需要。尽管如此，中国军民还是以自己的巨大牺牲拖住了日军的主力。太平洋战争爆发时，日本陆军的大部分兵力仍然被束缚在中国战场上，总数达27个师团，如果加上日本

---

① 聂荣臻：《关于百团大战对晋察冀社记者的谈话（1940年9月18日）》，载河北省社会科学院历史研究所等编：《晋察冀抗日根据地史料选编》上册，石家庄：河北人民出版社，1983年，第399—400页。

② 《中央人民政府人民革命军事委员会关于抗日战争时期中国人民解放军的五个统计材料》，《人民日报》1951年9月3日。

③ 臼井胜美、稻叶正夫解说：《现代史资料》第9卷，东京：美玲书房，1964年，第470—471页。

在中国东北的兵力，则为 40 个师团，约占当时师团总数 51 个师团的 78%。[①]

对于中国抗战在延缓战争扩大和支持其他国家的抵抗战争方面的作用，其他大国的领袖是十分肯定的。美国总统罗斯福曾在 1941 年 5 月 27 日指出，不断加强的"中国的壮丽的防御战"是阻止希特勒征服世界的计划接近完成的重要因素之一。[②]曾经一向对中国的抗战表示轻视的英国首相温斯顿·丘吉尔（Winston Churchill，1874—1965），也不得不在 1942 年 4 月 18 日写道："我必须指出，中国一崩溃，至少会使日军 15 个师团，也许会有 20 个师团腾出手来。其后，大举进犯印度，就确实可能了。"[③]

太平洋战争爆发后，中国战场特别是解放区战场的抗日斗争仍然十分激烈，日本为了把它在中国的占领区变成"兵站基地"，以 75% 的侵华兵力对抗日根据地进行"总力战"。中国共产党领导的八路军则展开持续不断的游击战争，1943 年，八路军和敌人作战 24800 余次，毙伤敌伪军 136000 余人，新四军与敌作战 5300 余次，毙伤敌伪军 66000 余人；[④]解放区军民牵制了大部分侵华日军，抗击了绝大部分的伪军。中国的抗战，不仅支持了美英继续贯彻其"先欧后亚"的军事战略，而且是东亚和太平洋战场能够转入战略反攻的重要因素。1944 年，解放区战场发动了对日军的局部反攻，到 1945 年 3 月，中国共产党领导的军队已发展到了 91 万人，乡村中不脱离生产的民兵发展到了 220 万人以上，已经成了中国抗日战争的主力军；与此同时，中国共产党在北起内蒙古，南至海南岛的辽阔区域内建立了 19 个大的解放区。[⑤]在国民党战场，从 1941 年到 1945 年，共与敌军进行会战 9 次，中国远征军和驻印军队在滇缅边界和缅北进行了胜利的反攻。中国战场的战斗有力地支持了美军在太平洋战场的反攻。到 1945 年日本战败时，向中国战区（包括中国台湾和越南北纬 16° 线以北地区）投降的日军共 128.3 万人，这个数目大约相当于全部海外日军 274.6 万人（不包括关东军）的 46.7%。[⑥]

[①] 参见服部卓四郎：《大东亚战争全史》（张玉祥等译）第一册，北京：商务印书馆，1984 年，第 336—337 页第六表和第八表；信夫清三郎：《日本外交史》下册（天津社会科学院日本问题研究所译），北京：商务印书馆，1980 年，第 620 页。

[②] The Department of State ed., *Peace and War*, Washington D. C., 1943, p. 666.

[③] 温斯顿·丘吉尔：《第二次世界大战回忆录》第四卷上部第一分册（北京编译社译），北京：商务印书馆，1975 年，第 266 页。

[④] 中国现代史资料丛刊：《抗日战争时期的八路军和新四军》，北京：人民出版社，1980 年，第 175 页。

[⑤] 毛泽东：《论联合政府》，《毛泽东选集》，北京：人民出版社，1968 年，第 939—940 页、第 945 页。

[⑥] 秦孝仪主编：《中华民国重要史料初编——对日抗战时期》第 2 编《作战经过（三）》，台北：台湾"中央"文物供应社，1981 年，第 707 页；服部卓四郎：《大东亚战争全史》第四册，第 1782 页。

　　据不完全统计，在整个抗战期间，中国的死伤人数达 3500 万，其中死亡人数达 2100 万，仅南京大屠杀就死亡 30 万人以上。按 1937 年的比价计算，日本侵略者给中国造成的直接经济损失 1000 亿美元，间接经济损失 5000 亿美元。由此可见，正是中国人民以自己艰苦卓绝的战斗和巨大的民族牺牲，为最终打败纳粹德国和日本法西斯起到了奠基作用。因此，罗斯福在 1945 年 1 月 6 日致国会的国情咨文中再次表示，我们"忘不了中国人民在七年多的长时间里怎样顶住了日本人的野蛮进攻和在亚洲大陆广大地区牵制住大量的敌军"。[①] 斯大林（1878—1953）也肯定"中国人民及其解放军的斗争，大大地便利了击溃日本侵略力量的事业"。[②] 这正是中国人民的抗日战争对世界反法西斯战争的全局所做出的最为重大而突出的贡献之一。正如刘大年先生所说："有了中国抗日，才有第二次世界大战和世界反法西斯在亚洲和东方的胜利。"[③] 不仅如此，中国抗日战争还以中华民族的空前觉醒而昭示世界：在这场大战结束之后，在全球特别是在整个东方将发生一系列历史性的巨变，并将对战后的国际关系产生决定性的影响。

五、第二次世界大战的性质

　　从第二次世界大战可以看到，尽管现代战争产生于帝国主义，但并非所有的帝国主义大国在任何时候都热衷于发动战争，尤其是破坏性极大的世界大战。第二次世界大战是由一部分帝国主义国家，即德意日等法西斯国家发动的。没有一个严肃的历史学家会质疑这一事实。正是它们首先点燃了侵略的战火，把恐怖统治、种族灭绝和民族奴役强加于亚洲、欧洲和世界人民头上，把人类强行拖进了又一场更大的全球性的空前浩劫。至于其他国家，无论是中国和各被压迫国家与民族，还是英法美等资产阶级民主国家，还是社会主义苏联，它们或是因被侵略、被奴役而奋起反抗，以争取自己民族的独立，或是想尽办法去避免战争，然而最终都为了抵抗法西斯的侵略而被投入了战争的旋涡。所以，就第二次世界大战的发动者的动机来说，其性质是帝国主义的。

　　但是，第二次世界大战爆发后，美英苏中等不同社会制度的国家为了反法西斯的共同事业，暂时抛弃了意识形态的分歧，结成了大同盟，直到把法西斯

---

① 关在汉编译：《罗斯福选集》，北京：商务印书馆，1982 年，第 480 页。

② 《人民日报》1951 年 9 月 3 日。

③ 刘大年主编：《中日学者对谈录 —— 卢沟桥事变五十周年中日学术讨论会文集》，北京：北京出版社，1990 年，第 6 页。

国家打得无条件投降。因为对这些国家来说，法西斯主义是他们的共同敌人。墨索里尼曾明确宣布："法西斯主义坚决否定所谓科学社会主义的或马克思的社会主义基础的那种学说"，要"给予整个民主主义思想总体以严重的打击"，"对自由主义学说，无论在政治方面还是在经济方面，都采取坚决反对的态度"；他还声称："如果说 19 世纪是社会主义、自由主义和民主主义的时代"，那么"可以认为，20 世纪是一个权力的世纪，一个右派的世纪，一个法西斯世纪"。[①] 希特勒在《我的奋斗》中对社会民主主义、议会制、共产主义和犹太种族进行了激烈的攻击，而 1936 年 11 月 25 日德国与日本签订的《反共产国际协定》，更说明了法西斯主义的反共本质。因此，无论是对资本主义的美、英来说，还是对社会主义的苏联和抵抗日本侵略的中国来说，这都是一场民族与国家的生死存亡之战，也是一场信仰之战。所以，第二次世界大战就其战争的目的和性质来说，是一场反法西斯的正义战争。

无论如何，人类终于依靠自身的理智、智慧和力量，把社会制度和意识形态的分歧暂时置于次要地位，以伟大的反法西斯同盟的全面合作与战略协同，战胜了邪恶的法西斯集团，赢得了战争，赢得了和平，也赢得了进步。这些进步，反映在人类社会所构建的国际体系、国际格局和国际秩序等各个层面，反映在殖民地半殖民地争取独立与发展的非殖民化的持续进程当中，也反映在广大民众的反战与和平运动的不断发展方面，从而最终形成了国际社会制约和预防世界大战的多维机制与持续诉求。

[①]　朱庭光主编：《法西斯新论》，第 88 页。

第二章　两次世界大战与国际体系的变迁

　　当我们从世界历史发展的视角来研究 20 世纪发生的两次世界大战的时候，考察和比较两次世界大战后所建立的国际体系格外重要。因为它们与 20 世纪的战争与和平问题密切相关。鉴于两次世界大战后分别建立的凡尔赛–华盛顿体系、雅尔塔体系仍然主要是由主权国家（包括拥有大量殖民地的殖民帝国）建立的，并仍然是以主权国家作为国际行为的主体，同时新出现了由主权国家组成的国际联盟和联合国等政府间的国际组织这种新的国际行为体[①]，因此，我们就有必要从确立国家主权观念和主权国家关系基本准则的威斯特伐利亚体系说起[②]，以此作为本章论述主题的历史背景与基础。

[①]　美国学者布鲁斯·拉西特和哈维·斯塔尔认为，政府间的组织、非政府间的组织和跨国公司等，都是国际行为者，但英国学者巴里·布赞和理查德·利特尔不同意这种看法。分别见布鲁斯·拉西特和哈维·斯塔尔：《世界政治》（王玉珍等译），北京：华夏出版社，第 59—64 页；巴里·布赞、理查德·利特尔：《世界历史中的国际体系 —— 国际关系研究的再构建》（刘德斌主译），北京：高等教育出版社，2004 年，第 237 页。

[②]　巴里·布赞和理查德·利特尔批评了国际关系研究领域的威斯特伐利亚"情结"，并建构了他们自己的宏大理论框架："我们考察多重国际体系的整个历史，这段历史构成了一个超过 5000 年的时期；而不是追溯 1648 年威斯特伐利亚和约签订以来 350 年间当代国际体系的历史。"在他们的框架中展示出在国际体系的世界历史中的三个意义重大的转折点，即 40000 年前采猎群开始从事交换时的第一个转折点，5500 年前类似国家单位开始出现并相互发生作用时的第二个转折点，以及 500 年前现代主权国家作为一种新的政治角色出现的第三个转折点。见巴里·布赞、理查德·利特尔：《世界历史中的国际体系 —— 国际关系研究的再构建》，导论第 1—2 页，中文版序言第 1 页，正文第 2—4 页。从世界历史的角度来说，布赞和利特尔也重构了世界历史的发展。但要说明的是，本文从国际关系史发展的角度所论述的国际关系体系，与他们所论述的国际体系，其含义并不完全一致；本文仍然主要论述的是主权国家之间的国际关系的历史发展。

第一节　现代国际关系基本原则在欧洲的确立
（15 世纪—19 世纪初）

一、欧洲早期的民族国家和国家主权意识的加强
（一）欧洲早期民族国家的形成

15—17 世纪，西欧早期民族国家在连绵不断的战火中逐渐形成。在此期间，法国、英国、西班牙、尼德兰（又称低地国家，大体包括今荷兰、比利时、卢森堡等地）、瑞典、丹麦等国的内部，几乎也都经历了宗教改革、王权加强、经济发展的过程。在对外政策方面，法国由于被哈布斯堡家族三面包围的地缘政治形势①，亨利四世（1589—1610 年在位）及其继任者路易十三（1610—1643 年在位），均实行致力于打击哈布斯堡王朝的外交政策。英国则实行均势政策，以维持欧洲大陆各国的势力均衡并保护英国自己在欧洲大陆的权益。

德意志自新航路开辟后，远离西欧新兴的商贸与工业中心，经济发展渐趋落后。在政治上，德意志一直处于分裂状态，神圣罗马帝国皇帝和各个诸侯之间矛盾重重，权力斗争激烈。特别是宗教改革以后，各诸侯分为新教（路德教、加尔文教）和天主教两大阵营，几乎势均力敌。17 世纪初，德意志分为新教同盟（1608 年）和天主教同盟（1609 年）两个敌对集团，皇帝成为天主教阵营的核心。德意志的国内斗争，成为欧洲三十年战争的前奏。

意大利在罗马帝国灭亡后，日益四分五裂。到 15 世纪末 16 世纪初，威尼斯共和国、米兰公国、佛罗伦萨共和国以及那不勒斯王国和教皇国等五个城市国家已经以不同的统治形式强化了国家政权，使其具备了早期民族国家的性质。1454 年，上述五国签订"洛迪和约"②，约定维持各自的领土现状，互不侵犯，任何一国侵犯他国，都会受到其他四国的共同制裁，因此这一条约被视为外交政策均势原则的范例③，该条约的五国结构也被称为"意大利国际体系"或"微型

---

① 哈布斯堡王朝是欧洲历史上统治最久的王朝。因其家族原居于瑞士阿尔高的哈布斯堡（意为"苍鹰之堡"）而得名。1273 年家族成员鲁道夫伯爵被选为"罗马皇帝"（即德意志国王），为鲁道夫一世（1273—1291 年在位），从此崛起。该家族通过各种条约和联姻，广泛扩大其领地和影响。15 世纪下半期至 19 世纪初，该家族几乎一直占有神圣罗马帝国的皇冠，形成著名的哈布斯堡王朝统治。奥地利、勃艮第、尼德兰、西班牙（包括美洲殖民地）、波西米亚、匈牙利、米兰、那不勒斯和西西里、撒丁岛等都是其领地。对法国形成三面包围之势。

② 该条约最初由米兰、威尼斯和佛罗伦萨签订，不久那不勒斯和教皇国加入其中，该和约也称为"意大利联盟"。

③ 有关"均势"外交观念的发展，参见 Alfred Vagts, *The Balance of Power: Growth of an Idea*, World Politics, Vol, 1 (Oct., 1948), pp. 82-101; Alfred Vagts and Detlev F. Vagts, *The Balance of Power in*

国际体系"。① 这一体系成为结束三十年战争的威斯特伐利亚体系的先声。与此同时，在欧洲已经出现的常驻外交使节制度也发展起来。直到 1494 年，意大利的和平与均势才被法国的入侵所打破。

1494—1559 年，以法国、英国、西班牙和奥地利为主，其他欧洲国家也席卷其中的"意大利战争"，断断续续地进行了 66 年。各国参战的目的错综复杂，立场也时常改变。1559 年，主要在法国、英国（包括英格兰和苏格兰）和西班牙之间签订了结束这场战争的《卡托-康布雷奇和约》②，削弱了教皇和神圣罗马帝国的影响，意大利也遭衰败；与此同时，该条约强化了建立强大民族国家的努力方向，开启了以王朝统治为基础的近代国际关系模式，"均势"思想得以传播，常驻外交使节制度几乎推广到整个中西欧，从而制度性地促进了欧洲现代国际社会和现代外交体系的形成③。欧洲的国际关系也将走出中世纪。

（二）国家主权意识的加强

在欧洲主要民族国家形成的过程中，一种建设强大民族国家和强调民族国家利益至上的意识也不断强化，国家主权的理论应运而生，前者以意大利人马基雅维利（Niccolò Machiavelli，1469—1527）为代表，后者则是法国人让·博丹（Jean Bodin，1530—1596）提出的。

马基雅维利生活的时代，意大利处于四分五裂的状态。他亲身经历了法国军队入侵意大利，从此使意大利进入了内忧外患的政治动荡时期。由此，马基雅维利看到了意大利长期政治分裂的恶果，认为只有建立起统一的中央集权国家，才能防止内讧，抵御外侮。正如美国思想史家乔治·萨拜因所说："在那个年代里，他比谁都更赞赏处于萌芽状态的民族统一的意识"，而"新兴的力量正是隐隐约约地建立在这种意识之上的"。④

让·博丹生活在法兰西民族国家基本形成的时代，君主专制制度确立已久，但是他经历了 1562 —1594 年法国发生的以宗教之争为背景的内战以及圣巴托罗

International Law: A history of an Idea, The American Journal of International Law, Vol. 73, No. 4 (Oct., 1979), pp. 555-580。

① 相关的论述，参见计秋枫：《意大利城邦国家体系及其影响》，载朱瀛泉主编：《国际关系评论（2001）》，南京：南京大学出版社，2001 年，第 39—53 页。

② 该和约除了规定签约目的是保持普遍的和平之外，还对宗教事务、保障正常贸易活动、皇室联姻以及领土变更等做了规定。

③ 参见周桂银：《欧洲国际体系中的霸权与均势》，西安：陕西师范大学出版社，2004 年，第 32—34 页。

④ 乔治·萨拜因：《政治学说史》下册（刘山等译），北京：商务印书馆，1986 年，第 390 页。

缪节大屠杀[①]，这对博丹的包括主权思想在内的政治学说产生了深刻影响。1576年博丹出版了《国家论》六卷，第一次系统论述了国家主权的概念，认为主权是"凌驾于所有臣民之上的最高的、绝对的和永久的权力"，主要包括"未经臣民同意就为他们制定法律"的权力，主权者自己则不服从他所制定的法律。对于博丹而言，主权这一近代观念的意义在于它是最高的立法权，是"绝对的""不可让与的"和不可分割的。[②] 由此可见，主权是非授予的权力，是不能转让的，也不受法令的限制。主权不受法律的约束，因为主权者是法律的来源。以后关于主权的理论又发展为主权对内是国家的最高权力，对外是代表本国的独立于其他民族或国家的权力，主权所代表的国家是国际关系中的主体的观念。

　　生活于 16 世纪晚期至 17 世纪中叶的荷兰人胡果·格劳修斯（Hugo Grotius，1583—1645）第一次提出主权国家是国际法主体的观念，从而奠定了国际法的基础；他 1625 年出版的《战争与和平法》巨著，使近代国际法成为一门独立的学科，他也被西方学者誉为国际法的始祖。格劳修斯认为，国际法的最终目的是寻求国际和平，尽量减少战争的破坏；他还认为国家和国家之间的矛盾和争端不一定都诉诸武力，而应当通过和平方式解决。从结束三十年战争的《威斯特法利亚和约》开始，格劳修斯的国际法观念成为影响国际政治行为的重要力量。

二、三十年战争与威斯特伐利亚体系的形成

（一）三十年战争与威斯特伐利亚和约的签订

　　1618—1648 年的"三十年战争"，以德意志为主要战场，几乎把当时所有的欧洲国家都卷了进去，是世界近代史上第一次大规模的欧洲战争。战争爆发的根本原因在于，当时罗马天主教庭和神圣罗马帝国相结合的神权政治已经不能适应资本主义生产关系的发展，新教力量日益强大并开始否认罗马教廷的正统地位。与此同时，国家和主权至上的观念已经应运而生。在这样的背景下，各国纷纷卷入德意志的新教同盟和天主教同盟的争斗之中。它们先是为信仰而

---

① 胡格诺教派与天主教派之间的战争。1562 年，法王年幼无法亲政。为了争夺对政府的控制权，以信仰加尔文宗的孔代亲王和极端的天主教徒吉斯公爵为代表的两大集团兵戎相见，内战爆发。1572 年，胡格诺教派首脑人物聚集巴黎，参加该派首领那尔瓦的亨利的婚礼。8 月 24 日即圣巴托罗缪节（天主教纪念耶稣十二门徒之一巴托罗缪的节日）的前夜，天主教派吉斯公爵以巴黎各教堂的钟声为信号，率军杀戮胡格诺教徒两千多人，史称圣巴托罗缪节大屠杀。随后，在外省城市也发生了同样的大屠杀。

② John Plamenatz, *Man and Society: A Critical Examination of Some Important Social and Political Theories from Machiavelli to Marx*, Vol. 1, London: Longman, 1963, pp. 101-103.

战（因此这场战争也被称为宗教战争），以后又抛开宗教的外衣为各自的国家或准国家的利益而战，即为领土、王位、霸权而战。法国虽为天主教国家，但为称霸欧洲，力图使德意志保持分裂状态，便支持新教诸侯反对神圣罗马帝国的皇权；丹麦、瑞典早已觊觎北海和波罗的海的德意志领土和港湾；荷兰和英国则不愿神圣罗马帝国的势力在北欧扩张，英国还企图削弱西班牙的势力，于是这些国家都支持新教联盟。神圣罗马帝国皇帝、德意志天主教诸侯和西班牙为另一方，并得到教皇和波兰[①]的支持。

这场战争的导火索是1618年以"掷出窗外事件"[②]为标志的捷克反对哈布斯堡王朝的起义。战争按其进程主要分为四个阶段：波西米亚阶段（1618—1624年）；丹麦阶段（1625—1629年）；瑞典阶段（1630—1635年）；法国–瑞典阶段（1635—1648年）。在战争的最后阶段，几乎已经没有一个德意志诸侯与法国人或瑞典人站在一起，战争完全变成了一场在德意志的土地上进行的国际战争。[③]

实际上，交战双方从1643年起就开始和谈，谈判在德意志威斯特伐利亚省的两个城镇明斯特和奥斯纳布鲁克举行[④]。参加谈判的有144个代表，代表55个政治实体，其中包括神圣罗马帝国以及除了英国之外的主要王国、大公国、边疆伯爵、主教辖区、自由城市、帝国城市。[⑤]1648年10月，与会者分别签订了《明斯特条约》和《奥斯纳布鲁克条约》，两个条约史称《威斯特伐利亚和约》[⑥]，主要涉及四个方面的内容：

---

① 16世纪的波兰与立陶宛合并，国力上升，成为欧洲除了俄国之外领土最大的国家和波罗的海的强国，居民多信天主教，在与瑞典和俄国争夺波罗的海霸权的过程中矛盾尖锐。

② 神圣罗马帝国皇帝企图在捷克（波西米亚）恢复天主教，指定狂热的天主教徒斐迪南公爵为捷克国王，是为斐迪南二世。斐迪南二世下令禁止布拉格新教徒的宗教活动，拆毁其教堂，并宣布参加新教集会者为暴民，激起了捷克新教徒的激烈反抗。1618年5月23日，武装群众冲进皇宫，按照当地惩罚叛逆的古老习俗，把皇帝的两名钦差从距地20多米的窗口扔了出去。这就是著名的"掷出窗外事件"。

③ 德国著名的文学家和学者弗里德里希·席勒的《三十年战争史》（沈国琴、丁健弘译，北京：商务印书馆，2009年），从德国人的视角，展现了这场战争的丰富画面。

④ 虽然法国和瑞典从战争一开始就结成了同盟，但两国要求各异、分歧很大，所以谈判分别在两个城市举行。神圣罗马帝国皇帝、法国、西班牙和德意志天主教诸侯的代表在明斯特谈判；皇帝、瑞典、德意志新教诸侯和城市的代表在奥斯纳布鲁克谈判。由于战事尚未结束，直到签约前，各方的要求不断发生变化，而法国与西班牙的战争直到1659年才结束。

⑤ Kalevi J. Holsti, *Peace and War: Armed Conflicts and International Order 1648-1989*, Cambridge: Cambridge University Press, 1991, p. 24.

⑥ 一般认为，1635年与瑞典结盟的德意志新教诸侯与皇帝妥协并签署的《布拉格和约》，以及1659年法国和西班牙签订的《比利牛斯和约》，也是《威斯特伐利亚和约》的组成部分。

第一，欧洲的领土变更问题。规定：正式承认荷兰（尼德兰联省共和国）和瑞士为独立国家，不再对神圣罗马帝国承担法律义务。法国获得阿尔萨斯的大部分（不包括斯特拉斯堡），并确认法国早年占领的洛林的梅林、图尔和凡尔登三个主教区仍归其所有，法国还享有永久驻防菲利普斯堡和部分莱茵河右岸土地的权利，这就部分满足了法国对其"天然边界"的要求。瑞典获得西波美拉尼亚地区和维斯马城以及不来梅和费尔登两个主教区，从而得到了波罗的海和北海南岸的重要港口，包括易北河与威悉河的入海口。德意志帝国内部几个大诸侯的领地都有所扩大：勃兰登堡获得波美拉尼亚东部和马德堡大主教区的大部，大大提高了勃兰登堡-普鲁士在德意志诸侯中的地位；萨克森获得卢萨蒂亚地区；巴伐利亚获得信奉天主教的上法普尔茨（巴拉丁）和与之连在一起的选帝侯地位；信奉新教的下普法尔茨，即莱茵-普法尔茨维持独立；黑森-卡塞尔和布伦瑞克等也获得部分领地或权益。这些规定导致奥地利哈布斯堡王朝失去大量领地。

第二，神圣罗马帝国的宗教关系问题。重申神圣罗马帝国皇帝及其新教诸侯在1555年《奥格斯堡宗教和约》中规定的"教随国立"的原则，每个德意志邦都有权决定其宗教信仰；规定路德教、加尔文教和天主教拥有平等地位和权利，同时帝国内的新教诸侯和天主教诸侯地位平等，在帝国法庭中双方法官人数相等。由此，根据世俗的原则解决了帝国的宗教争端。

第三，德意志的国家体制问题。规定："为了防止未来政治国家之间发生任何可能的冲突，神圣罗马帝国的所有选帝侯、诸侯和邦国都被赋予并巩固他们的古代权利、特权、自由、特免权和领土内权利的自由行使权……这些权利永远不应当也不能够受到来自任何人的以任何方式或借口进行的干扰"[①]；他们在审议有关帝国的事务中，享有投票权；他们为本身的存在与安全，永远享有外交自主权，即享有与外国人结成同盟的权利，但此种结盟不得针对皇帝和帝国；在重大问题，如立法、征税、征兵、宣战及媾和等问题上，皇帝必须服从由帝国境内所有主权国家组成的议会的决定。这些规定说明：和约确认了德意志境内的300多个邦均成为主权国家。

第四，勾勒了处理未来冲突的程序。《明斯特条约》第113条和第124条要求签约国有义务将冲突提交"友好的"调解或法律手段，"当受害国认为温和的

---

① 　这是《奥斯纳布鲁克条约》第64条的部分内容，转引自 Kalevi J. Holsti, *Peace and War: Armed Conflicts and International Order 1648-1989*, p. 35。

手段和正义没有发生作用时",签约国还负有进一步的义务,即在延迟三年之后
采取联合行动援助受害国一方。①

　　总的说来,三十年战争和《威斯特伐利亚和约》的签订,削弱了哈布斯堡
王朝的统治地位,加深了德意志境内分裂割据的局面,也极大地削弱了罗马教
皇所代表的基督教统一的象征。从此欧洲宗教宽容的局面开始出现,民族国家
更为巩固。

（二）威斯特伐利亚体系的形成

　　威斯特伐利亚和会及其所签订的《威斯特伐利亚和约》,对国际关系体系和
近代国际法学的发展具有重要影响,一般认为,该和会及其签署的和约形成了
威斯特伐利亚体系。该体系的基本内容包括以下几个方面:

　　第一,它开创了用国际会议的形式解决国际争端,结束国际战争的先例。
在此之前,欧洲并不存在这样一种多边外交会议,在此之后,这种以复杂的多
边会议形式结束国际争端和战争从而恢复和平的形式便成为惯例。

　　第二,它通过承认德意志数百个诸侯国的主权、确认荷兰和瑞士的独立国
地位,实践了从文艺复兴时期就已经出现的一些国际关系的基本原则,即国家主
权平等、国家领土和国家独立等原则,并将这些原则规定为近代以来国家关系的
基本准则,也是近代国际法的主要原则。从此,民族国家开始登上历史舞台。

　　第三,它创立并确认了国际法中缔约国对条约必须遵守,违约国应被视为
对和平的破坏者,其他缔约国对违约国可以进行集体制裁的原则,使之成为国
际法的基本原则。

　　第四,它通过承认德意志各诸侯国的主权与领土,以及承认新教和天主教
享有同等权利的方式,打破了罗马教皇神权统治体制的世界主权论,进一步确
认了国家主权的统一性、不可分割性和独立性,使世俗的王朝国家(现代民族
国家的前身)的统治体制得到加强。

　　第五,它把已经出现的国家之间常驻外交使节制度固定下来,在国家之间
设立常驻外交代表机关和外交使团。这一制度首先在欧洲普遍实行,为主权国
家之间经常性的交往提供了制度上的便利。

　　另外,和约第110条对战俘待遇的规定和第49条对信仰自由的规定,表明
了对人权的关怀和人类文明的进步。

　　威斯特伐利亚体系是欧洲在经过"三十年战争"的洗礼后形成的人类历

---

① 　转引自 Kalevi J. Holsti, *Peace and War: Armed Conflicts and International Order 1648-1989*, p. 36。

史上第一个具有现代意义的国际关系体系。它确立了国家关系中国家主权的独立性、统一性、不可分割性；强调了国际条约的神圣性并规定对违约国可以实施集体制裁原则；开创了召开国际会议解决国际争端恢复和平的先例；建立了外交使团制度。这一切在人类历史上都具有划时代的意义，其原因正如卡列维·霍尔斯蒂所说，因为"它代表了一种新的外交安排，即一种由国家创建并以国家为目的的秩序"[①]。该体系表明了以王权为代表的民族国家开始取代基督教的神权，成为国际关系的主体，一个以正式邦交形式和召开国际会议为互动模式的国际关系体系在欧洲初步形成。与此同时，它所确立的有关国家主权和国家关系的这些基本原则，也成为"现代国际法发展的起点"[②]。

　　但是威斯特伐利亚体系还不具有全球性国际关系体系的特点和色彩，它所展现的更多的还是欧洲区域内的主要以奥地利、普鲁士、瑞典、英国、法国和荷兰（当时为尼德兰联邦，包括现在的荷兰与比利时地区）为代表的"多极均势"为特点的国际秩序。更为重要的是，该体系并没有建立有效的冲突解决和处理机制，尽管它"创造了一种和平"，但是它只是"创造了一种用以保证特殊的和平而不是普遍的和平的秩序"[③]，它所带来的和平，只是大国之间的暂时和平，远不是普遍的和平，并不能避免它们之间发生战争。还必须指出的是，该体系所规定的国家主权原则，却不适用于欧洲以外的国家，甚至不适用于东欧和东南欧地区，特别是对那些尚未形成民族国家的非欧地区，欧洲国家是以征服、占领和殖民那些国家和地区为原则的，这也标明了该体系的强权政治色彩和历史局限性。

三、拿破仑战争与维也纳体系的建立

（一）欧洲各国的力量"均势"及其变化

　　威斯特伐利亚体系的建立，使欧洲各国之间形成了一种相对"多极均势"的状态。法国、瑞典、奥地利、普鲁士、西班牙、英国、俄罗斯和意大利等国成为国际关系中的行为主体，各国的实力虽有差异，但基本处于势均力敌的状态。在以后的一个多世纪里，经过多次局部战争，欧洲各国的实力发生着消长变化。

[①]　Kalevi J. Holsti, *Peace and War: Armed Conflicts and International Order 1648-1989*, p. 23.

[②]　Leo Gross, *The Peace of Westphalia, 1618-1648*, The American Journal of International Law, Vol. 42, No. 1, Jan., 1948, pp. 20-41.

[③]　Kalevi J. Holsti, *Peace and War: Armed Conflicts and International Order 1648-1989*, p. 40.

17世纪，英国通过以内战为特征的资产阶级革命，与荷兰的三次战争，以及西班牙王位继承战争[①]，结束了荷兰的海上霸权。从此，英国不断加强其制海权，加紧向海外殖民扩张。随着18世纪中叶第一次工业革命首先在英国发生，到18世纪末，英国已经成为海外贸易和殖民地的霸主。

法国也是一个具有重要影响的国家。《威斯特伐利亚和约》的签订使路易十四的法国获得了通向德意志的战略通道阿尔萨斯的大部分地区，而神圣罗马帝国的四分五裂又进一步加强了法国的战略地位。路易十四的"朕即国家"的传言，正是当时法国封建君主专制国家力量强大的标志。

"三十年战争"使德意志神圣罗马帝国在经济上遭到重创，在政治上又被分裂。在德意志的诸邦中，只有奥地利和普鲁士最为强大。通过西班牙王位继承战争，奥地利打击了法国的野心并得到了大片土地，普鲁士也得以进入欧洲列强的行列，而西班牙的地位则在下降。

当1682年彼得大帝（1682—1725年在位）成为俄罗斯的沙皇时，俄罗斯已经是一个地跨欧亚的大帝国。彼得大帝通过在国内进行"西化"改革、与瑞典进行21年的"北方大战"，以及在战争中将首都从内陆的中心莫斯科迁到滨海地区的彼得堡，建在他征服的第一块波罗的海海岸上等行动，表明了他对外扩张的决心。战争的结果使俄国从一个内陆国家成为一个濒海强国。随着瑞典的衰落，俄罗斯步入欧洲强国的行列。

欧洲各国经过100多年的争斗，其力量对比发生了很大变化。到18世纪末，瑞典、荷兰、西班牙、葡萄牙已不再是大国，波兰已不存在，活跃在欧洲政治舞台上的是英国、法国、俄国、奥地利和普鲁士。它们凭借船坚炮利，迅速向外扩张，把世界其他地区变成了欧洲的殖民地或半殖民地，逐渐形成了欧洲的世界中心地位。

（二）拿破仑战争和维也纳会议的召开

但是欧洲内部并不平静。资本主义的发展强化了欧洲各国对现实国家利益

[①] 1700年，西班牙国王死后无嗣，法国波旁王朝和奥地利哈布斯堡王朝等根据亲属关系，竞争王位。于是，1701—1713年，主要以英国、荷兰、奥地利和勃兰登堡等为一方，以法国、西班牙等为另一方，利用西班牙的王位继承问题，爆发了一场战争，其真正目的在于进一步削弱西班牙并夺取其领土和殖民地。战场主要在意大利、西班牙、德意志和荷兰等地，战火也蔓延到美洲。1713年，双方签订《乌特勒支和约》，翌年战事结束。和约虽然承认法王路易十四之孙菲利浦为西班牙国王，但规定法、西两国不得合并，反法同盟的成员国奥地利、普鲁士等都获得了领土补偿，英国从西班牙获得直布罗陀和米诺卡岛上的要塞、美洲的哈德逊湾的周围土地、纽芬兰和阿卡底亚，以及向美洲的西班牙殖民地贩卖黑奴的垄断权，是最大的受益者。该和约削弱了西班牙，重新建立了欧洲大陆各国的均势，并第一次将"均势"（balance of power）这一概念写进条约。

的追求，人权的理念和民主共和的思想猛烈冲击着专制主义的旧体制。这一切最终导致法国，这个曾经是欧洲最强大的封建君主专制国家，爆发了资产阶级革命。1789 年法国大革命的胜利，极大地震撼了欧洲的封建专制制度，最终打破了威斯特伐利亚体系所构建的，特别是西班牙王位继承战争后重建的欧洲"多极均势"结构，一时间形成了法国一强主宰欧洲大陆的形势。拿破仑帝国的不断扩张不仅威胁了欧洲诸国的生存，也对英国的霸权地位构成了挑战。于是从 1793—1813 年，英国与俄国、普鲁士、西班牙、奥地利等国先后组织了 6 次欧洲反法同盟，与法国进行了长达 20 余年的激烈角逐，最终使拿破仑帝国在1814 年解体，波旁王朝得以复辟。随后列强便通过召开和会的方式恢复欧洲的和平与均势，确立拿破仑战争以后新的国际关系格局。

维也纳会议于 1814 年 5 月—1815 年 6 月召开，几乎所有的欧洲主权国家（除了信奉伊斯兰教的奥斯曼土耳其帝国）都派代表出席了会议。奥地利政府不顾财政拮据，使会议的进程十分奢华，以致人们看到的维也纳会议"不是在行进，而是在跳舞"。而实际主宰会议的是奥地利外交大臣克莱门斯·梅特涅（Klemens Wenzel von Metternich，1773—1859），英国代表卡斯尔雷子爵（RoertStewart，1769—1822 年），俄国沙皇亚历山大一世（1801—1825 年在位）和普鲁士国王腓特烈·威廉三世（1797—1840 年在位），还有法国外交大臣夏尔·德·塔列朗（Talleyrand-Péigord, Charles-Maurice de，1754—1838）。他们都带着自己的打算而来，在歌舞升平的背后展开了激烈的争夺。

奥地利的首要目的是通过恢复欧洲的均势，以维护日趋没落的帝国，因此它既要扼制法国的扩张，也要防止普鲁士势力的进一步膨胀，还要极力阻止俄国对欧洲大陆的干涉。英国在要求保持和扩大海上优势的同时，希望建立欧洲大陆各国的均势，以维护英国的安全和欧洲的和平。普鲁士要求恢复战前失掉的领土并希望得到更多的土地。俄国想进一步扩张自己的领土并削弱其他各国，以增强自己的实力。于是四国在会议上便形成了以英、奥为一方，以俄、普为另一方的两个营垒。

塔列朗作为战败国法国的代表，在会议中的作用是不能低估的。他利用上述四国之间的矛盾，不仅分化了反法同盟，而且提高了法国的地位，使法国能够以战败国的身份跻身于会议的五强之列。同时，他提出了著名的"正统主义原则"和"补偿原则"。"正统主义原则"强调主权国家的正统性如同财产的正统权力一样，来源于所有权的古老状态，因此要求和会恢复法国大革命和拿破仑战争时期被推翻的欧洲的各个"正统"王朝和君主制度，并以此作为重新划分领土和势力范围的依据。"补偿原则"是以相应的领土补偿昔日统治者的损失，重新划分欧洲的政治版图。

由于列强在重新划分领土和重新确立欧洲的政治力量均势的问题上矛盾重重，维也纳会议断断续续地开了9个月。但是就在列强为了各自的利益而争吵不休时，未曾想到战败了的拿破仑（拿破仑一世，1769—1821、1804—1814和1815年在位）卷土重来，迫使各国重新结成第7次反法联盟，并在滑铁卢战役中最后结束了拿破仑的政治军事生涯。与此同时，各个战胜国也相互妥协，终于在1815年6月9日，也就是滑铁卢战役的前9天，签署了维也纳会议的《最后议定书》。该议定书由121条条款和17条单独附带条款组成，主要内容包括两大方面。

第一，调整拿破仑战争后欧洲各国的疆界。主要内容是：（1）按照"正统主义原则"，法国、西班牙、葡萄牙、瑞典、荷兰以及那不勒斯等王朝都恢复原来的地位。（2）奥属尼德兰并入荷兰，热那亚、萨瓦和尼斯并入撒丁王国，意大利仍陷于分崩离析状态。（3）俄国西部疆域扩大到波兰西部，波兰成为沙皇统治下的一个君主立宪国；俄国从瑞典获得了芬兰；瑞典从丹麦获得挪威。（4）英国获得好望角、马耳他和斯里兰卡等战略要地。（5）奥地利和普鲁士都得到领土补偿，前者得到中南欧的一些领地，后者获得莱茵地区和部分波兰领土。（6）建立由奥地利、普鲁士和其他33个德意志邦、4个自由市组成的德意志邦联，邦联议会的议长由奥地利代表担任，使德意志的分裂状态进一步固定化。（7）承认瑞士联盟为永久中立国。（8）根据法国和反法联盟签订的和约，法国恢复到1790年的疆界，赔款7亿法郎，其东北要塞由战胜国占领3—5年。

第二，讨论并决定了一些带有普遍性的国际问题。主要有三个问题。（1）关于禁止贩卖黑人奴隶的营业。会议通过《关于取缔贩卖黑人奴隶的宣言》，但是，尽管英法极力主张普遍禁止奴隶买卖，却没有得到各国的完全赞同，因此该文件仅仅是声明罪恶的奴隶贸易理应废除，各国却可以按照自己的实际情况决定实施的日期。（2）制定了国际河流航行的"开放"制度。会议通过了《关于河流自由航行的规章》，确定位于各国边界上的或流经数国的国际河川，从可通航之点起到河口为止，各国可以完全自由航行，并且不得禁止任何人进行贸易，但应制定征税和航行的国际规则。（3）关于外交人员位次和外交语文的规定。会议通过《关于外交代表等级的章程》，规定外交使节分三个等级：第一级是大使，第二级是特命全权公使，第三级是代办。各个等级的外交官员的位次应依照他们正式通知到达的日期决定。另外，尽管维也纳会议的《最后议定书》

文本用法语写成，但该议定书第 12 款声明，不应把使用这一种文字看成一个先例，以贯彻于未来①。

（三）维也纳体系与"欧洲协调"机制的构建

列强通过维也纳会议及其最后议定书，在欧洲大陆恢复了旧的专制制度；通过战胜国对战败国财产的瓜分，不仅满足了列强的领土野心，而且初步建立起一个新的欧洲大陆的均势。

拿破仑重新夺取政权的行动，引起了奥、俄、普、英等国的恐慌。为了确保维也纳体系，防止法国再度爆发革命，沙皇亚历山大一世、奥皇弗兰茨一世（1792—1835 年在位）和普皇威廉三世于 1815 年 9 月 20 日在巴黎签订了《神圣同盟条约》，宣布三国根据基督教的教义，相互保证欧洲的正统统治。到 1815 年底，除了英国、罗马教皇国和奥斯曼土耳其之外，其他欧洲国家都加入了该同盟。接着，英国、俄国、奥地利和普鲁士于 11 月 20 日签订《第二次巴黎和约》②，条件苛刻，规定法国割地赔款，退还战争中掠夺的珍贵艺术品，并由盟国在法国北部和东部驻军。随后，英国、俄国、奥地利和普鲁士又于 11 月 20 日签订了《四国同盟条约》，规定：维护战胜国与法国签订的条约；任何一方如遭到法国攻击，各盟国将出兵 6 万人加以援助；缔约国为了本国的安定和繁荣，为了维持欧洲和平，定期召开会议，讨论"那些有利于国家安定和繁荣以及保持欧洲和平的措施"。条约有效期为 20 年。该条约是一个军事同盟条约，目的是反对拿破仑家族在法国复辟，反对法国对欧洲整体均势构成威胁。但是，根据定期召开会议讨论共同利益的条款，该条约就不仅局限于对法国的管制。1818年法国加入该同盟，使其演化为五国同盟，具有持久联盟的性质。

维也纳会议的《最后议定书》和《神圣同盟条约》《第二次巴黎和约》以及《四国同盟条约》，建立了欧洲新的政治、军事、领土的平衡，被称为维也纳体系。③维也纳体系是历史上继威斯特伐利亚体系之后的第二个具有现代意义的国

---

① 过去欧洲外交公文通用拉丁文。路易十四以来，法语因法国的强大而成为欧洲外交中的通用语文。但根据维也纳会议最后议定书第 12 款声明，以后各国在谈判和缔约时，仍有权使用以往外交关系中所使用的语文。

② 1815 年 5 月 30 日，反法同盟与法国复辟的波旁王朝签订和平条约，称《第一次巴黎和约》，因各方都已衰弱，战胜国为使法国政局稳定，无意进一步削弱法国，故该条约媾和条件宽大，没有割地赔款与外国驻军等内容。

③ 1814 年 3 月英国、俄国、奥地利、普鲁士为最后战胜拿破仑一世签订的攻守同盟条约《肖蒙条约》，已经在其秘密条款中对战后欧洲的政治结构和某些重大的领土归属问题做出一些规定。这些规定在维也纳会议上基本得到确认。故一些学者也把《肖蒙条约》及其后签订的《第一次巴黎和约》都纳入维也纳体系之中。参见 Kalevi J. Holsti, *Peace and War: Armed Conflicts and International Order 1648-1989*, p. 116。

际关系体系。

维也纳体系有几个突出特点。

第一，它是一个五极均势结构，它依靠英国、法国、俄国、奥地利和普鲁士这五个列强的实力均衡共同维持着欧洲的稳定。在这个结构中，英国以其在制海权、殖民地、工业、贸易和金融等领域的优势，几乎达到了全球霸权的程度；俄国则依靠扩张所得的辽阔领土以及其军事力量和政治权势的增长，成为当时最强大的横跨欧亚大陆的国家。它把战败但仍然强大的法国包括在内，是形成均势结构的必要条件。意大利和德意志仍然处于分裂状态，这种状态，也是上述五国形成均势的必要保证。当然，这种均势也是通过重新瓜分欧洲的领土来实现的。

第二，它开始用"会议外交"的方法，通过上述五大国定期举行国际会议，对列强各自的利益和矛盾进行仲裁与协商解决，从而保持欧洲的协调，维护大国的利益、和平与均势。这一体制也被称为"欧洲协调"[①]，亦称"共管均势体制"[②]。可以看出，这是一种大国合作的体制，它既是对威斯特伐利亚体系所开创的通过会议解决争端的精神的继承，也是一种创新，即希望通过集体安全来避免战争。在此后大约100年的时间里，尽管欧洲仍然不乏战争，"欧洲协调"机制也不断被削弱，然而欧洲没有发生过如拿破仑战争那样的大战争也是事实，从而使资本主义得以迅速发展。因此，体现"欧洲协调"的"会议外交"，是维也纳体系留给后世的遗产。

第三，强权政治是该体系的一大特色。列强在会议上并不考虑民族和民主的原则，不仅在欧洲大陆恢复了旧的专制制度，而且通过战胜国对战败国财产的瓜分，通过任意安排小国的领土、摆布小国的命运，满足了列强的领土野心，并初步建立起一个新的欧洲大陆的均势。然而，法国大革命和拿破仑战争，不仅是欧洲早期民族国家从民族君主国向现代民族国家转变的重要转折点，也是

---

① 　R. W. Seton-Watson, *Britain in Europe, 1789-1914: A Survey of Foreign Policy*, Cambridge: Cambridge University Press, 1938, p. 48; Gordon A. Craig and Alexander L. George, *Force and Statecraft, Diplomatic Problems of Our Time*, Oxford: Oxford University Press, 1990, pp. 43-51.

② 　一位美国学者认为，这种"共管协调体制"要求欧洲大国遵守维持欧洲平衡和安宁的两项原则：一、各大国要克制自己在欧洲扩张领土的野心，固然不是完全克制，但起码要避免发生大规模的战争；二、当大陆内部的动乱或各国相互矛盾的要求即将引起战争时，所有大国就会共同努力以和平的方式解决争端，通常的办法是举行由各国代表参加的会议。各大国正是通过这种松散的共同管理方式，使均衡、克制和合作成为拿破仑战争后的40年中的欧洲政治的标志。迈克尔·曼德尔鲍姆：《国家的命运：19世纪和20世纪对国家安全的追求》（军事科学院外国军事研究部译），北京：军事科学出版社，1990年，第4—5页。

现代意义上的民族主义和民主政治得以大发展并开始了向全欧洲以及世界其他地区传播的标志。因此从长远来说，该体系的这些领土安排是不可能长久的，它所确定的政治版图必将被改变。

从总体来看，维也纳体系仍然是一个欧洲列强讨价还价求得妥协的国际体系，而且由于该体系内部的重重矛盾而决定了它的不稳定性。但是维也纳体系在国际关系史上仍然具有十分重要的地位。

第一，在 19 世纪已经形成的以欧洲为中心的国际格局之下，维也纳体系已经具有一定的世界性，可视为第一个世界性的国际关系体系；但是世界其他地区是作为欧洲列强侵略和资本扩张的对象而进入这个体系的，因此只具有从属性。

第二，该体系的缔造者们至少建立了一种定期会晤进行协商的程序，以应对形势的变化，这种"定期会晤进行协商的思想表明，各大国在决策过程中，已经将兼顾考虑多种因素的作用制度化了"。[1] 这种制度化的安排，是一种监督和控制潜在的国际冲突的机制，从而使该体系在力图维护集体安全方面比威斯特伐利亚体系前进了一步。

第三，"均势"原则已经成为指导后世制定外交战略和外交政策，维护国际关系体系内均衡结构的经典性原则。

第四，它对各国外交代表的等级的规定，至今还被作为外交惯例而广泛运用。

但是，维也纳体系并没有对威胁和平的行为做出界定，也没有对采取何种办法应对威胁和平的危机做出明确规定，[2] 这正是该体系的最大缺陷之一。另一方面，任何的"实力均衡"都是相对的，而不平衡则是绝对的。维也纳体系维持了大约 100 年，但是它既没有消除各国的扩张野心，也没有停止它们之间的争斗。19 世纪中叶以英法为一方、以俄国为另一方为争夺奥斯曼帝国遗产而进行的克里米亚战争，以及此后接连爆发的法、意对奥地利的战争，普奥战争和普法战争，是列强用武力改变欧洲政治版图和实力分布的重要表现，并使该体系严重动摇。随着意大利与德国为创建民族国家而进行的统一战争，随着第二次工业革命带来的资本主义经济的迅速发展以及向垄断资本主义的过渡，西欧列强的实力对比终于发生了巨大变化。美国的崛起和要求对美洲事务的独占控制，以及日本在东亚的崛起，则从欧洲外部对维也纳体系构成挑战。列强竞相

---

①　Kalevi J. Holsti, *Peace and War: Armed Conflicts and International Order 1648-1989*, p. 135.

②　Kalevi J. Holsti, *Peace and War: Armed Conflicts and International Order 1648-1989*, pp. 130-131.

对外扩张瓜分世界建立殖民帝国，使其矛盾不断尖锐。于是各国为了自身利益的需要，逐渐结成两大军事集团，并制造了一系列政治危机和军事冲突，最终这两大军事集团危险而脆弱的平衡与均势被一场突发事件所打破，并很快导致了 1914 年第一次世界大战的爆发，维也纳体系也荡然无存。

第二节　凡尔赛-华盛顿体系与两次世界大战 之间的国际关系

第一次世界大战的结束和俄国十月社会主义革命的胜利，使国际关系发生了重大变化。列强的争霸斗争从战场转移到谈判桌前。但是战胜国与战败国的对立，资本主义和社会主义两种制度的对立，殖民国家与殖民地半殖民地国家和地区之间的矛盾，以及战胜国之间实力对比发生的种种变化，使列强之间的新一轮争斗同样复杂而激烈。

大战结束后，战胜国列强先后召开巴黎和会与华盛顿会议，通过一系列条约和第一个主权国家参加的国际性组织——国际联盟的成立，在全球范围内建立了帝国主义重新瓜分世界、维护战胜国利益和维持战后和平的新体系，即"凡尔赛-华盛顿体系"。

一、凡尔赛-华盛顿体系建立的背景和主要内容

（一）凡尔赛-华盛顿体系建立的时代背景

凡尔赛-华盛顿体系是人类进入 20 世纪并经历了历史上第一次全球战争之后建立起来的。它由两个分体系——凡尔赛体系和华盛顿体系组成。当我们站在战争的废墟上环视全球的时候，我们清楚地看到，第一次世界大战前、后的世界政治地图的确发生了极大的变化。这些变化，正是凡尔赛-华盛顿体系建立的时代大背景。

请看第一次世界大战前：

（1）欧洲仍然处于世界中心地位，左右国际事务，分为两大军事集团，并为重分世界而爆发了第一次世界大战。

（2）美国刚刚向海外发展，提出了"门户开放""机会均等"的口号作为其对外政策的核心，但它还缺乏实力，也没有得到机会向全球施展它的影响。

（3）俄国内部孕育着革命力量，但革命尚未成功，不足以对资本主义构成

威胁。

（4）日本开始崛起，但欧洲仍然把日本看成是东方的一个相对落后的国家。

（5）亚洲正在觉醒，但其反对帝国主义和殖民主义的斗争尚不能对西方殖民利益给予致命的打击。

但是第一次世界大战后，人们看到的是另一幅世界地图：

（1）欧洲相对衰落。一方面是欧洲分裂为战胜国和战败国，主要是受到战争创伤的战胜国英国和法国，以及战败的德国和奥地利。原有的四大帝国（德意志帝国、奥匈帝国、沙皇俄国、奥斯曼帝国）纷纷解体。在中欧和东南欧事实上已经出现了许多民族独立国家。另一方面是西欧的世界中心地位受到来自非欧国家和地区的真正挑战。在欧洲的两侧出现了崛起的美国和社会主义的苏俄，在远东出现了恶性发展的日本和真正觉醒了的中国。

（2）美国在第一次世界大战后开始真正走出美洲，参与国际事务，并力图左右国际事务。这是对欧洲主宰世界的挑战力量。

（3）苏俄建立了一种全新的社会主义制度，十月革命引起了资本主义国家的一系列革命，成为整个资本主义世界害怕的并视之为敌对的挑战力量。

（4）日本利用战争获得了异乎寻常的畸形发展，不仅独占了中国东北地区，还企图独占整个中国，挑战着欧美在亚太地区的既得利益和权势。

（5）中华民族的真正觉醒，对西方的在华殖民利益以及整个殖民统治构成威胁。

可以想象，处在这样的国际政治版图之中，战胜国要对整个战后的世界做出安排，就不仅要考虑自身的利益，考虑实力的对比，也要考虑变化了的世界形势。这就是凡尔赛-华盛顿体系建立的时代背景。

（二）凡尔赛体系建立的具体背景和主要内容

也正是在上述国际大背景下，战胜国列强在战后谋划和平安排的过程中形成了两个前提和四点共识，同时又各有打算，而这些复杂的情况则共同构成凡尔赛体系建立的具体背景。

（1）两个前提：

第一，根据19世纪的经验，在经历了一场空前浩劫的战争之后，通过战胜国对战败国缔结和约的方法安排战后的世界，已成当务之急。同时这种安排又是根据强权政治的原则来进行的，这就必然孕育着以后冲突的根源。这是重建战后世界秩序的前提之一。

第二，这场大战对战前世界格局所造成的一系列变化和冲击，也必然在不同程度上影响着主要战胜国的政治家们，并迫使他们对战后世界的安排达成一些基本共识。这是战后世界秩序得以重建的前提之二。

（2）四点共识：

第一，英、法、美等主要战胜国都指责战败国是发动这场战争的罪魁祸首，即要求战败国承担发动战争的责任，并据此而要求战败国赔偿战争中对协约国造成的全部损失，这就使战胜国可以堂而皇之地掠夺战败国，使自己获得最大利益。这是它们进行这场帝国主义战争的根本目的。

第二，战胜国都认为社会主义的苏俄是对资本主义制度的致命威胁，于是苏俄问题便成为战胜国处理战后国际问题时的一个无法摆脱的重要因素，并因此使战胜国在严惩战败国的同时手下留情，使战败国尤其是德国成为日后反苏反共的屏障。

第三，随着战争的进展，在战争后期，不仅在欧亚大陆上出现了苏俄，而且在中欧和东南欧还出现了一批民族独立国家。这种形势使主要战胜国的政治家们必须考虑民族自决权问题。因此，无论是出于抵消列宁的"和平法令"中关于民族自决权思想的影响①，还是出于对战败国的惩罚和实现在战争期间对盟国所做的秘密许诺②，主要战胜国都不得不顺应时代潮流，在符合它们根本利益的基础上，在处理战败国的领土问题方面，有限承认民族自决权，重建和建立一批民族国家。

---

① 十月革命后的第二天，布尔什维克党就提出了列宁起草的《和平法令》，其中列宁进一步阐述了布尔什维克党关于民族自决权的思想，为"兼并"下了一个精确的定义："凡是把一个没有明确而自愿地表示和希望归并的弱民族或小民族并入一个大国或强国，就是兼并或侵占别国领土，不管这种强制归并发生在什么时候，不管这个被强制归并或强制留在该国疆界内的民族的发达或落后程度如何，也不管这个民族是居住在欧洲还是居住在远隔重洋的国家，都是一样。"《列宁选集》第三卷，北京：人民出版社，1995年，第341页。

② 第一次世界大战开始之后，交战双方都从自己将会夺取最后胜利的设想出发，制定了战后瓜分世界的计划。德国要建立中欧帝国和中非殖民帝国，奥匈帝国则打算将大部分巴尔干地区据为己有。在协约国方面，1915—1917年，英法俄达成的一系列瓜分"奥斯曼帝国遗产"的秘密协定和备忘录，规定战争结束后英法获得土耳其所属的阿拉伯地区领土，英国获得美索不达米亚和巴勒斯坦，法国获得叙利亚和南部小亚细亚，俄国获得亚美尼亚和库尔德斯坦，并拥有对君士坦丁堡、黑海海峡和马尔马拉海诸岛屿的所有权，整个小亚细亚半岛的地中海沿岸划归意大利。除此之外，还有诸多以牺牲敌国和弱国的领土和利益来争取盟友的秘密协定。如1915年以意大利在战后将获得奥匈帝国所属的特兰提诺、蒂罗尔、达尔马提亚的里亚斯特为交换条件而使意大利参战的《伦敦密约》；1916年以罗马尼亚占领匈牙利领土为交换条件而参战的《布加勒斯特条约》；俄国同意日本占领山东和太平洋赤道以北德属岛屿的《日俄秘密协定》；1917年英国和日本瓜分太平洋赤道以南德属岛屿并承认日本有权继承德国战前在中国山东特权的《英日密约》；以及美日协调两国在中国行动的《兰辛-石井协定》；等等。

第四，主要战胜国都要求建立一个由主权国家组成的政府之间的常设国际组织，通过具有一定约束力的国际法准则，以保护战胜国的既得利益，维护主要根据战胜国的意志而建立的战后国际政治新秩序。这个国际法准则就是国际联盟盟约，这个组织就是国际联盟。

这些共识成为战胜国对战败国缔结和约的基础。

然而，由于各国在大战中所处的战略地位不同，所获得的利益和遭受的损失也彼此相异，因此在列强的实力对比发生变化的形势下，美、英、法、意、日五个主要战胜国又各自有着不同的掠夺要求和争夺计划。

（3）各有打算：

第一，美国打算与欧洲争夺世界的领导权。

美国是第一次世界大战的最大受益者。它参战较晚、战场远离本土而损失轻微，利用战争机会保持了自 19 世纪末以来已经成为世界第一经济强国的地位。靠战争年代的资本输出，美国由战前持有 30 亿美元外债的债务国变成了战后持有 100 亿美元的债权国，并掌握了世界黄金储备的 40% 以上，华尔街成为除伦敦之外的又一个金融中心。与经济实力的增长同时膨胀起来的是美国攫取战后世界领导权的政治野心。美国总统伍德罗·威尔逊（Woodrow Wilson，1856—1924）曾经表示：“我们应当以资本供给全世界，而谁以资本供给全世界，谁就应当……管理世界。”[①]

1918 年 1 月 8 日，威尔逊在国会讲演中针对苏俄的各项和平建议[②]，提出了被称为“世界和平的纲领”的“十四点原则”（也简称“十四点”）。这个文件以及同年 10 月威尔逊的顾问爱德华·豪斯（Edward M. House，1858—1938，因曾被赠予荣誉上校军衔而被称为豪斯上校）委托李普曼和科布草拟的对“十四点”

---

① Arther S. Link ed., *The Papers of Woodrow Wilson*, Vol. 4, Princeton: Princeton University Press, 1970, p. 229.

② 布尔什维克党的《和平法令》使协约国十分担心。1918 年 1 月 3 日，威尔逊对卸任的英国大使赖斯爵士说：“布尔什维克向世界各国发出了一个呼吁（按：威尔逊指的是 1917 年 12 月 30 日苏俄外交人民委员的告协约国各国人民和政府书，这封呼吁书的日期在西方著作中为 12 月 29 日），它在意大利肯定发生了影响，在英国和法国可能也发生了影响……在美国，活跃的鼓动正在进行。对它的成效如何做出明确的判断还为时尚早。但是如果布尔什维克的呼吁继续得不到答复，如果丝毫也不去抵制它，那么它的影响就会扩大和加强起来，这是十分显然的。”英国外交大臣巴尔福也持同样的看法，他在 1918 年 1 月 5 日给豪斯上校的电报中说：“鉴于布尔什维克对世界各国人民的呼吁，如果总统亲自发表一份声明，阐述他自己的看法，这可能是一个吸引人的方针。”分别见 G. F. Kennan, *Russia Leaves the War*, Princeton: Princeton University Press, 1956, p. 249; Charles Seymour ed., *The Intimate Papers of Colonel House*, vol. 3, Boston: Houghton Mifflin, 1928, p. 340。

的注释，集中体现了美国对战后国际秩序的设想[①]。其主要内容是：第一，战后的世界应当是一个"开放的"世界。包括：公开的和平条约应该公开缔结；保持公海航行的绝对自由[②]；消除一切经济壁垒；各国军备必须裁减；调整殖民地，对当地进行开发应该根据门户开放原则（第1点至第5点）。第二，抵制并消除苏维埃俄国的布尔什维主义影响。它要求世界各国共同协作，支持并承认俄国境内的各少数民族建立的临时政府并使之自由发展，从而肢解俄国，以达到解决俄国问题的目的（第6点）。[③]第三，要求在民族自决权的基础上，在欧洲和近东各民族中恢复和建立一系列民族独立国家，或建立受到列强保护、实行门户开放原则的保护国（第7点至第13点）。第四，成立一个具有特定盟约的普遍性的国际联盟，使大小国家都能相互保证政治独立和领土完整，这是达到永久和平的全部外交结构的基础（第14点）。

"十四点原则"涉及有关列强瓜分世界的原则、抵制苏俄的社会主义影响、战争与和平、建立国际组织等一系列重大的国际政治问题，是美国企图冲出美洲，对长期以来欧洲列强主宰世界的国际格局发出的冲击和公开挑战，是美国争夺世界霸权的总纲领。威尔逊本人认为，该文件中最重要的内容是第1点、第2点、第3点和第14点，也就是说，美国可以运用它的经济力量，通过国际联盟使美国对重大的国际问题进行干预、仲裁，以控制国际局势。因此在这四点当中，威尔逊又认为国际联盟最为重要。[④]

为了实现这个总纲领，美国希望在欧洲保持德国在政治军事上的较强大地位，使它成为抗衡英法的力量和反对苏俄的阵地；在经济上反对过分削弱德国，以避免产生使美国经济受到巨大损失的连锁反应[⑤]；在东半球，美国打算拆散英

①　"十四点"及其注释，见齐世荣主编：《世界通史资料选辑·现代部分》第一分册，北京：商务印书馆，1998年修订第2版，第3—12页。

②　1918年10月27日，威尔逊的顾问豪斯上校曾对英国的怀斯曼爵士说："美国……无论如何也不会再心甘情愿地屈从于大不列颠对海洋的独占统治。……我们有更多的钱，更多的人，更多的自然资源。"Charles Seymour ed., *The Intimate Papers of Colonel House*, vol. 4, pp. 159-160.

③　第6点专讲俄国问题。虽然语言是冠冕堂皇的，但实际上是要使俄国变成一个西方"自由"国家。其中声称"必须从俄国的领土上撤出外国军队。在解决有关俄国的一切问题时，世界上的其他国家须保证最良好的和最自由的合作，使俄国能够得到一个无阻碍的和顺利的机会来独立决定它自己的政治发展和国家政策，保证它在自己选择的制度下进入自由国家的社会时受到诚挚的欢迎……"；在注释中则提出了肢解俄国的打算。

④　参见王晓德：《梦想与现实：威尔逊"理想主义"外交研究》，北京：中国社会科学出版社，1995年，第231—233页。

⑤　美国担心，如果德国被严重削弱，就无能力偿付赔款，而英法就能以此为理由而拒绝偿还拖欠美国的战债，这样美国的经济势必会受到影响。关于这个问题的详细论述，参见第四章第二节。

日同盟，要求列强承认对华"门户开放"原则并保持中国的贫弱状态；在西半球则牢牢控制拉丁美洲。

但是，美国在当时的争霸斗争中有几点不可忽视的不利因素：其一，在最具关键作用的军事力量方面还不能与英法相抗衡，因此实力不够；其二，威尔逊在国会没有得到多数人的支持，共和党把持的参议院并不支持民主党的总统，因此他底气不足；其三，外交斗争经验太少，威尔逊用"理想主义"面对绰号为"威尔士巫婆"的英国首相劳合-乔治的"狡猾"，以及绰号为"老虎"的法国总理克雷蒙梭的"斤斤计较"，必将受到很大挫折。

第二，英国企图维护原有的世界霸权并主宰欧洲。

大战爆发前，英国是协约国中最有实力的国家，但是在大战中受到了削弱。战争导致整个英帝国死亡官兵约 95 万人，军费开支相当于国家收入的 44%，失去了 1/4 的海外投资，还欠下美国的债务达 8.42 亿英镑，开始失去国际金融垄断地位。英国在拉丁美洲、亚太地区甚至帝国内部的市场也由于美国和日本的竞争而不断缩小。与此同时，英帝国各自治领和殖民地的离心倾向也迅速发展。这一切都减弱了英国在战前世界上拥有的力量和影响。

但是如果认为经过这次大战的英国已经完全衰落，却是言过其实。在经济上，英国的国际金融地位尚未显露永久衰落的迹象，在国际市场上仍然保持着比较牢固的传统财政金融关系，并继续支配着帝国的巨大资源；它保持着对欧洲盟国的债权国地位（不包括俄国，英国的盟国在战后共欠英国 17.4 亿英镑），在欧洲国家中最有经济实力。在军事上，德国的战败使英国继续保持世界第一海军强国的地位，对美国海军具有优势。在殖民地方面，英国的殖民帝国得到进一步扩大，它不仅夺得了大部分德国殖民地，而且占领了对英国经济和战略具有重要地位的原奥斯曼土耳其帝国的巴勒斯坦、美索不达米亚和阿拉伯地区。

在这种情况下，英国认为自己拥有左右欧洲事务，争夺世界霸权的资格。在欧洲，英国希望继续实行传统的"大陆均衡"政策①，反对过分削弱或肢解德

① 1936 年底，丘吉尔曾在英国保守党外交委员会做了一次秘密讲演，说明了英国传统的对欧洲大陆的均势政策："英国四百年来的对外政策，就是反对大陆上出现强大的、富于侵略性和最霸道的国家，特别是防止低地国家落入这个国家的手中。从历史上看，在这四个世纪中，人和事、环境和情况已发生了许多变化，而这个目的却始终如一，这是世界一切种族、民族、国家或人民的历史记载中最突出的事情之一……我们总是……参加不那么强大的一方，同它们联合起来，打败和挫败大陆上的军事霸主，不管它是谁，不管它所统治的是哪一个国家……这是英国对外政策的不自觉的传统。"温斯顿·丘吉尔：《第二次世界大战回忆录》第一卷上册第二分册（吴万沈译），北京：商务印书馆，1974 年，第 307—308 页。

国，力图使德国成为制止法国势力过于膨胀和遏制苏俄影响的较强国家 ①；同时要求德国及其他战败国支付赔款以恢复经济，消灭德国海军，努力保持英国的海上霸主；在英法美三国之间取得平衡，既与美国共同限制法国称霸欧洲，又与法国联合抵制美国称霸世界的野心，以达到由英国主宰欧洲事务的目的。英国还希望巩固已经取得的殖民地利益，在维持英日同盟的同时利用美日矛盾，与美国联手反对日本独霸中国的野心，以保护英国在远东的利益。值得注意的是，在巴黎和会上，英国实际在很大程度上左右会议，并使它的要求得到了较多的满足。所以就凡尔赛体系的建立而言，英国的作用是最大的，而对美国的作用则不应当给予不适当的夸大。

第三，法国企图争夺欧洲领导权。

大战使法国受到极大创伤。作为大战的主要战场，战争造成法国 131.5 万官兵阵亡，约 7% 的国土和大部分工业及富庶地区变为废墟，经济受到严重破坏，物质损失高达 1340 亿金法郎，分别欠美国和英国 160 亿法郎和 130 亿法郎。法国为胜利付出了惨重的代价。

但是战后法国在欧洲大陆占有军事战略优势。法国拥有世界上最强大的陆军，他们守望着莱茵河，并控制中欧和易于向东欧、巴尔干与近东扩张的重要基地。因此法国认为它有争霸欧洲大陆的实力。

然而法国最担心的还是德国的东山再起。德国不仅是法国争霸欧洲的对手，也是法国安全的最大威胁。自 19 世纪 70 年代以来，法、德曾两次交战，一败一胜，胜得十分艰难。因此，法国希望通过和平解决方案，严厉制裁德国，一劳永逸地消灭德国这个宿敌和对手，重建法国在欧陆的霸权。在领土上，法国要求通过收复阿尔萨斯-洛林等失地、分割德国的一些领土给恢复或新建的国家、在德国境内建立一些独立国家等措施，从而肢解德国；在经济上，要求德国支付高达 2090 亿金法郎的战争赔款；在军事上，主张彻底裁减德国军备；还要求尽量夺取德国在非洲的殖民地和土耳其在小亚细亚的一些属地，以便使法国能够通过实现控制中、东欧，插足巴尔干，巩固非洲和西亚阵地等方法，确保称霸欧洲。

显然，法国要彻底严厉制裁德国的打算并不符合美国和英国的考虑，必然

---

① 早在讨论停战协定时，英国内阁的考虑之一就是要保住德国，并给德国留下一定数量的军备，以便"利用德国这个堡垒来反对俄国布尔什维主义"。Charles Seymour ed., *The Intimate Papers of Colonel House*, vol. 4, p. 116.

会遭到美、英的反对，而经济上的困境又削弱了它在外交斗争中的地位，因此法国的计划难以全部实现。

第四，意大利本是同盟国成员，但战争爆发后却没有及时参战，而是待价而沽，要求获得更多的利益。在1915年4月26日与英、法签订伦敦密约后，于同年5月加入协约国一方作战。尽管意大利在战争中没有打过多少胜仗，但却希望战后索取南斯拉夫和土耳其的大块领土，还要获得有争议的阜姆港，以使自己在亚得里亚海和东地中海处于支配地位。意大利的争霸野心必定会与美英法的计划发生矛盾和冲突，并且不可能全部得到满足。

第五，日本在大战中获得了异乎寻常的发展。它以对德宣战为名，趁列强忙于厮杀无暇东顾之"天祐"良机，出兵中国，夺取了德国根据不平等条约在山东的全部利权，并占领了德国在太平洋上的一些岛屿属地，还强迫中国签订企图将中国变成日本殖民地的"二十一条"协定。日本希望战后将其在战时侵吞的利益合法化，并妄图独占中国，称霸亚太地区；还希望继续利用英日同盟，以在欧洲问题上支持英国换取后者对它在亚太地区的支持，对付美国。但是日本的野心与美国的门户开放政策尖锐冲突，也威胁到在该地区利益较大的英国，更为觉醒了的中国人民所不容。因此日本虽然能够得逞于一时，但最终必然会遭到中国人民的坚决反对和美、英的遏制。

主要战胜国各自不同的争霸目标和战略意图，导致了在缔结和约前的激烈争斗，而上述的时代特征、战胜国的共识和各国的打算，在凡尔赛体系的建立过程中也都得到了反映。巴黎和会上签订的《协约及参战各国对德和约》即《凡尔赛条约》（1919.6.28），就是战胜国在经过几个月的讨价还价之后，在需要共同对付日益高涨的革命形势下不得不达成的妥协。

《凡尔赛条约》签订后，协约国与其他各战败国相继签订了一系列和约，包括协约国与奥地利签订的《圣日耳曼条约》（1919.11.27）；协约国与保加利亚签订的《纳伊条约》（1920.6.4）；协约国与匈牙利签订的《特里亚农条约》（1920.8.20）；协约国与土耳其的《色佛尔条约》（1920.8.10），但由于土耳其爆发了凯末尔革命，协约国与土耳其新政府又重新签订了《洛桑条约》（1923.7.23）以代替前者。这些条约加上《国际联盟盟约》，共同构成了凡尔赛体系。它标志着第一次世界大战结束之后，帝国主义列强经过了近五年的时间，终于建立了涵盖欧洲、近东、非洲的战后新体系。

凡尔赛体系的主要内容包括：

第一，战争责任问题。该体系通过《凡尔赛条约》第231条宣布：德国及其各盟国应当承担战争罪责。

第二，通过变更一些领土的归属，重新划定德国、奥地利、保加利亚、匈牙利和土耳其的疆界，并规定德国和奥地利永远不能合并。

德国：将德国西部的欧本和马尔梅迪割出一小部分划归比利时；阿尔萨斯-洛林重归法国；萨尔煤矿由法国开采，其行政权由国联代管15年，期满后通过公民投票决定其归属（1935年公民投票以压倒多数决定归属德国）；莱茵河西岸的德国领土由协约国占领15年，东岸50公里内德国不得设防。德国将西里西亚南部的古尔琴地区划归新成立的独立国家捷克斯洛伐克。德国将西普鲁士和波兹南的绝大部分，东普鲁士的索尔道县和中西里西亚的若干小块领土，以及穿过西普鲁士的以波兰居民为主的波莫热，即所谓"波兰走廊"的狭窄出海口（该"走廊"把东普鲁士和德国的其余部分完全隔开了）割让给波兰，但泽市（居民主要是德意志人）为国联保护下的自由市，进入波兰的关税体系并由波兰管理其对外关系。默麦尔地区暂由协约国占领，1923年合并于立陶宛。在德国和丹麦之间的石勒苏益格地区实行公民投票以决定其归属（1920年2—3月的投票结果，该地区北部重归丹麦，南部仍属德国）。《凡尔赛条约》对德国疆界的这种划定，使德国在欧陆丧失了2.5万多平方英里的土地和大约700万人口。[①]

奥地利：确认奥匈帝国解体，匈牙利与奥地利分立；接受协约国规定的奥地利与上述国家和与保加利亚、希腊、波兰、罗马尼亚的疆界；割让一些土地给意大利、捷克斯洛伐克、南斯拉夫（1929年以前称塞尔维亚-克罗地亚-斯洛文尼亚王国）和罗马尼亚，加里西亚暂由协约国管理，后合并于波兰；阜姆为自由港。

保加利亚：将一些土地划给南斯拉夫、罗马尼亚和希腊。

匈牙利：将一些土地划归南斯拉夫、罗马尼亚和捷克斯洛伐克。

土耳其：将小亚细亚全部领土和东色雷斯归还土耳其；承认土耳其领土完整和国家独立；废除领事裁判权；维持海峡地区非军事化和国际共管；对阿拉伯地区的委任统治安排没有改变。

第三，承认捷克斯洛伐克、波兰、南斯拉夫、土耳其独立，各战败国必须接受协约国规定的它们与捷克斯洛伐克、南斯拉夫、罗马尼亚、波兰、希腊等

---

① E. H. Carr, *International Relations between the Two World Wars 1919-1939*, The Macmillan Press LTD, Printed in Hong Kong, 1986, p.9. 法国史学家让-巴蒂斯特·迪罗塞尔认为，《凡尔赛条约》使德国总共损失了1/7的领土和1/10的人口。让-巴蒂斯特·迪罗塞尔：《外交史（1919—1978）》上册（李仓人等译），上海：上海译文出版社，1982年，第13页。

国的边界。

第四，瓜分德国的全部海外殖民地，由主要战胜国英国（包括其自治领）、法国、比利时和日本以"委任统治"形式予以瓜分。

此外，列强还不顾中国的反对和抗议，把德国在山东的一切非法权益和胶州湾租借地全部移交给日本，这激起了中国人民的极大义愤并引发了伟大的五四运动。在全国人民的反帝爱国高潮推动下，中国代表拒绝在条约上签字。

第五，对除了土耳其领土之外的原奥斯曼帝国的一些领土实行委任统治。叙利亚和黎巴嫩为法国的委任统治地；美索布达米亚和巴勒斯坦则委托给英国。

第六，限制德国和其他战败国的军备。

德国：陆军不得超过 10 万人，其中军官不得超过 4000 人；解散总参谋部并不得重行成立；禁止生产和输入重型武器；废除普遍义务兵役制；德国应拆除莱茵河以东 50 公里内的工事，但南部和东部边界要塞工程应照现状予以保存；德国从所占领的各国撤回，但秘密附件规定在东线的德国占领军听候协约国的特别部署再行调动。海军限定为战斗舰和轻巡洋舰各 6 艘，驱逐舰和鱼雷艇各 12 艘，不得拥有主力舰和潜艇；海军兵员不得超过 1.5 万人，其中军官不得超过 1500 人；销毁德国港口以外的德国军舰。德国不得拥有陆海军航空兵力。

奥地利：废除强迫普及征兵制，陆军不得超过 3 万人；除保留 3 艘巡逻舰外，其余舰只全部交给协约国；禁止拥有潜艇和空军。

保加利亚：废除义务兵役制；陆军限额为 2 万人，不得拥有海、空军。

匈牙利：废除强迫普及兵役制；限制保留陆军 3.5 万人和巡逻艇 3 艘。

第七，德国和其他战败国必须向协约国支付巨额赔款，赔款总额由赔款委员会决定；它们的经济生活受到协约国的限制与监督。

德国：《凡尔赛条约》未能对德国赔款总额达成一致协议，仅规定由赔偿委员会于 1921 年 5 月 1 日前确定总额，在此之前德国应偿付与 200 亿金马克 [①] 价值相等之物，并承担占领军的一切费用。德国关税不得高于他国，战胜国对德国输出入货物不受限制；德境内几条主要河流为国际河流，基尔运河对外国军舰与商船开放。

奥地利：赔款总额由赔款委员会研究决定，30 年付清；财政由协约国加以监督。

---

① 这里的金马克指的是德意志第二帝国时期以黄金为本位币的马克。由于德国马克在大战及其后贬值严重，故战胜国要求以金马克作为德国赔款的计算单位。

保加利亚：赔款 22.5 亿金法郎，37 年内偿清。

匈牙利：赔款 22 亿金法郎。

第八，制定国际联盟盟约作为除《洛桑条约》外的各项和约的第一部分，并成立国际联盟[①]。

另外，《凡尔赛条约》也确认取消德国与苏俄签订的《布列斯特-立托夫斯克条约》。[②]

从凡尔赛体系的内容可以看出，它不仅是名副其实的战胜国对战败国的严惩与掠夺，也是战胜国之间妥协分赃的产物。英、法、比、日等国的要求基本得到满足，美国在"十四点"中提出的一些要求也得到一定体现。但是，美国争夺世界领导权的野心，遭到竭力保持并扩大既得利益的其他战胜国的顽强抵抗。为了确保成立国际联盟，威尔逊总统几乎在所有问题上都对英法等国做了让步，这不但使美国在"十四点原则"中的许多主张没有得到实现，还由于国联盟约而使美国承担了许多义务，再加上美国的国内政治斗争的因素，美国国会便以国际联盟盟约使美国承担了太多义务而损害了它的主权利益为理由，拒绝批准威尔逊总统已经签了字的《凡尔赛条约》，也不参加国联[③]。因此该体系不仅造成了战胜国与战败国之间的严重对立，也造成了战胜国之间的种种矛盾。

凡尔赛体系未能完全解决远东和亚太地区的问题。鉴于日本在中国和亚太地区的扩张势头强盛，以及美、英对日本势力的恶性膨胀的极度不安，于是胜利者之间的新一轮角逐便更多地围绕着远东及太平洋地区而展开，并直接导致了华盛顿体系的建立。

（三）华盛顿体系建立的具体背景和主要内容

华盛顿体系建立的时代大背景，与凡尔赛体系相同，但华盛顿体系的建立

[①]　有关国际联盟的问题，将在第四章论述。

[②]　《凡尔赛条约》全文，见《国际条约集（1917—1923）》，北京：世界知识出版社，1961 年，第 72—276 页。

[③]　美国参议院特别反对国联盟约第十条："联盟会员国担任尊重并保持所有联盟会员国之领土完整及现有之政治上独立，以防御外来之侵犯。如遇此种侵犯或有此种侵犯之任何威胁或危险之虞时，行政院应筹履行此项义务之方法。"（《国际条约集（1917—1923）》，第 270 页）参议院认为该条款使美国承担了更多的义务、可能使美国的外交受到国联的控制，不仅可能使国联染指门罗主义所划定的美国的势力范围，而且"最终将带领我们陷入与欧洲事务相关的义务与环境之中"。William C. Widenor, *Henry Cabot Lodge and the Search for an American Foreign Policy*, California: University of California Press, 1980, pp. 326-327; Robert James Maddox, *William E. Borah and American Foreign Policy*, Baton Rouge: Louisiana State University Press, 1969, p. 62. 另外，一些美国议员对巴黎和会对中国山东问题的处理不满，也是美国国会不批准《凡尔赛条约》的一个因素。参见中国社会科学院近代史研究所译：《顾维钧回忆录》第 1 分册，北京：中华书局，1983 年，第 212、214 页。1921 年 8 月 24 日、25 日和 29 日，美国与奥地利、德国与匈牙利单独签订了合约。

还有其具体背景。

第一次世界大战后，帝国主义在亚太地区的实力对比发生了很大变化。巴黎和会虽然涉及这一地区的问题，但没有完全解决。特别是通过"以工代战"为协约国的胜利做出重要贡献的中国，作为战胜国参加巴黎和会，但中国在山东问题上的要求完全没有被列强考虑。而日本则声称为协约国的胜利做出了贡献，坚持无条件获得德国在山东的一切权力和财产的要求；它还公开了战争期间英法俄等国与日本达成的承认日本继承德国在山东权益的秘密协定，并借口1915年中日《关于山东之条约》[①]和1918年中日关于山东问题的换文，以"证明"中国"同意"了日本在山东的权益。[②] 英法美三国或受制于它们在战争期间与日本的秘密条约或协定，或认为日本是国联的一个不可缺少的支持者，再加上它们对俄国革命的精神正在向欧洲蔓延的深深忧惧[③]，便不顾中国反对，同意日本要求：山东先交与日本，再由日本交还中国。中国代表非常失望，极力要求日本和列强就日本归还山东主权的期限做出正式保证，但在《凡尔赛条约》中只有将山东权益交给日本的条款，对中国的要求只字未提。[④]

但是，凡尔赛体系造成的战胜国之间的矛盾并没有消除。随着大战的结束，

① 1915年1月18日日本向中国提出"二十一条"（共分五号）要求后，袁世凯政府以向国际社会泄露内容并拖延谈判等办法，希望迫使日本让步。但在当时欧战正酣的情况下，奏效不大。最终在5月7日，日本向中国提出删去了对中国最为不利的第五号的最后通牒，要求中国接受，并对其陆海军下达了准备出动作战的命令。在此情况下，袁世凯政府接受了最后通牒，并于5月25日与日本签订了《关于山东之条约》等条约和换文，简称"民四条约"。关于"二十一条"要求，参见王芸生编著：《六十年来中国与日本》第6册，北京：生活・读书・新知三联书店，1980年，第74—76页；关于条约和换文，见该书第261—273页。

② 1918年9月24日，日本外相后藤新平向中国驻日公使章宗祥发出照会提出：胶济铁路沿线日军，除一部留济南外，全部调至青岛；胶济铁路之警备由中国巡警队负责；巡警队费用由胶济铁路提供；巡警队本部和巡警养成所应聘用日本人；胶济铁路所属确定后归中日两国合办经营；等等。章宗祥在复照中表示"中国政府对于日本政府上列之提议，欣然同意"。参见王芸生编著：《六十年来中国与日本》第7册，第166—167页。必须说明的是，这一换文，承认了日本对部分地区的占领和胶济路的特权，并给了日本在巴黎和会上大做文章的借口，使中国争取收回山东权益变得更为困难。后来章宗祥在五四运动时遭到痛打，也与此有关。

③ 这一点，在英国首相劳合-乔治在和会期间所写的《草拟和约条款最后文本前对和平会议的几点意见》（即《枫丹白露备忘录》）中有多处明确的说明。这里仅举一例：劳合-乔治写道："在当前情况下，我认为最大的危险是德国可能把它的命运和布尔什维主义联系在一起，把它的资源、智力和巨大的组织能力置于革命狂热者的控制之下，而这些革命狂热者正在梦想以武力为布尔什维主义征服世界。这种危险并非只是虚构。"该文件全文参见 David Lloyd George, *The Truth about the Peace Treaties*, Vol. 1, pp. 404-416。

④ 这样做的理由竟是日本认为如果在条约上写明归还中国的期限，就是认为日本无信用，有损日本国家的体面。

列强在远东的争夺又趋紧张。大战前参与争夺的是英、法、美、德、日、俄六大国，其争斗的中心是宰割衰弱的中国。但是战后情况发生了变化：德国战败；沙俄消亡，苏俄摒弃了沙俄的侵略政策；法国忙于医治战争创伤及巩固它在欧洲的地位而无暇东顾，因此亚太地区的争夺主要在英、美、日三国之间进行。透过纷繁复杂的画面，我们可以看到他们争夺的三条主要线索：

第一，日本在亚太地区势力的明显增长，以及它决心把中国变为它的独家势力范围甚至殖民地的势头迅速发展，引起英美两国的极度不安。因此尽管它们之间存在着种种矛盾，但在力图遏制日本的扩张野心方面日趋一致。

第二，为争夺亚太地区的支配地位，英、美、日三国展开了激烈的海军军备竞赛，导致远东及太平洋上的形势格外紧张，各国的财政也无力支持这种竞赛，迫切希望达成协议。

第三，中华民族的觉醒以及在巴黎和会期间中国人民对帝国主义任意宰割中国所表现出来的强硬态度，使列强极为惊恐。如何保持中国的贫弱状态，如何保护列强的在华既得利益，是它们最为关心和必须处理的另一个共同问题，而且除非它们相互妥协，这个问题就得不到解决。

在这种情况下英、美、日三国之间的关系发生了与战前不同的重要变化。

英日关系逐渐从盟友走向了某种程度的对抗。第一次世界大战前，在华拥有最大权益的英国，其优势地位已经受到其他列强的挑战。英国感到单靠自己的力量无法保卫其远东帝国和在华权益，"光辉孤立"已经变成了"危险的孤立"，便调整外交政策，放弃"光辉孤立"，于1902年与日本结成英日同盟[①]，企图联合日本抑制俄、德等国在远东的进一步扩张。该同盟于1905年和1911年两度续订。然而日本却利用这一同盟，在战前和大战期间极大地扩展了自己的在华利益。1919年4月，日本把在中国东北的驻军改编成关东军，设立了关东军司令部，其任务就是"保卫关东州及在满洲的铁路"[②]，其目的就是把中国东北变成日本的独家天下，完全排斥英美在东北的投资。日本还向长城以南发展，在对华出口和投资方面威胁英国的利益。战后日本对华出口已居各国之首，而

① 19世纪末，在英国朝野人士中已有不少人把日本看成是英国在远东的天然盟友。他们在下院鼓吹："必须日本帮助我们，我们方能保卫我们在太平洋北部原有的地位"，"我们方能将俄国驱出中国"，"只有利用日本的力量，我们的政府才能……支配有关中国的一切问题，以及太平洋的北部"。张忠绂：《英日同盟》，上海：新月书店，1931年，第56页。

② 林三郎编著：《关东军和苏联远东军》（吉林省哲学社会科学研究所日本问题研究室译），长春：吉林人民出版社，1979年，第8页。

英国则落后于美国屈居第三；在对华投资方面，日英双方已不相上下。[1] 这一切对英国造成了严重威胁。巴黎和会上日本对大战中获得的权益寸步不让，更加强了它在远东的经济和战略地位优势。英国感到，当它在欧洲的对手德国一败涂地之时，它昔日的盟友日本却准备把它赶出远东，英国再次面临如何保住远东帝国和在华权益问题。因此，英国必须对即将于 1921 年 7 月到期的英日同盟是否续订加以考虑。

1919 年夏天，英国内阁制定了"十年规则"（Ten-Year Rule），即军事部门在拟定军事计划和预算时，应以十年内不会发生重大战争的假设为依据。但是这一规则的出现正是日本向英国提出公开挑战之时，英国担心在"十年规则"的限制下，海军的"一强标准"[2] 不能和日本抗衡，因此政府中就有主张续订英日同盟的声音。1921 年 6 月，英帝国会议开幕，英日同盟问题成为会议的最重要议题之一。英国外交部出于国内经济和军事力量的考虑，主张续订英日同盟。它在一份交给帝国各政府首脑的备忘录中说："帝国在太平洋的暴露位置使它高度要求有一个友好的日本。如果不重订这个同盟，我们就会发现我们自己面对一个多疑的和可能是敌对的日本，这将使我们在中国、印度和远东普遍处于相当困难的地位。由于我们目前的经济需要和日本海军力量的日益增长，我们不可能在远东保持足够的力量，用以支持一种涉及可能对日本实行强制的强硬政策，或甚至不可能维持一支与日本规模相等的舰队。……取代在太平洋保持一支能对付日本舰队的唯一选择，似乎是重订这个联盟，我们在将来能从这个联盟中时时获得如我们过去曾经获得的那种有用的支持"；帝国国防委员会也认为，"重订与日本的条约是最理想的目标"。[3] 但是，自治领对外交部的备忘录意见分歧。澳大利亚和新西兰认为在太平洋上抵御日本的侵犯最为重要，因此主张维持英日同盟，而加拿大和南非联邦则认为保持与美国的友好关系和"避免

---

[1]　E. M. Gull, *British Economic Interests in the Far East*, New York: Institute of Pacific Relations in association with the Oxford University Press, 1943, p. 108; 雷麦：《外人在华投资》（蒋学楷等译），北京：商务印书馆，1959 年，第 270 页。

[2]　第一次世界大战后，除了英国之外，欧洲其他国家的海军都处于衰弱状态，而英国也无力保持原来的"两强标准"（英国的海军力量要等于或大于世界上除了英国以外的两个最强大的海军国家的力量总和），更无力与扩充海军潜力最大的美国竞争。因此，自 1919 年以后，英国海军部就把日本看作唯一的敌人，并制定了战后英国海军力量的理想标准是"一强标准"。这个标准在 1921 年 6 月召开的帝国会议上获得了批准。参见 N. H. Gibbs, *Grand Strategy*, Vol. 1: *Rearmament Policy*, London: HMSO, 1976, p. 332。

[3]　N. H. Gibbs, *Grand Strategy*, Vol. 1: *Rearmament Policy*, pp. 17, 18.

陷入同盟"①胜过一切。由于两种意见不能调和，会议只好把这个问题搁置，但通过了一个决定，即在新加坡修建海军基地以加强针对日本进攻英国东部帝国的防务，适当改善英国在远东防御空虚状态。然而无论如何，对英国来说，最重要的是它必须在远东寻找新的盟友。

对日本来说，持续了近 20 年的英日同盟给日本带来了巨大好处，它自然希望维持这个同盟，使其继续作为日本对外扩张的国际支柱。为此，日本打破惯例，于 1921 年 5 月派皇太子访问英国，以求增进两国的"亲善"关系，并促进同盟的续订。但是战后远东的形势已经发生变化，英日同盟是否续订，不仅取决于英国的态度，更要看美国的政策如何，而美日关系的恶化最终使日本的打算落空。

美日关系的恶化源于两国在对华政策方面的尖锐对立，即"门户开放"政策与"势力范围"和独占中国政策之间的对立。自 1899 年美国国务卿海约翰正式向各国提出对华实行"门户开放"原则以来，这一原则就成为美国对华政策的基石。不过当时不仅英国不接受这个政策，正凭借军事力量积极向外扩张的日本也拒绝此项原则。1904—1905 年，日本凭借英日同盟，通过对沙俄战争的胜利，不仅最终吞并了朝鲜，而且把中国东北变成了它的势力范围。对此美国十分不满。但是，日本一心想独占中国，它利用大战爆发，强迫袁世凯政府接受旨在灭亡中国的"二十一条"要求。尽管美国深知日本的行动与"门户开放"政策完全相悖，也曾对此提出过强烈谴责，但是当时大战正在紧张地进行，美国无意与日本交恶，只得在 1917 年 11 月与日本签订的《兰辛-石井协定》中，以承认"日本在中国有特殊利益"为条件，换取了日本对"门户开放"原则的表面认可。

第一次世界大战结束后，围绕对华关系，美国的"门户开放"原则与日本独霸中国政策之间的对立日益尖锐。巴黎和会期间日本如愿获得德国在中国山东的利权，是美国国会未能批准《凡尔赛条约》的重要原因之一，因为美国认为日本在山东问题上的胜利与它在大战中获得的其他战利品一起，彻底破坏了远东及太平洋地区的均势。美国曾打算组织美、英、法、日四国银行团，利用美元的力量摧毁日本独占中国政策，但这种努力也由于日本的实际抵制而受挫。于是美日两国相互视对方为自己争夺亚太地区霸权的主要障碍，都把对方看作是自己的假想敌国。1907 年，日本军部在上奏天皇的《帝国国防方针》中，便

---

① D. C. Watt, *Personalities and Policies: Studies in the Formulation of British Foreign Policy in the Twentieth Century*, London: Greenwood Press, 1975, p. 3.

把美国列为仅次于俄国的第二号假想敌国。大战结束后，美国实际取代了俄国的位置。[①]美国则早在 1904 年就已经把日本作为"假想敌"，并开始考虑制定针对日本的作战计划；1913 年美国军方正式提出了以日本为敌人的"橙色作战计划"（"Orange Plan"）。[②] 1919 年巴黎和会之后，美国更对该计划给予最多的注意，并进一步考虑加强在夏威夷、关岛和菲律宾的设防。另外，为了消除在未来的对日战争中英、日联合对抗美国的潜在危险，美国力图拆散英日同盟，使列强承认在中国的"门户开放"原则，削弱日本（还有英国和其他国家）在中国的地位。在当时的情况下，由于美英两国在遏制日本方面日趋一致，它们在一定程度上支持中国解决山东问题的要求。另一方面，由于日本在经济上，尤其在市场上严重依赖美国[③]，因此日本虽有争霸之心，也不得不在一些问题上对英美妥协。美国最终达到了目的。

在战后争夺远东及太平洋地区霸权的斗争中，美英两国既是对手，又是反对日本扩张的伙伴。英国作为最早侵华的国家，把中国最富庶的长江流域和华南地区变成了自己的势力范围。第一次世界大战前，英国凭借政治经济优势，消极对待美国的"门户开放"。1899 年 11 月 30 日英国政府在回答美国国务卿海约翰的关于"门户开放"的外交照会时，曾以英国同意门户开放要"以其他有关国家也做出同样的声明为条件"，使美国碰了个软钉子。[④] 但战后英国既无力阻止日本对中国的经济进攻和对英国势力范围的"侵犯"，也无法抵挡美国对中国的经济渗透，再加上它在财政上对美国的部分依赖，便调整了自己的远东外交战略，逐渐转向支持"门户开放"政策，希望借助美国遏制日本。1921 年 10 月 31 日华盛顿会议召开之前，英国外交部政务次长在下院声明："在中国势力范围政策已为国际合作政策所替代，进一步发展这个政策无疑地应成为在华盛顿讨论的题目之一。"[⑤] 正如斯托里所说，如果提出在日本和美国之间进行直接选择的问题，普通人都会毫不犹豫地只做出一个回答，那就是美国。[⑥]

另一方面，围绕亚太地区的争夺，美、英、日之间的海军军备竞赛也愈演愈烈。美国制定了大力扩充海军的计划，该计划将使美国在 20 世纪 20 年代中

[①] 日本军部在 1923 年第二次修改帝国国防方针时，正式将头号假想敌国由俄国改为美国。

[②] Louis Morton, "War Plan ORANGE, Evolution of a Strategy," in *World Politics*, Vol. 11, No. 2, January 1959, pp. 221-250.

[③] 例如，当时日本的主要出口商品如生丝的 80% 是输往美国的。

[④] 威罗贝：《外人在华特权和利益》（王绍坊译），北京：生活·读书·新知三联书店，1957 年，第 45 页。

[⑤] 威罗贝：《外人在华特权和利益》，第 218 页。

[⑥] R. Storry, *Japan and the Decline of the West in Asia 1894 -1943*, p. 123.

期成为超过英国的世界第一海军强国。在大规模造舰扩建海军的同时，美国还把其海军主力从大西洋调到太平洋，发展珍珠港基地，以抗衡日本。日本也不甘示弱。早在1907年日本就提出建立"八·八舰队"①的计划，并要求日本海军保持对美国海军70%的比例。1921年日本的海军预算竟占到国家岁出的32%。英国虽为第一海军强国，但为了维持其海上优势，首相劳合-乔治宣称"英国将花掉最后一个金币以使其海军优于美国或任何其他国家"，并且不顾财政拮据而通过进一步扩建海军的决议。但英国深知，它无法与实力雄厚的美国展开长期军备竞赛，如此进行下去的"海军竞赛将会使英国崩溃"。因此，英国于1920年初决定放弃传统的"两强标准"，改为"一强标准"，即英国将满足于本国舰队在实力上不亚于另一个大国的最强大的舰队。

　　大国为争夺亚太地区的霸权而展开的海军军备竞赛，加剧了远东及亚太地区国际关系的紧张化。但是战后的资本主义世界百孔千疮，尚待复苏，列强也十分需要一个和平的国际环境来巩固统治；各国人民的反战情绪与和平运动空前高涨；东方兴起的巨大的民族解放斗争的风暴有力地冲击着帝国主义的殖民体系。特别是面对中华民族的觉醒，所有列强都希望继续保持中国的贫弱状态并保护它们的在华既得利益，便希望召开新的国际会议，通过外交途径缓和彼此的矛盾。

　　1921年11月12日至1922年2月6日，由美国、英国、日本、中国、法国、意大利、比利时、荷兰、葡萄牙九个在远东有利害关系的国家（苏俄被排除在外），在英国的建议下，在华盛顿召开国际会议。会议的正式议程是限制海军军备和太平洋及远东问题。会议标榜其公开性，不搞秘密外交，但所有重大问题均由美、英、日的代表团长在幕后决定。会议共缔结条约8项（其中1项未生效，1项为会议期间由中日两国订立），议决案13项，其中最重要的条约有以下四个：美、英、法、日《关于太平洋区域岛屿属地和领地的条约》（简称《四国条约》，1921.12.13）；《英美法意日五国关于限制海军军备条约》（即《五国海军条约》，1922.2.6）；中日签订《解决山东悬案条约》及《附约》（1922.2.4）；与会九国签订《九国关于中国事件应适用各原则及政策之条约》（即《九国公约》，1922.2.6）。这些条约共同组成了华盛顿体系。它通过战胜国之间的暂时协调，建立了战后亚太地区的新的国际关系结构。

---

① 所谓"八·八舰队"，系指建立一支以舰龄不满8年的战列舰8艘、装甲巡洋舰8艘为最低限度的主力部队，并以巡洋舰和大小驱逐舰若干艘为辅助部队的第一线舰队。

概括地说，华盛顿体系的主要内容包括：

第一，美、英、日、法四国签订《四国条约》，废除英日同盟。条约规定：缔约各国同意相互尊重它们在太平洋区域内岛屿属地和岛屿领地的权利；如上述权利遭受任何国家侵略行为的威胁时，缔约各国彼此之间应全面地和坦白地进行协商，就应该采取的最有效措施达成协议；条约的有效期为 10 年；本条约生效后，英日同盟协定应予终止。

需要说明的是英国对废除英日同盟的态度。实际上，直到在华盛顿会议上英国才最终放弃了续订该同盟的打算。这主要是因为英国把限制海军军备放在第一位，但对此有重大发言权的美国一定要把解散英日同盟作为先决条件，即使这个议题本来不在会议的正式议题之中。当时的英国代表团长阿瑟·巴尔福（Arthur James Balfour，1st Earl of Balfour，1848—1930）在同美国的讨论中确信，如果续订英日同盟，美国将不会同意英国最需要的海军限制[①]。所以英国不得不接受对此有重大发言权的美国的条件。

另外，在《四国条约》签订的头一天，即 12 月 12 日，美日两国在一直有争议的加罗林群岛中的耶普岛问题上达成妥协，签订了《耶普岛条约》[②]，规定：在使用该岛的海底电线、岛上的无线电通讯、美国公民在该岛的居住权和财产权等方面，与日本人享有同等地位；美国同意日本对太平洋赤道以北的原德国岛屿属地的委任统治，但日本也必须维持和尊重美国公民在这些岛屿的财产权，并不得在岛上设立军事基地。

第二，英、美、法、意、日五国签订《五国海军条约》。主要内容有三个方面：（1）规定了各国主力舰总吨位的限额。五国主力舰总吨位的限额分别为：美、英各 52.5 万吨，日本 31.5 万吨，法、意各 17.5 万吨（即 5∶5∶3∶1.75∶1.75 的比例）；主力舰的排水量不得超过 3.5 万吨，舰炮口径不得超过 16 英寸。（2）航空母舰总吨位的限额。规定各国航空母舰总吨位限额为美、英各 13.5 万吨，日本 8.1 万吨，法、意各 6 万吨。其他舰只未做限制。（3）限制各国在远东的战舰基地。规定：美、英、日三国在太平洋岛屿和领地的要塞维持现状；美国不得在菲律宾、关岛、萨摩亚和阿留申群岛，英国不得

[①]　R. Storry, *Japan and the Decline of the West in Asia 1894-1943*, p. 125.

[②]　耶普岛是加罗林群岛中的一个小岛，美国通过该岛的海底电线与其海军基地关岛、中国上海及荷属东印度群岛进行联系，因此该岛的战略地位对美国十分重要。美国对《凡尔赛条约》决定该岛由日本委任统治十分不满并对该决定持保留意见。以后美、日多次争论这个问题，最终在华盛顿会议上达成妥协。

在香港及太平洋东经 110 度以东的岛屿修建海军基地和新的要塞，日本则主要承诺不在中国台湾设防。条约有效期至 1936 年 12 月 31 日。

需要说明的是英国和日本对该条约的态度。

英国对这个比例并无异议。由于战后英国已经把自己的海军力量的理想标准定为"一强标准"，因此自然能比较顺利地接受与美国的 5∶5 的比例，而对与日本的 5∶3 的标准也没有太大异议，认为这个差额足以对付日本、保卫澳大利亚并满足国内水域的需要。①

但是这一比例遭到日本的激烈反对。日本一直把其主力舰吨位要达到美国的 70% 作为追求的目标，在日本代表团赴会前，日本政府又向他们下达了"对美绝对需要保持七比十的比例"的训令。因此日本最初坚决反对 5∶3 的比例，要求会议注意它的"特殊需要"，坚持获得 10∶7 的标准。美国则在英国的支持下不肯让步，并扬言如果日本坚持己见，那么日本每造一艘军舰，美国将造 4 艘与之抗衡。日本自知财力不足，又需要与英美保持协调关系，只好妥协，当时日本的全权代表海军大臣加藤友三郎（1861—1923）认为："从经济力量看，日本在造船方面不应与美国进行竞争，况且更要绝对避免与美交战。"② 但是日本接受这一比例的前提条件是英美放弃在西太平洋建设和加强海军基地。美英表示同意。

法、意两国虽然也不满意，但抗争无力，只有接受这个比例限制。

《五国海军条约》是人类进入 20 世纪以后大国之间签订的第一个裁军协议，具有一定的进步意义。但是，它只限制了主力舰和航空母舰的吨位，这就为以后大国之间的军备竞赛留下了很大空间。

第三，中国山东问题的解决。这个问题，也是美国要求在讨论远东及太平洋问题之前必须解决的问题。在会议期间，中国代表利用美国为捍卫"门户开放"政策而原则上支持中国，同时美英又不愿得罪日本的矛盾心理，接受了在会议之外进行的，一直有美、英观察员列席的中日双边会谈的形式解决山东问题。1922 年 2 月 4 日，中日签订了《解决山东悬案条约》及《附约》。规定：日

---

① 第一次世界大战后，英国远东战略的基础是把新加坡作为反对日本的第一道防线，并因此而修建新加坡海军基地。该基地主要是为了保卫苏伊士运河—亚丁湾—印度—澳大利亚的航线和新加坡以南以西地区。英国的这种打算，后来为丘吉尔的话所证实。1925 年丘吉尔写道："日本在世界的另一端，她无论如何也不能威胁我们的生死安全……唯一值得我们同日本去打的战争就是防止入侵澳大利亚。"W. J. Mommsen and L. Kettenacker eds., *Fascist Challenge and the Policy of Appeasement*, London: G. Allen & Unwin, 1983, p. 383.

② 外山三郎：《日本海军史》（龚建国等译），北京：解放军出版社，1988 年，第 85—87 页。

本应将胶州德国旧租借地交还中国，中国将该地全部开为商埠；日本撤退驻青岛、胶济铁路沿线及支线的军队；青岛海关归还中国；日本将胶济铁路及其支线及一切附属产业归还中国，中国补偿日本铁路资产价值 53406141 金马克，在未偿清之前，车务长和会计长应由日本人担任；之前德国享有开采权的煤、铁矿山由中日合资经营。《附约》中规定了对日本人和外国侨民的许多特殊权利。另外日本还被迫声明放弃"二十一条"中的部分次要条款。尽管日本在山东仍保留了不少特殊权益，但是中国收回山东主权和胶济铁路利权，是对《凡尔赛条约》有关山东问题的不公正条款的重要修正，这是中国人民坚持斗争所取得的重大外交成果，也是中国修改不平等条约的第一步；美、英的协调和压力也是日本被迫让步的一个因素。

第四，1922 年 2 月 6 日，与会九国签订了《九国关于中国事件应适用各原则及政策之条约》，即《九国公约》。公约全文共九条，第一条为中心内容，即所谓对华问题"四项原则"，它规定："（一）尊重中国之主权与独立，及领土与行政之完整；（二）给予中国完全无碍之机会，以发展并维持一有力巩固之政府；（三）施用各种之权势，以期切实设立并维持各国在中国全境之商务实业机会均等之原则；（四）不得因中国状况，乘机营谋特别权利，而减少友邦人民之权利，并不得奖许有害友邦安全之举动。"[1] 另外，列强同意撤销部分外国电台；英、法同意交还威海卫与广州湾。

《九国公约》的核心是列强确认并同意把"门户开放""机会均等"作为它们共同侵略中国的基本原则。中国代表提出的收回关税自主权、取消治外法权、收回租界等要求，并未获得同意。因此列强强加给中国的一切不平等条约仍然有效，它们的在华特权继续存在。

《九国公约》的签订，是美国外交的重要成果。它使美国长期追求的"门户开放"政策在中国终于成为现实[2]；它迫使日本接受（表面上接受）"门户开放"原则，打击了日本独占中国的野心，不得不放弃一些侵略所得的在华非法

---

[1] 《国际条约集（1917—1923）》，第 767 页。关于是谁最早提出的《九国公约》第一条中的对华问题"四项原则"，学术界存在着不同看法。一种看法认为，是美国代表鲁特首先提出的，另一种看法认为是英国代表巴尔福首先提出的。中国学者多沿用美国代表提出的说法。分别见特鲁哈诺夫斯基：《国际关系和苏联对外政策史》第 1 卷：1917—1939，北京：世界知识出版社，1965 年，第 181—182 页；Grisword, *The Far East Policy of The United States*, New York: Harcourt Brace and Company, 1938, pp. 322, 323。

[2] 美国对英国的合作态度表示满意，会后两国立即恢复了关于债务问题的谈判，1923 年 2 月，双方达成协议，英国的对美债务减少了 30%，分 62 年还清，这便使英国在 20 年代能够恢复金本位。

权益①，"又使中国回复到几个帝国主义国家共同支配的局面"。②当然，九国公约的第一条内容，在一定程度上也成为中国以后收回丧失的国家主权的武器。

凡尔赛-华盛顿体系的建立，标志着第一次世界大战的战胜国在全球范围内基本完成了对战后列强关系的调整和对世界秩序的重新安排，并支配着战后的国际关系。在两次世界大战之间的年代，国际事务中发生的每一个重大事件，无不直接或间接地与凡尔赛-华盛顿体系相关联。但是，随着国际形势的发展，该体系自身存在的弊端与内在矛盾也不断激化，最终导致了它的崩溃。

二、凡尔赛 - 华盛顿体系的内在矛盾与特点

凡尔赛-华盛顿体系对战胜国的要求有不同程度的满足。主要表现在以下几个方面：

第一，《凡尔赛条约》第 231 条规定德国和其盟国应当承担战争责任，这实际上就使战胜国对战败国索取巨额赔款合法化，于是条约规定德国和其他战败国要向战胜国进行赔偿。

第二，对战败国特别是德国的领土安排和对其军事力量的严格控制，以及对德国殖民地的瓜分，将德国在中国的山东利权全部交给日本等，满足了法国、英国和日本的一些要求。

第三，对波兰的复国，对捷克斯洛伐克、南斯拉夫和土耳其国家独立的承认，对奥地利和匈牙利两国分立的承认，对波罗的海三国立陶宛、爱沙尼亚和拉脱维亚脱离俄国而独立的承认，部分尊重了民族自决权。

第四，在华盛顿体系中美国的要求，如拆散英日同盟、与英国的海军力量对等、在中国实行"门户开放"等；对中国关于收回山东利权的要求；以及各国希望在海军军备方面有所裁减的要求，都得到了一定程度的满足。

但是，凡尔赛-华盛顿体系留下的弊端、矛盾和问题也极为严重。这些问题对两次世界大战之间的国际关系以及第二次世界大战的爆发都产生了持续性的影响。

（一）对凡尔赛 - 华盛顿体系的研究

西方学者在探讨第二次世界大战的起源时，一个重要的问题就是二战起源与第一次世界大战的关系。为什么一战结束后战胜国做出的"和平安排"即凡

---

① 对日本来说，这个公约无疑是它的大失败，日本认为华盛顿会议是"英美以牺牲日本为代价的秘密同盟"。Ian Nish ed., *Anglo-Japanese Alienation 1919-1952*, Cambridge: Cambridge University Press, 1982, p. 8.

② 《毛泽东选集》第一卷，北京：人民出版社，1991 年第 2 版，第 143 页。

尔赛－华盛顿体系却没有带来长期和平，仅仅 20 年就爆发了第二次世界大战？第二次世界大战爆发后西方学者就开始研究这个问题，并出版了大量重要的研究成果。E. H. 卡尔于 1937 年出版的《和平会议以来的国际关系》（1947 年再版时更名为《两次世界大战之间的国际关系》）一书，认为《凡尔赛条约》对德国来说是一个"强制的和平"，并因此在德国民众中产生了深远的心理影响；A. J. P. 泰勒在 1961 年出版的《第二次世界大战的起源》一书，认为凡尔赛和平从一开始就缺乏道义效力，它不得不靠外力来强制执行。[①] 这些看法，为许多西方学者所接受，并反映在他们的研究成果当中。这些研究成果的一部分已经体现在本书当中（参见本书第一章第二节），这里不再赘述。

　　中国学者对这个问题的探讨开始于 20 世纪 80 年代，近年来的研究逐步深化，即同样认为两次世界大战是有其内在联系的，而其中的一个重要因素便是凡尔赛体系。这里仅举几例：张继平、胡德坤认为，第一次世界大战后帝国主义国家制定的《凡尔赛条约》播下了新的战争的种子。陈谦认为，从二战形成的历史过程看，问题的关键首先在于一战后产生的极不稳定的和平结构本身。徐蓝认为，在两次世界大战之间的年代，国际事务中的每一个重大事件无不直接或间接地与一战后战胜国建立的凡尔赛－华盛顿体系相关联，第二次世界大战的一个重要根源，即在于一战后战胜国对世界做出的和平安排之中，"凡尔赛体系是产生第二次世界大战的温床"。时殷弘认为，战后凡尔赛体系与生俱来的致命弊端，既激发了德国的复仇心理，又加强了德国根本的地缘战略地位并赋予它潜在的战略优势。[②] 因此，中外学者比较一致的看法是认为凡尔赛体系是一个孕育战争的体系。

　　对于华盛顿体系，西方学者的论述并不多见。值得注意的是英国历史学家 E. H. 卡尔的看法，他早在《两次世界大战之间的国际关系》一书中，就指出了华盛顿会议的问题。他认为：第一次世界大战结束时，中国的"旨在取消其他国家的'不平等条约'的民众运动迅速发展。华盛顿会议寻求用来对付这种民

---

① E. H. Carr, *International Relationship between the Two World Wars, 1919-1939*, pp. 4-5; A. J. P. 泰勒：《第二次世界大战的起源》，第 23 页。需要说明的是，由于长期以来第二次世界大战是以 1939 年 9 月为其开始，所以大量著作也是以这个时间作为其研究的时间段的。

② 张继平、胡德坤：《第二次世界大战史》，兰州：甘肃人民出版社，1984 年。陈谦：《走向全球战争之路》，上海：学林出版社，1989 年。徐蓝：《凡尔赛－华盛顿体系与两次世界大战之间的国际关系》，《历史教学问题》2000 年第 3 期；《战争与和平：两次世界大战的比较研究》，载《20 世纪的历史巨变》（论文集，齐世荣、廖学盛主编），北京：人民出版社，2000 年。时殷弘：《新趋势、新格局、新规范》，北京：法律出版社，2000 年。

众运动的办法是维持〔中国民众的〕早日减少这些外国特权的希望。特别是列强承诺召开特别会议，目的是批准在现有的 5% 的关税上直接附加 2.5% 的附加税，……另外，更有点儿含糊的是，他们保证建立一个委员会去调查和报告在中国的外国人和司法机构的治外法权问题。然而，华盛顿会议一结束，便再也没有紧迫感去履行这些承诺了"。① 这些评论是相当准确的。

中国学者一般在中外关系史、世界史、国际关系史的教科书中，或者是在中美关系史、中国废除不平等条约的论述中涉及华盛顿会议的问题②，但专门论述华盛顿体系的论文并不多见。

（二）凡尔赛-华盛顿体系的弊端与矛盾

作为第一次世界大战后帝国主义重新瓜分世界、维护战胜国利益并希望维持战后和平的凡尔赛-华盛顿体系，并没有带来永久的和平与安宁。仅仅 20 年之后，更大规模的战争就在欧洲再度来临，而距离一战结束仅仅 13 年，日本就在中国东北挑起了战火。第二次世界大战的发动者不仅有协约国打算使其永世不得翻身的手下败将德国，还有一战时本是战胜国并获得巨大利益的日本。那么，以结束这场战争而载入史册的凡尔赛-华盛顿体系，到底出了什么毛病，以致使和平如此短暂？当我们认真审视并研究这个体系时，就会发现，它在不同程度地满足战胜国的要求时，也造成了其内部各种矛盾的激化和与生俱来致命弊端的强化，最终导致了战后国际政治力量的严重失衡，这比欧洲遭受的巨大生命牺牲和经济损毁更难补救，并对战后的国际关系产生了巨大影响。③

第一，凡尔赛-华盛顿体系是帝国主义重新瓜分世界的体系。英、法、日、意等战胜国通过获得战败国的殖民地、势力范围和一些土地实行委任统治，都扩大了自己的殖民帝国，实现了它们在战前追求的主要扩张目标。这本来就是它们进行这场帝国主义战争的根本目的。

第二，该体系加深了战败国和战胜国之间的矛盾。特别是关于战争的罪责问题，激起了整个德意志民族的强烈复仇心理。一战是两大帝国主义集团共同挑起的，双方都附有发动战争的罪责。但是战胜国要求战败国承担发动战争的

---

① E. H. Carr, *International Relationship between the Two World Wars, 1919-1939*, p. 156. 关于卡尔论述的关税和治外法权问题，见《国际条约集（1917—1923）》，第 769—772、775—777 页。

② 可参见陶文钊：《中美关系史（1911—1950）》，重庆：重庆出版社，1993 年，第二章第二节；《中美关系史（1911—1949）》（本书为三卷本之上卷），上海：上海人民出版社，2004 年，第二章第二节。王建朗：《中国废除不平等条约的历程》，南昌：江西人民出版社，2000 年，第二章第二节。

③ R. Albrecht-Carrie, *A Diplomatic History of Europe Since the Congress of Vienna*, New York: Harper & Row, 1973, pp. 330-331.

责任，为战胜国掠夺战败国提供了依据，并使凡尔赛体系的一系列条约对战败国非常苛刻。因此，德国虽然被迫在条约上画押签字，却并不承认自己的失败，并认为《凡尔赛条约》是一个"强制的和平"，而且"其强制的成分比近代以来的任何早于它的和平条约的强制成分都更为明显"，并且这个"从德国勒索而来的签字画押在道义上对德国没有约束力"，不仅如此，它还在战败国中产生了深远的心理影响，必然导致战败国与战胜国之间矛盾的加剧。① 实际上，以《凡尔赛条约》为代表的和平解决方案，的确遭到了战败国特别是德国的憎恨，柏林《前进周刊》公开声称和约不过是"一纸空文"，德国的"复兴之日就要来临"。② 随着国力的恢复和增长，德国必然会从要求修改条约到不履行条约，直至撕毁条约。与此同时，新生的魏玛共和国也由于被迫接受《凡尔赛条约》而成为民众仇恨的对象。人们怀念帝国，希望出现一个强有力的铁腕人物"重振国威"。③ 正是在德国不断高涨的极端民族主义和复仇主义，形成了纳粹党发展的土壤，并成为 20 世纪 30 年代希特勒能够上台执政的重要原因之一。

第三，该体系加深了战胜国之间的矛盾。从战胜国之间的关系来看，美国作为迅速崛起的重要大国，在帮助协约国取得战争胜利和建立凡尔赛体系的过程中都发挥了重要作用，但是它问鼎世界领导权的努力却遭受极大挫折，使之与英法等国家的矛盾加剧，这是美国国会不批准凡尔赛和约也不参加国联的最根本原因。④ 从此美国置身于凡尔赛体系之外，对欧洲实行了在政治上不承担义务，但力图谋求经济利益的所谓孤立主义的外交政策。于是国际联盟就变成了英法操纵的，为推行它们自己的对外政策、保护它们既得利益的外交工具，并没有真正成为维护世界和平的力量。不仅如此，面对 20 世纪 30 年代法西斯的挑战，美国仍然坚持其孤立态度，在亚太地区则坚持《四国条约》规定的与列强"协商"的政策，迟迟不援助抗战的中国，也不制裁侵略中国的日本。美国的消极态度，是世界反法西斯统一战线未能及时建立的重要原因之一。

---

① E. H. Carr, *International Relations between the Two World Wars 1919-1939*, p. 5.

② Thomas A. Baily, *Woodrow Wilson and the Lost Peace*, Chicago: Quadrangle Books, 1963, p. 303.

③ 瑞士历史学家埃里希·艾克认为："公众对'强加'的和约的愤激情绪转向军国主义轨道，从长远来看是最危险的。它不仅威胁世界安宁，也威胁德意志共和国的生存。"埃里希·艾克：《魏玛共和国史》上卷（高年生等译），北京：商务印书馆，1994 年，第 124 页。

④ 美国国内传统的孤立主义情绪，国内共和党与威尔逊所代表的民主党之间的党派斗争，威尔逊为了使英、法等协约国的政治家接受国联盟约所付出的巨大代价，致使参议院反对美国无条件地参加国际联盟，特别是反对美国无条件承担盟约所规定的集体安全义务。有关这一问题的讨论，参见 T. A. Bailey, *Woodrow Wilson and the Great Betrayal*, New York: Macmillan, 1945；王晓德：《梦想与现实 —— 威尔逊"理想主义"外交研究》，第十章。

第四，凡尔赛体系的赔款问题。这个问题是凡尔赛体系中悬而未决的最复杂的国际问题之一。巴黎和会之所以没有决定赔款总数，主要是由于战胜国的态度极不一致。美国并不希望德国支付大量赔款，在威尔逊提出的"十四点"计划中，美国只主张德国对比利时和法国北部受到的战争破坏进行赔偿，自己则不要赔偿；英国希望赔款有一定限度；法国则坚持要德国支付大量赔款。由于意见分歧极大，所以无法确定总数，只有留待以后由外国人组成的赔款委员会去做出随心所欲的规定。后来赔款委员会在法国的支持下规定德国应支付1320亿金马克（当时合66亿英镑），分42年还清，这根本就超过了德国的支付能力。即使是《凡尔赛条约》中规定的到1921年5月应当支付200亿金马克的规定，也是一个很大的数字。尽管后来德国并没有完全支付赔款，但是，围绕这一问题在列强之间展开了长达13年的争吵、指责、要求、推诿、冲突和协商，使各国的民族主义情绪时时高涨，使战争的激情历久不衰。

第五，凡尔赛体系的领土安排，引发了欧洲新的民族矛盾，并最终为纳粹德国所利用。战胜国一再标榜以民族自决原则处理领土问题，也在一定程度上实行了这一原则，但是它们首先考虑的还是掠夺战败国和它们自己的战略与利益需要，包括满足战时签订的各项密约。因此，虽然在旧帝国的废墟上恢复或建立的新国家的领土基本上以民族为基础重新加以划定，但是在捷克斯洛伐克、奥地利、波兰、匈牙利、南斯拉夫等国家中又产生了许多新的民族矛盾，从而削弱了这些国家的力量，正如基辛格所说："研拟凡尔赛和平方案的各国代表最后得到的是反效果。他们想削减德国的实力，却反而增强了德国的地缘政治地位。"[1] 另一方面，这些民族矛盾又成为东山再起的德国为打破凡尔赛体系而挑起新的国际争端的温床。英国首相劳合－乔治在和约制定过程中就已经预见到这种危险，他在《枫丹白露备忘录》中说："德国人民已经无疑地证明了他们是世界上最有活力和力量的种族之一，但它们竟然被许多小国所包围，而这些小国中，有许多国家的人民过去从来没有为自己组织过一个稳固的政府，它们每个国家却都拥有人数众多的德国人，这些人吵闹着要和自己的祖国合并。我想象不出还会有什么比这种情况更能成为将来产生战争的理由了。"[2] 因此，极力想削弱德国的法国并没有获得安全感，而后来的纳粹德国却正是倚仗自己的这一优势，利用民族矛盾和领土问题一再挑起事端，终于发动新的大战。

---

[1]　亨利·基辛格：《大外交》（顾淑馨等译），海口：海南出版社，1997年，第220页。

[2]　David Lloyd George, *The Truth about the Peace Treaties*, Vol. 1, pp. 404-416.

　　第六，该体系是帝国主义反苏反共的工具。苏俄作为一战后不断发展的社会主义国家，是影响凡尔赛体系建立的重要因素。列强最初以消灭苏俄为目的，继而以孤立苏俄／苏联为目标，从一开始就把凡尔赛体系变成了反苏反共的工具。[①] 曾作为威尔逊总统的助手之一参加巴黎和会的新闻秘书 R. S. 贝克尔写道："俄国问题对巴黎会议的影响是深刻的，没有莫斯科就不能理解巴黎。布尔什维克和布尔什维主义虽然在巴黎不曾有代表，然而经常都是强有力的因素。……俄国在巴黎起了比普鲁士更为重要的作用。"[②] 美国著名学者、外交史专家贝利认为，巴黎和会上实际是"五巨头"，和会的实际操纵者是四巨头——威尔逊、劳合-乔治、克雷孟梭和奥兰多（Vittorio Emanuele Orlando，1860—1952），第五个巨头就是列宁。他解释说："列宁是一个占据了无形一席的无形成员，他比奥兰多更重要"，"俄国在巴黎比普鲁士更重要，普鲁士没有声音，但俄国的声音是响亮的，虽然像幽灵一样"。[③] 正如巴勒克拉夫所说："从俄国传播来的革命幽灵主宰了协约国所有政治家的思想，并影响了它们的决定，而且这成为同意赋予德国以宽大条件的主要原因。"[④] 这种敌视苏联、防止共产主义意识形态扩大影响的根本宗旨，在以后的20年中并未改变。当20世纪30年代法西斯的侵略扩张日益猖獗之时，英法继续敌视苏联，使它们失去了苏联这个最重要的在东方钳制纳粹德国的力量，并成为苏德两国在德国发动战争前接近的重要原因之一，结果对二战的进程产生了极为不利的影响。

　　第七，该体系实际加强了日本在远东潜在的军事战略优势。在华盛顿体系中，一方面，日本通过与美、英、法签订的《四国条约》，实际获得了在国际上与欧美列强平起平坐的地位，它在太平洋上的"权益"得到了大国的正式承认，这又是日本外交的成功，并使其野心进一步膨胀。另一方面，英美在战舰基地方面对日本的让步潜伏着极大的危险，它使日本海军在新加坡以北的水域实际占有绝对优势。一旦发生战争，香港、马来半岛和菲律宾甚至印度尼西亚就会成为日本的囊中之物，这是日本在战略上的胜利，后来的战争进程验证了这一点。

---

① 在《凡尔赛和约》中，协约国的反苏打算十分明显。和约规定德国应拆除莱茵河以东 50 公里内的工事，但允许保留德国东部和南部边界上的工事。当时军事委员会的美国代表德古特将军说："要求拆除这些工事是不适宜的，……因为它们可以用来防御布尔什维克。" *FRUS/ the Paris Peace Conference, 1919*, Washington, D. C. GPO, 1946, Vol. 4, p. 300.

② R. S. Baker ed., *Woodrow Wilson and World Settlement*, Vol. 2, NewYork: Doubleday, Page & Company, 1922, p. 64.

③ T. A. Bailey, *Wilson and the Peacemakers*, New York: Macmillan, 1947, p. 312.

④ J. 巴勒克拉夫：《当代史导论》（张广勇等译），上海：上海社会科学院出版社，1996 年，第 216 页。

第八，该体系加深了帝国主义和殖民地半殖民地的矛盾。该体系对中国问题的不公正处理，促使中国人民彻底觉醒，20世纪20年代的中国发生了深刻变化，中国共产党的成立和孙中山领导的国民党的革命化，为中国革命注入了新因素，中国民族解放运动的高涨不断冲击着列强的在华利益，迫使它们做出一定让步。另一方面，日本的扩张野心在巴黎和会和华盛顿会议上遭到中国人民的坚决抵制和美英的联合遏制，不得不暂时收敛。但是日本独霸中国和亚太地区的既定国策不会改变，因此必定会遭到中国人民的坚决抵抗。美国作为华盛顿体系的主要规划者和潜在保证者，力求保持以"门户开放"为代表的远东及太平洋地区的新均势，也必然会与日本产生不可调和的矛盾。还要指出的是，尽管列强慑于民族解放斗争的压力，在瓜分殖民地方面采取了"委任统治"形式，但这没有根本改变殖民统治的实质。战后无产阶级革命和殖民地半殖民地人民的民族民主运动，有力地冲击着凡尔赛–华盛顿体系的基础。

（三）凡尔赛–华盛顿体系的特点

通过上述对凡尔赛–华盛顿体系的分析，我们可以看到该体系的一些重要特点。

第一，该体系的确是一个全球性的体系。尽管它看似仍然是一幅以旧欧洲为中心的图景，但是它既没有恢复欧洲的均势，也没有恢复欧洲对世界的支配地位。欧洲作为传统力量中心的衰颓之势，和其侧翼大国美国与苏联的兴盛之势仍然在同步发展。

第二，该体系是一个以英国、法国、美国、日本、苏联为主体建立的多极结构，尽管社会主义的苏联没有直接参与该体系的设计和构建，但它仍然是一个决定性的成员，并以独特的方式对该体系的形成和实际运作产生着巨大影响。与此同时，中国也以独特的方式进入该体系之中，对大国关系产生着影响。

第三，强权政治仍然是该体系的一大特色，无论是对战败国签订的和约，还是对欧洲各国疆界的重新划分，还是对殖民地半殖民地的重新瓜分和处理，无不在强权政治下进行，以满足战胜的帝国主义国家的利益。

第四，该体系是一个民族独立国家和殖民地半殖民地的混合体，仍然维护着以英、法等国为代表的殖民帝国的利益，践踏着自威斯特伐利亚体系中所确立的国家主权平等、国家领土和国家独立等国际关系的基本原则。以印度的非暴力不合作运动、中国的五四运动、土耳其的凯末尔革命为代表的争取殖民地半殖民地独立、解放的革命运动，将对该体系的这种不合理状态构成巨大冲击。

第五，作为该体系的一个重要组成部分的国际联盟，把威斯特伐利亚体系开创的、维也纳体系发展的以国际会议的形式商讨国际问题、解决国际争端的机制进行了进一步创造，是史无前例的国际政治的重大发展，是第一次世界大战后的国际秩序的重要体现。有关这个问题，我们将在第四章专门论述。

总之，列强通过第一次世界大战而建立起来的凡尔赛－华盛顿体系，是一个极不稳定的国际体系，在维持世界和平方面存在着巨大缺陷。因此，自该体系建立后，就处于不断的调整之中。

三、凡尔赛－华盛顿体系的演变与崩溃

第一次世界大战曾被称为"结束一切战争的战争"。战争结束后，人们曾深信不疑世界将从此享有和平。但是，战胜国列强在缔造和平的名义下对世界做出的安排，却无论在欧洲还是亚洲都激起了新的不满与冲突。凡尔赛体系并没有解决存在于欧洲的威胁和平的因素；华盛顿体系也未能使列强平息中国日益高涨的民族解放运动浪潮。因此，列强不得不对凡尔赛－华盛顿体系进行调整，世界也经历了短暂的和平。

然而，20 世纪 20 年代末至 30 年代初的经济大危机，阻断了以和平方式调整凡尔赛－华盛顿体系的进程，并成为日本、意大利、德国等法西斯国家以军事手段彻底摧毁凡尔赛－华盛顿体系的机会。该体系的彻底崩溃之日，也就是第二次世界大战的全面爆发之时。

（一）凡尔赛－华盛顿体系的调整（20 世纪 20 年代）

1. 凡尔赛体系的调整

20 世纪 20 年代，列强对凡尔赛体系的调整，主要表现在德国的赔款问题，法国和比利时与德国的边界问题（即安全问题），以及裁军问题三个方面。

德国的赔款问题是战后拖延时间最长也最复杂的国际问题之一。德国消极对待赔款与法、比两国以强硬手段索取赔款的政策对抗，曾于 1923 年以法、比出动 10 万军队占领鲁尔工业区的极端形式，使欧洲甚至到达了战争的边缘。

鲁尔危机的最大且最直接的影响是德国面临经济崩溃，不仅工人阶级由于物价飞涨、收入低下而一时陷入绝对贫困，而且中小资产阶级也由于通货膨胀而使他们手中的存款和战时公债在一夜之间就变成了一张废纸。[①] 而鲁尔危机的间接且更大的影响则在于，德国民众从憎恨占领者发展到仇恨强迫德国进行战

---

① 占领鲁尔使德国的整个经济生活陷入停顿。在法国方面，从鲁尔运出的煤和铁不足以支付占领区的费用；在德国方面，最直接的结果则是德国财政的完全破产。在占领前夕，马克已经跌到 35000 马克兑换 1 英镑，到 1923 年底之前，已经达到 50 兆马克才能兑换 1 英镑。E. H. Carr, *International Relations between the Two World Wars 1919 - 1939*, p. 57.

争赔款的《凡尔赛条约》，继而仇恨接受该条约的魏玛共和国的无能政府，正如E. H. 卡尔所指出的：总有一天纳粹党将从这些人当中吸收大量的新党员。[1]

面对鲁尔占领造成的严峻的经济形势和政治危机，英美两国对德法双方施加压力，要求尽快结束危机。1923 年 9 月德国政府宣布停止"消极抵抗"，随后法国也被迫同意成立国际专家委员会重审赔款问题。

在英美两国的筹划下，1924 年国际专家委员会制定并实施了以通过注入外资、稳定德国通货和平衡预算来解决今后五年德国赔款的"道威斯计划"，才使鲁尔危机和赔款问题暂时获得解决。

"道威斯计划"是战胜国对凡尔赛体系的第一次较大的调整，它把原来作为战争罪责的赔款变成了一纸商业合同，把战胜国与战败国的关系调整为债权人与债务人的关系，并以向德国提供大量贷款的方式把削弱德国的政策变为复兴德国的方针，成为战胜国对德政策的转折点，为德国在政治上重新走入西方大国行列和进一步摆脱凡尔赛体系的束缚打下了基础。

1928 年，随着"道威斯计划"即将到期，包括德国在内的有关各国再次制定"杨格计划"，以求"完全彻底解决赔款问题"。但是 1929 年爆发的经济大危机在导致德国经济再度濒临破产的同时，也最终使其赔款一笔勾销。[2] 尽管如此，"战争赔款乃是一种象征。它制造怨恨、猜忌和国际敌意。它比任何别的事情更为第二次世界大战扫清了道路。"[3]

凡尔赛体系未能完全解决的另一个重要问题，是欧洲的安全保障问题，而其中心问题，就是法国、比利时与德国都对德国莱茵兰地区的安排不满，英国也对此感到不安。它们都不认为这些处理办法符合各自的安全观念，也不认为这些办法满足了它们对本国安全的追求。

对法国来说，尽管战后的法国处于欧洲最强大的地位，但它最担心的仍然是安全问题。法国元帅 F. 福煦曾在巴黎和会时写道："霍亨索伦王朝已经逝去了……但是一个建立在同样的军国主义原则之上的和极权的，并控制着整个德国的共和国将不会使危险减少并仍将保持对和平的威胁。"[4] 因此保持《凡尔赛条

---

[1] E. H. Carr, *International Relations between the Two World Wars 1919-1939*, p. 59.

[2] 德国停止支付赔款，协约各国也无意继续偿还美国的战债。美国对英法等国的赖债行为极为不满，1934 年 4 月美国国会通过了《约翰逊法》，又称"债务拖欠法案"，禁止贷款给未偿清拖欠美国债务的国家。

[3] A. J. P. 泰勒：《第二次世界大战的起源》，第 42 页。

[4] W. M. Jordan, *Great Britain, France and the German Problem, 1919-1939*, London, 1943, p. 36.

约》所规定的现状和维护法国的安全，便成为法国外交政策的核心。

为了防止德国东山再起对法国构成新的军事威胁，法国曾通过各种办法，希望获得安全。主要措施包括：

第一，在巴黎和会上要求英美保证法德边界现状。由于英美不同意法国肢解德国的建议，因此，在签订《凡尔赛条约》时，法国曾要求英美两国以包括军事援助条款在内的条约形式，保障法国和德国的边界现状，并在会议期间得到了英美互为条件的保证，即英国与法国签订的军事援助条约以美国与法国的军事援助条约的批准为条件，反之亦然。但是由于美国参议院拒绝批准《凡尔赛条约》，美国对法国的保证也就无效，英国的保证也随之化为乌有。

第二，法国与比利时、波兰分别结成同盟并加强与"小协约国"[①] 的关系作为遏制德国侵略的屏障。但是这些国家的力量太弱，它们自身的安全还需要法国的保证。

第三，军事占领鲁尔区的武力解决。该办法已经被证明失败。

第四，谋求集体安全并积极主张签署 1924 年 10 月国联大会通过的和平解决国际争端的《日内瓦议定书》。1924 年 10 月国联大会上通过的"和平解决国际争端议定书"，简称"日内瓦议定书"。主要内容是：（1）仲裁：规定对一切国际争端实行强制仲裁；（2）安全（或制裁）：规定所有不愿把争端提交仲裁或不服从仲裁而进行战争的国家被定为侵略国，所有签字国都有义务帮助被侵略国抵抗侵略者，但各国保留控制自己军队的权力；（3）裁军：决定将于 1925 年 6 月 15 日在日内瓦召开裁军会议，议定书在通过和实行裁军计划后生效。该议定书是一个针对德国的一揽子计划，是法国谋求通过国联获得集体安全保证的办法。但最终因后来上台的英国保守党政府拒绝正式签字而夭折。

由于上述这些办法或以失败告终，或由于力量不足并增加了法国的负担，因此法国不得不寻求其他途径，即决心改善与德国的关系，争取在英国的支持下通过与德国协商解决自己的安全保证问题。

德国对安全问题有着自己的特殊考虑。作为战败国，德国认为，《凡尔赛条约》是战胜国强加在德国人民身上的枷锁，其中对德国领土的规定十分屈辱。莱茵兰被协约国占领 15 年，等于敞开着德国的后门，使协约国随时可以制裁德国，鲁尔占领已经证明了这一点。德国的东部边界被波兰走廊一分为二，更令

---

① "小协约国"是指 1920—1921 年捷克斯洛伐克、罗马尼亚和南斯拉夫以分别缔结双边军事同盟条约的形式而形成的政治军事集团，目的是防范德国和匈牙利的报复和侵略，南斯拉夫则主要是为了防范意大利。

德国不能容忍。鉴于战后德国外交政策的基本目标是摆脱《凡尔赛条约》的束缚，重新恢复大国地位，因此德国制定了实施外交政策的"三部曲"：第一步就是必须争取协约国从莱茵兰撤兵；第二步是防止英法结成针对德国的军事同盟，并要利用英国反对法国称霸这一情况来促进德国的复兴事业；第三步便是逐渐收复但泽、波兰走廊等失地，调整东部边界。[①]

　　但是，鲁尔危机的爆发使德国深深感到，在自己的军事力量尚未恢复之前，以强硬手段公开反对和约是不智之举，只有改善与法国的关系，适当满足法国对安全保障的要求，才能保证自身的安全，而对其东部的波兰和捷克斯洛伐克则不能做出这种保证。于是德国政府利用"道威斯计划"实施后国际关系发生的有利于德国的变化，积极主张调整对法关系，与协约国和解。为此德国要求召开国际会议解决莱茵兰问题。

　　战后的英国面临严重的政治经济与社会问题。整个 20 世纪 20 年代，英国经济持续萧条，工人运动高涨，英帝国内部离心倾向严重，开始向英联邦过渡。因此，英国政府把恢复经济、保持大英帝国作为头等大事，不愿意对欧洲大陆承担广泛的义务，只希望用最小的代价获得欧洲的最大安全，从而保持欧洲大陆的均势与稳定。为此英国反对战后法国的过于强大和任意制裁德国，担心一个残破的德国不仅有利于法国称霸欧洲，而且会使德国与苏联进一步接近并使德国革命发展，从而在根本上破坏欧洲的均势。当时的英国驻德大使阿贝农勋爵曾在日记中对此看法有清楚的叙述，他写道："英国的根本利益在于防止德国的崩溃，只要德国是一个整体，欧洲就能或多或少保持均势。一旦德国分崩离析，这个均势必然消失，而英国是不要指望在军事上和政治上处于支配地位的法国依然会对英国继续友好的。他指责法德两国的舆论都过于集中于莱茵兰问题，以致把保卫欧洲反对共产主义这样一个更为重要得多的问题贬为不急之务。他还警告说，如果由于西方继续对德国施加压力而使德、俄联合，那么这种联合给欧洲文明带来的危险就惨到极点了！"[②]但是，英国也反对德国起而复仇，破坏莱茵兰现状，以致重开战端。英国的立场得到了希望欧洲稳定以利于投资的美国的支持。

[①]　Eric Sutton, *Gustav Stresemann: His diaries, Letters and Papers*, Vol. 2, London: Macmillan Company, 1937, pp. 503-505. 科佩尔·S. 平森：《德国近现代史：它的历史和文化》下册，第 575 页。

[②]　Lord D'Abernon, *An Ambassador of Peace*, Vol. 2: THE years of Crisis, June 1922-December 1923, London: Hodder and Stoughton, 1929, pp. 238-239; Vol. 1: From Spa (1920) to Rapallo (1922), London: Hodder and Stoughton, 1929, pp. 20-21.

于是英国授意德国，建议与莱茵兰地区有利害关系的国家开会解决安全问题。1925 年，德国、比利时、法国、英国、意大利、波兰、捷克斯洛伐克等国签订了以维持法、德、比边界现状和莱茵兰非军事区，和平解决争端，德波、德捷订立仲裁条约，允许德国有条件加入国联为主要内容的《洛迦诺公约》。

该公约的签订，是协约国在政治上正式承认德国作为一个平等大国的前提下，在欧洲安全问题上对凡尔赛体系所做的第二次较大的和平调整。它暂时解决了安全问题，使欧洲的国际关系进入了相对稳定阶段，使欧洲享有了一段和平发展经济的时期。正由于此，"洛迦诺精神"一词一时成为和解与安全的代名词。

但是，当我们仔细审视《洛迦诺公约》时，却不能完全同意该公约的主要缔造者、英国外交大臣奥斯汀·张伯伦（Austen Chamberlain，1863—1937）的看法，他将该公约说成是"战争年代与和平年代的真正分界线"。实际上，该公约成功地阻止了英法的军事合作。因为英国作为法、德、比三国边界安全的担保国和仲裁者，所承担的义务没有超过道义的范围，这种保证的口惠而实不至，恰恰是它追求的以承担最小义务的方法保证欧洲安全理想的实现。由于该公约对谁是"侵略者"的判断模糊不清，英国实际无法事先与法、德、比三国以排列组合的方式分别制定出三套彼此反对"侵略者"的军事援助方案。正如 F. S. 诺斯埃奇所说："如果说洛迦诺〔公约〕在军事安全保证上有什么实际效果，那就是它排除了同法国的军事会谈……因为对英国的陆军参谋部来说，不可能在一旦同法国战争的情况下与德国的参谋部一致行动，而同时在一旦同德国战争时与法国的参谋部协调行动，没有与双方的军事计划产生。"[1] 另一方面，由于德国与波兰、捷克斯洛伐克只签订了仲裁条约而没有保证条约，这就使该公约在保证德国西部边界的同时却实际开放着德国修改其东部边界的大门，从而进一步加强了德国潜在的地缘政治优势。因此在这个意义上，与其说《洛迦诺公约》给欧洲带来了和平，不如说它实际确定了下一个战场。当 1936 年纳粹德国以重新武装莱茵非军事区的行动彻底撕毁这一纸神圣的公约时，第二次世界大战的炮声便离我们不太遥远了。当 1939 年 9 月德国发动对波兰的袭击、动手修改其东部边界之时，也正是第二次世界大战的欧洲战争爆发之日。

2. 华盛顿体系的调整

在战后亚太地区的国际关系中，中国仍然是列强角逐的目标，而它们角逐的主要方式，是英美企图维护华盛顿体系和日本企图以新的侵略方式不断尝试

---

[1]　F. S. Northedge, *The Troubled Giant: Britain among the Great Powers*, London: Frederick A. Praeger, 1966, p. 269.

冲破这一体系。但是 20 世纪 20 年代的中国社会发生了深刻变化，中国人民为了摆脱任人宰割的屈辱地位，掀起了民族民主运动的高潮。在这种形势下，列强基本坚持了华盛顿体系，并对其进行了有限调整。这种调整主要体现在以下两个方面。

第一，日本被迫暂时改变了战前所奉行的武力侵华方针，而以所谓"协调外交"作为日本外交的主流。

自明治维新以来，日本遵循了一条武力侵华的外交方针，直到第一次世界大战，这一方针屡试不爽。但是，一战后，日本在华盛顿体系所确立的新的远东国际关系格局中面临着极为不利的形势，从而使其武力侵华的方针第一次遇到了严重阻碍。尤其是《九国公约》的签订，结束了日本在一战时形成的独占中国的局面，否定了日本以后在中国建立势力范围的可能性和损害其他列强在华权益的特权要求。因此日本在外交上一时处于孤立地位。在经济上日本更是处于劣势，尚无财力反抗美英对它的遏制。这不仅是日本在华盛顿会议上不得不做出妥协的原因，也是影响 20 世纪 20 年代日本外交的重要因素。

在这种情况下，日本为了保持在中国已经获得的"特殊地位"，并避免与英美的直接武力冲突，最终实现独霸东亚的既定国策，便将其外交政策进行了新的调整，以所谓"协调外交"[1]作为 20 年代对外政策的基础。"协调外交"的原则是：其一，主张在国际上把对英美尤其是对美国的协调作为核心，改善对美、对苏关系；其二，在对华政策上，声称不干涉中国内政，但其前提是以中国的要求和行动不得"侵害"日本根据一系列不平等条约所获得的"正当的条约权益"。因此"协调外交"既没有停止对华侵略，也没有排斥使用武力，只是暂时避免采取穷兵黩武的侵略方式，暂时以经济侵略代替武力侵略。到 1930 年，日本已通过"南满铁道株式会社"把中国东北的主要经济命脉掌握在自己手中，几乎完全排斥了英美在中国东北的投资，把中国的东北地区变成了日本的"独家天下"；在棉纺织业领域，日本在中国的棉纺织业（在华纺），已超过英国而居第一位；在中国的对外贸易总额中，日本已与英国（加上香港）相当接近；两国在对华投资方面也已不相上下。[2]

---

[1]　这一外交政策的起源是一战后的原敬内阁，由于执行这一政策的代表人物是 20 世纪 20 年代曾三次出任外相的币原喜重郎，因此又称"币原外交"。对协调外交的详细讨论，请参见武寅：《从协调外交到自主外交：日本在推行对华政策中与西方列强的关系》，北京：中国社会科学出版社，1995 年。

[2]　当时日本在中国的棉纱生产占中国全部棉纱生产的 35.8%，棉布生产占 44.7%；而英国则分别为 3.9% 和 10.2%。见高村直助：《日中战争与在华纺织业》，载井上清、卫藤沈吉主编：《日中战争与日中关系——卢沟桥事变五十周年日中学术讨论会记录》，东京：原书房，1989 年，第 331 页表 1。

但是，"协调外交"是日本在华盛顿体制下被迫采取的外交政策，并以维护所谓的"条约权益"即通过不平等条约所获得的"权益"为前提。因此，尽管这一外交路线的实行使亚太地区的国际关系得到了一定程度的缓和，但是不可能从根本上消除列强在对华利益上的冲突，更不可能削弱中国人民的民族解放斗争。因此每当日本感到它的在华利益受到中国革命的威胁时，便试图以武力扩张代替经济侵略。1927—1929 年的"田中外交"①就是打算以所谓"积极外交"代替"协调外交"，从而冲破华盛顿体系束缚的尝试。当 1929 年经济危机的风暴打破了相对稳定的国际政治经济形势时，"协调外交"就失去了它存在的基本前提。而 1931 年日本发动的"九一八事变"，则彻底埋葬了"协调外交"。

第二，面对 20 世纪 20 年代中国民族解放运动的高涨，列强不得不在对华关系上做出一定让步。

20 世纪前半期，列强的角逐与军阀的混战使中国的经济更加凋敝，也进一步激发了中国人民的民族觉悟。中国共产党的成立和孙中山领导的国民党的革命化为中国革命注入了新的因素，1924 年的第一次国共合作成为中国革命高潮的起点，而《中俄解决悬案大纲协定》的正式签订则直接推动了中国人民要求废除不平等条约的反帝运动。②这场运动沉重打击了列强的在华权益，迫使它们不得不对中国做出一定让步，而这一让步政策的重要标志，便是英国外交大臣奥斯汀·张伯伦在 1926 年 12 月发表的圣诞节备忘录。在这份备忘录中，张伯伦承认"今日中国时局与各国缔结华会条约（即九国公约）时完全不同"，"承认中国关税自主之权"，并承认"目前时局之主要事实即在条约已公认为不合时宜"，宣布英国愿意就修改不平等条约进行谈判。③实际上这份备忘录也代表了

---

① 1927 年 4 月—1929 年 7 月田中义一任日本内阁首相时执行的外交政策。1927 年 5 月，北伐军占领徐州，日本担心中国革命的形势危及它在东北的权益，立即召开内阁会议，决定以保护日侨为名出兵山东，并要把"满洲从中国本土割开……搞成一个特殊地区"；1927 年 6 月 27 日—7 月 7 日，田中内阁召开东方会议，确立了《对华政策纲要》，明确地把"满洲地区"划为日本的势力范围，这是对华盛顿体系所确立的"门户开放"政策的公然违背。参见信夫清三郎：《日本外交史》下册（天津社会科学院日本问题研究所译），北京：商务印书馆，1980 年，第 525 页；日本外务省编：《日本外交年表竝主要文书》下卷，東京：原書房，1978 年，第 101—102 页。以"欲征服世界，必先征服支那；欲征服支那，必先征服满蒙"而出名的所谓"田中奏折"，学术界对其存在着真伪之辩，但从此后日本的侵略行动来看，日本确实是遵循这一侵略路线的。

② 该条约规定两国恢复正常外交关系，宣布前沙皇政府与任何第三者签订的损及中国主权或利益的一切条约、协定概为无效。苏联放弃沙皇政府在中国获得的各种特权和特许，放弃治外法权和领事裁判权等。应当指出的是，该协定关于中东铁路和外蒙古问题还谈不上真正解决。参见《顾维钧回忆录》第 1 分册，北京：中华书局，1983 年，第 330—349 页。

③ 复旦大学历史系中国近代史教研室：《中国近代对外关系史资料选辑（1840—1949）》下卷第一分册，上海：上海人民出版社，1977 年，第 111—117 页。

列强无可奈何的态度。

列强对华让步政策的实行主要表现在两个方面：一是英国把在汉口、九江、镇江、厦门、重庆、威海卫等地的租界和租借地陆续交还中国；二是美、英、法、意、日等 13 个国家先后正式承认了中国的关税自主。但是在列强视为最重要的领事裁判权和上海国际租界问题上，它们则坚决拒绝让步。

凡尔赛-华盛顿体系在第一次世界大战后的有限调整，带来了 20 世纪 20 年代的经济恢复与列强之间的短暂和解与和平。但是这些调整并没有也不可能从根本上解决该体系的弊端以及由此而引发的新的不满与冲突，其突出的表现便是在意大利、德国和日本兴起的法西斯主义和法西斯运动，并成为威胁世界和平的最大隐患。1929 年发端于美国并迅速波及整个资本主义世界的经济大危机所引发的强烈地震，将把这一隐患变成国际政治中的残酷现实。它们将用武力彻底摧毁凡尔赛-华盛顿体系。

（二）凡尔赛-华盛顿体系的崩溃（20 世纪 30 年代）

20 世纪 30 年代初的经济大危机，迄今仍使人们心有余悸。这场危机不仅造成了国内国际经济秩序的严重失控，而且对国际政治和民众观念的影响更为深远。它的一个直接后果就是，西方世界再度分裂，在民主资本主义获得新生的同时，也造就了日本和德国的法西斯政体。

在挽救危机的过程中，以美国总统罗斯福实行的"新政"为代表，通过对资本主义的某些弊病进行改革，促进了福利国家和社会民主的发展，使民主资本主义获得了再生。与此同时，在资产阶级民主制度的根基比较牢固的英国和法国，也坚持了资产阶级代议制和民主原则，并通过国家对经济生活的调控和进一步完善社会福利制度，缓解了大危机所带来的灾害。

但是，日本、德国和意大利的情况却完全不同。它们把国民经济军事化和对外发动侵略战争作为解决国内危机的手段，开启了 20 世纪 30 年代侵略行动日益升级的十年。

1. 法西斯国家发动局部侵略战争

在日本，以军部为代表的法西斯势力不断发展。1930 年席卷日本的经济危机风暴被日本法西斯分子认为是对中国东北动手的大好时机。1931 年，关东军参谋石原莞尔写道："我国几乎已无路可走，人口粮食及其他重要问题皆无法解决，唯一途径就是断然开发满蒙"；关东军高级参谋板垣征四郎则在 1931 年 5 月明确提出"满蒙问题的根本解决是打开现状、稳定国民经济生活的唯一途径"。①"九一八事变"的爆发，是日本用武力对华盛顿体系和《非战公约》②发起的公开挑战。在此后短短不到100天的时间里，日本就完成了对整个东三省的占领。日本把中国东北变成其独家势力范围的行动，破坏了支撑华盛顿体系的基础——"门户开放"，打破了战后远东和太平洋地区的均势，标志着战后资本主义相对稳定时期的结束，帝国主义重分世界的开始。当1937年7月7日日本发动了全面侵略中国的"卢沟桥事变"时，华盛顿体系不复存在。

在德国，希特勒立刻利用大危机带来的机会，展开大规模竞选活动，而遭受经济危机沉重打击的中下层民众，则由于对现存政府的极不信任而纷纷转向纳粹党，终于使希特勒在1933年1月30日成为德国总理，由此纳粹党掌握了国家政权。不仅如此，希特勒还打着"扩张生存空间"的旗号，实行"要大炮不要黄油"的政策，让经济生活服从战争需要，将德国日益变成一个对世界和平和人类生存构成巨大威胁的欧洲战争策源地。

1935年3月，德国宣布实行普遍义务兵役制，撕毁了《凡尔赛条约》中限制德国军备的条款；1936年3月，德军开进了莱茵非军事区，撕毁了《凡尔赛条约》规定的、又为《洛迦诺公约》所保证的有关莱茵兰非军事区的规定；1937年11月，希特勒在一次军政要员参加的秘密会议上，宣布了他的所谓政治"遗嘱"，即《霍斯巴赫备忘录》，勾勒出一幅要以武力解决捷克斯洛伐克和奥地利问题，并进而称霸欧洲的基本战略构想；1938年3月，德国将奥地利并入德国，撕毁了凡尔赛体系有关德奥永远不得合并的规定；1938年9月，德国通过《慕尼黑协定》，肢解了捷克斯洛伐克，1939年3月，捷克斯洛伐克灭亡。至此，凡尔赛体系规定的欧洲边界已经改变。③1939年9月，德国终于发动了对波兰的战争，凡尔赛体系也就彻底荡然无存。

①　日本国际政治学会太平洋战争原因研究部编：《通向太平洋战争之路》，别卷·资料编，东京：朝日新闻社，1963年，第78、103页。

②　1928年8月27日，德、美、比、法、英、意、日、波、捷等15个国家的代表在巴黎签订了《关于废弃战争作为国家政策工具的一般条约》，即《非战公约》（又称《白里安-凯洛格公约》或《巴黎公约》），宣布在国际关系中废弃用战争作为实行国家政策的工具，和平解决国际争端。该公约于1929年7月25日生效，截至1933年，共计63个国家（包括但泽自由市）加入了该公约。由于该公约保留了各国的所谓"自卫权"，因此不能真正制止列强发动侵略战争。但是作为当时世界上绝大多数国家签字的一项具有普遍意义的国际条约，《非战公约》仍然是一个重要的国际文件。它第一次正式宣布在国家关系中放弃以战争作为实行国家政策的工具，和平解决国际争端，从而在国际法上奠定了互不侵犯原则的法律基础，成为在确定侵略战争为非法方面的重要法律依据之一，并且在第二次世界大战后成为国际军事法庭审判德、日战犯的重要法律依据。

③　与法西斯国家侵略扩张同步发展的是西方民主国家的绥靖政策，相关论述详见第一章。

另外，1935年10月意大利不宣而战，悍然侵入埃塞俄比亚，在世界上点燃了又一处战火。

在20世纪30年代日本、德国和意大利等法西斯国家的侵略扩张行动的一次次致命打击下，凡尔赛-华盛顿体系崩溃了。

2. 苏联外交政策的调整

前文已经说过，凡尔赛-华盛顿体系的最大弊端之一，是对苏联的根本排斥和敌对，把该体系变成了反苏反共的工具。由于这种敌视苏联、防止共产主义意识形态扩大影响的根本宗旨，在以后的20年中没有改变，这就迫使苏联在法西斯国家的实际威胁面前，为了保卫自己的国家安全而调整外交政策，从提倡集体安全转变为实行中立自保，从而以自己独特的方式打击了凡尔赛-华盛顿体系。

十月革命胜利后，保卫社会主义的苏俄便成为苏俄政府外交的头等大事，并以割地赔款的《布列斯特-立托夫斯克和约》换取了自己的生存。在20世纪20年代相对和平与稳定的国际环境下，与国内实行的"新经济政策"相适应，苏联政府在外交方面也以比较开放的姿态发展着与周边国家和欧洲资本主义国家的关系。在此期间，苏联对国际裁军和签订非战公约的积极态度，进一步显示了苏联外交的和平取向和所采取的灵活策略。

但是20世纪30年代在亚洲和欧洲先后出现的日本和纳粹德国两个战争策源地，使苏联所处的国际环境和地缘政治形势都发生了重大变化。在世界上法西斯侵略势力日益猖獗的同时，苏联本身也面临着在东西方出现两个敌人的可能。在这种情况下，苏联政府便把维护世界和平、反对侵略战争，以及避免卷入冲突以保证本国安全作为其外交的头等任务。为此，在亚洲，苏联对日本侵略中国采取了不干涉政策，并通过向伪满洲国出售中东铁路而表明了对后者在事实上的承认；后来才为了避免两线作战而实行了联蒋抗日的方针。在欧洲，苏联逐渐确定了集体安全政策，并通过1935年召开的共产国际第七次代表大会向世界表明了要建立国际联合阵线以反抗法西斯侵略的行动方针。

但是，苏联的努力并没有获得西方民主国家的真正响应，主要原因就在于后者对苏联怀有的传统敌意和极不信任，认为"俄国人的目的是秘密而狡猾地通过幕后操纵使我们卷入与德国的战争"，苏联"最关心的是让'资本主义'各国相互厮杀，而使他们自己置身事外"。[1] 另外，20世纪30年代苏联的国内政治，

---

① Gordon A. Craig and Alexander L. George, *Force and Statecraft: Diplomatic Problems of Our Time*, second edition, Oxford: Oxford University Press, 1990, p.92. 伊恩·麦克劳德：《张伯伦传》（西安外语学院英语系译），北京：商务印书馆，1990年，第261—262页。

例如大清洗运动，也恶化了苏联的政治形象，进一步加深了西方对它的军事能力的怀疑。例如，英国首相尼维尔·张伯伦在 1939 年 3 月 26 日写道："我必须承认我对俄国极不信任。我无论如何也不相信它拥有有效的进攻能力，即使它想这样做。而且我也不相信它的动机，在我看来他们的目的与我们关于自由的理想风马牛不相及，他们只是为了迫使人人俯首帖耳而已。"[①] 与此同时，英法等国实行的绥靖政策，同样加深了苏联对资本主义世界反苏阴谋的疑虑。慕尼黑协定和随后德国与英、法分别签订的关于互不侵犯的宣言，使苏联相信英法是"在'拯救'欧洲和平的谎言掩盖下，为把希特勒的侵略祸水'引向'东流作好了一切准备"[②]，再加上日本在远东对苏联的武装挑衅，这就使斯大林（1878—1953）认为，西方民主国家是在实行"纵容侵略的政策，它们力图把已经爆发的战争变成德日两国同苏联的冲突"。[③] 因此，正是这种互相之间毫无信任感，阻碍了双方携手对抗法西斯侵略。

在这种情况下，苏联的政策开始从集体安全向中立自保转变，而 1939 年 3 月苏共召开的第十八次代表大会，则可视为这种转变的标志。斯大林在大会上声明，苏联"今后还要执行维护和平和加强同所有国家的事务联系的政策"，但是"要保持谨慎态度，不让那些惯于从中渔利的战争挑拨者把我国卷入冲突中去"[④]。在这一政策的指导下，苏联并没有放弃与英法组成反法西斯的欧洲集体安全的努力。因此从 4 月到 8 月，英法苏三国进行了关于缔结互助条约的谈判。与此同时，苏联也尽可能缓和与德国的关系，并通过 5 月 3 日斯大林以莫洛托夫（1890—1986）取代李维诺夫（1876—1951）任外交人民委员这一举动，使苏德关系正常化正式排上了苏联的议事日程。最后，由于英法苏谈判毫无进展，已经决定对波兰动武的纳粹德国为保证苏联的中立甚至合作，而加紧了对苏联的外交攻势；而苏联把保卫国家的安全放在第一位，又因其当时的力量尚不足以面对即将到来的战争以及其外交选择又极为有限，再加上斯大林对获得东欧势力范围的渴求，这一切最终导致了 8 月 23 日的《苏德互不侵犯条约》和双方瓜分波罗的海国家及波兰等东欧国家的《秘密附属议定书》。

从当时的国际政治现实来看，《苏德互不侵犯条约》"使斯大林获得的

---

① Keith Feiling, *The Life of Neville Chamberlain*, London: Macmillan Company, 1946, p. 404.
② С. Ю. 维戈斯基等编：《外交史》第三卷下册，北京：生活·读书·新知三联书店，1979 年，第 1000 页。
③ 斯大林在 1939 年 3 月 10 日苏共召开的第十八次代表大会的报告内容，参见维戈斯基等编：《外交史》第三卷下册，第 1032 页。
④ 《斯大林文选》上册，北京：人民出版社，1977 年，第 220 页。

是……推迟了他们的国家在当时尚未准备好去进行的与德国的战争，并使他们获得了宝贵的时间尽可能地提高他们的战略能力"；然而，上述条约的确"决定了波兰的命运并使希特勒能够发动从他上台之后便计划进行的欧洲战争"，并且"使他摆脱了把兵力转向西方对法国和英国发动进攻时所担心的两线作战"。[①]苏联的这一外交选择，对国际关系的坐标迅速向大战倾斜也产生了不可否认的影响。

3. 反法西斯战争的展开

第一次世界大战后的非洲国家，以及亚洲殖民地半殖民地国家，当时是作为从属地位被纳入凡尔赛-华盛顿体系之中的，这是该体系的国际非正义性、非公正性、非平等性的集中体现。因此，中国人民的抗日战争，埃塞俄比亚抗击意大利侵略的战争，以及西班牙的民族革命战争，也是对凡尔赛-华盛顿体系的一种否定。这些基本处于孤军奋战状况的民族解放战争，在近 10 年的时间内控制着东西方的局部战争迅速向大战发展，成为第二次世界大战的重要组成部分，并使二战从一开始就具有反法西斯的、解放的战争性质。[②]不仅如此，经过这场反法西斯的第二次世界大战，还将建立一个全新的战后国际关系体系，即雅尔塔体系。

第三节　雅尔塔体系与战后国际关系

一、雅尔塔体系的主要内容

（一）雅尔塔体系建立的背景

反法西斯大同盟的协同作战，成为同盟国胜利的最重要的保证。随着 1943年同盟国在各个战场上战略反攻，如何加速法西斯的崩溃，怎样安排战后的世界，便成为取得战争胜利的反法西斯同盟国的军事家和政治家们的首要议题。从 1943 年到 1945 年战争结束，美、英、苏三大国的首脑或外长相继举行了一系列会晤与会谈。这些会议主要包括莫斯科三外长会议（1943 年 10 月）、开罗

---

① William R. Keylor, *The Twentieth-Century World: An International History*, third edition New York & Oxford: Oxford University Press, 1996, pp. 174-175.

② 关于中国抗日战争在第二次世界大战中的贡献，参见第一章相关内容。更详细的论述，参见齐世荣：《论中国抗日战争在第二次世界大战中的地位和作用》，《第十六届国际历史科学大会中国学者论文集》，北京：中华书局，1985 年，第 317—353 页。

会议（美国、英国、中国参加，1943 年 11 月）、德黑兰会议（1943 年 11 月—12 月）、丘吉尔与斯大林关于巴尔干问题的会谈（1944 年 10 月），这些会议可以看成是对雅尔塔会议的准备；雅尔塔会议（1945 年 2 月）继承和发展了上述会议的成果，并对某些协议进行了修改和调整，使之法律化；敦巴顿橡树园会议（1944 年 8 月—10 月，美英苏三国和美英中三国两个阶段）、旧金山会议（1945 年 4 月—5 月）、波茨坦会议（1945 年 7 月—8 月）则是对雅尔塔会议所确立的原则的补充和具体化。

这些会晤和会谈讨论的问题相当广泛，概括起来，实际包括两大方面的内容：第一，如何彻底打败法西斯集团，赢得这场反法西斯战争的彻底胜利；第二，如何安排战后的世界，并确保战后的世界和平。从这些国际会议中产生了各种公开的和秘密的、书面的和口头的协议、公报和密约，不仅根据战争的进程制定了具体打败法西斯的战略战术，而且为重建和平和重新安排战后的世界确立了诸多原则。这一切便形成了支配战后国际关系的基本体系——雅尔塔体系。换句话说，雅尔塔体系是指上述所有协定的总和。[①]

雅尔塔体系产生在第二次世界大战的中后期，建立在反法西斯盟国的实力之上。然而，与战争之初相比，各国的实力已经发生了极大变化。具体地说：美国成为政治、经济和军事上都具有最大实力的国家，苏联成为政治（包括横跨欧亚的地缘政治）、军事上的强国；英国成为政治、经济、军事上的二等国；法国虽然恢复了政治大国地位，但却下降为经济和军事上的三等国；中国在政治上进入大国行列，但在经济和军事上都是弱国。

上述这种实力对比变化，在第二次世界大战结束前即已清楚地显现出来。因此在二战过程中，特别是在二战后期，对于战后的世界安排，便主要是由美国、苏联和英国做出的，特别是由罗斯福与斯大林做出的，而这种安排，也必然体现出即将取胜的同盟国中的大国的意图。

（二）雅尔塔体系的基本内容

雅尔塔体系的内容主要有以下四个方面。

[①]　实际上，学术界有关雅尔塔体系的研究，是从 20 世纪 80 年代末 90 年代初才真正开始的，因此，对它的研究还很不充分。有关该体系的形成时间和过程，曾经有过三种看法：（1）基本上是指雅尔塔会议上美英苏三大国对世界做出的安排；（2）包括二战后期到二战结束的一系列重大的国际会议达成的一系列协议，其中以雅尔塔会议通过的公报、协定和密约最为重要；（3）包括战后初期的一些情况。如战后初期东欧政治地图的变化、两个德国的分治、联合国初期的活动以及大国对远东地区势力范围的安排等。本文综合上述看法，但认为不宜对该体系做过窄或过宽的理解，战后初期的一些问题，是雅尔塔体系的变化，不宜包括其中。

第一，打败德、日法西斯，并在两国彻底铲除法西斯主义和军国主义，以防止法西斯主义和军国主义东山再起。主要包括：

（1）制定具体打败德国、日本法西斯的战略战术。

（2）在打败德国和日本法西斯以后，盟国对德国（包括柏林）的分区占领与管制，以及对奥地利（包括维也纳）的分区占领和管制；美国对日本的占领；在政治、经济、军事、文化、意识形态等各个方面消灭法西斯主义的影响。

（3）对德国和日本的战犯进行审判的决定。

第二，重新绘制战后欧亚地区的政治版图，特别是重新划定东欧国家、德国、日本、意大利等国家的疆界及被它们占领地区的归属与边界。主要包括：

（1）在欧洲：盟国（美、英、苏、法四国）分区占领德国和柏林及德国赔偿的原则规定；关于波兰的疆界（以奥得-西尼斯河为德国和波兰的边界，苏联和波兰的边界大致与寇松线一致）和临时政府组成的协议；英国和苏联关于东南欧的百分比协议。[①] 对奥地利、芬兰、保加利亚、罗马尼亚、匈牙利等国家也分别做了处置。

（2）在亚洲：通过开罗宣言，宣布日本所窃取于中国之领土，例如满洲、台湾、澎湖列岛等，归还中国，在波茨坦公告中重申开罗宣言的条件必须实施，日本的主权必将仅限于本州、北海道、九州、四国及盟国所决定之诸小岛之内；通过关于苏联对日本作战条件的秘密协定，满足了苏联对外蒙古、库页岛南部、千岛群岛和旅顺大连的要求；苏联则承诺同"中国国民政府签订一项中苏友好同盟协定"，并支持美国的对华政策和整个亚太战略，让美国控制中国和单独占领日本；朝鲜实行国际托管，以后独立（战后美国和苏联分区占领朝鲜，以北纬38°线为界）。

第三，建立联合国组织，作为协调国际争端、维持战后世界和平的机构。联合国的核心机构安全理事会的表决程序实行"雅尔塔公式"，即"大国一致原则"，以美国、苏联、中国、英国、法国五大国为核心，以联合国为主导，保护中小国家的安全，维持世界和平。

---

① 这是丘吉尔和斯大林在 1944 年 10 月于莫斯科会谈时的决定。丘吉尔在《第二次世界大战回忆录》第六卷上部第二分册第 336—339 页有关于这次谈判的生动记述。当时他们在半张纸上写明：在罗马尼亚俄国势力占 90%，在希腊英国（与美国一致）势力占 90%，南斯拉夫和匈牙利双方各占 50%，在保加利亚俄国势力占 75%。丘吉尔把这张纸递给斯大林，斯大林做记录后将这张纸归还丘吉尔。之后丘吉尔建议烧掉这张纸，因为这种随意的形式和其内容的重要性不符，但斯大林让丘吉尔留着这张纸。以后该协定有所调整，主要是苏联在保加利亚和匈牙利的势力上升为 80%。

第四，对德国、日本、意大利的殖民地以及国际联盟的委任统治地实行托管计划，在世界范围内提倡和平、民主、独立的原则，承认被压迫民族的独立权利。

雅尔塔体系的最大特点在于，该体系不是由清一色的资本主义国家建立的，而主要是由资本主义国家美国、英国和社会主义国家苏联共同建立的，中国在其中也发挥了自己的作用。因此，它不但真正结束了由欧洲大国主宰世界的局面，而且凸显了美国和苏联这两个不同社会制度的超级大国在国际政治中的决定性影响。

二、雅尔塔体系对战后国际关系的影响

那么，究竟应该如何认识雅尔塔体系呢？实际上，在冷战前、冷战过程中以及冷战结束后，人们对雅尔塔体系的评价是相当不同的。

（一）对雅尔塔体系的不同评价

对雅尔塔体系的评价随着国际形势的发展而呈现不同的主调，而各国政要与学者的评价也不一致。下面我们分别做一介绍。[①]

1. 各国政要的评价

在雅尔塔会议结束之后，美英苏三大国的领导人对它的评价有两个方面：一个方面是将雅尔塔会议评价为巩固战时反法西斯同盟和发展三大国在战后国际事务中合作的标志。罗斯福"相信，全世界人们不仅赞许这次会议的成就，而且还会把它看作是我们三大国在和平时期像在战争时期一样能够合作的一个真正的保证"。丘吉尔认为："雅尔塔会议使同盟不论在军事上或政治上都比以前团结得更紧密了。"斯大林称："克里米亚会议将作为民主大国在战争最后阶段进行紧密合作的历史见证，而载入反对德国法西斯侵略者的解放战争的史册。"另一个方面是美英领导人对战后安排上有争议的问题感到担忧，特别是对波兰的前途更是忧心忡忡。例如，罗斯福认为"整个波兰问题是战后欧洲一个潜在麻烦的根源"；丘吉尔则更担心"波兰的自由"。

其他反法西斯同盟的领导人都对会议重演大国强权政治的结果感到担心、恐惧和怀疑。

戴高乐在雅尔塔会议召开之前就表示，法国不会受到没有法国参加并同意

---

① 这部分的论述，主要参考了周启朋、李铁城的文章《各国政治要员和学者论雅尔塔》，该文见《世界史研究动态》1991 年第 4 期，第 13—22、58 页。在此向二位先生深深致谢。

的规定的约束。蒋介石在收到雅尔塔关于远东问题的秘密协定后，担心"这个备忘录还未必就是雅尔塔密约的全部内容"，担心会有其他的问题，更认为"就是这一些问题已经是足以置我们中华民族于万劫不复的境地。不仅如此，就连对美国本身而论，在今后百年之间也将很难探寻到在亚洲安全与和平的日子"，"未来的世界情势，又在重蹈第一次大战后霸道竞争的历史覆辙"。铁托（1892—1980）则在雅尔塔会议后不久宣布，第二次世界大战后的南斯拉夫与第一次世界大战后凡尔赛会议制造出来的南斯拉夫不同，"这个南斯拉夫不是讨价还价的目标"。

当时并不知道雅尔塔秘密协定的中国共产党，曾对这次会议给予很高的评价，毛泽东（1893—1976）在《论联合政府》中指出："中国共产党同意大西洋宪章和莫斯科、开罗、德黑兰、克里米亚各次国际会议的决议，因为这些国际会议的决议都是有利于打败法西斯侵略者和维护世界和平的。……中国共产党对于保障战后国际和平安全的机构之建立，完全同意敦巴顿橡树林会议所作的建议和克里米亚会议对这个问题所作的决定。中国共产党欢迎旧金山联合国代表大会。中国共产党已经派遣自己的代表加入中国代表团出席旧金山会议，借以表达中国人民的意志。"[①]

随着冷战的爆发和东西方的分裂与对抗的加剧，对雅尔塔的批评和指责日益增多。20 世纪 50—60 年代，主要是批评雅尔塔会议的"大国政治"和"秘密外交"，谴责罗斯福对斯大林的"绥靖与失败"，还有对斯大林"背弃雅尔塔协议"的指责，以及美苏之间的相互攻击。例如，铁托认为，包括雅尔塔会议的那些协议本身就是"划分利益范围的协议，是帝国主义的协议"。曾任美国驻苏大使的威廉·艾夫里尔·哈里曼认为："在雅尔塔进行的讨论和达成的谅解，是我们与苏联在整个战争期间所进行的谈判的一个不可分割的部分，是为了使这场殊死斗争早日胜利结束，并寻求出一种美国、英国与苏联可以和平相处的方式。战后的难题并非源于雅尔塔达成的谅解，而是由于斯大林没有履行这些谅解和克里姆林宫的侵略行动所以引起的"[②]；而参加过雅尔塔会议重大谈判、曾任苏联驻美大使的葛罗米柯在其回忆录《永志不忘》中，则实际反驳了哈里曼的

---

① 《毛泽东选集》（合订本），北京：人民出版社，1968 年，第 985—986 页。
② 威廉·艾夫里尔·哈里曼参加过雅尔塔会议所有的重大谈判，其回忆录为《特使：与丘吉尔、斯大林周旋记》（南京大学历史系英美对外关系研究室译），北京：生活·读书·新知三联书店，1978 年，第 442 页。

看法，强调"无论是在战场上，还是在谈判桌上，苏联都忠实地履行了自己的盟国义务"①。当年作为英国外交大臣参加雅尔塔会议的安东尼·艾登特别批评了雅尔塔关于远东问题的秘密协定，认为"这个文件乃是这次会议中一个自毁声誉的副产物"，对英国在这个协定上签字感到遗憾，并认为"采取影响中国未来的决定而不事先同中国磋商，签字时又没有中国的代表在场，是不公平的"②。

1985 年，在雅尔塔会议 40 周年之际，美苏之间就雅尔塔与世界的命运和前途问题展开了一场针锋相对的大论战。曾任美国国家安全事务助理的兹比格涅夫·布热津斯基在 1985 年冬季号的《外交》季刊上发表《雅尔塔的命运》一文，强调雅尔塔会议是"西方遭到了第一次暗算"，是"背信弃义的同义语"，是"欧洲分裂的象征"，鼓吹西方要"丢掉雅尔塔的历史遗产"。他还认为，"事实上，富兰克林·D. 罗斯福和温斯顿·丘吉尔早在德黑兰会议上就已经把东欧让给了约瑟夫·斯大林，而在雅尔塔会议上，这两位英美领导人只是再次以某种敷衍塞责的态度考虑了这一让步"。对于苏联，布热津斯基强调苏联的渴求是要在邻近它的欧洲部分领土的西面也取得举足轻重的地位。他还从地缘战略的角度进行分析："在过去的 40 年中，还显示了一个重大的战略性教训：由于雅尔塔会议的遗产——分裂的欧洲的存在，使［美苏］双方的愿望都变得可望而不可即"；"把美国驱逐出欧洲不仅是作为一种有义务贯彻的政治目标在克里姆林宫代代相传，而且，它还给当代苏联的领导集团带来了活力"，"美国所以无法解决欧洲分裂问题，是它不能有效地斗败俄国。美国今天之所以要留在欧洲，仅仅是因为它认为，如果按照苏联坚决要求的那样从西欧撤走，那将是它自己无法忍受的失败"；因此他认为这是一场"具有中心战略意义的冲突"，美苏双方均下了"极大的赌注"。

苏联方面，则由苏联外交部新闻司长弗·洛梅科在 1985 年 2 月 4 日的新闻发布会上宣称，雅尔塔和后来的波茨坦会议所做的决定，"首先是关于欧洲各国边界问题的十分重要的决定，具有永恒的历史意义"，"欧洲的分裂，实际上是西方国家的片面行动造成的，它们把［德］三个区合并成一个单独的国家，并把它拖入北约侵略集团"。

第二天，即 2 月 5 日，美国总统罗纳德·里根（Ronald Wilson Reagan，1911—2004）便发表讲话，指责苏联没有履行雅尔塔协定中许下的诺言，使欧

---

① 安·安·葛罗米柯：《永志不忘——葛罗米柯回忆录》，北京：世界知识出版社，1989 年。
② 安东尼·艾登：《艾登回忆录：清算》下册（瞿同祖等译），北京：商务印书馆，1976 年，第 896—897 页。

洲的两部分仍然处于分裂状态。他指出，"以雅尔塔协定为象征的一条边界，永远也不能成为合法的边界，这条边界就是自由与压制的分界线"，"今天雅尔塔协定仍然很重要，这并不是西方想就欧洲边界重新开始过去的争论，而是因为欧洲的自由仍是一项未完成的事业"，美国"决心达到恢复自由欧洲国家大家庭"这个目标。

次日，即 2 月 6 日，苏联《真理报》发表了题为《雅尔塔：教训和展望》的编辑部文章，指出"雅尔塔通过的决定在很大程度上决定了 20 世纪后半期国际生活的发展"，"雅尔塔的意义是多方面的。首先是谴责帝国主义、法西斯主义和侵略势力"，三大国的另一个决定"无论是对于战后的和平体制，还是对于现阶段来说，都具有非常重要的意义"，这个决定就是"确定欧洲的边界"，"政治现实的不可动摇性，边界的不可侵犯性，这是维护欧洲和世界和平的基本条件"，"侵犯雅尔塔协定，就是侵犯和平"。在论述雅尔塔的遗产时，文章强调，"不同社会制度的国家在主要的事情上，在必须防止新的战争方面同心协力的思想，是克里米亚会议最宝贵的遗产"，"反希特勒同盟的主要参加者在雅尔塔找到了对地球上所有的人来说都极其宝贵的和平公式：无论矛盾有多么大，为了防止新的世界大战和巩固和平，和睦是可能和必要的"。

波兰政府发言人也在纪念雅尔塔会议 40 周年时发表讲话，认为"战后欧洲和平的历史最有力地证明了雅尔塔-波茨坦协定的持久意义，承认这一现实，是欧洲安全和合作的前提"；"雅尔塔协定对波兰更具有特殊意义。简言之，没有雅尔塔作为波茨坦的先驱，就不会有波兰的格但斯克、什切青、弗罗茨瓦夫，也就不会有波兰和欧洲其他国家目前的边界"，"雅尔塔会议为欧洲奠定了和平秩序的基础，维护了反法西斯斗争的历史性成就"。

随着雅尔塔秘密协定的公布和国际形势的变化发展，特别是进入 20 世纪 60 年代以后中苏关系的不断恶化，中国领导人对雅尔塔会议的消极方面提出了批评。1964 年 7 月 10 日，毛泽东在接见日本社会党人士的谈话中，首次对雅尔塔会议提出了批评，并表示支持日本对北方领土的要求。1973 年 10 月 26 日，周恩来（1898—1976）在与美国《纽约时报》外事专栏作家苏兹贝格及其夫人的谈话时谈到雅尔塔会议："以中国为例，根据雅尔塔秘密协定，美国和苏联想要划分势力范围，并据此来解决中国问题。美国得到了绝大部分［意指通过它对蒋介石政权的支持］，苏联得到了一小部分——东北［满洲］、中国西北［新疆］和'独立'的外蒙古"，"其结果是蒋介石发动了内战。1945 年 8 月第二次世界大战刚结束，他就同俄国签订了条约，接受雅尔塔协定，同意缔结中苏友好同盟条约。蒋介石满以为既然他得到美国支持，又与苏联订立了条约，他的地位就有了保证。蒋介石对他当时的处境很得意，于是就发动了内战。我们原以为我们至少得打五年到十年的仗，但没料到仗打了四年就胜利了。中国人民站起来了，而且控制了中国。因此，在中国没有什么真空，也再没有任何受苏联控制的地区〔意指满洲、新疆及以前条约中规定的一些口岸〕"。

1989 年东欧剧变，1990 年 10 月德国统一。针对国际形势的巨大变化，中国外长钱其琛在 12 月接受《人民日报》记者专访时指出："1990 年国际形势的特点是旧的格局已经打破，新的格局尚未形成，世界正在进入新旧格局交替、动荡不定的过渡时期。德国统一，冷战结束，战后雅尔塔格局已被打破。随着美苏关系的缓和，军事对抗减弱，世界大战打不起来。世界力量的格局正在向多极化发展，但是，环顾全球，我们这个世界并不太平……"

2. 各国学者的评价

1981 年出版的约翰·布卢姆等学者撰写的《美国的历程》一书，概括了战后关于雅尔塔的评价："战后，右派评论家写文章说，罗斯福和丘吉尔在雅尔塔干了'出卖'的勾当，为了竭力对斯大林进行徒劳的'安抚'而将东欧和中国'出卖'掉了。雅尔塔会议的文件难以证实这种指控。倘若雅尔塔的各项协议得到遵守，东欧各国便会有自由选举出的民主政府，蒋介石便会加强对中国和满洲的控制。斯大林后来为了达到他的目的而背弃了自己在雅尔塔所作的保证。而且苏联并未从雅尔塔协定获得任何领土（除了千岛群岛之外）。它所获得的领土都是已经或即将通过军事行动置于苏联统治之下的，只有西方采取相应的抵制行动，才制止得住这些军事行动。近年来，左派评论家提出相反的指责：斯大林在雅尔塔比罗斯福和丘吉尔作出了更多地让步，美国政策包藏着一种侵略决心，想要主宰世界，发动反革命，尤其是要使东欧和远东成为对美国资本主义安全的地区。雅尔塔文件同样不能证实这种指责。罗斯福在雅尔塔谈到，美国军队驻扎在欧洲的时期'以二年为限'。那些文件表明，倘若东欧各国都对苏联友好，并且（用国务院的一份分析报告的话来说）'赞成影响深远的经济和社会改革，而不赞成由左派极权主义政权来实行这种改革'，西方盟国便十分满意了。总而言之，当时军事上的现实情况决定了雅尔塔协定的内容。罗斯福首先考虑的是这些现实情况，其次才考虑到政治方面。由于丝毫没有准备同苏联作战，他别无其他选择。而且，正如他所认为的，美国当时的利益主要在于加速在欧洲和亚洲取得胜利。他同丘吉尔一样，只能寄希望于对东欧前途的种种乐观的设想。"①

苏联学者对雅尔塔的评价与其政府一致，一直持肯定的观点。从 20 世纪 50 年代至 80 年代，没有根本的变化。以 1953 年出版的《苏联外交简史》一书的观点为例。该书作者伊·费·伊瓦辛认为："克里米亚会议的决议证明，苏联的对外政策取得了新的胜利。会上许多有争执的问题都通过折衷办法而获得了解决。……克里米亚会议的决议证明，美国和英国当时是被迫接受这种符合各国人民正义要求的协定的。克里米亚决议对国际合作事业是一个有益的贡献。会议强调指出集体安全原则的重要性。……克里米亚会议的决议为战后世界的民主安排奠定了基础。这些决议证明，一切争端都可以而且应该通过谈判方式而求得解决。在克里米亚之所以能达成有益的协议，其主要原因是，苏联在战争中起着决定性的作用和它奉行着列宁主义的对外政策——和平和国际合作的政策。"②

从这些不同国家不同人士不同时期不同角度的评价中，我们可以总结出几种观点。第一种观点认为，应该从 1945 年 2 月雅尔塔会议所面临的军事和政治的现实，根据当时历史进程的客观需要来评价雅尔塔会议的成果；第二种观点认为，要从大国强权政治瓜分势力范围与重建欧洲均势和美苏两极体制的形成来追溯雅尔塔的作用；第三种观点强调会议对消灭法西斯、维持战后和平与安全的意义。

中国学者自 20 世纪 80 年代以来，日益重视对雅尔塔体系的研究。1990 年 11 月 22 日至 23 日，部分学者在天津举行以"雅尔塔体制与战后世界格局"为主题的圆桌讨论会，就雅尔塔体制的含义、形成、发展以及与冷战的关系、对战后国际格局的影响及其历史评价等问题，展开了讨论。他们的一些观点，基本代表了中国学者在冷战结束后对雅尔塔体制的基本看法。这里列举的一些资料，即出自这次的讨论会。③

中国学者的主要看法是：对雅尔塔体系既不宜全面肯定，也不宜彻底否定。尽管雅尔塔体制有强权政治和秘密外交，侵害了中国及其他国家的主权，但是它在维护战后和平、社会主义阵营形成方面有积极作用。

张志认为："雅尔塔体制确有大国借强权侵害别国主权的缺点。我们作为有关一方，应该采取不同于外国人的态度。但另一方面，大战结束前后的历史实

---

① J. 布卢姆等合著：《美国的历程》下册第二分册（戴瑞辉等译），北京：商务印书馆，1988 年，第 487—488 页。
② 伊·费·伊瓦辛：《苏联外交简史》（春华等译），北京：商务印书馆，1995 年，第 363—364 页。
③ 这次会议的部分发言内容刊登在《世界历史》1991 年第 1 期，第 2—23 页。在此向诸位先生深表谢意。

际也应该得到充分注意。雅尔塔体制有社会主义苏联作为重要一方，是在反法西斯战争中产生的，不同于凡尔赛体制。它对战时不同制度国家合作战胜法西斯，战后通过联合国、否决权维持长期和平，都起过积极作用。大战末期如无雅尔塔体制，大国间可能发生更多摩擦甚至冲突，这会正中德、日法西斯下怀。如无苏联出兵，要解决日本关东军就会拖延时日，多付牺牲。战后初期，苏联如从东欧撤回，或者东欧不采取强有力措施，当地多数国家中相对软弱的共产党和人民政权就难以立住，难以顶住强大的传统势力、民族情绪、敌对阶级的反扑和美国的颠覆活动，社会主义阵营的成立也就无从谈起。战后初期，苏联如不坚持大国的特殊作用，就会在国际上堕入听任美国利用中小国家表决机器颐指气使的被动境地。……因此，对大战结束前后的'大国作用'、'侵害主权'等问题应联系历史，具体分析，不宜仅以后来斯大林模式、大国沙文主义、民族利己主义所造成的消极影响而全盘否定雅尔塔体制，说它只是'大国瓜分世界'。总之，雅尔塔体制应一分为二，积极一面是主要的。"

张象认为，雅尔塔协定的缔结和联合国的建立，"标志着苏联和美英不同社会制度的国家间的和平共处已纳入战后国际关系体系。这样的体系有利于苏联东欧各国社会主义革命和建设的发展。东欧各国人民民主政权建立后没有出现大规模的外国武装干涉，不能不说与雅尔塔体系的保障有关"。他也指出了大国的强权政治："用和平共处五项原则衡量雅尔塔体系，它的最大问题是维持了大国强权政治。……苏军在二战期间为了保卫社会主义苏联的安全进驻邻国的一些地方，有其必要，但把这些国家的领土永久划归苏联就不妥了。对德国、波兰等国边界的重新划定，造成了欧洲人口大迁徙，约两千万人蒙受背井离乡、颠簸流离之苦。诚然欧洲各国间存在着历史遗留下来的边界问题。这些问题的解决应该首先尊重当地人民的意愿，通过和平协商的途径，求得公平合理的解决。可是雅尔塔协议则不然，大国的武断决定，伤害了欧洲人民的民族感情，给战后国际关系留下了隐患。"

张宏毅认为，评价雅尔塔体系应坚持正确的方法论。他认为，尽管反法西斯盟国"达成的某些协议严重地损害了别国主权，但他们在战胜德、日法西斯这一总体目标上基本是一致的，并且就协调战略计划、根除法西斯势力造成了一些有益于世界人民的协议"。他还认为，战后初期苏联对东欧国家的做法"有利于社会主义体系的形成和巩固，与侵犯别国主权和'划分势力范围'的做法不能等量齐观"。同时他也批评了苏联的大国沙文主义和民族利己主义。

黄安年认为，雅尔塔体系的一系列安排，"无不反映了苏美两极的合作、妥协和争斗，无不表明美苏在世界格局中的举足轻重地位。就其安排的主要方面来说，雅尔塔体制的形成有利于苏联和社会主义体系的发展"。

徐天新认为，雅尔塔体系是美苏两家在军事实力基础上的一种妥协产物，是以美国为主体、以美苏合作为保证的战后世界安排。该体系存在大国强权政治、美苏划分势力范围、两家决定世界等严重问题。但雅尔塔体系也包含三个积极因素："第一，承认不同社会制度国家的共处与合作"；"第二，确认在重大问题上实行大国一致的原则"；"第三，承认维护世界和平的重要性"。"从以上三点可以看出，雅尔塔体系与凡尔赛体系有着重大区别。凡尔赛体系是孕育世界战争的体系，而雅尔塔体系不是。后者所规定的世界格局比较符合实际力量对比，也在一定程度上承认社会主义苏联的影响地位。……但是，雅尔塔体系中的新的国际关系准则贯彻得既不彻底，更没有改变帝国主义本质，因此，对雅尔塔体系的肯定不能是绝对的，而只是说它在历史上占有一定地位，即为世界过渡到新的格局、新的关系提供了积极条件。"

有学者认为，应当重视核武器在制约打大战中的作用。华庆昭认为，"冷战乃是雅尔塔体制的必然产物。至于第三次世界大战至今尚未爆发，便不是雅尔塔体制的功劳了。我们固然不能将制止战争的原因完全归于大规模毁灭性武器的存在，但是它所起的某种制约作用则是难以否定的"。

也有学者认为雅尔塔体制是一个威胁世界和平的国际体制。顾德欣认为，雅尔塔体制对战后的和平主要起了消极作用，"在雅尔塔体制下，始终存在着美苏激烈的军事对抗。这种军事对抗和国际危机相联系，和局部战争相联系，和核战争相联系。这三种'联系'汇成一股股强大的冲击波，冲击着世界和平大厦的基础，撼动着开启世界战争的大门"。他还认为，"战后和平得以保持是由于雅尔塔体制下的美苏核均势"的说法，"至少是不全面的。我们暂撇开战后和平力量的发展壮大对维护世界和平的作用不说，仅就美苏核均势本身而言，它既有有助于防止核战争爆发的一面，也有刺激发生核战争的一面。在认识美苏军事对抗与核战争相联系这一问题时，似更应注意到它作用的后一方面"。

以上我们对冷战结束前夕有关雅尔塔体系的评价做了比较详细的介绍，旨在开阔视野，获得启示。

（二）雅尔塔体系与战后国际关系

今天，冷战已经结束近 30 年，一般认为，伴随着冷战的结束，雅尔塔体系也已经终结。但是雅尔塔体系给人类留下的遗产——联合国仍然在发挥作用。自雅尔塔体系的建立到今天，已经过去了 75 年，作为历史评价的可贵的"历史眼光"，也具备了历史的较长镜头。因此，通过对雅尔塔体系主要内容的分析以及经过 3/4 世纪的历史发展，我们对雅尔塔体系的评价至少可以得出以下看法。

第一，强权政治依然是雅尔塔体系的一大特色。

从雅尔塔体系的建立背景和内容来看，该体系同样具有大国强权政治的深深烙印。它建立在美苏战时军事实力均势的基础之上，是美英苏三大国出于对各自利益的现实考虑和对战后世界安排的长远打算，在大同盟"三巨头"罗斯福、斯大林和丘吉尔之间进行了长期的讨价还价之后相互妥协的产物。当他们对东欧、巴尔干、中国以及远东其他地区进行安排的时候，既不与当事国协商，也不考虑当事国的利益。例如，早在德黑兰会议期间，斯大林就提出了在远东拥有不冻港的要求，并明确提到了大连和旅顺口。对此罗斯福和丘吉尔并未表示异议，而且丘吉尔还大谈世界的命运必须集中掌握在强大国家的手中，而"我们三国正是这样的国家"。斯大林则暗示当苏联积极参加远东的军事行动以后，将提出更多的具体要求。[①] 在雅尔塔会议上讨论苏联与波兰的边界问题时，这一点也表现得十分明显，莫洛托夫在回忆中对此有生动的描写："我们坚持（斯大林提出，我支持）要有一个独立的，不敌视我们的波兰与我们接壤。就边界问题谈判时过去也曾争论过，'寇松线'和'里宾特洛甫-莫洛托夫线'问题。斯大林说：'随便叫什么都成！但我们的边界走向只能这样！'丘吉尔反驳道：'但是，利沃夫历来不是俄国城市！''可华沙曾经是'，斯大林平静地答道。"[②]

---

① 　参见沈志华提供的新解密的档案资料，『HT 5H』SD 07887，三国政府首脑在 1943 年 11 月 30 日午餐时的会谈。有关这次谈判的记录，收录在 The U. S. Department of State, *Foreign Relations of the United States, Diplomatic papers (FRUS): The Conferences at Cairo and Tehran 1943*, Washington D.C.: Government Printing Office (GPO), 1961，pp. 565-568。具体译文可参见《德黑兰、雅尔塔、波茨坦会议文件集》，北京：生活·读书·新知三联书店，1978 年，第 97—99 页注释②，但是一些内容没有这份新解密的档案这样明确。

② 　《莫洛托夫秘谈录——与莫洛托夫 140 次谈话（菲·丘耶夫日记摘编）》，北京：社会科学文献出版社，1992 年，第 68 页。该书在第 68—69 页上有一段莫洛托夫回忆在波茨坦会议上斯大林关于寇松线的话，有误。实际上这些话是在雅尔塔会议上说的。参见《德黑兰、雅尔塔、波茨坦会议文件集》，第 181—182 页。"寇松线"是指 1919—1920 年波苏战争时期英国外交大臣 G. N. 寇松向苏俄和波兰建议的停战分界线。1919 年协约国最高委员会在巴黎和会上决定重建波兰国家，以民族边界线作为波兰东部边界，这条线沿布格河划分波苏边界，在北部把比亚韦斯托克地区划入波兰版图。1920 年 7 月 11 日，苏俄红军击退波兰干涉军时，寇松代表英国政府建议苏俄以这条界线为停火线举行和平谈判，故称"寇松线"。在 1920 年 7 月斯帕举行的国际会议上，波、苏双方承认寇松线为波、苏边界线。当波军转入反攻后，波兰政府拒绝承认寇松线。根据 1921 年 3 月 18 日的《里加和约》，寇松线以东立陶宛的一部分和西白俄罗斯、西乌克兰划归波兰。1945 年 8 月 16 日，波、苏两国签订边界条约，规定两国边界以寇松线为基础划定。"里宾特洛甫-莫洛托夫线"指 1939 年 8 月 23 日德国与苏联签订的《德苏互不侵犯条约》中的秘密附加议定书里涉及的两国瓜分波兰时的分界线，这条线大致以纳雷夫河、维斯杜拉河和桑河为双方的势力分界。

在巴尔干问题上，丘吉尔和斯大林只用半张纸上的百分比协定就决定了罗马尼亚、希腊、南斯拉夫、匈牙利、保加利亚等国家的命运，以致连丘吉尔本人当时都担心这种做法会受到指责而想把这张纸条烧毁。

在对待苏联参加对日作战的问题上，斯大林和罗斯福之间更没有什么共同打击法西斯的正义，只有政治交易。斯大林要求恢复在日俄战争中俄国失去的在中国和远东的领地和特权，并且对罗斯福说，如果他的条件得不到满足，便很难向俄国人民解释为什么他们必须去同日本作战，如果能满足必要的政治条件，那便不难由他向最高苏维埃和向人民做出解释，他们与远东战争攸关的利害正是什么。他还强调必须有罗斯福、丘吉尔和他本人联合签署的同意苏联上述要求的正式文件。由于罗斯福在会前已经了解了苏联的条件，而且已经准备同意苏联的这些权利要求的合法性①，因此他几乎是不假思索地基本同意了斯大林的要求，并很快和丘吉尔一起与斯大林背着他们的中国盟国达成了以出卖中国主权利益为内容的秘密书面协议。该协议规定：以保持中国领土的一部分——外蒙古现状的形式允许其"独立"，保持苏联在国际化的商港大连的优惠权益，苏联租借旅顺口作为其海军基地，中苏共管中东铁路和南满铁路并保证苏联的优惠权益，不仅如此，罗斯福还答应采取措施让蒋介石同意这一协议。②

从以上实例可以看出，雅尔塔体系所带有的这种大国强权政治的烙印，与19世纪拿破仑战争之后欧洲列强所确立的维也纳体系，以及第一次世界大战后战胜国确立的凡尔赛-华盛顿体系是有共同之处的。它极大地伤害了当事国的民族感情，埋下了以后不和的种子。

第二，与强权政治相联系，雅尔塔体系实际划分了美英与苏联的势力范围③。但是，由于美苏两国的社会制度不同，对外政策本来就有很大差异，因此当反法西斯战争胜利之后，美苏面临的共同敌人消失，大同盟的基础不复存在之时，雅尔塔体系具体运作的结果，也是它带给我们这个世界的最直接最有影响的后果，却并不是该体系的建立者所希望看到的大国之间的合作，而是美、

---

① 舍伍德：《罗斯福与霍普金斯——二次大战时期白宫实录》下册（福建师范大学外语系编译室译），北京：商务印书馆，1980年，第527、526页。

② 1945年2月8日罗斯福与斯大林之间的会谈记录，参见 *FRUS: The Conferences at Malta and Yalta 1945*, Washington D.C.: Government Printing Office (GPO), 1955，pp. 766-771。三大国关于远东问题的秘密协定的具体内容，见《国际条约集（1945—1947）》，北京：世界知识出版社，1957年，第8—9页。

③ 详见第三章相关内容。

苏对峙下的冷战，并形成了分别以美苏为首的在政治、经济、军事、意识形态以及地缘政治等方面均分庭抗礼的两极格局。

我们已经看到，持久的冷战不仅带来了政治上的强硬对立，而且使意识形态的差异变得竟然如水火一般的不能相容。对立的双方曾一度失去了一切对话的可能，当年曾同仇敌忾抗击法西斯的痕迹荡然无存。人们一度也用这种极为对立的眼光来看待一切政治、经济、文化、价值观念甚至于科学技术和方法，似乎两极对立成了一种思维的定势。而敌对的双方就在这种今天看来是极不自然的思维方式中几乎是不可思议地相互争斗了几十年，构成了二战后近半个世纪中的国际关系的主旋律。

第三，雅尔塔体系具有历史进步性。

然而不能否认的是，作为第二次世界大战这场反法西斯正义战争的产物，雅尔塔体系反映了二战以后的世界现实，并具有相当的历史进步性。这些历史进步性对战后世界产生了积极影响。这些影响并没有随着冷战的终结而消失，而是留给冷战后的世界以及 21 世纪的宝贵遗产。

首先，雅尔塔体系以建立和维持战后的世界和平为主要目标，第二次世界大战结束后的历史已经证明，尽管存在长达 40 多年的冷战和各种局部热战，但是就世界范围来说，这一目标已经得到实现。正如上文已经提到的那样，雅尔塔体系与历次重大战争之后战胜国所做出的和平安排的一个本质区别就在于，它并不是由资本主义列强一手操纵，而主要是由两个不同社会制度的超级大国，即资本主义的美国和社会主义的苏联，在其力量对比相对平衡的基础上共同达成的，因此双方的决策者都认识到要尽力避免冲突，要争取以和平方式解决争端，于是和平共处便实际成为它们指导相互关系的行为准则，并第一次将苏联和美英两种不同社会制度国家之间的和平共处原则正式纳入了国际关系体系。这一点对战后的世界影响很大：第一，从总体来说，它共同制约了美国与苏联在产生任何争端时的行为方式，即双方不是以战争手段，而要用和平手段、协商谈判来解决处理。因此，二战后特别是冷战时期，美苏之间虽有多次冷战对抗，但双方之间始终没有发生过热战，这便形成了冷战的最基本的特征：它既是战争，又是和平。也就是说，在东西方的紧张对峙包括在局部战场上的冲突始终不断的情况下，冷战中的两个主要角色美国和苏联之间从未发生过直接的军事对抗，从而在整体上维持了世界的和平状态。第二，有利于社会主义事业的发展。由于规定了两种社会制度国家的和平共处，因此虽然西方仍时时存颠覆苏联之心，但是不能再采取巴黎和会时的那种明目张胆的武装干涉手段，而要用和平手段。这在战后苏联的国际威望空前提高，军事政治势力已达到中东欧和远东的情况下，有利于欧亚一系列社会主义国家的产生。

其次，雅尔塔体系在"控制战争"方面也有其不可忽视的作用。它将昔日的战争策源地德国、日本、意大利等法西斯国家转变为资产阶级民主国家，从而埋葬了发动世界大战的重要根源。它所确立的联合国安理会的"大国一致原则"，使任何一个大国要想发动战争特别是世界大战都受到约束。在《联合国宪章》中特别规定了自卫权，联合国安理会授权或采取的军事行动权，以及为争取民族自决权而进行的武装斗争外，明确规定了禁止使用武力的概念，这是国际法在制止战争方面的重大发展。二战结束后进行的纽伦堡国际军事法庭对纳粹战犯的审判，以及远东国际军事法庭和中国审判战犯军事法庭对日本战犯的审判，是对上述国际法规定的重要实践。它们采取进步的法律观点，确认了侵略战争是最大的国际性犯罪，宣告了国际正义与和平的不容破坏。正如纽伦堡国际军事法庭美方首席起诉人罗伯特·H.杰克逊所说："对全世界来说，纽伦堡法庭判决的重要性并不在于它怎样忠实地解释过去，它的价值在于怎样认真地儆戒未来。"[1] 1974年4月14日，联合国大会最终通过了有关侵略定义的第3314号决议，规定"一个国家使用武力侵犯另一个国家的主权、领土完整或政治独立，或以与《联合国宪章》不符的任何其他方式使用武力"便是侵略，而且"侵略"的定义"绝不得解释为以任何方式扩大或缩小《宪章》的范围，包括《宪章》中有关使用武力为合法的各种情况的规定在内"，从而明确了使用武力的含义并保留了合法的自卫权利。[2]至此，人类终于在战争方面完善了自己的行为规范。

再次，雅尔塔体系所提倡的和平、民主、独立的原则，对战后世界的和平、民主、独立、发展有着极大的作用。从一定意义上说，它决定了战后世界和平与发展的主题。在《关于被解放的欧洲的宣言》中明确指出，要"致力于全人类的和平、安全、自由与普遍的福利"，要按照民主的原则解决获得解放的各国人民的迫切的政治与经济问题。[3]在《联合国宪章》中规定，要"发展国际间以尊重人民平等权利及自决原则为基础的友好关系"。这些都不是说说而已的空洞口号。它们体现在对战败国的处置，并使之非法西斯化和政治经济民主化方面，

---

① P. A. 施泰尼格尔编：《纽伦堡审判》上卷（王昭仁等译），北京：商务印书馆，1985年，第2页。

② 王铁崖主编：《国际法》，北京：法律出版社，1995年，第620页。

③ 这一宣言是雅尔塔会议公报的第五部分，全文见《国际条约集（1945—1947）》，北京：世界知识出版社，1959年，第108页。

也体现在给予被压迫民族的民族自决权和国家独立的支持方面，以及被托管地区的独立与自治方面。就这些方面来说，我们不妨与第一次世界大战后战胜国所建立的凡尔赛体系做一比较。凡尔赛体系根本不重视健全魏玛共和国的民主化进程，而是从战胜国的绝对利益出发，一味强迫它接受"有罪"之说，致使德国人民把战败带来的一切不幸统统归之于这个共和国，最终导致了纳粹的上台；对殖民地虽宣称给予民族自决权，不过口惠而已，委任统治只是另一种殖民统治的形式。在凡尔赛体系下，战胜国只顾保护自己的和平与既得利益，不顾世界和平的维持。由此我们可以看出，雅尔塔体系与凡尔赛体系有着根本的不同。如果说凡尔赛体系是孕育了另一次世界大战的体系（这种看法无疑是正确的），那么对雅尔塔体系则不能做出这样的结论。

不仅如此，在雅尔塔体系演变而来的两极格局中，同时也孕育着一个多极化的世界。这个问题，我们将在第三章具体论述。

第三章 两次世界大战与国际格局的演变

国际格局是指在一定的历史时期内，在国际关系中起到举足轻重作用的主要行为体，如国家或国家集团，所形成的一种相互联系、相互制约、相互作用的相对稳定的结构状态和局面。各主要行为体之间的力量对比变化是国际格局演变的基础，而国际格局的演变过程，则是一个从量变到质变的过程；重大的具有全局性的国际事件，是推动国际格局从量变到质变的决定性因素。20 世纪发生的两次世界大战，正是这样重大且具有全局性的国际事件，它们在国际格局的演变中起到了决定性作用。为了说明这个问题，我们的论述有必要从 19 世纪末 20 世纪初的国际关系与国际格局开始。

第一节 20 世纪初的国际格局

当我们翻开 100 多年前的世界历史画卷，展现在我们面前的是这样一幅宏观的、流动着的历史图景：

近代资本主义大工业和它所创造的世界市场，消灭了以往历史形成的各民族、各地区和各国的孤立状态，整个世界日益在经济、政治、文化等各个方面联系成为一个息息相关的整体。欧洲的资本主义工业世界经历了自由资本主义阶段而进入垄断阶段，它仍然以其经济、政治和军事上的绝对优势和不断扩大的殖民地而居于世界的领导地位，然而这种领导地位正在由于其内部的争斗和非欧国家的崛起而受到削弱。在俄国这一资本主义链条最薄弱的环节，社会主义思想已经生根发芽，列宁主义的诞生和 1905 年的俄国革命，拉开了帝国主义时代革命风暴的序幕，为十月社会主义革命做了准备；在大西洋彼岸，美国作为一个年轻的生机勃勃的新兴强国，以"门户开放、机会均等"为标志，开始对欧洲列强的世界支配地位提出挑战；在亚太地区最先走上资本主义道路的日本，也在不断地对华侵略和对外战争中向大国发展，其独占中国的野心难以按捺，从而对西方列强的在华权益形成了现实威胁；而饱受殖民主义之苦的亚洲人民，其民族民主意识正在觉醒，并最终对封建主义、殖民主义和帝国主义发起坚决的进攻。

一、以欧洲为中心的世界格局

从 16 世纪到 19 世纪，西欧各国先后发生了科学革命、资产阶级政治革命和两次工业革命。这三大革命赋予欧洲资产阶级巨大的推动力和内聚力，不仅为 19 世纪欧洲的世界霸权地位提供了经济和军事基础，而且使这种地位一直保持到 20 世纪初。而 20 世纪国际事务的历史，正如日裔美国历史学家入江昭所说："是从后来被证明是欧洲霸权时代的最后一个阶段开始的。"[1]

在经济上，欧洲对世界经济的支配与控制仍然清晰可见。它提供了世界上 2/3 的工业产品和近 3/4 的世界贸易，以及几乎所有的资本输出。1870 年，欧洲的工业产量占世界工业总产量的 64.7%，而其唯一的对手美国仅占 23.3%；到 1913 年，虽然美国的比重已达到 35.8%，但同年欧洲工业的产量仍占世界总产量的 47.7%。[2] 欧洲的工业产品远销世界各地，1913 年仅英国、法国和德国的制成品就占世界出口的 69.3%。[3] 工业化给西欧各国带来了巨额的利润和大量的剩余资本，致使它们纷纷将这些资本投向海外，以谋求更大的利润。到 1914 年，英、法、德、美四国的海外投资就达 337 亿美元。[4] 这些资本不仅投向美洲和澳洲，而且投向亚洲和非洲。伦敦扮演着世界金融中心的角色，英镑则起着共同的贸易货币的作用。因此，到 1914 年欧洲已经成为名副其实的世界工场和世界银行家。欧洲的产品、资本和技术的大量输出，使全球的经济生活空前统一，对世界经济一体化发展形成强有力的推动。

与此同时，欧洲的政治影响在广度和深度上也大大加强，这不仅表现在世界的大片地区，诸如美国、拉丁美洲和英国的各自治领基本是欧洲制度的延伸

---

[1]　理查德·W. 布利特等：《20 世纪史》（陈祖洲等译），南京：江苏人民出版社，2001 年，第 261 页。值得注意的是，译者把该书第 10 章的作者入江昭的英文姓名 Akira Iriye 译为"阿基拉·艾里伊"，大错。

[2]　参见斯塔夫里阿诺斯：《全球通史：1500 年以后的世界》，第 562 页。

[3]　M. W. Kirby, *The Decline of British Economic Power Since 1870*, p.139, Table 2.

[4]　沙伊贝等：《近百年美国经济史》（彭松建等译），北京：中国社会科学出版社，1983 年，第 241 页。另外，当时美国尚欠国外约 67 亿美元；樊亢、宋则行主编：《外国经济史·近代现代》第二册，北京：人民出版社，1980 年，第 64 页。

化，而且表现在亚洲和非洲也陆续变成了欧洲列强的殖民地、半殖民地和势力范围。

伴随工业革命而来的是西欧各国为确保其原料产地、产品出口市场和投资场所而构筑自己的殖民帝国。西方资本主义国家挟其工业世界对农耕世界的巨大优势，向世界各地实行了猛烈的血与火的扩张，它们登上了亚洲和非洲大陆，打开了一个个古老国家的大门，瓜分了整个世界。到 1914 年，英国拥有的殖民地面积为 12043806 平方公里，法国为 4110409 平方公里，德国为 1230989 平方公里，比利时为 910000 平方公里，葡萄牙为 804440 平方公里，荷兰为 762863 平方公里，意大利为 591250 平方公里。[①]工业化的欧洲列强不仅完全占有各自巨大的殖民地，而且以直接或间接的方式控制着未被吞并但在经济上和军事上软弱的国家，把中国、伊朗和奥斯曼帝国实际变成了半殖民地，并在这些国家划分势力范围。因此，到 20 世纪初，欧洲的少数帝国主义国家通过它们的殖民体系支配着世界上的大部分地区和人口，形成了世界历史上前所未有的不合理现象。

与欧洲的经济、政治和领土扩张同步发展的，是其 19 世纪的思想文化遗产——自由主义、社会主义和民族主义向全球广泛传播。到 19 世纪末 20 世纪初，这三大主义不仅成为西欧和北美事务中的主要力量，而且其中的民族主义已经在这些地区发生了性质上的根本变化，逐渐失去了维护本民族正当权益的进步性，蜕变为维护资产阶级统治集团利益的极端民族主义、民族沙文主义、殖民主义和帝国主义，致使列强之间的矛盾不断激化。与此同时，这三大主义也正在对东方产生重要的影响。

俄国也在 19 世纪末 20 世纪初进入了帝国主义阶段。但是和其他列强相比，它具有两个显著特点：军事封建性和对西欧资本主义国家的依附性。沙皇的残暴专制统治，大量保存的农奴制残余，本国和外国垄断资本的无情剥削，使俄国成为帝国主义一切矛盾的焦点，成为布尔什维克党和列宁主义的故乡。

1883 年，格·瓦·普列汉诺夫（1856—1918）建立了俄国第一个马克思主义的团体"劳动解放社"。他们翻译出版的大量马克思和恩格斯的著作以及普列汉诺夫本人撰写的许多著作，批判了民粹派的唯心史观和俄国不能走资本主义道路，否定无产阶级在革命中的作用的错误观点，培养了包括列宁在内的整整一代俄国的马克思主义者。在劳动解放社的影响下，俄国成立了一些马克思主

---

① 斯塔夫里阿诺斯：《全球通史：1500 年以后的世界》，第 312 页表 8。

义团体，但是这些马克思主义团体的主要活动是在理论上学习和宣传马克思主义学说。当 19 世纪末俄国工人运动出现新高潮时，把马克思主义和工人运动结合起来，创建俄国的马克思主义政党的任务，是由列宁完成的。列宁不仅为建党做了大量的组织准备，还发表了一系列文章，进一步从思想上肃清民粹主义，揭露"合法马克思主义者"美化资本主义的本质，指出伯恩施坦修正主义在俄国的变种"经济派"主张的只要经济斗争、不要政治斗争的错误观点。1902 年列宁发布《怎么办？》一书，完成了从思想上彻底粉碎经济派的任务。列宁并不否认经济斗争在工人阶级反对资本主义制度中的作用，但是，经济斗争只能改善工人出卖劳动力的条件，而不能从根本上消灭强迫工人出卖劳动力的社会制度。工人运动若一味沉溺在经济斗争中，崇尚改良主义，那工人阶级就永远不能摆脱被资本家奴役、压榨的悲惨地位。列宁指出了"经济派"盲目崇拜工人运动自发性的错误，号召工人阶级进行政治斗争，并且特别强调，只有把科学社会主义思想灌输到工人运动中去并成立无产阶级政党，才是革命胜利的保证。列宁还深入阐述了马克思主义的建党学说，这一切为在俄国建立马克思主义政党奠定了理论思想基础。

　　1903 年俄国社会民主工党第二次代表大会所产生的由列宁领导的布尔什维克党，将建立无产阶级专政作为其基本任务，是一个新型的革命政党，标志着列宁主义的诞生。这个政党所领导的 1905 年俄国第一次民主革命虽然未获成功，但是意义重大。正如列宁所指出的："没有 1905 年的'总演习'，就不可能有 1917 年十月革命的胜利。"[1] 布尔什维克党的诞生和它所领导的革命运动，是帝国主义时代无产阶级革命风暴的序幕，它推动了欧洲工人运动的发展，进一步促进了亚洲的觉醒，并为一个崭新的社会制度出现在国际政治舞台上铺平了道路。

　　在西欧列强忙于瓜分世界领土之时，南北战争之后的美国进入了迅猛发展时期。到 19 世纪末 20 世纪初，美国已成为世界第一工业大国，其工业的发展潜力更是超过英、德的总和。因此，当欧洲列强已将世界的土地基本瓜分完毕时，一个工业资本和金融资本相互融合，生产高度集中和垄断的经济大国，已经在大西洋彼岸崛起，并开始迈出它向海外扩张的步伐。美西战争和对华门户开放政策的提出，主要对拉丁美洲实行的大棒政策和金元外交，以及西奥多·罗斯福（Theodore Roosevelt，1858—1919）总统改变 19 世纪美国不介入欧

---

① 《列宁选集》第 4 卷，北京：人民出版社，1995 年，第 138 页。

洲事务的传统外交政策，积极调解德国与法、英在摩洛哥的冲突，并亲自作为代表参加为此而于1906年1月在西班牙举行的阿尔赫西拉斯会议①，并实际做出了有利于法国的调解。

这一切，都是美国参加帝国主义全球角逐的重要标志，并表明了正在发展为世界大国的美国，在参加帝国主义全球角逐的初期，就已经初步形成了一套独立的海外扩张政策和策略，准备与欧洲列强争夺世界领导地位。

在亚太地区，日本也在19世纪和20世纪之交，以其惊人的速度进入了大国行列。尽管日本的工业化水平还远不及欧美，其工业总产值仅占世界的1%，但是它的工业发展速度在列强中首屈一指。1901—1914年，日本工业的年平均增长速度为6.3%，美国为4.8%，法国为3.3%，德国为1.8%，英国只为1.4%。②

但是，日本的资本主义是伴随着它对中国和朝鲜等亚洲国家的侵略战争而发展起来的。经过1894—1895年的中日甲午战争，日本获得了中国赔款白银2亿3千万两，迫使中国割让了台湾全岛及其附属岛屿和澎湖列岛；1900年日本参加八国联军侵略中国，又获得了部分庚子赔款；1902年，英国和日本为了对抗俄国和德国在远东的扩张而缔结《英日同盟条约》，进一步鼓励了日本在东亚的扩张野心；1904—1905年日俄为争夺朝鲜和中国东北而进行的战争，其结果是日本在朝鲜获得了独占利益，将中国东北南部（"南满"）置于自己的势力范围之内，还获得了库页岛南部及附近岛屿；随后日本就把朝鲜变成了它的殖民地。日本对欧洲陆军强国沙皇俄国的胜利，使日本从此跻身于帝国主义的大国行列，更助长了它通过侵略战争发展自己、称霸东亚的野心，并开始挑战欧洲对世界的支配地位。

当19世纪末西方列强最终把亚洲变成了它们的殖民地半殖民地时，产生于欧洲的自由主义、社会主义和民族主义也随着列强的炮舰向亚洲广泛传播。在1905年俄国革命的影响下，亚洲各国的民族忧患意识和民主改革意识纷纷觉醒，

---

① 1906年1月16日，英、德、法、美、西、意、奥、俄、荷、比、葡、瑞（典）和摩洛哥13个国家的代表在西班牙阿尔赫西拉斯（Algeciras）举行的、为调解法国与德国因争夺摩洛哥而爆发的第一次摩洛哥危机和产生的纷争，并保证摩洛哥偿还贷款的国际会议。美国总统西奥多·罗斯福亲自担任调停人。在会上只有奥匈帝国勉强支持德国，其他国家支持法国，德国陷于孤立，被迫暂时妥协。4月7日，会议达成协议，规定：承认摩洛哥独立，其财政有国际监督，警察组织和治安工作由法国和西班牙各在其"势力范围"内分别管理。这次会议实际使法国有可能在"维持治安"的借口下在摩洛哥扩张势力，是欧洲几个大国和美国以牺牲摩洛哥主权为代价，推行帝国主义强权政治的一次交易。

② 樊亢、宋则行主编：《外国经济史·近代现代》第二册，第254页。

印度、伊朗、土耳其、中国等都掀起了一浪高过一浪的争取国家独立、民族解放的运动，成为亚洲觉醒的重要标志。这些革命运动不同程度地打击了封建主义、殖民主义和帝国主义势力，使亚洲在世界历史上的地位发生着重大变化。关于这个问题，我们还会在第五章进行说明。

综上所述，正是由于欧洲在世界经济、军事、政治等方面占有优势地位，并通过殖民主义的网络直接或间接地控制着世界上绝大多数落后地区，因此20世纪初国际关系的基本格局仍然是以欧洲为中心。但是，也正由于此，欧洲列强之间的联合与分裂、矛盾与冲突、战争与和平，也必将带有世界全局的性质。而且，一旦社会主义在俄国从理想变成了现实，一旦新兴大国美国和日本直接或间接地参与国际事务，一旦发源于欧洲的三大主义在东方深入人心，并成为感召殖民地半殖民地人民进行民族解放斗争的有力武器，那么所有这些政治力量都必将会影响到世界全局，影响到全球国际关系的发展，影响到世界格局的基本走向。

二、世界优势掩盖下的欧洲列强争斗与第一次世界大战的爆发

19世纪初，打败了拿破仑的战胜国召开维也纳会议，在俄国、英国、奥地利和普鲁士的操纵下，恢复了法国资产阶级革命和拿破仑战争时期被推翻的各个"正统"王朝和君主制度，重新划了欧洲的政治版图，并且为了防止任何一个大国再像法国那样称霸欧洲大陆，为了避免再次发生大规模战争，在这些国家之间形成了以"势力均衡"和"欧洲协调机制"为主要特点的维也纳体系，以维持欧洲的和平。

但是，这种协调制度是建立在欧洲各大国的实力基本形成均势的基础之上的，它既没有消除各国的扩张野心，也没有停止它们之间的争斗。随着意大利与德国的统一，随着第二次工业革命带来的资本主义经济的迅速发展以及向垄断资本主义的过渡，西欧列强的实力对比终于发生了巨大变化。它们竞相对外扩张瓜分世界，矛盾不断尖锐。于是各国为了自身利益的需要，逐渐结成了两大军事集团，不仅终结了"欧洲协调"，而且使欧洲的国际关系日益向战争倾斜。

德国与法国的历史积怨和争夺欧洲霸权的现实矛盾，德国与沙皇俄国因双方对土耳其的野心以及长期的贸易摩擦而关系恶化，奥匈帝国与沙俄在争夺巴尔干过程中的不断冲突，以及意大利与法国在突尼斯的控制权上所展开的争斗，成为三国同盟的基础。1882年5月，德、奥、意签订了三国同盟条约。该条约规定：如果法国进攻意大利，德奥给予意大利军事援助；如果法国进攻德国，

意大利负有同样义务；如果三个盟国中任何一方受到两个或两个以上的强国的攻击时，其他两国保证给以援助。这个军事同盟集团以德国为主，奥匈帝国是依附于德国的伙伴，而意大利则是一个动摇的随时待价而沽的盟友。

三国同盟的矛头直接针对法国与俄国，促使它们迅速接近。1891—1894 年两国通过一系列政治和军事协定，逐步建立起同盟关系。在 1894 年批准的军事协定中规定：如果两国中有任何一方受到德国的单独进攻或德国与意大利或奥匈帝国的联合进攻时，将相互提供军事援助；如果三国同盟或其中一国动员了它的军队，法俄一旦得此消息，不须任何事先的协议，应立即同时动员它们的全部军队，并将这些军队调到尽可能靠近边界的地方。由此可以看出，法俄同盟同样是为了准备战争，而不是单纯的防御。德国将这一协约视为对自己的潜在包围，遂进一步加强了自己的同盟。

在欧洲大陆国家形成两个相互对峙的营垒时，英国尚置身于集团之外，坚持对欧洲的均势政策和自己的"光辉孤立"地位。但是，面对德国经济的强烈竞争和要求重新瓜分殖民地的咄咄逼人的进攻态势，处于守势的已经丧失"世界工场"地位的英国深感恐惧。因为英国认定，"德国是故意奉行在本质上反对英国的重大利益的政策，而且除非英国牺牲这些利益，使它自己失去作为一个大国的地位，或者英国变得十分强大，使德国无法在战争中取得胜利，否则一个武装的冲突是终究不可避免的"。[①] 英德矛盾逐渐上升为列强之间的主要矛盾。于是英国调整自己的外交战略，在 1902 年与日本结成同盟以遏制俄国在远东扩张的同时，在欧洲开始与法、俄接近以对付德国。通过 1904 年的英法协约和 1907 年的英俄协约，加上已有的法俄同盟，构成了三国协约。

至此，欧洲终于形成了三国同盟和三国协约两大军事集团对峙的局面。直到第一次世界大战爆发前，国际政治舞台上发生的所有重大事件，包括持续的军备竞赛和不断发生的局部冲突，以及各种要求和平的呼声，无一不直接或间接地体现着这两大集团的对立与对抗。

列强在建立军事同盟的同时，不断扩军备战，刷新军事技术，为此它们竞相增加国防预算。请看下表。

---

① 王铁崖、王绳祖选译：《1898—1914 年的欧洲国际关系》，北京：生活·读书·新知三联书店，1957 年，第 42 页。

表5　1890—1914 年各国国防预算的增加（百万英镑）[1]

国家 年代	德国	奥匈帝国	法国	英国	意大利	俄国
1890	28.8	12.8	37.4	31.4	14.8	29
1914	110.8	36.6	57.4	76.8	28.2	88.2

在这场军备竞赛中，英德两国的海军竞赛尤为激烈。1899 年和 1900 年，德国接连两次通过扩充海军的法案，使英国深感不安。于是英国在 1906 年建造了第一艘马力最大速度最快的"全用大炮"的"无畏号"军舰，这一发展成为海军装备的一场革命，使所有现存的包括英国自己在内的军舰都已过时，新一轮海军竞赛重新开始。当年德国便通过了第三个海军法案。1907 年 11 月，德国海军司令蒂尔匹茨又提出一项补充的海军法，规定大规模建造"无畏"舰计划，并于 1908 年得到批准。接着英国也在 1908 年再次增加了海军预算，以对付德国。英德之间不断攀升的海军竞赛，进一步毒化了欧洲的国际关系，正如 A. J. P. 泰勒所说："在 1908 年夏天，英德交恶已是全世界都看得清清楚楚的了。"[2]

伴随军备竞赛的是不断出现的政治危机与军事冲突。法国和德国为争夺对摩洛哥的控制权而爆发的两次摩洛哥危机，曾使双方到达战争的边缘。俄国和奥匈帝国对巴尔干地区的明争暗斗与巴尔干人民的民族独立运动和其内部的争斗交织在一起，使巴尔干地区的紧张局势不断升级，而该地区相继发生的波斯尼亚危机和两次巴尔干战争，其背后都有分属于两大军事集团的列强的插手。欧洲越来越处于全面战争的阴霾之中。

与此同时，各国都在制定自己的战争计划。德国针对法、俄的"施里芬计划"，俄国针对德、奥的"第 19 号计划"，法国针对德国的"第 17 号计划"，以及英国针对德国的海上作战计划相继出台。这些计划无不强调以短期的激烈决战一拼胜负，但是战争的实际进程却并没有遵循军事家们的设想。

在国际形势日益紧张的同时，世界和平运动也进入了历史上的第一个高潮。[3] 但是，在越来越狂热的民族利己主义、帝国主义、沙文主义和军国主义的宣传面前，要求和平的呼声十分微弱，远不足以对现实政治产生重大影响。另一方面，自从两大帝国主义军事集团形成以来所发生的每一次危机与冲突，都

---

[1]　参见王绳祖主编，法学教材编辑部审订：《国际关系史》上册（十七世纪中叶 —— 一九四五年），武汉：武汉大学出版社，1983 年，第 233 页。

[2]　A. J. P. 泰勒：《争夺欧洲霸权的斗争（1848—1918）》，第 497 页。

[3]　详见第六章。

给双方留下了越来越多的猜忌与仇恨，从而使发生战争的可能性越来越大。于是，一个具体的国家之间的争端，很快就导致了第一次世界大战的爆发。

1914 年 6 月 28 日，奥匈帝国皇储弗兰茨·斐迪南夫妇在波斯尼亚首府萨拉热窝被塞尔维亚青年加弗利尔·普林斯普枪杀。这一事件立即成为两大军事集团以极端的手段重新安排世界的序幕。在此后不到 40 天的时间里，尽管列强之间进行了频繁紧张而复杂的外交活动，但是在各国的决策者当中，几乎没有人对避免战争做过坚持不懈的努力。相反，双方都在各自极大野心的驱使下，企图以支持盟国来加强自己在竞争中的力量，都没有真正打算用妥协的方式解决问题，于是战争的机器迅速发动，局势很快发展成没有任何回旋的余地。终于在 8 月 4 日以英国借德国入侵中立国比利时为由对德国宣战为标志，把一个在欧洲历史上屡见不鲜的暗杀皇族的事件，演变成一场以德奥同盟国为一方，以英法俄协约国为另一方相互厮杀的大战。

这场首先开始于欧洲并以欧洲为主要战场的战争，深植于帝国主义的土壤之中，发生在世界已经形成一个息息相关的整体的时代，以争夺世界霸权为交战双方的目标，因此使它从一开始就具有影响整个人类社会生活的总体性和牵动全球的世界性，成为人类历史上的第一次世界大战。①

第二节　第一次世界大战导致的国际格局变化

世界大战是 20 世纪前半期留给人类的时代印记。20 世纪以前，人类从未有

① 需要指出的是，一些西方学者认为，第一次世界大战并非是"世界大战"，而只是一场欧洲的战争。如：剑桥大学三一学院研究员 J. M. K. 维维安，对第一次世界大战的名称提法和原因的看法不尽相同。他认为"第一次世界大战"的名称用得不当，战争的起因和战场都不是世界性的，战争所发生的民族对抗是欧洲的民族对抗。他认为把战争的起因说成是世界性的，是指人类历史发展到这个阶段，定会出现"帝国主义矛盾"，但战争发生时并非如此，因此关于这场战争是全球性的这种说法是武断的。参见已故 C. L. 莫瓦特编：《新编剑桥世界近代史》第 12 卷（中国社会科学院世界历史研究所组译），北京：中国社会科学出版社，1987 年，第 6 章"1914 年战争日益临近"。A. J. P. 泰勒也认为，这场战争只是一场"欧洲战争"，这一点和维维安相同。参见《争夺欧洲霸权的斗争（1848—1918）》的绪言部分。这些看法是过于从欧洲的视角出发来看待第一次世界大战的。当然，也有西方学者不同意上述看法，如原西德的弗里茨·费舍尔在其著作《争雄世界：德意志帝国 1914—1918 年战争目标政策》（上下册，何江等译，北京：商务印书馆，1987 年）中，一反德国的绝大多数历史学家不愿承认第一次世界大战的爆发应由德国负责的看法，用这本书证明德国政府当时是有意识地把德国投入战争，企图先凭借中欧称霸欧洲，并建立德意志的中非帝国，以便与其他帝国主义国家在世界上争雄。他从第二帝国的政治、经济和社会结构来分析探讨为什么德国比其他欧洲国家更容易接受战争。该书曾在史学界引起"轩然大波"，但在他从教的汉堡大学形成了以他的论点为中心的学派。

过"世界级"的大战。自 19 世纪初的拿破仑战争之后,世界已有 100 年没有打过任何大型战争,但是 1914 年爆发的第一次世界大战却席卷了当时的每一个强国,并将 30 多个国家卷入其中。这场从欧洲开始的冲突,长达 4 年零 3 个月,使约 1850 万人死亡,直接和间接的经济损失超过 3000 亿美元。

第一次世界大战的这种发展轨迹,完全超出了交战国的政治家和军事家的预料。大战爆发之初,各国的文官政府考虑的是如何及时应战,以避免削弱自己,坐大对手;军方则仍然设想通过一场拿破仑式的战争或普法战争、巴尔干战争等方式的战争,即靠一两次大的战役便见分晓。然而由于时代的不同,战争的进程完全走向战争发动者的愿望和主观意志的反面:他们抱着短期取胜的侥幸心理,却使战争长期化,形成了一场残酷的长期阵地战的僵局;他们本以为是单纯的军事较量,却变成了倾注全部国力的长期消耗的总体战,从而使整个社会基础受到了空前的动摇与毁坏;特别是在这场长期的战争中,列强之间的关系不断发生着变化,其中既有争取盟国、分割领土的秘密外交,又有日本、美国和中国的参战,以及十月革命后的苏维埃俄国退出战争等重大事件。这一切对战后的国际关系和国际格局产生着持续的影响。

一、第一次世界大战中的国际关系

战争的长期化使交战双方都把争取同盟者视为格外重要之事。战争爆发之初,那些与战争有利害关系的中立国,便成为交战双方的争夺对象。它们各自向这些中立国做出了满足其领土要求或其他利益的种种许诺,使意大利、罗马尼亚和希腊站在协约国一方作战,而土耳其和保加利亚则被拴在了同盟国的战车上。

不仅如此,战争开始之后,交战双方都从自己将会夺取最后胜利的设想出发,制定了战后瓜分世界的计划。德国要建立中欧帝国和中非殖民帝国,奥匈帝国则打算将大部分巴尔干地区据为己有。在协约国方面,英法俄三国于1914—1917 年达成了一系列瓜分"奥斯曼帝国遗产"的秘密协定和备忘录。1915 年 3 月,英法俄三国相互交换秘密备忘录,规定战争结束后英法获得土耳其所属的阿拉伯地区领土,俄国则拥有对君士坦丁堡、黑海海峡和马尔马拉海诸岛屿的所有权,但君士坦丁堡应开辟为自由港,并保证商船在海峡的自由通行;1916 年,经过英法谈判和英法俄谈判,三国进一步把美索不达米亚和巴勒斯坦划入英国势力范围,把叙利亚和南部小亚细亚划入法国势力范围,把亚美尼亚和库尔德斯坦划入俄国势力范围;英法还签订了瓜分土耳其所属的阿拉伯地区领土的协定；1917 年英法又将整个小亚细亚半岛的地中海沿岸划归意大利，这样土耳其就只剩下小亚细亚半岛的中部和东北部地区了。

除此之外，在战争进程中，交战双方还有诸多以牺牲敌国和弱国的领土和利益来争取盟友的秘密协定。如 1916 年协约国以意大利在战后将获得奥匈帝国所属的特兰提诺、蒂罗尔、达尔马提亚、的里亚斯特为交换条件而使意大利参战的《伦敦密约》，以罗马尼亚占领匈牙利领土为交换条件而使罗马尼亚参战的《布加勒斯特条约》，俄国同意日本占领山东和太平洋赤道以北德属岛屿的《日俄秘密协定》，同盟国以保加利亚取得马其顿和塞尔维亚的一部分领土为交换条件而使保加利亚参战的《德保秘密协定》和由此形成的德、奥、土、保四国军事同盟；1917 年英国和日本瓜分太平洋赤道以南德属岛屿并承认日本有权继承德国战前在中国山东特权的《英日密约》，以及美日协调两国在中国行动的《兰辛-石井协定》，等等。这些协定和密约，不仅再次证明了这场战争的非正义的帝国主义性质，而且战胜国列强在战后围绕是否兑现这些分赃密约而展开的新一轮争斗，决定了两次世界大战之间的年代里国际政治和国际关系中的某些极为重要的内容。

早在战争爆发之初，日本就对德宣战。它利用俄国和英国被束缚在欧洲无暇东顾这一"天祐"良机，扩展了在亚太地区的势力范围，提出了企图灭亡中国的臭名昭著的"二十一条"，并试图取代欧洲确立对这一地区秩序的指导权。日本的行动引起了其他大国特别是美国的担忧。因此，尽管英法美等国出于不同的目的暂时容忍了日本的行为，但是首先是美日之间的矛盾也与日俱增。无论如何可以肯定的是，日本的参战不仅使这场战争进一步向全球范围扩大，而且打破了列强在远东的力量平衡，向美国坚持的"门户开放"政策提出了公开挑战。正如保罗·肯尼迪所说："在远东，如果不考虑日本的反应就做不成任何事情。"[1]

1917 年 4 月，美国作为一个"参战国"而不是作为一个协约国的成员，在战争的关键时刻站在协约国一边作战。美国的参战不仅使这场战争进入了真正的全球阶段，而且完全改变了交战双方的力量对比。美国所拥有的强大经济实力，在保证协约国集团取得战争的最后胜利方面起到了无可替代的作用。但是美国参战的重要性绝不仅仅表现在军事方面，也不仅仅是在现有的国际政治棋盘上增加了一颗决定性的棋子，它实际意味着当欧洲列强交战双方力量耗尽之

---

[1]　保罗·肯尼迪：《大国的兴衰》，第 254 页。

时一个强国的出场，从而使国际力量的中心开始从欧洲向大西洋彼岸转移。早在 1914 年 7 月 29 日，即大战爆发前，美国驻英国大使沃尔特·H. 佩奇就致函威尔逊总统说："如果真的发生一场大战，欧洲的进步将遭受重大挫折，而美国领导世界的时代会提前到来。"① 不仅如此，美国还将把自己对战后国际政治的看法，即威尔逊总统于 1918 年 1 月提出的著名的《世界和平的纲领》（十四点）强加给欧洲，从根本上结束"欧洲协调"的国际关系体系。正如英国历史学家杰弗里·巴勒克拉夫所说："可以毫不夸张地说，美国于 1917 年参战是历史的转折点，它标志了欧洲政治时代向全球政治时代转变中的决定性阶段。"②

　　1917 年秋天，中国北洋政府通过"以工代兵""以工代战"的方式，派出 14 万多中国劳工站在协约国一方作战。中国参战的意图在于战后收回日本攫取的山东主权，特别是美国站在协约国作战之后。正如当时北洋政府驻华盛顿公使顾维钧（1888—1985）所说："当时的局势在我看来，不难理解，为使山东问题获得妥善解决，为在战争结束时提高中国的国际地位，中国必须参加协约国。"③ 这些中国劳工在欧洲战场从事各种艰苦工作，他们的技术、高效和勇敢，常常得到协约国官兵的称赞，他们为协约国的胜利付出了巨大牺牲，约有 3000 名华工在这次大战中失去了生命。也正因为中国的参战并成为战胜国，才使中国得以参加巴黎和会，并实际上开启了中国修改不平等条约的历程。④

　　1917 年 11 月爆发的十月革命与新生的苏维埃俄国退出战争，是一件震撼世界的大事。苏俄的诞生，第一次将发源于欧洲的社会主义从理想变成了现实，打破了资本主义的一统天下，并从欧洲内部对它的世界支配地位提出了挑战。苏俄为了结束战争而与德国签订的《布列斯特-立托夫斯克和约》，是在极端困难的情况下第一次大规模地利用了帝国主义之间的矛盾，以有限的让步使社会主义终于占了便宜的重要外交实践。不仅如此，苏俄作为第一个宣布要取代资本主义的国际政治中的新生力量，与美国一起，使 19 世纪争雄世界的欧洲列强

① 　马丁·吉尔伯特：《二十世纪世界史》第一卷上册（史建云等译），西安：陕西师范大学出版社，2000 年，第 357 页。
② 　巴勒克拉夫：《当代史导论》，第 113 页。
③ 　《顾维钧回忆录》第 1 分册，第 152 页。
④ 　关于一战与中国的关系，可参见 Xu Guoqi, *Asia and the Great War: A shared History*, Oxford: Oxford University Press, 2017; *China and the Great War*, Cambridge: Cambridge University Press, 2005。中译本由上海三联书店于 2013 年出版。徐国琦：《一战中的华工》，上海：上海人民出版社，2014 年；《文明的交融：第一次世界大战期间的在法华工》，五洲传播出版社，2007 年；等等。亦可参见侯中军：《中国外交与第一次世界大战》，北京：社会科学文献出版社，2017 年。

相形见绌，使以美国和俄国为两大力量中心的两极格局初露端倪，尽管它在当时还不太清晰。

二、第一次世界大战对国际格局的影响

当我们从世界历史发展的角度仔细审视这场人类历史上空前的全球战争所带来的结果时，我们发现，第一次世界大战作为一个历史的转折点相当引人注目。这一方面是因为这场主要由于欧洲列强的争斗而引发的世界性战争的最重要的直接后果，恰恰是从根本上动摇了欧洲的世界中心地位并在实际上结束了欧洲的全球霸权时代[①]，另一方面则是因为它实际预示了未来国际格局发展的趋势。

（一）欧洲开始衰落

第一次世界大战加速了自 19 世纪末以来欧洲的实际衰落过程，这一过程是如此不可逆转，[②] 最终导致欧洲的世界中心地位在第二次世界大战后不复存在。

1914 年秋，正当一个又一个欧洲国家卷入大战的厮杀之际，英国外交大臣爱德华·格雷爵士（Edward Grey, 1st Viscount Grey of Fallodon，1862—1933）就曾沮丧地说道："整个欧洲的灯光正在熄灭；此生不会看到它们重放光明了。"[③] 他的话的确很有道理，因为它不仅是那个时代的写照，而且其准确程度比格雷当时所能预见的还要大得多。

粗看一战后的欧洲，它凸显的变化好像不大。除了社会主义国家苏联以及一系列民族独立国家芬兰、爱沙尼亚、拉脱维亚、立陶宛、波兰、德意志、奥地利、匈牙利、捷克斯洛伐克、南斯拉夫等取代了沙皇俄国、德意志帝国、奥匈帝国和奥斯曼帝国而出现在世界政治的版图上之外，这个世界似乎仍然是一个以欧洲为中心的世界：以英法为首的战胜国是战后和平方案的主要制定者和监督执行者；它们因获得了更多的殖民地和对所谓落后地区的委任统治权而使其殖民帝国甚至比战前更大更完整；另外，由于它们实际操控了 20 世纪的第一个全球性的政府之间的国际政治组织——国际联盟，从而使欧洲对世界的控制

---

① A. J. P. 泰勒认为，从 1848—1918 年这 70 年的欧洲是欧洲作为世界中心的最后时期，也是欧洲"势力均衡"的最后时期。它的和平归功于"势力均衡"，它的战争归功于势力失衡，而一战是企图恢复势力均衡，但却未能恢复均势，其原因之一是美国的参战，从此欧洲作为世界中心的地位也就消失了。参见《争夺欧洲霸权的斗争（1848—1918）》的绪言部分。这种看法是有道理的。

② 从更广泛的全球视角来看，19 世纪末美国、俄国和日本等国在欧洲两侧的兴起，以及 20 世纪初亚洲第一次民族主义运动的高潮，便是欧洲衰落的开始。

③ 巴巴拉·W. 塔奇曼：《八月炮火》（上海外国语学院英语系翻译组译），上海：上海译文出版社，1981 年，第 146—147 页。

力似乎比战前更加强大。

　　但是，在这些表象之下的形势却完全不同。这场大战给欧洲带来了极其深刻的危机，没有一个发动战争的国家是真正的胜利者。欧洲的工业遭到严重破坏：到 1929 年美国的工业产量占世界总产量的 42.2%，这一产量是包括苏联在内的所有欧洲国家的总和[1]；它的海外市场也由于在战争中发展起来的美洲和亚洲的工业竞争而不断萎缩；欧洲还失去了大量海外投资，英国失去 1/4，法国失去 1/3，德国失去全部；与此同时，欧洲的财政金融地位也发生了很大变化，从战前的债权国变成了战后的债务国。不仅如此，大战还给欧洲造成了极其惨重的人口损失。由于西欧战场的厮杀最为惨烈，使西欧各国失去了几乎整整一代最有才华和最具创造力的青年。仅以在这场战争中并非阵亡最多的英国为例。据统计，第一次世界大战中，英国陆海空三军的服役军官和士兵共 6146574 人，阵亡 722785 人，约占 11.76%，其中陆军的阵亡人数占陆军服役人数的 12.9%，海军占 6.8%，空军占 2.1%；19 所大学的毕业生和在校生的参战人数为 177565 人，阵亡约占 5.55%；以牛津大学和剑桥大学为例，牛津的参战学生为 13403 人，阵亡 2569 人，占 19%，剑桥的参战学生为 13126 人，阵亡 2364 人，占 18%。[2] 上述这一切，几乎从根本上损害了欧洲经济的长远发展前景，并导致欧洲和美国的经济关系完全改变。欧洲已不再像 19 世纪时那样是世界工厂和世界银行家，这两方面的领导权都在向大西洋彼岸转移。欧洲对世界经济的控制能力不断减弱。

　　大战对欧洲的政治打击同样沉重。俄国十月革命的胜利，使倍受战争浩劫之苦的欧洲各国人民对生活在其中的社会制度产生了极度的怀疑与不满，社会主义思想在欧洲进一步传播。面对各国无产阶级进行的不同程度的反对垄断资产阶级的革命斗争，资产阶级的政治家们极为担忧和惊恐。美国总统威尔逊的密友和顾问豪斯上校在 1919 年 3 月 22 日写道："每天都有不满的呼声。人民需要和平。布尔什维主义正越来越为各地的人们所接受。匈牙利刚刚屈服。我们正坐在一座露天的火药库上，总有一天一颗火星就能把它点燃……"[3] 几天以后，3 月 25 日，劳合–乔治也在《枫丹白露备忘录》中写下了同样的担忧："今天的

---

[1]　斯塔夫里阿诺斯：《全球通史：1500 年以后的世界》，第 614 页。

[2]　J. M. Winter, "Britain's 'Lost Generation' of the First World War," *Population Studies*, Vol. 31, No. 3 (Nov., 1977), pp. 449-466. 这些数字根据该文中的表 9、表 10 算出。必须指出的是，英国并不是一战的战场，它的阵亡人数远较法国的约 1240000 人为少。

[3]　Charles Seymour ed., *The Intimate Papers of Colonel House*, Vol. 4, Boston, 1928, p. 389.

情况已经完全不同……整个俄国充满着革命的精神。在反对战前形势的工人中间，存在着的不仅是不满，而且是愤怒和反抗的强烈意识。从欧洲的一端到另一端，民众对整个现存秩序在政治、社会和经济各方面都感到怀疑。在某些国家，如德国和俄国，骚乱采取公开起义的形式；在另一些国家，如法国、英国和意大利，则采取罢工和普遍怠工的形式。这许多症候表明，人们对政治与社会变革的意愿与对工资的要求是同样关注的。"[1]当列宁领导的苏维埃俄国在进行了艰苦卓绝的斗争，巩固了社会主义政权的时候，欧洲在地缘政治和意识形态方面便被一分为二了。欧洲不再是资本主义的一统天下，自19世纪以来欧洲的世界中心地位和对世界的支配地位第一次受到了真正的挑战和动摇。

20世纪20年代的革命高潮过去之后，欧洲只有几年的和平时光，便又陷于经济大危机的打击之下，它不仅使战后10年间经济恢复与发展的成果几乎丧失殆尽，而且使欧洲面临德、意法西斯的现实威胁。然而英法等资产阶级民主国家对德、意的侵略扩张却采取绥靖政策，步步姑息退让。这种"饮鸩止渴"的自杀行为最终鼓励了纳粹德国提前发动战争，并使欧洲经受了又一次血与火的洗礼。

第一次世界大战还给欧洲造成了极其巨大的心理和精神创伤。它深刻地影响了欧洲人关于他们自己和西方文明的观念，使他们深深怀疑西方文明的基本走向，从而引发了世界历史上几乎是无与伦比的精神危机，以致德国历史学家奥斯瓦尔德·斯宾格勒（Oswald Spengler，1880—1936）在自己的著作中发出了"西方的没落"的哀叹，而英国历史学家阿诺德·J.汤因比（Arnold Joseph Toynbee，1889—1975）则在其著作《历史研究》中，发动了对欧洲中心论的猛烈批判。[2]

---

① David Lloyd George, *The Truth about the Peace Treaties*, Vol. 1, London, 1938, pp. 404-416.

② 大战还导致了西方国家的文化悲观主义。在史学领域，斯宾格勒的《西方的没落》最有代表性。作者在1911年构思这部著作时，已经感到大战迫在眉睫，是"历史危机的必不可免的外在表现"。大战的爆发及结果，更是使他感到震动与失望。于是他追踪西方文明从其充满活力的青年时期（文艺复兴）到富于创造的中年时期（18世纪）再到日趋衰落的暮年时期（20世纪），叙述西方文明是如何陷入衰落与危机的，其悲观的论述跃然纸上。在文学领域，出现了达达主义艺术运动（1916—1923）。该运动由一些年轻艺术家和反战人士领导，试图通过废除传统文化、反美学的作品及抗议活动表达对大战的绝望和年轻人的苦闷与空虚。尽管达达主义作为一场文艺运动的时间不长，但波及的范围却很广，对20世纪的一切现代主义文艺流派都产生了影响。在心理学领域，西格蒙德·弗洛伊德（1856—1939）的心理学研究也表现出悲观主义倾向，他日益强调人类侵略行为的原始力量是人的"死亡本能"，这种本能在战争、仇视、杀害、自残中得到非常明显的表现，即使在最先进的现代社会里它也永远不可能被彻底征服。

（二）殖民主义步步后退

与欧洲的世界霸权地位逐步衰落同步发展的，是它所代表的殖民主义势力遭到冲击而连连后退，从而开始了世界殖民体系的解体过程，这实际上也是欧洲衰落的一个有机组成部分。关于这个问题，我们将在第五章中集中讨论。

（三）美国与苏联的兴起

与西欧的逐渐衰落形成鲜明对照的是美国与苏联的不断崛起，美国的崛起是在欧洲衰落的背景中出现的，而苏联则正是在资本主义世界陷入最严重的危机时诞生的。这两大国家的崛起过程分别开始于第一次世界大战前夕和第一次世界大战之后，但同时完成于第二次世界大战，并对世界的政治格局产生了划时代的影响。

1914 年以前，欧洲是近代基本的政治思想和政治制度的发源地，这些思想和制度曾唤醒了美国人，激励过俄国人。然而第一次世界大战的浩劫使欧洲人精神沮丧，失去信心，对他们所创造的一切表示怀疑。特别是由于第一次世界大战的结局，实际上是由美国的参战而最后决定的，这更使美国的地位大大提高。第一次世界大战后，美国挟其世界第一经济强国的优势和政治上的威望，走出美洲，参与国际事务，威尔逊总统提出的他称为《世界和平纲领》的十四点计划，就是美国企图领导世界的第一次重要表示。[①] 不过，美国企图问鼎世界领导权的努力受到西欧国家的几乎一致的抵制而遭遇挫折。

与此同时，在欧洲另一侧的俄国，则在大战中爆发了列宁领导的十月革命，使马克思恩格斯创立的科学社会主义学说变成了活生生的现实，使一个崭新的社会主义制度登上了历史舞台，并成为殖民地半殖民地人民的学习榜样。在亚洲，关心祖国前途和命运的中国先进分子掀起了宣传社会主义的热潮。在北京，李大钊（1889—1927）于 1918 年撰写了《庶民的胜利》《布尔什维主义的胜利》等论文，在上海、长沙、武汉、天津、济南等地的共产主义分子也积极宣传马列主义和十月革命。1919 年爆发的反帝反封建的五四运动，进一步促进了社会主义思潮在中国的传播，促进了马列主义与中国革命相结合。1921 年中国共产党的成立，为中国人民的解放指明了道路，带来了希望。在亚洲的其他国家也发生了民族运动和人民起义。1920 年印度尼西亚、土耳其等国家建立了共产党。非洲，早在 20 世纪初就出现了社会主义思潮。著名的"泛非运动之父"、曾任利比里亚国务卿的爱德华·威尔莫特·布莱登（1832—1912）就

---

① 参见齐世荣主编：《世界通史资料选辑·现代部分》第一分册，1998 年第 2 版，第 3—14 页。

曾提出非洲应该废除私有制、避开资本主义发展阶段的看法。第一次世界大战后，马克思主义在非洲进一步传播。1920 年，法国共产党在阿尔及利亚、突尼斯建立了支部，埃及成立了社会主义党（1922 年改名为共产党），1921 年南非成立了共产党。这些社会主义政党为了非洲的社会主义发展，进行了长期而曲折的反殖斗争。在拉丁美洲，各国人民继续进行反对大资本和大地产、反对美帝国主义及其在拉美各国代理人的工人罢工和农民运动。1919 年墨西哥共产党、1920 年阿根廷共产党、1922 年巴西和智利共产党的相继建立，推动马列主义和社会主义思潮进一步传播。

于是，当一些欧洲人还在期待着威尔逊的指导时，生活在世界东方的一些民族则以马列主义为武器，以十月革命为榜样，以建立社会主义制度为目标，进行着自己的革命斗争。美国与苏俄这两个同时崛起的但又实行不同制度的力量不断发展，并对世界格局产生着划时代的影响。

然而，正当美国为自己日益上升的经济指数和不断提高的国际地位而洋洋自得之时，一场以纽约股市大崩盘为标志的、迄今为止世界最大的经济危机的飓风突然从华尔街刮起，并迅速肆虐整个西方。这场至今仍然使人心有余悸的大萧条，不仅是一战对已经形成的相互依存关系的世界经济大破坏的产物，也是 20 世纪 20 年代欧洲的经济过于依赖美国贷款并依靠美国经济稳定的结果。[①]这场大危机使资本主义制度和它所信奉的自由主义思想遭到重创，法西斯主义快速向各地挺进，并最终在德、意、日等国站住了脚跟。尽管美国、英国和法国等国家保住了资产阶级民主制和代议制，但西方世界再次分裂。

反观苏联，十月革命的胜利以及苏维埃政权在粉碎了帝国主义和国内反动势力的武装干涉与进攻之后得以巩固，在统一的资本主义世界体系上打开了一个无法弥合的缺口。而列宁在十月革命胜利后的第二天就发布的《和平法令》[②]，

---

① 关于这次大萧条的起因和结果的争论，参见查尔斯·P. 金德尔伯格：《1929—1939 年世界经济萧条》（宋承先等译），上海：上海译文出版社，1986 年。

② 该法令由列宁起草，于 1917 年 11 月 8 日全俄工兵代表苏维埃第二次代表大会通过。其主要内容包括：明确宣布苏俄政府认为不割地、不赔款的和平是公正的、民主的和平；对兼并下了确切的定义："凡是把一个弱小民族合并入一个强大国家而没有得到这个民族的同意合并、希望合并的明确而自愿的表示，就是兼并或侵占别国领土的行为，不管这个被强迫合并发生在什么时候，不管这个被强迫合并或被强制留在别国版之内的民族的发展或落后情况如何，最后，不管这个民族是居住在欧洲或是居住在远隔重洋的国家，都只是一样"；主张废除秘密外交，宣布立即着手公布并废除沙皇政府和俄国临时政府缔结的秘密条约。尽管各参战国政府最初以沉默来对付和平法令，继而对其进行攻击，但是在该法令的直接影响下，英国首相劳合-乔治于 1918 年 1 月 5 日发表了战争目的的宣言，美国总统威尔逊于 1 月 8 日公布了自己的"世界和平纲领"。这两个文件的全文分别见 David Lloyd George,

作为无产阶级登上国际政治舞台后的第一个纲领性的外交文件，显示了世界上第一个社会主义国家严厉谴责帝国主义战争、实行和平外交政策的基本取向，从而揭开了世界外交史和国际关系史上崭新的一页。尽管由于帝国主义对苏俄的武装干涉，《和平法令》未能立即实现，但是列宁在1919年就已经预见到，随着战争的胜利，国际关系即将出现"社会主义国家和资本主义国家共存的时期"。①1920—1924年，是列宁的和平共处思想的重要发展阶段。1920年2月列宁在回答美国《纽约晚报》记者的问题时，第一次较为准确具体地表述了不同社会制度的国家和平共处的思想，即建立以互不侵犯为前提，以互通有无、进行商品贸易为主要内容的和平往来的国家关系。②1922年的热那亚会议是苏俄争取与资本主义国家和平共处的一次重大的外交实践，会议期间苏俄与德国签订的《拉巴洛条约》③，体现了"两种所有制的实际平等"④，是列宁和平共处外交政策的胜利。从此以后，不同社会制度国家之间的和平共处开始逐渐为世界所承认。1924年世界上出现了与苏联的"建交热"，到1925年底，已有22个国家与苏联建立了外交关系，苏联与资本主义国家之间签订的各种条约和协定有40多个。因此，尽管苏联仍然是帝国主义包围下的一个"孤岛"，但是在当时实际上已经形成了不同社会制度国家和平共处的局面。特别是列宁所提出的不同社会制度的国家可以和平共处的外交原则，体现了民族国家平等和国际社会公正的思想，这是对几个世纪以来国际关系中所奉行的强权政治和霸权主义的巨大冲击与否定，从而奠定了新型国际关系的基础，也彰显了苏联的国际政治力量。

不仅如此，苏联的存在，成为资本主义世界的一面镜子，"它为整个资本主义世界都要经受的改造提供了样板"⑤。这一点，在20世纪30年代的经济大危机及其后表现得十分明显。大萧条对资本主义社会的重创之大，使一个事实

War Memoirs, Vol. 2., London, 1933, pp. 63-73; Charles Seymour ed., *The Intimate Papers of Colonel House*, Vol. 4, pp. 192-200。

① 《列宁全集》中文第二版，第37卷，北京：人民出版社，1986年，第188页。

② 《列宁全集》中文第二版，第38卷，第158页。详细引文，请见第六章相关内容。

③ 1922年4月10日至5月19日，包括苏俄在内的欧洲国家在意大利的热那亚城召开国际经济会议，讨论欧洲的经济复兴问题。苏俄代表提出在平等互利的基础上同资本主义国家建立经济关系，实现两种制度的和平共处；而英法等国提出苏俄偿还沙俄和临时政府的一切外债等要求，为苏俄拒绝。在会议期间，苏俄利用德国与战胜国的矛盾，在会外与德国在拉巴洛签订了双边条约，规定两国相互放弃赔偿军费和战时的损失，恢复两国邦交的正常化并在最惠国基础上发展经贸关系等。《拉巴洛条约》的平等原则有利于苏俄与其他资本主义国家的外交谈判。

④ 《列宁全集》中文第二版，第43卷，第190页。

⑤ 爱·阿克顿：《三种传统观点和重评派观点》，载刘淑春、翟民刚、王丽华编：《"十月"的选择——90年代国外学者论十月革命》，北京：中央编译出版社，1997年，第74页。

显得愈加突出：早就与资本主义分道扬镳的苏联并不为经济危机所苦。在西方经济确实一团糟的同时，苏联正在实行史无前例的第一个五年计划。到它结束的 1932 年，苏联的工业生产已从世界的第五位上升到第二位。五年计划引起了全世界的关注，因为社会主义不再是空想家的梦，而是正在发展中的事业。一时之间"计划"一词不仅成为西方政界最时髦的名词，并且不自觉地去模仿与学习。正如英国左派史学家艾里克·霍布斯鲍姆所说，因为"共产主义制度的存在，刺激资本主义对自己进行了重大改革。最矛盾的是，世界经济大恐慌的年代，苏联竟然完全免疫。这个现象，促使西方社会放弃了对传统派自由市场正宗学说的信仰"。[①] 西方国家纷纷开始实行新的公民社会保障制度，出现了对经济实行国家调控与计划管理的因素，并开始调整各资本主义国家的关系以及国际之间的互相联系。苏联对资本主义世界内部的发展所产生的这些巨大影响，深刻地影响着 20 世纪的世界历史进程。

另外，面对法西斯主义的挑战，英美等资产阶级民主国家不得不暂时摒弃意识形态的分歧，与苏联携手迎敌；而苏联依靠自己建立起来的强大的工业基础和巨大的民族牺牲，成为打败法西斯的主要力量之一，在保卫自己国家安全的同时，也保住了资产阶级民主国家的生存。从而在实际上挽救了资本主义。资本主义和社会主义合作抵抗法西斯的这段时间，就许多方面来说，不啻为 20 世纪历史的最重要的时刻。

综上所述，第一次世界大战所带来的这些世界性的特别是在国际格局方面的、渐进的重大变化，随着第二次世界大战的终结，终于发生了质变，从而开始了人类历史的新时期。

第三节　第二次世界大战导致的国际格局演变

法西斯国家发动的第二次世界大战是一场惨绝人寰的战争，它使人类在物质上和精神上蒙受了前所未有的巨大双重劫难。在历时 6 年（1939—1945）的战争中，先后有 61 个国家和地区参战，战火燃及四大洲三大洋，交战双方动员兵力约 11000 万，直接军事开支达 13500 亿美元，物质损失在 40000 亿美元以上。占当时世界人口 80% 的 17 亿人饱尝了战争的苦难，军队和平民伤亡约

---

① 霍布斯鲍姆：《极端的年代》上册，第 121 页。

9000万人，3000万人流离失所。当人类终于从血雨腥风中得以解脱并获得了这场反法西斯战争的胜利时，面对残垣断壁的家园，这场战争对人类文明和道义的无情践踏仍令人不寒而栗，劫后余生者的心灵创伤更难以愈合。

今天，当我们站在21世纪的高度，以一定的时间和空间的距离来审视这场发生在80多年以前的伟大而惊心动魄的战争时，不禁深深感到，它对战后人类社会发展的影响是如此深远，以致我们仍然不能完全把握它的内涵，因为时至今日，我们仍然生活在这场战争的影响之中。

第二次世界大战的最直接最深刻的结果是，它大大加速了欧洲作为传统力量中心的衰落和美国与苏联这两个欧洲侧翼大国的真正崛起，从而最终改变了世界范围内的力量对比，完成了自20世纪初便开始进行的在国际格局方面的巨大变革：以欧洲大国均势为中心的传统的国际格局完全被战火所摧毁，取而代之的是美苏对峙的两极格局。

一、第二次世界大战对国际格局的直接影响

（一）欧洲彻底衰落

欧洲作为资本主义文明的发源地，曾在几个世纪中处于主宰世界的中心地位。第一次世界大战已经使这一地位受到严重动摇，而第二次世界大战则使整个欧洲遭受了几乎是致命的打击。随着又一代青年人被战火吞噬，欧洲各国的基本国力几乎也在这场战争中消耗殆尽，从而导致了欧洲的整体衰落。

与第一次世界大战给欧洲带来的苦果相比，第二次世界大战给欧洲带来的是更大的厄运，它的经济与政治危机愈加深重。当战争结束时，欧洲的大片土地已变成废墟。1946年，战败的德国的国民收入和国民生产总值还不到1938年的1/3，意大利则下降了40%。就是战胜的英国情况也相当糟糕，战争已经使它的美元与黄金储备告罄，并清理了它的所有海外投资，1944年，英国的出口仅相当于1938年的31%。法国的损失也十分巨大，1944—1945年它的国民收入只相当于1938年的一半。[①] 而且就是这样的经济状况，也是在美国的援助下才勉强取得的。

更大的打击是欧洲在地理上、政治制度上和意识形态方面都被一分为二，"被战火摧毁的幻灭的欧洲，匍匐在华盛顿和莫斯科的直接或间接的影响之

---

① 参见H. 斯图尔特·休斯：《欧洲现代史（1914—1980年）》，第499、518页；保罗·肯尼迪：《大国的兴衰》，第447—452页。

下"①,用戴高乐的话来说,那就是欧洲"在这场赌博中没有抓到一张大国的王牌"。这种形势与人们所熟悉的 19 世纪和 20 世纪初欧洲全球霸权的世界格局实在是惊人的相反。当时,全世界的人们都已习惯于欧洲列强对整块整块的大陆进行瓜分,甚至认为这就是国际事务正常秩序的一部分。而二战后发生的情况却恰恰相反:欧洲本身正在被外来的两个大国苏联与美国划分成东、西两大势力范围,无论欧洲的大国还是小国愿意与否,在决定其外交政策的时候,都不仅要考虑自己的国家利益和历史传统,也必须考虑东西方对峙这一重要因素,而且其经济恢复和国家安全都要分别依靠与苏联和美国的结盟才能办到。与此同时,欧洲的殖民地也纷纷起来独立,奋力摆脱宗主国的控制,并进而引发了"全球大分裂"。如果说第一次世界大战给欧洲带来的创伤使德国历史学家奥斯瓦尔德·施宾格勒感叹"西方的没落"的话,那么更多的人在目睹了第二次世界大战带来的更大的创伤之后,则直截了当地认为二战后的欧洲已经死亡。

无论如何,19 世纪欧洲建立的世界霸权地位如落花流水,一去不复返了。

(二)美国与苏联发展为世界强国

与欧洲的整体衰落形成极大反差和鲜明对照的是,美国和苏联的力量在第二次世界大战后的空前强大。

美国一跃而成为雄踞资本主义世界之首的经济、军事和政治大国。在经济上,它是唯一因战争而大发其财的国家,当战争结束时,它的黄金储备已达 200亿美元,几乎占世界总量 330 亿美元的 2/3;美国生产的各种产品占世界总量的 1/3;它的船舶总吨位占世界的一半。美国所拥有的占全球财富 50% 的巨大经济实力,足以使西欧复兴。在军事上,欧战结束时,美国的武装部队人数高达 1200 多万,国防预算超过 800 亿美元。它的陆军仅次于苏联,海军已在全球居于远超英国皇家海军的至高地位,制空权更为优越,可以向世界各地快速输送兵员。到 1946 年,美国的军队已经在遍布世界的 56 个国家驻扎,到 1947 年,它已在海外建立了 484 个军事基地。它还在战后初期垄断着原子武器。②在政治上,美国已把整个西欧和美洲置于它的保护与控制之下,一度不可一世的日本也成了它的手下败将,于是美国渴望领导世界的欲望难以按捺。早在二战后期,

① Cyril E. Black, *Rebirth: A History of Europe since World War II*, Colorado: Westview Press, 1992, p. 48.
② 参见保罗·肯尼迪:《大国的兴衰》,第 439 页;《战后世界历史长编(1947 年)》,上海:上海人民出版社,1977 年,第 1 页;戴维·霍罗威茨:《美国冷战时期的外交政策:从雅尔塔到越南》(上海市"五七"干校六连翻译组译),上海:上海人民出版社,1974 年,第 63—64 页;乔治·马立昂:《美帝国主义的扩张》,北京:世界知识出版社,1953 年,第 16—17 页。

罗斯福总统就表明了这种思想，1944 年 10 月 21 日，罗斯福在美国外交政策协会发表有关美国外交政策的讲演，他说："吾国因拥有道义、政治、经济及军事各方面之力量，故自然负有领导国际社会之责任，且随之亦有领导国际社会之机会。吾国为本身之最大利益以及为和平与人道计，对于此种责任，不能畏缩，不应畏缩，且在事实上亦未畏缩。"[1] 在罗斯福准备的 1945 年 4 月 13 日杰斐逊日的讲演稿中，他写道："强大的力量要承担重大的责任……我们作为美国人并不打算拒绝接受我们的责任。"[2] 正如保罗·肯尼迪所说，美国所具有的这种巨大优势，不仅使它有了一种"飘飘然的自我优势感"，而且认为"美国统治下的和平时代"已经到来了。[3]

另一方面，在战争中以经受严峻考验而令盟国刮目相看的苏联，虽然在经济上逊于美国，但在军事上和政治上亦十分强大，它拥有世界上最强大的陆军，整个军事实力仅次于美国；它收复了战争中的失地，还兼并了一些其他国家的领土，不仅使其西部的战略环境得到了重要改善，而且也使其东部的战略环境得到了有利调整；它进一步将整个东欧置于自己的控制之下，与西方相对而立；再加上苏联在反法西斯战争中做出的重大贡献和显示出的巨大能量，使它在全世界赢得了很高的威望。当二战结束时，只有苏联的国际权势和影响能够与美国相比。实际上，还在战争激烈进行之时，美国的军事计划人员就已经从军事的角度指出了这一点。他们写道："反对我们目前敌人的战争胜利结束后，我们将发现世界各国军事力量的消长要发生意义极为深远的变化；其意义之深远，在罗马陷落后的 1500 年中，只有罗马陷落可与之比拟。击败日本后，只有美国和苏联堪称第一军事强国；其原因均归结于它们的地理位置、辽阔的幅员和巨大的军火生产潜力。"[4]

因此，第二次世界大战便成为国际格局的真正转折点，以欧洲为中心并支配世界的时代终于成为历史的陈迹，取而代之的是美苏对峙的两极格局时代。这个新的两极格局的基石，就是第二次世界大战中后期由"三巨头"罗斯福、丘吉尔和斯大林确立的所谓雅尔塔体系；而两极格局的外在表现，则是美苏之

---

[1]　法学教材编辑部审定：《国际关系史资料选编》下册（1945—1980），武汉：武汉大学出版社，1983年，第 67—68 页。

[2]　关在汉译编：《罗斯福选集》，北京：商务印书馆，1982 年，第 522 页。由于罗斯福于 4 月 12 日逝世，该讲稿未及发表。

[3]　参见保罗·肯尼迪：《大国的兴衰》，第 439—440 页。

[4]　转引自保罗·肯尼迪：《大国的兴衰》，第 437 页。

间在战后逐渐形成的"冷战"态势。有关第二次世界大战与冷战以及与两极格局形成之间的关系，我们将在稍后论述。

（三）殖民主义退出历史舞台

伴随着欧洲世界霸权的消失，昔日欧洲列强所构建的存在了几个世纪之久的世界殖民体系，终于在第二次世界大战之后土崩瓦解。

在二战的隆隆炮声中，为了彻底打败法西斯主义，1941 年 8 月，罗斯福与丘吉尔发表《大西洋宪章》，表达了积极支持各民族的主权和自治权，并帮助他们恢复这种权力。苏联对此也表示支持。这对殖民地人民的斗争是巨大的鼓舞。

第二次世界大战后，随着亚非拉地区经济的发展和民族主义思想意识更为广泛的传播，以及整个殖民体系的空前衰落，不可阻挡的卓有成效的民族革命浪潮席卷了欧洲所有殖民地。殖民地半殖民地的人民终于奋起"对西方造反"，从而使争取主权平等、政治独立、种族平等、经济公正和文化解放这五大主题为基本内容的非殖民化进程，终于以殖民主义者始料不及且最终无法控制的速度席卷了欧洲所有殖民地。[1] 非殖民化进程不仅完全不可逆转，而且速度不断加快。正如美国学者汉斯·科恩所说："自 1945 年以来的 20 世纪，已成为有史以来整个人类接受同一政治观念，即民族主义的第一个时期。"[2] 其结果是形成了20 世纪最为壮观的第二次民族解放浪潮。在这次浪潮中，一些国家的政治家们动员了不同语言、不同宗教、不同社区的人民，发动了共同抵御外来势力、改变共同的被奴役命运、创立多民族的现代民族国家的斗争。于是，在短短 20 年间便使当年那些幅员辽阔的欧洲殖民帝国七零八落，全部消失，一百多个民族独立国家在这些殖民帝国的废墟上拔地而起，以惊人的速度结束了欧洲自 15 世纪就开始构筑的世界殖民体系，形成了对旧欧洲的又一个致命打击。今天，193面庄严绚丽的国旗在联合国的广场上飘扬，这是人类历史的极其巨大的进步，也是 20 世纪的一个最伟大的划时代变化。在这些新的民族独立国家中，将产生新的国际力量中心，并对国际格局产生重大影响。

二、第二次世界大战、冷战与两极格局的形成

雅尔塔体系是第二次世界大战留给人类的至今仍有影响的重要遗产之一，

---

[1] Hedley Bull and Adam Watson ed., *The Expansion of International Society*, Oxford: Oxford University Press, 1984, pp. 220-223.

[2] Hans Kohn, *Nationalism: Its Meaning and History*, p. 89.

我们已在第二章对它进行了具体阐述。在这里，我们要论述的是雅尔塔体系与冷战和两极格局确立之间的内在关系。

（一）二战与两极格局的地缘政治基础

对于美英苏三大战胜国在第二次世界大战中后期，经过一系列重大的国际会议所达成的一系列公开的或秘密的、书面的或口头的协议而形成的雅尔塔体系，尽管具有重要的历史进步性，但同样存在大国强权政治的深深烙印，并实际成为美英苏三大国谋求势力范围的产物，而它们所划定的势力范围，则恰恰成为以后两极格局形成的地缘政治基础。

在第二次世界大战期间三大国的所有外交活动中，它们都试图保护并尽可能地扩大自己的势力范围，这几乎成为贯穿整个战时外交的一大特征。从阿金夏湾到雅尔塔，丘吉尔都在不遗余力地维护大英帝国，他曾经对当时的外交大臣安东尼·艾登（Robert Anthony Eden, 1897—1977）说："如果美国人想取得被他们征服的日本诸岛，那就让他们这样做……但是，'不要染指英帝国'是我们的箴言。"[①] 斯大林则设法在东欧、巴尔干和远东扩张苏联的势力范围。1944 年10 月丘吉尔和斯大林的百分比协议就是他们谋求势力范围的最露骨的举措；而三国在波兰问题上的无穷争吵，美英法苏分区占领德国和柏林的决定，以及关于中国和远东的秘密协定，无不含有争夺和划分势力范围的考虑。

与英国和苏联相比，美国的做法和想法是双重的。一方面，在整个战争期间，美国本身也一直在扩张并建立自己的势力范围，它不仅通过战时的政治、经济和军事合作逐渐把整个拉丁美洲控制在自己手中[②]，而且与苏联争夺对意大利和日本的控制权，与英国在中东展开角逐；但是另一方面，美国却不赞成其他国家建立封闭的势力范围。对于确信美国将成为世界上最强大的国家的罗斯福总统来说，他对战后世界的构想有一个发展过程，即从《大西洋宪章》所反映的由"美英二警察"来制止侵略，发展到《联合国家宣言》所反映的以美国为首的"美、英、苏、中四警察"的思想。他认为必须把美英苏中的战时同盟关系发展为战后的大国合作关系，并由美国来领导这种大国合作，以维持世界

---

① 转引自托马斯·帕特森等：《美国外交政策》下册（李庆余译），北京：中国社会科学出版社，1989年，第 576 页。

② 1945 年 2—3 月，在墨西哥城附近的查普尔特佩克召开了除阿根廷之外的所有美洲国家参加的关于战争与和平问题特别会议，会上签订了"查普尔特佩克议定书"（4 月阿根廷也签署了该议定书），它把战时美国在拉丁美洲取得的优势地位固定下来，并为战后建立美洲政治军事联盟奠定了基础。该议定书内容参见《国际条约集（1945—1947）》，北京：世界知识出版社，1959 年，第 9—12 页。

和平。这一思想在雅尔塔会议关于由美、英、苏、中、法五国发起建立联合国的决定中得到了具体体现。因此罗斯福又不主张在整个世界划分势力范围。

　　然而在雅尔塔会议前和会议期间，正是苏联的军事地位和政治威望处于反法西斯战争以来的顶峰期，战争打出了一个唯一能与美国抗衡的苏联，而社会主义越出一国连成一片的前景也已十分明显。出于军事的现实和外交的需要，罗斯福在设计战后的世界蓝图时，就绝不能无视这一他并不愿意看到的严酷事实。由于他把战后的美苏合作看成是落实战后世界安排的关键，因此他愿意做出一些让步，当然主要是以其他国家的利益做交易，以换取苏联的合作。[①] 在这种情况下，美英与苏联最后达成的妥协就是战争即将结束时美英与苏联之间的实际军事控制线：在西方，这条线从卢卑克到的里亚斯特；在南方，到外蒙古（今蒙古人民共和国）与中国东北地区；在东方，从南库页岛、千岛群岛到朝鲜半岛的38°线，直到中国的旅大港。这样，双方也就在实际上划分了各自的势力范围。美国国务院在 1945 年初就已经得出了有关这个问题的结论："势力范围事实上确实存在，很可能在今后一个时期内还会继续存在，……鉴于实际上的东欧势力范围和西半球集团（查普尔特佩克法），我们难以反对旨在加强各国在世界其他地区的安全的措施。"[②] 罗斯福在 1945 年 3 月 1 日向国会报告雅尔塔会议的讲话中，也不得不承认势力范围的存在，并认为在当时"这一类的发展实际上是几乎难以避免的"。[③] 值得注意的是，三大国之间的势力范围的划分形势，恰恰成为以后美苏形成的以冷战为其特征的两极格局的地缘政治基础。

（二）冷战的起源、发生与两极格局的形成

　　第二次世界大战结束后不到两年，便在美国和苏联以及分别以它们为首的两大集团之间发生了冷战。由于冷战的爆发与第二次世界大战的结果，以及与两极格局的形成都密切相关，因此有关冷战的一些重要问题，就必须包括在我们的论述之中。

1. 冷战的起源

　　所谓冷战，是指 20 世纪 40 年代中后期至 80 年代末 90 年代初，以美苏两个超级大国以及分别以它们为首的两大集团之间在政治、经济、军事、外交、

[①]　丘吉尔在其回忆录中也谈到了在雅尔塔会议上美英与苏联的妥协在军事上的必要性："当德国人还有两三百个师在战线上，如果我们跟俄国人发生了争吵，试问会发生什么样的结果？"见丘吉尔：《第二次世界大战回忆录》第六卷下部第三分册（斯祝译），北京：商务印书馆，1975 年，第 590 页。

[②]　转引自托马斯·帕特森：《美国外交政策》下册，第 579 页。

[③]　《罗斯福选集》，第 514—515 页。

意识形态、文化乃至科学技术等一切方面的既非战争又非和平的对峙与竞争状态。冷战不仅具有传统的大国利益冲突的实在内容，具有明显的地缘政治与战略特点，更以其强烈的意识形态色彩为主要特征；另外，冷战双方在进行激烈的军备竞赛，特别是核竞赛的同时，又具有使美苏两国之间始终避免兵戎相见的自我控制机制。① 这场冷战持续了 40 多年，构成了第二次世界大战后近半个世纪中的国际关系的主旋律。

那么，冷战发生的基本原因是什么？今天，当我们从历史的长镜头中去考察冷战起源这一国内外学术界持续不衰的研究课题时②，至少要考察冷战爆发的

---

① 关于冷战中的双方自我控制机制的分析，参见 John Lewis Gaddis, *The Long Peace: Inquiries in the History of the Cold War*, 8；*The Long Peace: Elements of Stability in the Postwar International System*, Oxford: Oxford University Press, 1987, pp. 215-245。这种自我控制机制，在古巴导弹危机中运用得最为突出，可参见 Robert F. Kennedy, *Thirteen Days: A Memoir of the Cuban Missile Crisis*, New York & London, 1999。原书初版于 1968 年。

② 自冷战爆发以来，国际学术界对冷战起源的研究至今不衰。从 20 世纪 40 年代到 90 年代以前，研究队伍主要集中在美国，并先后出现了"正统派""修正派"和"后修正派"等三个学派。概括地说，"正统派"在 40—50 年代占据主流，他们认为，苏联寻求世界霸权是导致冷战爆发的主要原因；"修正派"在 60 年代成为主流，他们认为，美国对苏联的政治经济和军事压力是冷战爆发的重要原因，美国的强硬政策和行为方式迫使斯大林与西方敌对；"后修正派"于 70 年代兴起，他们认为，美苏两国领导人的实用主义政策以及双方的一系列错误和误解，是冷战发生的重要原因，双方对冷战的爆发都负有责任，值得注意的是他们把研究的视野扩大到了欧洲和亚洲，探讨了英国、中国和朝鲜等国家在冷战中的作用。这一时期的苏联学者关于冷战研究的情况，基本上是官方看法，即将美帝国主义所奉行的"实力政策"视为冷战起源，苏联的反应是防御性的。有关西方学者研究的基本状况，可参见 Joseph Smith, *The Cold War, Second Edition, 1945-1991*, Blackwell Publishers, 1998, pp. 19-26。关于苏联的官方观点，可参见 A. C. 阿尼金等编：《外交史》第五卷上册（大连外国语学院俄语系翻译组译），北京：生活·读书·新知三联书店，1983 年，第八章。冷战结束后，随着大量档案的解密，学术界出现了新一轮冷战研究高潮。在美国出现了所谓"新后修正学派"，其基本观点是：冷战是苏联挑起的，斯大林应该对冷战的发生负主要责任。关于该派的主要看法，可参见 John L. Gaddis, *We Now Know: Rethinking Cold War History*, Oxford: Oxford University Press, 1997。值得注意的是，加迪斯也是"后修正派"的主要代表人物之一，而他在 1972 年出版的 *The United States and the Origins of the Cold War, 1941-1947* 一书，于 2000 年由哥伦比亚大学出版社重新出版，这也可视为其观点的某种再次回归。冷战结束后，一些俄罗斯的政治家和学者开始从新的角度探讨苏联在冷战起源中的作用，并认为西方国家和苏联对于冷战的产生和发展都负有责任，例如，曾长期在苏共中央国际部工作，并于 1986—1991 年担任 6 年戈尔巴乔夫总书记、总统助理的阿纳托利·切尔尼亚耶夫就认为："战胜德国法西斯主义和日本军国主义的国家对人类犯下的最大错误……就是发动了冷战。"阿纳托利·切尔尼亚耶夫：《在戈尔巴乔夫身边六年》（徐葵等译），北京：世界知识出版社，2001 年，第 12 页；俄罗斯学者米哈依尔·纳林斯基通过研究新解密的苏联档案，论述了战后苏联对东欧的势力范围政策和对马歇尔计划的态度，具体分析了苏联在冷战起源中的作用。见 Mikhail Narinsky, "Soviet Foreign Policy and the Origins of the Cold War," Gobriel Gorodetsky ed., *Soviet Foreign Policy 1917-1991, A Retrospective*, London: Frank Cass, 1994, pp. 105-110。其他具体的研究情况，可参见张盛发：《斯大林与冷战》，北京：中国社会科学出版社，2000 年，第 6—8 页。近 30 年来，冷战史研究也成为中国学术界的热点问题，初期的研究多认为冷战是美帝国主义对苏联发动的，随着新资料的解密，也重视到了苏联在冷战爆发的

国际背景，以及美苏在一些根本问题的认识上存在的巨大差异。概括地说，第二次世界大战结束后的国际形势，为冷战的爆发提供了条件；而美苏两国的国家大战略之间的激烈碰撞[①]，以及它们依据各自国家的大战略而制定的对外政策，则最终使冷战未能避免。[②]

第二次世界大战结束后，人们在欢庆胜利之时，看到的是这样一幅历史画面：作为战争的主要战场，欧洲、亚洲和北非地区惨遭破坏，政局动荡不安，经济恢复工作举步维艰；美国和苏联这两个过去在地理位置上并无直接关系的、社会制度完全不同的超级大国，由于它们各自所控制的势力范围而实际形成了在中东欧、巴尔干、中近东和远东直接面对面的军事对峙；反法西斯战争的胜利和世界和平的到来，使昔日大同盟建立的基础不复存在，同盟内部原有的矛盾也日益凸显。这一切，为美苏之间的冲突与对抗提供了条件，并成为冷战产生的国际温床。

然而，更为重要的是，战后美国的全球扩张的大战略与苏联的保障国家安

中的作用。80 年代和 90 年代比较有代表性的著述是时殷弘：《美苏从合作到冷战》，北京：华夏出版社，1988 年；黄正柏：《美苏冷战争霸史》，武汉：华中师范大学出版社，1997 年；张小明：《冷战及其遗产》，上海：上海人民出版社，1998 年；刘金质：《冷战史》，北京：世界知识出版社，2003 年。有关 90 年代的其他研究状况，可参见徐蓝：《90 年代我国现代国际关系史研究综述》中的有关部分，见《史学理论研究》2001 年第 2 期。对改革开放 30 年来有关战后国际关系史，包括冷战史研究的简介综述，可参见徐蓝：《战后国际关系史研究的成果与展望》，《历史研究》2008 年第 6 期；有关该领域研究的比较详细的综述，可参见徐蓝：《中国战后国际关系史研究 30 年》，载华东师范大学冷战国际史研究中心编：《冷战国际史研究》第 8 期，北京：世界知识出版社，2009 年 11 月。

① 本文所说的"大战略"，是指一个国家无论在战时还是处于和平时期，其最高层面上的战略，即指该国的最高领导层力图集中他们的全部政治、经济和军事目标，利用军事手段和非军事手段，诸如利用其经济、人力与物力、技术与文化的资源，以及外交与道义方面的压力，去保卫和加强他们所认定的本国最为长远的最高的国家利益。关于"大战略"的论述，可参见 Paul Kennedy ed, *Grand Strategies in War and Peace*, Preface and 1, *Grand Strategies in War and Peace: Toward a Brooder Definition*, New Haven and London: Yale University Press, 1991, pp.2-7；Henry Liddell Hart, *Strategy*, Second Revised Edition, New York: Praeger Publishers, 1967, p.322。另外，这里所说的大战略，也是对各国政府在具体贯彻这一大战略中所制定的军事、外交等各种战略和策略的一种区分。

② 西欧国家特别是英国在冷战爆发中的作用，是学术界探讨的课题之一。概括地说，一些西方学者认为，西欧对美国对苏联在欧洲构成的军事威胁漠然视之感到不安，并最终成功地说服美国直接介入到欧洲的事务当中，因此美国是由于被"邀请"而不是由于它的主动扩张而获得了一个"帝国"。参见 Robert Frazier, "Did Britain Start the Cold War?" *Historical Journal*, Vol.27, 1984, pp.715-727; Geir Lundestad, *The American 'Empire' and Other Studies of US Foreign Policy in a Comparative Perspective*, Oxford: Oxford University Press, 1990. 有关 40 年代的英苏关系的系统概述，可参见 Geoffrey Warner, "From 'Ally' to Enemy: Britain's Relations with the Soviet Union, 1941-8," Francesca Gorl and Silvio Pons ed., *The Soviet Union and Europe in the Cold war, 1943-53*, Macmillan Publishers Limited, 1996, pp.293-309. 鉴于英国在冷战爆发中的作用无法与美苏相比，以及受到篇幅所限，本文对此不做具体论述。

全的大战略针锋相对，迎头相撞。

战后的美国，挟其世界头号军事、经济强国的实力地位，其"领导世界"的狂妄意识大为膨胀，要求在世界事务中独占鳌头。杜鲁门总统声称美国是"经济世界的巨人"，"全世界应该采取美国制度"，"不管我们喜欢与否，未来的（国际）经济格局将取决于我们"。[1] 这种领导世界的强烈欲望，成为美国战后对外扩张的思想基础。

与美国综合国力的巨大增长相联系，美国不仅认为能够根据美国制定的规则，建立起它在两次世界大战之间的年代中始终未能建立起来的世界政治经济秩序，并在其主导下建立了联合国和布雷顿森林体系[2]，而且在战后欧洲经济普遍拮据，广大殖民地半殖民地空前动荡的情况下，美国更将追求海外市场视为保持国内繁荣与稳定，避免危机发生的重要手段。于是，美国力图以自己的经济力量，打开全球门户，使世界经济自由化。因此，美国自身的经济制度和经济需求不仅是它主动向全球扩张的另一个重要因素，也成为这种扩张的主要目的之一。

不仅如此，通过第二次世界大战，美国政府还认为：再也不能允许其潜在的敌手通过经济上的闭关自守，政治上的颠覆活动，以及军事上进行侵略等手段，来取得对欧亚大陆的资源控制；战后的和平与稳定必须建立在不侵略、民族自决、平等享有原料的机会和非歧视性贸易的基础之上；而且那些违反这些原则的国家将会运用军事力量和经济闭关等手段使国际经济失调，并因此而危及美国的安全。[3] 这里所说的"潜在的敌手"，当时显然主要是指苏联。

与此同时，美国的政治精英们无不认为美国的意识形态是最优越的，美国的民主制度和自由的价值观是至高无上的，应当向全世界移植。这一点，罗斯福总统的顾问和密友霍普金斯说得很清楚："努力利用我们的外交力量去推进和鼓励在全世界建立民主政权。我们不应该害怕向世界表明我们的立场，那就是要求世界上的人民都享有建立一个真正民选政府的权利。我们坚信，我们的具有生命力的民主政体是世界上最好的政体。"[4] 无论是罗斯福政府还是杜鲁门政府，之所以都坚持要在东欧实行民族自决，让当地的人民选择自己的政府，是

---

[1]　托马斯·帕特森等：《美国外交政策》下册，第601页；Joseph M. Jones, *The Fifteen Weeks*, New York, 1955, p.66。

[2]　对此我们将在第四章具体论述。

[3]　Melvyn P. Leffler, *A Preponderance of Power: National Security, the Truman Administration, and the Cold War*, California: Stanford University Press, 1992, p.23.

[4]　转引自张小明：《冷战及其遗产》，上海：上海人民出版社，1998年，第9页。

因为他们认为，"支持自由选举的政策，其目的便是对苏联在东欧的行为进行直接挑战"。[①] 因此，美国自十月革命以来便形成的反共意识，以及其历史所孕育的自认为美国集西方文明之大成的天生优越感和由此而产生的美国有责任将其民主制度和自由的价值观念向全世界移植的天定使命观，则成为其向全球扩张的又一内在动力。

另外，第二次世界大战还使美国进一步强化了这种认识：只有美国式的民主政体才能创造一个和平与安全的世界，美国将法西斯国家和共产主义国家都视为专制政体并具有侵略性，认为它们都在海外搞敌对扩张，因此必须受到约束。

上述这一切，便形成了美国在第二次世界大战后的全球扩张的大战略。但是这一大战略的实施，却在地缘政治、经济利益及意识形态等方面，全面与苏联的大战略相遭遇。

苏联在战后的大战略核心是保障苏联的国家安全。

战后的苏联，以保卫国家安全特别是其西部边界的安全作为第一要务。鉴于苏联西部边界缺乏天然的安全屏障，而且其历史上遭受的几次大规模的入侵又都来自西部，因此，苏联在坚决反对德国的纳粹主义和军国主义复活的同时，更将其西部边界的安全视为关系民族和国家生死存亡的重大问题。在这一点上斯大林是非常坚决的。这也是斯大林在三巨头的一系列会晤中对波兰问题始终寸步不让的根本原因，例如，当"三巨头"在雅尔塔会议上讨论波兰问题时，斯大林就明确指出："波兰问题对俄国人不仅仅是个荣誉问题，而且是个安全问题……因为苏维埃国家一些极为重要的战略问题都与波兰有关"；"波兰问题对苏维埃国家来说是一个生死攸关的问题"。[②] 斯大林还在 1952 年对印度大使说："苏联只关心自身的安全和建立一条由对苏友好国家组成的缓冲带。"[③] 正是在这样的安全战略的指导下，苏联坚决要在其军事力量所能控制的东欧的势力范围内建立对苏联友好的政府，从而把东欧这条入侵苏联的危险走廊变成保卫苏联的安全地带，这也使苏联在德国、中近东、日本、中国等关键地区和美国的扩张发生了极大矛盾。另外，由于斯大林坚持认为战争是垄断资本主义的必然产

---

① Lynn Etheridge Davis, *The Cold War Begins: Soviet-American Conflict over Eastern Europe*, Princeton: Princeton University Press, 1974, pp. 386-387.

② 《德黑兰、雅尔塔、波茨坦会议文件集》，第 181 页。

③ 华庆昭：《从雅尔塔到板门店》，北京：中国社会科学出版社，1992 年，第 234 页。这虽然是在朝鲜战争中苏联不出兵的实际说明，但同样说明了苏联的安全战略。

物，资本主义国家一有机会就会发动第三次世界大战消灭苏联[1]，即使核武器的出现也未能改变他的这种看法，因此作为垄断资本主义政治、军事和经济综合实力最强的美国，自然也是苏联潜在的防御对象。为了在未来的战争中尽量少受损失并立于不败之地，建立"安全带"对苏联来说就格外重要。

但是，在苏联所追求的国家安全当中，也包含着俄罗斯传统的民族利己主义和大国沙文主义成分。这不仅表现在它将本国西部边界的大大向西推移和在东欧建立的"安全带"是在其军事压力下强迫那里的国家和人民接受的，而且表现在它对巴尔干、中国和远东的势力范围的寻求与控制，以及企图进一步向中近东的扩张方面。

与保证国家的边界安全相联系的是保证苏联的经济安全。苏联为战争的胜利付出了巨大牺牲，战后百废待兴，重建工作庞大而艰巨。因此，苏联要求从战败国索取巨额赔偿，以利于自己的重建。不仅如此，苏联高度集中的、用行政手段进行管理的、否定商品生产和价值规律的计划经济体制，也倾向于将其所控制的势力范围变成封闭的经济区域，而这又是与不断加强苏联的经济实力，从而迫使帝国主义国家与苏联较长时间的和平共处，以及确保打赢未来的反对帝国主义的侵略战争直接相关的。

另外，共产主义的理想和世界革命的信念，也使苏联在其军事能力所及的地区建立和维护与自己类似的社会制度。正如斯大林在 1945 年 4 月对南斯拉夫共产党代表团所说："这次战争和过去的不同；无论谁占领了土地，也就在那里强加他自己的社会制度。凡是他的军队所能到达之处，他就强加他自己的社会制度。不可能有别的情况。"[2] 关于这一点，我们在战争后期和战后初期苏联帮助东欧国家建立人民民主政权，以及在帮助南斯拉夫和阿尔巴尼亚共产党建立政权的过程中，在随着中国革命形势的发展而不断加大对中国共产党的支持力度，以及推动朝鲜民主主义人民共和国的建立等方面，都是可以看到的。不过，这种世界革命已经在相当大的程度上成为苏联国家安全的附属物，即必须服从苏联的国家安全利益。用前南斯拉夫著名历史学家弗拉迪米尔·德迪耶尔所说，斯大林"总是把苏联直接的国家利益和策略上的利益放在首位"。[3]

---

[1]　斯大林在 1946 年 2 月 9 日在莫斯科选区的选民大会上发表的演说。全文见《斯大林选集》下卷，北京：人民出版社，1979 年，第 488—500 页。

[2]　米洛凡·吉拉斯：《同斯大林的谈话》（司徒协译），北京：世界知识出版社，1989 年，第 85 页。

[3]　弗拉迪米尔·德迪耶尔：《苏南冲突经历（1948—1953）》（达洲译），北京：生活·读书·新知三联书店，1977 年，第 72 页。我们还可以在苏联不支持希腊共产党和人民解放军、不支持法共拥有武装以及在很长时间里未给中国共产党以应有的支持等方面看到这一点。

上述这一切，便形成了战后苏联的保障国家安全的大战略，并使苏联决心充分利用它所掌握的有限力量，通过局部扩张而使其权势超出了本国领土。

但是，美国作为比苏联强大得多的国家，对苏联行动的反应却相当过度。美国把苏联建立势力范围的行动视为"苏联以欧亚大陆为依托，已经把周界突伸开去，形成巨大的战略威胁"，因此，只有在"'地缘政治现实'的基础上采取行动，美国才能避免被包围，才能为一个自由世界保存希望"。于是冷战政策便得以形成，"并由此产生了该项政策最重要的表述语——遏制理论"。不仅如此，以"遏制理论"为核心的美国的冷战政策还进一步获得了意识形态上的解释，正如美国学者迈克尔·H.亨特所说："意识形态解释了采取遏制政策的根据乃是全世界的自由处于生死存亡的危险之中。这一意识形态还界定：苏维埃共产主义是自由的主要威胁，美国具有无可争议的责任去同它斗争。"[①] 因此，杜鲁门政府的咄咄逼人，以及总是想以压力迫使他人就范的外交作风，既是美国国际地位的反映，也是因其意识形态所使然。

就苏联方面来说，必须指出的是，在苏联和美国乃至整个西方世界的力量对比中，"毕竟是力量要弱得多的一方"[②]，而斯大林也充分意识到了自己力量的限度。出于严重的不安全感，苏联在战后初期的许多重要问题上，一方面努力维护雅尔塔体系的基本框架，避免同美英等西方大国对抗，甚至不惜做出一些妥协和让步，以争取一个和平的国际环境；另一方面，出于对本国利益的绝对考虑，苏联在处置战败国和处理东欧等问题上，也采取了一些僵硬的缺乏妥协精神的酝酿与促进冷战的对抗行动，而且在此过程中，苏联也借助了意识形态的力量，基辛格认为，斯大林的"最高指导原则还是装上共产主义意识形态的苏联国家利益"，此话不无道理。[③]

总之，在战后国际形势的大背景下，在美苏国家大战略相互对立，社会制度和意识形态存在巨大差异，再加上两国根深蒂固的互不信任，[④] 战争期间出现

---

① 迈克尔·H.亨特：《意识形态与美国外交政策》（褚律元译），北京：世界知识出版社，1999年，第163页。美国著名的国际政治学家汉斯·摩根索也指出："保卫'自由世界'免受共产主义影响，成了美国无论是在欧洲还是在亚洲和中美洲的对外政策的主要目标"，见汉斯·摩根索：《国际纵横策论——争强权，求和平》（时殷弘等译），上海：上海译文出版社，1995年，第442页。

② 乔治·凯南：《苏联行为探源》，载《美国外交》（葵阳等译），北京：世界知识出版社，1989年，第100—101页。

③ 亨利·基辛格：《大外交》（顾淑馨等译），海口：海南出版社，1997年，第353页。

④ 关于这一点，帕特森的描写十分形象："每一方都像在镜子里看人一样，看到的是反像，即把对方看成是世界上的恶霸。每一方都指责对方表现出希特勒咄咄逼人的姿态。"见托马斯·帕特森等：《美国外交政策》下册，第604页。

的矛盾[①]，以及各自的国内政治[②]等多种因素的作用下，冷战终于在美苏之间的不断的逐渐强硬的敌对互动之中发生了。

2. 冷战的爆发

冷战的发生是一个渐进的过程。这一过程开始于第二次世界大战结束前后，此时美、苏各自的大战略都已相当明确，于是双方在具体实施雅尔塔体系各项协定的过程中，在他们都认为对于贯彻其大战略至关重要的地区和至关重要的问题上，便产生了重大的分歧与对抗。随着对立与争斗的日益严重，双方的冷战政策相继出台。

美苏双方的争斗首先表现在东欧和部分巴尔干地区。

苏联将东欧及巴尔干部分地区作为既定的建立"安全带"的地区，不容他人染指。因此，从1944—1947年，苏联采取一切手段，实际拒绝执行在雅尔塔会议上美英苏三大国首脑通过的《被解放的欧洲宣言》，而是按照苏联的意图在波兰、南斯拉夫、匈牙利、捷克斯洛伐克、罗马尼亚、保加利亚、阿尔巴尼亚等国建立了一系列对苏友好的政府，使这些国家处于苏联的直接控制之下。苏联的做法使美国企图通过自由选举方式在东欧建立议会制政府，从而保持西方影响的打算落了空，这引起美国的强烈不满与敌对。罗斯福在去世前曾指责斯大林在波兰的行动，说"我们不能和斯大林共事。他违背了在雅尔塔做出的每一项诺言"[③]；杜鲁门则在接见莫洛托夫时直截了当地严厉指出苏联破坏了雅尔塔协议，并企图以经济手段迫使苏联就范，结果被莫洛托夫顶了回去。[④]

---

① 无论出于什么样的困难、障碍和顾虑，美国未能在二战中苏联最困难的时候及时兑现它对苏联许诺的租借援助物资的数量，也未能按照罗斯福的承诺在1942年开辟第二战场，致使斯大林极为愤怒与失望，并使双方的关系在战时就受到了极大损害。

② 就美国来说，1946年的中期选举使共和党取得了对众、参两院的控制权，民主党的杜鲁门政府感到在政治上受到约束，为获得两党一致的支持，便在对外政策中求助于民主制度对抗共产主义的极端意识形态的说法；对苏联来说，战前已经暴露出许多弊端的斯大林体制在战后的进一步强化并由此出现的社会危机，以及东欧国家对苏联一些做法的不满，也使苏联加强了意识形态的宣传力度来增强凝聚力，终于使冷战在双方国内都获得了增长的势头。

③ W. 艾夫里尔·哈里曼、伊利·艾贝尔：《特使——与丘吉尔、斯大林周旋记（1941—1946）》（南京大学历史系英美对外关系研究室译），北京：生活·读书·新知三联书店，1978年，第493页。实际上，罗斯福在1945年4月1日给斯大林的信中，已经表达了对苏联处理波兰和罗马尼亚问题的不满："我无法向你掩饰，在审视我们富有成效的雅尔塔会议以来有关彼此利益的事态发展时，我所怀有的忧虑之情。……迄今为止，我们在会上所达成的各项政治决议，特别是有关波兰问题的，虽举世瞩目并期望其实现，但却进展甚微，令人气馁沮丧。我实在奇怪为什么会这样，我也不能不告诉你，我不大理解你的政府在好多方面所持有的明显的冷漠态度……" *FRUS/1945*, Vol. 5, p. 194.

④ 参见哈里·杜鲁门：《杜鲁门回忆录》第一卷（决定性的一年：1945年）（李石译），北京：生活·读书·新知三联书店，1974年，第69—74页。

　　美苏的争斗还表现在对德国、日本等战败国的政策上尖锐对立，矛盾不断。

　　由于战后被分区占领的德国（包括柏林市）处于美苏各自势力范围的最前沿，因此战后初期，苏联的基本考虑是：在对德国社会进行全面根本改造的基础上，使苏占区成为苏联安全带上的重要一环，同时防止西占区成为依附于西方的独立国家和未来对苏联的安全威胁，并从德国索取尽可能多的赔偿。但美国的考虑则与此相反。德国战败后，美国已认定战后的对手是苏联而不是德国，所以它的对德政策开始从肢解和限制转向扶植与恢复。于是，双方不仅在德国赔偿问题上发生了无穷争吵，而且在德国统一问题上更是意见相左。苏联主张德国先要在政治上形成一个统一的中央政府机构，即所谓"政治统一"为先；美国则谋求先把德国作为一个经济整体来看待，即先要"经济统一"。① 由于双方无法取得一致，美英便于 1946 年 12 月在经济上将它们的占领区合并，这成为美英分裂德国的重要一步，致使美苏矛盾不断激化，最终使德国成为冷战的激烈战场。

　　在日本问题上，杜鲁门决定单独占领日本，不容苏联染指，他在回忆录中写道："对日本的占领不能重蹈德国的覆辙……不打算分割管制或划分占领区……不想给俄国人以任何机会，再让他们像在德国和奥地利那样行动。"② 美国的政策，同样引起了苏联的强烈愤怒与反对。

　　美苏在东欧、巴尔干和德国、日本等问题上的对立愈演愈烈，成为冷战爆发的最重要的直接原因。

　　另外，1946 年 7 月美国代表伯纳德·巴鲁克在联合国原子能委员会第一次会议上提出的旨在维持美国的核垄断、蓄意排除与苏联合作对原子能进行国际管制的"巴鲁克计划"，这无疑进一步恶化了两国的关系。③

　　美苏在双方都视为重要地区的中近东也展开争夺。

　　在伊朗，双方争夺的核心是石油资源，而形式则是二战后的撤军问题。苏联为获得伊朗的石油租让权和确保其在伊朗北部的势力范围，拒绝在美英军队已经陆续撤出的情况下按期从伊朗撤出驻军，导致苏、伊关系紧张，并给美英的干预提供了机会。1946 年 1 月，伊朗向联合国控诉苏联干涉伊朗事务，苏伊

---

① 分别参见 A. C. 阿尼金等编：《外交史》第五卷上册，第 95 页；《杜鲁门回忆录》第一卷，第 235 页。

② 《杜鲁门回忆录》第一卷，第 371 页。

③ 根据这个计划，世界上的原子能发展和使用要由一个国际原子发展机构来管制，任何把核燃料用于武器发展的违约行为都将受到严惩，在该机构建立起管制之后，将终止制造原子武器，销毁现存的所有储备。由于当时只有美国一家拥有原子武器，因此该计划显然有利于美国垄断核技术。

争端成为联合国成立后首次大会审议的第一个问题，使苏联外交处于极为被动的局面，最后不得不在 6 月将苏军全部撤出。在土耳其，双方争夺的核心是控制黑海海峡问题。从 1945 年 6 月到 1946 年 9 月，苏联多次向土耳其提出修改 1936 年签署的有关黑海海峡的《蒙特勒公约》，要求在海峡建立苏联的军事基地以使其参与黑海海峡的防御，导致苏、土关系紧张，并招致了美英的强烈反对。苏联在伊朗和土耳其的行为，显然超出了维护本国安全需要的范围，侵犯了两国主权，并加深了西方国家对苏联企图的大大疑虑和敌视。苏联在中近东政策的失误，催生了美国的"遏制政策"，直接酝酿了双方的冷战。

伴随美苏之间展开一系列争夺以填补战后留下的所谓"权力真空地带"的同时，双方使用的语言也越来越激烈，美国对苏联的遏制政策，苏联决心放弃大国合作并与美国进行强硬对抗的政策，相继出台，致使冷战的爆发成为必然的趋势。

1946 年 1 月 5 日，杜鲁门当面向国务卿贝尔纳斯表示对苏联在伊朗和土耳其的做法极度不满，并指责后者对苏联不够"强硬"，表明美国要开始对苏联采取强硬态度，他声称"除非俄国碰到铁拳和强硬的抗议，另一次大战就可能发生……我认为我们不应该再作任何妥协……我已厌倦于笼络苏联人"。[1]

一个月以后，斯大林在 1946 年 2 月 9 日莫斯科选区的选民大会上发表重要演说，对资本主义采取严厉批判态度，明确指出现代资本主义是新的世界大战的根源，表示要再搞三个甚至更多的五年计划来促进国家的工业化，使苏联具有"足以应付各种意外事件的保障"。[2] 由于这次讲演距二战结束还不到半年，人民需要的是和平与休养生息，而美苏之间尽管发生伊朗和土耳其危机，但关系尚未破裂，许多问题正在或即将进行谈判，因此斯大林的公开讲演是不合时宜也不明智的，并在西方引起了强烈反响。美国最高法院法官威廉·道格拉斯称其为"第三次世界大战的宣言书"，《时代》杂志则认为是"自对日作战胜利日以来一个高级政治家所发出过的最好战的声明"。[3] 不仅如此，它对其后乔治·凯南（George F. Kennan，1904—2005）的八千字长电报和丘吉尔的富尔顿演说也产生了直接影响。

1946 年 2 月 22 日，美国驻苏大使馆代办乔治·凯南向华盛顿发回了有名

---

[1]　《杜鲁门回忆录》第一卷，第 519 页。

[2]　全文见《斯大林选集》下卷，北京：人民出版社，1979 年，第 488—500 页。

[3]　沃尔特·拉弗贝：《美苏冷战史话（1945—1975）》（游燮庭等译），北京：商务印书馆，1980 年，第 44 页；丹·考德威尔：《论美苏关系——1947 年至尼克松、基辛格时期》（何立译），北京：世界知识出版社，1984 年，第 13 页。

的八千字长电报，全面论述苏联的理论、政策、行为动机与行为方式，以及美国应当采取的对策。[①] 凯南认为，苏联的国内制度、意识形态和历史传统决定了它必然要谋求无限制的向外扩张，美国不能依靠外交谈判和苏联打交道，而必须且能够依靠实力来抵制苏联的扩张，同时不会引起美苏之间的全面军事冲突，因为苏联的力量弱于西方，因此美国只需"拥有足够的力量和表明准备使用它，就几乎用不着这样做，如果正确地处理形势，就不必进行有损威望的摊牌"。[②] 尽管凯南在该文中并未使用"遏制"一词，但是我们可以看到，他已经实际提出了一套相对完整的遏制苏联的理论，并基本框定了与苏联对抗（美苏冲突）的外在表现形式：只要保持实力威慑与压力，无需热战那种极端方式。这份长电报在华盛顿受到了异常热烈的欢迎，表明它所代表的对苏强硬政策在政府和国会取得了优势，标志着美国冷战思想的基本形成。一年多后，凯南又在7月份的美国《外交季刊》上发表署名X先生的文章《苏联行为探源》，正式提出了"遏制"一词，并进一步阐述了他的遏制思想与遏制战略，遏制政策也由此得名。[③]

　　在凯南逐渐形成他的遏制思想的同时，在英国方面也存在着与凯南所表达的思想十分相似的看法，这就是当年英国驻苏联的代办弗兰克·罗伯茨（Frank Roberts, Sir., 1907—1998）关于苏联外交政策的一系列长电报。罗伯茨认为，苏联对外政策最基本的出发点，是从莫斯科公国时期就形成的对国家安全的追求，斯大林热衷于推行扩张政策，以使苏联获得"自然边界"；苏联把共产主义的意识形态融入其扩张行动之中，以各种可能的方式去削弱资本主义和民主社会主义国家；英苏矛盾是两国利益冲突的结果，而英美结盟则是遏制苏联的唯一办法。[④]

---

① 八千字长电报的全文，见 *FRUS / 1946*, Vl.6, pp.696-709。凯南写作此文本是应国务院的要求以搞清苏联拒绝批准布雷顿森林协定的原因，但斯大林的演说无疑对他起了作用。

② 关于对这份长电报的内容分析以及对英文 power 一词的译文说明，参见张小明：《乔治·凯南遏制思想研究》，北京：北京语言学院出版社，1994年，第10—15页。

③ 全文见凯南：《美国外交》，第85—101页。

④ 参见 Frank Roberts, Sir., *Dealing with Dictators: The Destruction and Revival of Europe, 1930-70*, the second edition, London: Weidenfeld & Nicolson, 1991。弗兰克和凯南过从甚密，凯南在发出"长电报"后，就向弗兰克透露了电报的内容。可以说，他们的看法是相互影响的。弗兰克的"长报告"的具体内容，见 *British Documents on Foreign Affairs: Reports and Papers from the Foreign Office Confidential Print (BDFA)*, Part IV, *from 1946 through 1950*, Series A, *Soviet Union and Finland, 1946*, Volume 1, *Northern Affairs, January 1946-June 1946*, University Publications of America, 1999, pp. 97-113。关于弗兰克的"长报告"对英国外交政策的影响，参见韩长青：《罗伯茨电报和英国对苏政策方针的转折（1946—1947）》，《历史教学》2008年第12期，第37—43页。

就在英国政府高度重视弗兰克的"长报告"、准备调整英国对苏联的外交政策的时候，英国前首相丘吉尔在事先精心策划和杜鲁门总统的亲自陪同下，于1946年3月5日在杜鲁门的家乡、美国密苏里州的富尔敦威斯敏斯特学院，发表了题为"和平砥柱"的演说。这篇以"铁幕"一词而闻名的演说，符合美国在战后要遏制苏联、称霸世界的战略需要，也符合当时的英国政府希望对苏联实行强硬的对抗政策的需要，从而拉开了冷战的序幕。

但是特别指出的是，在苏联方面也有凯南长电报的对应物，这就是20世纪90年代才解密的当年苏联驻美国大使尼古拉·诺维科夫（1903—1989）在莫洛托夫的指示和实际参与下，于1946年9月27日给参加五国和约巴黎会议的苏联代表团的秘密报告，题为"战后美国对外政策的长篇报告"。[①] 这个报告同样全面分析了战后美国对外政策的意图和目的以及美国在全球的扩张行为，断定美国战后对外政策的特征是"谋求世界霸权"，并将苏联视为"其通往世界霸权道路上的主要障碍"，为此美国正在以各种方式扩充军备，并且"是把苏联作为战争的对象而准备未来的战争的"。由此可见，在战争结束仅仅一年，苏联也已经完全否定和批判美国的外交政策，对美苏关系的发展前途不抱希望。因此，同凯南的长电报一样，诺维科夫的长报告也为苏联对美国采取不妥协的强硬态度和政策起到了论证与导向作用。不仅如此，我们从这份报告的内容上也可以看出凯南长电报对苏联的对外政策造成的很大的消极影响。

就这样，伴随美苏在战后许多问题上的对抗与争斗，两国的对外政策都发生了转向，即逐渐脱离大国合作政策而转向对抗。于是，冷战就在双方行动与政策的对立互动中，以美国首先发出明确的对苏遏制与对抗的冷战信号——杜鲁门主义为标志而终于爆发。

1947年3月12日，杜鲁门在国会众、参两院发表咨文，他把世界政治分为自由民主和极权主义两个对立的营垒，不指名地将苏联称为"极权政体"，并以援助希腊和土耳其为名，宣布美国将支持和帮助世界上所有抵抗"共产主义威胁"的力量。这便是人所熟知的"杜鲁门主义"的问世。杜鲁门主义是美国外交

①　Silvio Pons, "A Challenge Let Drop: Soviet Foreign Policy, the Cominform and the Italian Communist Party, 1947-8," Francesca Gorl and Silvio Pons ed., *The Soviet Union and Europe in the Cold war, 1943-53*, p.260. 该报告的英译文，见 *Diplomatic History*, Vol.15, No.4,(Fall,1991), pp.527-537. 该报告根据莫洛托夫的指示精神所写，并有后者在阅读时所画的重点和所写的眉批。关于该报告形成的详细情况，以及对它的内容的介绍与分析，参见张盛发：《斯大林与冷战》，第186—192页，以及第206页注释〔170〕—〔175〕。

政策的转折点。这种转折体现在三个方面：第一，它表明，美国战后的对外政策终于完成了从孤立主义向全球扩张主义的转变，因为"杜鲁门主义"实际宣布，"不论什么地方，不论直接或间接侵略威胁了和平，都与美国的安全有关"；第二，正如杜鲁门本人后来所说，它"是美国对共产主义暴君扩张浪潮的回答"，因此"杜鲁门主义"便成为美国对苏联进行冷战的重要标识，并使其意识形态色彩十分浓烈；第三，它标志着美国越来越以两极思维来看待这个世界。[1]

对苏联来说，杜鲁门主义证明了诺维科夫长报告对美国意图判断的准确，诺维科夫本人就认为，杜鲁门主义的真正目的就在于"抑制共产主义的扩张"。[2]

从此，美苏关系便由冷战所支配，随着冷战的不断升级，两国的冲突也迅速演变为世界范围内的两大集团的尖锐对立，两极格局逐渐定型。

3. 两极格局的形成

杜鲁门主义虽语言强硬，但它只是一项政策声明，在强化冷战并在两极格局形成中起到关键作用的则是以经济方式实践杜鲁门主义的马歇尔计划。

1947 年 6 月 5 日，美国国务卿乔治·马歇尔在哈佛大学发表了仅仅 1500 字的演说，提出了一项大规模帮助欧洲恢复战争创伤的"欧洲复兴计划"，即马歇尔计划。[3] 与杜鲁门主义的表述不同的是，马歇尔计划刻意"淡化"意识形态，并把东欧和苏联也包括在受援国之内。之所以如此，是因为该计划的主要制定者凯南等人认为，如果苏联拒绝美国的提议（实际上许多美国官员希望共产党国家不接受援助），美国"正好就把分裂欧洲的责任推到苏联头上"，如果苏联接受，那么美国就以援助为手段迫使东欧国家"放弃其经济生活中的几乎是排他性的苏联取向"；[4] 另一方面，美国还可以通过美援进一步加强西欧"在美国领导下的西方倾向"以抵制苏联的影响。[5]

马歇尔计划的提出与实施，对东西方关系产生了巨大影响。

对苏联来说，这个美国政府已经预料到欧洲可能分裂的计划，恰恰是在以

---

① 引文见《杜鲁门回忆录》第二卷《考验和希望的年代：1946—1953》（李石译），北京：生活·读书·新知三联书店，1974 年，第 121、120 页。

② Mikhail Narinsky, "Soviet Foreign Policy and the Origins of the Cold War," Gobriel Gorodetsky ed., *Soviet Foreign Policy 1917-1991: A Retrospective*, p. 107.

③ 原文的译文见国际关系学院编：《现代国际关系史参考资料（1945—1949）》上册，北京：高等教育出版社，1959 年，第 269—271 页。

④ John Lemis Gaddis, *Strategies of Containment: A Critical Appraisal of Postwar American National Security Policy*, Oxford: Oxford University Press, 1982, p. 66.

⑤ Joseph M. Jones, *The Fifteen Weeks*, New York, 1955, p. 253.

全面遏制苏联的杜鲁门主义刚刚问世不到 3 个月就提出的，因此苏联对它充满疑虑，并认为该计划具有反苏性质。诺维科夫在给莫斯科的报告中写道："马歇尔计划就等于建立一个西欧集团作为美国政策的工具"，并认为在美国宣布马歇尔计划之前就事先预料到苏联不会参加这个计划，因此该计划显然是直接反对苏联的。[①] 在经过一段时间的试探之后，苏联最终断定：美国计划是要强化西方国家造成的德国的分裂状态，真正目的是要把欧洲分裂成两个国家集团，为了某些谋求霸权的强国的利益，利用一些欧洲国家去反对另一些欧洲国家。因此它最后还是拒绝接受援助，理由是一项联合计划和共同事业对主权是一种侵犯。[②] 另一方面，由于波兰和捷克斯洛伐克曾想参加这个计划，也使苏联担心东欧国家对苏离心倾向的发展。于是，为建立西方集团而奠定经济基础的马歇尔计划的提出，最终迫使苏联决心进一步加强对其东欧安全带国家的经济与政治控制，从而导致了莫洛托夫计划的产生、共产党情报局的成立以及东欧政权的苏联模式化。

　　针对马歇尔计划，苏联在 1947 年 7 月到 8 月的一个多月时间内，迅速与保加利亚、捷克斯洛伐克、匈牙利、南斯拉夫、波兰等国签订了双边贸易协定，被西方称之为莫洛托夫计划，初步筑起了东欧的经济壁垒。随着 1949 年 1 月经济互助会的成立，东欧的经济完全纳入了苏联的轨道。紧接上述经济措施而来的是 1947 年 9 月，在苏联的主持下成立了欧洲九国共产党和工人党情报局，同时提出战后的世界已经分裂为两大对立的阵营：帝国主义的反民主阵营和反帝国主义的民主阵营，即"两大阵营"理论，并以此作为各国共产党路线和行动的根本出发点。于是，苏联对世界政治的两极看法也正式确立。[③]

　　随后，苏联开始以驻扎在东欧的几十万红军作为威慑力量，彻底改变斯大林原本对东欧各国共产党和国家政权采取的较为宽松灵活的政策，取消了东欧各国共产党的自主权，并对这些国家进行政治、经济、思想文化等全方位的内政改造，将斯大林模式移植过去。与此同时，苏联把不愿俯首帖耳的南斯拉夫共产党开除出情报局，并在东欧各国进行了无情大清洗，将包括共产党著名领

① Mikhail Narinsky, "Soviet Foreign Policy and the Origins of the Cold War," Gobriel Gorodetsky ed., *Soviet Foreign Policy 1917-1991, A Retrospective*, p.109.
② A. C. 阿尼金等编：《外交史》第五卷上册，第 308、307 页。
③ 西尔维奥·庞斯认为，这是苏联外交在二战后转向以两极观点看世界的第二步，第一步则是诺维科夫 的 长 报 告。Silvio Pons, "A Challenge Let Drop: Soviet Foreign Policy, the Cominform and the Italian Communist Party, 1947-8," Francesca Gorl and Silvio Pons ed., *The Soviet Union and Europe in the Cold war, 1943-53*, p.260.

导人在内的几十万人清除出党。

上述这些行动，作为对美国冷战政策的直接反应，成为苏联在强化冷战过程中的重要步骤。至此，一个与美国和西欧相对立的以苏联为首的苏东集团，已经在经济上和政治上基本确立。

对西方来说，马歇尔计划的影响也极为深远，特别是对冷战的激化和欧洲的分裂以及两极格局的最终形成，负有更为直接的责任。

由于苏联和东欧以及一些不愿与苏联对立的国家的退出，马歇尔计划从"欧洲复兴计划"变成了"西欧复兴计划"。这项计划从 1948 年 2 月开始实行，到 1952 年结束，美国共向西欧 16 个国家和德国的美英法占领区提供了总额为 132 亿美元的援助。[①] 马歇尔计划的实行，解决了西欧各国的燃眉之急，使其经济很快得以复兴，使欧洲人恢复了对自己国家的信心，从而巩固了资本主义秩序；它进一步改组了西欧的经济结构，使其更符合美国的经济利益，并与美国经济逐渐形成统一的北大西洋自由市场区域；它以西欧集体制定复兴计划并互相协调生产与流通作为援助的条件和指导原则，使西欧各国包括后来的西德国家的经济日益融为一体，为西欧经济一体化进程奠定了基础，并成为西欧国家政治联合的先声。[②]

但是，特别要指出的是，马歇尔计划的重要内容和目的之一，是将西占区的德国完全纳入西方的轨道。美国的政策设计者认为，德国在欧洲的经济复兴中占有极为重要的地位，在实际已经确认德国不可能统一的情况下，西方国家占领区应该制定各项政策使这些占领区能对西欧经济建设做出贡献；而且美国应该提出并鼓励某种形式的"西欧国家区域性政治联合"。[③] 只有用这种从经济上和政治上将一个复兴的德国融入欧洲的方法，才能彻底消除极端民族主义对德国的束缚，解决困扰欧洲和世界多年的"德国问题"。因此，在苏联退出讨论马歇尔计划的巴黎会谈之后，美国正式启动了建立西德国家的工作，并依次采取了一系列重大的分裂德国的行动，包括将德国的西方国家占领区正式纳入马

---

① 其中英国及其自治领等获得 32 亿美元，法国获得 27 亿，意大利获得 15 亿，德国的西占区及后来的西德获得 14 亿。William R. Keylor, *The Twentieth-Century World; An International History*, Oxford: Oxford University Press, 1996, pp. 263-264.

② 关于马歇尔计划与欧洲联合之间的关系，可参见 Michael J. Hogan, *The Marshall Plan, America, Britain, and the Reconstruction of Western Europe, 1947-1952*, Cambridge: Cambridge University Press, 1987, Chapter 1: *Searching for a "creative peace": European integration and the origins of the Marshall Plan*。

③ 参见福雷斯特·C. 波格：《马歇尔传（1945—1959）》（施旅译），北京：世界知识出版社，1991 年，第 204—205、211 页。

歇尔计划的援助范围之内，将美英双占区和法占区合并，决定召开西占区制宪会议准备建立西德联邦国家，直至宣布在西占区实行单方面的币制改革等。

美国在马歇尔计划实施过程中对德国西占区所实行的上述政策，使苏联认为，他们对马歇尔计划的目的——将西部三个占领区分裂出去以建立依靠并忠实于美国的德国西部国家——的判断得到了证实，[1] 于是，以西占区的币制改革为导火索，日益不安的苏联在 1948 年 6 月对进出柏林的水陆交通和货运实行封锁，从而爆发了第一次"柏林危机"。当美国的大批飞机从东部德国的头顶呼啸飞过，向柏林的西占区大规模空运各种物资的时候，人们真切地感到了美苏这两个战时盟国在战后第一次濒临战争的边缘，冷战出现了第一次真正的高峰。

尽管第一次柏林危机在历时近一年后以苏联方面的退却得以结束，但是德国的分裂已完全不可逆转。以 1949 年 9 月和 10 月德意志联邦共和国和德意志民主共和国的相继成立为标志，欧洲冷战对峙的经济、政治和地理界线基本落定。不仅如此，伴随马歇尔计划的实行和苏联强化对东欧的控制，尚未复苏的西欧各国也要求按照马歇尔计划的自助、互助与他助方式，在军事上谋求美国的援助。于是，以 1948 年 3 月西欧五国的布鲁塞尔条约为基础，1949 年 8 月以美国为首的北大西洋公约组织的正式成立，跨大西洋的西方军事战略界线也基本划定。

因此，首先在经济上实行杜鲁门主义的马歇尔计划，对加强美苏和分别以两国为首的东西方集团之间的冷战对峙，以及对双方的经济、政治、军事和地缘战略的影响都相当深远。

另外，同样对强化冷战具有决定性意义的是 1949 年下半年苏联首次爆炸原子弹成功，以及中国革命的胜利。前者使美国及其盟国感到它们正面临着苏联空前的军事威胁，甚至是核威胁；后者则因其改变了雅尔塔体系在东方的地缘政治版图，扩大了苏联的势力范围而使杜鲁门政府认定它所担心的共产主义浪潮的扩张已成为事实，整个"自由世界"处于空前的危险之中。这两大事件的直接后果主要有三个：第一，促使杜鲁门政府正式签署"共同防御援助法"，即"军援法"，该法案作为向西欧提供经济援助的马歇尔计划的重要补充[2]，将"美国的外交与军事进一步紧密结合起来"，使北约有了实际意义。[3] 第二，出台国

---

① William R. Keylor, *The Twentieth-Century World: An International History*, p. 270.

② 参见罗杰·西尔斯曼、劳拉·高克伦、帕特里夏·A. 韦克曼：《防务与外交决策中的政治——概念模式与官僚政治》（曹大鹏译），北京：商务印书馆，2000 年，第 420 页。

③ 杜鲁门于 1949 年 10 月 6 日签署"军援法"，关于该法案的提出与通过，参见资中筠主编：《战后美国外交史——从杜鲁门到里根》上册，北京：世界知识出版社，1994 年，第 113—116 页。

家安全委员会第 68 号文件，完全以"共产主义"和"自由世界"的两极对立为主导思想，过分夸大苏联的力量和扩张意图，认为苏联奉行全球侵略与扩张政策，并决定与苏联进行全球对抗。因此该文件不仅成为美国在整个冷战时期的全球战略蓝图，而且成为美国军事干预其后爆发的朝鲜战争、承担"保卫朝鲜的义务"的重要依据。① 第三，认真考虑重新武装西德，并将其纳入统一的西欧军事力量之中。

1950 年 6 月朝鲜战争的爆发，使美国政府认为国家安全委员会第 68 号文件对苏联意图的判断得到证实。② 于是，以美国全面卷入朝鲜战争为开端，冷战进入了最高潮，即使是斯大林逝世这一堪称国际事务中最重要的事件也未能立即将其扭转。

这一最高潮的重要标志和影响是：在国际上，朝鲜战争作为冷战中的第一场特殊的局部热战，是美国采用军事手段以所谓遏制中国的共产主义来实施遏制政策的开始。它不仅使美国的对华政策进入了"大偏差"时期③，而且使冷战达到了前所未有的白热化程度。美国的出兵及派遣第七舰队进入台湾海峡，以及中国为保家卫国而进行的抗美援朝战争，开始了长达 20 多年的中美冷战对抗，造成了至今没有解决的"台湾问题"。为了从军事上遏制共产主义，首先是遏制中国，美国在加紧迅速扶植日本的同时，逐步在亚太地区签订了一系列军事防御条约以构建军事体系。与此同时，美国在欧洲设立了以艾森豪威尔（Dwight David Eisenhower，1890—1969）为总司令的北约欧洲盟军最高司令部，陆续将数万美军派驻欧洲，使北约成了一个真正的军事实体。随后北约两度扩大，在先吸收了希腊和土耳其之后，终于在 1955 年使联邦德国成为北约的正式成员国。于是，到 1955 年，美国最终建立了一个从大西洋经中东到西太平洋的军事条约网，以实施在全球遏制共产主义的战略。作为对西德加入北约（1955.5.5）的即时而公开的反应，苏联建立了包括东德和东欧国家在内的与北约直接相抗衡的另一个欧洲军事集团——华沙条约组织（1955.5.14）。于是，两个武装集团在欧洲大陆的中心地带相互怒目而视。

---

① 该文件于 1950 年 4 月出台，编号为 NSC 68, 全文见 FRUS / 1950,Vol 1, pp.235-292。

② 一些中国学者根据新解密的苏联档案对苏联的意图进行了研究，认为斯大林改变初衷而支持朝鲜北方通过军事行动统一朝鲜的目的是要保住苏联在东北亚的利益。参见张盛发：《斯大林与冷战》，第 418—419 页；沈志华：《中苏同盟与朝鲜战争研究》，桂林：广西师范大学出版社，1999 年，第 225—226 页。

③ 参见孔华润：《美国对中国的反应——中美关系的历史剖析》（张静尔等译），上海：复旦大学出版社，1989 年，第 193、197 页。

随着国际冷战高潮的到来，美苏两国的国内政治方面也出现了变化。美国出现了极为反共的麦卡锡主义，苏联与东欧则继续进行"党内清洗"运动。它们作为美苏之间近于病态的极端的相互仇视的反应，同样成为冷战最高潮的象征。

综上所述，到50年代中期，美苏双方通过一系列相互作用与反作用的敌对政策和具体措施，终于形成了政治、经济、军事和地缘政治版图的两大集团的全面冷战对峙，使两极格局最终形成并相对固定下来。

但是，还要特别指出的是，这个两极格局具有不对称性和不完全性。

首先，以美苏为首的相互对立竞争的两极之间并不是完全对称的。美国和它的伙伴国实际上要比苏联集团强大。例如，在1950年，美国的国民生产总值是苏联的3倍，北约联盟加上日本的财富是所有社会主义国家财富的4—5倍。[①] 苏联仅在军事能力上与美国相当，但是在整个冷战期间都有能力摧毁美国的西欧盟国。因此，尽管在冷战的大部分时间里，美国在整体军事能力上优于苏联，但是这种优势从没有大到使美国领导人觉得足以直接向苏联挑战的程度，于是便导致了双方的军事威慑和军备竞赛（特别是核竞赛）的持续攀升进行。[②] 鉴于苏联的经济实力始终远逊于美国，因此在两国对立的整个历史时期，冷战对苏联的伤害程度远远大于苏联对美国的伤害程度。

其次，即使在冷战最高潮的年代里，两极格局也未能完全囊括所有的国家和地区。一些独立的国家或没有加入两个竞争的集团，或被开除出其中的某一集团；还有主要处于亚非地区的尚未获得独立的广大旧殖民地。[③] 这些国家和地区仍然处于对立的两个联盟集团之外，使两极格局多多少少受到牵制与限制。随着战后非殖民化运动的进行，亚非地区的独立运动和不发达国家的政治经济发展，不仅在一定程度上缓解了美苏之间最初的对抗，而且在两极格局的基础上不断生长出多极的力量。

三、两极格局中孕育着多极化的发展趋势

由于两极格局形成之后的国际格局的演变与冷战的发展变化密切相关，因此我们的论述有必要把美苏关系和冷战的基本发展态势包括在内。

---

① 布鲁斯·拉西特、哈维·斯塔尔：《世界政治》（1996年第5版）（王玉珍等译），北京：华夏出版社，2001年，第92页。

② 关于美、苏在1955年和1987—1988年的军事开支比较，参见布鲁斯·拉西特、哈维·斯塔尔：《世界政治》，第93页表5.1。

③ 1949年1月美国提出的"第四点计划"的目的之一，便是要与苏联争夺这些不发达地区。

（一）冷战的发展、两极格局动摇与其他国际力量中心的出现

1955—1969 年，美苏之间既有局部的有限缓和，也有激烈的冷战对抗，同时在两极格局中孕育着走向多极化的其他国际力量中心。

1. 冷战的曲折发展

概括地说，从杜鲁门到约翰逊总统的历届美国政府，并未改变自第二次世界大战结束以来的向全球扩张的国家大战略。因此，他们在 20 多年里的对外政策具有很大延续性，其基本特征都是杜鲁门主义定下的基调：在对苏联和社会主义国家实行遏制政策和冷战战略的同时继续进行对外扩张。但是，苏联政局在斯大林逝世后出现的变化，特别是以核力量和空间力量为代表的苏联军事实力的增强，西欧联合趋势的发展和东欧对苏联离心倾向的增长，中国国际影响的不断扩大，非殖民化的加速进行和不结盟运动的发展，以及苏联向第三世界扩展势力，加上美国在与苏联展开核军备竞赛中军事开支的巨大增长，这一切既是美国所始料未及的，又导致美国在国际上的相对实力下降，并迫使每位新当选的总统在其任期内对政府的具体外交政策和策略进行有限的调整。

于是，在艾森豪威尔政府时期便出现了要主动采取"一切和平手段"和必要的行动使东欧国家摆脱苏联控制的所谓"解放政策"与对社会主义国家的"和平取胜"战略，以及与此相配合的依靠战略空军、以核手段对苏联进行核威慑来遏制苏联的"大规模报复战略"和所谓"战争边缘政策"，还有"多米诺骨牌效应"和在中东实行"军事援助与合作计划"以对付"共产主义侵略"的所谓"艾森豪威尔主义"；在肯尼迪-约翰逊政府时期又出现了以美国的军事实力为基础，通过和平共处和平竞赛使苏联和东欧国家的制度"逐渐演变"的"和平战略"，以及与此相配合的在发展核武器的同时加强常规兵力，以前者为"盾"、后者为"剑"，随时准备打包括核战争在内的各种战争的"灵活反应战略"和所谓"两个半战争战略"，还有向亚非拉地区派遣和平队的做法，要绝对控制拉丁美洲的所谓"约翰逊主义"，以及不断使越南战争美国化的政策，等等。

上述这些政策与策略的贯彻实施，使这一时期的美国外交呈现两种情况：一是主张东西方之间展开对话与接触，在一定程度上缓和国际紧张局势，避免直接与苏联发生大规模的军事冲突；二是过高估计美国的实力，夸大共产主义威胁，坚持遏制与对抗，继续进行冷战，甚至在局部地区扩大军事干预。

斯大林逝世后，苏联的保障国家安全的国家大战略核心也没有发生根本变化。但是面对已经变化了的国内外形势，新的苏联最高领导层对斯大林所坚持的社会主义和资本主义这两种不同制度之间的"战争是不可避免的"论断做出了修正，从而也开始了对外政策的调整。这种调整在苏联高层领导的权力斗争中逐渐从理论上被系统化，并在 1956 年 2 月召开的苏共二十大上得到了确认。

概括地说，斯大林时期苏联外交政策的僵化和冷战对抗的日益加剧，斯大林在处理社会主义国家关系上的错误政策，致使苏联在国际上处于比较困难的境地；战后国际局势出现的新因素，诸如社会主义阵营的形成导致国际政治力量对比发生重大变化，美苏双方都拥有核武器而使核战争变成了现实威胁，世界经济联系的不断扩大和日益紧密，等等，要求苏联新的领导人重新考虑已经变化了的世界现实；再加上国内对斯大林时期高度集中的政治经济体制进行改革的需要，这一切成为斯大林去世后苏联外交政策进行调整的基本原因。

这一调整主要包括相互联系的三个方面：一是承认近年来国际局势已经发生了很大变化，社会主义力量的发展和拥护和平的运动将可能防止战争，而且在使用原子武器的战争中"将没有胜利者"，因此两种社会制度之间的战争并不是注定不可避免的。二是承认社会主义和资本主义两个体系的同时存在已经是客观现实，相信社会主义的生产方式比资本主义的生产方式具有决定性的优越性，因此强调列宁关于社会制度不同的各国和平共处的原则，仍然是苏联对外政策的总路线。三是根据上述判断，赫鲁晓夫明确提出社会主义和资本主义两个体系要和平共处，改善关系，加强互相之间的信任与合作；资本主义和社会主义两个体系之间要展开和平竞赛；认为各国向社会主义过渡的斗争形式越来越多样化，在不排除暴力革命的同时，强调利用议会道路向社会主义和平过渡的可能性。因此正如美国学者康多莉扎·赖斯（她曾担任小布什政府的国家安全事务助理和国务卿）所指出的：和平共处不仅是从实际出发阻止资本主义的后退，而且资本主义也不能再指望依靠武力或其他"反革命"手段去战胜社会主义。因此和平共处在放弃选择战争作为一种工具的同时，其内核仍然是要将两种天生敌对体系之间的争斗进行到底。[①]

但是，这一调整也存在很大的局限性，主要包括：以苏联作为社会主义国家的核心，认为两种不同制度之间的和平共处就是苏联和美国之间的和平共处，对其他社会主义国家则不讲和平共处，并要求后者必须服从苏联的利益；将"战争可以避免"的论断完全建立在"核威慑"之上，过于强调核武器的作用，并因此要求苏联的核力量必须强大到迫使西方不敢发动战争的程度，其结果是

---

① Condoleezza Rice, "The Evolution of Soviet Grand Strategy," Paul Kennedy ed, *Grand Strategies in War and Peace*, pp. 145-164.

将和平的经济竞赛变成了核军备竞赛。

在上述理论与精神的指导下，苏联这一时期对外政策的主要目标：一是缓和与美国及其他西方国家的关系，缓解极其尖锐的冷战对峙状态；二是改变苏联在国际上的被动局面，力求争得与美国平起平坐的国际地位，实现美苏联手，共同主宰世界，并为此而积极发展核力量；三是通过政治、经济、军事等手段将苏联的势力和影响向亚非拉地区渗透和扩大，与美国进行新的争夺。

在美苏双方的外交政策都进行了有限调整的情况下，这一时期东西方关系的基本走向是：一方面，双方从对抗走向对话，使尖锐的冷战对峙有所缓和；另一方面，由于双方仍然坚持基本的冷战政策，因此在一些重大问题上也出现了局部的激烈的冷战对抗。

在此期间，东西方关系缓和的主要标志是：其一，双方共同解决了第二次世界大战后的一些遗留问题，主要包括1955年苏联放弃了原来坚持的"奥地利问题与德国问题不能分开考虑"的立场，同美、英、法一起与奥地利签署了建立一个独立和中立的奥地利的国家条约，并与联邦德国建立外交关系，以及1956年苏联与日本恢复外交关系。其二，举行首脑会谈，主要包括1955年在日内瓦召开的战后第一次美苏英法四国首脑会议，1959年在戴维营举行的战后美苏最高领导人的首次会晤和1961年美苏首脑维也纳会谈等。尽管这些会谈都没有实质性的关系突破，但其本身便表明了国际的紧张气氛有所缓和，并为解决国际问题提供了一种可以仿效的方式，东西方之间的接触与往来也得以逐渐展开。其三，适度限制军备竞赛，这便是美、英、苏在古巴导弹危机后于1963年签署的《禁止在大气层、外层空间和水下进行核武器试验条约》（部分禁止核试验条约），该条约作为美苏在核时代签署的第一个限制军备竞赛的条约，尽管其目的之一在于限制其他国家，但仍可视为东西方关系缓和的积极成果。另外，从20世纪50年代中期开始的中美大使级会谈，也使两国在尚未相互承认且对立的情况下，有了一个保持某种接触和联系的渠道。

但是，由于美苏双方的基本外交政策仍然建立在冷战之上，因此伴随东西方关系有所缓和的是一波又一波的冷战对抗。苏联领导人赫鲁晓夫（1894—1971）借苏联在核武器特别是运载系统方面的暂时领先地位，采取进攻性行动，在美国和西方认为最关键且最易受伤害的地区——柏林和古巴，相继于1958年和1962年挑起了第二次柏林危机（也有学者将这次危机分为第二次和第三次柏林危机）和古巴导弹危机。前者持续了3年之久，造成了战争一触即发的极为紧张状态：苏联以战争相威胁、东德筑起柏林墙，美国则一度派出1500人的军队乘西德的装甲车在柏林墙下与苏联对峙；后者则因苏联在古巴秘密建造导弹基地，致使美国陆海空三军进入最高战备状态，海军以 180 多艘舰艇封锁加勒比海海面以拦截苏联运送导弹的船只，空军以载有核弹头的 B-52 轰炸机进入古巴周围上空，从而导致了一场前所未有的可能触发核战争的危机。[①] 在这两次危机期间，美苏之间的对抗虽然不如冷战最高潮时期那样全面并达到了局部热战的程度，但是就其所带来的战争尤其是核战争的风险而言，却可以说是空前严重的。

然而要指出的是，尽管这两次危机都是以苏联首先退却而得以缓和，但实际上双方在处理危机时几乎都是心照不宣地遵守下列原则：坚持为对抗留有余地，努力寻求谈判与妥协途径，避免因危机升级、冲突失控而无可挽回地引发战争。[②] 正如赫鲁晓夫所说："尽管我们的阶级对抗是不可调和的，肯尼迪和我在防止军事冲突的问题上，却找到了共同的立场和共同的语言。"[③] 因此可以说，正是在这两次美苏之间直接军事对峙的危机期间，冷战的自我控制机制也发展和表现得相当充分。

这两场异常激烈的冷战对抗的重要后果是有些自相矛盾的：一方面，它使美苏两个超级大国实实在在地认识到在核时代的两国直接对抗的危险，并因此而在双方之间建立了"热线"联系以防止意外冲突的出现，此后也确实没有再发生类似的严重冲突，同时促成了部分限制核试验条约的签订；但是另一方面，它却导致了双方更加激烈的相互攀升的发展战略核武器的军备竞赛。

在此期间，除了美苏之间面对面的冷战对峙之外，双方还在台海地区和中东地区间接地卷入冲突，而美国则越来越深地直接陷入侵略越南的战争之中。

---

① 有关苏联挑起第二次柏林危机的其他原因主要包括：关闭西德这个吸引大量东德人特别是技术人员脱离东德的通道；关闭西方对苏东国家进行间谍和颠覆活动的渠道；对西德核武装感到忧虑；等等。关于赫鲁晓夫在古巴部署中程导弹的主要原因，在于希望改善苏联的战略地位和保卫古巴免遭美国入侵。可参见下列著作中的有关部分：《赫鲁晓夫回忆录》（张岱云等译），北京：东方出版社，1988年；《最后的遗言——赫鲁晓夫回忆录续集》（上海国际问题研究所等译），北京：东方出版社，1988年；谢·赫鲁晓夫：《导弹与危机——儿子眼中的赫鲁晓夫》（郭家申等译），北京：中央编译出版社，2000年；德怀特·艾森豪威尔：《艾森豪威尔回忆录——白宫岁月（下）》（静海译），北京：生活·读书·新知三联书店，1977年；小阿瑟·施莱辛格：《一千天：约翰·菲·肯尼迪在白宫》（仲宜译），北京：生活·读书·新知三联书店，1981年。

② 例如在古巴导弹危机期间，从 1962 年 10 月 22 日到 12 月 14 日，肯尼迪与赫鲁晓夫的来往信件就达 25 封，其中近一半信件在冷战结束后才得以解密。在这些信件中，双方虽然相互指责，但都表明了避免因这场危机而使世界陷入核大战，以及通过和平谈判解决危机的强烈愿望。参见韩兵等译：《1962 年古巴导弹危机期间赫鲁晓夫与肯尼迪的二十五封通信》，《世界史研究动态》1993 年第 2—4 期。

③ 《最后的遗言——赫鲁晓夫回忆录续集》，第 765 页。

这些冲突和战争都是在冷战的大背景下发生的，并在不同程度上受到了冷战的制约，因此便成为冷战的另一些特殊形式。

20 世纪 50 年代发生的两次中美军事力量在台湾海峡紧张对峙的台海危机，其主要原因不仅在于美国对中国为完成国家统一而解决台湾问题的阻挠和干涉，还在于通过遏制中国而遏制苏联，正如当时的美国副总统理查德·尼克松所说："假如我们让他们知道我们在利害关系很小的情况下也要保卫自由，那么就不会鼓励苏联人在利害关系较大的情况下威胁自由"，"那就是为什么两个小岛（按：指金门和马祖）……在世界政治的牌戏中会如此重要"。[1] 台海危机虽然以双方的克制而趋于缓和，但是它使中美关系仍然势不两立，并使中苏分歧与矛盾继续发展，更为重要的是，它进一步坚定了中国发展自己的核武器的决心。

1956 年的苏伊士运河危机，起因于英国、法国和以色列以反对埃及收回苏伊士运河主权为由而进行的侵略埃及的战争，其背后也有美苏之间的明争暗斗，由此而爆发的第二次中东战争以及英、法、以的失败，给美苏势力进一步向该地区渗透与扩展提供了机会。艾森豪威尔认为："在中东出现的真空必须在俄国人进来之前由美国来填补"，并为此提出了"艾森豪威尔主义"，即通过军事和经济援助中东国家确保美国的经济特别是石油利益，并遏制苏联向中东推进。[2] 苏联则把中东阿拉伯地区看作与苏联安全利益密切相关的"邻近地区"，强调"不能对直接接近苏联边境的中近东地区所发生的事情置之不理"，[3] 并同样以经济和军事援助为手段扩大苏联的影响。于是，中东地区也成了两个超级大国的冷战战场。

1954—1968 年美国在亚洲的战略边缘地区所进行的、被当时的美国历史学家称之为"美国最漫长的战争"的越南战争[4]，是整个冷战过程中继朝鲜战争之后的另一场极其重要的局部热战。它以艾森豪威尔提出的"多米诺骨牌"理论为指导，将越南视为"自由世界在东南亚的一块基石"，认为南越的垮台和共产主义者的胜利将给美国和西方世界带来威胁，因此便以支持南越政权来遏制中国和苏联为主要目标[5]，并企图通过越来越深的军事卷入来维持美国的威望和证

---

①　转引自帕特森等：《美国外交政策》下册，第 684 页。

②　参见艾森豪威尔：《艾森豪威尔回忆录 —— 白宫岁月（下）》，第 200—205 页。

③　刘竟、张士智、朱莉：《苏联中东关系史》，北京：中国社会科学出版社，1987 年，第 162—163 页。

④　George C. Herring, *America's Longest War: The United States and Vietnam 1950-1975*, New York, 1979.

⑤　罗伯特·S. 麦克那马拉：《回顾：越南的悲剧与教训》（陈丕西等译），北京：作家出版社，1996 年，第 33—36 页。

明美国的实力，^① 从而使战争逐步升级。然而，美国深陷越南战争的结果却适得其反，大量人力物力的耗费导致美国的实力地位急剧下降，最终迫使新一届政府结束越战，并对其外交战略进行重大调整；而苏联则借机迅速增强了自己的军事力量，并进一步走上了对外扩张的道路。冷战将呈现新的态势。

但是，就在美苏两个超级大国继续进行冷战的同时，整个世界也正在发生着一些极为深刻的变化：以美国为首的西方集团逐渐分化，以苏联为首的东方集团的分化和社会主义阵营的分裂，以及第三世界力量的不断成长并开始在国际事务中发挥作用。这一切导致了两极格局的动摇。

2. 两极格局的动摇与多个国际力量中心的出现

战后形成的西方联盟，是以美欧联合对抗苏联为目标，以美国向西欧提供经济援助和军事保护特别是"核保护伞"为基础的。然而随着时间的推移，接受马歇尔计划而在经济上迅速复兴的西欧，其政治自信心也不断增长，越来越希望掌握自己的命运。随着西欧对美国离心倾向的发展，二者之间的关系也发生了很大变化。其中最重要的表现是：

其一，欧洲共同体的形成和发展。以法、德两个宿敌的和解为基础^②，从欧洲煤钢联营开始启动的欧洲一体化进程，不仅将欧洲联合的理念逐步转为具体的现实，从根本上改变了欧洲的国际关系，使历史上战乱迭起的欧洲出现了从未有过的较长时期的稳定与和平发展局面，而且随着西欧在经济上不断摆脱对美国的全面依赖，欧洲的政治联合步伐也逐渐加快，欧洲正在重新成为另一个世界力量的中心。^③

---

① 肯尼迪曾经对《纽约时报》资深专栏作家詹姆斯·赖斯顿说："现在我们的问题是让别人信服我们的力量，越南似乎是个理想的地方。"转引自基辛格：《大外交》，第595页。

② 战后的西欧，处于美苏两极之间，依靠与美国的结盟和援助，维持着自己的生活方式，没有一个西欧国家可以担当欧洲复兴的重任，只有走联合之路。正是认识到这一点，战后的德国（联邦德国）和法国才决心消除长期困扰它们的纷争，摆脱束缚它们近一个世纪之久的宿怨，彻底和解。战后第一届西德总理阿登纳认为："法、德两国之间的良好关系就是任何一种欧洲联合的核心内容"；法国外长罗贝尔·舒曼也认识到："应该创造一种能使德国充满活力而又不对其邻国构成威胁的环境"，他认为，把法德两国的煤钢生产置于一个"高级机构"的领导之下，"由此而建立起来的统一生产，将使一个问题变得十分明白，那就是在法德之间任何战争不仅仅都变得不能想象，而且在物质上是不可能的"。参见康拉德·阿登纳：《阿登纳回忆录》第3卷（上海外国语学院德法语系德语组译），上海：上海人民出版社，1975年，第3页；皮埃尔·热尔贝：《欧洲统一的历史与现实》（丁一凡等译），北京：中国社会科学出版社，1989年，第94页；约翰·平德编：《联盟的大厦：欧洲共同体》（潘琪译），沈阳：辽宁教育出版社，1998年，第1页。

③ 西欧的联合，既是战后经济发展的必然趋势，也是国际政治斗争的要求，更是西欧的一种历史的觉悟。如果没有西欧各国对民族国家独立发展的必要尊重与支持，就不会有欧洲的真正联合；同样，如

　　其二，法国的戴高乐主义和联邦德国的"新东方政策"的出台。前者以打破美国在西方联盟中的霸主地位，独立发展法国的核力量，主张与中、苏对话解决国际事务并正式与中国建立外交关系等为主要特征；后者以逐渐放弃依附于美国及其西方盟国的外交政策，突破美国的战略限制，逐渐形成既扎根于西方，又能够自主地缓和并改善同苏联的关系，与东欧各国关系正常化，并以一个民族为基点改善与东德关系为主要内容。这些政策不仅是法、德两国，而且是西欧国家谋求独立发展和推行不同于美国的具有本国特色的外交政策的重要标志。

　　另外，日本经济的"起飞"而导致的日美贸易摩擦的加剧，以及新日美安保条约的签订，不仅证明了日本对美国的离心倾向不断增强，也表明了日本将继续在政治上追求大国地位的决心。

　　由此可以清楚地看到，在经历了20多年的冷战之后，以美国为首的西方集团正在分化，并迫使美国的政策做出调整。

　　二战后形成的以苏联为首的东方集团，在抗衡西方的孤立、封锁和颠覆，维护国家安全和社会主义制度方面，具有共同利益。但是苏联在向集团内部各国提供援助和支持的同时，表现出严重的民族利己主义、大国沙文主义和强权政治倾向，力图在政治、经济、军事、对外政策等方面全面控制其他社会主义国家以服务于苏联的利益，这就严重伤害了这些国家人民的民族感情，并引起了不断的反对苏联控制的斗争，致使东方集团逐渐分化，社会主义阵营最终瓦解。其中最具有代表性的事件是：

　　其一，从20世纪40年代末到60年代末，东欧国家发生了一系列反对苏联控制和干涉的斗争。40年代末，保加利亚、波兰、南斯拉夫、捷克斯洛伐克等国的共产党人都曾提出过要从本国的实际情况出发，建设符合本国国情和民族特点的社会主义，反对照搬苏联模式，而苏南冲突则成为当时这场反控制反干涉斗争的突出表现。1953年以斯大林逝世为国际大背景，相继发生了比尔森事件和东柏林事件[①]，这些可视为东欧国家反苏民族情绪的极度宣泄。1956年以

　　果没有对各民族国家绝对主权的适度限制，也不会有今日的欧洲联合。西欧的联合是一场通过经济合作和平实现的革命，为人类首先提供了一个区域化发展的实例。这一实践是欧洲历史的重要发展。正如原欧洲联盟副主席里昂·布里坦爵士所说："欧洲联盟的实践是史无前例的，它未来的发展就像一次没有固定航标的远航，一次伟大的探险。"引自1996年11月16日在北京大学历史系主办、欧洲联盟委员会驻华代表团资助的"欧洲历史上的分与合学术讨论会"上的讲话。

①　前者发生在捷克斯洛伐克的比尔森，当时工人上街游行冲击市政机关，后者在东德发生了罢工浪潮而苏联出动坦克进行镇压并造成几百人伤亡。

苏共二十大批判斯大林个人崇拜为国际大背景，相继发生波兹南事件和匈牙利事件①，其中一个重要原因便是东欧国家对苏联强制推行苏联模式干涉别国内政的怀疑和拒绝。60年代东欧各国开始进行的经济和政治体制改革，则是东欧国家要求摆脱苏联模式，走符合各国民族特色的社会主义道路的实践；而1968年苏联在"有限主权论""社会主义大家庭论""大国责任论"和社会主义阵营的"国际专政论"为基本内容的"勃列日涅夫主义"的旗号下，纠集波、匈、保、东德等国家出动25万军队对捷克斯洛伐克的改革进行武装干涉的事件，不仅是其强权政治最露骨、最典型的表现，而且是"苏联在必要时不惜以武力去维持其势力范围"的举动，冷战将继续拖延下去。②然而，这一时期苏东关系的变化，亦成为20年后东欧剧变的先声。

其二，中苏关系的破裂。中华人民共和国成立后一度实行的"一边倒"向苏联的外交路线，是新中国在当时的国内外形势下所能做出的唯一外交选择。正如毛泽东所说，它"使得我们有了一个可靠的同盟国，这样就便利我们放手进行国内的建设工作和共同对付可能的帝国主义侵略，争取世界的和平"③。尽管就经济建设来说，苏联向中国提供了宝贵的援助，但是从当时世界格局来说，两国在政治、经济、军事、外交及意识形态等方面的支持却是相互的，并不存在一方对另一方施以恩惠的问题。因此"这种一边倒是平等的"④。不过，在中苏关系上也存在一些阴影，其原因不仅在于当中国共产党进行其历史上最艰苦卓绝的斗争时苏共对中共的斗争持怀疑态度，支持力度不够，还在于二战结束之前苏联通过雅尔塔秘密协定对中国主权的部分侵犯。

但是在苏共二十大以后，两党两国的意识形态分歧和国家利益的冲突却日益发展。前者主要集中在中共对苏共二十大所提出的和平共处、和平竞赛、和平过渡的"三和"路线，特别是对和平过渡的看法分歧，以及对全盘否定斯大林的批评方面；后者则是中国对苏联提出的要求与中国共建长波电台和联合潜艇舰队的拒绝。另外，赫鲁晓夫为了推行"美苏合作主宰世界"的外交政策，对中国在台湾问题上维护国家主权和领土完整的做法指手画脚，为了苏联向南

---

① 前者在波兰发生大规模罢工和社会骚乱，最终政府出动军队才得以平息并造成数百人伤亡，后者是在匈牙利发生的历时13天、苏联出动军队进行镇压，并造成2000多人死亡、几万人受伤和巨大经济损失的事件，震惊了世界。

② 基辛格：《大外交》，第502页。

③ 《毛泽东外交文选》，北京：中央文献出版社、世界知识出版社，1994年，第131页。

④ 《毛泽东外交文选》，第279页。

亚扩张势力的需要而不分是非曲直地公然袒护并支持印度的扩张主义行径并将中苏分歧公开化，以及苏联在中国拒绝其各种要求后便单方面撕毁双方的合同，企图用经济压力迫使中国屈服的恶劣做法，均导致了中苏之间的正常关系难以为继。于是从1963年中苏两党在意识形态领域的公开大论战开始，到1969年苏联悍然武装入侵中国领土并制造了严重的珍宝岛流血事件，中苏两党、两国关系全面恶化与分裂，尽管两国仍然保持着外交关系。

中苏关系的分裂不仅标志着社会主义阵营的瓦解，而且给两国乃至整个世界带来了相当深刻的政治影响。在中苏关系日益恶化的年代里，中国于1964年爆炸了原子弹并成功发射了导弹，1967年成功爆炸了氢弹，1970年将自己的第一颗人造卫星送上了天。中国成为世界上少数拥有核武器的国家，成为国际舞台上一支独立的政治力量，从而使世界政治力量的对比发生了极大变化。与此同时，面对来自北方的现实军事威胁，中国开始考虑构筑新的外交框架，逐渐缓和与美国的关系。

对苏联来说，尽管与中国关系的恶化使自己进一步改善了同西方国家的关系，但是苏联不断向世界各地的扩张，则导致了东西方关系在缓和的同时再度出现了紧张与尖锐对抗。

对美国来说，它不但未能通过遏制和孤立阻止新中国的发展和逐渐强大以及国际影响的日益增强，更未能阻止中国成为一个拥有原子武器的国家，因此美国必须面对一个新的核大国已经崛起的不争事实。对苏联的全球扩张的担忧和深陷越南战争的进退两难的困境，使美国的舆论界发出了变"遏制加孤立"的对华政策为"遏制而不孤立"的对华政策，要求承认新中国，允许新中国加入联合国并与之建立和保持联系的强烈呼声。[①]中苏关系的分裂无疑也使美国看到了以中国牵制苏联的可能。美国的对华政策必将做出调整。

新中国的崛起与第三世界的兴起和发展同步进行。在国家要独立、民族要解放这一20世纪最伟大的不可阻挡的历史潮流中，1955年亚非29个国家和地区第一次在没有西方殖民国家的参加下举行的万隆会议，并由此而诞生的、体现在以和平共处五项原则为基础所制定的十项原则之中的"万隆精神"，"表现为对西方统治的抛弃"，"标志了亚洲和非洲为反抗欧洲而建立起新的团结"，是

---

① 1966年3月8日—30日美国参议院外交委员会主席威廉·富布赖特主持举行的12次对华政策听证会，尤其表达了美国知识界和舆论界对政府对华政策的不满。Arthur Schlesinger, Jr., *The Dynamics of World Power: A Documentary History of United States Foreign Policy 1945-1973*，New York: Chelsea House Publishers, 1973, pp. 305-308.

第三世界形成的起点。[①] 从此亚非国家开始作为一支崭新的独立的政治力量登上了国际政治的舞台。随后产生的力图置身于冷战之外，以奉行非集团不结盟原则、赞成和平共处中立并支持民族解放运动为其宗旨的不结盟运动的形成，以及为维护发展中国家的经济权益、反对不合理的国际经济旧秩序的"77国集团"的应运而生，是第三世界力量的发展并在国际事务中发挥作用的重要而鲜明的标志，他们将以联合国为讲坛和斗争场所，对两极格局造成冲击。

（二）冷战的演变与多个力量中心的发展

1969—1985 年，美苏关系既有明显的缓和，也有紧张的重新加剧，与此同时，多个力量中心也在不断发展。

1.冷战的缓和与加剧

20 世纪 60 年代末 70 年代初，整个世界的形势已经与第二次世界大战结束时完全不同。战后初期和 20 世纪 50 年代那种以美苏为首的两大集团的冲突和对抗控制国际政治舞台的局面已经结束，在美苏两极之外，世界出现了西欧、中国和日本等新的力量中心，再加上第三世界国家力量的增长和发生的各种动荡所造成的全球不稳定因素的增加，使美苏两国再也没有足够的能力去控制世界。因此，与前一阶段相比，在这一阶段，美苏双方的对外政策都出现了较大变化。概括地说，与杜鲁门到约翰逊政府的对外政策具有很大延续性相比，自尼克松至里根的历届美国政府的对外政策则处于不断调整之中，尽管其总体战略目标并未改变；而从勃列日涅夫到契尔年科的苏联对外政策的基本取向是，利用东西方关系的缓和而继续向全球扩张势力。

对美国来说，它与苏联的力量对比出现了很大变化。美国保持了 20 多年的对苏军事优势特别是核力量的优势已发生严重动摇，苏联在古巴导弹危机后，利用美国深陷越战之机大力发展战略武器，终于使其核武器在数量上超过美国，并在 20 世纪 60 年代末开始发展和部署反弹道导弹系统，美国感到自己的安全受到了严重威胁。就美国与其欧洲盟国的关系而言，戴高乐主义和新东方政策的实行，以及欧共体的蓬勃发展，使美国在西方联盟中的领导地位遭遇挑战。在对华关系方面，中国力量的发展和中苏关系的分裂以及国内舆论的压力，使美国必须重新评估中国在正在形成的美苏中战略大三角中的作用，并改变以往历届政府的几乎近于僵硬的对华政策。另外，西欧和日本经济的重新崛

---

① 巴勒克拉夫：《当代史导论》，第 155 页；参见保罗·约翰逊：《现代：从 1919 到 2000 年的世界》下
　　卷（李建波等译），南京：江苏人民出版社，2001 年，第 584 页。

起，战后大规模的对外援助，以及为了对苏联和中国进行冷战和因对外扩张的需要而承担大量的海外军事义务，导致美国的经济实力相对下降。还有使美国付出了 3000 多亿美元、几万人的生命代价却无法打赢的越南战争，更是给美国社会带来了深刻的危机，"使美国在心理上陷入瘫痪"。① 面对上述严峻的国际国内形势和日益复杂多变的外交课题，美国必须对其坚持了 20 多年的全球扩张的大战略进行一定程度的调整，并据此制定新的对外政策，以保持它在国际政治中的主导地位，这一战略调整的标志便是 20 世纪 60 年代末 70 年代初，美国政府在对其在世界事务中的作用进行了重新评估之后，逐渐形成的美国新的全球政策——"尼克松主义"。

"尼克松主义"的基本内容包括"三项原则"和"三根支柱"。"三项原则"：一是美国将恪守它的一切条约义务；二是如果一个核国家威胁一个与美国结盟的国家的自由，或者威胁一个美国认为它的生存对美国的安全以及整个地区的安全至关重要的国家的自由，美国将提供援助；三是如果发生其他类型的侵略，美国将在接到请求时，提供适当的军事和经济援助，但美国将指望直接受到威胁的国家承担为其本身的防务提供人力的主要责任。"三根支柱"：一是伙伴关系，即美国要与其盟国建立较为均衡的伙伴关系，以此鼓励盟国承担更大的责任；二是实力，即无论是对盟国还是对敌手，美国的政策都必须以实力为基础和后盾；三是谈判，即美国对其敌手要采取灵活态度，进行对话或谈判，以此实现力量平衡。②

根据尼克松主义，美国将以往全球扩张的总态势进行了修正，这种变化主要体现在军事和外交两个方面。

在军事上，尼克松政府提出了新的国防战略，即"现实威慑战略"，以摆脱由于军事扩展过度而导致的负担过重的困境。在这一战略的指导下，在战略核力量方面，承认美苏核武器已经呈现势均力敌的现实，提出以"充足"论取代

---

① 理查德·尼克松：《尼克松文集：不再有越战》（王绍仁译），北京：世界知识出版社，1998 年，第 5 页。

② 关于尼克松主义，有狭义与广义之分。狭义的尼克松主义是指从 1969 年 7 月尼克松的关岛演说及其延伸而来的"三项原则"，旨在调整美国的海外义务，主要涉及美国的力量收缩；广义的尼克松主义还包括 1970 年尼克松在其对外政策报告中提出的以"伙伴关系、实力和谈判"为三大支柱的"新和平战略"，这不仅涉及美国与其盟国的关系，也涉及美国对苏联和中国的基本方针。本文所论述的是后者。有关尼克松主义的资料，Richard Stebbins and Elaine Adam, eds., *Documents on American Foreign Relations, 1968-1969*, New York: Harper and Brothers, 1972, pp. 282-283; *Public Papers of the Presidents of the United States: Richard Nixon, 1970*, Washington D. C.(GPO), 1972, pp. 116-190; *Public Papers of the Presidents of the United States: Richard Nixon, 1971*, Washington D. C.(GPO), 1972, p. 221。由于基辛格的外交思想对尼克松政府外交政策的形成有很大影响，因此有人也把尼克松主义称为尼克松-基辛格主义。

原来的优势论，以确保美国核力量的质量第一地位；在常规力量方面，提出以"一个半战争"的战略取代20世纪60年代的"两个半战争"的战略[1]，开始转变把中国当作"最大威胁"的方针，并将苏联确定为主要对手，把战略重点转移到集中力量对付苏联；在海外驻军方面，推行总兵力的"分担负担"原则，即按照战略核战争、战区核战争、战区常规战争和地方性常规战争，与其盟国实行分级负责制，以此收缩美国的海外驻军，并基本排除美军在地区常规战争的军事介入，为结束越南战争打下基础。但是，必须指出的是，尼克松主义所实行的军事上的收缩，并不是要取消美国的全球扩张和海外军事义务，而是调整原来的义务和军事力量部署的力不从心状态，试图使美国能够更长久更稳固地维护其重大利益，同时与苏联展开更有效地争夺。

在外交上，尼克松政府在承认世界已经进入多极时代的前提下[2]，有意识地推行均势政策，以"实力"相威慑，以"谈判"为手段，从通过对抗遏制苏联走向通过谈判遏制苏联，以维持美苏之间的均势；与此同时，改变蓄意"孤立和遏制"中国的对华政策，开始重建中美正常关系，并利用中苏矛盾和分歧挟制苏联，达到美、中、苏大三角关系的势力均衡，以维护美国的至关重要的利益。在对待西欧和日本等盟友方面，尼克松政府采取联盟外交，在新的形势下维护美国的领导地位。在对待第三世界的态度上，一方面承认民族主义已经成为时代的重要特点，但民族主义的运动一般并不涉及美国的"切身利益"，从而改变了以往的"多米诺骨牌"理论，为美国最终从越南脱身奠定了理论基础[3]；另一方面，鉴于苏联在中东影响的不断扩大，尼克松政府开始改善与阿拉伯国家的关系，力图通过谈判在阿拉伯国家和以色列之间寻求某种和平解决的办法，并以此排斥苏联在中东的影响。

在上述现实威慑战略和均势政策的指导下，尼克松政府的外交出现了一些重要变化：第一，逐步结束越南战争，改变海外驻军重点在远东的布局，加强

---

[1]　根据"两个半战争"的战略，美军在和平时期维持的部队，应当能够为保卫北约而进行三个月的前沿防御战争，并为保卫韩国和东南亚抵抗中国发动的全面进攻，同时对付一场规模不大的紧急事态；根据"一个半战争"的战略，美军在和平时期维持一般任务的部队，将足以对付在欧洲或亚洲发生的一次共产党的大规模的进攻，同时援助美国的亚洲盟国抵御并非来自中国的威胁，以及对付其他地区的一场紧急事态。*Public Papers of the Presidents of the United States: Richard Nixon, 1970*, p.177.

[2]　尼克松在1971年的对外政策报告中认为，世界已经进入了一个多极外交的新时代；同年夏天，他在堪萨斯城的演说中，明确提出美国、苏联、西欧、日本和中国是决定未来世界命运的五大权力中心。*Public Papers of the Presidents of the United States: Richard Nixon, 1971*, p. 220, pp. 803-806.

[3]　参见亨利·欧文主编：《70年代美国对外政策》（齐沛合译），北京：生活·读书·新知三联书店，1975年，第77页。

"欧洲第一"的方针。第二，继续在东西方之间展开对话与接触，对苏联推行缓和外交，特别是力图从实力出发，用军控协议限制苏联的军备，并用满足苏联某些要求的经济协议，换取苏联克制扩张行动，但是对苏联触及美国认为是其重大利益所在的行动则做出强硬反应。第三，主动采取行动，打开与中华人民共和国关系的大门，谋求同中国对话，并利用同中国接近来对付苏联。第四，调整对欧、对日政策，强调美欧之间的同盟是战后美国外交政策的基石，加强彼此的协商和对话，支持欧洲统一，重申美国对北约盟国承担的安全义务，并以归还冲绳改善美日关系，通过强调西方联盟是"平等的伙伴关系"巩固美国在其盟国中的领导地位。第五，注重扩大美国在中东和平进程中的作用，以确保美国的经济、政治利益。

尼克松主义作为力图使美国的对外政策与其能力相适应，在海外实行部分收缩的同时继续维护美国重大利益的政策，不仅是对美国以往的外交政策的重大调整，在一定程度上改善了美国由于长期的全球侵略干涉而日益恶化的国际地位，而且促进了具有深远意义的国际力量的分化和改组，并在不同程度上成为福特和卡特政府的对外政策的主要出发点或借鉴。当然，正如前苏联驻美大使阿纳托利·多勃雷宁所写的："从本质上说，无论是总统还是他的亲密助手都没有能够冲出冷战的影响范围，尽管他们比其他几位白宫的冷战斗士表现出注重实效、更现实的态度。"[①]

福特政府基本上是继续实行尼克松的外交政策。[②]在福特任内，最终结束了美国对印度支那的侵略，完成了美国在亚洲的军事收缩，并继续实行加强美日联盟和改善中美关系的方针；对西欧盟国则重申美国的承诺和义务；在中东问题上，强调把缓和阿以冲突，排斥苏联于中东外交之外作为其中东政策的核心，并通过阿以协议的达成而增加了美国在中东政治舞台上的"仲裁者"的地位；在对苏关系上，继续推行缓和外交并进行限制战略武器的谈判。但是缓和政策的实行并没有使苏联放慢发展军事力量的速度，也未能遏制苏联在世界各地的扩张，因此随着苏联在第三世界加紧扩展势力，特别是1975年苏联和古巴支持的力量在安哥拉内战中的胜利，使福特政府在国内外面临着严重的挑战，致使

---

① 阿纳托利·多勃雷宁：《信赖——多勃雷宁回忆录》（肖敏等译），北京：世界知识出版社，1997年，第224页。

② 由于福特是在尼克松因"水门事件"而被迫辞去总统职务而继任美国总统的，并将基辛格继续留任国家安全顾问和国务卿的职务以表示继续其前任的政策，因此人们把福特时期的外交政策称为尼克松-福特-基辛格政策。

福特在其任期之末重申对苏缓和政策的同时，又要求其政府成员不再使用"缓和"一词，转而开始宣传一项以"实力求和平"的政策，以取代缓和的提法。[①]

面对苏联扩张态势的逐渐加强和美国的力量毕竟有限的现实，卡特政府面临双重外交课题："既要遏制苏联的扩张，又要使美国长期以来为缓和美苏关系而作出的努力恢复活力。"[②]为此卡特政府在军事战略上继续尼克松政府已经开始进行的与苏联的限制战略武器谈判，在外交战略上则做出两项调整。第一，以国家安全顾问布热津斯基所主张的"世界秩序战略"取代基辛格的"大国均势战略"作为美国的全球战略构想。在"世界秩序战略"的框架下，卡特政府强调北美、西欧、日本"三边"世界的团结，以保持美国在其中的领导地位和共同遏制苏联；以美中正式建交而终于实现了美中关系的正常化；继续缓和对苏关系；更多关注第三世界特别是中东的事务。第二，明确提出"人权外交"并宣布人权是美国对外政策的核心原则。卡特希望这项以美国的基本价值观——人权为基础的外交政策，能够达到扭转美国民众自越南战争和水门事件以来对美国政治产生的信任危机，通过在意识形态上战胜苏联促进东欧的变革，恢复美国对第三世界的政治号召力，将过去"以火灭火"的战略变为"以水灭火"的战略与苏联在第三世界进行间接的争夺，从而更好地为美国的安全利益服务等多重目的。[③]

但是以强硬面貌出现的"人权外交"作为美国在缓和时期加紧与苏联进行全球争夺的新策略，其具体的运用却并不成功。于是，以1979年美国盟友伊朗国王巴列维的垮台、美国人质危机[④]和苏联入侵阿富汗等事件为转折，美国提出了被称为"卡特主义"的波斯湾新政策。1980年1月24日卡特在国情咨文中发出警告："任何外来力量企图控制波斯湾地区，均将被认为是对美国切身利益的攻击，这种进攻将受到包括使用军事力量在内的一切必要手段的回击。"[⑤]"卡特主义"不仅公开宣布美国在波斯湾地区具有重大的战略、军事和经济利益，强

---

① 参见资中筠主编：《战后美国外交史——从杜鲁门到里根》下册，第726—727页。

② 赛勒斯·万斯：《困难的抉择：美国对外政策的危急年代》（郭靖安等译），北京：中国对外翻译出版公司，1987年，第12页。

③ N. N. Petro, *The Predicament of Human Rights: The carter and Regan Policies*, Vol. 5, New York, 1983, p. 15. 兹比格涅夫·布热津斯基：《实力与原则：1977—1981年国家安全顾问回忆录》（邱应觉等译），北京：世界知识出版社，1985年，第6页。

④ 即1979年11月伊朗学生将美国使馆工作人员扣为人质，以此要求引渡伊朗前国王巴列维和归还巴列维家族在美财产的事件，该事件于1981年1月得以解决。

⑤ 托马斯·帕特森等：《美国外交政策》下册，第860页。

调要用武力来保卫这些利益以阻遏苏联的继续南下，而且表明美国政府正在对20世纪70年代以来的对苏缓和战略进行重大修正，将强调道义力量转变为强调实力，从而为里根政府以实力为核心的对苏政策奠定了初步基础。

在里根的第一个任期内，面对仍处于咄咄逼人进攻态势的苏联，与尼克松、福特和卡特时期美国政府的两极思维有所弱化相比，里根政府在继续推行美国战后一贯以遏制苏联为核心的全球战略中，具有更为明显的两极色彩。里根政府认为，苏联是世界上一切不安定的根源，苏联军事实力的强大、不断向全世界的势力扩张以及将其意识形态向第三世界的传播，是对美国国家利益和世界霸权地位的严重挑战，因此美国的对外政策"完全回复到强调通过威胁和使用武力对苏联共产主义进行全球遏制的轨道"①。在这种新遏制政策的指导下，里根政府结束了自尼克松以来的局部收缩态势，在军事战略和外交战略上都对尼克松主义做出了一些重要调整。

在军事战略上，以重新谋求对苏军事优势为出发点，提出了所谓的"新灵活反应战略"②，其基本内容主要有两个方面：第一，以苏联为主要作战对象，重振军备，谋求对苏军事优势，加强打各种类型战争的实战准备，以针锋相对的强硬态度和灵活机动的手段对付苏联的扩张。为此，里根政府大力增加军费，从事美国历史上和平时期的最大扩军建设，并要求美国拥有在欧洲和世界的另一个地区同时与苏联至少打两场大规模常规战争甚至是短期的核交锋，以及准备在世界任何一个角落特别是以第三世界为主战场的"低烈度战争"的能力。第二，在保持核威慑和欧洲战略重点的基础上，加强与苏联在空间领域和第三世界的争夺，维护美国在全球的霸权地位。为此，里根政府针对苏联不断大规模扩大反弹道导弹的力量，调整核战略，将过去利用核报复来进行威慑发展为以核防御来进行威慑，提出并着手实施"战略防御计划"（Strategic Defense Initiative, 简称 SDI，亦称 Star Wars Program，星球大战计划）。

在外交战略上，以全球阻遏与抗衡苏联为出发点，其具体的政策调整主要包括：第一，在军控谈判问题上，采取在美国的军事实力切实增强之前决不同苏联重开裁军谈判的立场，同时决心凭借优越的经济和科技实力与苏联展开军备竞赛，以此拖垮苏联并迫使后者认真谈判；第二，通过拒不向苏联提供最惠

---

① 杰里尔·A. 罗塞蒂：《美国对外政策的政治学》（周启朋等译），北京：世界知识出版社，1997年，第20页。

② "新灵活反应战略"成形于里根总统的第一任期，并于里根的第二任期正式提出。

国待遇，限制高技术与产品的出口等方法开展对苏联的经济技术攻势；第三，从两极的视角看待地区冲突，在注意调整与西欧、日本等盟国的关系从而协调对苏政策的同时，力图包揽并推动中东和平进程以阻遏苏联势力的进一步南下，并加强美国在第三世界的影响与苏联展开进一步争夺；第四，在意识形态领域强化对苏联的进攻和对共产主义的攻击，以期利用苏联体系中的裂缝来加速苏东政权的垮台过程。①

综上所述，从尼克松到里根第一任期，美国的对外战略走过了一条从全球扩张到局部收缩再到结束收缩的曲线，与此相对应，美国的对苏政策也从缓和再次走向强硬。

在美国迫于国内外形势的巨大变化而进行一定的战略收缩之时，苏联基本处于勃列日涅夫（1906—1982，1964 年为苏共第一书记）时期。在此期间，苏联国内政治相对稳定，经济有较大发展，其军事力量特别是核力量大大加强，因此，与斯大林和赫鲁晓夫时期相比，勃列日涅夫时期的苏联对国际形势的总体看法既有相当的继承，也有重要的区别。对此我们可以概括出以下几点：第一，尽管苏共中央承认科技进步给资本主义国家带来了经济的快速发展，但是勃列日涅夫仍然认为，资本主义的总危机在继续加深，资本主义的注定灭亡是越来越明显的。第二，与资本主义体系正经历着总危机相反，苏联和整个社会主义体系的国际影响正在不断增长，正如 1971 年苏联外长葛罗米柯在苏共二十四大的讲话中所说："今天，没有哪一个比较重要的问题没有苏联的参加或者违背它的意愿而能够得到解决的。如果今天有谁企图证明，没有苏联也可解决这些问题，这个人就会被认为是一个怪人。"到 1977 年，勃列日涅夫更是通过新宪法，宣布苏联已经建成了"发达的社会主义"国家。第三，勃列日涅夫上台初期，曾继承赫鲁晓夫关于世界大战是可以避免的观点，认为核战争是完全不能接受的。但是他后来逐渐淡化了"核战争中没有胜利者"观点，到 20 世纪 70 年代中期他的看法是：现代战争的样式既可能是核战争，也可能是常规战争，既可能是世界大战，也可能是局部战争；他重申核战争和历来的战争一样，"胜利将属于在装备上、理论上和士气上最有准备的一方"。②

从上述对国际形势的总体看法出发，勃列日涅夫时期的苏联国家大战略也

① 参见罗纳德·里根：《里根回忆录——一个美国人的生平》（何力译），北京：新华出版社，1991 年，第 24 页。

② 参见邢广程：《苏联高层决策 70 年》第四分册，北京：世界知识出版社，1998 年，第 199、177、204 页；周尚文、叶书宗、王斯德：《苏联兴亡史》，上海：上海人民出版社，1996 年，第 664 页。

发生了一些重要变化。

　　首先，在保卫国家安全方面，勃列日涅夫将斯大林与赫鲁晓夫时期的以防御为主发展为以先发制人为主。勃列日涅夫认为，国家对战争的真正准备，是使国家避免战争的先决条件，只有全面发展核武器和常规武器，将苏联的军事力量达到并保持在与美国平等的地位，随时保持警惕并采取进攻态势，才能确保国家安全的坚不可摧，并利用日益衰弱的资本主义使苏联在世界上拥有更大的影响。他曾经说："谁也不要试图用最后通牒和武力的语言和我们谈话……我们拥有所需要的每一种东西——真诚的和平政策、军事能力和苏联人民的团结——去确保我们的边界神圣不可侵犯，并保卫社会主义的果实。"[①]这一国家大战略的变化，成为勃列日涅夫时期具体的外交战略基点从赫鲁晓夫时期的以缓和为主、追求美苏合作主宰世界的战略目标，逐渐发展为在全球展开战略攻势、积极介入、主动对抗、与美国争夺世界霸权的进攻战略的基础。这种进攻性外交战略在勃列日涅夫于1976年苏共二十五大上所作的政治报告中表述得非常清楚："目前在制定我们的对外政策的时候，也许地球上没有哪一个角落的情况是不以某种方式加以考虑的"；苏共中央主管国际问题的中央书记波诺马廖夫也声称"我们的时代是社会主义发动稳固的不可逆转的历史性进攻的时代"。[②]

　　其次，在与资本主义国家的关系方面，勃列日涅夫坚持赫鲁晓夫时期所实行的和平共处原则。他在苏共二十四大上表示："我们对资本主义国家，其中包括美国的原则性方针是，在实践中始终不渝地完全地实行和平共处原则，发展互利的关系，而同那些愿意在加强和平方面进行合作的国家进行这种合作，并使同他们的相互关系具有最大程度的稳定性。"这种和平共处原则，作为苏联国家大战略的一个组成部分，便成为勃列日涅夫时期对西方推行缓和战略的基础。但是勃列日涅夫把不同社会制度国家的和平共处看作是社会主义和资本主义之间阶级斗争的形式，"缓和绝不是取消，而且也不可能取消或改变阶级斗争的规律"。[③]因此，勃列日涅夫时期的缓和战略不过是一种政治上的谋略，是为主动对抗这一积极进攻战略服务的工具，在他看来，缓和并不妨碍同美国的争夺，也不影响苏联在世界上以推行"苏联模式"和进行世界革命为借口而扩张自己的势力

---

①　Condoleezza Rice, "The Evolution of Soviet Grand Strategy," Paul Kennedy ed, *Grand Strategies in War and Peace*, p. 159.

②　邢广程：《苏联高层决策70年》第四分册，第201页。

③　阿·阿夫托尔哈诺夫：《勃列日涅夫的力量和弱点》（杨春华等译），北京：新华出版社，1981年，第91页。

范围。

在这种积极进攻战略和缓和战略的双重指导下，这一时期苏联对外政策及其要达到的主要目标是：

第一，必须保持已经达到的与美国的战略均势[①]，因此要争取在限制战略武器的谈判中取得进展，以缓和由于持续的军备竞赛特别是核军备竞赛给苏联经济造成的巨大压力，并争取时间以便在战略武器的质量上赶超美国。第二，继续与美国及其西方国家缓和关系，促使久拖不决的欧洲问题得到解决，争取欧洲的和平、安全与合作，以利于苏联的多种利益。第三，进一步在全球特别是在亚非拉扩张苏联的势力，与美国争夺对世界事务的领导权。第四，强化对东欧的控制，继续与中国进行意识形态斗争，遏制和孤立中国。

在美苏双方的国家战略和外交政策都进行了上述调整的情况下，这一时期的东西方关系既出现了缓和的高潮，又有着冷战对抗的加剧。

东西方关系出现缓和高潮的主要标志是：第一，1972年美苏签订《美苏关系基本原则》文件，确认以"和平共处"和"缓和"作为两国关系的指导原则，为两国关系营造了缓和的氛围，并在利用空间，进行科技、医药及公众卫生合作，关于防止海上突发事故，环境保护等领域签署了一些双边协议。第二，双方在核裁军方面取得一定进展，即从前一阶段的以限制其他国家为主的部分核军备控制阶段发展为限制美苏自身的核武器数量的阶段，其标志是两国于1972年5月26日正式签署的《美苏关于限制反弹道导弹系统条约》（即《反导条约》，ABM）和《美苏关于限制进攻性战略武器的某些措施的临时协定》（即第一阶段限制战略武器协定，SALT Ⅰ），以及1979年6月18日正式签署的《美苏关于限制进攻性战略武器的条约》（即《第二阶段限制战略武器条约》，SALT Ⅱ）。[②] 这些条约的签订，是美苏在核军备控制上迈出的重要一步，表明两国都认识到没有节制的战略武器竞赛有害无益，确认了"相互确保摧毁"的威

[①] 伦敦国际战略研究所的统计资料表明，1970年美苏战略均势的基本情况是：美国拥有陆基洲际导弹1054枚，潜艇发射洲际导弹656枚，战略轰炸机550架，战略核弹头4000枚；苏联拥有陆基洲际导弹1300枚，潜艇发射洲际导弹约240枚，战略轰炸机150架，战略核弹头1700枚，苏联还先于美国于1962年就开始在莫斯科附近建立反弹道导弹系统。尽管在一些技术方面美国对苏联仍然保持优势，但总体说来，双方的战略核力量已经基本走向均衡。参见潘振强主编：《国际裁军与军备控制》，北京：国防大学出版社，1996年，第47—48、86页。

[②] 美国政府和国会以1979年底苏联入侵阿富汗为由而推迟了对SALT Ⅱ的最后表决，1981年里根执政后，更是反对批准该条约，直到1982年双方才重开限制战略武器谈判，这便是SALT Ⅲ，但也无果而终。

慑理论，承认了它们之间已经存在的战略均势现状，为两国的军备竞赛制定了游戏规则和竞争框架，因此不仅有助于战略的稳定，而且成为这一时期东西方关系缓和高潮的重要象征。但是这些条约主要是对双方战略武器的数量限制而不是质量限制，因此又为美苏在更高质量上的战略核武器竞赛留下相当大的余地。[①]。第三，在美苏关系缓和的大背景下，曾经作为东西方冷战主要战场的欧洲在缓和关系方面取得了重要进展，其标志是 1975 年 7 月—8 月在赫尔辛基召开的 35 国首脑（包括除了阿尔巴尼亚之外的 33 个欧洲国家以及美国和加拿大）出席的"欧洲安全与合作会议"。会议签署了《欧洲安全与合作会议最后文件》（亦称《赫尔辛基最后文件》），确认了第二次世界大战以来欧洲的边界和政治现状，为欧洲国家之间的关系制定了一系列指导原则，为加强欧洲的合作以及东西方之间解决国际争端提供了一种比较稳定的多边协商的渠道和机制。因此，欧安会的召开不仅使东西欧之间的冷战对峙得到了一定化解，而且标志着东西方的关系从对立到对话的历史性转变，同时也表明西方国家对苏东集团的战略已经从冷战的直接对峙为主发展为以"缓和"促演变为主。

　　然而东西方的冷战对抗关系并没有因为缓和而改变。在缓和达到高潮的同时，苏联却出于其全球进攻战略并乘美国局部收缩之机，在缓和的掩盖下采取了一系列对外扩张行动，其中主要包括对非洲事务的干预，特别是通过军事援助来加强苏联在南部非洲的影响和通过古巴来介入安哥拉内战，支持越南侵占柬埔寨，以及最终发展为苏联军队在 1979 年 12 月 27 日突然大规模入侵阿富汗，从而使缓和的热度急剧下降并引发了东西方的新一轮对抗，致使一些人认为东西方关系又进入了"新"冷战或"第二次"冷战和重新进行军备竞赛的时期，而"缓和"已经死亡。[②] 至此，苏联的军事力量和霸权主义发展到顶峰，与此同时，它所追求的全球进攻和与西方关系缓和的大战略却已经搁浅。勃列日涅夫留给戈尔巴乔夫的是一个停滞不前的国内经济和极其失败的外交局面。

　　2. 多个国际力量中心的发展

　　但是，就在东西方关系既有缓和的发展又有冷战的重新加剧的情况下，国际关系中的多个力量中心取得了重要发展。

---

① 另外，从 1973 年 10 月正式开始谈判的中欧裁军会议到 1983 年共谈判 31 轮 355 次，但未取得实质性进展。

② T. E. Vadney, *The World Since 1945, A Complete History of Global Change From 1945 to the Present*，New York, 1987, p.424. 赫尔穆特·施密特：《西方战略》（陈炳辉译），北京：世界知识出版社，1988 年，第 10 页。

中国的发展

中国作为一个正在发展的国际力量中心，在外交领域取得了巨大成功，这不仅表现在 1971 年中华人民共和国终于恢复了在联合国的合法席位，而且表现在中美关系所取得的突破性进展方面。自 20 世纪 50 年代中期中美开始大使级会谈到 70 年代末，中、美、苏三方的关系基础已经发生了极大变化：一方面，美国长期深陷无法取胜的越南战争，表明美国并不打算也没有能力进攻中国，当尼克松上台后决心使美国退出越南并集中力量对付苏联竞争的时候，美国对中国的威胁已在消退；另一方面，自 20 世纪 50 年代末 60 年代初以来中苏两党两国在意识形态与国家利益之间分歧的不断表面化，特别是 1969 年 3 月两国军队在珍宝岛发生的大规模武装冲突，则使中苏关系陷入了全面紧张状态。这种情况的出现，为中美双方采取极其谨慎的态度打开中美关系提供了一种可能性，而尼克松政府对华政策的调整和中国高层领导人和中共中央从国家安全大战略出发所做出的争取与美国发展关系的决定 [①]，则最终带来了中美关系的正常化。从中国的角度来说，恢复在联合国的合法席位以及中美建立正常的外交关系，不仅意味着中国终于走出了美苏冷战的阴影，而且表明中国已经把自己的外交活动的舞台从东方扩展到整个世界。

伴随着国内"文化大革命"的结束，以 1978 年中国共产党十一届三中全会为标志，中国进入了改革开放的新时代，与此同时，中国的对外政策也开始了引人注目的调整，直至 1985 年才基本结束。这一调整的最重要的特征和基本精神是：第一，对时代主题的认识发生了重大变化，逐步放弃了以往坚持的大规模世界战争不可避免的观点，提出和平与发展已经成为当代世界主题的正确论断。1985 年，邓小平在会见日本商工会议所访华团时说："从政治角度讲，我可以明确地肯定地讲一个观点，中国现在是维护世界和平和稳定的力量，不是破坏力量。中国发展得越强大，世界和平越靠得住。……我们多年来一直强调战争的危险。后来我们的观点有点变化。我们感到，虽然战争的危险还存在，但是制约战争的力量有了可喜的发展。……再从经济角度来说，现在世界上真正的问题，带全球性的战略问题，一个是和平问题，一个是经济问题或者说发展问题。和平问题是东西问题，发展问题是南北问题。概括起来，就是东西南北

---

① 1971 年 5 月 26 日中共中央政治局会议所做出的关于中美关系以及与此相关的台湾问题、印度支那等问题上中国方面应当掌握和坚持的 8 项原则，可视为中国新的对美政策全面而正式的确立。这些原则，参见宫力：《毛泽东怎样打开中美关系的大门》，载国际战略研究基金会编：《环球同此凉热——一代领袖们的国际战略思想》，北京：中央文献出版社，1993 年，第 270—287 页。

四个字。"① 第二，中国对国际问题的认识不断深化，在与世界各国的交往中，提出要根据世界的发展趋势和自身的利益要求，以及根据事情本身的是非曲直来决定自己的政策和处理与其他国家的关系，不再以意识形态画线，并实行真正不结盟的独立自主外交政策。第三，承认现存世界是多样化的，各国之间既有矛盾斗争，也有互相依赖；在处理一系列国际问题时，国家之间特别是大国之间存在着共同利益，因此需要、也可以进行合作；与此同时，也要反对霸权主义。② 从此，这些基本精神就成为中国外交的指导思想。

西欧联合的发展

西欧作为另一个国际力量中心，其联合进程尽管十分曲折，但是也取得了长足的进步。它的突出表现是：第一，1973 年和 1981 年欧共体接纳了英国、爱尔兰、丹麦和希腊，使之扩大为 10 个成员国，大大增强了欧共体的经济和政治实力，国际社会因而把欧共体视为西欧在国际事务上的代言人。第二，以 1979 年 3 月正式创建欧洲货币体系为标志 ③，欧共体在摆脱美国的经济影响，对付国际经济危机以及加强其自身的经济一体化方面取得了显著的成就。第三，以 1983 年和 1985 年欧共体通过的《关于欧洲联盟的庄严宣言》和《单一欧洲法令》为标志 ④，表明西欧的联合所追求的不仅是欧洲经济和社会的一体化，而且要最终实现欧洲的政治一体化。

与西欧的内部联合同步发展的是欧共体希望在国际舞台上"用一个声音说话"，以加强其欧洲特性。⑤ 这一欧洲特性的突出表现，就是欧共体重视发展和改善与第三世界的关系。1973 年的中东战争和由此引发的"石油危机"，不仅使西欧国家的经济发展深受打击，也使欧共体各国痛感南北关系的重要性，并因此而形成了"以对话代替对抗"的有别于美苏的第三世界政策。这一政策的

---

① 《邓小平文选》第 3 卷，北京：人民出版社，1993 年，第 104—105 页。实际上，中国领导人对时代主题的考虑，远在邓小平的这次讲话之前，这一认识是十一届三中全会以及改革开放政策提出的时代基础。

② 关于中国外交的这次调整，可参见曲星：《中国外交 50 年》，南京：江苏人民出版社，2000 年，第 13 章。

③ 欧洲货币体系主要包括：以欧共体各成员国的货币为基础，创设用于记账和结算的欧洲货币单位"埃居"（ECU），作为未来欧洲统一货币的前身；建立对内实行可调整的固定汇率，对外实行联合浮动汇率的欧洲货币汇率机制（ERM）；逐步建立最终能够发挥欧洲中央银行作用的欧洲货币基金（EMF）。

④ 前者是欧洲理事会通过的旨在创建一个统一的欧洲为目标，后者为欧共体政府间会议通过的以 1992 年将在欧共体内部建成没有边界、没有关税贸易壁垒的"统一大市场"为主要目标。

⑤ 1973 年 12 月欧共体 9 国在哥本哈根召开的首脑会议上通过了关于"欧洲同一性文件"，并提出了"用一个声音说话"这一著名的口号。

典型运用就是 1975 年欧共体与非、加、太发展中国家签订的《洛美协定》①。尽管该协定存在一些缺陷，但是应该肯定的是，这些协定不仅为欧共体国家与发展中国家发展贸易、经济合作与援助关系设定了主要框架，而且是探索南北合作的途径、建立国际经济新秩序的有益尝试。

西欧经济的复兴和内部一体化的发展所带来的西欧政治独立自主倾向的加强，必然导致西欧与美国的关系发生变化。1974 年欧共体 8 国（除爱尔兰）和美国在内的北约 15 国首脑签订的《大西洋关系宣言》，作为双方妥协的产物，在实际承认西欧与美国的平等地位的同时，强调大西洋两岸在经济、政治与防务方面有着不可分割的共同利益，相互依赖仍然是其关系的主要方面。欧共体在对待与苏联和东欧的关系上也有别于美国，更强调应当通过西欧的技术和资金优势，以及政治、经济、文化和人员交往来维持和平局面，减少战争危险，并促进苏东国家的和平演变。

日本的发展

20 世纪 70 年代日本成为世界第三经济大国，继续在政治上追求大国地位，逐步将过去的"对美一边倒"的"被动外交"转变为追求国家战略目标的"自主外交"。日本采取了以日美关系为基轴的"多边自主外交"，并以此为依据果断地同中国恢复了邦交；在中苏之间推行"等距离外交"，并开始与苏联谈判和约问题；推行"全方位和平外交"以修补日美关系的裂痕；为恢复日本在东南亚的地位而实行"福田主义"②；等等。20 世纪 70 年代末 80 年代初，日本终于推出了战后第一个具有全球视野和长远考虑的国家总体战略，即"综合安全保障战略"。这一战略为日本在 20 世纪 80 年代继续在政治上追求大国地位并推行大国外交提供了理论依据和行动方针。③

---

① 该协定是欧共体与 46 个非洲、加勒比地区和太平洋地区的发展中国家（简称非、加、太国家，英文缩写 ACP）签订的，以前者向后者提供单向优惠、增加对后者的财政援助额等为主要内容。该协定为期 5 年，1979、1984 和 1989 年欧共体又与 ACP 国家签订了第二、第三、第四个《洛美协定》，分别为期 5 年、5 年和 10 年，参加欧共体的国家发展到 12 国，ACP 国家发展到 68 国。2020 年发展为《科托努协定》，双方分别发展为 15 国和 77 国。

② 福田赳夫任日本首相时实行的将原来以经济外交为主的东盟政策，调整为以伙伴关系的精神与东盟各国进行政治、经济、文化等广泛领域的合作政策，以恢复日本在世界上的地位为目标，被称为"福田主义"。

③ "综合安全保障战略"的主要内容有：承认国家之间的相互依存与相互冲突都在增加；必须依靠政治、经济、军事、外交、文化等综合力量作为防务手段来应对综合性危机；在美国的核保护前提下努力建立大国化的日本防卫力量；日本要作为"西方一员"而更多地在国际事务中发挥作用；等等。关于该战略的详细说明，参见米庆余监修，肖伟著：《战后日本国家安全战略》，北京：新华出版社，2000 年，第 162—182 页。

东欧的改革与变化

在此时期，东欧各国除了阿尔巴尼亚之外，都不同程度地进行了一些改革，并在一定时期内取得了一些成果。但是，它们在内部没有彻底改造国家原有的计划经济管理体制，在外部又受到勃列日涅夫主义的控制和经互会的"一体化"体制的限制，再加上西方国家利用东欧出现的困难和问题，从政治、经济、思想文化等各个方面施加影响，因此不仅造成了东欧各国人民生活水平的下降，使它们与其西方邻国之间的差距越来越大，而且导致了东欧各国的政局不稳，经济政治危机日益深化，反苏民族情绪持续高涨。1977年捷克斯洛伐克出现的要为"布拉格之春"平反的"七七宪章民权运动"，1980年波兰出现的把改革波兰现行社会制度作为其奋斗目标的"独立自治团结工会"，就是这种危机深化的典型表现。这一切，为东欧最终的剧变提供了十分重要的背景条件。

发展中国家的发展情况

概括地说，第三世界在这一时期的发展呈现两种状况。一方面，一些已经独立的发展中国家积极在联合国发挥作用，并继续进行争取建立国际经济新秩序的斗争，其中最为典型的是在中华人民共和国恢复联合国合法席位的问题上第三世界的支持，以及以第四次中东战争为契机而开始的阿拉伯产油国发动的，以提高石油价格和控制开采权为主要内容的石油斗争。这场斗争不仅给各产油国带来了巨额财富，在一定程度上改变了中东地区的力量对比，而且对西方国家造成了相当大的冲击，打击了以它们为主导的国际经济旧秩序，从而开始了在全球范围内的南北对话的过程，也推动了以区域性合作为代表的南南合作的进一步发展。另一方面，在中亚、中东、印度支那、非洲之角以及葡属非洲殖民地的独立等热点地区和热点问题上，人们都能看到美苏两个超级大国的争斗和影响，从而加重了第三世界人民争取和平与发展的斗争的艰巨性与复杂性。以两伊战争为代表的第三世界各国之间的矛盾与争斗，也在相当程度上削弱了第三世界的力量。

（三）冷战的终结与国际格局的多极化发展

1985—1991年，美苏进入缓和与对话的新时期，而其结果是东欧剧变苏联解体与冷战终结，两极格局也以苏联一极的自行坍塌而最后崩溃，世界进入后冷战时期，国际关系格局向多极化发展。

1. 冷战的终结

1985年是里根总统第二任期的开始。经过四年努力，美国认为它已经扭转了与苏联军事力量对比的不利趋势，可以从实力出发推行更为灵活的对苏政策；

与此同时，美苏的核军备力量已经基本平衡，里根也承认"核战争是无法打赢也决不应当打的"①；另外，军备竞赛同样给美国造成了巨大经济压力，美国也需要从这一轮"新冷战"中获得喘息；再加上苏联换上了以"改革和新思维"作为指导思想的新领导人，这一切导致第二届里根政府再次大幅度调整对苏政策。

这一调整的主要表现是：第一，在承认苏联是与美国有着根本分歧的超级大国的同时，也承认在避免一场大战方面有着共同利益，因此推进美苏高层会晤，主张与苏联就人权、军控、地区冲突和双边关系等方面进行对话以增进相互了解并解决一些问题。第二，在正式出台军事上的"新灵活反应战略"并坚持"战略防御计划"的同时，推进军控谈判，并把军控谈判的名称从"限制战略武器会谈（SALT）"改为"削减战略武器会谈（START）"。② 第三，针对苏联在第三世界的扩张，里根在 1985 年宣布，美国将公开支持全世界的反共革命，不论"自由战士"在什么地方同苏联人或苏联支持的政府进行战斗。③ 这一被称为"里根主义"的政策是美国对苏联推行新遏制政策的重要部分，它企图在第三世界通过低烈度战争推翻那些与美国敌对的政府，并以经济援助和"促进民主化"建立美国式的自由市场经济和民主政体，实现美国领导世界的大战略目标。

1989 年布什入主白宫后，基本继承里根政府的军控政策，同时根据 20 世纪 80 年代以来苏联和东欧国家的政局变化，再次对美国的对苏政策进行重大调整，提出"超越遏制战略"作为美国对苏联东欧政策的总纲领。该战略以实力为依托，强调今后西方的对苏政策不只是遏制苏联的扩张主义，还"应当鼓励苏联朝着一个开放社会的方向演进"，"说到底，我们的目标是欢迎苏联回到世界秩序中来"，同时促使东欧国家走向自由、民主和市场经济，以建立"一个开放、统一和自由的欧洲"。他提出的实现这一战略目标的途径也不再以军事遏制为主，而是更多地运用经济、政治、文化等手段，促使苏联和东欧国家内部发生"和平演变"。④

20 世纪 80 年代的苏联确实发生着巨大变化。与里根第二任期的开始几乎同步，1985 年戈尔巴乔夫成为苏共中央总书记。面对日益恶化的国内政治经济形

---

① 罗纳德·里根：《里根回忆录——一个美国人的生平》，第 463 页。
② 唐·里甘：《里根政权内幕——里甘回忆录》（郁频等编译），天津：天津人民出版社，1992 年，第 313 页。
③ 托马斯·帕特森等：《美国外交政策》下册，第 870 页。
④ 杜攻主编：《转换中的世界格局》，北京：世界知识出版社，1992 年，第 114 页；方连庆、刘金质、王炳元主编：《战后国际关系史（1945—1995）》（下），北京：北京大学出版社，1999 年，第 641—643 页。

势，特别是由于新一轮大规模军备竞赛所带来的沉重负担，国际社会对苏联侵略阿富汗战争所表现出的霸权主义的持续谴责，以及感受到东欧国家特别是中国改革开放的巨大压力，戈尔巴乔夫逐渐形成了以"新思维"为理论基础的对整个国家进行全面改革的思想。这一思想的内涵，可以集中于国内政策和对外政策两个大的方面：在国内政策的改革方面，批评传统的斯大林模式的社会主义，提出民主性和公开性，要将苏联建成"人道的、民主的社会主义"；在对外政策的改革方面，提出了以"承认全人类的价值高于一切"为核心的外交政策新思维。

概括地说，戈尔巴乔夫的对外政策新思维包括以下几个相互联系的方面。

第一，对当代世界发展趋势的基本估计。这包括：其一，由于科学技术的高速发展，当前的世界已经形成了一个不可分割的多样性的统一体，人类面临着生存和发展的共同问题，因此全人类的利益高于一切，而不应当把意识形态的分歧搬到国家关系中来。其二，从上述基本观点出发，世界大战特别是核战争是可以避免的，因为在全球性的核冲突中没有胜利者和失败者，只有人类文明的毁灭，所以核战争将不是政治的继续，解决争端和通向安全的唯一道路是政治解决的道路，是裁军的道路。其三，科技革命在很大程度上改变了资本主义，使之仍然具有生命力，并导致资本主义各国之间可以避免军事冲突和战争；而社会主义也没有可供所有人学习的某种模式，承认社会主义革命和建设模式多样化的现实。

第二，从上述对世界发展趋势的基本估计出发，新思维确定了苏联处理国际关系的基本原则。一是和平共处与和平竞赛原则，即社会主义和资本主义两大体系之间的关系是和平共处与和平竞赛、竞争关系，不能以武力相威胁，更不能通过战争手段解决问题。二是普遍安全与裁军原则，即安全是不可分割的，各国共同的最高利益是避免核战争，因此必须裁减军备并将各国的军备控制在合理的足够程度，实行非进攻性防御，消除各种武装力量的不平衡与不对等。三是各国有权自由选择自己的发展道路原则，即无论是苏联还是美国都不可能把自己的政治制度、经济模式和意识形态强加于人，任何国家和国家集团都无权干涉他国内政。

第三，提出了苏联对外政策的战略目标。其一，在确保国家安全方面，以"普遍安全"（或"相互安全"）取代以往单方面安全的看法，不再把军事力量当成获得安全的唯一手段。其二，希望以"各国和各民族相互依存、利益均衡、选择自由、连带责任、共同解决当代全球性问题"为依托，建立新的国际秩序以取代二战以后的国际秩序。其三，通过外交政策的改革，为国内在经济领域和政治体制中实行彻底的改革创造一个有利的国际环境。①

　　以外交政策新思维为依据，戈尔巴乔夫将勃列日涅夫时期的全球进攻战略改变为缓和与收缩战略，并据此制定了苏联对外政策的具体目标：一是通过与美国的对话、妥协与合作，使核裁军获得切实的进展，同时保持与美国的核平衡；二是改善与东欧国家的关系，建立安全、合作、统一的"全欧大厦"；三是改善与中国的关系；四是减少对第三世界的干涉和卷入。

　　由于美苏双方的政策调整出现了一些重要的一致性，使两国关系再次出现了从紧张走向缓和、从对抗走向对话甚至合作的新局面。主要表现是：

　　第一，1985—1991 年，里根总统和布什总统分别与戈尔巴乔夫进行了 5 次会晤，尽管双方不乏唇枪舌剑，但都认为两国要防止爆发任何战争，强调对话，并建立起广泛的多层次的对话机制。

　　第二，双方在核裁军和常规裁军方面取得重大进展。在核裁军方面，从限制美苏自身核武器数量的阶段，发展为实际减少两国的核武器数量的阶段。具体标志是：其一，1987 年 12 月 8 日，美苏终于签署了通过有效的现场核查以确保消除两国所有中程和中短程导弹的《关于消除两国中程和中短程导弹条约》（简称《中导条约》，英文缩写 INF），并于 1988 年 6 月 1 日正式生效②。该条约将中程导弹作为整整一类核武器的销毁不仅有利于缓和美苏关系，有助于推动双方裁军势头的进一步发展，也减轻了中程核武器对欧洲的威胁，推动了欧洲常规兵力的谈判。其二，美苏在历时 9 年的谈判之后，终于在削减双方核力量的基石与主力，即"能打到对方领土"的进攻性战略核武器方面达成协议，并于 1991 年 7 月 31 日正式签署了《削减战略武器条约》（即《第一阶段削减战略武器条约》，英文缩写 START Ⅰ），该条约于 1994 年 12 月正式生效。尽管双方在限制战略防御武器的问题上仍存在分歧，但该条约第一次规定对双方战略核武器数量进行 30%—40% 的削减，确实是美苏自《中导条约》之后在核裁军方面的又一重要进展，在二战后的历史上，第一次真正实现了国际社会要求大

---

① 参见戈尔巴乔夫：《"真相"与自白 —— 戈尔巴乔夫回忆录》（述弢等译），北京：社会科学文献出版社，2002 年，第 245、243 页。关于戈尔巴乔夫的外交政策新思维，参见他的著作《改革与新思维》（苏群译），北京：新华出版社，1988 年。美国学者赖斯认为，"新思维"是苏联对国际体系看法的重要改变。Condoleezza Rice, "The Evolution of Soviet Grand Strategy," Paul Kennedy ed, *Grand Strategies in War and Peace*, p.160.

② 需要说明的是，2019 年 8 月 2 日，美国国务卿蓬佩奥发表声明，宣称由于俄罗斯未能履行该条约义务，在过去至少十余年间，俄罗斯多次违反该条约，研发、制造、试射"众多该条约禁止的导弹"，美国于即日正式退出《中导条约》。他在声明中说，对于该条约的瓦解，俄罗斯"负有全部责任"。

幅度削减战略核武器的共同心愿。在常规裁军方面，1990 年 11 月 19 日，包括美苏在内的北约和华约共 22 个国家首脑正式签署了《欧洲常规武装力量条约》（英文缩写 CFE），这是二战后两大军事集团之间第一个常规裁军条约，使它们在中欧紧张对峙的态势不复存在。[①]

第三，在伊拉克于 1990 年 8 月 2 日突然入侵科威特之后，美苏在联合国安理会就制裁伊拉克问题上采取了一致行动[②]；在当时有关德国统一的问题上，苏联也采取了与西方合作的态度。

在美苏关系明显改善的同时，苏联与东欧国家的关系也有了实质性变化。戈尔巴乔夫批判了"勃列日涅夫主义"，提出在完全自主和互利互助的基础上建立社会主义国家之间的关系。为此，苏联开始承认在历史上对东欧国家的政策存在一系列严重错误，宣布不再干涉特别是不再用武力干涉东欧事务；积极倡导、敦促和支持东欧国家的改革，并保证让东欧以"和平方式"完成变革；鼓励和支持东欧国家与西方的对话与合作，并于 1988 年 6 月使欧洲两大国际经济组织经互会和欧共体实现了关系正常化。同年 12 月，苏联在联合国大会上宣布裁军 50 万，其中包括从东欧撤出 5 万苏军。随着东欧剧变和两德统一，苏军也基本撤出了东欧。

在处理与中国的关系问题上，戈尔巴乔夫批判了社会主义唯一模式论的观点，于 1989 年 5 月正式访问中国，终于使中苏关系实现了正常化，并确立了两国今后发展关系的新原则。

在处理与第三世界的关系问题上，苏联也改变了以往与美国对抗的政策而采取合作和共同参与的态度，并以 1989 年 2 月苏军全部撤出阿富汗为收缩力量的主要标志，减少了对第三世界的干涉和卷入。

但是，特别要指出的是，在此时期，美苏关系之所以能够日益走向缓和与对话，在一定程度上是以苏联一方的退让与妥协为前提的，而戈尔巴乔夫在国内进行的改革，也经历了一个逐步"激进化"和"西化"的过程。在经济改革方面，从准备在原有体制下改革经济确定加速发展战略入手，发展到市场化和

---

① 关于裁军问题，可参见潘振强等主编：《国际裁军与军备控制》；朱锋：《弹道导弹防御计划与国际安全》，上海：上海人民出版社，2001 年。

② 当时美国总统布什的国家安全事务助理布伦特·斯考克罗夫特后来写道："海湾战争是美苏两国前些年发展出来的那种有希望的新精神的象征。的确，在 1990 年 8 月，当我们两个国家站在一起谴责伊拉克入侵时，我就准备说冷战结束了。"乔治·布什、布伦特·斯考克罗夫特：《重组的世界——1989—1991 年世界重大事件的回忆》（胡发贵等译），南京：江苏人民出版社，2000 年，第 521 页。

扩大私有化；从依靠自己到指望西方的援助①。在政治改革方面，从完善社会主义到"革新"社会主义再到最后脱离社会主义；对于共产党，则从最初要求保持执政党地位发展到议会党地位，最终使其成为在野党。然而，这样过于激进的全方位改革发生了根本方向性错误，且缺乏切实可行的措施，进退失据，终于造成了处于崩溃边缘的经济和动荡不安的社会，以及长期积累的十分复杂的民族矛盾表面化，最终局势失控，使国家陷入政治、经济、民族和信仰的全面危机，并以 1991 年苏共中央自行解散和苏联正式解体为标志，形成了"苏联巨变"这一 20 世纪世界历史上影响最大最深远的事件。

苏联作为一个超级大国以自行坍塌的方式最后消失，导致了第二次世界大战结束后形成的以雅尔塔体系为基础的国际关系两极格局彻底崩溃。它在带来国际力量对比严重失衡、世界局势出现新动荡的同时，也带来了持续近半个世纪的冷战的结束。

2. 世界多极化趋势的发展

欧洲作为冷战最重要的战场，在这段时间里经历了东欧剧变、冷战结束和西欧联合进程加快发展等重大事件。随着 20 世纪 80 年代中期戈尔巴乔夫改变苏联以往对东欧国家的强硬高压政策和东西方关系的缓和，作为苏联传统势力范围的东欧终于发生了巨大突变。从 1989 年波兰团结工会上台执政到 1990 年两个德国以东德并入西德的方式实现了国家统一，再到 1992 年阿尔巴尼亚民主党在大选中获胜，东欧各国共产党、工人党领导的社会主义政权就像多米诺骨牌一样逐个倒塌，形成了苏联退出东欧势力范围、东欧回归欧洲和靠拢西方的发展趋势。随着东欧剧变的发生，1990 年 11 月，在戈尔巴乔夫的倡议下召开了欧洲安全与合作会议的特别首脑会议，并签署了《新欧洲巴黎宪章》，宣布"欧洲对抗和分裂的时代已经结束"，确认民主、自由经济和各国平等享有安全是建立新欧洲的原则，成为整个欧洲走向对话与合作道路的新起点。1991 年 6 月和 7 月，前苏东国家的两个最为重要的但已名存实亡的组织——经互会和华沙条约组织相继解散，这标志着冷战在欧洲正式结束。与苏东集团分崩离析形成鲜明对照的是西欧一体化进程出现了一个新的高峰，欧共体 12 国于 1991 年 12 月召开首脑会议通过了《欧洲联盟条约》②，规定欧共体今后的任务是实现经济货币

① 1991 年 7 月，戈尔巴乔夫在西方七国首脑会议的正式会议结束后前往陈词，提出了西方如何在各方面帮助苏联改革的具体计划。德国总理科尔把他此行称为"苏联靠拢西方世界的里程碑"。转引自杜攻主编：《转换中的世界格局》，第 31—32 页。

② 1986 年西班牙和葡萄牙加入了欧共体，使欧共体实现了第三次扩大，此时欧共体的人口为 3.2 亿，国

联盟和政治联盟，将其从一个经贸集团建设成一个具有强大经济实力并执行共同外交政策和安全政策的政治实体。西欧在继续发挥国际经济生活中重要一极作用的同时，也将作为国际政治生活中的一极而发挥越来越大的作用。

在此期间，中国的改革开放政策也经历了巨大考验。1986 年 7 月 10 日中国正式提出恢复关贸总协定缔约方地位的申请，表明了中国进一步面向世界开放的决心。然而不久以后发生的东欧剧变却直接影响了中国的政局，并导致了短暂而剧烈的政治动荡和一度恶化的国际环境。但是中国在坚持改革开放政策的同时，在邓小平制定的"冷静观察、沉着应付、稳住阵脚、韬光养晦、有所作为"的外交战略和策略指导下，成功地渡过了危机，巩固了国家的安全，从而显示了一个政治大国的成熟外交。中国将在推动国际格局多极化的同时，加快自己融入整个世界的过程。另外，苏联的解体以及苏联在建设全新的社会主义现代化过程中所进行的艰难尝试，为经济落后国家的现代化建设提供了重大启示。感悟这些启示的中国和其他发展中国家正在继续进行的革旧鼎新的伟大改革实践，正在推动着世界的和平与发展以及整个人类文明的进步。

与此同时，日本作为亚太地区的另一个大国，利用两极格局的终结和海湾战争的爆发，进一步谋求政治大国的地位。

对第三世界来说，冷战结束的影响是多重的，不仅造成了第三世界整体战略地位有所下降，南北差距有所加大，而且冷战时期被掩盖的政治、经济、民族、宗教、领土等矛盾最终都突显出来，并导致了一些国家和地区的冲突与动荡。但是，在第三世界出现的政治民主化和经济一体化的浪潮，在一定程度上又顺应了冷战后的世界多极化和经济全球化的发展趋势，其中的一些地区大国（如印度、巴西）和集团（如东盟），有可能成为多极化世界格局中的次一级的力量中心。另外，南北之间的对话也从经济领域向全球性问题扩展，可以说，如果没有第三世界的积极参与和合作，世界上的任何一个问题都无法得到全面而彻底的解决。

总之，当两极格局以苏联一极的消失而结束时，我们看到的是这样一幅世界历史发展的宏观画面：美国作为世界上的唯一超级大国，认为由美国领导的"单极阶段"终于到来了，于是依靠美国的权势和价值观来建立"世界新秩序"的主张频频出现在美国领导人特别是布什总统的讲话中。[①] 但是，应该看到，尽

民生产总值达 2.6 万亿美元，贸易额占世界总额的 40%。《欧洲联盟条约》俗称"马斯特里赫特条约"，简称"马约"，于 1993 年 11 月 1 日开始生效，欧洲联盟也正式成立。

① 美国专栏作家查尔斯·克劳萨默在《外交》（*Foreign Affairs*）季刊 1991 年春季号上撰文，将苏联解体

管继承了苏联主要遗产的俄罗斯失去了超级大国的地位，但它仍然是唯一拥有能够与美国相抗衡的核武器的国家，作为联合国的常任理事国，俄罗斯在世界政治中的作用仍然不可低估。与此同时，欧共体向欧盟的成功发展不仅显示出西欧在促进地区一体化方面的强劲动力，也有力地表明了西欧是国际政治中的一极重要力量。在亚太地区，以中国、韩国和东盟为代表的亚洲的崛起，同样显示出这一地区除了日本以外的其他国家也正在确立和发挥它们在世界事务中的重要地位。另外，占有联合国多数席位的第三世界国家作为一个整体对国际事务的影响也不容忽视。因此，到冷战结束之时，自20世纪60年代末就已经开始出现的世界格局多极化的发展趋势已是一个不争的现实，它并不以人们的意志为转移。

综上所述，我们完全有理由说，正是在雅尔塔体系实际运作而导致的美苏对峙的两极格局下，世界发生了更为深刻的变化。它孕育了在政治、经济、文化、意识形态、价值观念等方面的相互宽容态度，孕育了世界多极化的发展方向。

（四）从历史的较长时段看国际格局的演变

一般来说，国际格局的演变是一个比较长期的过程，要经过许多重大的事件导致国际关系特别是大国之间的关系发生一系列变化的量化积累，最后才会导致国际格局发生质变。

1815年维也纳会议在欧洲大国之间形成的"欧洲协调体制"，以及以欧洲大国势力均衡为代表的以西欧为中心的国际格局，实际上是在经历了第二次世界大战之后，才被美苏两极格局所代替。在此期间，这种欧洲的均势由于德国与意大利的统一而受到强烈震动，而此后主要由德国和奥匈帝国组成的同盟国与由英国、法国和俄国组成的协约国这两大帝国主义集团的形成，以及它们发动的第一次世界大战，则是欧洲各大国势力失衡的结果。但是，即使是被当时的人们视为最重大的国际事件，并被称为"结束一切战争的战争"的第一次世界大战，也并未能从根本上改变欧洲的世界中心地位。

第一次世界大战之后，战胜国通过对战败国缔结的一系列和约所建立的凡尔赛体系，可视为以英法为代表的战胜国力图恢复和维护旧的欧洲大国均势的

和海湾战争后的时期称为"单极时刻"（the Unipolar Moment）；有关学者论述单极世界的文章，可参见 Ethan B. Kapstein and Michael Mastanduno eds., *Unipolar Politics: Realism and State Strategies after the Cold War*, New York: Columbia University Press, 1999。另外，根据白宫自己的统计，1990—1991年期间，美国领导人在各种讲话中有42处提到"世界新秩序"。见杜攻主编：《转换中的世界格局》，第302页。

产物，并在一定程度上维持着欧洲的世界中心地位。在两次世界大战之间的年代里，美国和苏联这两个欧洲侧翼大国逐渐崛起，对以欧洲为中心的国际关系格局形成致命的冲击；与此同时，德、意等欧洲法西斯国家从内部对凡尔赛体系进行着持续的挑战与破坏，而日本则在东方对以美国为主要规划者和潜在保证者的、旨在维护列强在远东的共同利益的华盛顿体系进行着挑战。在此期间所发生的一系列重大的国际事件，使各大国之间的力量对比不断消长变化，使欧洲的世界中心地位摇摇欲坠。但是，只有经过第二次世界大战，才导致了欧洲的彻底衰落，并造成了美国和苏联成为国际关系中最为举足轻重的两个超级大国，从而使以欧洲为中心的国际格局一去不复返，代之而起的是建立在雅尔塔体系之上的以美、苏为首的两极格局的形成。

从 1815 年到 1945 年大约 130 年的时间，国际格局才发生了质的变化。

第二次世界大战以后，科学技术迅猛发展，非殖民化进程不断深化，世界经济一体化加速进行，两大阵营激烈竞赛……这一切导致了世界历史的发展速度明显加快。因此，与欧洲主宰世界的格局转变为两极格局相比，两极格局的存在时间大大缩短，仅仅存在了 40 多年。但是在此期间，国际关系也经历了一系列重大的变化。一方面国际关系的大格局呈现出两极对峙状态：冷战爆发，柏林危机，朝鲜战争，中美长期对抗以及中苏关系恶化，斯大林逝世后东西方关系的有限缓和与核军备竞赛的加剧，古巴导弹危机，越南战争，中东战争……另一方面，在两极格局中又孕育成长着使国际格局走向多极化的力量中心：西欧在衰落中走向复兴，中国作为一个核国家的崛起，日本从战败到开始努力成为世界经济和政治大国，摆脱了殖民地半殖民地地位的第三世界民族独立国家在国际政治舞台上的作用不断加强……这些力量中心的出现，在 20 世纪 60 年代末 70 年代初就已经十分明显，直到冷战结束之前，这种多极化的发展趋势仍然在继续。进入 21 世纪，世界多极化趋势仍然是不可阻挡的时代潮流。

与冷战结束几乎同步出现的是经济全球化的浪潮，正如前世贸组织总干事鲁杰罗所说："以要素自由流动为基础的经济全球化趋势不可逆转，正在加速。在全球范围内，以经济力量和技术力量为依托的经济外交正在拆除各种围墙藩篱，跨越各国国界，编织一个统一的世界经济。一个以经济全球化为基础的'无国界经济'正在全球范围内形成。"[①] 和平与发展更为突出地成为时代的主题和世界人民的共同追求。

----

① 鲁杰罗在 1997 年 7 月会见中国外经贸部首席谈判代表龙永图副部长时的讲话，见刘光溪：《中国与"经济联合国"——从复关到"入世"》，北京：中国对外经济贸易出版社，1998 年，前言第 1—2 页。

第四章　两次世界大战与国际秩序的变化

国际秩序是指在一定的历史时期内，国际社会主要战略力量之间围绕某种目标和依据一定规则相互作用运行的机制，是指处理国与国之间关系的准则和行为规范。特定的国际秩序总是与特定的国际格局相对应，并受到后者的影响与制约。在第三章中，我们已经论述了两次世界大战与国际格局的变迁，本章将讨论与国际格局变迁密切联系的国际秩序的重大变化。

第一节　两次世界大战后的国际政治秩序

一、以国际联盟为代表的一战后的国际政治秩序

国际联盟是世界上第一个由主权国家组成的政府之间的常设国际组织。这里首先对它的来龙去脉做一个比较详细的论述。

（一）国际联盟的起源与成立

1. 国际联盟的起源

早在 19 世纪，随着社会生产和物质文明的巨大发展，各国之间交往范围的日益扩大，以及人类社会相互依存程度的不断加深，一些国际机构便根据行业的需要而建立起来，并拥有监督国家个别行政部门的权力，如国际电讯联盟、万国邮政联盟、国际度量衡组织、国际保护工业产权联盟等，这些组织，也被称为"国际行政组织"或"国际行政联盟"。到 1914 年这样的组织已经有 30 多个。此外还有一些非官方的国际团体，如各国议会联盟、国际工会联合会以及许多有关宗教、科学、文学、体育的团体。

这些国际组织的成立和运作有一些共同特点。第一，它们建立了比较完善的常设机构，包括由全体成员国组成的大会和由部分成员国组成的理事会，以

及类似国际秘书处的机构，如国际电讯联盟设立的国际事务局。这三级机构一直为以后的各类国际组织所效仿。第二，在长期的发展中，这些国际组织制定和改进了各种程序规则，如各机构的投票程序、多边条约的起草、通过和生效程序等。第三，这些国际组织的工作仅限于行政技术事项，并不具有政治上的任何约束力。

但是，这些国际组织的成立和运行具有重要意义，它们不仅规范和维护了相关的行政与行业之间的行为和利益，而且为以后新的主权国家政府之间的常设国际组织的成立和运作奠定了基础。

19 世纪末 20 世纪初，由于资本在全球范围内的急剧扩张，西方列强对殖民地和势力范围的争夺日益激烈，局部冲突和战争此起彼伏。特别是第一次世界大战的爆发和战争的长期化，更使饱受战乱之苦的各国人民强烈反对帝国主义战争，渴望和平，于是，世界各国的和平运动大大发展[1]。与此同时，几乎所有交战国和中立国的政治家们也都认为有必要建立一个新的国际秩序来防止如此巨大的灾难再度发生，建立具有政治约束力的国际常设机构的想法应运而生。1915 年 5 月英国成立的"国际联盟协会"和几乎在美国同时成立的"美国实现和平联盟"都主张建立这种组织，政府的一些官员也间接支持这种想法。例如，当时的英国首相赫伯特·阿斯奎斯（Herbert H. Asquith，1852—1928）和外交大臣爱德华·格雷不仅曾在公开演说和秘密通信中，并且通过非正式鼓励英国"国际联盟协会"的行动表示支持组织国际联盟的主张。[2] 英美之间也就建立国际联盟一事进行了沟通。正如曾任国联副秘书长的华尔脱斯所说："各国必须找出某种办法来保证以后不会再有这种事发生。这就是促使国际联盟成立的有效的原动力和动机。这个运动的确是由于憎恨战争的情绪所引起的，但它不是一个和平主义者的运动。与此相反，它在各处都根据这样一个信念，就是防止战争的任何有效体系都必须得到爱好和平国家的联合力量的支持。"[3]

2. 英国与美国有关国联盟约的交涉

实际上，向美国正式提出设立这一组织构想的就是英国人。当时英国的动机并非是为了建立新的世界秩序，而是希望为美国参战寻找一个令人满意的理由。1915 年 9 月 22 日，英国外交大臣格雷致信美国总统威尔逊的密友兼顾问豪

---

① 有关和平运动的情况，请详见第六章。

② 参见华尔脱斯：《国际联盟史》上卷（汉敖等译），北京：商务印书馆，1964 年，第 23—24 页。

③ 华尔脱斯：《国际联盟史》上卷，第 23 页。

斯上校。格雷在信中问到，总统会对一个旨在削减军备、和平解决争端的国际联盟有多大兴趣？"总统会提出建立一个国际联盟吗？如果任何国家违反协定，或在有争端时定要诉诸武力解决的情况下，联盟将把各国联结在一起，共同抗之。"格雷相信，他在信中的提议是身为理想主义者的美国总统无法拒绝的。果然，格雷随后就收到了对方的肯定答复。[①] 同年 11 月 12 日，威尔逊还在给豪斯的信中说："我认为格雷 9 月 22 日的信中提到的与联盟有关的内容包含着一个很有必要的方案。"[②]

但是，就英国政府来说，他们要真正放弃传统的以欧洲均势作为维持国际秩序的基本原则，接受包括美国在内的全球性的集体安全机制，还要假以时日。因为在政府中存在着相当大的反对声音，例如，1916 年 8 月底英国参谋部提交给内阁的一份备忘录认为，保证和平与安全的三大基石是，维持欧洲的均势、维持低地国家的弱势、保持英国的海上霸权。[③] 而这正是美国所反对的。但是，战争的日益残酷和停战的遥遥无期，使英国政府更加需要美国站在协约国一方参战，同时希望把美国拖入英国的势力均衡当中。

美国也同样需要时间来发展他们的国际联盟思想。美国在大战爆发前、后都曾在保持美国中立的基础上调解欧洲各国的冲突，其主要调解人就是豪斯上校。但是，由于美国既要保持中立，又要参与欧洲事务，但又拒绝承担义务，因此豪斯的调解就不可能成功。不过，美国正是在失败的调解中找到了国际联盟的思想，并成为威尔逊外交的主要目标。[④]

1915 年 12 月 24 日，威尔逊在给豪斯的关于调解的指令中，第一次提到国际联盟："我们只关心未来的世界和平，只对此做出保证。唯一可能的保证是（A）陆军和海军的裁军以及（B）一个确保每一个国家都反对侵略和维持海上绝对自由的国际联盟。"[⑤] 另一方面，美国呼吁拉丁美洲国家在"相互绝对保证政治独立和领土完整"的前提下与美国联合起来，这实际上是一个重要的集体安全

---

① 参见亨利·基辛格：《大外交》（顾淑馨等译），海口：海南出版社，1997 年，第 199—200 页；H. F. Hinsley, *British Foreign Policy under Sir Edward Grey*, Cambridge: Cambridge University Press, 1977, p. 474. 后者引用的原文较前者更详细些。

② Joyce Grigsby Williams, *Colonel House and Sir Edward Grey: A Study in Anglo - American Diplomacy*, New York, London, Lanham, Md: University Press of America, 1984, p. 77.

③ George W. Egerton, "The Lloyd George Government and the Creation of the League of Nations," *American Historical Review*, Vol. 79, No. 2, Apr. 1974, pp. 419-444.

④ 参见韩莉：《新外交·旧世界——伍德罗·威尔逊与国际联盟》，北京：同心出版社，2002 年。

⑤ Charles Seymour ed., *The Intimate Papers of Colonel House*, vol. 2, p. 109.

原则①，也是美国要在战后建立国际新秩序的重要原则。然而，这个原则与英国要恢复和维持的以欧洲的势力均衡来维持国际秩序的主张相距甚远。

1916 年 5 月 16 日，威尔逊在给豪斯的信中，再次说明了美国关于战后国际联盟的基本观点，即国际联盟应该是通过合作来防止战争并保护各国免遭侵略的国际组织，其要点是保证主权独立和领土完整。②5 月 27 日，威尔逊在美国前总统威廉·塔夫脱（William H. Taft，1857—1930）领导的美国"实现和平联盟"于华盛顿举行的大规模公共集会上，首次宣布了他的世界联盟计划。当时和威尔逊站在同一个讲台上的还有参议院共和党的领袖亨利·洛奇（Henry Cabot Lodge，1850—1924）。在这次集会上，他们每个人"都以明确而雄辩的语言宣布必须建立一个新的国际体系，必须在必要的时候使用主要国家的武装部队来维持和平和正义，美国必须是将来的国际联盟的正式成员国"。③

但是，美国的既要国际联盟又不想承担义务，同时还有建立一个由美国主导的国际关系新秩序的打算，这并不为首先提出国联建议的英国所接受，因为英国提出这个建议的本意是要通过这个建议把美国拉入到以英国为主的实力均衡当中。可以看出，二者的分歧十分明显。

1916 年 12 月在英国接替阿斯奎斯上台的、宣誓"要给德国以彻底一击"的劳合–乔治首相组织的联合内阁继续考虑国际联盟问题，他曾为了选举的需要而承诺"把国际联盟变成现实"④。但美国显然对重提格雷的建议没有兴趣。当时英国的外交部政务次官，亦是联合内阁封锁大臣的罗伯特·塞西尔（Robert Cecil，1864—1958）是坚定的国联支持派的代表人物，他草拟了一系列关于国际联盟规则的方案。1916 年 9 月，塞西尔向内阁提交了一份关于国际联盟的备忘录，建议通过召集大国会议，以强制性的和平方式解决国际争端。这就是最初的"塞西尔方案"。其主要内容包括：

（1）战后成立一个绝大多数国家参加的国际联盟，作为维护战后国际秩序的主要机构；

---

① 第一次世界大战爆发后，美国开始发展西半球的集体安全，并希望在泛美条约中加入集体安全条款，但最终没有成功。不过这一集体安全的原则已经留在威尔逊的思想里了。

② Charles Seymour ed., *The Intimate Papers of Colonel House*, vol. 2, p. 297.

③ 华尔脱斯：《国际联盟史》上卷，第 24 页。基辛格认为，当威尔逊宣扬其世界联盟的计划时，他毋庸置疑地确信这完全是他自己的观点。但不论其出处，国际联盟是非常典范的美国观念。见亨利·基辛格：《大外交》，第 200 页。但是，必须指出，美国仍然不想承担任何义务，只是利用所谓的道德力量。另外，洛奇在最后站在了威尔逊的对立面反对美国加入国联。

④ Trevor Wilson, *The Downfall of the Liberal Party, 1914-1935*, London: Collins, 1966, p. 145.

（2）在平等协商的基础上制定包含成员国义务和地位等内容的国际联盟盟约，以此作为国际联盟组织的行动原则与规范；

（3）在各国认为适宜的时候举行大国总理和外交部长会议，处理威胁世界和平的问题；

（4）所有成员国都应该遵守盟约所规定的原则，即在将争端提交国联仲裁之前不得使用武力；

（5）各国签订相互保证领土和主权条约，保证相互尊重对方的领土完整和政治独立。

随后，在英国政府内部展开了对国际联盟问题的激烈辩论。

然而，就在英国一面继续进行战争，一面辩论国际联盟方案的过程中，1917年11月7日，俄国爆发了十月革命。十月革命后的第二天，布尔什维克就提出了列宁起草的"和平法令"，以最快的速度展开了争取和平的斗争。《和平法令》宣布了布尔什维克的民族自决权的思想，主张废除秘密外交，向各国政府，特别是英、法、德三国的工人阶级呼吁帮助苏俄把和平事业进行到底。接着，苏俄即提出停战建议，并要求进行和平谈判。由于协约国没有回复苏俄政府的要求，苏俄便开始与德国谈判。

在这种情况下，英国和美国的领导人也被迫要在战争目的上表明自己的态度，以树立起自己的和平形象。正如劳合-乔治在其回忆录中所说："俄国工人政府的态度对我们的工厂工人所产生的影响是非常扰乱人心的。所以我们认为需要就协约国的战争目的发表一个详尽的、精心制定的和权威性的声明，以便消除公众的疑虑。"[1]

1918年1月5日，劳合-乔治在与工会代表见面时，发表了他的战争目的声明。其中他表示，英国的作战目的之一就是"我们必须通过建立某种国际组织来设法限制军备的负担和减少战争的危险"[2]。三天以后，即1月8日，美国总统威尔逊也在国会众参两院联席会上发表了建立"世界和平的纲领"，即阐明美国作战目的的"十四点"原则，其中他特别强调最后一点——"为了大小国家都能相互保证政治独立和领土完整，必须成立一个具有特定盟约的普遍性的国

---

[1] Lloyd George, *The Truth about the Peace Treaties*, Vol. 1, London, 1938, p. 67.

[2] 这篇讲演的全文，见 Lloyd George, *The War Memoirs*, Vol. 1917-1918, Poston, 1936, pp. 63-73。讲演中还谈到恢复比利时独立、阿尔萨斯和洛林归还法国、俄国问题以及民族自决权等问题。

际联盟"。① 接着，英、法、美继续研究并分别制定了组织国际联盟的方案。

　　英国于 1917 年 11 月成立了以费立摩尔勋爵为首的，包括外交家、律师和历史学家的委员会，以 1916 年 9 月的"塞西尔方案"为基础展开工作。② 他们的工作成果是 1918 年 3 月 20 日提出的费立摩尔报告。该报告是一个在性质上严加限制、旨在防止各签约国之间进行战争的草约。它规定：如果有关方面愿意，应该通过仲裁来解决争端；如果有一方或更多的方面拒绝仲裁，那么应该把问题交由签约国召开的会议考虑；在争端经仲裁员或会议考虑之前，签约国不应该进行战争，无论如何不应该对遵守仲裁裁决或会议报告的任何签约国进行战争；如果有任何签约国破坏它所做的保证，其余国家应该认为它们对这个国家处于战争状态，不仅应该同它断绝一切经济联系，并且还应采取必要的军事措施来使它就范；至于同非签约国家间的争端，这些争端也应该以同样的办法加以解决，只是在发生战争时不得实行上述那种自动产生的制裁，各签约国可以自行决定援助或不援助与争端有关的签约国。③

　　在法国，以勒翁·布尔日瓦为其主要人物的法国委员会也在三个月后提出了报告。其内容与英国的费立摩尔报告的建议大体一致。另外，法国的草案还极详细地叙述了用来对付破坏盟约国家的各种制裁的性质，规定一个拥有常设总参谋部的总司令；还包含了一个常设组织的萌芽，如要求全体成员国每年开会一次，并任命一个较小的机构，对其赋予某些有限的秘书任务，等等。④

　　英国和法国的两个报告都寄交了华盛顿，它们并不是代表各该国政府的正式政策，而只是想以此来刺激威尔逊和他的顾问们着手制订他们自己的计划。⑤

　　与此同时，"塞西尔方案"也再经修改。1917 年 12 月 28 日提出的"塞西尔方案"包括以下基本内容：

　　（1）战后成立一个绝大多数国家参加的国际联盟，作为维护战后国际秩序的主要机构；

　　（2）在平等协商的基础上制定包含成员国义务和地位等内容的国际联盟盟

---

① 有关第一次世界大战后期协约国和美国围绕苏俄与德国媾和及和平问题展开的外交活动和斗争，详见齐世荣：《论 1917 年底至 1918 年初真假和平的斗争》，《世界历史》1982 年第 1、2 期，分别见第 1—7、48—55 页。

② 华尔脱斯：《国际联盟史》上卷，第 34 页；George W. Egerton, *The Lloyd George Government and the Creation of the League of Nations*.

③ George W. Egerton, *The Lloyd George Government and the Creation of the League of Nations*.

④ 华尔脱斯：《国际联盟史》上卷，第 34 页。

⑤ 华尔脱斯：《国际联盟史》上卷，第 29 页。

约，以此作为国际联盟组织的行动原则与规范；

（3）举行大国总理和外交部长会议，处理威胁世界和平的问题，视具体情况召开小国代表会议；

（4）所有成员国都应该遵守盟约的规定，即在将争端提交国联仲裁或相关机构司法裁决之前以及等待裁决期间不得使用武力，否则将面临其他成员国的联合制裁；

（5）任何破坏盟约规定而发动侵略的国联成员国，将会与其他国联成员国进入战争状态；

（6）建立一个常设的国联秘书处来处理日常事务；

（7）各国在签订领土和主权保证条约之后，在国联的监督下裁减军备。[①]

这个方案成为英国制定国际联盟方案的基础。

在美国方面，威尔逊在提出国际联盟的思想后，一直没有将其具体化，即使在美国于1917年4月7日正式宣布站在协约国一边与同盟国作战之后，也是如此。直到俄国十月革命发生后，美国才积极起来。但是，除了威尔逊在"十四点"原则中的第十四点提出要在战后成立国际联盟之外，威尔逊也没有将他的国联方案具体化。这是因为威尔逊坚持要由美国独立制定国联方案时面临重要的两难困境，包括：如果战后的国际组织以集体安全为原则，就要把包括德意志帝国在内的所有国家纳入战后的新秩序中，即德国及其盟国也要成为国联成员，而这是英国和法国所不能同意的，因为它们坚决不与德国方面谈判和平；而如果不把德意志帝国及其盟国包括在内，就等于继续保持战争中的联盟，也就等于承认了英国坚持的势力均衡原则，这又是美国所不能接受的。另一方面，根据威尔逊提出的建立战后新秩序，就要对德国进行改革；如果德国人民不愿意改变自己的政府，美国不能强迫德国改革；如果强行对德国进行民主改革，又等于是让美国参与了欧洲事务，这又是威尔逊所不愿意的。[②]另外，尽管美国国内的一些政治集团，如"实现和平联盟"也希望美国尽快提出国际联盟的方案，但威尔逊也不愿意因此而使自己受到束缚。

在这种情况下，英国提出的费立摩尔报告便成为双方讨论的基础。1918年夏季，威尔逊总统指派豪斯上校对费立摩尔的报告进行整理加工，豪斯主要增

---

① Viscount Robert Cecil, *A Great Experiment*, London, 1941, pp. 352-356. 塞西尔对建立国联之事下了很大功夫，先后制定了几个方案。

② 参见韩莉《新外交·旧世界——伍德罗·威尔逊与国际联盟》第126—127页的分析。这种分析是很有道理的。

加了对联盟的所有成员国都要相互保证领土完整和独立，以及每个成员国都有义务对破坏规定的国家进行各种类型的制裁。[1] 这在实际上是把集体安全的原则加入其中了。

不过，随着战争的进程，美国也在制定自己的方案。1918 年 7 月 16 日，豪斯将他和助手自行制定的国联方案交给总统威尔逊。[2] 在这个美国的方案中，有几点重要内容：

（1）支持成立国际法庭；

（2）以仲裁作为解决国际争端的主要方法；

（3）提出全面封锁作为制裁手段；

（4）坚持成员国相互保证领土完整与政治独立；

（5）支持依靠民族自决原则进行必要的领土调整，但对领土调整要进行补偿；

（6）联盟的成员国不包括小国；

（7）各国军备必须裁减。[3]

与此同时，英国也积极与美国就国联问题进行沟通。7 月 22 日，塞西尔在给豪斯的信中再次提出英国的观点：第一，他反对豪斯提出的没有武力制裁手段的仲裁，坚持制裁必须是强制而有实力的；第二，英国反对德国在战后成为国际联盟的成员国，而支持法国不允许德国参加战后国际组织的意见；第三，反对集体安全的原则。[4] 由此可见，英国和美国之间关于国际联盟的分歧仍然清晰可见。

鉴于战争的进程和日益增长的民众情绪的压力，美国方面做出了一定让步。1918 年 9 月 7 日，威尔逊提出了自己亲拟的国联盟约草案，称为"华盛顿草案"。其主要内容是：

（1）坚持以仲裁作为解决争端的主要方法；

（2）同意用武力去实施全面封锁；

---

[1] Charles Seymour ed., *The Intimate Papers of Colonel House*, vol. 4, pp. 18-20.

[2] 温斯顿·丘吉尔在其回忆录《第一次世界大战回忆录》第五卷《战后》（吴良建等译，海口：南方出版社，2002 年，第 1277 页）认为，7 月 16 日豪斯交给威尔逊的是他对费立摩尔报告的修改意见，这个认识是不准确的。豪斯上校在其 7 月 14 日给威尔逊的信中写道："这个草案没有参考你送来的英国的盟约（费立摩尔的报告）。在我们完成草案后，才将这两个方案进行了对比并将英国方案的一些条款纳入其中使之成为一个整体。"见 Charles Seymour ed., *The Intimate Papers of Colonel House*, vol. 4, p. 24。

[3] Charles Seymour ed., *The Intimate Papers of Colonel House*, vol. 4, pp. 30-35.

[4] Arthur S. Link, ed., *The Papers of Woodrow Wilson*, Vol. 49, July 18-September 13, 1918, Princeton, NJ: Princeton University Press, 1985, p. 227.

（3）同意在保证领土完整和政治独立的同时，在民族自决的条件下修改边界；

（4）裁减军备。①

总之，威尔逊既希望集体安全，又希望减少义务，以免激起国内孤立主义势力的反对。

1918 年 10 月初，战争的结局已经明朗，协约国及美国等参战国对德奥同盟国集团的胜利已经在望。这使英美之间协调战后的立场愈加迫切。到此时，几乎所有交战国都把"十四点原则"作为媾和的基础，而英国不仅在航海自由方面予以保留，而且在处置德国、海军军备以及国际联盟等方面也与美国存在异议。经过协调与谈判，美国在海上自由问题上做了让步，同意限制自己的海军规模，英国除了在德国的问题上有所保留外，说服法国接受了"十四点原则"。

1918 年 11 月 11 日，第一次世界大战结束。第二天，英国首相劳合-乔治在唐宁街自由党大会上发表演说，强调国际联盟对保护未来新生的弱小民族国家独立以及持久和平的重要意义，并表示英国要在和平会议上将国际联盟的计划付诸行动。② 此时，英国政府内部要求与美国在国际联盟的问题上进行合作的声音也不断加强。11 月 14 日，南非国防部长史末资将军（Jan Christiaan Smuts，1870—1950，当时他领导一个媾和问题的专家委员会）在晚宴的讲演中强调，国际联盟除了防止战争的功能之外，在战后经济、安全合作以及委任统治战败国的殖民地等方面，也有其功用。③ 12 月 3 日，史末资将军在一份官方的备忘录中明确表达了联合美国的看法，认为与美国及威尔逊的合作符合英国的利益，指出支持威尔逊的国联政策并"给其含糊不清的政策加上明确的形式和实质性的内容"，是这种合作的最有效的方法。外交部顾问海德勒·莫里也认为，遵循威尔逊的计划与美国合作是英国的利益所在；并认为，尽管现在人们否定势力均衡，但是"即使在国际联盟建立之后，这一原则也依然会像以前一样发挥不可替代的基本准则的作用"。④

---

① Arthur S. Link, ed., *The Papers of Woodrow Wilson*, Vol. 49, July 18-September 13, 1918, pp. 467-471.

② Kenneth Bourne and D. Cameron Watt ed., *British Documents on Foreign Affairs (BDFA): Reports and Papers from the Foreign Office Confidential Print*, Part II: *From the First to the Second World War*, Series H: *The First World War, 1914-1918*, Vol. 4, *The Allied and Neutral Powers: Diplomacy and War Aims*, IV: *July-November 1918*, Frederik, Md.: University Publications of America, 1989, p.254.

③ *BDFA*, Part II, Series H: *The First World War, 1914-1918*, Vol. 4, *The Allied and Neutral Powers: Diplomacy and War Aims*, IV: *July-November 1918*, p.255.

④ George W. Egerton, *The Lloyd George Government and the Creation of the League of Nations*.

　　巴黎和会召开前，英国在国联的准备工作方面，有两个重要行动。第一个是1918年12月16日，史末资将军发表了著名的小册子《国际联盟：一个切实的建议》；第二个就是12月17日公布了再次修改的"塞西尔方案"，并成为英国提出的国联草案。

　　史末资在他的小册子（或称之为"备忘录"）《国际联盟：一个切实的建议》[①]中，对国联寄予维护和平的厚望，他认为："在这个关于国际联盟的草案中，不仅要把国联视为一个可能防止未来战争的工具，而且它更应该是文明的正常的和平生活的一个伟大机构"，"国联一定要成为各国共同的国际生活的重要组成部分……成为一个文明政策的非常明显的、鲜活的、有效的工作机构"，国联"应该是在战争废墟上建立起来的新国际体系的基础"。他提出了21条建议，对筹建国联提供了一个清晰而切实可行的行动计划。

　　这21条建议分为三个部分：

第一部分

　　（1）和会在面临千头万绪的领土、经济和其他问题时，应把建立国联作为它的一项主要和基本的工作，这就可以提供一个必要的机关为大多数问题找到唯一妥善的解决途径；

　　（2）国联将恢复俄罗斯帝国、奥匈帝国和奥斯曼土耳其帝国殖民地的土地和人口，为了不与国联的其他原则相冲突，国联对它们拥有最后处置权，国联的权威高于个人和国家的领土政策；

　　（3）对于第二条所包含的殖民地，战胜国不得吞并，未来这些土地上的政府和人民拥有自决权，国联成员国对于其政府形式和民族自决的决定要予以支持；

　　（4）对于委任统治地区，国联的代表履行除了民族自决权以外的其他权力；

　　（5）国联负责为部分地区指定委任统治国；

　　（6）国联有权改变因在委任统治地区做出违反规定的行为而招致该地区人民反对的委任统治国，而委任统治的程度分为三类，见国联的特别文件中的规定；

　　（7）委任统治地区实行门户开放和经济机会均等政策；

　　（8）战败国除非在裁军等问题上达到国联的要求，不得加入国联；

　　（9）国联对战败的原来各个帝国的领土上独立出来的新国家拥有监督权，

---

① *BDFA*，Part II, Series H: *The First World War, 1914-1918*, Vol. 4, *The Allied and Neutral Powers: Diplomacy and War Aims*, IV: *July-November 1918*, pp. 247-250.

以保证它们之间的新秩序；

第二部分

（10）国联将主要由一个经常性的大国会议体系构成，称为国联大会，另外还有行政院、仲裁和调停委员会，其宗旨是维护世界和平；

（11）在国联大会中，各国拥有平等的投票权，国联大会通过的任何决议对其成员国的政府和议会都具有效力；

（12）行政院作为国联的执行委员会，将由大国的总统、首相、外长或全权代表组成，另外加入 2 名中小国家的代表，大国拥有绝对的优势；

（13）行政院定期召开会议，各国首脑、外长每年举行一次磋商会议，大会将指定一个常设的秘书团，并根据行政院需要解决的或可能导致争端的具体问题指定专门的委员会，并成立各国联络委员会；

（14）各国联络委员会的职责是执行包含在第一部分中的国际安排或者会议的组织，负责执行大会的决议和国际法的制定；

第三部分

（15）巴黎和会的与会国应该同意削减军备，废除义务兵役制，军队应由自愿者和民兵组成，其训练和数量需由国联行政院监控；

（16）国联行政院统一协调各国军备的裁减以保证公平适度，但是在没有行政院同意的情况下，国联规定的限额不得被突破；

（17）所有重型武器的生产部门应当接受国联官员的定期检查，各成员国的战争物资的进出口也要由国联监控；

（18）和约的缔约国应保证不对别的成员国使用武力；

（19）任何违反第 18 条规定的国家将立即与其他成员国处于战争状态，并面临全面的经济和军事封锁，各国将中断与违约国的所有贸易往来，并阻止违约国同任何国家的贸易往来；

（20）任何成员国之间关于任何问题产生的争端都必须提交仲裁解决，并坚决执行国联对此做出的仲裁结果或决议；

（21）各国之间的争端要提交国联，国联将尽其所能地安排调解，最终做出公正和持久的裁决，如果双方都同意国联的调解建议，国联则公布建议并开始施行，如果国联因成员国意见不同而没有能够就争端做出裁决或建议，国联行政院中争论的双方都可以公布自己的调解意见，但不能相互视为不友好的举动。

从上述的 21 条建议中，我们看到，"史末资在这里讨论了所有有关维持和平的国际组织的最重要的原则"①，具体地说，史末资要建立的国际联盟的新机构拥有三种基本的功能：保障和平；组织和管理日趋错综复杂的国际事务；成为各国可以咨询和请求帮助的巨大国际中心。但是正如华尔脱斯所说："虽然无论是国联的职能和机构，一般说来确是循着史末资计划的路线发展的，但是国联实际上却远不如他希望的那样伟大。"②

　　史末资将军的小册子公布的第二天，英国政府公布了经过多次辩论而达成妥协的、吸收了费立摩尔报告和史末资备忘录内容的《塞西尔方案》。其主要内容是：

　　（1）战后成立一个绝大多数国家参加的国际联盟，作为维护战后国际秩序的主要机构；

　　（2）在平等协商的基础上制定包含成员国义务和地位等内容的国际联盟盟约，作为国际联盟组织的行动原则与规范；

　　（3）定期举行每年一次的大国总理和外交部长会议，处理威胁世界和平的问题，小国会议四年召开一次，同时各成员国议会代表团也须参加专门的定期会议；

　　（4）所有成员国都应该遵守盟约规定的义务，即在将争端提交国联仲裁之前的缓冲期内不得使用武力，其他成员国将根据实际情况采取必要的手段制裁任何不遵守和破坏盟约规定的国联成员；

　　（5）建立行政院和一个常设的国联秘书处来处理日常行政事务，国联总部设在日内瓦，行政院拥有将侵略国驱逐出国联、监督冲突双方以及敦促各国采取措施等权力；

　　（6）非成员国也将面临与第5条中对待成员国那样的处理程序；

　　（7）史末资备忘录中的委任统治条款。③

　　可以看出，无论是史末资的备忘录，还是这个《塞西尔方案》，它们的共同之处是都不接受美国提出的集体安全，即不接受各国相互保证领土完整与政治独立，而是要建立一个大国讨论协商与仲裁的国际机构。也就是说，它们仍然是英国所坚持的旧的势力均衡原则的产物，这就已经埋下了以后国联失败的种子。

　　在美国方面，威尔逊总统对和会抱有希望。据中国当时驻华盛顿的公使、

---

① F. S. Northedge, *The League of Nations, its life and times 1920-1946*, Leicester: Leicester University Press, 1986, p.34.

② 华尔脱斯：《国际联盟史》上卷，第36页。

③ George W. Egerton, *The Lloyd George Government and the Creation of the League of Nations*.

巴黎和会中国代表团成员的顾维钧回忆，威尔逊在赴欧洲前，曾对他"详谈了他（指威尔逊）对和会的希望，反复申述他在著名的'十四点原则'中论述过的原则，他说，要想世界永久和平，必须要一个新秩序。不应再用老一套的外交方式来解决战争问题，战胜国不应要求割地赔款；应该废除秘密外交；应该通过建立维护世界和平的组织来创立新秩序。他特别珍视这最后一点。当我们就这一点交换意见时，他明确表示，希望中国在和会上支持建立国际联盟"①。但是，面对协约国之间的错综复杂的秘密条约、面对一定要通过德国割地赔款而彻底削弱德国的法国政府、面对希望维护势力均衡的英国当局，威尔逊的打算不可能实现。

威尔逊于 1918 年 12 月 4 日离开美国前往欧洲，13 日到达法国，14 日即前往英国，为和会做准备，特别是要为建立国际联盟做准备。因为甚至在他赴欧洲之前，他就已经明确表示，不仅要使国联成为和平安排的一个组成部分，并且要在和会处理其他一切事务之前优先考虑这一工作。他的这个打算并没有在英国遇到太多障碍，史末资将军已经在他的 21 条的第 1 条中表明了这一点。

巴黎和会召开前，美国代表团内部对威尔逊的有关国联的一些原则提出异议。例如国务卿蓝辛就反对相互保证政治独立和领土完整，并希望以强制仲裁来取代保证。②但是，威尔逊拒绝接受蓝辛的意见，而是对史末资和塞西尔的方案更感兴趣，尽管他并不接受势力均衡，而是接受英国方面的一些具体内容。

1919 年 1 月 8 日和 18 日，威尔逊先后提出了他的两个有关国联盟约的草案，分别被称为"第一个国联盟约巴黎草案"和"第二个国联盟约巴黎草案"。

在第一个国联盟约巴黎草案中，一方面，威尔逊坚持了"华盛顿草案"的主要内容，即坚持以仲裁作为解决争端的主要方法；同意用武力去实施全面封锁；同意在保证领土完整和政治独立的同时，在民族自决的条件下修改边界；裁减军备，等等。另一方面，威尔逊又加入了史末资方案的一些内容，如：行政院的内容和委任统治的内容，规定行政院由大国外交代表和少数几个小国的代表组成，并提出通过大国的一票否决权而使大国能够在行政院中起到领导作用；在委任统治中，史末资方案中所没有的德国的前殖民地也包括在委任统治

---

① 顾维钧：《顾维钧回忆录》第 1 分册（中国社科院近代史研究所译），北京：中华书局，1983 年，第 169 页。

② 蓝辛认为，相互保证将会侵犯美国国会的宣战和商业权力；如果为其他国家提供保证而使用战争手段违反美国的宪法；欧洲国家在美洲实施保证将为其干预美洲的事务开辟可能性，这与门罗宣言相冲突。参见韩莉：《新外交·旧世界 —— 伍德罗·威尔逊与国际联盟》，第 157—158 页。

之中，同时强调在委任统治地区的门户开放政策。另外该草案还包括：如果一个成员国违反了和平解决国际争端的规定，其他成员国自动与该国处于战争状态；但是对如何使用军事手段实行制裁则没有做出明确的规定。这个方案经过美国代表团的讨论和威尔逊本人的修改，形成了第二个国联盟约巴黎草案。

在第二个国联盟约巴黎草案中，威尔逊一定程度上考虑了蓝辛的意见，把原来的相互保证政治独立和领土完整改为"反对外来侵略"，增加了修改边界需经全体大会的四分之三成员同意，把裁军的任务交由行政院直接负责，把"其他成员国自动与违约国处于战争状态"改为这些国家"将被认为是处于战争行动中"，并在委任统治地区增加了"种族平等"和"宗教信仰自由"等内容。①这样的改动，增加了各国行动的灵活性。

1919 年 1 月 18 日，巴黎和会正式开幕。英国任命塞西尔率领英国代表团，并负责处理有关国联的问题。1 月 19 日，威尔逊把他的第二个巴黎草案交给塞西尔和史末资，后者发现，这个草案已经和英国的方案非常相似。②1 月 22 日，英国和美国协商确定了盟约起草委员会的组成，其中英、美、法、意、日五个大国各派出 2 名代表，其他小国共派出 5 名代表，与大国的 10 名代表共同组成盟约起草委员会。大国主宰国联盟约的起草得到认可。

1 月 25 日，会议就国际联盟问题做出决议。决议案如下：

会议考虑了建立国际联盟的建议，决定：

（1）为了维持参战国目前会议所要达到的世界安定，必须建立一个国际联盟来促进国际合作，保证公认的国际义务的实施和提供防止战争的保证。

（2）这个联盟的建立应该作为总的和平条约的不可分割的一部分，凡相信可以促进它的目标的文明国家都可以参加。

（3）国联会员国应该定期举行国际会议，并应设立一个常设的组织和秘书厅在会议休会期间处理国联的事务。③

实际上，国联盟约是在英美联合提案的基础上经过多次修改而完成的。英

---

①　Arthur S. Link, ed., *The Papers of Woodrow Wilson*, Vol. 53, November 9, 1918-January 11, 1919, Princeton, NJ: Princeton University Press, 1986, pp.678-687; *The Papers of Woodrow Wilson*, Vol. 54, January 11-February 7, 1919, Princeton, NJ: Princeton University Press, 1986, pp.138-148.

②　塞西尔在看过威尔逊的第二个巴黎草案后评论道，总统的计划"几乎是对史末资计划和费立摩尔报告的整合，没有任何特殊的新内容"。英国的考虑，还可参见 BDFA, Part II, Series J: *The League of Nations, 1918-1941*, Vol. 1, *Britain and the League of Nations, 1918-1941: Attitudes and Policy*, Frederik, Md: University Publications of America, 1992, pp. 299-301。

③　华尔脱斯：《国际联盟史》上卷，第 39 页。

美代表团经过多次协商，于 2 月 2 日完成了英美联合提案。从 2 月 3 日起，国联委员会召开一系列会议讨论这个提案。各主要战胜国都力图使自己的利益体现在盟约当中。与此同时，它们还不断提出其他要求。美国主张允许德国和小国加入国联，指望它们由于在经济上依赖美国而采取追随美国的政策，并要求由国联管理德国的前殖民地和前奥斯曼帝国的领地，以对抗英、法独占殖民地的政策，达到美国利用这一国际组织谋求世界领导权的目的。英国希望国联成为几个大国之间仲裁纠纷的体现势力均衡的组织，用以维护其殖民帝国的利益。法国则规定德国不得加入国联，并极力要求得到大量战争赔款和吞并盛产煤、铁的德国萨尔地区，还要求在国联建立一支国际部队，设立国际总参谋部指挥这支部队，监督各国兵力并在必要时采取军事行动，企图通过由法国控制这支国际部队争霸欧洲并防止德国卷土重来。日本不仅要求得到德国在中国山东的利权，还要求吞并太平洋上前德国所属岛屿（包括美国坚持不让的关岛），并要求把种族平等列入盟约，以使日本能无阻碍地向西方移民。意大利则要求吞并阜姆。其他一些恢复或新成立的国家如波兰、捷克斯洛伐克、南斯拉夫等，也都提出领土要求。于是，在国联委员会中，各国为了实现自己的目的而展开了讨论甚至是十分激烈的争吵。而威尔逊则为了能够成立国联，对各国的要求都做了一定让步。直到 4 月 28 日，威尔逊才代表这个委员会在和会的一次全体会议上提出了国联盟约的最后文本。而这个文本，已经与威尔逊最初的构想有了很大差别。

　　1919 年 4 月 28 日，巴黎和会通过了国联盟约，并把它列为《凡尔赛条约》和对奥地利、匈牙利、保加利亚各国和约的第一部分内容。1920 年 1 月 20 日《凡尔赛条约》生效，国际联盟正式成立。当时的会员国是 44 个，战败国和苏俄暂被排除在外，后来发展到 63 个。但是对国联的诞生做出很大贡献的美国却始终没有加入国联。

　　尽管在创建国际联盟的整个过程中，美国总统威尔逊起了很大作用，但美国在"十四点"中的许多想法并没有体现在包括《国际联盟盟约》的《凡尔赛条约》中，没有实现美国取得战后世界领导权的计划，这就引起了美国统治集团内部的争吵。威尔逊的政敌共和党——其领袖就是当年曾与威尔逊站在一起支持建立国联的亨利·凯博特·洛奇，尤其反对盟约的第十条，而这正是威尔逊坚持的集体安全条款。该条款规定："联盟会员国尊重并保持所有联盟各会员国之领土完整及现有之政治上独立，以防御外来之侵犯。如遇此种侵犯或有此种侵犯之任何威胁或危险之虞时，行政院应筹履行此项义务之方法。"洛奇等人认为，这样的安排会把美国拖入一场情非所愿、与自身重要利益和安全无涉的战争。而威尔逊则重申，正在出现的国际秩序不是恢复军备和结盟的旧世界，而是所有国家都应当为其他国家的集体防卫做出贡献的新秩序，此外，他还强调指出，如果没有第十条，整个国联的国际主义大厦将难以自立。[1] 但是，最后共和党还是操纵参议院，以国联盟约没有体现美国的战略目标，却使美国承担了许多义务，从而损害了美国的利益为主要理由，拒绝批准威尔逊已签了字的《凡尔赛条约》，也拒绝加入国际联盟。

（二）以国联为代表的一战后的国际政治秩序

国际联盟的成立是对第一次世界大战后的国际秩序的重建。它是世界上第一个主权国家的政府之间组成的常设国际组织，以《国际联盟盟约》为国际法的主要依据，力图保持战后的和平。因此，我们必须对国联盟约的主要内容加以介绍，并由此指出这个国际秩序的问题。

国联盟约共 26 条，主要包括四个方面的内容。[2]

第一，国联的组织机构和职能。

盟约规定：国联的主要机构是会员国全体代表大会，行政院和常设秘书处，这是一个三级体制。代表大会每年 9 月在日内瓦召开常会一次，必要时可召开特别会议。每个会员国所派代表不得超过 3 人，但只有 1 票表决权。行政院由美、英、法、意、日五个常任理事国[3] 和经由大会选出的四个非常任理事国（后来增加到 9 个）组成，每年至少开会一次，后改为每年开会四次。代表大会和行政院有权处理"属于联盟行动范围以内或关系世界和平之任何事件"，它们的所有决议必须全体一致表决通过。常设秘书处由行政院指定的一位秘书长领导，负责准备大会和行政院的文件、报告以及新闻发布工作。

除了这三个主要机构外，国联还设立了国际常设法院、国际劳工组织、常设委任统治委员会、财政经济组织、交通运输组织、卫生组织、难民组织等常设机构，还成立了知识委员会等专门委员会以及许多辅助机构，以处理各种国际问题。

第二，建立国联的目的和达到目的的手段。

---

① 孔华润（沃沦·I. 科恩）主编：《剑桥美国对外关系史》下（张振江、王琛等译），北京：新华出版社，2004 年，第 58 页。

② 国联盟约全文，见《国际条约集 1917—1923》，北京：世界知识出版社，1961 年，第 266—276 页。

③ 由于美国最终未加入国联，所以国联行政院实际上只有四个常任理事国。后来德国于 1926 年加入，并成为常任理事国。

国联盟约宣称，国联成立的宗旨在于"为增进国际间合作并保持其和平与安全起见，特允承受不从事战争之义务"，为此盟约提出了会员国为实现这一宗旨而应尽的主要义务与职责。

（1）裁减军备。规定会员国"承认为维持和平起见，必须减缩各本国军备至适足保卫国家安全及共同履行国际义务的最少限度"；行政院则"应在估计每一国家之地理形势及其特别状况下，准备此项减缩军备之计划，以便由各国政府予以考虑及施行"。

（2）会员国有相互尊重并保持领土完整和现有之政治独立，以防御外来侵略的义务。为此盟约规定会员国应当共同保证反对侵略和战争威胁；如果发生争端，应将争端提交仲裁，或依司法解决，或交行政院审查，并对破坏盟约而进行战争的国家采取经济、军事、政治上的制裁。

（3）会员国要"维护各国间公开、公正、荣誉之邦交"，凡是各国之间订立的与国联盟约不符合的条约均应废止。

第三，管理殖民地的委任统治制度。

盟约规定了"委任统治"制度，把德国的前殖民地和前奥斯曼帝国的领地交给国联，由国联把它们委任给英（包括其部分自治领）、法、比、日等主要战胜国进行统治。委任统治地分为三类：第一类包括原属奥斯曼帝国的阿拉伯领土，虽然"其发展已达可以暂认为独立国之程度"，但还不能自立，故暂交委任国给予"行政之指导及援助"。第二类包括德国在中非的前殖民地，由委任国"负地方行政之责"，并保证其他会员国在该地区"在交易上、商业上之机会均等"。对第一、二类地区何时才能独立，未做明确规定。第三类包括德国过去在西南非洲的殖民地和在太平洋上的岛屿属地，受委托国可将它们作为本国领土的一部分，根据本国法律进行管理。盟约还规定，无论是哪一种委任统治，"受委任国须将委任统治地之情形向行政院提出年度报告"。①

第四，国联成员国应赋予国联以下权力：有权监督有关贩卖妇女、儿童，贩卖鸦片及危害药品等各种协定的实行；有权监督出于对某些国家公共利益之考虑的军械军火的贸易；应采取必要的办法，"确保并维持会员国交通及过境之自由，暨商务上之平等待遇"；应"努力采取措施，以便在国际范围内预防及扑灭各种疾病"。

从国联盟约的上述主要内容来看，作为《凡尔赛条约》的一个有机组成部

---

① 　关于国联的委任统治制度，本书在第五章有更详细的论述。

分，国际联盟的出现不仅反映了 20 世纪的世界已经发展为一个息息相关的整体的现实，更表达了人类在经历了一场空前残酷的大战之后对世界和平的追求与向往，因此是史无前例的国际政治的重要发展。正如英国已故著名史学家 E. H. 卡尔所说："《凡尔赛条约》与以往的任何和平条约都不相同，它声称建立在战争过程中宣布的大量普遍原则的基础之上，这些原则最有名的就是威尔逊总统的'十四点'……它规定建立国际联盟，其主要宗旨是确保维持和平；它建立国际劳工组织以规定劳工的状况；还建立了对德国放弃的殖民地的政府委任统治制度。1919 年以后，这些机构和制度便成为新的国际秩序的正常的和基本的组成部分了。"[1]

但是，国际联盟具有与生俱来的缺陷和弱点。这些缺点和弱点也是那个时代的产物。

（1）国联是在一场帝国主义战争之后由战胜国列强作为对战败国的媾和条约的组成部分而建立的，因此国联盟约所规定的"为促进国际合作，保证国际和平与安全，承担不从事战争之义务"的宗旨，主要是为了维护以英法为代表的战胜国的既得利益和它们所建立的"新秩序"，这是国联的本质缺陷。

（2）国联盟约对保持和平的措施的规定，存在相当大的漏洞。例如，盟约关于裁减军备的泛泛规定对各国政府都没有真正的约束力，事实上它们对此也不予理睬，反而时时以国家安全的需要和实行国际义务为由而不肯裁军；盟约规定对侵略者实行制裁，但是对"侵略"和"侵略者"的含义却没有做出明确规定，也没有具体的制裁措施，更没有宣布战争为非法。

（3）盟约最大的问题，是在维护集体安全的机制上存在极大漏洞。这就是盟约关于代表大会和行政院的决议需要全体成员一致通过才能成立，即形成决议的"全体一致"原则，或称"普遍一致"原则，"普遍否决权"等。这个原则的规定，不仅使大会和行政院的权限分不清楚，使二者相互掣肘，无法有效工作，也在实际上使国联失去了对侵略行为采取任何有效行动的可能性，因为任何一个会员国都可以阻挠关于制裁侵略的决议通过，从而使这一规定成为一句空话。这一根本机制上的问题，不仅使国联对受到侵略的国家的保护软弱无力，而且无法制止战争的发生。[2] 特别要指出的是，在殖民主义仍然存在、殖民地

---

[1] E. H. Carr, *International Relations between the Two World Wars 1919 - 1939*, p. 5. 也可见中译本《两次世界大战之间的国际关系（1919—1939）》（徐蓝译），北京：商务印书馆，2009 年，第 3 页。

[2] 《联合国史》的作者埃文·卢亚德深刻地指出，国际联盟的关于保护其他受到侵略的国家的承诺是纯粹自愿的，因此极其软弱无力，而且没有任何价值。Evan Luard, *A History of the United Nations*, V. 1: *The Years of Western Dominations, 1945-1955*, London: Macmillan, 1982, p. 6.

和半殖民地人民无权做出决定，而殖民地宗主国视殖民地事务为自己的国内事务的年代，战争也不可避免。换句话说，"国联盟约给战争造成机会，这不仅在于当事国不在场就不能对一个争端做出一致判断的情况，而且还在于争端的起因被判定属于争端一方的国内司法权限范围的情况"。[1] 1931 年日本侵略中国的"九一八事变"及国联对这一侵略事件的既不援助中国也不制裁日本的做法，特别能够说明这个问题。[2] 丘吉尔后来对国联的无所作为甚至偏袒日本的处理方式提出批评，认为"正当世界局势非常需要国际联盟的活力和力量的时候，国际联盟在道义上的权威却显出缺乏任何实质的支持"。[3]

另外，国联的权限极为有限。国联对美国视为其势力范围的中南美洲、殖民地宗主国与其殖民地的关系以及中国和列强之间的关系，都无法贯彻它的用和平解决争端的手段阻止战争的宗旨。例如，当 1926 年尼加拉瓜政府指责墨西哥政府涉嫌支持尼加拉瓜的政治反对派并将墨西哥告上国联时，美国政府立即派出一支舰队去尼加拉瓜"以保护美国人和外国人的生命和财产"；而国联则接受了美国的这种暗示，即维持中美洲的和平与秩序不是国联本身需要关心的事情。国联对英国的殖民地、"保护国"和势力范围也无法贯彻它的和平解决争端的原则。例如，尽管埃及已经于 1922 年被承认是一个独立国家，但是由于它与英国之间的独特关系，埃及便被排除在国联成员国之外，而且阻止了英国和埃及之间的不同意见被当作国际争端来对待。中国和列强之间有关给外国人在中国的特殊权益的条约也不被认为是正常的问题而要提交国联来解决。

当然，国联曾以调解者的身份于 1924 年调解并解决了土耳其（它当时还不是国联成员）与被英国委任统治的伊拉克之间的关于摩苏尔的边界，将摩苏尔划归英国委任统治的领土之内；1925 年国联调解了希腊和保加利亚的领土争端；1927 年国联调解并缓和了波兰和立陶宛之间对维尔纽斯的长期争端，使维尔纽斯仍然留在波兰手里。这些行动都被视为国联在阻止战争方面获得成功的最高标志。但是我们可以看到，在英国-土耳其争端和波兰-立陶宛争端中，都是两个力量不对等的国家之间的争端。在这两种情况下，力量更强大的一方占领着有争议的领土，因此国联的调解也就是让较弱的国家能够在尽量不失尊严的情况下让步。在这里，大国强权政治实际上仍然发挥着主要作用。

另外，一些学者认为，国联在希腊-保加利亚这两个弱国和势均力敌的对手

---

[1]　E. H. Carr, *International Relations between the Two World Wars 1919 - 1939*, p. 90.

[2]　有关国联对"九一八事变"的处理，参见徐蓝：《英国与中日战争（1931—1941）》，第二章。

[3]　丘吉尔：《第二次世界大战回忆录》第 1 卷上部第一分册，第 130 页。

的争端中，做出了一个公平的决定并确保该决定被双方所接受。在 1925 年的希腊和保加利亚的边界争端中，希腊的一个边防哨所的指挥官与一名士兵被保加利亚人（实际上是活动在希腊和保加利亚边界的忠于保加利亚的马其顿人）杀死。作为报复，希腊军队长驱直入保加利亚领土。保加利亚政府根据国联盟约第 11 条诉诸国联。国联行政院要求希腊撤出它入侵保加利亚的军队并要求英国、法国和意大利的代表到现场视察。迫于国联的压力，希腊最后撤出了它的军队，并接受了国联的一个委员会规定的，为它对保加利亚的侵犯应该支付给保加利亚的赔偿金的数额。但是存在着对这个判决是否公正的尖刻评论。因为在 1923 年，在几乎是相同的情况下，希腊也曾受到过不公正的待遇。当时由于希腊的暴徒打死了划定希腊和阿尔巴尼亚边界委员会中的意大利代表和他的三个助手，意大利的舰队便炮轰希腊的科孚岛并占领了该岛，还要求希腊支付赔偿。而希腊在协约国大使会议的压力下，被迫把 5000 万里拉的赔偿直接支付给了意大利。这个行为说明："协约国政府并不准备通过国联或其他途径对它们的一个伙伴提起诉讼以保卫一个小国。"[1]

（4）盟约标榜要实行公开外交，但是在对战败国的和约中的许多条款，恰恰是对战前或战争过程中列强订立的秘密条约的兑现。例如，《凡尔赛条约》中关于把德国在中国山东的利权给予日本的决定，就是如此。因此盟约标榜的公开外交实际上变成了对世界舆论的一种欺骗。

（5）国联的委任统治制度，是帝国主义列强在战后世界被压迫民族风起云涌的反帝反殖斗争的形势下，为维护殖民统治而被迫对旧有的殖民体系进行的一种改造。它反映了时代的进步，但没有改变殖民统治的实质。

（6）国联并不具有真正的普遍性和权威性，美国始终不是它的成员[2]，苏联长期被拒之门外，法西斯国家日本、德国和意大利相继退出，不受约束，从而使集体安全有名无实。特别要指出的是，以战胜国英国和法国为代表的西欧国家仍然是国联的核心，尽管德国和意大利在 20 世纪 30 年代退出了国联。

因此，国联的政治实践便否定了它所标榜的基本宗旨，在保卫世界和平方面没有做出应有的贡献。它作为凡尔赛－华盛顿体系的有机组成部分，在帝国主义强权政治存在的情况下，实际成为英、法等企图恢复势力均衡的欧洲国家所

---

[1]　E. H. Carr, *International Relations between the Two World Wars 1919 - 1939*, pp. 71-72.

[2]　美国虽然没有参加国联，但是至少参加了国联附属机构的一系列活动，这些机构包括国际劳工组织、常设国际法院和知识合作组织，并出席了所有有关军备问题的会议和大多数有关经济和商业问题的会议。

操纵的，并时时为美国所支持的维护它们在战后建立的国际政治新秩序的外交工具，反而在客观上助长了侵略，最后也不可避免地使自己遭遇失败。第二次世界大战的爆发已经使国联名存实亡，1946年4月国联正式宣告解散。

应当指出的是，国联在国际秩序和国际组织的运作方面提供了经验，在促进社会福利方面做了一些有益的工作。这些活动，也是第一次世界大战后国际政治生活与国际秩序的有机组成部分。

首先，成立了国际劳工组织和国际常设法院，尽管它们依靠国联的预算，但在行政上独立于国联之外。

根据国联盟约，国际劳工组织设立的目的为："勉力设法为男女及儿童在其本国及其工商关系所及之各国确保公平、人道之劳动条件"，即它依靠国际协定来改善劳工的条件。它的办事处设在日内瓦，组织机构仿效国联的三级机构，为年度大会、管理委员会和办事处；它由所有国联会员国再加上美国和巴西组成；每个国家派出的出席年度大会的代表团由4人组成，其中2名由政府任命，1名由雇主组织任命，1名由工人组织任命。国际劳工组织签订了大量有关劳工问题的国际公约，尽管并不是所有的公约都被普遍批准。

根据国联盟约，国际常设法院的权力为："凡各方提出属于国际性质之争议，该法院有权审理并判决之。凡有争议或委托经行政院或大会有所咨询，该法院亦可发表意见"，即它将裁决当事者提交给它的任何具有国际性的争端。它的院址设在海牙，有一个由国联行政院和国联大会每九年任命一次的15位法官组成的陪审团。该法院的规章包括一项所谓的"非强制性条款"，凡签订此条款的国家有义务服从这一条款，以解决他们自己和其他国联成员国之间的任何法律性的国际争端；大约有50个国家，包括绝大多数大国，签订了这一条款。1922—1939年间，该法院宣布了50多项判决和意见。[1]

其次，国联为在经济领域中的合作提供了一个新的运作机构，这就是来自不同国家的专家组成的财政和经济委员会，该委员会每年在日内瓦开会，并指导国联秘书处的财政和经济部门的工作，还负责发行和监督国联发行的各种公债。1920年和1927年，它分别召开过涉及大战后的财政金融重建的财政金融会议和涉及减少关税及其他贸易壁垒的经济会议，但成效不大。

第三，国联还从事一些重要的国际活动。如：签署废除奴隶制公约；处理世界范围内的危险的毒品贸易、贩卖妇女、保护儿童、救济和安排难民以及健

---

[1] 国际常设法院中总有一位美国法官。美国也曾两次采取行动要遵循于国际常设法院，但都没有成功。

康和疾病等问题。

二、以联合国为代表的二战后的国际政治秩序

（一）联合国诞生的背景

第二次世界大战不仅使美苏对峙的两极格局取代了以欧洲为中心的国际格局，而且彻底打破了依靠欧洲列强之间的力量平衡所建立，并在欧洲主导之下的以国际联盟为代表的旧的国际秩序结构，代之而起的是以美苏之间力量的相对平衡为基础，以美、苏、英、中、法五大国为主导的新的国际秩序结构。这个新的国际秩序结构在政治上的外在表现，就是反法西斯大同盟在战争即将胜利之时建立的、作为雅尔塔体系重要组成部分的联合国。这个新的国际秩序结构在经济上的外在表现，则可视为由国际货币基金组织、世界银行以及关税及贸易总协定所组成的布雷顿森林体系的建立。[①]

今天，以雅尔塔体系为基础的两极格局已经成为历史的陈迹，但是联合国依然存在，它作为当代世界最大的和最重要的主权国家所组成的政府之间的常设国际组织，尽管存在着各种各样的问题，但不可否认的是，它仍然在国际政治舞台上起着不可替代的作用。

1937年7月7日日本发动的全面侵华战争，成为第二次世界大战在亚洲爆发的标志，而1939年9月1日德国对波兰的武装进攻，则使第二次世界大战全面爆发。在欧洲国家分裂为以英法为首的同盟国和德意组成的轴心国两个集团并进行作战的同时，战前以欧洲列强均势为主导的、以国际联盟为代表的旧的国际秩序结构便随之彻底崩溃。随着战局的不断发展，国际政治的分野也日渐清晰，整个世界逐渐形成了两个相互敌对作战的阵线。发动并继续进行侵略战争的德、意、日法西斯国家虽然于1940年9月签订了《德意日三国同盟条约》，但三国之间始终没有形成真正意义上的同盟关系，也未能协调军事行动，当德国于1941年6月22日发动对苏联的战争时，日本却决定南进，并于同年12月7日以偷袭珍珠港这一爆炸性事件对美国开战。法西斯国家在不到半年的时间内迫使苏联和美国正式参战，使这场原本主要由中国和英国坚持进行的反法西斯战争进入了真正的全球阶段。在这关系到各国各民族生死存亡的关键时刻，面对共同的敌人，美、英、苏、中等国将它们之间的各种分歧，特别是意识形态的分歧暂时放置一边，并为彻底打败法西斯而协同作战。

---

① 详见本章第二节。

第二次世界大战的爆发，特别是1940年希特勒"闪击战"的胜利和法国的迅速败降，使仍然处于战争之外的美国总统富兰克林·罗斯福清醒地看到，为了美国的政治、经济和安全利益，必须援助抵抗法西斯侵略的国家，甚至参加反法西斯作战。于是美国对这场战争的干预逐步升级。从美英之间著名的"驱逐舰换基地"协定，到美国充分发挥其民主国家兵工厂作用的"租借法案"，从签订两国以"先欧后亚"原则为其联合作战大战略的"ABC-1协定"，到美国对大西洋巡航区内的德、意潜艇"见了就打"的政策，美国通过上述一系列"除参战外"的特殊行为方式，实行了英美联防，协调了两国的大战略，初步建立起美英军事同盟，并调动美国的强大经济实力支持抗击法西斯的斗争，对法西斯国家"不宣而战"。

苏联进入反法西斯战争为世界反法西斯联盟的形成提供了条件，也使美国和英国进一步考虑有关打败法西斯和安排战后世界的问题。实际上，第二次世界大战爆发后，美国的私人和官方团体就越来越注意和平目标以及在媾和到来之时美国应当发挥什么作用的问题了。在1941年出版的一本畅销书《美国世纪》中，作者认为，美国必须"为了我们认为合适的目的，并采取我们认为合适的手段，对世界发挥我们的全部影响"；而美国国务卿科德尔·赫尔（Cordell Hull，1871—1955）和总统罗斯福则分别在他们的1940年元旦声明和致国会的新年祝词中强调，美国政府相信，在建立稳定而持久的世界秩序中尽一份力量，对美国来说十分重要。[①]

1941年8月，罗斯福和丘吉尔在大西洋的阿金夏湾实现了两国首脑的第一次战时会晤，讨论了有关进行战争和处理战后各种事务的合作问题，并签署了《大西洋宪章》（又称丘吉尔罗斯福联合宣言）。其中他们宣布：

（1）两国不追求领土或其他方面的扩张。

（2）凡未经有关民族自由意志所同意的领土改变，两国不愿其实现。

（3）尊重各民族自由选择其所赖以生存的政府形式的权利。各民族中的主权和自治权有横遭剥夺者，两国俱欲设法予以恢复。

（4）两国在尊重它们的现有义务的同时，力使一切国家，不论大小、胜败，对于为了它们的经济繁荣所必需的世界贸易及原料的取得俱享受平等待遇。

---

① 参见托马斯·帕特森等：《美国外交政策》下册，第541页；阿诺德·托因比、维罗尼卡·M.托因比合编：《国际事务概览·轴心国的初期胜利》下册（许步曾等译），上海：上海译文出版社，1983年，第748—751页。

（5）两国愿意促成一切国家在经济方面最全面的合作，以便向大家保证改进劳动标准、经济进步与社会安全。

（6）待纳粹暴政被最后毁灭后，两国希望可以重建和平，使各国俱能在其疆土以内安居乐业，并使全世界所有人类悉有自由生活，无所恐惧，亦不虞匮乏的保证。

（7）这样一个自由，应使一切人类可以横渡公海大洋，不受阻碍。

（8）两国相信世界所有各国，无论为实际上或精神上的原因，必须放弃使用武力。倘国际间仍有国家继续使用陆海空军军备，致在边境以外实施侵略威胁，或有此可能，则未来和平势难保持。两国相信，在广泛而永久的普遍安全制度未建立之前，此等国家军备的解除，实属必要。同时，两国当赞助与鼓励其他一切实际可行的措施，以减轻爱好和平人民对于军备的沉重负担。①

《大西洋宪章》明确指出，这场战争的目标是摧毁纳粹暴政，重建世界和平与人民安居乐业，并将建立"广泛而永久的普遍安全制度"以确保战后的和平。尽管该宪章的某些条款包含美英之间争夺霸权的因素，并带有明显的按照美国的设想塑造战后世界的印迹，但是它的确站在世界历史发展的高度，鲜明地指出了这场战争的反法西斯性质，以及要以进步民主的原则重建和平的目标，并提出了战后建立一个普遍安全制度以维护世界和平的初步设想。同年 9 月 24 日，苏联宣布同意宪章的基本原则，并指出"各国人民的任务就是要迅速而坚决地击溃德国及其盟国，建立一种使子孙后代摆脱罪恶的纳粹主义的战后和平体制"。② 因此《大西洋宪章》不仅成为美英两国政治联盟的标志，成为世界反法西斯统一战线形成的基础，也成为后来《联合国宪章》的奠基石。

太平洋战争爆发后，26 个抗击法西斯的国家于 1942 年 1 月 1 日—2 日在华盛顿签署了《联合国家宣言》，宣布签字各国赞同《大西洋宪章》的宗旨和原则，并且为了将这场反法西斯战争进行到底而协同作战。于是，以《联合国家宣言》为标志，世界反法西斯大同盟终于得以形成。

《联合国家宣言》所标志的反法西斯大同盟的形成，使反法西斯阵线的物质力量和战斗气势远远超过并压倒法西斯国家，从而奠定了大同盟最终取得这场战争胜利的基础。不仅如此，该宣言的签名方式，也决不能仅仅被视为微不足

---

① 《国际条约集（1934—1944）》，北京：世界知识出版社，1961 年，第 337—338 页。

② C. A. 戈尼昂斯基等编：《外交史》第四卷上册（武汉大学外文系等译），北京：生活·读书·新知三联书店，1980 年，第 246 页。

道的外交礼仪细节，排在 26 个国家名单前列并比其他国家提前一天签字的是美国、英国、苏联和中国，而其他国家则按字母顺序排列，这使"四大国"正式出现在联合国家之中，实际"反映了新的联合国家联盟后面的真正均势"[①]，也表明了美国要在其中担当领导责任的强烈欲望。因此，《联合国家宣言》的发表和以美英苏中为核心的反法西斯同盟国的形成，实际预示着战后一种新的国际政治秩序结构的诞生[②]。它将以一个新的国际组织——联合国为代表，并成为建立联合国的法律与外交结构的基础。

美国以其优越的地理位置，以其所拥有的迅速建立起压倒优势的军事力量的资源能力和由于它尚未正式参战而享有的军事行动的最大自由，以及它的强大的经济实力和已经并将继续给予英国、苏联和中国在第一线抗击法西斯的国家的巨大援助，使其他国家"欣然把首位给与美国"[③]，而美国也的确在认真考虑领导世界的问题了。《联合国家宣言》首先由美国提出并由罗斯福亲自修改的事实，罗斯福亲笔排出的这一签字国的名次，以及他用自己创造的"联合国家"来代替"协约国"或"国际联盟"一词，就是这一想法的最好证明。

英国在相当一段时间内，几乎是独力抵抗着德、意法西斯的进攻，这使它终于一洗慕尼黑的耻辱而赢得了国际声誉。但是英国的欧洲盟国相继沦陷和它本身实力的有限，以及它在物质上和战略上必须依靠美国的援助和协调方能维持抵抗和生存的残酷现实，使英国不得不屈居第二，而且随着战争的发展，这个位置将逐渐为苏联所取代。英国国际地位的下降趋势不过是欧洲在国际政治生活中的一个缩影。

纳粹德国甘冒两线作战的风险悍然发动对苏联的进攻，其原因除了希特勒的极端种族主义、狂热的反共意识形态、企图征服整个欧洲大陆的帝国野心以及对英国战争的受挫之外，还在于他对苏联的巨大潜力的严重低估。苏联的辽阔疆土所形成的战略防御的地缘优势，它在一代人的时间里所积累起来的宏伟国力，它迅速将国家经济转入战争轨道的能力和巨大的人力资源，以及政府和人民坚韧不拔英勇无畏的爱国主义精神，终于扭转了战争初期的一度败势。当

---

① 威廉·哈代·麦克尼尔：《国际事务概览·美国、英国和俄国：它们的合作和冲突（1941—1946 年）》上册（叶佐译），上海：上海译文出版社，1978 年，第 154 页。另外，从《大西洋宪章》到《联合国家宣言》，也反映了罗斯福在维持战后世界和平方面的从"美、英两警察"到"美、英、苏、中四警察"的转变。后面还有对此问题的相关论述。

② 理查德·W. 布利特等：《20 世纪史》，陈祖洲等译，南京：江苏人民出版社，2001 年，第 264 页。

③ 丘吉尔：《第二次世界大战回忆录》第三卷下部第四分册，第 1003 页。

1941 年底苏军在莫斯科城下以其成功的大反击而彻底粉碎了德国的"闪电战"，并迫使后者不得不进行长期的两线作战之时，苏联也就向世界表明了它作为反法西斯战争的中坚力量之一而进入了大国的行列。因此，苏联作为第一批签字国，并不仅仅像威廉·哈代·麦克尼尔所说，"是作为承认俄国军队所起的军事作用的一种姿态"[①]，而是国际社会对这个正在欧亚大陆崛起的具有不同社会制度的大国作为国际政治的一个重要角色的实际承认。不仅如此，随着战局的发展，苏联的这一发展趋势将愈加明显。

与此同时，正是中国人民以自己的英勇抗战和民族的巨大牺牲，才使自己赢得了作为四大国之一的国际地位。尽管与其他大国相比，中国仍然贫弱，但是中国作为"在自己国土上积极作战的国家"[②]，独自抗击日本侵略已达 12 年之久（1931—1942），并在太平洋战争爆发后仍然牵制着一部分日军主力，从而使自己成为世界反法西斯战争中的另一个中坚力量，中国成为世界反法西斯战争的东方主战场，为反法西斯这一伟大事业做出了突出贡献。正如美国总统罗斯福在 1942 年 2 月 7 日致电蒋介石所写道："中国人民，武装起来的和没有武装的都一样，在十分不利的情况下，对于在装备上占极大优势的敌人进行了差不多五年（这是从 1937 年算起。——作者注）坚决抗击所表现出来的顽强，乃是对其他联合国家军队和全体人民的鼓舞。"[③]1943 年 1 月 11 日，中国与美国和英国分别签订新约，废除了美、英的在华治外法权及其有关特权；在美英的影响下，其他在华享有特权的国家也相继宣布放弃在华特权，与中国签订新约。尽管中美、中英新约并不完美，例如英国就拒绝交还香港和九龙，美国也保留了不少特权，但是应当承认，这些新约的签订，贯彻了《大西洋宪章》的精神，标志着在法理上结束了西方列强在中国享有的百年特权，雪洗了中国人民的百年耻辱，使中国从此摆脱了半殖民地的地位，获得了国家的独立，成为国际社会中的平等一员。可以肯定，通过这场战争，中国的国际地位将得到进一步提高。

综上所述，《联合国家宣言》的发表和以美英苏中为核心的联合国家反法西斯大同盟的形成，实际预示着战后一种新的国际秩序结构的诞生。它将以战后出现的联合国为代表，并将成为建立联合国的法律与外交结构的基础。

---

① 威廉·哈代·麦克尼尔：《国际事务概览·美国、英国和俄国：它们的合作和冲突（1941—1946 年）》上册，第 153 页。

② 舍伍德：《罗斯福与霍普金斯——二次大战时期白宫实录》下册（福建师范大学外语系编译室译），北京：商务印书馆，1980 年，第 15 页。

③ 《罗斯福选集》，第 345 页。

（二）联合国的诞生

联合国并不是由政治家们凭空臆想出来的，而是反法西斯大同盟根据时代的需要，在吸收了以往国际组织的经验和教训的基础上创建的。它的一个最直接的参照物，就是第一次世界大战后战胜国建立的世界上第一个由主权国家组成的国际常设政治组织——国际联盟。曾任国联副秘书长的华尔脱斯认为："联合国的建立，使过去的国际联盟的全部存亡史令人一目了然。"[①] 实际上，联合国与国际联盟的确有着较为密切的历史渊源与联系，又有着根本的区别。正如英国国际关系史专家 F. S. 诺斯埃奇所说："尽管赢得战争胜利的那些国家可能并没有详细地考察国际联盟的体系和它的历史，但是人们却能够感到，在新的联合国组织里，国联的基本缺点必定得到克服。"[②]

联合国的诞生经过，较之当年的国际联盟而言，更为复杂。概括地说，可以梳理出两条线索。一条线索是：美国、英国、苏联、中国四大国对战后国际和平组织的设想与研究的发展；另一条线索是：不同时期同盟国召开的国际会议对联合国组织的讨论。因此，本书的论述也循着这两条线索展开。

1. 四大国关于战后国际和平组织的考虑

（1）美国对建立战后国际组织的设想与研究，动手很早。[③]

就美国总统罗斯福来说，早在 1919 年他因处理海军事务而与威尔逊总统同船从巴黎返回美国的途中，他就对威尔逊的理想主义和国际联盟的主张产生兴趣，并在以后的一段时间里成为美国加入国际联盟的支持者。[④] 他认为，从道义上和实际上来看，美国不加入国联是有害的，这不仅对美国和整个人类来说是错误的，而且同国际现实也是格格不入的，他预言"在即将到来的年代里，国际事务中将会出现许多危机"，美国将不可能"不发出重要的或许甚至是支配性的声音来"；国际联盟"是一个对现实形势的一种现实解决的办法。它虽不如我们提出的宪章那么完善。但它不反对国家而反对战争……通过国际联盟，我

---

① 华尔脱斯：《国际联盟史》下卷，第 404 页。

② F. S. Northedge, *The League of Nations: its Life and times 1920-1946*, p. 278.

③ 有关美国对第二次世界大战后的国际和平组织的研究的详细论述，请参见韩长青的博士学位论文：《二战期间美国对战后国际和平与安全组织的起源研究》，首都师范大学，2008 年 5 月。

④ 参见罗伯特·达莱克：《罗斯福与美国对外政策（1932—1945）》上册（伊伟等译），北京：商务印书馆，1984 年，第 16—19 页。该书作者认为，罗斯福之所以从"强大的军事的鼓吹者到国际联盟的支持者"这一突然转变，多出于国内政治原因，而较少地同变化了的国际现实的概念相关"，见该书第 17 页。实际上应该看到，1932 年罗斯福在竞选总统时，主要是出于选举的需要，他才放弃了支持美国加入国联的主张。参见 Charles A. Beard, *American Foreign Policy in the Making, 1932-1940: A Study in Responsibilities*, New Haven: Yale University Press, 1946, p. 92。

们可以同世界上任何一个正式加入这个组织的政府在和平的局面下互相贡献我们的精神力量和潜在实力。"[①] 可以看出，一方面，罗斯福已经主张集体安全的思想，并认为美国应该在国际事务中起到领导作用。另一方面，罗斯福希望对国联进行改革，以使参议院接受它。

1933 年罗斯福入住白宫后，尽管也与国联进行了一些合作[②]，但已经十分不喜欢国联了。1935 年他曾对他的朋友和顾问、后来成为副国务卿的塞姆纳·韦尔斯（Sumner Welles，1892—1961）说："国联已经变成了一个只会争吵的机构，一个无聊的组织了。"[③] 但是，他并没有放弃集体安全的思想，这一思想以后则反映在他对联合国的设想当中，尽管他的集体安全思想已较威尔逊有所发展。

1939 年欧战爆发后，罗马教皇庇护十二世于 11 月 10 日表示，在战争结束之后，有必要建立一个稳定的国际组织。12 月 23 日，美国总统罗斯福向罗马教皇和国内的天主教徒发表讲话，他表示，目前虽然还没有精神领袖或世俗领袖能够提出某种建立战后新秩序的具体计划，但那个时刻一定会到来。[④] 但是，从欧战爆发到太平洋战争爆发，美国置身于战争之外，主要致力于以集体安全原则保卫西半球的安全[⑤]，同时主要考虑战后经济的恢复与重建，并未对战后国际和平组织给予更多的考虑。

苏德战争爆发后，美国副国务卿塞姆纳·韦尔斯于 7 月 22 日在挪威公使馆发表演说，公开阐述了他对建立战后国际新秩序和新的国际组织的看法。在他回顾了威尔逊总统有关依靠法律来构建一个有秩序的世界图景之后，他指出了国际联盟失败的原因，并提出了建立战后新的国际机制的两点建议："第一，唯有制定严格的核查与监管机制，才能有效地废除进攻性武器并限制和裁减防御性武器，实行真正的裁军；第二，唯有完全而充分地确认各国人民自然享有的、平等拥有的经济权利，才能缔造未来的和平，唯有排除任何一个民族或任何一个政府对全人类所需要的自然资源和原材料的垄断，才能为一个建立在公正与

---

① 罗伯特·达莱克：《罗斯福与美国对外政策（1932—1945）》上册，第 17、19 页。

② 如"九一八事变"发生后，罗斯福政府批准美国出席国联行政院的会议，如与国联合作处理哥伦比亚和秘鲁的边界冲突，敦促拉丁美洲国家允许国联斡旋玻利维亚和巴拉圭的格兰查科争端。参见华尔脱斯：《国际联盟史》下卷，第四十章、第四十三章。但美国并未加入国联。

③ Sumner Welles, *Seven Decisions: That Shaped History*, New York: Harper and Brothers Publishes, 1951, p. 177.

④ Harley Notter, *Postwar Foreign Policy Preparation, 1939-1945*, Westport, Conn.: Greenwood Press, 1975, pp. 19-20.

⑤ 有关美国在二战爆发后与拉美国家建立集体防务体系的情况，详见徐世澄主编：《美国和拉丁美洲关系史》，北京：社会科学文献出版社，1995 年，第四章；洪育沂主编：《拉美国际关系史纲》，北京：外语教学与研究出版社，1996 年，第四章。

和平基础之上的世界秩序奠定基础。"①

　　韦尔斯演说后不久，美英首脑罗斯福和丘吉尔在大西洋会晤。细看《大西洋宪章》的内容，已经包括韦尔斯演说中的上述重要内容。尽管出于美国国内政治的考虑，《大西洋宪章》中并没有明确地写入建立"国际组织"的字样，而是用建立"广泛而永久的普遍安全制度"的字样来代替，但是罗斯福是非常主张建立一个有效的、不同于国际联盟的国际组织的，而且他认为，美国和英国等世界上的主要国家必须扮演国际警察，负责解除中小国家的军备，从而解除人类不必要的军备负担和对世界和平的威胁，才能使人类文明得以维系。② 这就是所谓的"美英两警察"主要负责国际安全与世界和平的说法。另外，罗斯福还对韦尔斯明确指出，"将来有重新建立国际联盟那样的组织的可能性，但目前为时尚早"，而且"像国联大会那样的机构过于庞大，在处理安全问题时众说纷纭、莫衷一是，起不了多大作用。这么大的机构可以讨论问题，适合小国提出建议，诉说冤屈，但是只有大国才能承担责任，采取管理措施。他认为能够发挥这样的作用的有威望的大国只有美国和英国"。③ 因此罗斯福的集体安全思想不同于威尔逊的集体安全，他的集体安全的核心是大国责任论。

　　珍珠港事件以及美国的参战，使美国迫切需要做两件事情。其一，美国迫切需要建立有效的国际反法西斯联盟将战争进行到底，这也使美国特别是罗斯福的由大国担任国际"四警察"的想法更为成熟。这就直接表现在《联合国家宣言》的发表以及该宣言的签字方式上。其二，对战后问题进行研究。这就是经罗斯福批准而成立的"战后外交政策咨询委员会"。该委员会由正、副国务卿分别担任正、副主席，其主要的职责之一，就是对战后国际组织与国际秩序问题提出美国自己的意见。④

　　对于关系到战后国际秩序重要方面的殖民地的处理，美国已经有所考虑，即建立托管制度。在 1942 年 6 月 1 日罗斯福与莫洛托夫的会谈中，罗斯福"还表示相信，结束殖民地统治将可以避免战后为独立而爆发战争，对世界和平有

①　Willian L. Langer and S. Everett Gleason, *The Undeclared War, 1940-1941*, Published for Council on Foreign Relations by Harper & Brothers, New York, 1953, p. 680. 有理由相信，韦尔斯的表态得到罗斯福的首肯。

②　Sumner Welles，*Where are we Heading?* New York: Harper & Bros., 1946, pp. 4-5;

③　Sumner Welles, *Seven Decisions: That Shaped History*, p. 175.

④　在该机构之下成立了研究国际组织的特别小组，专门对以往的国际组织，特别是形式上依然存在的国际联盟进行考察，以利于战后新的国际组织的宪章起草。参见 Harley Notter, *Postwar Foreign Policy Preparation, 1939-1945*, pp. 103-104。

利，还应为原来的殖民地建立国际托管组织，直到他们能够自治为止"。①

1943年3月，英国外交大臣艾登访问美国。在3月27日美英双方领导人罗斯福、艾登、赫尔、韦尔斯、哈利法克斯等进行会谈时，对战后组织联合国的问题也进行了一般性的讨论。对于英国提出的建立区域委员会的建议，罗斯福和韦尔斯都"十分强调美国不能成为任何独立的地方性机构中（譬如欧洲理事会）的一名成员；他们认为所有联合国家都应当成为旨在推荐政策的这种单一机构的成员；而该机构应当是世界范围的"。他们还认为，"该机构之下应设立按地理区分的国家组成的具有相似咨询权的区域理事会，但最后的真正决定权则应取决于美、英、俄和中国，这四个国家将在今后多年中对世界加以监督"。②

1943年8月11日—24日，美英首脑召开第一次魁北克会议（"四分仪"或"象限"会议）之后，美国和英国已经就联合国的理事会（实际上就是后来的安全理事会）的组成有了比较明确的设想。8月30日，罗斯福告诉中国国民政府的外交部长宋子文："我们已采用以下两项决议：首先，四强将担任国际警察；其次，四强将成为11国理事会的常任成员。该理事会的构成除了四大国之外，还包括2个拉美国家、2个欧洲国家、1个英国自治领国家（可能是加拿大）、1个中东国家和1个亚洲国家（可能是菲律宾）。"罗斯福还表示，美国在这个理事会中"将依靠中国、菲律宾和拉美"。③

综上所述，到1943年10月莫斯科外长会议之前，美国已经形成了一些有关建立战后国际组织的基本看法：

---

① 罗伯特·达莱克：《罗斯福与美国对外政策（1932—1945）》下册（陈启迪等译），北京：商务印书馆，1984年，第491页。

② 舍伍德：《罗斯福与霍普金斯——二次大战时期白宫实录》下册，第350页。艾登曾在这次会谈后给丘吉尔发了一封长电："……总统提出的第一点是战后联合国的机构。总统的概念是，应该有三个机构：第一个机构是所有联合国家都有代表参加的全体大会。这个大会每年只举行一次，其目的是让一切较小国家的代表能发泄怨气。在天平的另一端将是四大国代表组成的执行委员会。这个机构将决定一切重大问题，并拥有和行使联合国警察的权力。在这两个机构之间的将是一个咨询委员会，由四大国代表同以地区为基础大致根据人口选出来的六或八名其他代表所组成。因此可能有一名来自斯堪的纳维亚和芬兰的代表，和来自拉丁美洲国家集团的一两名代表。这个委员会将在需要解决向它提交的任何国际问题时随时开会。……总统说，将中国包括在四大国之内，并在全世界范围而不是在区域基础上组织所有这些联合国机构，是极为重要的。他说得很清楚，如果要让美国公众承担国际责任，唯一能使美国公众听得进去的大道理必须是以全球观念为根据的。美国公众对于只属于区域性的任何组织，都很不以为然。我们有强烈的印象，认为只是由于他们对中国的感情，总统才力图引导他的人民承担国际责任的。"安东尼·艾登：《艾登回忆录：清算》中册（瞿同祖等译），北京：商务印书馆，1976年，第656—657页。

③ 吴景平、郭岱君主编：《风云际会——宋子文与外国人士会谈记录（1940—1949）》，上海：复旦大学出版社，2010年，第130页。

第一，美国要在战后的国际组织中起到领导作用。

第二，该组织不能重蹈国际联盟的覆辙[①]，必须切实有效地维护和平，以防止某个侵略国再发动新的世界大战；而国联的"二元机制"即大会和行政院的权限的划分不清，以及所谓的会员国平等地拥有否决权的"全体一致"原则，实际上不能做出有效决策并采取有效行动，无法制止侵略与战争。

第三，与上述认识相联系，美、英、苏、中应该作为战后的"四个警察"，共同负有维护战后世界和平的特殊责任，最后的真正决定权"应取决于美、英、俄和中国，这四个国家将在今后多年中对世界加以监督"，并为此而合作。

第四，已经设计了安理会组成的基本框架。

第五，对战后殖民地的处理，美国主张托管政策。

（2）英国也比较早地考虑建立战后世界和平组织。

尽管由于英国的国力下降，也不可能继续保持昔日的国际联盟，所以不得不追随美国，尽量与美国保持一致，但是，英国也要尽可能地维护大英帝国的利益。为此，英国既希望与美国合作充当世界警察，又希望通过实际上的划分势力范围保住大英帝国。正如麦克尼尔所说："英国不能全心全意接受美国人的方案，因为这个方案将使大英帝国早日消亡。……对于英国政府来说，战后问题主要是在形势许可之下尽可能挽救英国的影响、财富和势力。同在美国一样，英国许多人希望战后有可能在一种自由的结构中实行世界范围的合作；可是，外交部的高级官员和丘吉尔之类的人念念不忘的另一种办法是，要在列强之间达成协议，把世界划分为势力范围。"[②]

在1941年8月的大西洋会晤中，丘吉尔起草了《大西洋宪章》的草稿，并对美国在其草稿的修改稿中的第4点有关国际贸易的问题的表述提出异议，担心危及英联邦国家之间的贸易特惠，并使美国在该条款的措辞上再次做出修改。[③] 在对《大西洋宪章》第4点的解释方面，丘吉尔也与罗斯福不同。罗斯福

---

① 1943年7月16日，罗斯福对宋子文说："关于有组织有公约的安全，国联让我们有惨痛的教训。在满洲问题上，史汀生提出了正确的意见，但是国联并没有履行应尽的义务。当意大利入侵埃塞俄比亚时，我建议关掉苏伊士运河，但是英国和法国对我说那样做会引发欧洲战争。西班牙战争的时候也是如此，我希望帮助共和派，但我们再一次被告知，那样将会引发一场世界大战，但是采取上述任何一个行动恰恰能够阻止一场世界大战。"吴景平、郭岱君主编：《风云际会——宋子文与外国人士会谈记录（1940—1949）》，第93页。在这里，罗斯福具体表述了他对国联的失望，但也有美化自己之嫌。

② 威廉·哈代·麦克尼尔：《国际事务概览·美国、英国和俄国：它们的合作和冲突（1941—1946年）》上册，第490页。

③ 参见温斯顿·丘吉尔：《第二次世界大战回忆录》第三卷下部第三分册（韦凡译），北京：商务印书馆，1975年，第654—659、663—665页；罗伯特·达莱克：《罗斯福与美国对外政策（1932—1945）》上册，第411—413页。

把这个声明公开解释为适用于全世界，以此类推，就包括在欧洲各帝国统治下的亚洲各民族。而丘吉尔的解释则与此相反："……联合宣言决没有限制以前历次发表的关于在印度、缅甸或英帝国的其他属地发展立宪政府的各项政策声明。……在大西洋会议上，我们心里想的主要是恢复目前处于纳粹奴役之下的欧洲国家和民族的主权、自治和民族生活，以及在可能不得不对疆界有所变更时起支配作用的那些原则。因此，这个问题同效忠英王的那些地区和民族的自治机构向前发展的问题是风马牛不相及的。"[①] 在这里，丘吉尔要维护大英帝国的利益明晰可见。另外，在 1941 年 12 月签署《联合国家宣言》之前，英国也非常"不愿意把印度作为一个独立的主权国家包括在内"[②]；他也不愿意把苏联和中国列入第一批签字的国家之内。只是由于美国的坚持，英国才做了让步。[③]

1942 年 5 月 26 日，英国与苏联签订了英苏同盟互助条约，其中宣布，两国"愿意在战争结束后，对于维护和平，以及对于防止德国或在欧洲与德国合伙参加侵略行动的国家再次发动的侵略，有所贡献"，两国愿意"在和平重新建立以后，在密切而友好地合作中，共同工作，以组织欧洲的安全和经济繁荣"。[④]至此，英国才确认了苏联的大国地位。而在中国是否作为四大国之一的问题上，更多的是由于罗斯福的坚持，英国才被迫勉强接受。

1942 年 10 月，英国外交部向战时内阁分发了一份题为"四大国计划"的重要文件，它规定由英、美、苏、中所组成的委员会产生战后的世界政府的最高指导机构。但丘吉尔则更希望建立一个管理欧洲的机构"欧洲合众国"，由主要的欧洲大国和较小国家的区域性联邦（例如斯堪的纳维亚、多瑙河流域以及巴尔干半岛诸国）组成，并设有一种国际警察制度，他认为欧洲是英国的主要关心所在。[⑤]丘吉尔计划在以后把这样的欧洲作为一个单位并入一个更大的世界性组织。他在 1943 年 3 月 21 日所做的一次讲话中，建议创立一个欧洲委员会和一个亚洲委员会，从属于一个包括战时联合国家在内的世界性组织。[⑥]同时他还认为，毋需用对付德国的全部军队去挽救中国，战后将由美、英、苏三大战胜

---

① 威廉·哈代·麦克尼尔：《国际事务概览·美国、英国和俄国：它们的合作和冲突（1941—1946 年）》上册，第 65—66 页。

② 温斯顿·丘吉尔：《第二次世界大战回忆录》第三卷下部第四分册，第 1003 页。

③ 舍伍德：《罗斯福与霍普金斯——二次大战时期白宫实录》下册，第 14—15 页。

④ 该条约全文，见《国际条约集（1934—1944）》，第 350—353 页。

⑤ 参见温斯顿·丘吉尔：《第二次世界大战回忆录》第四卷下部第三分册（北京编译社译），北京：商务印书馆，1975 年，第 824—826 页。

⑥ 威廉·哈代·麦克尼尔：《国际事务概览·美国、英国和俄国：它们的合作和冲突（1941—1946 年）》上册，第 498 页。

国商讨世界组织的建立。^①

1943 年 5 月 22 日，丘吉尔在华盛顿出席美英"三叉戟会议"时，他对美国领导人谈到他对战后世界机构的看法。他坚持和平的真正责任在于美国、英国和俄国，中国无法和这三个国家相比；他主张它们与某些其他国家共同组织一个世界最高理事会，下面分设几个区域性的委员会：一个是欧洲的，一个是美洲大陆的，一个是太平洋的。^②然而，丘吉尔的这一设想所基于的是英国在欧洲与亚太地区的传统优势，以及划分势力范围的考虑，与美国要建立一个普遍性的国际组织的设想并不一致。^③到 1943 年 8 月，美国已经决定建立一个世界性的国际组织，在这个组织中美国、英国、苏联和中国将占有优势的发言权，并反对英国的区域主义。有鉴于此，丘吉尔只好放弃了自己的主张。^④

但是必须再次指出的是，英国在与美国和苏联合作的同时，念念不忘的仍然是想方设法地维护江河日下的大英帝国的利益。

（3）苏联同样关心战后建立新的国际组织的问题。

1941 年 6 月 22 日苏德战争爆发后，苏联与英国、美国开始了反法西斯战争的合作。同年 9 月 24 日，苏联驻英国大使伊·米·麦斯基在伦敦召开的英联邦和各流亡国家代表参加的同盟国会议上，宣读了苏联政府同意《大西洋宪章》基本原则的声明。同时表示，这些原则的实际运用"必须与各国的状况、需要和历史特点相适应"；声明还指出，各国人民的任务就是要迅速而坚决地击溃德国及其盟国，建立一种使子孙后代摆脱罪恶的纳粹主义的战后和平体制。战胜希特勒主义以后，应当为建立符合酷爱自由的人民的愿望的国际合作和友好关系奠定基础。^⑤由此可见，苏联不仅对《大西洋宪章》实际有所保留，而且已经

---

① 吴景平、郭岱君主编：《风云际会 —— 宋子文与外国人士会谈记录（1940—1949）》，第 43 页注释⑤。

② 参见温斯顿·丘吉尔：《第二次世界大战回忆录》第四卷下部第四分册，第 1185—1188 页。

③ 罗斯福起先倾向于接受丘吉尔关于建立区域性组织的计划，但是国务卿赫尔极力反对。赫尔反对的理由主要有三点：其一，他担心区域性组织的实际结果将为大国创造势力范围并成为未来战争的策源地；其二，他担心英、俄可能利用区域性组织建立贸易壁垒，从而危害美国的利益；其三，他担心由于美国公众不会支持美国参加欧洲或亚洲的区域性委员会，美国可能回到孤立主义。这些理由使罗斯福改变了态度，同意创建一个单一的世界性国际组织。参见 Cordell Hull, *The Memoirs of Cordell Hull*, Vol. 2, New York: The Macmillan Company, 1948, pp. 1643-1647。

④ 实际上，早在 1941 年 8 月大西洋会晤时，丘吉尔就已经承认了"他知道和平是只有按照美国所定下的方式与教条才能获得的"。伊利奥·罗斯福：《罗斯福见闻秘录》（李嘉译），上海：新群出版社，1950 年，第 39 页。

⑤ C. A. 戈尼昂斯基等编：《外交史》第四卷《第二次世界大战年代的外交活动》（上）（武汉大学外文系等译），北京：生活·读书·新知三联书店，1980 年，第 246 页。本书译为伊·米·马伊斯基，即麦斯基。

提出了苏联自己的要求；同时支持建立战后和平体制。同年 12 月 4 日，苏联和波兰签署了友好互助宣言，倡议要建立"一个新的国际关系组织"，并认为，只有"将各民主国家联合在一个持久同盟的基础上，这个任务才能完成"，而"尊重以所有盟国的集体武装力量为后盾的国际法"，必须成为创设这一组织的"决定性因素"。[①]

1941 年 12 月 16 日，访问苏联的英国外交大臣艾登与斯大林举行会谈，根据艾登的回忆，斯大林除了谈到有关战后的欧洲问题和共同防止德国重新侵略之外，还要求两国签订一个附加的有关欧洲边界的秘密议定书。斯大林建议，波兰应当以德国为代价向西扩展，其他被占领国家应恢复它们的原有边界。苏联将重新获得 1941 年同芬兰、罗马尼亚划定的边界，并恢复波罗的海沿岸国家。苏联和波兰的边界将以寇松线为基础。斯大林也想要在芬兰和罗马尼亚建立基地的权利，以保卫波罗的海的出海口。换言之，苏联希望英国承认在希特勒进攻苏联以前（即 1941 年 6 月 22 日以前）的边界是苏联的西部边界。但艾登回避直接作答，而是表示他不能未经提交内阁就同意秘密议定书，"我不能不同首相商量，不同美国人讨论，就做这件事"。[②]艾登对此事评论道："我从斯大林提出议定书这件事看出，……俄国的意见是斩钉截铁的。在以后的三年中，他们极少改变，因为他们的目的是要获得俄国未来安全最明确的实质保证"；[③]但是另一方面，美国和英国却都认为，苏联的要求有违《大西洋宪章》的精神，因此边界问题必须留待和平会议召开时才能解决。[④]

1942 年 5 月 26 日，苏联与英国签订了英苏同盟互助条约。尽管苏联最初对丘吉尔建立区域委员会的设想表示支持，但由于美国的反对，苏联最终也作罢，而是愿意在战后与英美合作建立维护和平与安全的国际组织。

由此可见，苏联对建立战后新的国际和平与安全机构的基本态度是：第一，与美英合作；第二，出于自己的安全需要，在防止德国的新侵略的同时，苏联也要建立一个自己的势力范围。苏联的这些打算，以后会越来越明确。

（4）中国对战后的国际和平组织充满期待，并积极参与了它的建立过程，

---

① 《国际条约集（1934—1944）》，第 337 页。

② 有关这次会谈，参见安东尼·艾登：《艾登回忆录：清算》中册，第 505—510 页；C. A. 戈尼昂斯基等编：《外交史》第四卷《第二次世界大战年代的外交活动》（上），第 257 页。

③ 安东尼·艾登：《艾登回忆录：清算》中册，第 505 页。

④ 罗伯特·达莱克：《罗斯福与美国对外政策（1932—1945）》下册，第 485—486 页；安东尼·艾登：《艾登回忆录：清算》中册，第 505 页。

是创建联合国的重要国家之一。

中国是一个历史上饱受列强侵略之苦的国家，国弱民穷。当 1931 年日本侵略中国的"九一八事变"拉开了第二次世界大战的序幕时，国际联盟并没有真正为中国伸张正义，制裁日本的侵略，这使中国对国联大失所望。有鉴于此，中国国民政府在 1938 年 3 月公布的"抗战建国纲领"中，曾明确写入应该"对于国际和平机构充实其权威"的条文，旨在呼吁反侵略的国家能够建立强有力的权威性的国际组织以制止侵略，维护和平。[①]

中国全民族的坚决抗战，以及随着第二次世界大战的发展，中国战场作为东方主战场的作用凸显，这些都成为中国国际地位不断提高和改善的决定性因素。特别是太平洋战争爆发后，美国总统罗斯福真切地感到了中国战场牵制日本军队的重要作用，故一定要将中国作为签署《联合国家宣言》的四大国之一。[②] 这标志着中国的"四强"地位得到了初步确认。

1943 年春天，访问美国的宋美龄对罗斯福的密友和顾问霍普金斯谈了她对战后世界的看法。据霍普金斯的备忘录："其中的首要重点是我们可以相信，中国将在和平会议上同我们站在一道。这是由于中国信任罗斯福同他的政策，并愿意出于这种信任而预先作出许诺"；宋美龄还认为"应当立即采取某种步骤，使四大国一起商谈战后的事务，总统应当担任这一小组的主席"。[③]

同年 3 月 24 日，宋子文在与霍普金斯的会谈中，对英国首相 3 月 21 日的讲演表示不满，说明了中国的抗战与未来世界的关系，表明了中国参与建设战后世界的愿望。他说：他不知道丘吉尔是怎么回事。委员长（按：指蒋介石）和他本人对把中国的地位在战时作为同盟国一员的地位，均没有任何不切实际的幻想，中国对日本的长期抗战阻止了目前的战争向种族战争转化。他猜想丘吉尔也许仅从中国所拥有的 6 英寸大炮的数量来看待中国，但是中国的幅员、人口及未来均使她有权参与为建设一个更美好的世界而奠定基础的活动。3 月 31 日，宋子文在与罗斯福的会谈中，再次对丘吉尔 3 月 21 日的讲话表示不满，他对罗斯福说："我认为，比起对中国的忽视，欧亚分设两个理事会的提议更恶劣。"[④]

---

① 李铁城主编：《联合国的历程》，第 36 页。

② 罗斯福之所以想使中国成为战后世界组织中的四大警察之一，一个原因是他希望中国作为对苏联平衡的力量。他告诉艾登，"在任何同苏联的严重的政策冲突中，〔中国〕无疑将站在我们一边"。他期望这个原则也适用于涉及他们三国的任何占领或托管。罗伯特·达莱克：《罗斯福与美国对外政策（1932—1945）》下册，第 557 页。

③ 舍伍德：《罗斯福与霍普金斯 —— 二次大战时期白宫实录》下册，第 335 页。

④ 吴景平、郭岱君主编：《风云际会 —— 宋子文与外国人士会谈记录（1940—1949）》，第 44、49 页。

　　3 月 31 日，宋子文还在与美国国务卿赫尔的会谈中，特别谈到战后的世界安全机制，并为小国的权利说话，他指出：四个主要大国当然应该紧密合作。但同时，也必须设计出某种机制，让更小的国家参与进来。他们时常受到其他国家争端的影响，而他们之间的纷争也会影响我们的处境。①

　　总之，中国一直非常关心战后和平组织的工作，并尽可能提出自己的看法，发挥自己的作用，尽可能为小国弱国说话。

　　2. 有关建立联合国的同盟国会议

　　1943 年下半年，世界反法西斯战争发生了有利于盟国的战略性转折，于是战后的安排问题便被提上议事日程。在这种形势下，四大国通过一系列会议，主要包括莫斯科外长会议，开罗会议和德黑兰会议，敦巴顿橡树园会议，雅尔塔会议和旧金山会议，就建立新的国际组织问题频繁地交换意见，最终建立了联合国。

　　对建立战后新的和平组织的追述至少可以从 1941 年的《伦敦宣言》开始。

　　1941 年 6 月 12 日，英国、加拿大、澳大利亚、新西兰、南非联邦和比利时、捷克斯洛伐克、希腊、卢森堡、荷兰、挪威、波兰、南斯拉夫等流亡政府的代表，以及法国的戴高乐将军会聚在伦敦的圣詹姆士宫，共同签署了《伦敦宣言》，他们宣布："持久和平的唯一真正的基础，是各国自由的人民自愿在一个摆脱了侵略威胁、人人享有经济和社会安全的世界中进行合作；这是我们打算共同努力，而且与无论是处于战争还是处于和平中的其他自由的人民一起努力所要达到的目的。"②可以说，这是在二战进程中抵抗法西斯侵略的国家第一次表明要在战后建立持久的国际安全秩序的宣言，它为联合国的创立提供了一定的思想和组织基础。

　　1941 年 8 月 14 日美英两国首脑签订的《大西洋宪章》，提出要在战后重建和平，并要建立一个广泛而永久的普遍安全制度的主张，随后苏联以及在伦敦的上述九个流亡政府的代表和戴高乐将军的代表签署了这个宪章，表示支持这一主张，这被认为是国际社会创立联合国设想的首次提出。

　　1942 年 1 月 1 日，正在对轴心国作战的 26 个国家签订的、后来又有 21 个国家加入的《联合国家宣言》，不仅标志着世界反法西斯大同盟的形成，也使罗斯福亲自拟定的"联合国"（United Nations，这里还是指"联合国家"）这一名

---

① 吴景平、郭岱君主编：《风云际会——宋子文与外国人士会谈记录（1940—1949）》，第 49 页。

② http://www.un.org/aboutun/charter/history/.

词正式出现。以后它将成为新的国际和平与安全组织的正式名称。

1943 年，随着同盟国在各个战场上的反攻，同盟国的所有成员都致力于反法西斯战争的彻底胜利。与此同时，美、英、苏、中也都支持并具体考虑了建立战后国际和平与安全组织的工作①，努力创造一个新世界。因此，筹建战后新的国际组织的工作也加快了步伐。

在 1943 年 8 月 11 日—24 日的第一次魁北克会议上，尽管美英双方主要讨论各大战场的军事战略问题，但是在会议期间，美国国务卿赫尔还将美国起草的有关战后创立一个普遍而永久性的国际组织的四国宣言草案，交给英国外交大臣艾登，以取得英国的同意。艾登赞成把这个宣言草案作为同苏联谈判的基础并把它交给苏联。在会议结束前，丘吉尔也接受了它。②这次会议，实际上为即将召开的莫斯科外长会议做了一定准备。会议结束后，这个宣言草案也通报给了中国。③

10 月 19 日—30 日，美、英、苏三国外长赫尔、艾登和莫洛托夫在莫斯科举行外长会议。会上讨论了四国宣言草案的文本。在美国的坚持下④，中国驻苏联大使傅秉常代表中国政府，与美、英、苏三国外长于 10 月 30 日共同签署并发表了《关于普遍安全的宣言》。⑤四国政府明确宣布："它们承认有必要在尽速可行的日期，根据一切爱好和平国家主权平等的原则，建立一个普遍性的国际组织，所有这些国家无论大小，均得加入为会员国，以维护国际和平与安全。"⑥

---

① 罗斯福和赫尔等人都希望尽早建立新的国际组织，又担心重蹈威尔逊的覆辙，因此不断争取国会的支持与合作。1943 年 9 月和 11 月，美国众议院分别通过议案，同意美国参加维护世界和平与安全的普遍性国际组织。

② *FRUS/ The Conference s at Washington and Quebec, 1943*, pp. 913-914; Cordell Hull, *The Memoirs of Cordell Hull*, Vol. 2, New York: The Macmillan Company, 1948, pp.1238-1239. 但是在丘吉尔的回忆录中，他对这次会议涉及的战后问题只字未提。参见温斯顿·丘吉尔：《第二次世界大战回忆录》第五卷上部第一分册（北京编译社译），北京：商务印书馆，1975 年，第 120—147 页。

③ 这个宣言草案的全文，见秦孝仪主编：《中华民国重要史料初编 —— 对日抗战时期》第 3 编《战时外交（三）》，中国国民党中央委员会党史委员会编印，台北，1981 年，第 799—800 页。

④ 苏联最初反对把中国包括在内，但美国国务卿赫尔代表美国政府表示："美国政府认为中国是世界上正在进行作战的四大国之一。对中国来说，如果现在俄国、大不列颠和美国在宣言中把它抛在一边，将极有可能在太平洋地区造成最可怕的政治和军事反响"，因此他认为"在四国宣言中漏掉中国是不可能的"。Cordell Hull, *The Memoirs of Cordell Hull*, Vol. 2, p. 1282.

⑤ 英国和苏联都对美国的草案条文提出了修改意见，中国则接受了美国的草案。对于会议的讨论情况，参见 Ruth B. Russell, *A History of the United Nations Charter: The Role of the United States, 1940-1945*, Washington D. C.: Brookings Institution, 1958, pp. 133-137. 英国对草案的具体修改意见，参见秦孝仪主编：《中华民国重要史料初编 —— 对日抗战时期》第 3 编《战时外交（三）》，第 802—803 页。

⑥ 《国际条约集（1934—1944）》，第 403 页；亦见秦孝仪主编：《中华民国重要史料初编 —— 对日抗战时期》第 3 编《战时外交（三）》，第 810—811 页。

该宣言明确了建立这一世界性的普遍安全组织的宗旨，同时也表明了四大国在其中所处的特殊而重要的地位，迈出了筹建新的国际和平组织的关键一步。在随后召开的开罗会议和德黑兰会议上，四国首脑进一步对新组织的原则和框架结构进行了讨论。

在 1943 年 11 月 22 日—26 日美、英、中首脑举行的开罗会议[①]，不仅讨论了对日作战的军事问题，也讨论了政治问题。主要的政治问题有两个：

其一是中国收复领土的问题。在美国总统罗斯福和蒋介石的会晤中，罗斯福表示，支持中国关于日本窃取的中国领土满洲、台湾和澎湖列岛必须归还中国的要求[②]，并将其写进中美英三国《开罗宣言》当中。1945 年 7 月发表的《波茨坦公告》再次宣布：开罗宣言之条件必将实施。[③] 这就在国际法上明确承认了台湾是中国领土这一重要的历史事实。

其二是关于战后的国际组织的问题。罗斯福再次支持中国四大国之一的地位，表示"中国应当拥有作为四强之一的地位，并且应当以平等的身份参加四强小组的机构并参与制定它的一切决定"。蒋介石则当即表示"中国将欣然参加四强的一切机构和参与制定决定"[④]，并指示中国代表团成员王宠惠草拟有关筹建新的国际组织的建议，以供讨论之用。11 月 24 日中国政府就提出了有关建立四国机构或建立联合国机构的四点建议：（1）在联合国总机构未设置前，由美、英、苏、中成立四国机构，协商四国宣言规定的具体事项；（2）四国机构的常设机关设于华盛顿，根据情况，该机关可以在伦敦、重庆或莫斯科开会；（3）四国机构应负筹设联合国总机构之责任；（4）联合国总机构的组织，中国政府同意美国的设计，即由十一个国家组成一个执行机关，由美、英、苏、中任主席。[⑤] 由此可见，中国对建立维持战后国际和平的联合国组织的态度是相当积极的，同时也再次表明，中国的大国地位已经进一步得到了国际社会的确认。

在 11 月 28 日—12 月 1 日美、英、苏三国首脑的战时第一次会议即德黑兰会议上，除了讨论军事形势，如开辟第二战场等问题之外，有关战后世界和平的一系列问题也是会谈的中心问题。这一系列问题主要包括：

---

① 1943 年的开罗会议分为两个阶段，11 月 22 日—26 日是美英中首脑会议阶段，12 月 2 日—6 日是美英首脑会议阶段。

② *FRUS / The Conference at Cairo and Tehran, 1943*, Washington, 1961, p. 324.

③ 《国际条约集（1934—1944）》，第 407 页；《国际条约集（1945—1947）》，第 77—78 页。

④ *FRUS/ The Conference at Cairo and Tehran, 1943*, p. 323.

⑤ *FRUS/ The Conference at Cairo and Tehran, 1943*, p. 387. 亦见秦孝仪主编：《中华民国重要史料初编——对日抗战时期》第 3 编《战时外交（三）》，第 525 页。

第一，对殖民地的托管制度。在斯大林与罗斯福关于印度支那战后前途的讨论中，他们都反对法国人在那里恢复殖民制度。罗斯福认为可以向印度支那任命三四个托管人，然后经过三四十年，使印度支那人民做好自治的准备。斯大林表示完全同意。罗斯福还认为这个原则同样适用于其他殖民地。[①]

第二，关于战后世界性组织的框架。罗斯福向斯大林阐述了他的"四警察"思想，以及构成该组织的三个机构。罗斯福认为，要想避免国联过去的错误，建立这样三个机构是有益的：（1）成立一个由四国组成的警察委员会，负责维护世界和平；（2）成立一个由十或十一个国家组成的执行委员会，处理除了军事问题以外的所有问题；（3）成立一个由三十五个国家组成的总的机构，在这个机构中每个国家都可以畅所欲言，小国也能发表自己的意见。[②]

12月1日，三国首脑签署并发表了德黑兰宣言。其中关于和平问题，该宣言宣布："我们确信：我们的协力同心将导致一种永久的和平。我们完全承认我们以及所有联合国家负有至上的责任，要创造一种和平，这和平将博得全世界各民族绝大多数人民大众的好感，而在今后许多世代中，排除战争的灾难和恐怖。……我们将力求所有大小国家的合作和积极参加，那些国家的人民，就和我们本国的人民一样，都是全心全意抱着消除暴政和奴役、迫害和压制的真忱。我们将欢迎他们，听他们抉择，到一个全世界民族国家的大家庭里来。……我们怀着信心瞻望着那么一天，那时全世界所有各国人民都可以过自由的生活，不受暴政的摧残，凭着他们多种多样的愿望和他们自己的良心而生活。"[③]

开罗会议和德黑兰会议以后，美国国务院把尽速建立战后新的国际组织的工作放在重要位置，并通过改组机构、成立两个高级别的委员会——外交政策委员会和战后项目委员会，负责起草相关计划[④]，把美国关于战后和平组织的设想具体化。

1944年6月诺曼底登陆的成功，预示着同盟国即将取得战争的胜利，美国遂加快了筹建国际组织的步伐。1944年5月，赫尔根据罗斯福的指示起草的"普遍国家组织暂定方案"得到了国会同意。中国政府得知此消息后，为了尊重

---

① 《德黑兰、雅尔塔、波茨坦会议文件集》，北京：生活·读书·新知三联书店，1978年，第36—37页。

② 《德黑兰、雅尔塔、波茨坦会议文件集》，第69—70页。斯大林提出建立一个欧洲组织和一个远东组织或世界组织，罗斯福认为这个建议在某种程度上与丘吉尔的建议相吻合，并不予支持。斯大林则赞同了罗斯福的建立一个国际组织的意见。另外，德黑兰会议还讨论了波兰问题，美英与苏联的意见分歧。

③ 全文见《国际条约集（1934—1944）》，第407—408页。

④ 这两个委员会的人事组成和机构安排，基本延续了原来的战后外交政策咨询委员会的框架。1944年敦巴顿橡树园会议后，这两个委员会也相继停止了运作。

苏联在对日战争中的中立立场，同意按照开罗会议和德黑兰会议的方式，参加 8 月在美国举行的具体商谈筹建未来国际组织的会议。蒋介石于 6 月 2 日致电罗斯福，表示"中国向来主张早日成立此种机构，如其可能，并望在战时结束以前成立"；并表示"中国必须参加此次会议，余更为欣慰。盖东方人民如无代表，则此会议将对于世界之一半人类失去其意义也"。①

1944 年 8 月—10 月，美、英、苏、中四国在美国举行了敦巴顿橡树园会议，会议分为美、英、苏阶段（8 月 21 日至 9 月 28 日）和美、英、中阶段（9 月 29 日至 10 月 7 日）。之所以采取这样的方式，仍然是因为当时的苏联以其尚未参加对日作战为由，不愿与中国一起开会。

敦巴顿橡树园会议是同盟国着手建立联合国的第一个具体步骤，其重要性在于：它草拟了联合国宪章的基本轮廓。

在会议的第一阶段，美、英、苏三国的代表会前已经相互交换了他们的方案，而中国的方案也事先交给了美国和英国的代表②。在这种情况下，美、英、苏三国的讨论就有据可依了。他们主要决定了以下重大问题。

第一，新的国际组织应当具有五个基本的组成部分。

（1）一个由美国、英国、苏联、中国、法国 5 国为常任理事国，7 个非常任理事国组成的安全理事会③。

（2）一个由全体会员国都有代表参加的大会。

（3）一个秘书处。

（4）一个国际法院。

（5）一个专门的社会和经济理事会，对大会负责，执行大会可能提出的任何有关这两个领域的任何建议。④

第二，安理会和大会决策权的规定。

（1）5 个常任理事国对安理会的决议拥有否决权⑤；安理会的决议对其他会

---

① 秦孝仪主编：《中华民国重要史料初编 —— 对日抗战时期》第 3 编《战时外交（三）》，第 828 页。

② 秦孝仪主编：《中华民国重要史料初编 —— 对日抗战时期》第 3 编《战时外交（三）》，第 871 页。

③ "安全理事会"的名称是苏联的建议，代替了美国草案中的"执行理事会"。

④ 据美国国务卿赫尔的回忆，苏联原来主张拟议中的国际组织的任务以维持安全为限，倡议设立一个单独的机构来处理社会问题和经济问题。而美国和英国认为，社会和经济情况有可能很容易就成为战争的重要原因，而且国内和国际的安全和世界各国人民的生活情况是分不开的。最后，苏联同意成立一个专门的社会和经济理事会。Cordell Hull, *The Memoirs of Cordell Hull*, Vol. 2, pp. 1677, 1684. 另外，成立这一机构也是接受了国际联盟在制度方面的这一缺陷所带来的教训。

⑤ 这一规定是对国际联盟制度上的缺陷 —— 全体一致同意才能采取行动的改变。美国和苏联都坚持这一点。

员国都有约束力；常任理事国数目的改变将视同于对该组织基本文件的修改。

（2）大会选举一些小国的代表作为安理会的非常任理事国；大会的决议应该是建设性的；大会的重要决议，只要与会会员国 2/3 的多数票就可以通过，无须全体一致同意，其他决议应以简单多数决定①。

第三，关于该组织的名称和该组织的基本文件的名称。

经过讨论，决定接受美国代表的意见，将这个新的国际组织的名称定为"联合国"②；这个新的国际组织的基本文件的名称为"宪章"。

第四，成立军事代表团。

该代表团由常任理事国的参谋长或代表组成，在军事问题上向安理会提出建议并予以协助。

第一阶段尚未解决的问题主要有四个：

第一，这个新组织的创始会员国问题。美国希望在 1942 年 1 月签署《联合国家宣言》的国家基础上再加 8 个没有和轴心国作战的国家（这 6 个国家是拉美国家以及埃及和冰岛）为创始会员国，苏联则提出它接受美国的意见的前提是，将苏联的 16 个加盟共和国也作为创始会员国。由于双方争执不下，该问题被搁置。

第二，安理会的投票程序问题。鉴于安理会是整个组织的核心，它应该如何做出决定将成为最重要的问题。美、英、苏三国对安理会常任理事国拥有否决权这一总的原则并无异议，但英国认为，如果一个大国是争端的当事国，它就不应享有否决权。英国的意见后来得到美国的支持。但苏联坚决反对在任何情况下取消否决权，认为大国之间的一致是采取任何行动的一项绝对必要的条件。这个问题也因为双方的意见分歧而被暂时搁置。

第三，国际法院的性质和管辖权问题。会议同意国际法院应该与设在海牙的国际常设法庭相似或者相同，具体问题留给法律专家研究。

第四，国际托管问题。尽管罗斯福与赫尔公开宣称要对轴心国的属地进行国际托管，但美国的军事当局希望至少对从日本手中夺来的某些太平洋岛屿拥有主权，这就阻止了美国代表团在这次会议上提出这个问题；而英国作为最大的殖民帝国，对此事更是讳忌莫深。因此这个问题没有在这次会议上提出来。

---

① 这一规定也是对国际联盟制度上的缺陷 —— 全体一致同意才能采取行动的改变。
② 苏联代表提出的"国际安全组织"或"世界联盟"，以及英国代表提出的"联盟"，最后都被美国否定。

这次会议的成果都记录在《关于建立普遍性的国际组织的建议案》里。[①]

会议的第二阶段,由美、英和中国的代表参加。中国政府高度重视这次会议,蒋介石指示中国代表团"应该促使敦巴顿橡树园会议取得成功,我们的所有建议都应服从于这个总方针"。[②] 与此同时,中国政府拟定了《我方基本态度与对重要问题之立场》,其中提出:(1)世界和平机构以愈坚强有力为愈宜;(2)世界和平机构之全部或一部分应尽早成立;(3)凡美、苏、英在世界和平中参与之事项,我国应以平等地位同样参与。该文件还针对有关世界和平机构的16个主要问题说明了中国政府的立场。[③] 另外,中国还提出《国际组织宪章基本要点节略》,针对21个重要问题阐述了中国政府的主张。[④]

另外,在整个会议期间,中国代表团都进行了积极的努力。例如,中国代表团团长顾维钧10月3日会见罗斯福,后者再次表示要将中国列为战后负有维持和平责任的大国之一。[⑤] 中国代表团"为了使新国际组织能够有效地促进国际安全与和平",在第二阶段会议上提出了14个早已准备好的与第一阶段会议采纳的提案有关的问题,希望对这些提案进行改进与修订。[⑥] 尤其要指出的是,中国代表团提出了三点非常重要的建议:第一,为解决国际争端提出了一项重要原则,即这些国际争端"应根据正义和法律原则加以解决"。正是由于中国在这次会议上提出了这项原则,并最终取得了美国和英国的支持,才使后来的《联合国宪章》写进了"依正义及国际法之原则"解决国际争端这一提法。正如顾维钧所说,这是"为了实现和平,采取了一些积极的措施"。[⑦] 第二,联合国大会应具有进行调查与做出建议的任务,以发展并修改国际法的规范与原则。第三,经济及社会理事会应具有在教育以及其他一些文化问题上促进合作的特殊任务。[⑧] 上述建议先后得到美、英、苏等国的同意,并作为"中国建议"被吸收进上述三国签署的《关于建立普遍性的国际组织的建议案》之中。该建议案作

① 有关敦巴顿橡树园会议的情况,参见威廉·哈代·麦克尼尔:《国际事务概览·美国、英国和俄国:它们的合作和冲突(1941—1946年)》上册,第768—782页。但他对第二阶段中国的作用完全没有叙述。

② 顾维钧:《顾维钧回忆录》第5分册,北京:中华书局,1987年,第431页。

③ 秦孝仪主编:《中华民国重要史料初编 —— 对日抗战时期》第3编《战时外交(三)》,第868—870页。

④ 秦孝仪主编:《中华民国重要史料初编 —— 对日抗战时期》第3编《战时外交(三)》,第875—886页。

⑤ 顾维钧:《顾维钧回忆录》第5分册,第414页。

⑥ 顾维钧:《顾维钧回忆录》第5分册,第411页。

⑦ 顾维钧:《顾维钧回忆录》第5分册,第421页。

⑧ 参见C.B.克里洛夫:《联合国史料》第1卷,北京:中国人民大学出版社,1955年,第54页;《顾维钧回忆录》第5分册,第420页。

为四大国一致同意的提案，于 1945 年 5 月 5 日提交旧金山制宪会议审查。它的重要意义在于基本规定了联合国的构成，为旧金山制宪会议奠定了基础。中国代表团在敦巴顿橡树园会议的活动得到了与会美英代表的高度评价，认为"中国代表团成员巧妙而策略地提出自己的看法，为会议的成功做出了贡献"。[①]

1945 年 2 月，美、苏、英三国首脑举行雅尔塔会议。这次会议解决了敦巴顿橡树园会议上没有解决的几个重大问题。

第一，关于安理会的表决程序问题。

12 月 5 日，罗斯福致函斯大林和丘吉尔，提出了有关安理会表决程序的方案：

（1）安全理事会每一理事国应有一个投票权。

（2）安全理事会关于程序事项的决议，应以七理事国的可决票通过。

（3）安全理事会关于其他一切事项的决议，应以七理事国包括常任理事国的同意票通过；但对第八章甲节（按：指"争端的和平解决"）和第八章丙节第一段第二句（按：指"依区域办法和平解决争端"）规定之决议，争端当事国不得投票。[②]

换言之，安理会的十一个理事国每一个理事国有一个投票权；安理会关于程序事项的决议，应以七个理事国的可决票通过；安理会关于程序事项以外一切事项的决议应以十一个理事国中七个理事国的可决票包括常任理事国的同意票为之。这种要求在做出决定时必须得到"五大国一致同意"的原则，使安理会各常任理事国因此而享有"否决权"。[③]

美国代表在雅尔塔会议上对这一建议方案进行了详细说明，在经过讨论之后，该方案得到通过。[④] 这就是"大国一致"原则，亦称"雅尔塔公式"。按照这一公式，安理会在通过除了程序性以外的实质性决议时，必须贯彻"大国一致原则"。

第二，关于创始会员国的问题。

---

① 顾维钧：《顾维钧回忆录》第 5 分册，第 422 页。

② 《德黑兰、雅尔塔、波茨坦会议文件集》，第 167—168 页。关于大国在实质问题上享有否决权，斯大林曾有很精辟的概括：可能交由安理会解决的冲突有两类：第一类凡属要采取经济、政治、军事或其他某种强制手段加以解决的争端，应有辩论的自由，但要通过决议，必须要全体常任理事国的一致同意，即便是争端的当事国，也不应拒之门外。第二类凡属可能通过和平方式解决的争端，争端的当事国，即便是常任理事国，也不得投票。也就是说，大国可以通过否决权，阻止安理会采取任何自己所不同意的强制性措施，但不能用否决权阻止安理会审议通过和平方法解决该国所卷入的任何争端。

③ 参见许光建主编：《联合国宪章诠释》，太原：山西教育出版社，1999 年，第 183 页。目前安理会为 15 个理事国，可决票为 9 票。

④ 相关的讨论，参见《德黑兰、雅尔塔、波茨坦会议文件集》，第 170—176 页。

　　美英实际同意苏联关于让其加盟共和国乌克兰和白俄罗斯参加联合国创始会员国的要求，并决定，被邀请参加联合国会议的国家，应是 1945 年 2 月 8 日之前在《联合国家宣言》上签字的国家和 1945 年 3 月 1 日之前向共同敌人宣战的国家。

　　第三，国际托管问题。

　　会议决定：

　　（1）在联合国宪章中应规定一个国际托管的机构；

　　（2）在联合国制宪会议召开前，五个将任安理会常任理事国的国家通过外交途径，对殖民地和附属国人民的托管问题进行协商。通过此项建议的条件是，领土托管仅适用于：（甲）国际联盟的现有委任统治地；（乙）由于此次战争的结果割自敌国之领土；（丙）一切自愿要求置于托管制度下之领土；并且（丁）在即将召开的联合国会议上或在初步协商中，将不就具体领土问题进行任何讨论，而上述各类领土中哪些领土应置于托管之下，应进一步通过协商决定。①

　　雅尔塔会议决定在旧金山召开联合国制宪会议。在制宪会议召开前，美洲国家和英联邦国家分别召开了会议，讨论敦巴顿橡树园建议案。美国也在华盛顿召开了有 44 个国家的法学家参加的联合国法学家委员会的会议，他们修改了国际常设法院的规约，使之更能适合联合国的新体制，并决定交由旧金山制宪会议来解决是保留国际常设法院还是由新的国际法院来代替它的问题。

　　1945 年 4 月 25 日，联合国制宪会议在旧金山开幕。大会分四个专门委员会工作。第一专门委员会负责研究审查联合国的宗旨、原则、会员、主要机构、宪章修正、秘书处等工作；第二专门委员会负责研究审查大会，其下设的四个小组委员会分别研究组织及程序、政治与安全职权、经济与社会合作，以及托管制度；第三专门委员会负责研究审查安理会，其下设的四个小组委员会分别负责组织与程序、和平解决、执行方法、区域办法；第四专门委员会研究审查司法组织，其下设的两个小组委员会分别负责国际法院和法律问题，决定设立一个新的国际法院。②

---

① 《德黑兰、雅尔塔、波茨坦会议文件集》，第 252 页。在雅尔塔会议上，丘吉尔曾坚决反对讨论这个问题，并声称"只要不列颠旗帜飘扬在不列颠王国的领土上空，他绝不肯让哪怕是一小块不列颠土地由四十个国家参加实行拍卖。不列颠帝国任何时候也不会因为对未成年民族实行'托管'的问题而被置于国际法庭的被告席上"。美国代表、国务卿斯退丁纽斯则请丘吉尔放心，解释说这里指的不是不列颠帝国。丘吉尔虽然同意了这个决定，但仍坚持在决议文本中加进一个说明，即讨论托管问题无论如何不能涉及不列颠帝国的领土。见该书第 215 页。

② 具体的讨论，参见李铁成主编：《联合国的历程》，北京：北京语言学院出版社，1993 年，第 9—70 页。

　　根据雅尔塔会议的决定，中国是联合国制宪会议的四个发起国之一。中国共产党派出自己的代表董必武，与国民政府的代表共同组成中国代表团出席会议，特别体现了代表全中国人民的意志。在这次制宪会议上，中国代表团提出的一些重要建议为大会所接受。这些建议是：

　　第一，针对国际联盟不能有效制止侵略行动的教训，以及敦巴顿橡树园建议案中的不足，中国代表团提出：授权安全理事会当发生紧张情势时在最后决定之前采取临时办法。

　　第二，针对可能发生的破坏和平的国家或发动侵略的国家拒不执行国际法院判决的情况，中国代表团提出：授权安全理事会采取办法以实现国际法院的裁决。

　　第三，针对敦巴顿橡树园建议案中要求非联合国会员国承担维护和平的义务但未提这些国家的权利问题，中国代表团提出：授权安全理事会确定向本组织提出请求的非联合国会员国应当享有的权利。

　　第四，对联合国非常任理事国的选举，中国代表提出"要斟酌地域上的公匀分配"。

　　第五，对于国际托管的目的，中国代表团认为，"托管领土朝着独立的道路发展"。

　　这些建议都反映在《联合国宪章》之中。[1]

　　总之，会议期间中国代表团反对强权政治，强调国家和种族平等、国家主权和民族独立，积极为弱小国家伸张正义，成为中国在创建联合国的外交活动中的一大特色和独特贡献。中国的国际地位也被与会国一致肯定，中国被确认为联合国安理会的五大常任理事国之一，中文也成为联合国的正式语文之一。

　　1945 年 10 月 24 日《联合国宪章》正式生效，联合国也最终得以成立。

（三）以联合国为代表的二战后的国际政治秩序

　　历史已经证明，《联合国宪章》是一部国际法和国际关系史上划时代的不朽的历史文献，而已经走过 75 个春秋的联合国从整体上来说也基本上是成功的。

　　首先，《联合国宪章》将联合国这一国际组织建立在坚实的基础之上。[2]

　　第一，针对两次世界大战特别是第二次世界大战对人类造成的大浩劫，为

---

[1]　参见 C. B. 克里洛夫：《联合国史料》第 1 卷，第 44—46、83、84、146 页；《联合国宪章》第 40 条，第 94 条，第 11 条和第 35 条，第 23 条，第 76 条等。

[2]　联合国宪章的全文，见《国际条约集（1945—1947）》，北京：世界知识出版社，1959 年，第 35—60 页。

了回答如何避免使"后世再遭今代人类两度身历惨不堪言之战祸"这一严峻问题，反法西斯大同盟将他们之间的社会制度和意识形态的分歧暂时搁置一旁，达成了以《联合国宪章》为宗旨和原则建立国际秩序的共识。与此同时，他们将维持世界和平，尊重基本人权和自决原则，加强国际友好合作，促进全球经济、社会、文化和福利发展等确定为联合国组织的根本宗旨并写进宪章当中，体现了二战结束之时已经开始显现的人类呼唤世界和平与要求共同发展的时代特征和应当完成的历史任务。不仅如此，宪章第一次把维护和平与解决经济和社会发展问题紧密联系在一起，更是大同盟政治家们的深刻战略思考。

第二，宪章强调会员国的普遍性和广泛性，它的成员国不分大小强弱都有平等发言权的规定，不仅从地域上，而且从政治上实现了"以欧洲为中心的世界体系向一种真正的全球性体系平稳过渡"。[①]今天已经拥有193个成员的联合国体现了二战后全球一体化进程的不断发展和国际之间日益密切的相互依存。宪章所规定的组成联合国的庞大的屋顶式体系，以及大会、安理会、经社理事会等六大组织，各种辅助机构和为数众多的专门机构之间的"权力划分"原则，无不体现了普遍性原则，使联合国成为最重要的国际讲坛和开展多边外交的场所，成为维持战后国际秩序最有效的国际多边机制，从而体现了国际政治的民主化进程。

第三，宪章明确规定，除了单独或集体自卫以及由安理会授权或采取的武力行动之外，要求会员国废弃战争，以和平手段解决国际争端，并确定了详细的和平解决国际争端的机制（如第六、第八章）；另一方面，宪章也周密地制定了制裁侵略的机制（如第七章），并把制裁的权力集中于安理会。与此同时，宪章所确立的由中、法、苏、英、美五个安理会常任理事国的"大国一致"原则，不仅反映了二战结束时世界政治力量的对比，体现了大国的协调与合作，在保护大国利益的同时突出了大国的责任和作用，更为重要的是它从内部机制上赋予联合国前所未有的权威性和生命力，使任何决议一旦做出便可付诸实施，使和平解决争端和制裁侵略都具有更大的可操作性和强制力量，并对侵略和潜在的侵略形成威慑，从而使集体安全有了切实可行的保证。关于这一点，我们在后面还会谈到。

第四，宪章为发展经济和社会合作、为尊重人权和民族自决做出了大量原则规定（如第九至第十三章），并通过作为联合国主要机构之一的经社会理事

① 转引自李铁城：《联合国五十年》（增订本），北京：中国书籍出版社，1995年，第52页。

会而将经社合作发展到几乎人类生活的各个领域，使联合国在成为一个世界性的集体安全组织的同时，也成为实现人类共同发展和繁荣这一理想的有力工具，从而使联合国从另一个方面获得了活力。不仅如此，宪章顺应二战后国家要独立、民族要解放的历史潮流，第一次使民族自决成为公认的国际法准则，并直接推动了战后的非殖民化进程。

其次，联合国在实践中的最大功绩，在于维护了世界的整体和平并促进了全球的经济与社会发展。

第一，尽管联合国也犯过种种错误，特别是在全面冷战的年代里，它曾在某种程度上成了因苏联和美国不断使用否决权而难以正常运转的机器①，成了冷战的战场和工具，一度背离了联合国的宗旨，但是，必须看到，正是由于有了"大国一致"原则，就保证了在大国不一致的情况下，安理会不能采取措施侵犯任何一个大国的利益，从而限制了战后出现的一系列危机的不断升级②，避免了冷战时期美苏两个超级大国之间的迎头相撞，并因此而在整体上维持了战后的世界和平状态。正是在这个意义上，大国所拥有的"否决权"是确保世界和平的安全机制，对避免世界大战的爆发，维系战后的世界和平功不可没。这一点也正是联合国的缔造者的重要初衷。联合国的缔造者之一、美国总统罗斯福在1945年2月6日雅尔塔会议的第三次会议上认为，大同盟建立联合国这一国际安全组织的任务是至少保证五十年的和平。③今天看来这一目标已经得到实现。

第二，针对二战结束后地区冲突和局部战争对国际和平与安全造成的威胁，联合国做了大量重要工作，帮助和推动结束地区冲突而开展谈判，促使几百场地区冲突得以和平解决，或避免了战争的一触即发。而在联合国成立75周年之际，联合国秘书长古特雷斯表示，联合国在过去75年的主要成就，就是由于联合国的周旋努力，全球人类成功避免了爆发第三次世界大战。这话是很有道理的。与此同时，联合国在国际军控与裁军方面也做出了不懈的努力。

---

① 据不完全统计，从1946年到1965年，苏联共使用否决权104次，而同期内美国一次也未使用否决权；从1966年到1985年，苏联行使了12次否决权，而美国行使了42次；从1946年到1986年，安理会内共行使否决权223次，平均每年5.57次，其中95%以上是美苏两国使用的。参见裴克安：《关于否决权问题》，袁士槟：《世界格局转换与美国对联合国的政策》，钱文荣：《试论联合国改革和我国的对策》，分别载陈鲁直、李铁城主编：《联合国与世界秩序》，北京：北京语言学院出版社，1993年，第136—142、66—86、105—122页。

② 朝鲜战争的升级从反面说明了"大国一致"原则在控制危机中的作用，正是由于当时的苏联和占据中国在安理会常任理事国席位的国民党集团没有运用否决权，才使美国得以操纵安理会通过有利于贯彻美国侵略意图的决议，并使美国的干涉披上了联合国的外衣。

③ 参见《德黑兰、雅尔塔、波茨坦会议文件集》，第166—167页。

但是要特别指出的是，在联合国面对既不能用和平解决争端的纯外交手段解决问题，又没有达到使用武力或非武力的强制手段程度的情况时，联合国为解决这些冲突而在实践中所创造的维持和平行动，不仅是联合国最成功的创新活动之一，更成为联合国集体安全制度下的重要机制之一。联合国的维和行动，在一般的意义上，是指根据联合国安理会或者大会决议，由联合国所从事的，向冲突地区派遣不具有强制力的军事人员以恢复和维持和平的行动。① 李铁城先生通俗地指出，联合国的维和行动是在和平解决争端不可求、强制措施又无法求的情况下出现的一件新事物。它是介于强制措施和和平解决争端之间的一个中间环节，它原是宪章所未曾预料到的。② 在联合国宪章的旗帜下，1948—2008年，维和行动共计 63 项，截至 2008 年底，正在进行的维和行动 16 项。实践证明，这些维和行动不仅是使局部战争逐步降级和控制冲突恶性升级的十分有效的手段，而且以既非和平又非武力的独特方式使安理会的影响扩展到冲突的当地。正由于此，联合国的维和部队获得了 1988 年的诺贝尔和平奖。

第三，联合国在铲除世界殖民制度的过程中做出了巨大贡献。进入 20 世纪以来，人类已经越来越认识到殖民主义是产生战争与冲突的重要根源，国际联盟所设计的委任统治制度，尽管并未改变殖民统治的本质，但毕竟有着部分满足委任统治地人民民族自决要求的考虑；而联合国则在宪章宗旨的指导下和具体的实践过程中，建立和逐步完善了包括基本原则、规则、规范和决策程序等在内的一整套非殖民化机制。它从宪章中规定的非自治领制度和托管制度并立和设立托管理事会，到根据 1960 年联合国以压倒多数通过的《非殖民化宣言》（即《给予殖民地国家和人民独立宣言》）取消托管领土和非自治领土的区别，通过将宪章中的民族自决原则转变成人权而为殖民地人民的解放斗争提供了法律依据和强制措施，再到 1988 年第 34 届联大宣布 20 世纪 90 年代为根除殖民主义国际十年，以及进入 21 世纪之后的两个铲除殖民主义国际十年，联合国在非殖民化的进程中树立了一个又一个的里程碑。当 1994 年最后一块托管地帕劳共和国独立并被接纳进入联合国的时候，作为联合国六大机构之一的托管理事

---

① 联合国宪章并没有关于维和行动的规定，它是联合国在实践中的一项重要创新，因此关于什么是维持和平行动，目前并没有一致的定义，本文根据联合国新闻部编写的《蓝盔：联合国维持和平的回顾》一书的说法，参见 The Blue Helmets: A Review of United Nations Peacekeeping, the second edition, UN., 1990, p.4。

② 李铁城：《联合国五十年》（增订本），第 60 页。

会的历史使命业已完成。[①] 据统计，到 2000 年底，在全世界只有 17 块非自治领土尚未获得自治或独立，而它们多是位于加勒比和太平洋地区的"小块领土"。因此我们完全可以说，联合国关于在进入 21 世纪的时候不再有殖民制度的目标基本实现了。这是人类历史上划时代的巨大进步，也是联合国的伟大成就。[②]

　　第四，联合国为推动全球的经济和社会发展进行了不懈的努力。自联合国成立以来，便开始实施宪章中关于促进发展的宗旨，并逐渐把发展活动的重心移向发展中国家。长期以来，联合国正常预算的 70%—80% 用于发展援助（包括人道主义援助和人事、行政开支），其援助范围囊括了所有的全球性经济、社会、文化、教育、健康及人道主义问题，并通过经社理事会及其各种机构，协助发展中国家制定和实施了许多具体的各种层次的发展项目。联合国各有关机构如开发计划署每年向 170 多个国家提供低息贷款和赠款，仅 1993 年开发计划署就以 13 亿美元支援 170 个会员国的 5000 个项目。[③]

　　但是，联合国毕竟不是一个世界政府，没有政府所拥有的在经社领域中的管理权和决策权。因此联合国在经社领域中发挥作用的更为重要的体现，是它在半个多世纪中所形成的丰富的发展思想和发展战略。从 1961—2000 年联合国提出的四个"发展十年"的计划，以及在此期间所提出的各种发展纲领表明，联合国的发展思想和发展战略经历了以下演变过程：从最初的优先追求高增长率以解决发达国家和发展中国家生活水平之间不断扩大的差距，到强调建立公平合理的国际经济新秩序和以人为中心，确认发展权为不可剥夺的人权的观念，再到确立保护环境与发展协调一致的原则，直到从环境保护思想引申出可持续发展战略这一新的发展观。这一体现在 1997 年联合国大会通过的《发展纲领》中的可持续发展战略所阐发的和平、经济增长、保护环境、社会正义和民主与发展之间的关系以及"发展文化"概念的提出[④]，在经济全球化的浪潮下，不仅成为今后指导联合国发展行动的全面纲领和政策框架，而且为世界各国的发展提供了指南，从而使联合国在国际经济与社会发展方面起到了独特而实实在在的促进作用。

---

① 托管理事会于 1994 年 11 月 1 日正式停止活动，成了联合国六大机构中唯一一个有名无实的空闲机构。
② 关于两次世界大战与世界的非殖民化进程，本书第五章有更为详细的论述。
③ 参见田进：《联合国与发展：艰难的历程》，载谢启美等：《走向 21 世纪的联合国 —— 纪念联合国成立 50 周年学术研讨会论文集》，北京：世界知识出版社，1996 年，第 126—134 页；李铁城：《联合国五十年》（增订本），第 391—392 页。
④ 关于《发展纲领》的提出过程，参见李铁城主编：《世纪之交的联合国》，第四章第一节。

　　第五，联合国为编纂和发展国际法做出了重要贡献。不仅《联合国宪章》本身就是国际法的重大发展和现代国际法的基础，而且联合国75年来制定或参与制定并通过了数百个国际条约和公约，涉及从不扩散核武器到人权问题、从和平利用外层空间到海底开发、从保护知识产权到保护生态环境等各个方面，从而使联合国成为避免国际秩序发生混乱的重要屏障和推动国际关系朝着更加公正合理方向有序发展的国际权威机构。

　　随着冷战的终结，摆脱了两极格局羁绊的联合国迎来了前所未有的发展机遇，与此同时，许多新的问题和新的任务也摆在了联合国面前。联合国面临新的挑战。然而，联合国毕竟是二战结束时建立的，它既带有那个时代的特点也带有那个时代的缺点，当人们期待着联合国为维护和平与促进发展做出更大贡献的时候，要求联合国改革的呼声也在加强。但是，已经走过75年历程的国际政治的现实至少已经证明：联合国作为当代世界主权国家所组成的最大和最重要的政府之间的国际组织，尽管存在着各种各样的问题，但不可否认的是，它仍然在国际政治舞台上起着不可替代的作用：联合国宪章基本符合当今世界和平与发展的时代主题，它的宗旨和原则无须改变，它所确立的目标和规划的蓝图还远未实现；安理会常任理事国所拥有的否决权作为历史的产物，既有保持大国均势的现实主义考虑，又有保持大国合作实行集体安全的理想主义成分，到目前为止，仍基本符合世界政治的现实情况和多极化的发展方向，因此既不能取消，也不能扩大，而是应当做出一些防止滥用否决权的规定。

　　一方面，我们也必须承认，在冷战结束后世界向多极化发展的过程中，霸权主义和强权政治继续存在；另一方面，我们也期待联合国通过改革而不断自我完善，同时在制定国际社会各个领域的行为规则方面，在促进国际法的建设方面，发挥更大的作用。在这个经济全球化加速发展、国家之间的相互依存关系日益加强的世界里，这也是联合国不可回避的历史使命。

第二节　两次世界大战后的国际经济秩序

一、第一次世界大战后的国际经济关系

（一）20世纪20年代的国际经济概况

　　第一次世界大战前，由于资本主义的向外扩张，世界经济已经联结成为一个相互依赖的整体。随着工业革命带来的生产规模的急剧扩大，以及铁路、海

运、运河等交通运输的发展，世界的贸易量显著增加。1800—1913 年间，作为世界总产值的一部分，对外贸易从 3% 增加到 33%；1870—1914 年间，对外贸易额约增长三倍。[①] 与此同时，这些国家通过大量对外投资，把亚非拉的不发达地区变成了它们的殖民地和半殖民地。另一方面，西欧主要资本主义国家采用金本位制，建立了一个以英镑为中心的国际金融体系。到 1914 年，英国的海外资产总额将近 40 亿英镑，法国和德国也是主要的债权国，但是，法国、德国、比利时、荷兰和美国的国外投资加在一起，还不到 55 亿英镑。[②] 另外，广大的亚非拉地区，则基本处于依附于欧美经济的状态。

第一次世界大战完全打乱了世界经济的发展，结束了战前建立的世界货币体系和贸易体系。各参战国为了保护它们的黄金储备，普遍终止了纸币兑换黄金的业务，而且到战后也未能使它恢复原状。战争几乎摧毁了金本位的全部基础。伦敦作为世界金融中心的地位随着 1914 年 8 月的炮火，一去不复返了。美国已经拥有世界黄金储备的 40% 以上，并从一个战前欠了 30 亿美元的债务国变成了一个债权国，以英镑为中心的国际金融体系遭到重大打击，纽约已经成为另一个世界金融中心，美元的作用在不断上升。

为了恢复欧洲和世界的经济，国际联盟于 1920 年在布鲁塞尔召开了一次全面的财政金融会议，要求没有设立中央银行的国家应尽快建立中央银行，以利于战后财政金融的重建。1922 年，在国联的倡议下召开了包括德国和苏俄在内的热那亚经济会议，但收效甚微。[③]

在当时的国际经济中，困扰经济正常发展的重要原因，不仅是各国国内的通货膨胀以及国外的关税壁垒，还有复杂的德国赔款问题和各国之间在战争中的国际债务问题。到战争结束时，各国之间的债务约达 200 亿美元，其中欠美国的债务达 94.5 亿美元，欠英国的债务达 87 亿美元，余下的债务是欠法国的。[④] 由于美国坚持要求协约国必须清偿它们的全部债务，因此使欠下美国债务最多

---

① 《世界史便览（公元前 9000 年—公元 1975 年的世界）》（《泰晤士世界历史地图集》中文版翻译组），北京：生活·读书·新知三联书店，1983 年，第 478 页。

② 《世界史便览（公元前 9000 年—公元 1975 年的世界）》，第 479—480 页。

③ 英国首相劳合-乔治希望利用这个会议使苏联和其他国家签订一个协定。但是由于法国和比利时代表团的不妥协态度而使这个希望破灭了，他们坚持要求苏俄政府承认俄国战前的债务作为与苏俄进行任何谈判的条件。但是在这次会议上，德国和苏俄签订了两国相互承认的《拉巴洛条约》，从而开启了德苏关系史上长达 10 年的"拉巴洛时代"。这一结果是英法等会议的召集者既未预料到也不希望看到的。

④ C. E. 布莱克、E. C. 赫尔姆赖克合著：《二十世纪欧洲史》上册（山东大学外文系英语翻译组译），北京：人民出版社，1984 年，第 403 页。

的英国、法国和意大利要求从德国取得赔款的决心也就更坚定，尽管它们要求德国赔偿的数量并不相同。

1921 年 4 月，根据《凡尔赛条约》，赔款委员会决定德国的赔款总额为 66 亿英镑。[①] 在 1922 年 7 月召开的斯帕会议上，协约国分配了它们认为应当得到但迄今为止从未兑现的德国的赔款额：法国将获得赔款的 52%，英帝国为 22%，意大利为 10%，比利时为 8%，余额则留给其他较小的协约国之间进行分配。而且鉴于比利时受到的战争损失特别严重，将有权优先获得 1 亿英镑。[②]

在催逼德国赔款的过程中，法国和比利时的军队于 1923 年 1 月占领德国工业区鲁尔的行动，更加剧了赔款和债务问题的严重性。占领鲁尔使德国的整个经济生活陷入停顿，最直接的后果是德国的财政完全破产。在占领前夕，马克已经跌到 35000 马克兑换 1 英镑，整个 1923 年下跌一直在持续，其价值有时第二天就缩水一半。外国人用他的"硬"通货以这种荒谬的汇率兑换马克，用几个便士就能在德国奢侈地过一天，用几个先令就能周游全国。到 1923 年底之前，马克跌到 50 兆马克才能兑换 1 英镑的程度。[③] 然而，德国政府放弃了阻止货币贬值的努力，因为它明白，它的财政越是正常运转，它就越是要更多地去支付赔偿。在法国方面，不仅从鲁尔运出的煤和铁不足以支付占领行动的费用，法、比的行动也在道义上受到国际社会的谴责。

1924 年，在美国专家的参与甚至是决策下，制定了解决德国赔款问题的道威斯计划。该计划主要依靠美国给德国的贷款，通过使德国财政金融恢复正常运转，让德国和欧洲的经济回到了正常的轨道。但是值得注意的是，道威斯计划也使德国、欧洲乃至世界经济对美国的依赖，或者说是对美元的依赖，成为当时的经济制度的一部分。在 1924 年以后，如果没有美国的贷款，欧洲国家就

① 当时合 1320 亿金马克。到这时，在协约国中也终于形成了更为明智的看法，即认识到德国只能支付这个巨大账单中的一小部分。尽管协约国政府还没有足够的勇气公开宣布放弃他们要求的任何部分，但是德国的债务被分成了三个部分，并用"A""B""C"三种债务来表示。"C"种债务的总数为 40 亿英镑，由赔款委员会掌握，直到德国拥有支付能力之后才兑现，于是整个债务的 2/3 就这样被无限期地搁置起来了。至于其他部分，协约国政府草拟了一个"支付时间表"，根据这个时间表，德国应当每年支付 1 亿英镑，再加上它的全部出口价值的 25%。协约国把这个时间表交给德国政府时附有一个最后通牒，即如果到 5 月 12 日德国仍不接受，协约国的军队将占领鲁尔盆地。鲁尔盆地是德国冶金工业的心脏，是它的 80% 的煤炭和钢铁工业的所在地。德国由此爆发了内阁危机，并于 5 月 11 日接受了这一要求。E. H. Carr, *International Relations between the Two World Wars 1919 -1939*, pp. 54-55.

② E. H. Carr, *International Relations between the Two World Wars 1919 - 1939*, pp. 53-54. 希腊、罗马尼亚和南斯拉夫共占 6.5%，日本和葡萄牙各占 0.75%。

③ E. H. Carr, *International Relations between the Two World Wars 1919 - 1939*, p. 57.

不可能支付赔款和欠美国战债。德国按照道威斯计划所偿付的赔款用的是美国的贷款，而在执行这一计划期间，德国的纯资本输入比德国所要偿付的赔款额多一倍至两倍①。与此同时，协约国用德国偿付的有限赔款，来偿还他们每年应还给美国的战债。正如凯恩斯所写到的："赔款和协约国之间的欠债，主要是在纸面上，而不是用物资来清算的。美国贷款给德国，德国把同样数值转给协约国，协约国又把它送回美国政府。没有任何实在的东西转手——没有人失去一个便士。"②

20世纪20年代，美国的经济似乎是强大的和能恢复活力的，特别是它的汽车、橡胶和电力等新兴工业蓬勃发展，而欧洲也分享了经济繁荣的大部分果实。1924—1929年，瑞典、英国、比利时和意大利陆续恢复了金本位，奥地利、捷克斯洛伐克等采用了金汇兑本位制。国际金融体系得以重建。

但是，由于美国成了德国和协约国双方的主要债权国，并顽固地坚持索取战争债务，因此，美国的贷款→德国的赔款→协约国支付美国的战债→美国的贷款……这样的一个循环往复，就使美国的财政制度成了欧洲经济稳定的支柱之一。换句话说，美元成为重建的国际金融体系的另一个支柱。

在此时期，各国的经济民族主义也达到了新的高度。虽然有些国家愿意取消或削减那些欠它们的债务，可是几乎没有一个国家愿意将其关税降低到足以使进口物资能够进口的程度。为了恢复国际贸易，1927年国际联盟在日内瓦召开了世界经济会议，有包括美国和俄国在内的50个国家的专家出席。会议涉及减少关税和其他贸易壁垒、进行国际经济合作等内容，但并不成功。因为每一个欧洲国家都想以牺牲别的国家为代价，为建立起自己的地位而斗争，然而，

---

① 据 E. H. 卡尔的研究，在道威斯计划实行的五年（1924—1929）中，德国只支付了 5 亿英镑的赔款，但获得了大约 9 亿英镑的贷款和信贷。E. H. Carr, *International Relations between the Two World Wars 1919 - 1939*, p. 134.

② 转引自 C. H. 莫瓦特编：《新编剑桥世界近代史》第十二卷《世界力量对比的变化（1898—1945年）》，第二版（中国社会科学院世界历史研究所译），北京：中国社会科学出版社，1987年，第79页。根据 E. H. 卡尔的研究，1922 年 12 月英美达成了一个协议，该协议规定英国欠美国的债务连同利息一起将分 62 年还清，每年大约偿付 3300 万英镑。但是直到 1926 年英国也没有从欠它债务的欧洲盟国那里得到一分钱。于是，继道威斯解决方案之后，达成了若干协议，根据英-美协议的同样的方针，以每年分期支付的方式，把应当从法国、意大利、罗马尼亚、南斯拉夫、希腊和葡萄牙收集的债务支付给英国和美国。值得一提的是，尽管美国与英国的解决办法（按 5% 的标准利率计算利息）使英国最初的债务减少了不到 30%，但英国与其他国家的解决办法，则使意大利债务的减少超过了 80%，其他协约国债务的减少超过了 60%。而且英国得到的来自协约国内部的债务和赔款的总收入从未达到它支付给美国的债务的程度；因此实际上所有的债务支付，无论是从哪儿支付的，都进入了美国的国库。E. H. Carr, *International Relations between the Two World Wars 1919 - 1939*, pp. 86-87.

所有的国家又都被赔款和债务这一错综复杂的关系束缚在美国强大的财政结构之中。

在这种情况下，20世纪20年代建立的战后国际经济秩序是相当脆弱的。美国作为欧洲的债权国和国际经济的主要参与者之一，它与欧洲的关系达到了如此密切的程度，以致美国经济发展的任何突然的改变肯定会产生世界性的反响。1929年10月24日纽约华尔街股票市场崩溃时的情形就是这样。

（二）"大萧条"与重建国际经济秩序的努力

第一次世界大战造成的破坏主要在欧洲，而它引起的革命浪潮则西起墨西哥，东到中国，北非和东南亚也包括其中。然而自成天地的美国却和战火与革命的浪潮相距甚远。不仅如此，在美国参与下制定的恢复德国经济的"道威斯计划"的实行，不仅使德国的经济靠滚滚而来的美元收入一时走上了正轨，欧洲的经济生活得以恢复正常，也给美国带来了空前的繁荣。这繁荣景象曾使旧世界惊叹和羡慕，似乎在这个新世界生活的人个个都能发财，人人都有成功的机会，人们甚至大胆断定贫困正在消失。美国总统柯立芝（John Calvin Coolidge, Jr., 1872—1933）在1928年12月4日的国情咨文中得意扬扬地说："自美国建国以来，历届国会审度国势，莫有本届所见之兴旺繁荣……我国企业所造财富之盛，我国经济所储实力之雄，不但我国之民均享其利，域外世人也同受其惠。但观今日生存之必要条件，已由生活所需，进入美衣美食豪奢之境地。生产不断扩大，内有日增之国民消费吸纳之，外有益盛之贸易通商推动之。我国今日之成就，实足快慰。我国未来之前途，实很乐观。"

然而，在这并非完全是虚伪繁荣的背后也藏有真实的隐患：农业和陈旧工业的长期不景气，贫富差距的实际加大，金融投机活动的空前猖獗。这一切都时刻影响着美国这台巨大的资本主义经济机器的正常运转。1929年10月24日那个"黑色星期四"，以纽约股票市场大崩溃为起端，一场迄今仍使人们心有余悸的世界最大的经济危机横扫全球。

经济危机的狂飙摧枯拉朽，使欧美各国的工、农、商、金融各行各业均遭无情打击。1929—1931年间，美国和德国的工业生产额均跌落1/3左右，仅美国电气巨擘威斯汀豪斯公司两年之间的净利润就暴跌了76%。农林业的危机也极为严重，粮食和原料价格直线下滑，小麦和茶叶价格跌落2/3，丝价则暴落3/4，于是世界上凡是以农产品出口贸易为主的国家，无一例外地遭受了毁灭性打击，几百万小农倾家荡产。大萧条的另一个直接后果就是大量的失业，在衰退最严重的1932—1933年，欧美各国的失业率均在22%以上，美国达27%，英国达 23%，而德国高达 44%。数以百万计的人们依靠赈济、施舍和救济的少量物品维持他们的家庭生活，全世界有 3000 多万人进入失业大军的队伍，无处立足。

繁荣年代中股票市场的畸形投机炒作所带来的不可思议的票面高价值，在华尔街的股市崩盘之后也一路惨跌，致使美国五千家银行在 1929—1932 年之内倒闭，整个信贷制度濒于崩溃。随着美国对欧洲贷款的抽回，欧洲的债务国受到双倍打击：它们不再能够从美国借美元去支付它们的债务，而它们曾经能够用以支付债务的商品现在只具有价格暴跌前所拥有的价值的很小一部分。于是，缺少了美元的欧洲几乎破产了。

与此同时，美元→赔款→支付战债的链条也被打破，德国的赔款和欧洲协约国欠美国的战债，也由于"大萧条"的到来而无法继续支付。实际上，在 1929 年"大萧条"到来之前，为取代到期的道威斯计划而制定的杨格计划已经重新界定和减少了德国赔款的支付；1931 年危机到来后，胡佛（Herbert Clark Hoover，1874—1964）总统也发布了延期一年支付赔款和战债的建议；1932 年的洛桑会议，又在必须妥善解决协约国的债务问题前提下通过了一项实际上取消德国偿付赔款的协议；但是由于美国坚决反对勾销或减少协约国拖欠美国的战债，洛桑会议的协议从未获得批准。不过，德国从此停止支付赔款，协约国也无意继续偿还美国的战债。[①]

在经济危机时期，各国纷纷实行民族经济保护主义。英国于 1931 年放弃金本位，随后组成英镑集团。1932 年又有 20 多个国家暂时停止使用金本位。法国、意大利、比利时、荷兰、瑞士等国则成立"金集团"，通过中央银行的相互支持，维持彼此之间的汇率稳定。1933 年，美国终于放弃了金本位，使美元的价值贬值了大约 30%。德国则在希特勒上台后，与东南欧国家和拉丁美洲国家进行记账贸易。各国这种力保自己国内市场及通货免受世界性经济风暴冲击的行为，不但使 1929—1933 年的世界贸易下降了 60%，而且使国际贸易中最为重要的基石"最惠国待遇"也在 60% 的各国商业合同中消失。各国对付"大萧条"的方法，使国际货币金融秩序和国际多边贸易秩序一片混乱。

[①] 有关杨格计划、胡佛延债建议、洛桑会议和赔款的实际终结，参见 E. H. Carr, *International Relations between the Two World Wars 1919 - 1939*, pp. 123-130, 141-149. 实际上，法国拖欠不还，英国则偿付了一些象征性的债务，只有芬兰如数偿清了它的全部债务。美国对英法等国的赖债行为极为不满，1934 年 4 月美国国会通过了《约翰逊法案》，又称"债务拖欠法案"，禁止贷款给未偿清债务的国家。该法案的存在也是第二次世界大战期间美国为援助英法等国而出台"租借法案"的原因。

面对这种情况，国际劳工组织在其 1932 年 4 月的年会上，为解决工人失业和毫无保障的问题，极力要求通过了四点决议案：一是立即着手进行巨大的国际公共工程的计划；二是国联接管并解决赔偿问题和战债问题；三是召开一次世界会议来建立稳定的国际货币制度；四是召开一次世界生产和贸易会议。[①]

在国际联盟的倡议下，决定召开世界经济会议，希望重建国际财政和货币的稳定，以及促使国际贸易重新活跃。但是，会前国际形势中出现的一些重要事件已经预示了会议的结果：

在德国，1933 年 1 月，魏玛共和国崩溃，希特勒成为德国的总理；6 月，德国停止支付外债；

在日本，1933 年 3 月，日本宣布退出国联；

在美国，1933 年 3 月，罗斯福就任美国总统，他关注的首要问题是通过实施"新政"来缓解美国的危机；4 月，罗斯福宣布废除金本位制；在世界经济会议召开前，美国拒绝将战债问题列入议程。

1933 年 6 月 12 日至 7 月 27 日，世界经济会议在伦敦开幕，包括美国和苏联在内的 64 个国家的代表出席了会议。这次会议的直接目标是降低关税，清除国际贸易的障碍；恢复适当的国际货币本位，稳定国际金融形势；减少在危机期间强加于贸易和贷款的其他种种限制。英国政府尽管强烈要求减少关税，但希望货币稳定并公开表示愿意就此进行谈判，法国则坚持货币稳定是签订任何关于减少关税或放弃定额的协定的前提条件。[②] 总之，英国和法国都认为，首要的工作应该是恢复稳定的国际货币本位，并希望将英镑与美元的比价基本固定。

在美国方面，尽管罗斯福总统也曾准备考虑把美元和英镑的比值稳定在 4.15：1，并且不能超过 4.25：1[③]，但他最终还是拒绝英法等国对美元实行稳定的措施。7 月 3 日，罗斯福致电伦敦会议，坚持会议应该有比单纯的稳定货币更广泛的目标。他写道："这次伟大的国际会议之所以召集，目的是寻求更真实、更持久地稳定金融和各国人民群众的更大幸福，如果在认真致力于考虑这些更广泛的问题之前，竟为仅仅涉及少数国家间货币兑换的一项纯属人为而暂时实验性的提议所转移，本人认为实在是相当于世界性悲剧的一种灾难。这种行动，这种转移，表现出奇特地缺乏全局观点，也是忘记了经济会议原来之所

①　华尔脱斯：《国际联盟史》下卷（封振声译），北京：商务印书馆，1964 年，第 67 页。

②　E. H. Carr, *International Relations between the Two World Wars 1919 - 1939*, p. 150.

③　罗伯特·达莱克：《罗斯福与美国对外政策（1932—1945）》上册，第 75 页。

以召开的更宏大的宗旨。借口坚持这种行动，致使造成当前世界范围萧条的根本性经济偏差得以继续下去，这种想法，本人无法苟同。……健全的内部经济体制，对一个国家的安宁来讲，是比它的货币与其他国家货币的比值更为重要的因素。"[①]

　　这个被称为"炸弹"的电报激起了会议代表的强烈反应，法国坚决拒绝讨论全面降低关税的问题，英国则在资助国际公共工程的建议方面采取固执的态度。会议进行了约 5 个星期，在签订了关于小麦市场和白银价格的次要协定后，宣布休会。

　　世界经济会议失败了。但经济危机也已经基本过去。美国的商品价格上涨并恢复了对外贸易，而且从美元贬值和罗斯福总统的"新政"中获得了有力的刺激，经济缓慢复苏。

　　英国认为，罗斯福 7 月 3 日的电文是美国为了本国利益而拒绝国际货币稳定。此看法不无道理。实际情况是，1933 年 10 月至 1934 年 1 月间，美国财政部通过不断提高价格购买黄金而降低美元的汇兑价格，11 月 15 日降至 5.50 美元兑换 1 英镑的低价。1934 年 1 月，美国的黄金储备在纯金价格固定为每盎司 35 美元之后重新定值。1 月 31 日，美元含金量固定为原有平价值的 59.06%。美国的这些举措，使英国在货币问题上失去了主动。根据美国财政部长 1934 年 2 月宣布的规定，英国和其他国家除非准备按照美国规定的价格出售黄金，否则不能从美国购买黄金。简言之，它们除非遵守美国的规定，否则不能在美元市场进行业务活动。[②] 这其中当然包括英镑。对此，英国史学家 W. N. 梅德利科特引用一位权威人士的话说："美国人已在进行威胁，开始用自己的一套办法打击英国人；他们从英国人利用外汇平衡账户使英镑定值过低这一假定出发，建立了自己的外汇平准基金以维持已经贬值的美元，因此，可以清楚地看出这两种追求对立的货币目标的基金的斗争。"[③]

　　在经历了巴黎发生的一次货币危机之后，1936 年 9 月 25 日，美英法三国各自宣布了内容大致相同的声明，即后来的《三方货币稳定协议》，表明三国在货币问题上进行合作，同意为改善国际贸易环境而努力。10 月，为保证该协议的充分运作，三国"同意对官方外汇结存实行 24 小时黄金可兑换"，各国将按

①　关在汉编译：《罗斯福选集》，第 40—41 页。
②　W. N. 梅德利科特：《英国现代史（1914—1964）》（张毓文等译），北京：商务印书馆，1990 年，第303 页。
③　W. N. 梅德利科特：《英国现代史（1914—1964）》，第 303 页。

每日规定的金价向其他国家出售黄金，黄金价格将围绕美国的 35 美元兑换 1 盎司缓进的金价浮动，同时三国"达成一个 105 法郎兑 1 英镑的开放汇率"，并愿意将其延伸至以后加入宣言的国家，使"各国政府通过合作来确保汇率的最小波动"[①]。正如美国经济学家和经济史学家查尔斯·金德尔伯格所说，这是自 1933 年伦敦经济会议以来第一次协商外汇汇率，在金融领域进行技术安排和国际合作[②]，也表明了英法开始接受美国主导的国际货币体系。[③]

在国际贸易方面，"大萧条"之后也开始了签订双边贸易协定的新政策。

在英国方面，英国已在 1932 年渥太华会议上与其帝国和自治领签订了互惠贸易协定，1934 英国又与阿根廷、斯堪的纳维亚国家和波罗的海国家，以及同苏联和波兰签订了包括相互降低关税和保证购买〔对方货物〕的双边协定；与法国、德国和荷兰的协定是防御性的措施，旨在对付那些抵制英国货物的国家实行的使英国受到威胁的不公正待遇。

在美国方面，总统罗斯福 1934 年也从国会得到授权，即《互惠贸易协定法》，去同其他国家签订包括降低美国关税的互惠贸易协定[④]。于是美国就与许多美洲国家包括加拿大，以及与一些欧洲国家签订了双边互惠贸易协定。这一法案，在一定程度上改变了美国的贸易保护主义倾向，使其开始向自由贸易转化。不仅促进了美国经济的进一步复苏，而且该法案的最惠国待遇的原则，也成为美国在第二次世界大战之后构建国际经济新秩序中的自由贸易原则。

但是第二次世界大战的爆发，再次打断了正在恢复的国际经济关系。二战

---

① 彼得·马赛厄斯、悉尼·波拉德主编：《剑桥欧洲经济史》第 8 卷（王宏伟等译），北京：经济科学出版社，2004 年，第 280 页。

② 相关的论述，参见金德尔伯格：《1929—1939 年世界经济萧条》，第 308—309 页。

③ 该协议的政治意义十分明显，表明了面对希特勒的重整军备，西方民主国家通过该协议在政治上对法西斯主义的一个回应。相关的论述，参见谈谭：《从"货币战"到"有限合作"——1933—1936 年美英法三国货币外交》，《世界历史》2009 年第 6 期，第 27—37 页；张振江：《从英镑到美元：国际经济霸权的转移（1933—1945）》，北京：人民出版社，2006 年。有关经济大危机时期欧美的经济民族主义的表现和斗争，可参见金卫星：《美元的崛起与欧美经济民族主义博弈》，《世界历史》2008 年第 4 期，第 72—84 页。

④ 1934 年 6 月，美国国会通过了罗斯福政府提出的《互惠贸易协定法》，该法案一直延续到 1962 年。有关该法案的出台即影响，参见谈谭：《美国 1934 年〈互惠贸易协定法〉及其影响》，《历史教学》2010 年第 5 期，第 66—72 页。《互惠贸易协定法》是对 1930 年"大萧条"期间国会出台的《霍利-斯穆特关税法》的修订，因此又称为《1930 年关税修正案：互惠贸易协定》。《霍利-斯穆特关税法》是美国历史上最高的关税法，该法律修订了 1125 种商品的进口税率，其中增加税率的商品有 890 种，有 50 种商品由过去的免税改为征税。尽管降低税率的商品有 235 种，并有 75 种商品由征税改为免税，但就总体来看，农作物原料的平均税率由 38.1% 提高到 48.92%；其他商品的税率由 31.02% 提高到 34.3%；根据 1932 年进口情况看，估计实际上税物品的平均税率达到 53.2%。

之后，国际经济的新秩序才得以重建。

二、以布雷顿森林体系为代表的二战后国际经济秩序

如果说在政治领域，反法西斯大同盟决心在二战后共同致力于建立以联合国为代表的、以维护世界和平与安全为目标的国际政治秩序的话，那么在经济领域，则主要是在美英为首的西方国家的主导下，建立了以国际货币基金组织、世界银行和关税及贸易总协定为三大支柱的国际经济秩序结构，即布雷顿森林体系，亦称布雷顿森林制度。[①] 正如罗斯福在要求国会通过布雷顿森林协议的咨文中所说："国际上政治合作的奠基石是建立常设联合国组织的敦巴顿橡树园会议建议……国际上经济合作的奠基石是建立国际货币基金组织和国际复兴开发银行的布雷顿森林会议的建议。"[②]

（一）布雷顿森林体系的建立

第二次世界大战再次使维持世界经济发展的货币金融关系和贸易关系一片混乱。然而正是战争的血的教训，才使各国取得了这样的共识：传统的孤立主义和保护主义的经济政策，必将导致世界经济再次走进死胡同，只有国际间的经济合作，才是促进世界经济繁荣从而维护世界和平的必由之路。因此，为了恢复世界经济的有序发展，美国凭借其军事、政治和经济的绝对优势，试图从金融、投资、贸易三个方面重建国际经济秩序。在金融方面，重建国际货币制度，以维持汇率的稳定和国际收支的平衡；在投资方面，以鼓励对外投资、筹措资金来促进战后经济的复苏和发展；在贸易方面，以扭转日益盛行的高关税贸易保护主义和歧视性的贸易政策来促进国际贸易的自由化。

1. 国际货币基金组织与世界银行[③]

罗斯福政府时期的美国财政部长小亨利·摩根索（Henry Morgenthau, Jr., 1891—1967）和他负责国际金融问题的助手哈里·德克斯特·怀特（Harry

---

[①] 参见 H. N. 沙伊贝等：《近百年美国经济史》（彭松建等译），北京：中国社会科学出版社，1983 年，第 517—518 页。这三个机构亦被称为"布雷顿森林三驾马车"，而美国长期以来就是要用这"三驾马车"来取代联合国经社理事会对经济方面的决策权。参见菲利斯·本尼斯：《发号施令——美国是如何控制联合国的》（陈遥遥等译），北京：新华出版社，1999 年，第 86—88 页。需要说明的是，尽管在布雷顿森林会议期间美国呼吁的关贸总协定未能达成协议，它也是美国战后设计的国际经济体系的重要组成部分，这是没有疑问的。

[②] 关在汉编译：《罗斯福选集》，第 500 页。

[③] 关于这个问题，本文参考了《战后世界历史长编（1945.5—1945.12）》第一编第一分册（上海：上海人民出版社，1975 年）的相关内容，以及李一文、马凤书编著的《当代国际组织与国际关系》（天津：天津人民出版社，2002 年）的相关内容。

Dexter White，1892—1948）极力主张在战后建立稳定的国际货币制度。早在1941 年，怀特就在摩根索的指示下草拟并提出了《盟国货币与银行行动计划建议书》，主张设立盟国之间的银行和货币稳定基金组织。1942 年 3 月，怀特又在上述计划书的基础上草拟了"联合国家稳定基金与联合国家即联盟国家复兴银行计划草案"，即所谓的"怀特计划"。

在英国方面，尽管英国的经济在大战中遭到严重削弱，已经从债权国变成了债务国，英镑也受到美元的排挤，但是它在国际金融领域还有相当实力。为了在保住帝国特惠制和英镑区的同时又能够获得美国的援助，英国财政部首席经济顾问、著名经济学家凯恩斯提出了"国际清算联盟计划"，即所谓的"凯恩斯计划"。

实际上，怀特和凯恩斯从 1942 年就开始不断交换他们的相关文稿。1943 年春天，他们公布了各自的计划。

"怀特计划"的主要内容是：以基金制度为基础，各会员国都必须缴纳资金来建立基金组织；各会员国在基金组织里的发言权与投票权与其缴纳基金的份额成正比；基金组织发行一种国际货币，名为"尤尼他"（Unita）[①]，作为计算单位，可以同黄金相互兑换，并与美元保持联系；各国的货币与"尤尼他"保持固定比价；该基金组织对会员国提供短期信贷以解决国际收支逆差。

"凯恩斯计划"的主要内容是：成立国际清算同盟，相当于世界中央银行；会员国的份额以大战前三年进出口贸易的平均值计算，但不需缴纳任何黄金和现款；以清算制为基础，以"班柯"（Bancor）为国际信用货币，各国之间的债权债务都通过在这个联盟里开设的账户进行转账结算。

由此可以看出，两国的计划有很大差异。

1943 年 9 月—10 月，美国和英国的代表团在华盛顿就国际货币计划问题进行磋商，谈判的主角是怀特和凯恩斯。在经过艰苦的讨价还价之后，英国基本上接受了美国的方案。在这次会议的基础上，两国成立了联合小组，并于 1944 年 4 月草拟了"专家关于建立国际货币基金的联合声明"，规定以"怀特计划"为依据建立国际货币基金组织，但也吸收了"凯恩斯计划"的一些内容。

1944 年 7 月，在美国的提议下，44 个国家的 700 多名代表，参加了在美国新罕布什尔州的布雷顿森林召开的"联合国家货币与金融会议"，简称"布雷顿森林会议"。与会代表一致通过了《联合国货币金融会议最后议定书》，并签署

---

① 它的含金量为每"尤尼他"含 137 又 1/7 克纯金，相当于 10 美元。

了"国际货币基金组织协定"和"国际复兴与开发银行协定"。这两个协定总称为"布雷顿森林协定"。

1945 年 12 月国际货币基金组织（IMF）和国际复兴开发银行，即世界银行，宣告成立，总部设在华盛顿。1946 年 6 月，世界银行开始营业。1947 年 3 月，国际货币基金组织正式开始业务活动。

在美英筹划建立战后稳定的国际货币制度的过程中，以及在布雷顿森林会议期间，美国也不断呼吁并着手筹建国际贸易组织作为贸易领域中与国际货币基金组织和世界银行相对应的组织，并积极提议签订逐渐消除限制性贸易行为、降低关税的关税及贸易总协定。

2. 国际贸易组织和关税及贸易总协定

罗斯福政府时期的美国国务卿科德尔·赫尔是自由贸易的积极提倡者，并强烈主张通过关税改革、自由贸易来恢复世界经济。他相信经济民族主义在最终导致战争的政治危机的发展过程中是一个主要因素，他认为保护性关税是"万恶之首"，是经济战的温床，并认为在最大可能自由的并兼顾合理的保护关税的基础上重建多边贸易，将比单纯的政治和领土的重新安排更能够阻止独裁政权、侵略与战争的重现。1932 年，他曾公开号召通过停止世界经济战以实现复兴，他拟定了一个计划，主张首先"停止进一步提高关税，停止实施类似的贸易障碍"[1]。在 1933 年的伦敦世界经济会议上，赫尔也倡议各国降低关税，消除所有的贸易壁垒，放弃一切不公正的贸易手段，并指出只有这样世界经济才会健康发展，繁荣与和平才会实现。[2] 1934 年，在赫尔的主持和努力下，《互惠贸易协定法》获得通过。该法案的通过不仅使美国的行政部门获得了制定关税的权力，而且使关税税率成为可以谈判的国际项目，而不仅仅是国内立法的问题[3]。该法案的实行和延长以及随后美国与其他国家签订的双边互惠贸易协定，一扫国际贸易中"以邻为壑"的风气，为战后国际贸易体系的建立提供了借鉴。

第二次世界大战爆发后，美国认为，国际经济矛盾是导致这场战争爆发的重要原因。因此，1941 年美英两国首脑发表的《大西洋宪章》，包括了两条关

---

① 罗伯特·达莱克：《罗斯福与美国对外政策（1932—1945）》上册，第 47 页。

② 赫尔的讲话在 6 月 14 日，参见 *FRUS/1943*, Vol. 1, Washington D. C., 1950, pp. 636-640。赫尔在其回忆录中引述了他在这次经济会议上的一些讲话内容，并认为自己在这个会议上"至少能够做出努力，以我自己从 1916 年以来就为之奋斗的经济与和平的理想，去鼓励 66 个代表团的信心"。Cordell Hull, *The Memoirs of Cordell Hull*, Vol. 1, pp. 256-257.

③ 徐轶杰：《试论科德尔·赫尔的关税思想》，《首都师范大学学报（社会科学版）》2009 年第 6 期。

于战后世界经济政策发展的条款，即第四款和第五款，它们是：（四）两国在尊重它们的现有义务的同时，力使一切国家，不论大小，胜败，对于为了它们的经济繁荣所必需的世界贸易及原料的取得俱享受平等待遇。（五）两国愿意促成一切国家在经济方面最全面的合作，以便向大家保证改进劳动标准，经济进步与社会安全。

随着战争的进程和美、英、苏、中等同盟国之间以实行租借法案为主要内容的经济关系的发展，美国便开始提倡和研究战后的自由贸易体制问题。

1942 年 2 月 23 日，美国与英国签订了租借总协定，该协定第七条规定："在最终确定提供给美利坚合众国的利益时……条件不应成为两国贸易的负担。……为此，它们应包含一致同意的条款……目的是通过适当的国际和国内措施来发展生产，解决就业问题，以及扩大商品交换和消费，这些都是各国人民自由和福利的物质基础；还要消除在国际贸易中各种形式的歧视性待遇，并缩小关税和其他贸易壁垒。……"[1] 由此看来，英国终于勉强地接受了美国的自由贸易原则，尽管丘吉尔还是坚决要保留帝国特惠。[2] 对此，美国外交史学家孔华润评论道："在谈判 1942 年的美英互助协定或'租借'协定的条款时，美国代表无情地把英国哀求者进一步推向赫尔与摩根索决意创制的多边与非歧视的战后经济秩序之中。"[3]

这个与英国签订的租借总协定成为与其他国家签订类似协定的样板，到 1945 年，已经有包括苏联在内的 35 个国家签订了租借总协定。[4] 由此可见，不管自愿与否，美国的自由贸易原则实际上已经为协定签字国家所接受。

在 1943 年 10 月召开的美、英、苏三国外长会议上，赫尔提出了战后的经济原则问题，没有得到莫洛托夫和艾登的积极响应。但无论如何，美国都要推动自由贸易原则在战后的实施。实际上，从 1943 年起，美国便与英国等国家举行一系列会谈和会议，商讨和筹划建立国际贸易组织。美国要建立这一组织的近期目标是：美国已经意识到，在战争期间美国作为"民主国家的兵工厂"的生产将在战后转为民用品的生产，而降低各国的关税才有利于美国商品的出口，从而使国

---

① 威廉·哈代·麦克尼尔：《国际事务概览·美国、英国和俄国：它们的合作和冲突（1941—1946 年）》上册，第 219 页。

② Cordell Hull, *The Memoirs of Cordell Hull*, Vol. 2, p. 1476.

③ 孔华润（沃伦·I. 科恩）主编：《剑桥美国对外关系史》下册（王琛等译），北京：新华出版社，2004年，第 222 页。

④ 威廉·哈代·麦克尼尔：《国际事务概览·美国、英国和俄国：它们的合作和冲突（1941—1946 年）》下册，第 1197 页。

内的经济继续发展，并能够有效地解决失业问题；美国的战略目标是：利用"自由贸易"的政策，大力削减各国的高关税壁垒和数量限制措施，迫使那些经济实力受到战争削弱的国家对美国的商品敞开大门，以便美国输出商品，争夺世界市场。"直截了当地说，美国人要的就是关贸总协定的第一条（最惠国待遇）。"①

在具体落实美国政策的过程中，美国采取了双轨行动，即在筹建国际贸易组织的同时，积极提议并采取行动签订关税及贸易总协定。

二战结束后，美国就向联合国经社理事会提议召开世界贸易和就业会议。1946 年 1 月 23 日—2 月 18 日，联合国经社理事会举行第一次会议，会议通过了美国关于召开联合国贸易与就业问题会议、起草国际贸易组织宪章、进行世界性削减关税的谈判等建议，并为此设立了筹备委员会。1946 年 10 月，筹备委员会在伦敦召开了第一次会议，审查美国提交的《国际贸易组织宪章》草案，并决定成立起草委员会对草案进行修改。

1947 年 4 月—7 月，筹备委员会在日内瓦召开第二次全体大会，讨论并修改《国际贸易组织宪章》草案。在这次会议期间，出席会议的 23 个国家还进行了首轮关税减让谈判，并达成了 123 项双边关税减让协议。为了使关税减让谈判协议尽早实施，与会国将拟议中的《国际贸易组织宪章》中的贸易政策条款摘出来，与达成的关税减让协议加以合并和修改，形成了一个单一的多边协定，并将关税减让列成一个关税减让表，作为该协定不可分割的组成部分。这个关税减让表共涉及 45000 项商品的关税减让，使占进口值 54% 的应税商品平均降低税率 35%，影响世界贸易额达 100 亿美元。这个协定被命名为"关税及贸易总协定"。1946 年 10 月，这 23 个国家又达成了《关税及贸易总协定临时适用议定书》，宣布在《国际贸易组织宪章》生效之前先临时适用关贸总协定。

1946 年 10 月，在哈瓦那举行的联合国贸易和就业会议，审议并通过了《国际贸易组织宪章》，即《哈瓦那宪章》。但是，由于各国针对美国提出的《国际贸易组织宪章》草案提出了许多修正案，特别是增加了管理对外投资的条款，以致美国和其他一些国家认为该宪章与其国内立法存在差异并干预了国内立法。另外的一些规定也与美国的国内立法存在矛盾，再加上美国国会当时正在就美国总统是否有权签署宪章进行辩论，因此，杜鲁门政府虽然三次将宪章提交国

---

① 转引自刘光溪：《中国与"经济联合国"——从复关到"入世"》，北京：中国对外经济贸易出版社，1998 年，第 3 页。

会，但都没有得到批准，于是，美国政府放弃了这一努力①。在美国的影响下，再加上各国对外经济政策方面的分歧，以及多数国家的政府在批准《国际贸易组织宪章》这样范围广泛、具有严密组织性国际条约时所遇到的法律困难，该宪章也未获得法定数量的国家批准，遂使建立国际贸易组织的努力半途而废。

但是，根据《关税及贸易总协定临时适用议定书》，《关税及贸易总协定》于 1948 年 1 月 1 日起临时生效，其总部设在日内瓦。此后，关贸总协定（GATT）的有效期一再延长，并为适应情况的不断变化，多次加以修订。从 1948 年至 1995 年世界贸易组织（WTO）成立的近半个世纪，关贸总协定便成为确立各国共同遵守的贸易准则，协调国际贸易与各国经济政策的唯一的多边国际协定。

关贸总协定作为 1944 年布雷顿森林会议的补充，连同布雷顿森林会议通过的各项协定，统称为"布雷顿森林体系"。该体系成为以美国为首的西方国家主导的战后国际经济新秩序。

苏联虽然也参加了布雷顿森林体系的制定工作，但最终没有批准这些协定，随着冷战的爆发，苏东国家和其他社会主义国家曾长期处于该体系之外。中国是该体系的创始国之一，于 1980 年恢复了在国际货币基金组织和世界银行中的合法席位。到 2019 年，这两个组织的成员已分别包括 189 个和 186 个国家和地区。作为关贸总协定的创始缔约方之一，中国于 1982 年 11 月第一次派代表团以观察员身份列席了关贸总协定缔约方大会。1986 年 7 月中国正式提出关于恢复在关贸总协定缔约方地位的申请，从此复关谈判长达 10 年，从 1995 年 11 月开始，中国的复关谈判转为"入世"谈判，并于 2001 年 11 月成为世界贸易组织（WTO）的成员。② 到 2018 年，世界贸易组织的成员已经包括 162 个国家和地区，因此国际货币基金组织、世界银行和世界贸易组织都被称为"经济联合国"。

（二）战后国际经济新秩序的确立及其演变

尽管在战后相当长的时间里，国际货币基金组织（IMF）、世界银行（The World Bank）③ 和关贸总协定（GATT）这三大国际经济组织没有涵盖苏联和东欧

---

① 1950 年 12 月 6 日，美国国务院新闻发言人宣布："经有关部门建议并经总统批准，《国际贸易组织宪章》不再提交国会批准，政府将请求国会考虑使美国能更有效地参加关贸总协定的立法。"转引自刘光溪：《中国与"经济联合国"——从复关到"入世"》，第 3 页。

② 1995 年 1 月 1 日，"世界贸易组织"（WTO）正式成立，1995 年与关贸总协定共存一年，1996 年 1 月 1 日 WTO 成为全球经济贸易组织，关贸总协定不再存在。

③ 目前所说世界银行是世界银行集团的简称。世界银行集团是联合国系统下的多边发展机构，它包括五个机构：国际复兴开发银行、国际开发协会、国际金融公司、多边投资担保机构和国际投资争端解决中心。

国家以及中国，但是它们仍然共同构成了战后调节世界经济、金融、贸易的三大支柱，不仅对世界经济的恢复和发展起到了积极作用，而且进一步促进了世界经济发展的规范化和一体化进程。

国际货币基金组织设立的主要目的，在于稳定成员国货币的汇率，避免竞争性的货币贬值；取缔对经常性国际交易支付的外汇限制，建立有序的多边支付体系；在有适当保证的条件下，向有国际收支困难的成员提供短期临时性国际融资，即扮演"消防队"的角色，及时纠正该国国际收支的失衡，防止其采取有损于本国和国际繁荣的措施。世界银行的职能在于通过向成员国提供长期性融资以解决其成员发展经济的长期建设资金的需求，协助后者的复兴与开发。1947 年，国际货币基金组织和世界银行都成为联合国的专门机构[①]。

国际货币基金组织作为布雷顿森林体系的主要组成部分，其内部的运行机制是：规定美元与黄金挂钩，各国货币与美元挂钩，美元与黄金的比价固定为35 美元兑换 1 盎司黄金[②]，各国货币对美元的汇率上下浮动不得超过 1%。这就是所谓的"双挂钩一固定"的国际货币制度。于是美元便享有了高于其他货币的国际储备货币的特殊地位，并因此而建立起以美元为中心的"黄金美元本位"制度[③]，使布雷顿森林体系成为支配战后 20 多年的世界货币金融体系。另外，基金组织和世界银行都实行加权投票制度，按照资金的配额决定各国投票权的大小，所以实际上也为经济实力最强、占有股份最多的美国和发达国家所操纵。[④]

作为布雷顿森林体系的运转核心，国际货币基金组织提供的相对稳定的汇率制度和短期贷款缓解了战后的国际收支危机，使国际清偿力得到增加。20 世纪 60 年代国际货币基金组织又创设了特别提款权（SDR）[⑤]，进一步增加了国际

[①] 这两个机构在美国等发达国家的控制下，并不接受联合国的监督，实际上独立于联合国之外。国际货币基金组织的总裁一直由欧洲人担任，世界银行的行长一直由美国总统任命的美国人担任。

[②] 这是 1934 年美国规定的每盎司黄金等于 35 美元的官价，每一个美元的含金量仍为 0.888671 克纯金。

[③] 根据"双挂钩一固定"制度，参加 IMF 的国家和地区包括美国的中央银行都要按照这一固定水平买进和卖出黄金，以确保美元不会贬值，这又被称为"黄金共享"原则。

[④] 加权投票制度，是指每个成员的投票权与其在基金的配额，即向基金的认股份额成正比。根据布雷顿森林会议，每个成员国有基本投票权 250 票，另外每增加相当于 10 万美元的配额，便增加 1 票。特别提款权创设后，除了每个成员国拥有的基本分配票 250 票之外，另外按照份额计算每 100000 个特别提款权单位即加 1 票。如 1999 年美国所缴纳的份额为 371.493 亿特别提款权，享有 371.743 个表决权，占基金总决权的 19.66%，在基金组织中的发达国家和发展中国家的份额比重为 62.32% 和 37.68%，投票权的比重为 60.44% 和 39.56%。参见李一文、马凤书编著：《当代国际组织与国际关系》，第 243 页。这一情况在 21 世纪有所改变，参见下文。

[⑤] 特别提款权为国际货币基金组织于 1969 年创设的分配给其成员的除了一般提款权之外的一种使用资金的权利，是一种补充储备资产和一种新的记账单位，由基金组织按各成员的份额分配。各成员可用

清偿力的供应。随着西欧经济的恢复和发展，到 20 世纪 60 年代国际货币基金组织的贷款重点也从欧洲转向第三世界国家。

世界银行则从 20 世纪 50 年代初就将提供和组织的长期贷款从欧洲转向发展中国家，以资助它们兴建某些建筑周期长，利润偏低，但又为该国经济和社会发展所必需的建设项目。以中国为例，到 2010 年中国加入世界银行 30 年。据统计，截至 2010 年 6 月底，中国共获得国际复兴开发银行（IBRD）和国际开发协会（IDA）贷款承诺额 478 亿美元，支持建设了 326 个项目。这些项目遍布中国大部分省、自治区、直辖市，涉及交通、能源、城建、环保、农业、教育、卫生以及扶贫等行业领域。[①]

关贸总协定则于 1948 年 1 月 1 日开始临时生效。通过关贸总协定包括的 38 条内容可以看出，它建立的目的在于：达成互惠互利的安排，以求大幅度削减关税和其他贸易壁垒，消除国际贸易中的歧视待遇，确立多边贸易自由化体系，以便促进世界资源的充分利用，扩大商品生产和交换。尽管具有临时性质的关贸总协定在法律上从未获得真正国际组织的地位，也不是联合国的专门机构，然而它的临时实施却与联合国有着直接的关系，并与联合国在秘书处和政府间一级进行合作，所以它类似于联合国的专门机构。

作为一个准国际性组织，关贸总协定实行最惠国待遇原则、非歧视原则、国内待遇原则、关税保护原则、取消数量限制原则、公平贸易原则、对发展中国家优惠原则，以及例外条款等一系列建立自由贸易秩序的基本原则。自临时实施以来，它不仅一直是管理国际贸易的唯一多边贸易协定，更成为削减贸易壁垒多边谈判、解决缔约方贸易争端和规范国际贸易关系的主要国际机构，因此成为事实上的"国际贸易组织"。然而同样由于美国的经济实力最强并主导着规则的制定而在其中占有特殊地位。

在关贸总协定临时生效的 47 年中，通过 8 轮多边贸易谈判，签署了大量协

它向基金组织或其他成员兑换外汇，用于政府间的结算，解决国际收支逆差，也可向基金组织偿还贷款、支付利息和手续费，但不能直接用于贸易或非贸易支付。从 1981 年起由美元、西德马克、英镑、法郎和日元五种货币定值。目前特别提款权主要为发展中国家服务。

① http://www.sina.com.cn 2010 年 9 月 7 日，财政部网站：财政部副部长谈加入世行 30 年：获贷款承诺额 478 亿。还可参见谢旭人：《加强务实合作 实现互利共赢 —— 纪念中国与世界银行合作三十周年》，《人民日报》2010 年 9 月 8 日。截止到 2010 年 6 月 30 日，世界银行对中国的贷款项目，见中华人民共和国财政部网站：世界银行集团中国业务介绍：第一部分：世界银行在中国的贷款项目。对于中国与世界银行的合作，时任世行行长的佐利克认为：中国在利用世界银行的全球知识和专长来推进改革方面表现突出。见世界银行网站：《世界银行行长佐利克在中国与世界银行合作 30 周年座谈会上的致辞》，2010 年 9 月 13 日，中国北京。

议，不断丰富、发展和完善了多边贸易体制的法律规范，形成了一套对各缔约方具有一定约束力的国际贸易体系，并为全球贸易自由化的发展进程建立了保障其目标得以实现的组织机构。它涉及的国际贸易数额巨大，超过了世界贸易额的90%。它成功地解决了100多起缔约方之间的贸易争端，为解决发展中国家和发达国家之间的贸易待遇问题提供了机会，促进了发展中国家的贸易增长。它使各国关税大幅度削减，发达缔约方的平均关税已从1948年的36%降到20世纪80年代的4.5%，发展中缔约方的平均关税同期已降到13%。[①] 根据世界贸易组织的资料，由于执行乌拉圭回合（即关贸总协定第8轮多边贸易谈判回合）协议，发展中国家的平均关税水平在2000年降到10%—12%，发达国家将降到3%—5%，配额和许可证管理的最后一个堡垒——纺织品的数量限制也将在2005年消失。[②]

在布雷顿森林体系运行的1950—1970年间，世界贸易总额从610亿美元剧增至3127亿美元。从1947—1995年，世界贸易额增加了10倍。国际贸易的繁荣带动了国际投资的发展。1950年，西欧与美国之间的交叉投资仅分别为53亿美元和31亿美元；到1970年，美国在西欧的投资已达296亿美元，西欧对美国的投资已达316亿美元；与此同时，发达国家向发展中国家的投资也不断增长，到20世纪60年代末，仅从西欧转移到发展中国家的资本每年的净流动额就达到60亿美元。[③] 因此，布雷顿森林体系在带动各国经济增长，加深国际经济联系，推动发展中国家参与国际经济合作，从而促进世界经济一体化与全球化的进一步发展等方面作用很大。

但是布雷顿森林体系的建立是以战后初期的国际政治经济格局为基础的，并依赖于战后美国超强的经济实力。它以美国一个国家的货币（美元）作为主要国际储备货币，于是其先决条件就是美国拥有绝对的黄金储备优势，美元能够基本保持稳定，美国的国际收支能够基本保持平衡。但是随着西欧和日本经济实力的不断上升和第三世界经济的发展，美国的经济实力相对减弱。从1950年以后，美国除了个别年代略有顺差之外，其余各年度都是逆差。随着国际收

①　参见王福明主编：《世贸组织运行机制与规则》，北京：对外经济贸易大学出版社，2000年，第24页；刘光溪：《中国与经济联合国》，第12—13页，关于GATT的8轮贸易谈判回合，参见第5—6页。
②　龙永图为"经济全球化丛书"撰写的总序言，见张碧琼：《经济全球化：风险与控制》，北京：中国社会科学出版社，1999年，"经济全球化丛书"总序言，第12页。根据世贸组织《纺织品与服装协定》，自2005年1月1日起，全球纺织品和服装的出口不再受配额限制。
③　参见刘光溪：《中国与经济联合国》，第12页；张幼文等：《世界经济一体化的历程》，上海：学林出版社，1999年，第129—130页。

支逆差的逐年增加，美国的黄金储备也日益减少。1945 年美国的黄金储备为 200.8 亿美元，约占资本主义世界黄金储备的 59%。[1] 但是到 20 世纪 60 年代中期，外国人的美元持有额已超过美国已有的黄金储备量。[2] 美元的大量流出，形成了美国国外的"美元过剩"现象，据统计，1973 年底，在各国金融市场上游荡的"欧洲美元"就达 1000 多亿。[3] 这导致美元与黄金挂钩的国际信誉严重下降，各国争先向美国挤兑黄金，而美国的黄金储备捉襟见肘，这不仅暴露了布雷顿森林体系的内在缺陷和它所推动的国际经济合作的发展之间的不和谐[4]，而且使国际货币金融领域陷入越来越混乱的局面。于是布雷顿森林体系从 20 世纪 60 年代开始就不断发生动摇。1971 年，美国尼克松政府实行"新经济政策"，宣布美元贬值并停止兑换黄金。同年，西方十国集团财长会议通过了重新调整货币汇率的"史密森学会协议"：将黄金官价从 1 盎司 35 美元提高到 38 美元，美元贬值 7.89%，发达国家的货币对美元不同程度地升值，各国货币对美元汇率的波动幅度从上下各 1% 扩大到 2.25%。但是该协议的基本精神仍然在于维持布雷顿森林体系。1973 年，美元再次贬值，各主要资本主义国家则普遍实行浮动汇率制，不再承担维持美元汇率的义务，布雷顿森林体系的"双挂钩一固定"的运行机制被彻底取消，于是以布雷顿森林体系为代表的国际货币金融体系崩溃了。[5]

　　20 世纪 70 年代布雷顿森林体系的崩溃不仅与世界格局开始出现多极化的趋势相一致，更与国际经济出现的多元化趋势相一致，美国维持了 20 多年的国际经济支配地位一去不复返了。随着西欧和日本在国际经济中地位的不断上升，国际货币关系也出现了多元化格局，美元、西德马克、英镑、法郎和日元都成为特别提款权的定值货币，从而成为国际储备货币，于是浮动汇率的合法化和

---

[1] 《战后世界历史长编（1945.5—1945.12）》第一编第一分册，第 522 页。

[2] 参见 H. N. 沙伊贝等：《近百年美国经济史》（彭松建等译），北京：中国社会科学出版社，1983 年，第 523 页。

[3] 吴念祖：《欧洲美元与欧洲货币市场》，北京：中国财政经济出版社，1981 年，第 13 页。

[4] 美国经济学家罗伯特·特里芬把这种不和谐用"两难困境"来表述：美元与黄金挂钩，靠美国国际收支的持续逆差来支持各国储备的增长和国际清偿力的增加，必然会使美元陷于一种两难的境地：如果美国纠正国际收支逆差，保持平衡稳定美元，就会断绝国际储备来源，世界的清偿能力就会不足；如果美国持续保持国际收支逆差，必然会影响美元的信誉并怀疑美元的可兑性，并引起美元危机。这就是有名的"特里芬难题"。参见罗伯特·特里芬：《黄金与美元危机：自由兑换的未来》（陈尚林等译），北京：商务印书馆，1997 年。

[5] 在西德马克升值 3% 的情况下，西德、法国等欧共体国家的汇率对美元联合浮动，内部实行固定汇率制度，建立了欧洲货币体系，英国、意大利和爱尔兰则单独浮动，日元等其他货币也对美元浮动。

汇兑安排的多样化也随之产生，国际收支调节制度也不得不相应地发生改变，再加上发展中国家的强烈要求，国际货币基金组织的临时委员会便于 1976 年 1 月在牙买加举行的会议上通过了关于国际货币体系改革的《牙买加协议》，并由此而诞生了新的国际货币体系，即"牙买加体系"。该体系的运行机制是：实行浮动汇率制，但成员国不得操纵汇率以妨碍国际收支的有效调节或谋取贸易上的好处，并接受基金组织的监督；取消黄金作为货币定值的标准，成员国可在自由市场上买卖黄金；加强特别提款权作为国际储备货币的地位，削弱黄金和美元在国际储备中的地位；等等。该体系于 1978 年 4 月正式生效，成为现行的国际货币体系。该体系的浮动汇率制被实践证明是基本成功的。[①]

　　布雷顿森林体系的汇率制度虽然崩溃了，但是国际货币基金组织和世界银行继续存在。不过，从 1975 年西方七国首脑会议首次举行以来，发达国家之间的国际经济和金融问题便开始由西方七国首脑会议协商解决，国际货币基金组织在这方面的作用明显淡化，而是转向处理与发展中国家的关系，它通过处理 20 世纪 80 年代的拉美债务危机而成为解决发展中国家债务危机的最主要的机构（也包括世界银行）。随着冷战的结束以及日益加速的国际金融全球化进程，西方七国首脑会议在加强对世界经济调节作用和稳定国际金融市场方面采取了许多措施，并为加强国际货币基金组织和世界银行的作用提出了一些改革的建议，而基金组织和世界银行的作用也日益显得重要。例如，在 1994 年爆发的墨西哥金融危机中，基金组织和以美国为首的援助国自 1995 年起为其融资将近 500 亿美元；在 1997 年爆发的东亚金融危机中，基金组织向东南亚各国提供了近 1600 亿美元的援助贷款[②]，从而使自己再次担当了"消防队"的角色，并重新成为解决和防止金融危机的机构。[③] 到 1998 年，大约 90 个国家受国际货币基金组织的

[①]　进入 20 世纪 90 年代后，国际货币汇率体系表现出更大的灵活性和自由浮动性，实行自由浮动和有管理浮动的国家，由 1991 年的 56 个上升到 1997 年的 99 个。在 IMF 的成员国中，所有发达国家都实现了资本账户可兑换，大多数发展中国家实现了经常账户货币自由兑换，而对资本账户仍保留不同程度的限制。中国自 1996 年 12 月 1 日实现经常项目下的人民币可兑换。参见张碧琼：《经济全球化：风险与控制》，第 204、203、222 页。

[②]　在这近 1600 亿美元的援助贷款中，韩国获得 570 亿美元，印度尼西亚获得 430 亿美元，泰国获得 170 亿美元，菲律宾获得 10 亿美元。参见郑振龙、周婉波：《国际货币基金组织反危机功能评析》，《国际金融研究》1998 年第 5 期。

[③]　1997 年东亚金融危机的各国对国际货币基金组织的贷款的巨大需求超出了预计范围，1998 年基金组织设立和补充储备贷款，为发生危机的国家解决突出的收支不平问题；1999 年又设立了应急信用贷款，以方便那些尚未发生危机但已经感到有潜在问题的国家得到贷款，这是典型的预防危机的新举措。参见朱雪琴：《国际货币基金（IMF）：面临角色的选择》，《中共宁波市委党校学报》第 22 卷第 6 期。

各种形式调整计划的影响。①

　　但是，面对经济全球化的发展，国际货币基金组织和世界银行作为历史的产物，不仅在加强各国经济合作，应付金融危机，稳定金融秩序和管理国际资本流动方面已经感到力不从心，在适应全球化需要的发展援助机制方面存在明显缺陷，而且它们的加权投票制和贷款额与借款国在基金组织和世界银行中的份额相联系的规定，不仅使它们一直受到发达国家政策导向的影响并有利于发达国家的利益，还使其政策的变化不可避免地带有相当程度的政治化倾向。例如，IMF 所推行的经济政策协调和监督框架基本上是以经济发达国家为蓝本的，对受援国所提供的调整与改革方案都是这样的模式：提供贷款，要求危机国采取财政紧缩政策和货币紧缩政策，或提高利率以吸引外资进入并进一步稳定汇率，或要求亚洲各国整顿金融机构，加速开放市场并迈向自由化，取消不平等补贴政策等，而没有充分考虑到各国经济、地理特点和历史、心理、文化传统的差异，以至于使受援国认为这是对自己的经济主权的粗暴干涉。马来西亚总理马哈蒂尔就曾指责美国借国际货币基金组织对危机国以贷款之名，行"经济殖民主义"之实。② 而世界银行在 20 世纪 90 年代以来，其业务更多地介入非经济领域，如良政、法制、非政府组织与公民参与、反腐败、民族文化、劳工标准乃至宗教、民主、人权等，也不断受到发展中国家的批评。③ 面对国际社会要求国际金融组织改革的呼声日益升高，在 2000 年 9 月召开的国际货币基金组织和世界银行第 55 届年会上，基金组织总裁霍斯特·克勒的讲话和金融委员会主席戈登·布朗的报告已经发出了明确的信号：国际货币基金组织将要在新的一轮经济繁荣之际，在其理念、职能和政策上做出重大调整，肩负起促进经济增长和全球化的重任。

　　实际上，随着发展中国家的发展，世界银行和国际货币基金组织也不得不发生变化。

　　在世界银行方面，以中国和世界银行的合作为例。进入 21 世纪，为配合中

---

① 戴维·赫尔德等：《全球大变革——全球化时代的政治、经济与文化》（杨雪冬等译），北京：社会科学文献出版社，2001 年，第 295 页。

② 参见戴硕：《矛盾中的国际货币基金组织》，《国际关系学院学报》2001 年第 1 期。应当指出的是，在经济全球化的进程中，民族国家为了自身的利益必须主动溃化并让渡某些主权，并应该丰富国家主权内涵，努力创造新的主权工具，以达到加强国家主权控制风险的目的。参见张碧琼：《经济全球化：风险与控制》，第二章。

③ 参见邹佳怡、莫小龙：《从世界银行政策变化看全球化的矛盾和发展援助的职能》，《世界经济与政治》2002 年第 1 期。

国经济社会发展战略，世界银行贷款投向和结构发生变化，70%以上的贷款资金投向中西部和东北地区，70%以上的贷款项目转向节能、环保、新能源和民生（包括扶贫减贫）等领域。

值得关注的是，随着中国经济实力的增强，为推动全球发展和减贫事业，2007年中国政府首次承诺向世界银行集团专为最贫困群体提供援助的国际开发协会捐款3000万美元，使中国成为国际开发协会的捐款国。

另外，世界银行也正在实行改革，以增强发展中国家和转型国家在世行集团的发言权和代表性。2008年，中国派出了自己的第一个世界银行的副行长。作为改革的组成部分，2010年4月25日，世界银行落实二十国集团匹兹堡峰会共识①和2009年世行年会有关治理结构改革的决定，就投票权从发达国家向发展中国家和转轨国家转移3.13个百分点达成一致。中国的投票权由2.77%增加到4.42%，跃升为第三大股东国。2010年10月，世界银行集团在其执行董事会中增加了第三个撒哈拉以南的非洲国家的代表。

在国际货币基金组织方面，在经历了2007—2009年最为严重的全球性金融危机之后，国际货币基金组织根据2010年11月12日二十国集团领导人（G20）首尔峰会通过了《首尔峰会宣言》，确认了此前在G20财长和央行行长会上通过的IMF的份额改革方案。这次IMF份额改革方案有三点最为引人注目：第一，发达国家将向新兴市场和发展中国家转移超过6%的IMF份额；第二，份额被严重低估且经济富有活力的"金砖四国"（中国、印度、俄罗斯和巴西）全部进入前十名；第三，中国所持有份额从目前的3.72%升至6.39%，投票权也将从3.65%升至6.07%，中国的IMF份额跃居全球第三。另外，经过这次改革，发达国家在IMF的份额整体将降至57.7%，发展中国家升至42.3%。

应该指出，这种份额的改革实际上反映了国际经济格局在近年来的重要变化。正如英国媒体分析称，在金融危机使全球主要工业国家陷入经济停滞的时候，以中国、巴西、印度和俄罗斯为代表的"金砖四国"已经成为推动世界经济增长的主要力量。考虑到中国向IMF提供的大量资金，中国在该组织的话语权理应得到提高。

但是，还应该指出的是，由于IMF的重大议题都需要85%的通过率，而美国近年来投票权基本在17%左右，因此美国享有实际否决权。重新分配投票权

---

① 2009年7月30—31日，二十国集团峰会在美国匹兹堡召开，与会各国承诺采取政策，进一步推动强有力的可持续的和平衡的增长。

只是个开始，其最终目标应该是建立公平的全球货币体系。

与国际货币体系的改革相对滞后相比较，20 世纪 90 年代以来，在国际贸易领域发生的最大变化就是关贸总协定为世界贸易组织（WTO）所取代。这是因为关贸总协定的历史局限性已经不能适应经济全球化的发展。作为非正式生效的国际条约，关贸总协定从法律体系看是不统一、不完整的；它的临时性削弱了它的权威性；它的"例外条款"和一些"灰色区域措施"使合法与不合法的认定基准模糊；① 它的靠政府间的谈判并要求所有缔约方"完全协商一致"才能发生效用的解决争端方式，使谈判结果往往取决于各国政治、经济的强弱，难以达到应有的公正，并容易使争端久拖不决；它的相对狭窄的管辖范围，不能满足知识经济发展的要求。② 而这些缺陷，在世界贸易组织中都得到了克服。因此，世贸组织不是对关贸总协定的简单否定，而是对后者的扬弃、发展和创新，关贸总协定第 8 轮多边贸易谈判（即乌拉圭回合）的主要成果都体现在《世界贸易组织协定》当中。

世贸组织实行非歧视原则、自由贸易原则、关税保护原则、保护措施可预测原则、促进公平竞争原则、鼓励发展与经济改革原则，以及对发展中国家的差别特惠待遇。它的主要运行机制包括：

（1）世贸组织作为一个永久性的机构，具有牢固的法律框架结构，拥有自己的完备的秘书处并设有处理日常事务的总干事。

（2）世贸组织不仅获得其成员方的批准和接受，而且作为一项单一承诺构成其各项协议的多边性质，因此它涉及所有成员方的承诺。

（3）它所涵盖的范围从货物贸易扩展到服务贸易、知识产权及投资等领域。

（4）世贸组织的争端解决机制规定了具体的时限，其运行具有自动性，它所设有的永久上诉机构，通过争端解决专家小组对裁决进行审议，并就裁决的执行程序制定了更为具体的规则，使之不易受到争端当事方的影响，并使争端解决裁定的实施更容易得到保证。

---

① 例如，农业和纺织业未受到关贸总协定的规范，因此，在农业方面，一些国家就利用这一漏洞制定一些与关贸总协定原则不一致的政策；在纺织品方面，一些发达国家根据《多种纤维协议》而对进口纺织品实行限制措施。由于人们对这类政策和措施与关贸总协定原则和规则的一致性表示怀疑，因此它们被称为"灰色区域措施"。

② 关贸总协定的规则只适用于商品贸易（也称"货物贸易"），不包括服务贸易，而后者已经发展为国际贸易中的重要组成部分；关贸总协定也缺乏对知识产权的适当保护措施，使知识产权受到侵害，这不仅被视为影响到外国在生产专利产品方面投资的不利因素，也成为发达国家工业界不愿向发展中国家同行出售或特许使用技术的重要因素。

（5）世贸组织拥有对其成员方进行定期的贸易政策审议机制，以了解并监督成员方在遵守和执行多边贸易协议的承诺方面的实施情况和程度，避免贸易摩擦，并促进成员方贸易政策的透明度，以推动贸易更加自由的发展。

因此，世界贸易组织作为一个独立于联合国系统之外的，常设性、永久性的国际组织，标志着第二次世界大战以后建立的多边贸易体制迈进了"世界贸易法"的新里程，并用事实肯定了世贸组织作为"世界贸易法"的地位。[①] 尽管它仍然未能完全摆脱贸易大国的控制并面临全球发展的各种新问题，但是它仍然能够通过对世界经济贸易的法制化的协调与协商管理，通过开放、公平、无扭曲的综合国力的竞争，逐步达到它建立的初衷：保证不同经济制度国家劳动者的充分就业，促进人们的实际收入稳定增长，提高民众的生活水平，并通过全球资源的最佳配置实现世界经济的可持续发展。实际上，从关贸总协定和世贸组织的发展来看，尚无一个缔约方和成员方因为加入该组织后而引起该国经济的衰退，反而是加快了其经济的发展。事实证明，加入该组织对本国经济的继续发展具有促进作用，这正是该组织不断扩大和发展的重要原因。[②]

第二次世界大战结束以后的半个多世纪以来，世界经济发展的现实已经证明，国际货币基金组织、世界银行、关贸总协定和世界贸易组织等国际经济组织在建立战后国际经济秩序方面具有相当积极的为其他经济组织所不能替代的作用，虽然它们在很大程度上仍为西方大国所主导，其运行和规范也更多地倾向发达国家，但是应该承认，在全球化的时代，世界各国的确继续需要这些高于国家层次之上的国际组织来系统管理、规范和控制世界经济的运行。另外，随着发展中国家广泛参加这些国际经济组织并参与其规则及政策的制定，也必将会使国际经济秩序更加公平化，并向着更有利于全球的方向发展。作为世界上最大的发展中国家，中国加入世贸组织不仅将促进自身的进一步改革开放并加快融入世界经济发展的进程，而且表明中国将从自己的实情出发，着眼于国家利益的维护，通过了解现有规则、遵守现有规则的方式，参与国际经济秩序的制定、修改和不断完善的过程。因此这是中国政府正确的战略选择。而中国在 2010 年相继提高了世界银行和国际货币基金组织中的份额与投票权，即分别提高到世界第三位，也再次证明了这种选择的正确性。

综上所述，我们可以得出这样的结论：联合国、国际货币基金组织、世界

①　参见刘光溪：《中国与经济联合国》，第 48 页。

②　关于美国退出世贸组织的问题：2019 年 8 月，美国总统特朗普声称，如果"情况得不到改善"，美国将可以随时退出世界贸易组织（WTO）。这是另一个问题，不在本书的讨论范围。

银行和世界贸易组织等最为重要的全球性国际政治经济组织，仍然是支撑和协调 21 世纪的世界政治和经济秩序的主要支柱，它们将通过不断的改革与完善，继续成为世界和平与发展的推动力量，继续反映世界多极化的发展趋势，继续推动国际政治经济秩序朝着更加公平合理的方向变革的进步趋势。当然，我们也必须看到，目前的和平是带有强权政治和霸权主义色彩的不够公正的和平，目前的发展也是在一定程度上以牺牲发展中国家利益的不够均衡的发展。实际上，如何改变这种不公正和不均衡，正是摆在联合国和世贸组织，以及国际货币基金组织和世界银行等国际组织面前的最根本的任务。任重而道远，欲速则不达。

第五章　两次世界大战与世界非殖民化进程

与两次世界大战密切相关的另一个重要的世界历史现象，是非殖民化进程。殖民地半殖民地人民奋起"对西方造反"，以争取民族独立、社会发展与文化解放。这一进程贯穿了整个 20 世纪，最终击碎了欧洲殖民国家构筑了几个世纪的世界殖民体系。非殖民化被视为 20 世纪最伟大的革命性变化和人类历史的巨大进步。从"殖民化"（"殖民地化"）到"非殖民化"（"非殖民地化"），历经 5 个多世纪，是世界近现代史中不可或缺的内容。尽管在本书的其他章节里，已经有一些关于这个问题的论述，但是本书仍然希望以专门的一章内容，对这个重大问题进行集中论述。我们的论述就从"殖民化"开始。

第一节　亚非拉的殖民化与世界殖民体系的形成（1500—1900）

一、世界文明的多元发展

自公元前 4 千纪至公元前 2 千纪，在亚非欧大陆上，在西亚的两河流域、北非的尼罗河流域、南亚的印度河与恒河流域、东亚的黄河与长江流域，以及欧洲巴尔干半岛南部和爱琴海的部分岛屿上，陆续诞生了人类的早期文明。由于历史发展的时空条件不同，生产力发展水平的相对低下，以及交通条件的限制，这些早期文明基本独立发展，表现出明显的多元特征。与此同时，农耕文明所带来的区域性武力扩张，也使这些早期文明区域不断扩大，相继出现了许多大帝国①。这些大帝国将亚欧大陆以及北非的农耕文明区域逐渐连接起来，加

---

① 如赫梯帝国（公元前 17 世纪—前 12 世纪）、埃及新王国（公元前 16 世纪—前 11 世纪）、亚述帝国（公元前 8 世纪—7 世纪）、波斯帝国（公元前 6 世纪—前 4 世纪）、亚历山大帝国（公元前 4 世纪）、

强了它们之间的交往与交流。

随着历史的发展，新的文明在早期文明的基础或废墟上不断成长起来。到15世纪，整个世界呈现出丰富多彩的景象。

在亚洲，中国自秦统一以来作为中央集权的大一统国家继续发展，出现了郑和下西洋的壮举，彰显了明朝的国威。日本继续实行幕府政治，天皇大权旁落。北部印度仍然在突厥人建立的信奉伊斯兰教的德里苏丹国的统治之下，南部印度则继承了印度教国家的传统。信奉伊斯兰教的奥斯曼土耳其人最终灭亡了拜占庭帝国，到16世纪初建立了地跨亚非欧三洲的大帝国，深刻影响了欧洲和亚洲的历史发展。整个亚洲农业和手工业发达，商业活动频繁，各种思想体系和宗教之间相互碰撞与交融，围绕中国建立的朝贡体系，以及印度洋作为世界最早的航运中心，显示了亚洲经济生活与精神生活的活跃。

在欧洲，在西罗马帝国的废墟上产生的西欧封建社会逐渐走向解体，其商品经济不断发展，形成了自北向南包括波罗的海、中欧、地中海等的区域性贸易网络。与此同时，王权不断强大，出现了西班牙、法国、英国等所谓"新君主国"，为欧洲的国际竞争提供了新的动力。拜占庭帝国已被奥斯曼帝国所灭，受拜占庭影响的莫斯科大公国在反抗蒙古的斗争中逐渐崛起。在辽阔的东欧大平原及其广袤的森林中坐落的波西米亚、波兰、奥地利、匈牙利等国家，也已经进入欧洲历史的主流。

在非洲，北非已经被伊斯兰化。在东北非今埃塞俄比亚地区出现的阿克苏姆王国，以及后来在东非出现的桑给巴尔、蒙巴萨和摩加迪沙等国家，受到伊斯兰教影响，对外贸易发达，城市繁荣。在西非的加纳、马里和桑海，黄金资源丰富，控制着穿越撒哈拉沙漠的商路和黄金交易，非常富有。班图人在撒哈拉沙漠以南的非洲建立的古代国家所留下的"大津巴布韦"遗址，气势恢宏、垒砌技术高超，是古代南非文明的标志。14—15世纪，津巴布韦进入鼎盛时期，包括今南非的部分地区也被纳入它的统治之下。

在美洲，古代印第安人创造了灿烂的文明。他们独立培养出许多其他大陆没有的农作物。据统计，今天世界上的植物食品中，大约有1/3的品种来自美洲。北美洲的大部分地区以及南美洲东部和南部的居民，仍然主要以狩猎、捕

中国秦汉王朝（公元前3世纪—3世纪）、安息帝国（公元前3世纪—3世纪）、罗马帝国（公元前1世纪—15世纪，其中西罗马帝国于475年灭亡，东罗马帝国即拜占庭帝国于15世纪被奥斯曼帝国所灭）、贵霜帝国（1世纪—3世纪），等等。

鱼和采集的生活为主。在中美洲，古代玛雅文明曾非常辉煌，到15世纪中期已经衰落；而在中美洲和南美洲，阿兹特克人和印加人建立的美洲历史上空前的大帝国，正处于强盛之中，成功维持了数百年的统治。

在澳大利亚的原住民，其狩猎兼农耕的生活方式仍然十分明显，但社会已有分化。

因此，直到15世纪，尽管各个区域的历史发展具有一定的不平衡性，但世界各地的文明仍然基本上是多元的、相对独立的和相对平衡的发展。然而新航路的开辟和大航海时代的来临，以及随之而来的西欧国家的殖民扩张，则完全打破了原本相对平衡的多元文明格局。

二、新航路开辟与全球联系的建立

15世纪末16世纪初，人类历史上出现了一个重大现象，那就是新航路的开辟。从1487年葡萄牙航海家迪亚士意外绕过好望角到达非洲东海岸、1492年意大利航海家哥伦布到达美洲、1497—1498年达·伽马率船队绕过好望角到达印度、1519—1522年葡萄牙航海家麦哲伦完成了人类历史上第一次环球航行，以及从15世纪末到17世纪人类在北半球到南半球的不断探险并开辟了多条海上新航线，将世界主要大洋和大陆之间建立了直接的海上联系，使世界的面貌大为改变。

新航路的开辟开启了大航海时代，多条航线沟通了不同文明之间的彼此交往，使文明互动走出了长期受困大洋、拘囿欧亚大陆的局促，规模空前扩展，使整个世界初步联系在一起，是人类历史从分散走向整体过程中的重要节点，是世界历史形成的重要环节。

第一是全球贸易网络初步形成。新兴的大西洋贸易、太平洋贸易与传统的印度洋贸易齐头并进，出现了全球性的经济关系。大西洋贸易连接了欧洲、美洲和非洲。17世纪三角贸易①兴起，并成为大西洋商贸圈中的典型模式。印度洋贸易也改变了格局。很快出现的欧洲商人在与阿拉伯商人的竞争中逐渐占据优势，并在葡萄牙人入居澳门后，很快形成了以澳门为主要中转站的围绕白银输

---

① 在三角贸易模式中，欧洲出口武器、甜酒、纺织品和金属用具，进口美洲的物产以及非洲的黄金和象牙；美洲出口蔗糖、咖啡、棉花、染料、烟草、毛皮以及黄金、白银，输入武器、金属用具、呢绒制品以及黑奴；非洲进口欧洲的武器、金属用具和甜酒，输出黑奴、黄金和象牙。最早是葡萄牙和西班牙，后来荷兰、英国和法国这些大西洋贸易的后来者在三角贸易中扮演了更加重要的角色。

入中国的贸易网络。[①] 西班牙经营的往返于墨西哥和菲律宾的太平洋贸易，与葡萄牙人经营的贸易结合在一起，跨越了大西洋、印度洋和太平洋，又与主要在大西洋上的三角贸易连接在一起，形成了世界范围内的贸易网络。

第二是物种的全球性流动与交换。伴随西欧国家的海外扩张，导致人口、动植物和病原体等跨区域大范围的传播和交流，极大地改变了世界的人文地理格局和自然环境状态。人口的迁徙带来了人种和族群的重新分布。在新航路开辟以后的 100 年间，随着欧洲人的入侵并在美洲建立殖民地，美洲的原住民印第安人人口减少 90%—95%。与此同时，大批欧洲人来到美洲，并把非洲黑人作为奴隶贩卖到美洲，使美洲成为世界上人种和族群混合最严重的地区。在非洲、亚洲和大洋洲，也都存在族群混合现象。人口的迁徙促进了世界动植物的大交流。欧洲人把欧亚大陆的家畜家禽、农作物和水果引入美洲；美洲的特产玉米、马铃薯、西红柿等也流向世界各地。人口和动物的迁移也导致各种疾病的传播。天花、麻疹、流感等疾病的病原体传播到美洲和大洋洲后，造成对此不具免疫力的原住民大量死亡。据估计，1500—1800 年间，美洲和大洋洲有一亿人死于传染病。殖民者的大屠杀和各种传染病所造成的原住民的大量死亡以及原有社会的解体，是欧洲人能够在美洲迅速建立殖民统治的重要原因。

第三是文化交流的国际化。一方面，跨大西洋的交通往来改变了美洲，使其居民在种族、血统和宗教上具有了多源性和多样性，其中基督教在新大陆的扩展是新航路开辟后最突出表现之一。美国文化中的清教因素，拉丁美洲文化中的天主教因素，与原有的印第安人和外来的非洲黑人的宗教结合在一起，在一些地区形成了混合宗教。基督教和伊斯兰教也跟随跨大西洋的贸易传播到撒哈拉沙漠以南的非洲。一些地区形成了基督教、伊斯兰教和当地宗教并存的局面。另一方面，欧洲的语言、政治经济制度和观念也向美洲和大洋洲扩散。在北美洲，英国和法国的影响十分明显，在中南美洲，西班牙、葡萄牙的影响一直存在。非洲来的黑人奴隶，也带来了非洲的语言和风俗习惯，再加上当地存留的印第安文化，使美洲的文化呈现出以欧洲文化为主、多种文化融合的特点。

---

① 关于新航路开辟后围绕中国的白银贸易，可参见梁方仲：《明代国际贸易与银的输出入》，《中国社会经济史集刊》，国立中央研究院社会科学研究所，1939 年第 6 卷第 2 期。黄启臣、邓开颂：《明嘉靖至崇祯年间澳门对外贸易的发展》，《中山大学学报》1984 年第 3 期。庄国土：《16—18 世纪白银流入中国数量估算》，《中国钱币》1995 年第 3 期。黄启臣：《清代前期海外贸易的发展》，《历史研究》1986 年第 4 期；《广东在贸易全球化中的中心市场地位 ——16 世纪中叶至 19 世纪中叶》，《岭南文史》2004 年第 1 期。全汉昇：《全汉昇经济史著作集：中国经济史论丛》第 1 册，北京：中华书局，2012 年。万明：《全球史视野下的明代白银货币化》，《光明日报》2020 年 8 月 3 日，第 14 版，理论·史学。

在大洋洲，欧洲的文化则成为强势文化。

第四是国际劳动分工的出现。非洲为美洲提供劳动力——黑人奴隶；建立在黑人奴隶劳动之上的英属北美殖民地南部的种植园经济和拉丁美洲的大种植园经济，为世界市场提供大宗粮食和其他原料产品；亚洲提供奢侈品和一些日常用品；而西欧出口手工艺制品。财富向西欧的流动导致西欧人口增长，城市化程度提高，对粮食的需求增加，这大大刺激了东欧的粮食及其他原料的出口，其结果是东欧普遍强化了农奴制度。

三、殖民扩张、西欧崛起、世界市场逐渐形成

新航路开辟带来上述种种国际化现象的同时，也为西欧的殖民者提供了更大的扩张空间。在西欧各国海外殖民扩张的过程中，原本相对平衡发展的世界多元文明格局最终被打破：殖民者摧毁了美洲大陆印第安人创造的阿兹特克文明和印加文明，同时将非洲的大量黑人变为奴隶；在殖民者的疯狂掠夺和压榨之下，殖民地的社会经济不可避免地陷入停顿甚至倒退；亚洲的古老帝国也受到冲击。与此同时，殖民掠夺又加速了欧洲国家的原始积累过程，为其社会的变革做了准备。正如马克思和恩格斯所指出的："美洲的发现、绕过非洲的航行，给新兴的资产阶级开辟了新天地。东印度和中国的市场、美洲的殖民化、对殖民地的贸易、交换手段和一般商品的增加，使商业、航海业和工业空前高涨，因而使正在崩溃的封建社会内部的革命因素迅速发展。"①

从全球来看，新航路的开辟，使历史发展的天平大大向欧洲倾斜。随着海外市场的不断开拓，欧洲出现了商业革命和价格革命。商业贸易的大扩展使商品种类和流通数量成倍增长，股份公司和证券交易所纷纷出现，欧洲的商业格局发生了重大变化：贸易中心逐渐从地中海转移到大西洋沿岸，英国、荷兰、法国等新的商业强国崛起。大量贵金属源源不断流入欧洲，导致货币贬值、物价上涨、投机活跃。价格波动搅乱了传统的经济关系，依赖固定地租收入的封建领主经济地位下降，商业资产阶级实力上升，资本主义加速发展，封建制度濒于解体。正如马克思在《资本论》中所指出的："殖民制度大大地促进了贸易和航运的发展，'垄断公司'是资本积聚的强有力的手段。殖民地为迅速产生的工场手工业保证了销售市场以及由市场垄断所引起的成倍积累。在欧洲以外直接靠掠夺、奴役和杀人越货而夺得的财宝，源源流入宗主国，在这里转化为资

---

① 马克思、恩格斯：《共产党宣言》，《马克思恩格斯文集》第二卷，第32页。

本。"① 马克思和恩格斯还指出："随着美洲和通往东印度的航线的发现，交往扩大了，工场手工业和整个生产运动有了巨大的发展。从那里输入的新产品，特别是进入流通的大量金银完全改变了阶级之间的相互关系，并且沉重地打击了封建土地所有者和劳动者；冒险者的远征，殖民地的开拓，首先是当时市场已经可能扩大为而且日益扩大为世界市场，——所有这一切产生了历史发展的一个新阶段。"② 正是欧洲从殖民掠夺、奴隶贸易和商业贸易中所获得的财富最终转化成资本，推动了欧洲资本主义的发展，从而引领了人类历史开始进入大变革的时代。

但是，在这一大变革的过程中，被奴役被掠夺的拉丁美洲、亚洲和非洲的命运，却沦陷在殖民地半殖民地的深渊中。

四、亚非拉的殖民化：世界殖民体系形成简史

自 1500 年左右开始，西欧的资产阶级随着新航路的开辟而走遍全球，通过侵略手段开拓世界市场并进行海外殖民，进而掀起瓜分世界的狂潮，把亚非拉广大地区变成了西方资本主义国家的殖民地或半殖民地。

1. 美洲最先沦陷

西班牙和葡萄牙最早在美洲进行殖民活动，它们的海外征服伴随着海外探险而开始，主要目的是侵占土地、奴役异族、掠取财富、开拓市场。在探险之前，王室不仅在经费上给予支持，而且授权其船队的首领为新发现地区的管理者，并事先规定了他们在所得财产中享有的份额。例如，麦哲伦在出海探险的一年半以前，即 1518 年 3 月 21 日，西班牙国王就与麦哲伦及其同伴法里罗订立了关于发现后来称之为香料群岛的协定，其中规定："朕愿下令赐给，从你们发现的岛屿和大陆获得的一切利润和收入，以及捐税和替朕征收的其他税款中，除去你们负担的开支外，给你们留下二十分之一。朕也把朕在上述地方和岛屿的钦差和总督官衔赐给你们……为了给你们以最大恩惠，朕愿意，如果在你们发现的岛屿已超过六个的情况下，你们六中取二，而且此后获得当地应交给朕的全部收入、租税的十五分之一……"③ 这些丰厚的物质和权力的许诺激励着欧洲的探险家们不断从事海外探险并进而从事拓土殖民等活动，欧洲人的海外殖

① 马克思：《资本论》，《马克思恩格斯文集》第 5 卷，第 864 页。
② 马克思、恩格斯：《德意志意识形态》，《马克思恩格斯文集》第 1 卷，第 562 页。
③ 参见周一良、吴于廑主编：《世界通史资料选辑·中古部分》（本册主编郭守田），北京：商务印书馆，1974 年，第 312—314 页。

民活动即由此开端。

另一方面，为了解决西班牙和葡萄牙在争夺势力范围中的矛盾，两国先后通过教皇裁决而画出的"教皇子午线"、《托尔德西里雅斯条约》和《萨拉戈萨条约》，将地球一分为二，西班牙几乎独占美洲，葡萄牙独占非洲、亚洲和南美洲的巴西。[①] 在此后大约 100 年的时间里，这些条约成了两国殖民活动的依据，也因此成为人类历史上第一批瓜分世界的条约。

到 1550 年，西班牙人已经征服了除巴西以外的整个南美洲、整个中美洲以及北美洲的部分土地。1565 年，西班牙人征服了佛罗里达，建立了它在北美的第一个殖民地；同年入侵菲律宾，建立了西班牙在太平洋上的殖民地。葡萄牙在美洲的殖民活动基本局限在今天的巴西。16 世纪，葡萄牙将巴西变成了殖民地。西班牙在自己的殖民地先后建立了四个总督辖区进行管理，又在总督辖区内设立若干检审庭辖区作为辖区的最高法院，对总督进行监督。在葡萄牙的殖民地巴西，最初主要依靠在当地立足的殖民地开拓者进行统治，后来为了保证王室的利益并宣誓主权，葡萄牙国王也在巴西设立总督制度管理当地事务。

直到 19 世纪初，拉丁美洲一直处于西班牙和葡萄牙的殖民统治之下。殖民者实行专制制度，推行农奴制、奴隶制和大地产上的庄园经济和种植园经济，疯狂开采金银矿，掠夺了巨额财富。据统计，1500—1650 年间，从美洲流往西班牙的金银财富就有多达 16000 吨白银和 180 吨黄金。仅墨西哥的主要产银区，一度就提供了世界上 1/3 的白银。在殖民者的残酷奴役下，印第安人大量死亡。为了弥补劳动力的短缺，西班牙和葡萄牙首先发展起罪恶的黑奴贸易。同时为了保障殖民者的利益，宗主国限制或禁止殖民地与其他国家和地区进行贸易，并要求殖民地的所有经济活动都要满足宗主国的利益，以及欧洲和世界市场的需求，由此造成拉丁美洲逐渐形成了相对单一性、边缘性和从属性的殖民地经济。这种经济结构，对拉丁美洲以后的发展产生了重要的负面影响。

16 世纪末和 17 世纪初，英国、荷兰及法国也走上殖民扩张的道路，并与西、葡两国展开激烈竞争。以 1588 年英国打败西班牙的无敌舰队为标志，英国

---

① "教皇子午线"，1493 年罗马教皇亚历山大六世对西、葡争夺势力范围做出裁决：在亚述尔群岛和佛得角群岛以西 100 里格（1 里格为 3 海里，约为 5.5 千米）的地方，从北极到南极画一条分界线，规定该线以西的一切土地属于西班牙的势力范围，该线以东的一切土地属于葡萄牙的势力范围。但是葡萄牙不满意这个仲裁，于是两国又在 1494 年签订《托尔德西里雅斯条约》，把这条线向西移动 270 里格。即约以西经 41 度线作为西、葡势力范围的分界线。根据这个条约，葡萄牙获得了巴西的大部分地区。麦哲伦的同伴成功进行了环球航行后，西、葡两国又于 1529 年签订了《萨拉戈萨条约》，以达摩鹿加群岛以东 17 度线为界，作为两国在太平洋上的分界线。

开始树立海上霸权并向美洲扩张。1607年和1630年，英国在北美詹姆斯敦和马萨诸塞湾建立了永久性定居点。到18世纪上半期，英国在北美大西洋沿岸建立了13块殖民地，荷兰于1623年开始在新阿姆斯特丹（今纽约）建立定居点，法国则于17世纪初在北美的新斯科舍和魁北克建立了永久定居点。另外，整个17世纪，荷兰、英国和法国还从葡萄牙和西班牙手中夺得了拉丁美洲的一些小块属地。

英属北美13个殖民地的政治体制仿照英国本土制度，各殖民地都有独立的行政会议，在任命政府各级官员和管理各种事务方面也有较大发言权，清教有较大影响。但所有殖民地又同时受到英国于1696年成立的贸易局的管理，该局的主要任务是保持殖民地作为英国本土原料产地和商品市场的地位，并为此而控制殖民地的工业和贸易，限制殖民地的发展。另外，英国政府还向殖民地人民征税，而这正是后来引发北美独立战争的重要原因。

在原法属北美殖民地，即今天的加拿大，其社会就像复制出来的法国省份，其移民信仰天主教。但是1756—1763年进行的英法"七年战争"[①]，战胜的英国于1763年2月与法国签订了《巴黎条约》，据此英国获得了法属加拿大和印度等殖民地的控制权，加拿大正式成为英属殖民地。这个《巴黎条约》，是继15世纪的《托尔德西里雅斯条约》和16世纪的《萨拉戈萨条约》之后，又一个列强瓜分世界的条约。

可以看到，从15世纪到18世纪，整个美洲大陆已经全部殖民地化，成为正在构建的世界殖民体系的第一个部分。

2. 亚洲沦为殖民地和半殖民地

欧洲列强对亚洲的殖民活动几乎与其对美洲的殖民活动同时进行。葡萄牙海外探险的目的地就是东方。但是，当葡萄牙人到达东方后，面对当时亚洲历史悠久、经济发达、军备完善、人口众多的专制帝国，根本无法像在美洲那样拓土殖民，只好采取在亚洲各地建立商站和殖民据点的办法，以控制商路，垄断贸易。到16世纪中叶，葡萄牙建立的商站总数已超过50个，如印度果阿、中国澳门等。但是葡萄牙人夺取亚丁湾的企图未获成功。因此，他们对东方的贸易始终也没有达到垄断的程度。1564—1571年西班牙对菲律宾群岛的入侵和

---

① 英法七年战争（1756—1763年），是欧洲两大军事集团英国-普鲁士同盟与法国-奥地利-俄国同盟及其各自的追随者之间，为争夺殖民地和霸权而进行的一场大规模战争。战场遍及欧洲大陆、地中海、北美、古巴、印度和菲律宾等地。丘吉尔曾认为这场战争是真正意义上的第一次世界大战。这场战争对18世纪的国际政治产生了重要影响。

征服，是西班牙在美洲殖民势力向太平洋西南角的延伸。1626 年，西班牙派兵占领了中国台湾北部。

英国与荷兰分别于 1600 年和 1602 年建立了自己的东印度公司，在东亚、南亚和东南亚进行垄断贸易和殖民活动，获取高额利润。1642 年荷兰打败西班牙，台湾转由荷兰人控制。英国则通过东印度公司，在 100 多年的时间里，采取直接抢掠、侵占土地、强征巨额土地税、种植并向中国走私鸦片、低价收购印度产品在欧洲高价卖出等手段，掠夺了大量财富和巨额利润。据统计，1757—1815 年，从印度流入英国的财富大约为 10 亿英镑。对印度的剥削和掠夺是英国资本原始积累的主要来源之一。

伴随 18 世纪 60 年代开始的第一次工业革命，英国也大大加强了对亚洲的殖民扩张。它通过长达近一个世纪的战争，到 19 世纪中期，终于占领了印度全境。英国解散了东印度公司，由英王任命总督对印度进行直接统治，印度完全沦为英国殖民地；到 19 世纪晚期，英国基本完成了对南亚和部分东南亚地区的殖民，包括今天的印度、巴基斯坦、孟加拉、斯里兰卡、缅甸、马来西亚和新加坡等地。

在东亚，中国是列强争夺的最大目标。1840 年，英国发动鸦片战争。1842 年，清政府被迫与英国签订《南京条约》，中国对英国割地赔款，开放五口通商。以后英国又取得了在中国协定关税、领事裁判权、片面最惠国待遇等特权。其他列强纷纷效仿。它们通过一系列不平等条约，进一步扩大了在华权益，并纷纷在华划定势力范围。到 19 世纪末，中国事实上已经沦为帝国主义的半殖民地。

在东南亚，法国从 17 世纪开始染指越南。到 19 世纪末，越南、柬埔寨和老挝沦为法国殖民地。法国对殖民地统治的基本思想，是拿破仑时期奠定的，即在政治和经济上的中央集权以及地方服从中央的思想，因此法国在殖民地一般采取总督集权制度、军事控制、分而治之以及同化政策。在印度支那，法国虽然保留了安南（越南古名）、柬埔寨和老挝的王室作为权力的象征，但是一切实权都掌握在高度集权的法国总督之手。总督在印度支那联邦中拥有绝对的权力，他既是联邦中央的行政首脑，又是印度支那武装部队的最高司令官；他拥有决定财政预算，管理遴选文武官员，负责内政治安和对外防务，使用和调动驻印度支那的法国陆海军等权力；还具有与远东各国的外交代表或领事交换外交事务意见的权力。换句话说，只有总督才能代表法国政府在印度支那行使权力。19 世纪晚期，法国在印度支那成立了有当地人参加的印度支那联邦议会，但它形同虚设，并不拥有任何实质权力。

在英法两国殖民地之间，只有暹罗王国（今泰国旧称）保持了独立。荷兰则继续在印度尼西亚进行殖民活动，18世纪末荷兰东印度公司被解散，荷兰政府直接管理印尼殖民地[①]，将印尼称为荷属东印度。到20世纪初，荷属东印度的范围已经扩大到南太平洋长达5000公里的印尼岛链上。

在西亚，其北部与欧洲接壤的奥斯曼帝国早就是欧洲列强主要的入侵和瓜分对象。16世纪，法国首先获得领事裁判权以及以极低关税率进行贸易的权利；1740年法国又获得其商人可以通过奥斯曼帝国领土与俄国通商的权利。其他欧洲国家也接踵而至，获得同样特权。1838年英国与土耳其签订的《英土商业条约》规定：废除土耳其政府对出口进行垄断或颁布禁令；土耳其的出口关税总额为12%，由通常征收的3%的出口税和9%的内地税组成，进口税为5%，由通常征收的3%的进口税和在土耳其内地销售的2%的零售税组成。这个条约使英国商人可以在奥斯曼帝国境内的任何地方购买货物，还使他们免缴本土商人必须缴纳的其他多种税款，这就使英国商人得以在比本地居民更有利的条件下在帝国境内进行贸易活动。欧洲国家根据利益均沾原则，也获得了该条约给予英国的各种利益。一方面，该条约进一步强化了英国乃至欧洲国家在奥斯曼帝国的各种特殊利益，也强化了土耳其经济的依附性及其半殖民地化。另一方面，奥斯曼帝国的经济已经部分被纳入到全球市场经济当中。

18世纪末19世纪初，奥斯曼帝国内忧外患，形成了历史上有名的所谓"东方问题"[②]。其境内各地区人民的民族意识逐渐觉醒，纷纷争取独立或自治，帝国面临土崩瓦解的局面；英、法、俄、奥等国也纷纷插手帝国内部的问题，企图趁机扩大自己的势力，分割帝国的疆土。经过多次俄土战争和一系列条约，奥斯曼帝国逐渐失去比萨拉比亚和西格鲁吉亚（并入俄国）、塞尔维亚、希腊（先自治后成为独立王国）、黑海东北岸（划归俄国）、巴尔干地区的大片土地，以及埃及（英国占领后独立）和突尼斯（法国占领）。奥斯曼帝国面临被列强瓜分

---

① 1806年荷兰被法国占领，同年英国舰队在雅加达海面击溃荷兰舰队，控制了印尼的海上交通，印尼各主要岛屿处在英国海军的包围之中。荷兰一度将印尼交由英国统治。1813年10月，拿破仑帝国崩溃，荷兰恢复了独立。1824年英荷签订苏门答腊协定，荷兰把它在印度的商馆和马六甲移交给英国，英国则把它在苏门答腊的据点移交给荷兰；英荷两国有权进入对方的殖民地，并享受最大的特惠权。

② "东方问题"指的是近代欧洲列强为争夺昔日地跨欧亚非三洲的奥斯曼帝国及其属国的领土和权益所引起的一系列国际问题。1821—1829年的希腊独立战争、1853—1856年的克里米亚战争、1877—1878年的俄土战争、1908年的波斯尼亚和黑塞哥维那危机，以及1912—1913年的巴尔干战争，都可以被归于"东方问题"在历史上的反复发作。从欧洲来看，由于奥斯曼帝国地处欧洲之东，故欧洲将奥斯曼帝国的问题统称为"东方问题"。

的危险。与此同时，列强纷纷采用资本渗透的方式控制帝国的贸易与财政，由此控制帝国的经济命脉，奥斯曼帝国的半殖民地化程度日益加深。

西亚中部的伊朗（旧称波斯）也面临着与土耳其类似的命运，俄国和英国通过战争、军事控制和经济渗透以及不平等条约等手段，基本控制了伊朗的经济与内政。到19世纪末，伊朗北部已成为俄国的势力范围，南部则为英国的势力范围。法、美、奥等国也仿效俄英两国，迫使伊朗签订类似条约，使伊朗日益陷入半殖民地的深渊。

总的来看，到19世纪末20世纪初，亚洲地区只有日本实现了脱亚入欧，进入帝国主义国家行列，泰国也保持了独立地位，其他大多数亚洲国家和地区都已沦为西方列强的殖民地。中国、土耳其、伊朗、阿富汗等国虽还保持着某种程度的独立，但也丧失了部分主权，沦为半殖民地。亚洲成为正在构建的世界殖民体系的第二个组成部分。

3. 英国对大洋洲的殖民

大洋洲原为土著人的家园。17世纪初，西班牙、葡萄牙和荷兰殖民者先后到达这里。他们以为这是一块直通南极洲的陆地，故取名"澳大利亚"（Australia），该词由拉丁文 terra Australis（南方的土地）变化而来。1770年澳大利亚沦为英国殖民地。17世纪中期，荷兰人和英国人也先后到达新西兰。1840年新西兰沦为英国殖民地。大洋洲也成为世界殖民体系的重要一环。

4. 帝国主义瓜分非洲

从1415年葡萄牙人在摩洛哥的休达地区建起第一块殖民地，到19世纪70年代，欧洲殖民者在非洲的活动大多局限在沿海地区。西非、中非、南非和东非已经被纳入了欧洲人建立的贸易网络之中，欧洲从非洲进口黄金和奴隶、向非洲出口工业品或手工制品的贸易模式持续了4个世纪之久。18世纪中期至19世纪上半叶，贩卖黑奴的贸易逐渐式微，不过非洲绝大部分内陆居民，还保持着以往的生产方式和生活方式，欧洲人尚未对他们产生很大影响。

但是殖民者对非洲沿海地区的侵略继续进行。1830年法国派遣远征军侵略阿尔及利亚，1834年宣布阿尔及利亚为法国领土，1871年将阿尔及利亚变为法国的三个省，即君士坦丁省、阿尔及尔省和奥兰省，然而直到1905年整个阿尔及利亚才完全沦为法国殖民地。法国视阿尔及利亚为法国本土在海外的延伸，把总督和各级行政官员派到阿尔及利亚进行直接统治，有意摧毁当地原有的地方权力机构，剥夺部落酋长的权力。与此同时，法国把大量法国人移民到阿尔及利亚，既改变了当地的民族构成，又解决了国内的一些问题。

随着第二次工业革命的发生和发展，资本主义走向垄断阶段。西欧工业化国家要求新的市场、原料产地和投资场所，一些政治家也把获得大量海外殖民地作为解决工业革命带来的社会紧张状态的一种出路，于是西欧各国纷纷奉行帝国主义政策，即通过殖民扩张建立起庞大的帝国，而非洲便成了它们的主要扩张对象。帝国主义改变了侵略非洲的方式，放弃了罪恶的奴隶贸易，转而进行全面的殖民入侵，特别是加快了侵略撒哈拉沙漠以南非洲的步伐。而自18世纪晚期欧洲探险家对非洲腹地的多次探险活动，不仅使外界开始了解非洲内陆的情况，客观上也为殖民国家进一步侵占非洲奠定了基础。于是，在19世纪的最后20年间，整个非洲大陆就被欧洲殖民国家瓜分殆尽。

在抢夺殖民地的过程中，列强冲突加剧。为了调解它们之间的矛盾和进一步瓜分非洲，1884年11月15日—1885年2月26日，英、法、德等15个欧美国家在德国召开柏林会议协商非洲问题。美国也第一次参加了这个讨论西半球以外事务的会议。会议通过了《柏林会议关于非洲的总议定书》，其中有两项重要原则：其一是"有效占领"原则，规定"任何国家，如在其现有属地以外，今后再占领非洲大陆沿海的一块土地，或过去尚无此等属地，而今后将进行占领之任何国家，以及在非洲大陆已领有被保护国之国家，均应在进行新的占领时，分别通知本议定书之其他缔约国，以便彼等在必要时得以提出彼等之权利主张"[1]；其二是英国提出的"势力范围"原则，即各国事先在非洲地图上划定自己的势力范围，然后再去占领。这一原则也得到与会国的赞同。因此，这次会议也是一次"地图上作业"的会议。

柏林会议是帝国主义列强瓜分非洲的国际分赃会议。其瓜分非洲的形式和手段，与15世纪的西班牙和葡萄牙的《托尔德西里雅斯条约》及16世纪的《萨拉戈萨条约》、18世纪英国和法国的《巴黎条约》，如出一辙。是帝国主义时代的列强瓜分世界的条约。

柏林会议之后，列强对进一步瓜分非洲有了所谓的国际法依据，瓜分速度大大加快。19世纪70年代以前，欧洲殖民国家侵占了10%左右的非洲土地，但是到1912年，它们已经占领了非洲95%左右的土地。尽管到1900年也还有近1/4的非洲内陆尚未被考察，但是整个非洲大陆却已经基本被列强瓜分完毕，只有埃塞俄比亚在反对意大利的殖民战争中获得了胜利。到1914年第一次世界

---

[1] 周一良、吴于廑主编：《世界通史资料选辑·近代部分》下册（本册主编蒋相泽），北京：商务印书馆，1972年，第266页。

大战前夕，整个非洲除埃塞俄比亚和利比里亚[①]保持着脆弱的独立外，其他地区都已沦为帝国主义的殖民地或保护国。

在瓜分非洲的过程中，法、英、德、比、意、葡等国是主要受益者。美国在非洲没有殖民地，但名义上独立的利比里亚属于它的势力范围。[②]

表6　19世纪晚期帝国主义瓜分非洲简表

帝国主义国家	被侵占的非洲国家和地区	面积（平方千米）	占非洲面积的百分比（%）	人口（人）
法国	阿尔及利亚、突尼斯、摩洛哥、塞内加尔、马达加斯加、法属刚果、索马里等	1090多万	35.9	约3000万
英国	埃及、苏丹、尼日利亚、索马里、中南非许多地区	880多万	29	4000万—5000万
德国	喀麦隆、西南非洲等	250多万	8.2	约1000万
比利时	比属刚果	230多万	7.5	1500多万
意大利	利比亚、索马里等地区	225多万	7.4	约100万
葡萄牙	安哥拉、莫桑比克等	208万	6.8	约500万
西班牙	在西非、北非侵占了一些地区			

到19世纪末20世纪初，非洲成为世界殖民体系链条上的最后一个组成部分。全球范围的资本主义世界殖民体系最终形成。这个世界殖民体系由一系列大大小小的殖民帝国所组成，其中大英帝国和法兰西帝国是最大的两个殖民帝国。它们各自占有的领土面积分别高达3329.3万平方千米和1041.8万平方千米，统治的人口分别高达38864.4万人和4619.2万人。[③]这就形成了人类历史上由少数帝国主义国家奴役和控制世界上绝大多数国家和地区的最不合理的状态。但是，殖民地、半殖民地人民的抗争也从未停止。

---

① 利比里亚原称"谷物海岸"，1821年美国黑人移民在此建立移民区，1824年命名为利比里亚，1847年建立共和国。

② 见张芝联、刘学荣主编：《世界历史地图集》，北京：中国地图出版社，2002年，第126页，"帝国主义对非洲的瓜分"。

③ 数据来自齐世荣、廖学盛主编：《20世纪的历史巨变》，北京：学习出版社，2005年，第301—302页，表22。

第二节　殖民地半殖民地的抗争（18—19 世纪）

一、美洲独立运动

美洲摆脱殖民地地位的第一场大规模斗争，是 18 世纪中叶英属北美 13 个殖民地的独立战争。这场战争有其深厚的基础。

经过一个半世纪的发展，来自英国及其他欧洲的移民和被贩卖为奴的非洲黑人，与当地的印第安人共同生活在北美洲的土地上。在经济上，北部殖民地是资本主义工商业最发达的地区，中部殖民地农业发达，有"面包殖民地"之称，南部殖民地盛行种植园奴隶制，它们的共同之处是其商品经济都达到了较高水平，已经初步形成了统一的市场。在社会政治结构中，各殖民地都拥有较多的民主因素，如较为民主的地方议会、较高程度的地方自治，等等。在文化与民族心态上，各种异质文化在开拓殖民地的过程中相互融合与混合，形成了以英国文化传统居于主导地位的美国文化的多元特征，清教因素明显，崇尚民主和自由、重视工商业、地方自治、勤俭务实、重视教育、注重个体和创造精神等，都在北美殖民地获得了进一步强调和发展。到独立战争前，美式英语已成为殖民地居民的共同语言，"美利坚人"已成为北美殖民地居民的共同名称，①一个新的美利坚民族开始形成。尽管白人对黑人、印第安人的种族歧视和文化优越感根深蒂固。

但是，英国不允许北美殖民地形成与宗主国竞争的能力，颁布多项条例对殖民地的工业实行严格限制。七年战争胜利后，英国为减轻庞大的财政负担，在北美殖民地开征印花税等多种新税，激起了居民的强烈不满。殖民地居民坚持认为，英国的征税违反了英国宪政惯例中的"无代表不得征税"（No taxation without representation）的原则，只有北美殖民地居民自己选出的本地议会才有权征税，殖民地在英国议会没有代表，英国议会就无权向殖民地征税。对北美殖民地来说，征税权实质上是一个自治权的问题。而英国认为，征税权乃是议会权力的一部分，是英国对殖民地管辖权的象征。因此，尽管殖民地居民不断

---

① 1774 年，亚历山大·汉密尔顿医生曾记录了北美居民的共同特征。当时他骑马从马里兰出发，一路行至缅因再折返，行程 1624 英里，对北美英属殖民地的中北部社会有比较系统的观察。他在旅行记的结尾处写道："在我经过各个殖民地时，我发现不同地区的人们在习俗和性格方面很少差别，只是在特许状、肤色、空气和政府方面，我看到了一些不同。……至于教养和人文方面，他们也十分相似，只是大城镇的居民更开放一些，波士顿尤其如此。" Bridenbaugh, Carl, ed. *Gentleman's Process: The Itenerarium of Dr. Alexander Hamilton, 1744,* Pittsburgh: University of Pittsburgh Press, 1948, p.199. 转引自李剑鸣：《美国的奠基时代：1585—1775》，北京：人民出版社，2001 年，第 517 页。

进行抗税斗争，迫使英国撤销了一些税法。但英国坚持保留茶叶税，以示母国有征税之权。由此就不难理解，为什么美国独立战争实际上是从抗税开始的。

在独立战争进行的过程中，1776 年发表的《独立宣言》，阐述了人民主权思想，宣告了北美殖民地脱离英国独立，也标志着美利坚民族正式诞生。1787 年的联邦宪法，使北美大陆出现了一个以启蒙思想家的理论为指导建立的新型联邦制共和国。从此，人人生而平等、人民主权和权力制衡原则，成为美国政治文化的重要组成部分。因此，美国独立战争既是一场摆脱英国殖民统治的民族独立运动，也是一场深刻的资产阶级革命。

紧随美国独立的是拉丁美洲的独立运动。导致拉美独立运动主要有三大因素：一是英属北美 13 块殖民地的独立斗争并取得胜利本身对拉美的激励作用；二是所谓的"费拉德尔菲亚哲学"①，其中至少包括美国《独立宣言》和美国联邦宪法的精神；三是从法国传播而来的启蒙思想，以及拿破仑战争提供的机会。

从拉美独立运动的领导人和参与者来看，在海地，大约有 800 名有色人种曾被派到北美战场参加对英作战，然而这些人却把自由平等的启蒙思想和民族独立的观念带回了海地。法国大革命的爆发和《人权宣言》的发表，进一步激发了海地各阶层人民对社会平等的要求。1791 年 8 月 23 日，200 多黑人奴隶在一名伏都教②祭司的领导下，在"争取自由，宁死不当奴隶"的口号下起义，起义迅速向海地各地蔓延。黑人革命领袖杜桑·卢维杜尔（1743—1803）深受启蒙思想的影响，他领导的起义军逐渐壮大。尽管杜桑被法国派遣军诱捕，后死于法国监狱中，但海地的独立运动最终取得了胜利。

在墨西哥，领导独立斗争的神甫米格尔·伊达尔哥（1753—1811）深受古典希腊、罗马的哲学思想和启蒙思想家卢梭、孟德斯鸠等人的影响，他在印第安人居住区的多洛雷斯地区发动起义，其标志性的要求是历史上著名的"多洛雷斯的呼声"：他对数千名聚集在教堂周围的印第安人高呼："你们愿意成为自由人吗？300 年前，可恨的西班牙人从我们祖先手中夺走的土地，你们愿意夺回来吗？"并领导群众高呼"美洲万岁！""打到坏政府！"群众起而响应。继承伊达尔哥领导斗争的何塞·莫雷洛斯（1765—1815）神甫也深受启蒙思想影响，

---

①　"费拉德尔菲亚"是美国城市费城（Philadelphia）的音译。在美国独立战争时，费城是独立运动的重要中心，1776 年的独立宣言与 1787 年的美国联邦宪法都是在费城的独立厅（Independence Hall）起草与签署的。因此"费拉德尔菲亚哲学"即指美国的独立精神及其宪制的传统。

②　又译"巫毒教"，起源于非洲西部，是非洲的主要宗教之一，也流传到海地和加勒比海，以及美国南部一些地区。

起义者要求废除奴隶制、印第安人和混血人享有平等权利、归还印第安人村社的土地、建立由人民代表组成的唯一议会，等等。

值得注意的是，领导西属拉美民众起义的是一批克里奥尔人。如参加过美国独立战争和法国大革命的军官弗兰西斯科·米兰达（1750—1816），深受法国哲学与大革命影响、曾为拿破仑随从官（但鄙视拿破仑称帝）的"解放者"西蒙·玻利瓦尔（1783—1830），曾在西班牙军队中服役、同样深受启蒙思想影响的何塞·圣马丁（1778—1850）。他们都是在法国大革命期间开始领导独立斗争，并最终取得胜利。尽管在斗争过程中也出现过建立某种君主制度的尝试，如墨西哥的原西班牙殖民军官奥古斯丁·伊图维德（1783—1824）曾短暂恢复帝制，但因很快引起人民反抗而失败。共和思想已深入人心。

巴西独立运动与西属美洲殖民地独立运动几乎同时发生，但其进程却与后者完全不同。巴西的独立是通过自上而下的方式进行的，带有与宗主国分立和分离的性质，大权仍掌握在原葡萄牙贵族手中，他们与宗主国仍保留着密切的联系，也未废除奴隶制。1822年独立的巴西是一个君主国，直到1889年，巴西才废除君主制，建立共和国。

从1791年海地人民的起义，到1822年葡属巴西独立，再到1826年西属拉美殖民地基本独立，历经35年，几乎整个拉丁美洲都摆脱了欧洲的殖民统治。只有巴西以北的英属、荷属和法属圭亚那，加勒比海的一些岛屿如英属牙买加，丹麦的维尔京群岛和西属古巴和波多黎各等，它们的独立尚待时日。

拉丁美洲独立战争，是继美国独立战争之后的又一场更为宏大的民族解放运动，出现了海地、墨西哥、危地马拉、洪都拉斯、尼加拉瓜、哥斯达黎加、萨尔瓦多、哥伦比亚、厄瓜多尔、委内瑞拉、秘鲁、玻利维亚、智利、阿根廷、巴拉圭、乌拉圭和巴西等17个拥有代议制政府的独立共和国，基本形成了今天拉丁美洲的政治版图。

但是，拉丁美洲各国在政治上的独立并不意味着其经济上也摆脱了作为殖民地的依附地位。不仅西班牙、葡萄牙继续在拉美的几近单一性的从属于欧洲的经济结构中获利，长期对拉丁美洲进行经济渗透的英国，此时也继续获得回报。正如1824年英国外交大臣坎宁勋爵所说："钉子拔掉了，西属美洲自由了，如果我们在处理事务时不出差错的话，它是属于英国的了。"1854年，巴西驻伦敦大使塞尔希奥·台克塞拉·德·马赛拉也讲道："两国（英国与巴西）之间的贸易是靠英国的资本、在英国的船上、由英国公司来进行的。利润、资本的利息和保险费、佣金和营业得来的红利，一切都落入英国人的腰包。"[1]

另一方面，美国建国后大力发展自己独立的经济体系，以摆脱英国的控制并与英国进行竞争。1823 年，面对当时欧洲的"神圣同盟"[2] 企图干涉拉丁美洲的独立运动，以及英国取代西班牙对拉美的经济扩张，美国总统詹姆斯·门罗（1758—1831）向国会提出了后来被称为"门罗主义"的咨文，主要内容包括：其一，今后欧洲任何列强不得把美洲大陆业已独立自由的国家当作将来殖民的对象；其二，要求欧洲不干预美洲独立国家的事务，否则美国将认为这是对美国不友好的表现；其三，保证美国不干涉欧洲事务，包括欧洲现有的在美洲的殖民地的事务，并希望欧洲列强也这样做。[3] 在此咨文中，美国并没有声明美国不打算干涉南部美洲的事务，而是拒绝欧洲国家这样做。美国发表这一咨文的一个重要目的，正如当时的国务卿约翰·亚当斯（1735—1826）在其日记中所流露的，那就是保持美国在美洲的"行动自由，不要让任何原则绑住我们"[4]。

实际上，在拉丁美洲独立近一个世纪之后，其经济结构和社会结构的变化仍然不大。在经济结构上，拉美各国已经是世界农业和畜牧业产品的重要基地，而提供这些产品的仍然是无处不在的大地产。这种情况，不仅造成了拉美各国在国际贸易中的不平等，更造成了国内阶级关系的不平等。拉美各国实现经济独立和社会公正民主的任务尚未完成。

二、亚洲的反抗与觉醒

总的来看，亚洲逐渐沦为殖民地半殖民地以后，亚洲的社会也逐渐发生了深刻变化。一方面，帝国主义的侵略加深了亚洲各国的民族危机；另一方面，亚洲国家的封建经济进一步解体，民族资本主义得到一定发展，民族忧患意识和民主改革意识觉醒。在这种情况下，包括知识分子在内的亚洲各国人民，掀起了反帝反封建的民族民主运动的新高潮。古老的亚洲开始"觉醒"，印度的民

---

[1] 转引自斯塔夫里阿诺斯：《第三世界的历史进程》上册（迟越、王红生等译），北京：商务印书馆，1995 年，第 171 页。

[2] 神圣同盟，即 1815 年 9 月，在打败拿破仑之后在沙皇亚历山大一世的倡议下，奥地利皇帝法兰西斯一世、俄罗斯沙皇亚历山大一世和普鲁士国王腓特烈·威廉三世缔结的同盟，标榜以基督教义处理相互之间的关系，即"神圣"之含义，后来欧洲各国君主纷纷加盟。该同盟成立的目的是维护君主政体，反对法国大革命在欧洲所传播的革命理想。其直接的后果是招致美国发表"门罗主义"。在 1830 年法国七月革命和欧洲 1848 年革命的冲击下，同盟瓦解。

[3] 参见周一良、吴于廑主编：《世界通史资料选辑·近代部分》上册（本册主编蒋相泽），北京：商务印书馆，1972 年，第 348—350 页。

[4] 参见周一良、吴于廑主编：《世界通史资料选辑·近代部分》上册，第 347 页。

族解放运动、奥斯曼帝国的改革与立宪运动、伊朗的立宪革命和中国的辛亥革命是其中的代表。在这些斗争中，大部分都有最早成立的民族资产阶级政党的作用。

在印度，英国通过东印度公司掠走了印度的巨额财富，也严重破坏了印度的社会经济，他们不但使广大农民和手工业者遭受深重苦难，而且损害了部分印度封建王公的利益。例如，英国政府每年以"家费"的名义汇往英国的数目，实际上就是印度借给英国的债。从 1834 年至 1851 年这 17 年间，在这个项目下从印度汇往英国的款项达 5760 万镑，折合卢比将近 7 亿 5 千万，而印度并没有从这笔款项中得到一点点相应的报酬，也没有得到任何好处。[①] 1857—1859 年在印度发生了一场由封建王公领导、以印度籍士兵为突击力量、广大民众积极参与的反对英国殖民统治者的民族大起义。这场起义至少导致了两个明显的结果：一是莫卧儿帝国的灭亡，二是英国也结束了东印度公司对印度的统治权，将印度置于英国皇家所派出的驻印度总督的直接管辖之下。

马克思曾深刻论述了英国殖民统治对印度历史发展的影响。他在《不列颠在印度统治的未来结果》中指出："英国在印度要完成双重的使命：一个是破坏的使命，即消灭旧的亚洲式的社会；另一个是重建的使命，即在亚洲为西方式的社会奠定物质基础。"他还在《不列颠在印度的统治》中指出："不列颠人给印度斯坦带来的灾难，与印度斯坦过去所遭受的一切灾难比较起来，毫无疑问在本质上属于另一种，在程度上要深重得多……的确，英国在印度斯坦造成社会革命完全是受极卑鄙的利益所驱使，而且谋取这些利益的方式也很愚蠢。但是问题不在这里。问题在于，如果亚洲的社会状态没有一个根本的革命，人类能不能实现自己的使命？如果不能，那么，英国不管犯下多少罪行，它造成这个革命毕竟是充当了历史的不自觉的工具。"[②]

马克思的论断获得了证实。19 世纪末 20 世纪初，印度社会发生了深刻变化。一方面，英国对印度的直接殖民统治进一步加深了印度的民族危机；另一方面，印度的封建经济进一步解体，民族资本主义得到一定发展，在一批接受英国教育的民族知识分子身上，尤其体现了印度民族忧患意识和民主改革意识的觉醒，其突出的表现就是 1885 年成立的要求民族平等和自治的民族资产阶级

---

① 孙德拉尔：《1857 年印度民族起义简史》（文仲叔等译），北京：生活·读书·新知三联书店，1957 年，第 205 页。

② 分别见《马克思恩格斯文集》第二卷，第 686、678—683 页。

政党国民大会党，简称"国大党"。正如英国历史学家杜德所深刻指出的：印度国民大会是从先前的发展和印度中产阶级活动的开端中兴起的，但也是英国政府的主动并在其指导下开展起来的，英国政府把它作为防护英国统治，对付人民动乱与反英情绪的蓬勃势力的一个预定的武器。然而，从该组织的初期开始，它的"民族性就逐渐把效忠性掩蔽起来。在几年之内，它就被政府猜忌地和敌意地认为是一个'图谋不轨'的中心"了。① 以提拉克为首的国大党激进派主张联合人民群众的力量，进行一切形式的斗争，推翻殖民统治，实现民族独立。1908 年，英国殖民当局逮捕提拉克而引发的孟买 10 多万工人举行的政治总罢工，形成了 20 世纪初印度人民反英斗争新高潮，也表明了印度无产阶级开始登上反对殖民主义的舞台。值得注意的是，印度另一个重要人物、曾在英国求学并在南非生活过的甘地（1869—1948），则在此期间逐渐形成了他的以非暴力不合作来争取印度民族独立的思想。还要指出的是，1906 年成立的穆斯林联盟，同样寻求独立。

在奥斯曼土耳其帝国，由于地理位置的接近，它比其他亚洲国家更容易受到西方文化的影响。随着帝国的衰落，改革与立宪成为 19 世纪奥斯曼帝国的基本特征，也可将其视为对西方殖民势力的一种抵抗。从 1839 年 11 月土耳其素丹颁布"花厅御诏"，到 1856 年 2 月土耳其素丹颁布新的改革御诏，改革已经包括了政治、经济、法律、人权、教育等各个方面。但是这些改革措施，却进一步加强了列强在土耳其的影响，并使帝国逐渐陷入分崩离析的境地。帝国的大片土地或脱离帝国，或实际落入列强手中：俄国长期沿着里海两侧向南推进，并获得了对帝国内部事务进行干涉的权力；英国控制了亚丁、塞浦路斯、埃及和苏丹；法国征服了阿尔及利亚并对突尼斯提供"保护"；意大利在其后开始征服利比亚；德国则通过帮助土耳其实现军队的现代化以及投资"三 B 铁路"项目②，不断渗透自己的影响。

① 杜德：《今日印度》下（黄季方译），北京：世界知识出版社，1953 年，第 29 页。
② "3B铁路"指连结柏林—君士坦丁堡（古称拜占庭）—巴格达的一条铁路，因这 3 市名字的第一个英文字母都是 B，故名；亦称巴格达铁路。19 世纪 80 年代德国推行东进政策，提出兴建此路，欲使之与欧陆铁路相连，成为自汉堡、柏林经伊斯坦布尔和巴格达直至波斯湾的大铁路，从而得以控制土耳其，威胁高加索、伊朗等地，阻止沙俄南下，并进而使之成为"架在英属印度上面的一把利剑"，威胁英国从地中海到达印度的水、陆交通，故遭到英、俄、法等国的强烈反对。1888 年德从土攫取建造由博斯普鲁斯海峡至安哥拉铁路的租让权，遂成立小亚细亚铁路公司开始修建。1893 年又获得至康尼亚一线租借权，并于 1896 年建成。1903 年德国又获得由康尼亚至巴格达的筑路延伸权。英国对此反应尤其强烈，1914 年 6 月英德草签《格雷-里赫诺夫斯基协定》，规定：英国不再阻挠德国建造该铁路；但德国承诺只将该铁路修建到巴士拉为止，不延伸到波斯湾。但此约尚未最后签字，第一次

另一方面，由于奥斯曼帝国战略地位的重要性，列强也不能任其崩溃。因此，尽管俄国、英国、法国、意大利、德国等国用尽各种财政、政治和军事手段在这一地区扩张势力，但与此同时，它们也通过一切外交努力来阻止帝国出现权力真空从而会被其他人加以利用。也正是靠着列强出于利己目的而提供的支持，帝国的几代素丹才得以在名义上对他们的正在减少的领地保持控制。

1876 年 12 月素丹阿不杜勒·哈米德二世（1876—1909 年在位）被迫颁布了土耳其第一部宪法，规定土耳其实行君主立宪制，伊斯兰教为国教，帝国臣民享有一定的民主自由权利。但是哈米德二世并不打算真正实施这部宪法。他对内采取高压统治，不仅强化政教合一的极权专制，而且独创了一套特务制度，还设立了严厉的出版检查制度。

但是高压统治并不能消除反抗。1889 年，伊斯坦布尔军医学校的学生秘密结社，成立了"奥斯曼统一进步委员会"，欧洲人称其为"青年土耳其党"，其纲领是反对素丹专制制度，恢复 1876 年宪法，建立君主立宪制；要求普选权，宗教自由，公共教育自由，解放妇女；维护奥斯曼帝国领土完整；等等。青年土耳其党建立后几经迫害和分裂，1906 年后主要在军队中发展。1908 年 7 月 3 日，青年土耳其党人发动起义，他们向素丹递交最后通牒，坚决要求恢复宪政。哈米德二世被迫于 23 日发出诏书，宣布立即恢复 1876 年宪法，举行全国大选。在 12 月举行的新议会选举中，青年土耳其党人在议会的 230 个席位中拥有 150 个，掌握了议会的权力。自 1908 年至 1918 年，青年土耳其党人一直实际控制着国家的权力。

值得注意的是，在青年土耳其革命中，涌现出一位优秀的青年军官穆斯塔法·凯末尔（1881—1938），他将在以后领导人民为民族解放而斗争，并建立土耳其资产阶级共和国。

在伊朗，19 世纪，沙皇俄国凭借地理优势，两次发动侵略伊朗的战争，强迫伊朗订立不平等条约，获得了格鲁吉亚、亚美尼亚和北阿塞拜疆，以及赔款和大量特权。英国则以发达的工业为基础，迫使伊朗签订不平等条约，获得"值百抽五"的英国商品输入伊朗的税率，并免除各种国内关税，还获得了领事裁判权。伊朗的半殖民地化伤害了民众的利益，19 世纪 40 年代，发生了由下层

世界大战就爆发了。大战期间，筑路工程加速。战后根据《凡尔赛条约》，德国的铁路租让权被剥夺。1934—1941 年筑路工程由英、法、土三国分担，分段陆续建成。关于第一次世界大战前德国与英国围绕这条铁路的争斗，部分可参见徐蓝：《试论围绕修筑巴格达铁路的德英之争》，《北京师范学院学报》1985 年第 3 期。

阿訇领导的巴布教徒的起义，希望建立拥有公平制度的"正义王国"；起义最终被镇压。19 世纪晚期，伊朗也曾出现有限的改革运动，为以后的革命奠定了基础。

1905—1911 年，伊朗爆发了标志民族觉醒的立宪革命。在革命者当中，有许多人参加过 1905 年的俄国革命。在立宪革命期间，伊朗制定了历史上第一部资产阶级性质的宪法，规定伊朗为君主立宪国家。伊朗革命震惊了英国和俄国。1907 年 8 月 31 日，英俄两国签署协定，划分了各自在伊朗的势力范围：北部归俄国，东南部归英国，中部作为两国的缓冲区。英俄协定鼓舞了反革命势力，1907 年 12 月和 1908 年 6 月，伊朗国王在国外势力的支持下先后两次发动反革命政变，最终得逞。国王随即宣布废除宪法，解散国会，大批革命者被镇压。这一时期的伊朗革命虽然失败了，但是它打击了封建主义和外国势力，传播了民族民主革命思想。

在中国，1840 年鸦片战争后，中国日益沦为半殖民地半封建国家，中国的反帝反封建的斗争更为激烈。这些斗争大致可以分为下层民众和上层统治阶级两个路径。下层民众斗争的代表是太平天国运动和义和团运动。前者打击了帝国主义在华利益，也打击了清王朝的统治，引起了政治和权力结构的变化。随着湘淮系官僚集团在镇压太平天国中崛起，中央的权力被迫下移，对此后的中国历史发展也产生了重要影响；后者所展现的中国人民不畏强暴的牺牲精神，则使列强认识到，瓜分中国，实为下策。正如侵略中国的八国联军司令、德国人瓦德西所说："无论欧美日本各国，皆无此脑力与兵力，可以统治此天下生灵四分之一！"反观上层统治阶级的反抗，则表现为洋务运动和戊戌维新运动，前者开启了中国的现代化进程，后者进一步冲击了清朝的旧式官僚体制，对推动中国民族资本主义的发展和新思想的传播，起到了积极作用。

进入 20 世纪，中国的反帝反封建斗争出现了根本性变化，那就是出现了一批具有世界意识和以救亡图存为己任的中国新型知识分子群体。他们中的代表人物孙中山、黄兴、陈天华等 70 余人于 1905 年 7 月在日本成立了中国同盟会，以"驱除鞑虏，恢复中华，创立民国，平均地权"这 16 个字为其纲领；同年 11 月，孙中山在同盟会的机关报《民报》的发刊词中，首次提出"民族""民权""民生"的三民主义，这是对上述纲领的高度概括与提炼。这就表明了中国的反帝反封建斗争有了初步的理论与思想指导。同盟会成立后，在各地展开了革命宣传和武装起义。1911 年，辛亥革命爆发。1912 年 1 月 1 日，中华民国临时政府在南京成立，孙中山宣誓就职第一任临时大总统。他发布了《临时大总统宣言书》《告全国同胞书》等文件，正式宣告了中华民国的诞生。2 月 12 日，清帝宣布退位。清王朝的封建统治被推翻。面对袁世凯篡权，3 月 11 日，孙中山在南京颁布《中华民国临时约法》，用法律的形式肯定了资产阶级民主共和制度。

辛亥革命开始了相对完全意义上的反帝反封建的民族民主革命。这次革命结束了在中国延续几千年的君主专制制度，建立了中国历史上从未曾有过的共和政体——中华民国。它冲破了封建主义的藩篱，打击了帝国主义的在华势力，在政治上、思想上和社会经济文化上给中国人民带来了不可低估的解放作用，使民主共和的思想深入人心。中国人民长期进行的反帝反封建斗争，以辛亥革命为新的起点，更加深入而大规模地开展起来。

另外，在东南亚，越南反抗法国、印度尼西亚反抗荷兰、菲律宾反抗西班牙的斗争，此起彼伏，冲击着资本主义的殖民统治。只有东亚的日本是一个例外，它通过明治维新走上了资本主义发展道路，在避免自己沦为殖民地半殖民地的同时，又对朝鲜半岛、中国等东亚国家发动了新的殖民侵略。

对于亚洲的反抗，列宁曾称之为"亚洲的觉醒"[1]。一位目击伊朗立宪革命的英国人也曾写道：我以为东方必将发生一场变革……一种新的精神似乎已开始支配人民。他们开始认为有可能得到另一种更好的政体。看来东方正在睡梦中觉醒。[2]

三、非洲的抵抗

帝国主义在瓜分非洲的过程中，一直遭到非洲人民的强烈反抗。在此时期，武装斗争是非洲人民的主要斗争形式。其中，北非埃及的抗英斗争（1881—1882）和苏丹马赫迪起义（1881—1890），阿尔及利亚的抗法武装起义（1871—1872）；东非埃塞俄比亚的抗意战争（1894—1896）；以及西非阿散蒂人民的抗英斗争（19 世纪初—1874）最为突出，但在动员民众方面又有各自不同的特点，既有新型民族资产阶级政党的作用，又有利用宗教反抗殖民统治，还有王公贵族对民众的动员和领导，等等。

埃及作为奥斯曼帝国的一个行省，拥有很大自治权。经历过穆罕默德·阿里改革[3]的埃及，其资本主义经济有一定发展。1869 年苏伊士运河通航后，埃及

---

[1]　《列宁专题文集·论资本主义》，北京：人民出版社，2009 年，第 80 页。

[2]　转引自斯塔夫里阿诺斯：《全球通史：从史前史到 21 世纪》，北京：北京大学出版社，2005 年，第636 页。

[3]　18 世纪末 19 世纪初，埃及内忧外患，局势动荡。穆罕默德·阿里（约 1769—1849）掌握政权后，为实现富国强兵，在军事、经济和文化教育等方面进行了一系列改革，引进西欧先进的科学技术、设备和人才。这些改革不仅巩固了统治，促进了埃及社会经济的发展，也培养了埃及最早的民族主义者。

的政治、经济和战略地位更为重要。英、法等国以整理埃及债务为名，分别控制了埃及的财政收入和支出。1878 年，英、法更是派人加入埃及内阁，分别任财政部长和公共工程部长，以致人们称当时的埃及内阁为"欧洲人内阁"。埃及的半殖民化日益严重。

英法殖民势力的不断渗透激起了新兴民族资产阶级的反抗。在西方资产阶级自由思想和东方泛伊斯兰主义思想的相互影响下，1879 年埃及出现了以爱国军官、知识分子为骨干力量的第一个政党"祖国党"。该党由"青年埃及协会"和"祖国协会"联合而成。前者创立于 1876 年埃及入侵埃塞俄比亚失败之后，主要由具有资产阶级自由思想的土著军官组成，艾哈迈德·奥拉比（Ahmad Orabi，1841—1911，英译为 Arabi，即阿拉比）是重要的领导人之一；后者成立于 1878 年，由部分反对"欧洲内阁"的咨议会的议员组成，他们是具有一定民主思想的地主豪绅和知识分子。[①] 祖国党提出"埃及是埃及人的埃及"口号，以此唤起埃及人民的民族意识，同时致力于"把祖国从屈辱、贫困、痛苦的深渊中拯救出来"，他们通过《埃及报》和《商业报》等宣传要求捍卫民族独立、加强防卫力量、实行宪法改革、建立独立自主的民族国家的主张。当 1879 年英国支持的杜菲克内阁（Tawfig，1879—1892 在任）企图将具有爱国精神的军队调离开罗时，开罗卫戍部队起义，迫使杜菲克改组内阁，颁布宪法、召开国会。在国会中祖国党占有多数，奥拉比也成为陆军大臣。英国对埃及的形势不能容忍，遂于 1882 年发动了侵略埃及的战争，奥拉比领导埃及军民进行了英勇抵抗，最终失败，奥拉比被俘，英国占领埃及。1883—1907 年，埃及实际处于英国驻埃及总领事、被称为"东方暴君"的贝林的统治下，民族工业被摧毁，农业实行单一作物种植制度，扩大棉花种植面积，使埃及成为英国棉纺织工业的原料产地，埃及的国民经济完全依附于国际资本主义。第一次世界大战爆发后，英国正式宣布埃及为其保护国。埃及从半殖民地进一步沦为英国的殖民地。但埃及人民争取民族独立的斗争并未终止。

英国在控制埃及的过程中，也把侵略矛头深入到埃及的邻国苏丹。1881 年，苏丹爆发反英大起义。起义领导人自称"马赫迪"，意为真主派到人间的救世主，号召人民起来斗争，赶走外国侵略者。这次武装起义持续近 20 年，曾占领苏丹大部分地区，沉重打击了英国侵略者。起义失败后，英国实际控制了苏丹。

北非的阿尔及利亚于 1830 年就沦为了法国的殖民地，法国向阿尔及利亚大

---

① 参见杨灏城：《埃及近代史》，北京：中国社会科学出版社，1985 年，第 179—180 页。

量移民。这些移民在法国殖民当局的帮助下，从阿尔及利亚人手中夺取大量土地，建立农场，组织公司，利用失去土地的阿尔及利亚人进行封建式剥削，使后者沦为农奴，阿尔及利亚人经营的牧场也被剥夺。法国的殖民统治激起了阿尔及利亚人民的强烈反抗，1871 年爆发了由封建主莫克拉尼领导的大规模武装起义，后来与其他起义力量联合，提出驱逐法国殖民者的要求，有 20 多万农牧民参加了起义，范围扩大到阿尔及利亚全境，先后发生 300 多次战斗。这次起义虽然在 1872 年被法国镇压，但是直到 1905 年，法国才基本占领阿尔及利亚全境。

法国对阿尔及利亚的殖民入侵，震惊了同为马格里布国家的突尼斯和摩洛哥的封建统治阶级。突尼斯统治者力图通过改革与建设，挽救民族危亡。然而改革与建设又依靠英、法、意等国的财政支持，致使突尼斯债台高筑，法国成为其最大债主。为了获得突尼斯，法国支持英国对塞浦路斯的侵略，换取英国对法国在突尼斯的利益表示"谅解"。德国为了转移法国对欧洲事务的关注也支持法国在突尼斯的行动。1881 年，法国借口突尼斯援助阿尔及利亚的"反叛"，大举入侵突尼斯；1883 年，突尼斯正式沦为法国的保护国，并得到英国等欧洲列强的承认。摩洛哥则在 1904 年被法国和西班牙划分了势力范围，1912 年沦为法国保护国，但其北部和南部一些地区划为西班牙保护地。

在西非，英国在 19 世纪对西非的扩张中，就向位于今加纳境内的阿散蒂国家发动了进攻，在 70 年代以前，英国曾发动过 6 次进攻，企图征服阿散蒂，都被打败。1874 年英国第七次侵略阿散蒂，才占领了首都库西马，炸毁皇宫，强迫阿散蒂支付巨额赔款。直到 20 世纪初，英国才完全占领了阿散蒂。

在东非，1894 年，意大利发动对埃塞俄比亚的侵略战争。埃塞俄比亚皇帝孟尼利克二世（1889—1913 在位）发表《告人民诏书》，号召人民抗击侵略者，保卫国家的独立。经过全国人民的英勇抵抗，特别是在 1896 年 3 月的阿杜瓦战役中，孟尼利克二世亲自率军战胜了意军，迫使意大利于当年 10 月签署《亚的斯亚贝巴和约》，意大利承认埃塞俄比亚是独立国家，并赔款 1000 万里拉。埃塞俄比亚保持了自己的独立。

1815 年维也纳会议通过了禁止奴隶贸易的决议，但是直到 19 世纪下半期，西非和南、北美洲的奴隶贸易才基本结束①。奴隶贸易废除后，代之而起的是西

---

① 1807 年，英国议会通过法案禁止英国船只参与奴隶贸易，1815 年国际社会通过禁止奴隶贸易后，直到美洲大陆各国废除奴隶制后，如海地是 1803 年，美国是 1863 年，巴西和古巴是 1888 年，奴隶贸易在西非和南、北美洲才结束。不过在东非和中非，阿拉伯人进行的奴隶贸易一直持续到第一次世界大战之后。

方殖民国家所谓的"合法贸易"，即各种大宗的商品贸易。以西非为例。西非出产欧洲需要的各种商品，主要是原材料和天然物产，如棕榈油、棕榈核、落花生、树胶、棉花、黄金、木材和象牙等。作为交换，西非从欧洲进口的是棉、毛纺织品，以及枪支和火药、小五金、烈性酒、盐、烟草等。这与当初以奴隶换取的商品并没有太大的区别。非洲基本上处于世界经济的边缘。

第三节　两次世界大战与非殖民化

一、"非殖民化" decolonization 释义

伴随 20 世纪两次世界大战的一个重要的历史现象是，民族独立运动的广泛兴起和各个殖民帝国的崩溃，一些政治家和学者将这一现象及其整个过程称之为"非殖民化"，亦称"非殖民地化"。笔者也使用这一词汇来叙述这一历史现象。鉴于对"非殖民化"这个词汇的含义存在不同的看法，有必要对其做一些必要的解释。

"非殖民化"一词，于 20 世纪 20—30 年代开始出现。据李安山先生考证[1]，尽管有学者认为是德国经济学家 M. 波恩（Moritz Julius Bonn，1873—1965）最早在 1932 年开始使用该词，但是实际上，作为苏联领导人之一的布哈林（1888—1938）在 1927 年就提出了这个概念；而最早对这一概念进行理论概括的是印度共产主义运动创始人马·纳·罗易（1887—1954）。1927 年共产国际委托罗易起草关于印度的文件，在这个文件中，罗易正式提出这一理论。该理论认为，第一次世界大战后的经济危机迫使英国抛弃旧的殖民方式，采取新的剥削方法，印度正处在"非殖民化"的过程当中，即将从英国的"附属国"上升到"自治领"地位，从一个农业殖民国变成现代化的工业国，成为"英联邦自由国家"的一员；同时认为，印度的"非殖民化"得益于两个因素：战后资本主义的经济危机和印度群众的觉醒。不过，罗易的理论在 1928 年召开的共产国际第六次代表大会上受到了批判。西方第一次出现该词可能是 1932 年，在《社会科学百科全书》的"帝国主义"词条中，M. 波恩指出，除了"黑非洲"以外，几乎所有的欧洲殖民地都出现了争取民族独立的起义，"在全世界一

---

[1]　参见李安山：《论"非殖民化"：一个概念的缘起与演变》，《世界历史》1998 年第 4 期。本书的一些基本观点和内容，来自这篇文章的启发，特此致谢。

个反对殖民化的时代已经开始，非殖民化正在迅速展开"。1934 年，波恩又在
《反对殖民化的时代》一文中指出，"殖民化作为一个伟大的世界运动正面临末
日……帝国崩溃正在以前所未有的规模不断进行"，"非殖民化"表明欧洲的殖
民化时代已经结束，殖民体系开始动摇，民族独立的曙光正在出现[①]。此后"非
殖民化"一词流传开来。可以看到，"非殖民化"这个词汇一经出现，就包括了
殖民地进行独立斗争的含义，这是没有疑问的。

　　那么，到底什么是"非殖民化"呢？或者说它的定义如何？在 1993 年出版
的《非洲通史》第 8 卷的"导言"中，本卷主编、肯尼亚学者马兹鲁伊给"非
殖民化"下了一个定义："非殖民化系殖民统治终结、殖民机构解散和殖民价值
观与殖民方式摒弃的过程。"[②]而英国学者尼古拉斯·J. 怀特总结了一些西方学者
的看法："'非殖民化'是一个过程，即是一个经济、政治和文化的统治与'全
球殖民主义'价值观被一种新的国际秩序所取代的过程。"[③]尽管这两种定义有一
定的差别，但是，从殖民地半殖民地全面摒弃殖民主义在政治、经济、文化乃
至价值观等方面的权力和影响，当是"非殖民化"的应有之义，这基本是大多
数学者的共同认识。

　　然而，关于殖民宗主国和它们的殖民地在"非殖民化"这一历史现象的发
生过程中起到的作用，学术界的看法却并不一致。马兹鲁伊认为："从理论上
讲，非殖民化的主动性可以来自帝国主义国家，也可以来自殖民地人民。但实
际上，非殖民化往往是由被压迫者的斗争所逼出来的。"[④]这就是说，尽管"非殖
民化"可以来自帝国主义国家即殖民宗主国，也可以来自殖民地人民，但是殖
民地人民的斗争是导致"非殖民化"的更为决定性的因素。

　　反观西方学者的看法，却不尽相同。怀特概括指出了两种看法：一种看法
认为，殖民帝国或殖民宗主国自动地选择了"非殖民化"，即"非殖民化"可以
被界定为殖民宗主国"打算正式结束对特定的殖民领土的政治控制，并且用某
些新的关系来代替它"；或者，"非殖民化"的过程被定义为殖民宗主国在殖民
地的"一种局部的撤离，是在非欧世界地区对英国和欧洲影响的重新部署和重

---

① 转引自李安山：《论"非殖民化"：一个概念的缘起与演变》，《世界历史》1998 年第 4 期。

② 阿里·A. 马兹鲁伊、C. 翁吉主编：《非洲通史》（Ali A Mazrui & C Wonji ed., General History of Africa）
第 8 卷，巴黎，1993 年，第 7 页，转引自李安山：《论"非殖民化"：一个概念的缘起与演变》，《世界历史》1998 年第 4 期。

③ Nicholas J. White, *Decolonization: The British Experience Since 1945*, 2 edition, London and New York: Taylor & Francis Publishing, 2014, p. 5.

④ Ali A. Mazrui & C. Wonji ed., *General History of Africa*, p. 5.

新分配"，因此，"非殖民化"并不一定等同于"帝国的终结"或"独立"。但是，这种把分析集中于帝国或宗主国选择非殖民化，或许有夸大的成分。另一种看法则意味着对殖民帝国崩溃的更吸引人的解释：在20世纪，殖民地的经济、政治和社会发生极大变化，这种变化达到最高点的标志就是大众的反殖民主义的民族主义运动的兴起，最终意味着第二次世界大战后英国再也不能控制它的殖民帝国；所谓"帝国边缘地区的造反"，其意义在于迫使英国认输并无可挽回地从一个殖民地的拥有者不断撤退。①

综合上述看法，关于谁是非殖民化的推动者，即谁是"非殖民化者"的问题，可以获得两点基本认识：

其一，一些学者和政治家比较强调殖民地的斗争是"非殖民化"的决定性因素。由于20世纪殖民地半殖民地的民族主义高涨并不断与殖民主义进行斗争，从而迫使殖民者从殖民地撤退。②

其二，一些学者和政治家比较强调"非殖民化"是殖民宗主国自愿结束殖民统治。正如怀特所说，尽管二战结束后的英国政策制定者们，对于他们的殖民地和半殖民地的独立并没有详细完整的设想。但是，为了使帝国体系获得新生并使之合理化，他们的确打算去调整政治关系；而这个过程的加速和升级发展却超出了英国的控制。因此可以认为，在伦敦的政治家们看来，"非殖民化"是一个主动开始的过程。③持这种观点的最具有代表性的言论是曾任英国首相的工党领袖艾德礼在一次讲演中所说的话，他宣称："在世界历史上，有许多大帝国兴起，繁荣一个时期，然后垮掉了。……只有唯一一个帝国，这个帝国在没有外来压力下或没有对统治的负担感到厌倦的情况下，统治民族自愿地放弃了对臣服民族的统治，把自由给予了它们。……这个唯一的例子就是大英帝国。"④但是，对于二战后殖民地半殖民地的民族解放运动的浪潮，英国的领导人还是相当清楚的。1960年，当时的英国首相哈罗德·麦克米伦（1894—1986，1957—1961年任英国首相）访问非洲。他在2月3日于南非议院所做的"变革之风吹遍非洲大陆"的著名讲演中，不无感慨地说道："变革之风已经吹遍这个大陆，不管我们喜不喜欢，民族意识的这种增长是个政治事实。我们大家都必

① Nicholas J. White, *Decolonization: The British Experience Since 1945*, pp. 5-6.
② 一些中国学者也持这种看法。
③ Nicholas J. White, *Decolonization: The British Experience Since 1945*, pp. 5-6.
④ Nicholas J. White, *Decolonization: The British Experience Since 1945*, London: Longman Limited, 1999, p. 45. 转引自《20世纪的历史巨变》，第317页。

须承认这是事实，并且在制定国家政策时把它考虑进去。"①

　　因此，当我们从历史的较长镜头考察 20 世纪的非殖民化过程时，对于"非殖民化"这个 20 世纪出现的概念，可以将它定义为：非殖民化的过程主要就是指殖民地、保护国或委任统治地，也包括半殖民地，获得政治独立、经济与文化解放的历史现象和历史过程。它针对的是欧洲列强从 16 世纪到 19 世纪末 20 世纪初历经 4 个世纪之久的对亚非拉地区的"殖民化"，也是对世界殖民体系的摧毁过程。

　　回顾整个 20 世纪的非殖民化过程，可以看到，非殖民化过程是一个双向力量不断互动的过程，即不仅强调殖民地半殖民地人民持续不断的反抗殖民压迫对殖民帝国解体的决定性作用，同时也强调殖民宗主国在其殖民帝国的解体过程中具有的能动作用。这就像一个硬币的两个方面，不可分割。因此一些学者认为"非殖民化"是一个中性的词汇，并用以解释非殖民化的历史过程，是有道理的。

　　实际上，出现于第一次世界大战之后的"非殖民化"一词，其传播和使用都经历了一个较长的时期，无论是殖民宗主国还是殖民地半殖民地国家，对"非殖民化"这个词汇的接受和使用都经历了一个过程。这固然与两次世界大战之间年代的历史复杂性有关，更与第二次世界大战后非殖民化快速发展的现实有关，从而使"非殖民化"的双方——殖民宗主国和他们的殖民地半殖民地——都意识到，非殖民化是一种历史发展的时代潮流。例如，在法国，20 世纪 50 年代，"非殖民化"一词开始被使用并逐渐得到传播。1960 年，面对法属非洲殖民地争取独立的斗争浪潮，法国总统戴高乐在当年 9 月的记者招待会上，在谈到"关于世界范围内的整个非殖民化问题"时指出，各国人民的解放既符合法国的精神，也符合世界上正发生的不可抗拒的运动。1961 年 9 月，他又指出："我们面前的重大问题是非殖民化问题。殖民地的时期已经结束……今天，这一页已经翻过去了。马达加斯加、非洲已经亲自掌握了它们的命运"，"我们还要完成在阿尔及利亚的非殖民化工作"。② 与法国相比，英国在二战后很长一段时期内，似乎拒绝正式使用"非殖民化"这一词汇。然而，面对第二次世界大战后英国的殖民地纷纷独立的现实，当时的英国领导人又是如何看待这一非

殖民化的现象的呢？ P. 墨菲考察了英国保守党对中部非洲的非殖民化政策，指出：英国保守党领导人认为，清算殖民统治的规则并不意味着将结束英国在其广阔的非欧世界的巨大影响[①]；J. 达尔文指出，英国保守党认为："非殖民化是英帝国在其他意义上的继续。"[②] 对于保守党领袖麦克米伦来说，他并不认为非殖民化是一个激烈的变化，他认为"非殖民化并不是英国衰落的标志"[③]，他在 1958年 1 月 19 日的讲演中宣称："尽管我们（在印度、巴基斯坦和锡兰［今斯里兰卡］等地）不再拥有行政权力，但是我们仍然通过英联邦拥有巨大影响。"[④] 可以看到，无论是戴高乐还是麦克米伦，他们的上述言论都有在"非殖民化"方面掌握舆论主动权的打算，即表明其殖民帝国的解体是他们采取主动行为的结果，而且即使殖民地被他们"非殖民化"了，但宗主国的影响依然存在。

二、第一次世界大战与殖民帝国逐渐瓦解

第一次世界大战对欧洲、亚洲和非洲的被压迫民族有着持续的影响，不仅导致了欧洲四大帝国的消亡，而且被称为"第五帝国"的英、法等殖民帝国，也开始了解体过程。

（一）欧洲四大帝国的崩溃

第一次世界大战前，东欧和东南欧的被压迫民族，已经有不断高涨的民族独立愿望和行动，但是它们国小力弱，内部纷争不断，又为大国所利用，无法主宰自己的民族命运。

第一次世界大战以极其残酷的方式，给世界各国人民带来了深重的灾难，但是它在客观上，在思想意识上，又将 19 世纪在欧洲传播的自由主义、社会主义和民族主义所体现的民族独立与自由、平等、民主的思想持续向东欧和东南欧、亚洲、非洲等区域传播，并形成 20 世纪第一次民族解放运动的高潮，第一次世界大战摧毁了欧洲曾有的四大帝国，代之而起的是东欧和东南欧的一批国家获得了民族独立。

1. 俄罗斯帝国

第一次世界大战中发生的俄国二月革命，推翻了沙皇俄国；其后发生的布

---

①　P. Murphy, *Party politics and Decolonization: The Conservative Party and British Colonial Policy in Tropical Africa,1951-1964*, Oxford: Clarendon Press, 1999.

②　J. Darwin, *The End of the British Empire: The Historical Debate*, Oxford: Blackwell, 1991, p.33.

③　Nicholas J. White, *Decolonization: The British Experience Since 1945*, p.47.

④　Nicholas J. White, *Decolonization: The British Experience Since 1945*, p.161, Document 15.

尔什维克党领导的十月革命，则使俄罗斯帝国不复存在。1917 年 11 月 8 日，即十月革命后的第二天，列宁起草的《和平法令》在全俄工兵代表苏维埃第二次代表大会上获得通过。该法令向一切交战国政府和人民建议"立即缔结停战协定""立即就公正的民主的和约开始谈判"；立即实现"不割地（即不侵占别国领土，不强迫合并别的民族）不赔款的和平"；反对兼并或侵占别国领土，明确指出："如果违反这个民族的愿望"，强制其留在别国版图之内，就是兼并，就是侵占和暴力行为。同年 11 月 15 日，苏维埃政权发表《俄国各族人民权利宣言》，宣布各族人民拥有平等权和自主权，享有完全自决乃至分离并建立独立国家的权利。《和平法令》和《俄国各族人民权利宣言》所宣布的民族自决原则，为被沙皇俄国兼并的国家和地区的独立提供了法律依据。在民族自决思想鼓舞下，原沙皇俄国统治的各个民族纷纷建立自己的独立国家或自治共和国。1917年 12 月芬兰宣布独立；1918 年爱沙尼亚①、立陶宛和拉脱维亚宣布独立，俄国占领的波兰领土也脱离了俄国。俄罗斯帝国彻底瓦解。

2. 奥匈帝国

奥匈帝国是哈布斯堡王朝统治的最后一个国家。1867 年 2 月，奥地利帝国境内的匈牙利获得自治，同年 6 月奥地利帝国和匈牙利王国组成政治联合体，奥地利帝国正式改组为奥匈帝国，亦称二元帝国。奥匈帝国是一个多民族国家，其领土包括今天的奥地利、匈牙利、捷克、斯洛伐克、克罗地亚、斯洛文尼亚、波斯尼亚和黑塞哥维那，以及波兰和罗马尼亚的一部分。自拿破仑战争后民族主义就向东南欧传播。1832 年希腊摆脱奥斯曼帝国独立，进一步鼓励了巴尔干半岛各民族的民族独立斗争。1878 年，奥匈帝国开始管治名义上仍属于奥斯曼帝国的波斯尼亚及黑塞哥维那。1908 年，奥匈帝国正式将波黑吞并，这成为导致萨拉热窝暗杀事件的根源，并由此引发了第一次世界大战。在一战期间，美国总统威尔逊于 1918 年 1 月 8 日发表的《世界和平纲领》（即"十四点"原则）中，第 10 点和第 11 点涉及对奥匈帝国的安排。在第 10 点中，要求"对于我们希望保障其国际地位的奥-匈帝国治下的各民族，必须给予最自由的机会，使之获得自治的发展"。在对这一条款的具体注释中，则提到给捷克斯洛伐克、德意志奥地利、南斯拉夫、匈牙利等领土的民族统一和民族独立的计划。在第 11 点中，提到"巴尔干各国之间的相互关系应以历史上建立起来的政治归属和民族

---

① 爱沙尼亚于 1918 年宣布独立，成立爱沙尼亚共和国。同年 2 月德国乘虚而入占领爱沙尼亚。同年 11月，苏俄宣布对爱沙尼亚拥有主权。在此期间，爱沙尼亚人民为争取民族独立进行了不懈的斗争。1920 年 2 月，苏俄承认爱沙尼亚独立。

界限为准则，通过友好的协商来决定；对巴尔干各国的政治和经济的独立与领土的完整，亦应予以国际的保证"。① 这些原则，无疑对奥匈帝国境内各民族的独立运动是极大的鼓舞和支持。1917 年俄国十月革命的胜利，也鼓舞了帝国境内各民族的独立斗争。而且到 1918 年夏天，随着战事对同盟国越来越不利，奥匈帝国内部各民族的离心倾向与独立行动更为强烈。到一战结束时，不仅捷克斯洛伐克、匈牙利、南斯拉夫（塞尔维亚 - 克罗地亚 - 斯洛文尼亚联合王国）已经独立，奥地利也成立了共和国。哈布斯堡王朝统治的奥匈帝国终于解体。

3. 德意志帝国

1871 年 1 月 18 日，普鲁士国王威廉一世在法国的凡尔赛宫加冕为德意志帝国皇帝，开始了德意志第二帝国（962—1806 年的德意志民族神圣罗马帝国为第一帝国）的历史，其后通过帝国宪法，第二帝国成为君主立宪制的联邦国家。第一次世界大战后期，帝国首都柏林发生 1918 年 11 月革命，德皇威廉二世被迫于 11 月 9 日退位，逃往荷兰，霍亨索伦王朝统治被推翻。同年 11 月 11 日，波兰宣布独立②。根据《凡尔赛条约》，法国收回阿尔萨斯 - 洛林，欧本和马尔梅迪划归比利时，德国所有海外殖民地被战胜国瓜分③，德国在中国山东的一切非法权益和胶州湾租借地全部移交给日本，德意志帝国解体。1919 年 2 月德国建立魏玛共和国。

4. 奥斯曼帝国

奥斯曼帝国又称奥斯曼土耳其帝国。帝国强盛时期，领土范围曾到达欧洲南部、巴尔干半岛、小亚细亚、西亚、阿拉伯半岛和北非等地。到 18 世纪，北非的埃及和马格里布地区（包括阿尔及利亚、突尼斯、的黎波里［今利比亚］

---

① 齐世荣主编：《世界通史资料选辑·现代部分》第一分册，北京：商务印书馆，1980 年，第 9—10 页。
② 1916 年 11 月，德国政府许诺建立"独立的波兰国家"。1918 年 8 月 29 日，苏俄政府颁布法令，宣布废除俄罗斯帝国与普、奥签订的瓜分波兰的一切条约，承认波兰人民享有"独立和统一的不可否认的权利"。独立后的波兰领土，包括原来被沙皇俄国、普鲁士和奥地利瓜分的地区，因此波兰的独立也成为德意志帝国和奥匈帝国解体的一部分。
③ 一战前德国的海外殖民地：
非洲地区：（一）德属东非：包括后来的坦噶尼喀，今属坦桑尼亚；1885—1918 年，战后为英国委任统治地；卢旺达和布隆迪：1885—1917 年，战争中被比利时军队占领，战后委任给比利时统治。（二）德属西非：包括喀麦隆：1884—1914 年，一战中英、法分别出兵占领，战后分别为英、法委任统治地；多哥：1884—1914 年，战后由英、法分别占领。（三）德属西南非洲，今纳米比亚：1883—1915 年，一战中由南非占领，战后为南非的委任统治地。
太平洋地区：包括德属萨摩亚：1899—1914 年，被新西兰占领；德属新几内亚，包括威廉皇帝领地（Kaiser-Wilhelm's-Land）和邻近海岛：1884—1914 年，被澳大利亚占领；加罗林群岛：1889—1914 年，战后为日本委任统治地；马里亚纳群岛：1889—1914 年，后由日本占领。

等），虽然形式上还是奥斯曼帝国的边远省份，实际已经脱离帝国政府而独立，巴尔干的许多属地也逐渐落入奥地利帝国手中。19世纪，民族主义横扫奥斯曼帝国，继希腊于1832年独立后，1875年，塞尔维亚、黑山、瓦拉几亚（独立后称罗马尼亚）和摩尔多瓦等宣布脱离帝国独立。1877—1878年的第十次俄土战争后，土耳其承认塞尔维亚、罗马尼亚、黑山及保加利亚等独立；承认波斯尼亚和黑塞哥维那在帝国版图内获得自治，但这两个地区被奥匈帝国占据。1908—1909年，帝国境内发生青年土耳其党人的革命，他们掌握政权后，开始推行泛突厥主义，即大土耳其主义，他们坚持把土耳其语作为帝国的官方语言，而不顾阿拉伯人和其他少数民族的反对。这种政策激起了后者的反抗，他们继续寻求自治或独立，帝国的分裂愈加不可避免。青年土耳其党人对外奉行亲德政策，在第一次世界大战中参加以德国为首的同盟国一方作战。对于战后对奥斯曼帝国的安排，美国总统威尔逊在其发布的"十四点原则"中的第12点有所涉及：对目前奥匈帝国的土耳其部分，必须保证它有稳固的主权；但是对现在受土耳其统治的其他民族，则必须保证他们生活的真正安全和在自治的基础上绝对不受干扰的发展机会[1]。

　　第一次世界大战结束后，1920年8月10日，战胜国与土耳其素丹政府签订《色佛尔条约》，遭到土耳其民族主义者的反对。凯末尔领导的土耳其资产阶级革命胜利后，1923年7月24日，战胜国与凯末尔政府签订《洛桑条约》，规定土耳其领土包括伊斯坦布尔及附近地区、小亚细亚全部以及东色雷斯和伊兹密尔地区，亚美尼亚和库尔德斯坦等部分少数民族地区仍归土耳其所有；石油产地摩苏尔的归属问题留待以后解决（1926年《英土协定》将摩苏尔地区划给英国代管的伊拉克）。帝国的其余部分或独立，或遵从国际联盟盟约的规定，委托给英国和法国委任管理[2]。随着1923年10月29日土耳其共和国的建立，奥斯曼帝国彻底终结。

　　在四大帝国的废墟上，诞生了一系列民族独立国家，完全改变了欧洲、西亚和北非的政治版图。

---

① 齐世荣主编：《世界通史资料选辑·现代部分》第一分册，第10页。
② 《洛桑条约》规定：土耳其放弃被英、法、意等国瓜分的前属奥斯曼帝国的埃及、突尼斯、摩洛哥、利比亚等地的领土要求，并承认英国对塞浦路斯、意大利对佐泽卡尼索斯（今南斯波拉泽斯）群岛的兼并；海峡地区实行非军事化，缔约各国声明同意在海峡地区海上和空中通过及航行自由的原则，海峡地带不得设防和派驻武力量，由国际委员会（又称海峡委员会）实行监督。根据1920年生效的《国联盟约》的规定，英国对伊拉克、外约旦和巴勒斯坦实行委任统治，法国对叙利亚和黎巴嫩地区实行委任统治。

值得注意的是，在德意志帝国和奥斯曼帝国的解体过程中，国际联盟实行的委任统治制度也起了一定作用。

（二）国际联盟的委任统治制度及其影响

第一次世界大战在国际政治方面的重大发展，是建立了世界上第一个主权国家的政府之间组成的政治性的常设国际组织——国际联盟。国际联盟的出现不仅反映了20世纪的世界已经成为一个息息相关的整体的现实，更表达了人类在经历了一场空前浩劫的大战之后对世界和平的追求与向往。因此，国际联盟是史无前例的国际政治和国际法的重要发展，是各国维护和平、努力用协商和仲裁方式解决国际争端的理念的继续实践。它所主张的和平解决争端，亦具有人类政治文明进步的意义。

但是，国际联盟是在一场帝国主义战争之后，由战胜国列强作为对战败国的媾和条约的组成部分而建立的，因此国联盟约所规定的"为促进国际合作，保证国际和平与安全，承担不从事战争之义务"的宗旨，主要是为了维护以英法为代表的战胜国的既得利益和它们所建立的"国际新秩序"，这是国联的本质，并由此造成了国联的与生俱来的缺陷和弱点。这些缺陷和弱点也是那个时代的产物。[①]在这里，我们仅对国际联盟在管理殖民地方面的委任统治制度，进行具体分析。

《国际联盟盟约》作为《凡尔赛条约》（即《协约及参战各国对德和约》）的第一部分内容，于1919年4月28日在巴黎和会上被通过，于6月28日同凡尔赛条约一起被批准，国际联盟则于1920年1月10日成立，盟约随之生效。国联盟约共有26条内容，其中第22条是对设立国联委任统治地的规定。这些委任统治地都是第一次世界大战战败国的殖民地或领地，主要是德意志第二帝国的殖民地和奥斯曼土耳其帝国的领地。

首先看一看国联盟约第22条的具体内容。

第22条具体分为9款：

第1款　凡殖民地及领地于此次战争之后不复属于从前统治该地之各国，而其居民尚不克自立于今世特别困难状况之中，则应适用下列原则：即将此等人民之福利及发展成为文明之神圣任务，此项任务之履行，应载

---

①　关于国际联盟存在的一些重大缺陷与问题，请参见本书第三章、第四章的相关内容，以及徐蓝：《国际联盟与第一次世界大战后的国际秩序》，《中国社会科学》2015年第7期。

入本盟约。

　　第 2 款　实现此项原则之最妥善方法，莫如将此种人民之保佐，委诸资源上、经验上或地理上足以承担此责任而亦乐于接受之各先进国，该国即以受任统治之资格，为联盟实行此项保佐。

　　第 3 款　委任统治之性质，应以该地人民发展之程度，领土之地势，经济之状况，及其他类似情形而区别之。

　　第 4 款　前属奥斯曼帝国之各民族，其发展已达可以暂认为独立国之程度，惟仍须由受委任国予以行政之指导及援助，至其能自立之时为止。对于该受委任国之选择，应首先考虑各该民族之愿望。

　　第 5 款　其他民族，尤以中非洲之民族，依其发展至程度，不得不由受委任国负地方行政之责，惟其条件为担保其信仰及宗教之自由，而以维持公共安全及善良风俗所能准许之限制为衡，禁止各项弊端，如奴隶之贩卖、军械之贸易、烈酒之贩卖，并组织建筑要塞或设立海陆军基地，除警察或国防所需外，不得以军事教育施诸土人，并保证联盟之其他会员国在交易上、商业上之机会均等。

　　第 6 款　此外土地如非洲之西南部及南太平洋之数岛，或因居民稀少，或因幅员不广，或因距文明中心辽远，或因地理接近委任国之领土，或因其他情形最易受治于受委任国法律之下，作为其领土之一部分，但为土人利益计，受委任国应遵循以上所载之保证。

　　第 7 款　受委任国须将委任统治土地之情形，向行政院提出年度报告。

　　第 8 款　倘受委任国行使之管辖权、监督权或行政权，其程度未经联盟会员国间订约规定，则应由行政院予以明确规定。

　　第 9 款　设一常设委员会，专任接收及审查各受委任国之年度报告，并就关于执行委任统治之各项问题，向行政院陈述意见。[①]

　　综合这 9 款的内容，可以看到：第 1 款至第 3 款：规定对德国海外殖民地和奥斯曼帝国的一些领地实行委任统治；第 4 款至第 6 款：规定针对不同国家实行不同程度的委任统治，说明了三种不同程度的委任统治地；第 7 款至第 9 款：规定了国联对委任国的管理和委任国对国联应承担的义务。

　　具体地说，国联盟约规定的"委任统治"制度，是把德国的前殖民地和前

---

① 引自华尔脱斯：《国际联盟史》上卷（汉熬等译），北京：商务印书馆，1964 年，第 66 页。

奥斯曼帝国的领地交给国联，再由国联把它们委托给英、法、比、日等主要战胜国进行统治。委任统治地分为三类，其划分标准是根据受托国对委任统治所实施的居民发展阶段的判断来加以划分的。第一类，即 A 类，包括前属奥斯曼帝国的阿拉伯领土，它们被认为其发展程度达到了独立之程度，但还不能自立，故需要委任国给予"行政之指导及帮助"，直到它们能够自立为止。[①] 在这些阿拉伯领土中，叙利亚和黎巴嫩的委任统治被分配给法国，伊拉克和巴勒斯坦及外约旦的委任统治被分配给英国，而英国对巴勒斯坦的委任统治是以英国政府于 1917 年做出的要在巴勒斯坦建立"一个犹太人的家园"的保证为条件的。第二类，即 B 类，包括德国在中非的前殖民地，由委任国"负地方行政之责"，并保证其他会员国在该地区的商贸活动中"机会均等"。在东非，除了西部的两个毗连比属刚果的省份被委托给比利时，南部的基永加港完全让给葡萄牙之外，整个前德国的殖民地坦葛尼喀被委托给英国。西非的喀麦隆和多哥均在英、法的委任统治之下分而治之。对第一、二类地区何时才能独立，未做明确规定。第三类，即 C 类，包括德国过去在西南非洲的殖民地和在太平洋上的岛屿属地，前者的委任统治权属于南非联邦，后者被委托给澳大利亚、新西兰和日本；受托国可将它们作为本国领土的一部分，根据本国法律进行管理；而且受托管理的国家没有义务给其他国家以托管领土上贸易和商业方面的平等权利。因此在第三类的委任统治下，被委任地区基本相当于受托国的殖民地。盟约还规定，成立常设委任统治委员会，受托国须每年通过该委员会向国联行政院提交年度报告，说明执行委任统治的情况并提出自己的意见。但对于这些地区何时才能独立的问题，盟约并没有明确的规定。

通过对国联盟约规定的委任统治制度的分析及其具体实施的说明，可以看到，国联的委任统治制度，是帝国主义列强在第一次世界大战前及战后面对世界被压迫民族风起云涌的反帝反殖斗争的形势下，被迫对旧有的殖民体系进行的一种改造，它在一定程度上反映了时代的进步。这种进步主要表现在：其一，进入 20 世纪以来，人类已经越来越认识到殖民主义是产生战争与冲突的重要根

---

① 需要说明的是，在 A 类委任统治中，尽管盟约明确规定"当地居民的愿望必须是选择委任管理时的主要考虑"，但很难说这个条件被充分地满足了。另外，阿拉伯的领土在战争期间就已经被英法之间的秘密协定预先安排了；而且尽管在战后对实行该协定存在着大量争论，但是争论的关键并非在于当地居民的愿望。除了被委任统治的地区外，奥斯曼帝国的其他阿拉伯省份获得了它们的独立。位于红海沿岸的长条阿拉伯边界（它因其包括圣地麦加和麦地那而被所有穆斯林看成是一块重要的土地）成立了独立的汉志王国（今沙特阿拉伯）。土耳其在其他一些阿拉伯地区的主权只不过是名义上的；对于那些由定居人口居住的地区来说，实行统治的是一些自治的素丹、酋长和阿訇。

源，因此，在国际联盟所设计的委任统治制度中，一定程度上考虑了被委任统治地区的居民的福祉，尽管很不明确；也对被委任地区能否"自立"的问题有所涉及，尽管同样模棱两可。其二，制定国联盟约的战胜国并没有直接把战败国的殖民地或领土全部分配给战胜国作为后者的殖民地（这本来是发动这场帝国主义战争的双方共有的目的），而是有所区别，将其一部分作为国联的委任统治地，分配给战胜国管理。但是，在规定委任统治时，特别是对第三类被委任地区的规定，与其作为受托国的殖民地没有太大区别。因此，可以认为，对于旧有的殖民制度来说，国联的委任统治制度具有一定的历史进步性，但是并没有真正改变殖民统治的实质。

还必须说明的是，在委任统治中，对国联和受托国之间的关系并没有做出明确的规定。正如 E. H. 卡尔所说："实际上，受托国在多大程度上能宣称他们代表国联行动，是令人怀疑的。这些讨论中的领土是由德国和土耳其割让给协约国和主要参战各国的，它们负责选择委任统治国。国联批准了委任统治条款，并接受来自受托国的有关在它们保护之下的那些领土状况的年度报告。但是国联的作用仅仅限于温和的批评。因为国联并未转让这种托管权，但是显然它也不能取消委任统治。对被委任统治的领土的主权归属于哪里的问题，是一个解决不了的法律难题。"[①] 正因为国联盟约并没有明确规定这三类地区何时才能独立，而国际联盟对受托国在这些地区的政策也没有真正的发言权，而这些地区的主权归属也不明确，委任统治国就把被它们委任统治的领土不同程度地当作自己的殖民地来对待，并在这些地区各行其是，特别是在第三类委任统治地，更是如此。因此，从这个意义上说，委任统治制度的实施，的确进一步扩大了英、法、比等殖民帝国。

但是另一方面，英、法等殖民帝国在扩大的同时，其解体过程不可逆转。

（三）"第五帝国"逐渐解体

1. 英帝国白人殖民地的初步分离

被称为"第五帝国"的英帝国、法兰西帝国等，以其拥有较大的殖民地而得名。但是，在经过第一次世界大战之后，也在逐渐解体。在论述这些殖民帝国的解体过程中，首先对英帝国和法兰西殖民帝国的一些内部变化做下述说明。

"第五帝国"中拥有最大殖民地的英帝国 —— 它曾被称为"大英帝国"，其逐渐解体的情况与其他殖民帝国有所区别，主要表现在它有不少以白人为主的

---

① 　E. H. Carr, *International Relations between the Two World Wars 1919 - 1939*, p. 16.

殖民地，而这些白人殖民地早在第一次世界大战前，就开始了漫长的脱离英帝国的过程。1776 年北美十三块英属殖民地的独立，可视为大英帝国解体的开始，尽管在当时和其后，大英帝国的领土还在扩大。1867—1910 年，帝国内的白人殖民地加拿大（1867 年）、澳大利亚（1901 年）、新西兰（1907 年）、纽芬兰（1907 年）和由少数白人统治的南非联邦（1910 年）相继取得自治领地位。1907 年英国在殖民部内设立了一个主管自治领事务的部门，即自治领司，以管理自治领事务。大英帝国已经开始从帝国向英联邦转变。

最初时期，自治领的宪法由英国国会制定，但拥有自身的宪政体制，其内政自治，有自己的贸易政策和有限的自主外交政策。然而，尽管各自治领在外交政策上享有一定自由度，但其政策不能违背英国的利益，因此自治领的外交主要还是由英国负责。在防务上，自治领有各自的军队，但没有对外的宣战权，而且最初规定自治领的防务纳入英帝国的单一军事框架中。例如，当 1899 年英国同荷兰后裔布尔人为争夺南非爆发战争（史称第二次布尔战争）时，英国向加拿大发出了派兵要求。在经过内部的激烈争论后，加拿大向南非派出了 1000 名士兵。不过在第一次世界大战之前，当英国面临德国的军事竞争，特别是后者的海军竞争的时候，英国不得不于 1909 年决定让各自治领拥有自己的海军。另外，虽然英国政府允许上述地区自治，但其依旧可以干涉自治领内政。这种情况，直到第一次世界大战后才得到改变。

第一次世界大战结束后，英帝国完成了最后一次大规模的海外扩张。前文已经涉及，这里不再赘述。需要指出的是，虽然英国赢得了战争，扩大了帝国，但帝国已经今非昔比。战争的巨大开销、无数的资产被毁，以及巨大的人员伤亡，使得英国无法继续承担维系一个帝国所需要的人、财、物的支撑。与此同时，这场战争不仅在殖民地激起了高涨的民族主义情绪，在英帝国的自治领也同样如此。因此可以说，正是第一次世界大战推动了自治领争取到更大的主权。例如，在一战前，当英国决定对同盟国开战的时候，英帝国的各个自治领是无权选择是否参战的，它们必须服从英国的决定而自动进入战争，并且在一战过程中，加拿大、澳大利亚、新西兰、爱尔兰等均接受英国王室的调令参加了战斗。其中，加拿大派遣了 60 万兵力远赴欧洲参战，并付出了 6 万多士兵死亡、17 万人受伤，以及几亿美元军费的代价。另一方面，这种付出也大大激发了自治领的民族意识，而战争也使得英国对殖民地的控制力不断减弱，各自治领的独立开始成为一种不可遏制的潮流。它们不仅作为独立国家参加了战后的巴黎和会，并且在签订《凡尔赛条约》的时候，自治领与英国也是分别签订的，这反映了自治领外交主权的增加。又如，当英国准备镇压土耳其的凯末尔革命的时候，加拿大就明确表示此事与加拿大的利益无关，拒绝支持英国的行动，这成为最终迫使英国寻求与凯末尔妥协，签订《洛桑条约》的重要因素之一。再如，1923 年，加拿大在没有英国的同意下，就单独与美国签订了《保护太平洋大比目鱼条约》。这是加拿大第一次抛开英国单独与外国签署条约，因为加拿大认为此事不涉及英国，无须获得后者的同意，而英国也在 1923 年召开的帝国会议上追认了这种事实关系，同意各自治领有权与外国签订条约。

面对自治领的分离和分立倾向，英国于 1925 年将 1907 年在殖民部内设立的主管自治领事务的部门自治领司从殖民部分离出来，成立独立的自治领部，以示自治领与殖民地的区别。1926 年，英国正式推出对自治领让渡一定权力并组成英联邦的政策，以维系英国对自治领的影响力。在当年各自治领总理出席的于伦敦召开的帝国会议上，当时英国枢密院议长阿瑟·贝尔福勋爵（Arthur James Balfour，1848—1930）领导的"帝国内部关系委员会"制定并提交了一个文件，即著名的《1926 年贝尔福宣言》。其中规定了英国与自治领的关系准则：宣布这些自治社会乃是"英帝国内部的自治社会。它们虽然是以对国王的共同忠诚而联合在一起，但地位平等，无论在其内政或外交的任何方面，彼此并不互相隶属，而是作为英联邦的成员而自愿结合"[①]。

可以看出，该宣言确立了英国与自治领之间的关系：第一，英国承认自治领在内政外交方面拥有独立地位，法律上与英国平等；第二，规定英王也是自治领的国王，而自治领则承认英王作为大家共主的法统地位并宣布效忠英王；第三，英国和自治领组成了英联邦。

然而，《1926 年贝尔福宣言》仅仅是一个"宣言"，并不具有法律效力，而自治领和英帝国之间还存在不少问题，特别是法律方面的问题，如殖民地的法律在自治领是不是还有效，自治领立法权的边界在哪里，等等。为此，1931 年，英国议会制定了《威斯敏斯特法》，从法律上对《1926 年贝尔福宣言》的精神予以确认。它的主要内容是"为自治领废除了殖民地法律有效性法案，并声明任何自治领议会都有权制定效力及于领土以外的法律；它废除了所有保留权；它宣布，将来英国议会通过的任何法律不应再运用于任何自治领，除非其中的一项条款说明，该法律是经该自治领请求和同意而制定的"[②]。由此，威斯敏斯特

---

① C. L. 莫瓦特编：《新编剑桥世界近代史》第十二卷《世界力量对比的变化》（1898—1945），第二版（中国社会科学院世界历史研究所组译），北京：中国社会科学出版社，1987 年，第 525 页。

② C. L. 莫瓦特编：《新编剑桥世界近代史》第十二卷，第 528 页。

法案进一步规范了英国议会和各自治领议会的关系，规定英国议会和政府不再干涉自治领事务，各自治领议会与英国议会地位平等；自治领议会可自行修改过去的法案，颁布法律不再需要英国议会的批准；同时规定英国国王是各自治领的国家元首。

从表面来看，威斯敏斯特法案确立了以英国为核心的英联邦机制，一定程度上维系了英国对自治领的影响力。然而正如一位新西兰史学家所深刻评论的，《威斯敏斯特法》"是一个中央集权帝国的主权的最后分崩离析"[①]。

法兰西殖民帝国与英帝国不同，它没有自治领。就其在非洲殖民地的统治而言，第一次世界大战后，法国在阿尔及利亚和非洲其他法属殖民地的统治方式也有一些改变，即在不影响法国统治的前提下，吸收一部分原有的包括法国移民后代的非洲人承担部分地方行政管理职务，并鼓励当地上层学习法语和法国文化，不断同化他们。法国还将议会中一定比例的席位保留给这些非洲人的上层，让他们拥有投票权。法国希望用这些措施维护自己的殖民利益，然而经历了第一次世界大战之后，殖民地的民族意识不断高涨。

2. 殖民帝国在全球开始解体

经过第一次世界大战，欧洲所代表的殖民主义势力不断遭到冲击，连连后退，这一退却与欧洲霸权地位的逐渐衰落同步发展。从表面看，一战使英、法等殖民帝国得到扩大，但与此同时，这些殖民帝国的解体也不可避免。当第一次世界大战中两个欧洲帝国主义集团为重新瓜分世界而战的时候，英国和法国等殖民地宗主国把它们的殖民地人民，特别是亚洲和非洲的殖民地人民，大量投入战场，让他们为宗主国的利益而战。然而，正是在这一过程中，欧洲宗主国在其殖民地的威信却不可逆转地一落千丈了，白人不再被认为是天命所注定的应当统治有色人种的种族。一位法国官员这样评论在战争中参加法国军队作战的非洲人的作用："1914 至 1918 年这几年中，17.5 万名服役的士兵在法兰西和佛兰德的壕沟里掘好了旧欧洲的坟墓。"[②] 起源于欧洲的民族主义在它的殖民地获得了第一次张扬。法国驻印度支那总督对此深有感触，他在 1926 年写道："这场用鲜血覆盖整个欧洲的战争……在距我们遥远的国度里唤起了一种独立的意识。"[③] "民族自决"这一革命术语已不仅在欧洲而且在殖民地世界留下了它的

① C.L. 莫瓦特编：《新编剑桥世界近代史》第十二卷，第 528 页。
② 斯塔夫里阿诺斯：《全球分裂：第三世界的历史进程》下册（迟越等译），北京：商务印书馆，1993年，第 556 页。
③ 斯塔夫里阿诺斯：《全球通史：1500 年以后的世界》，第 616 页。

印迹。第一次世界大战对殖民帝国的所有这些影响不可避免地带来深刻的政治结果。对殖民地来说，这场战争既是一个结局，也是一个开端。欧洲的殖民体系在似乎扩大到极限的同时也开始了它最后的解体进程。

在两次世界大战之间的年代里，殖民地半殖民地人民进行着他们的革命实践。在十月革命的感召之下，作为对西方殖民统治与侵略的一种回应，现代民族主义以反帝反殖斗争、争取民族解放运动的面貌，在殖民帝国和广大亚非拉地区普遍兴起。

在亚洲，正如徐国琦先生在其著作《亚洲与第一次世界大战：一部共有的历史》中所说："第一次世界大战标志着亚洲国家历史的一个转折点：在日本战略性地利用战争加入大国行列的同时，中国、印度、韩国、越南都经历了民族自决和民族复兴运动的兴起。"[1] 这种转折点的一个重要标志就是，一些国家成立了无产阶级政党或民族资产阶级政党，领导民族解放运动。在东亚，中国在巴黎和会上收回山东主权的失败，促使中国先进的知识分子猛醒，他们开始接受马克思列宁主义，其标志就是 1921 年中国共产党的成立。1924 年，中国共产党与孙中山领导的国民党实现了第一次国共合作，并在北伐战争中，收回了汉口、九江的英租界，沉重打击了帝国主义的侵华势力。中国共产党成为领导中国人民进行反帝反封建斗争的中坚力量，并一直指导着中国革命的进程。

在东南亚，1920 年印度尼西亚成立了印尼共产党，1926—1927 年，印尼共产党领导了第一次大规模的反对荷兰殖民统治的武装起义。荷兰殖民当局残酷镇压了起义，1 万多名起义者被捕，不少印尼共产党领导人被杀害。印尼共产党也被迫转入地下斗争。1927 年，苏加诺（1901—1970）等人成立了民族主义政党印尼民族党，采取与殖民当局不合作政策，争取民族独立。原来受到印尼共产党影响的大批民众转向民族主义政党，民族资产阶级开始掌握印尼民族独立运动的领导权。在法属印度支那，胡志明也曾指望宗主国法国给予印度支那独立自由与民主，但遭遇失败。于是他在法国参加了共产党，转向了通过武装斗争来争取国家的独立。

在南亚，印度作为大英帝国的重要组成部分，其反抗英国殖民统治的斗争继续发展。印度人民在甘地和民族资产阶级政党国大党的领导下，进行了持续的非暴力不合作运动。第一次世界大战期间，甘地曾劝说他的青年朋友们"为帝国"着想而"尽其天职"，并与其他人一起签名致函印度事务大臣，请求参

---

① Xu Guoqi, *Asia and the Great War: A Shared History*, Oxford: Oxford University Press, 2017, p.6.

加服役，他还进行募兵运动，其目的"乃是靠着这些为作战中的帝国主义效劳，打开最迅速地走向印度自主的门户"。正如 1922 年甘地在受审时的供词中宣称："在这一切服务的努力上，我受着这样的信念所驱使，即靠着这种服务可能为我国同胞获得完全平等的地位。"[①] 当然，这一目的并未达到。1920 年，国大党通过甘地起草的新党章，其中第一条就规定："印度国大党的目标是印度人民用一切合法的、和平的手段，以争取实现自治。"甘地对"自治"的含义做了新的解释："如果同英国的联结关系，有利于印度的进步，那我们就不想去破坏它。但是，如果它与我们的民族自尊相悖，我们的职责就是破坏它。……英国人将不得不注意到，假如他们不想公正地对待自己的错误，那么每个印度人义不容辞的责任，就是去破坏英帝国。"[②] 甘地对"自治"的解释非常明显：如有可能，在英帝国内自治；如有必要，就脱离英帝国独立。受到甘地影响和信任的尼赫鲁，比甘地更为明确地提出了要求印度完全独立的政治目标[③]，并为之而奋斗。

在西亚，英国在 1914 年就出兵占领了伊拉克，第一次世界大战后，根据国联的委任统治规定，伊拉克于 1920 年沦为英国的美索不达米亚委任统治地。英国在伊拉克建立了政权，由汉志的哈希姆家族的费萨尔王子管理伊拉克，并引入了英国式的制度，但是并没有触动伊拉克原本的社会基础，甚至在一定程度上强化了原有的部落制。1921 年 8 月英国允许伊拉克王国独立，但仍然控制着伊拉克的军事与财政，直到 1932 年伊拉克才摆脱了英国保护国的地位，获得了完全独立。在土耳其，通过凯末尔领导的革命，国家获得了独立，并终于在 1936 年关于黑海海峡制度的国际公约（即《蒙特勒条约》）中收回了海峡地区的主权。

在中亚，阿富汗作为英国和沙皇俄国争夺中亚控制权的关键地区，于 1839—1919 年间曾三次受到英国的入侵，并一度沦为英国的附属国。但阿富汗人民英勇抵抗，最终迫使英国于 1919 年签订和约，承认阿富汗独立。

在非洲，非洲人民觉醒的突出表现为泛非会议的召开。1900 年 7 月，来自美国、西印度群岛和非洲的 57 名代表在伦敦召开了第一次泛非会议。会议讨论了全世界黑人的境遇问题，主张黑人与白人应该享有同等的权利，提出"非洲

---

① 　参见杜德：《今日印度》下册，第 51—52 页。
② 　齐世荣主编：《世界通史资料选辑·现代部分》第三分册，第 76—78 页。
③ 　在 1927 年布鲁塞尔召开的被压迫民族大会上，尼赫鲁被选为反帝大同盟执行委员；在同年的国大党马德拉斯年会上通过由他提出的关于给予印度完全独立的决议；1929 年在他主持召开的国大党拉合尔年会上再次通过了争取印度完全独立的决议，并由甘地推荐当选为国大党主席。从此，尼赫鲁便以党内青年领袖的身份活跃在印度政治舞台上。此后他多次担任国大党主席。尼赫鲁追随甘地并与甘地亲密合作，被公认为是甘地在政治上的继承人。

是非洲人的非洲"的口号，形成了泛非主义思想。第一次世界大战后，泛非运动日益活跃。从 1919—1945 年，连续召开 5 次泛非大会，成为非洲人民在一战后要求自治和民族自决的重要表现。

尽管第一次世界大战后非洲多数地区的民族解放运动尚处于萌芽和酝酿阶段，但一些北非和东非国家的民族独立意识已经觉醒，并采取了坚决的行动。

在埃及，萨阿德·扎格鲁尔（1857—1927）等民族主义者代表埃及要求英国废除殖民保护制度，让埃及独立。遭到拒绝后，他即组织"埃及代表团"，希望旁听巴黎和会，将独立要求诉诸国际社会，但也未成功。埃及人民在扎格鲁尔为首的民族主义政党华夫脱党领导下，通过游行、示威、罢工、罢课、罢市以及进行街垒战等斗争方式，迫使英国做出让步，承认埃及为独立主权国家，但英国保留了在埃及驻军、控制苏伊士运河、领事裁判权等特权。1922 年 3 月，埃及宣布为独立的君主立宪国家，1923 年颁布第一部宪法。以后，华夫脱党又进行了 12 年的护宪运动，要求英国放弃特权，但未获完全成功。直到 1936 年，埃及才断绝了与英国在宪法上的特殊关系。

在摩洛哥，其里夫地区的人民在酋长阿卜德·克里姆领导下，多次打败西班牙和法国侵略军。1923 年，克里姆联合多个部落，建立了里夫共和国。1926年，共和国被西班牙、法国殖民军扼杀。[①] 但是摩洛哥一些部落开展的反击殖民者的斗争一直持续到 1934 年。

在叙利亚，法国设立总督，并将其划分为一些"州"，进行直接管理。法国任命的傀儡政府首脑则没有权力，其政治团体和政党也遭到镇压。法国的统治遭到反抗。据统计，1920—1924 年间，叙利亚发生了 6 次大规模起义，而小型规模的反抗也不断发生。1925—1927 年，叙利亚德鲁兹山区（位于叙利亚、伊拉克和约旦沙漠区交界处）人民进行反法斗争，要求独立，给法国殖民者以重大打击。为了报复，法军轰炸大马士革，英国认为此举损害了英国的利益，要求法国赔偿英国臣民的损失，美国也提出同样要求。1925 年，国联委任统治委员会拒绝批准受托管理叙利亚的法国提交的年度报告，并建议法国政府提出关于叙利亚事件的专门报告，但国联并没有真正支持叙利亚人民的独立诉求。[②]

---

① 关于里夫人民抵抗西班牙、法国侵略的斗争情况的较为详细的叙述，可参见 C. Ю. 维戈斯基等编：《外交史》第三卷《资本主义总危机第一阶段的外交》（下）（大连外语学院俄语系翻译组译），北京：生活·读书·新知三联书店，1979 年，第 608—624 页。

② 关于叙利亚人民反抗法国殖民者的斗争的较为详细的叙述，可参见 C. Ю. 维戈斯基等编：《外交史》第三卷（下），第 624—634 页。

在埃塞俄比亚，意大利法西斯于 1935 年发动了侵略埃塞俄比亚的战争，一度得逞，墨索里尼宣布兼并埃塞俄比亚。国王塞拉西一世（1892—1975）流亡英国，埃塞俄比亚人民坚持游击战争，最终与反法西斯同盟国军队一起，击败了意大利侵略军，于 1941 年恢复了国家独立。因此，埃塞俄比亚的抗意斗争不仅是其民族解放战争，也是世界反法西斯战争的重要组成部分。

在拉丁美洲，尽管各国在 19 世纪就获得了独立，但是民族民主革命的任务并未完成。第一次世界大战后，拉美各国继续进行资产阶级民主革命和改革，而这一时期的一个突出特点是，马克思主义在拉美的广泛传播。许多国家成立了共产党，如 1918 年，阿根廷第一个在拉美组建了共产党，随后墨西哥、乌拉圭、智利、巴西、古巴等先后成立了共产党。到 1934 年，绝大多数拉美国家都有了共产党组织，它们积极领导了拉美的反帝反封建斗争。1932 年，萨尔瓦多共产党领导了主要由农民参加的全国性的人民起义，在许多地方成立了苏维埃政权，是拉美共产党人第一次以武装斗争方式夺取政权的尝试。1934—1935 年，巴西共产党领导了大多数罢工运动，参加人数高达 150 万人。阿根廷工人在共产党领导下，举行了反对外国资本的罢工，甚至筑起街垒与警察战斗。智利的左派力量团结其他社会阶层，成立民族阵线联合政府，防止法西斯势力上台。在尼加拉瓜，1926 年，塞萨尔·桑地诺（1893—1934）带领游击队，以玻利瓦尔为"精神之父"，以"把美国侵略者赶出国土"为目标，高举象征"不自由毋宁死"的红黑双色战旗，与美国扶植的反动独裁政权展开武装斗争。1927—1932 年，桑地诺的部队与美军及政府军战斗近 200 次，迫使美军于 1933 年撤出尼加拉瓜。次年，桑地诺遭当局刺杀。桑地诺被誉为"人民的良心"和"美洲自由的标志"，亦成为拉丁美洲反帝、反独裁运动的一面旗帜。

在墨西哥，《1917 年墨西哥宪法》颁布后，墨西哥进步势力为维护宪法做出了不懈努力，其中以拉萨罗·卡德纳斯（1895—1970）任总统期间（1934—1940）进行的民主改革最为突出。他对内推行土地改革，改组国民革命党，发展教育，限制教会，遏制军人势力，确立总统一任制度；对外捍卫民族主权和本国资源，将石油行业收归国有，引领墨西哥走上现代化之路。卡德纳斯改革就其深度、广度和民主性而言，是同时代亚非拉民族民主运动所仅有的。

第一次世界大战后出现在亚非拉大地上的民族民主运动，沉重打击了帝国主义和殖民主义，动摇了世界殖民体系。

三、第二次世界大战与世界殖民体系的崩溃

（一）国际政治的进步

第二次世界大战所带来的人类文明的重要进步之一，是在政治理论上规定了废除殖民主义的正义性，从而使非殖民化成为历史发展大势。在这些理论指导下出现的第二次民族解放运动的高潮，导致世界殖民体系很快土崩瓦解。

经过第二次世界大战，在国际政治领域，在殖民地贯彻"民族自决"原则，即给予被压迫民族的民族自决权和国家独立，成为国际公认的理念，并成为殖民地人民争取民族民主斗争的有力武器。举其要者：

其一，在二战的隆隆炮声中，为了彻底打败法西斯主义，罗斯福与丘吉尔在1941年8月发表的《大西洋宪章》中宣布："尊重各民族自由选择其所赖以生存的政府形式的权利。各民族中的主权和自治权有横遭剥夺者，两国俱欲设法予以恢复。"[1] 苏联也发表声明表示支持。这进一步鼓舞了殖民地人民的斗争。

其二，二战后确立的战后国际秩序——雅尔塔体系所提倡的和平、民主、独立的原则，对战后世界的和平、民主、独立、发展有很大作用。从一定意义上说，它决定了战后世界和平与发展的主潮流。在作为雅尔塔体系组成部分的《关于被解放的欧洲的宣言》中明确指出，要"致力于全人类的和平、安全、自由与普遍的福利"，要按照民主原则解决获得解放的各国人民的迫切政治与经济问题。[2]

其三，特别要指出的是，在战后成立的作为雅尔塔体系重要组成部分的联合国支持非殖民化，在《联合国宪章》中规定，要"发展国际间以尊重人民平等权利及自决原则为根据之友好关系"，要"不分种族、性别、语言或宗教，增进并激励对于全体人类之人权及基本自由之尊重"，等等。这些都不是说说而已的空洞口号，而是国际政治的理论表述。它们不仅贯穿在反法西斯同盟国对战败国的处置使之非法西斯化和政治经济民主化方面，也体现在给予被压迫民族

---

[1] 《国际条约集（1934—1944）》，北京：世界知识出版社，1961年，第337—338页。需要说明的是，在讨论大西洋宪章的过程中，英国方面曾希望把印度、缅甸以及英帝国的其他部分置于宪章的实施范围之外，但遭到美方的拒绝。1941年9月9日，丘吉尔发表一项正式宣言，说明"在大西洋会议中，我们所考虑的，主要是现在在纳粹桎梏下的欧洲国家与民族如何恢复主权、自治以及国民的生活"。但罗斯福于1942年2月23日的"炉边谈话"中则明确指出："大西洋宪章不仅适用于大西洋沿岸地区，也适用于整个世界；解除侵略者的武装、各个国家的民族自决权以及四大自由——言论自由、宗教信仰自由、免于匮乏的自由和免于恐惧的自由。"分别见帕姆·杜德：《英国和英帝国危机》（苏仲彦等译），北京：世界知识出版社，1954年，第79页；关在汉编译：《罗斯福选集》，第356页。

[2] 这一宣言是雅尔塔会议公报的第五部分，全文见《国际条约集（1945—1947）》，北京：世界知识出版社，1959年，第108页。

的民族自决权和国家独立的支持方面，以及被托管地区的独立与自治方面。

其四，1948年12月10日，联合国大会全体会议通过《世界人权宣言》。这是战后联合国作为有组织的国际社会所通过的第一个关于人权和基本自由的郑重宣言。该宣言是对《联合国宪章》人权条款的第一个比较全面的权威解释。第一，该宣言第一次将长期使用的"人权"（"rights of man"，即在法律上和事实上都将享受人权的主体限制为富有的白种男性）改为"人权"（"human rights"，即普遍性的人权概念，将人权的主体确认为无差别的人"human being"），并确认：享受该宣言所载的一切权利和自由的主体，是"不分种族、肤色、性别、语言、宗教、政见或其他见解、国籍或门第、财产、出生或其他身份"的所有人，从而使人权概念第一次真正体现了人人平等的普遍价值。第二，该宣言突破了将人权仅仅理解为公民、政治权利的西方传统概念，第一次在国际范围内确认了经济、社会、文化权利，从而为广大劳动人民争取和维护自身权利开辟了新的领域。因此该宣言被视为世界人权史上的一个重要里程碑，对二战后非殖民化运动产生了积极而深远的影响[①]。

其五，还必须指出的是，1960年12月14日联合国第十五届大会通过赫鲁晓夫提出的《关于给予殖民地国家和人民独立的宣言》，宣布"需要迅速和无条件地结束一切形式和表现的殖民主义"，"制止一切对付殖民地人民的武装行动和镇压措施，以使他们能够和平、自由地行使他们实现完全独立的权利"。[②] 1961年联合国大会还通过一项决议，建立一个给予殖民地国家和人民独立宣言执行情况特别委员会（亦称非殖民化特别委员会，或24国委员会），作为大会附属机构，专门负责处理关于一切非自治领土人民走向自治和独立的事务。

国际社会的这些持续不断的行动，推动着民族解放运动的发展，战后近百个国家挣脱殖民枷锁获得独立，殖民帝国纷纷解体，统治世界几个世纪之久的殖民体系土崩瓦解，为世界所有国家和人民实现基本人权开辟了广阔的前景。

---

① 《世界人权宣言》全文见联合国网站。1950年联合国大会规定，将每年的12月10日定为世界人权日，以资纪念。以后联合国相继制订了数十个有关人权的公约、宣言、议定书和决议，使国际社会继《世界人权宣言》之后在人权问题上形成了一系列新的概念和准则。如1966年联大通过的《国际人权公约》、1968年国际人权会议通过的《德黑兰宣言》、1977年联大通过的《关于人权新概念决议》、1986年联大通过的《发展权宣言》，以及1993年世界人权会议通过的《维也纳宣言和行动纲领》，等等。

② 全文见齐世荣主编：《当代世界史资料选辑》第一分册，北京：北京师范学院出版社，1990年，第230—232页。

（二）各殖民帝国的解体

下面以表格形式展示各个殖民帝国解体的基本情况，并就一些典型事件给予必要的说明。

1. 英帝国的解体

表7　英帝国的解体

独立年代	独立国家	摆脱"保护"的国家或地区
1947 年	印度，巴基斯坦	
1948 年	缅甸，斯里兰卡（原名锡兰）	
1956 年		英国被迫从苏伊士运河区撤走
1957 年	加纳（原黄金海岸），马来西亚（后分成马来亚和新加坡）	
1960 年	尼日利亚，塞浦路斯，索马里	
1961 年	塞拉利昂，坦噶尼喀	科威特
1962 年	乌干达，牙买加，特立尼达和多巴哥	
1963 年	肯尼亚，桑给巴尔（与坦噶尼喀合并为坦桑尼亚）	
1964 年	马拉维，赞比亚，马耳他	
1965 年	冈比亚，马尔代夫	
1966 年	博茨瓦纳，圭亚那，巴巴多斯	
1968 年	斯威士兰，毛里求斯，瑙鲁	
1970 年	汤加，斐济	亚丁（英国被迫撤出）
1971 年		巴林，卡塔尔；阿拉伯联合酋长国成立（由 6 个摆脱英国"保护"的酋长国组成）
1973 年	巴哈马	
1974 年	格林纳达	
1975 年	巴布亚新几内亚	
1976 年	塞舌尔	
1978 年	所罗门群岛，图瓦卢，多米尼加	
1979 年	圣卢西亚	
1980—1990 年代	一些小块殖民地独立	
21 世纪非自治地区	英国外交部还管理 13 块英国的海外领地：安圭拉、百慕大、英属维尔京群岛、开曼群岛、马尔维纳斯群岛、直布罗陀、蒙特塞拉特、皮特凯恩群岛、圣赫勒拿岛及其附属地、特克斯和凯科斯群岛、英属南极领地、英属印度洋领地、南乔治亚和南桑威奇群岛 另外新西兰管理托克劳	

在二战后英帝国的解体过程中，有几个历史现象特别值得注意。它们说明了英国作为宗主国，在放弃殖民地过程中被迫撤离和武力镇压交替使用的手段。

（1）第一个是印度和巴基斯坦的独立。

在战后各种民族独立运动中，印度作为"英帝国皇冠上的明珠"，其独立过程具有特殊性。当1939年9月3日英国对德国宣战时，英国驻印度总督同一天也宣布印度同样处于战争状态。这激起了国大党的抗议，他们要求印度自治，但遭到英国直接的反对。穆斯林联盟则于1940年3月通过"拉合尔决议"，要求建立"独立国家"巴基斯坦，也未获同意。直到法国败降和英伦之战使英国处于全国紧张状态，英印总督才宣布，尽管战争期间不可能实行根本变革，但战后印度将被允许获得自治领地位。1942年初，当日本突然征服东南亚而使印度处于直接阻挡日本进攻的前沿地位时，英国首相丘吉尔于3月22日即派内阁成员斯塔夫德·克里普斯爵士前往印度，并再次宣布，战争一结束，印度就能够完全自治，并有退出英联邦的权利。但是国大党并不接受，并于8月7日通过了"退出印度"的决议案，要求印度立刻获得自由。英印当局以大规模镇压来回答印度的要求。据统计，当时包括国大党全体领袖在内的6万余人被捕，1.4万人未经审讯即被拘留，940人被处死，1630人在与警察和军队的冲突中受伤。英国的镇压在印度引起了公开暴动，有些地区甚至建立了向英印当局挑战的"平行政府"。

另一方面，战时印度的国内形势也发生了很大变化。

一是军事动员能力和军队人数大增。战争期间，印度陆军从17.5万人增加到200万人，海军有了惊人的发展，空军也已经建立起来。这些军队在北非、埃塞俄比亚、叙利亚和伊拉克与德军和意军作战，在马来亚和缅甸与日军作战，极大增强了印度的民族自豪感。战争结束后，1946年驻孟买的印度皇家海军发生哗变，叛乱者控制了74艘舰只和20处沿岸设施，其口号是"革命万岁！"并把他们控制的印度皇家海军改名为印度国民海军。他们还获得了空军和孟买工人的支持。这也证明了印度军队的力量和独立的要求。

二是战争期间印度作为在中东作战的同盟国军队的供应中心，各种工业发展迅速，特别是钢铁、水泥、制铝等工业以及那些生产毛毯、军服和轻型武器的小企业发展得尤为突出。这就为印度人提供了充当技术人员和行政管理人员的机会，使数以千计的印度人获得了专门技能、要职和地位。到战争结束时，印度已经有足够的本国军官接管军队，有足够的技术人员和经理管理工商企业。这一切同样意味着印度民族意识的提高和民族自信心的增长。因此有学者认为，到战争结束时，"印度已在精神上获得了独立"。[①] 被战争严重削弱的英国已经无法维持对印度的殖民统治。

三是印度国内宗教政治力量的分裂。由于印度的宗教文化背景，以及独立前印度教徒和穆斯林之间所形成的紧张局势，尼赫鲁领导的国大党并不是一个可以代表全印度的政党，真纳领导的穆斯林联盟也是一支不可忽视的政治力量。当 1946 年进行选举时，两派政治力量已经泾渭分明。当时国大党控制了印度的印度教地区，而穆斯林联盟则获得了 74% 的穆斯林选票。对于此种形势，英国最初打算制定双方都能同意的制宪办法，以保持印度统一，但遭到抵制。同时英国殖民者还竭力在印度各民族、各教派、各党派之间进行挑拨离间，制造分裂，也造成印度穆斯林联盟同印度国大党之间的仇恨进一步加深。8 月 16 日，两派在加尔各答发生持续 4 天的相互残杀，死亡达千人。出于为争取早日独立的目的，国大党和穆斯林联盟最终同意与英印当局妥协，同意印度和巴基斯坦分别成为独立的自治领。

与此同时，当时的英印当局也对二战后的印度形势做了相当悲观的估计。英国驻印度最后一位总督蒙巴顿的助手及其参谋长伊斯梅这样描述印度独立前的形势："1947 年 3 月的印度是一艘舱中满载弹药而在大洋中着了火的船。当时的问题是要在大火延烧到弹药之前把火扑灭。事实上，除了像我们所做的那样去做之外，在我们面前并无选择的余地。"英国《每日邮报》的编者也承认，如果英国政府要继续留在印度，"它将需要 50 万占领军"[②]，但这对英国来说是不可能的。[③] 很显然，英国统治者必须找到一项迅速解决问题的政治方法，以便自己能够尽快脱身。

1947 年 2 月 20 日，英国首相艾德礼发表声明："英王政府愿意明确地表示，它坚定地准备采取必要步骤，至迟在 1948 年 6 月以前把政权转让到负责任的印度人手里。"[④]

6 月 4 日蒙巴顿声明，将在同年的 8 月 15 日通过将英属印度分为印度和巴基斯坦两个国家的方式来实现印度的独立，这就是《蒙巴顿方案》。同年 8 月 14

---

① 参见斯塔夫里阿诺斯：《第三世界的历史进程》下册，第 676—678 页。

② 帕姆·杜德：《英国和英帝国危机》，第 172 页。

③ 1947 年初，英国扶植希腊国王复辟而引起希腊人民的武装反抗已使英国耗费巨资，不可能再派兵去印度，而且英国政府于 2 月照会美国政府将在 3 月底停止对希腊的财政援助，将这个包袱甩给了美国。

④ 转引自战后世界历史长编编委会：《战后世界历史长编（1947）》，上海：上海人民出版社，1977 年，第 276 页。

日和 15 日，巴基斯坦和印度分别宣告成立，印、巴正式分治，分别成为英国的自治领。20 世纪 50 年代，两国分别成为共和国。值得注意的是，英国虽然从印度撤退了，但却保留了一整套既有的制度和权力关系，这也是印度在独立后陷入各种困难的重要原因。

（2）第二个是英国放弃巴勒斯坦。

第一次世界大战后，巴勒斯坦成为英国的委任统治地，其境内犹太人与阿拉伯人的矛盾由来已久。第二次世界大战后，犹太复国主义者加快了复国步伐。在美国的支持下，劫后余生的欧洲犹太难民大批涌入巴勒斯坦，阿拉伯人与犹太人的争端加剧。英国已经难于安置犹太难民和犹太人不断升级的排斥阿拉伯人与反对英国的各种问题，终于承认如果继续对巴勒斯坦进行托管，带给英国的利益将远低于英国所要付出的代价，于是决定从巴勒斯坦撤退。1947 年 2 月，英国宣布将巴勒斯坦问题提交联合国。1947 年 11 月 29 日，联合国大会通过了《关于巴勒斯坦将来治理（分治计划）问题的决议》（大会 181［二］号决议）。决议规定占人口 2/3 以上的阿拉伯人分得 43% 的土地，而占人口不到 1/3 的犹太人则分到 56% 以上的土地。这进一步加剧了阿犹之间的矛盾，冲突愈演愈烈。英国对此混乱局面无力应对，因此，根据上述决议本应于 1948 年 8 月 1 日结束委任统治的英国，于 1948 年 5 月 14 日就提前结束了对巴勒斯坦的委任统治，7 月 1 日英军全部从巴勒斯坦撤出。

（3）第三个是苏伊士运河事件。

在英帝国瓦解的过程中，苏伊士运河事件具有一定的代表性。1955 年万隆会议后，亚非国家争取和维护民族独立的斗争出现了新高潮。1956 年 6 月 12 日，根据 1954 年埃及与英国的协定，最后一批英国占领军从苏伊士运河区撤走，从而结束了英国殖民者占领埃及领土长达 74 年的历史。同年 7 月 26 日，埃及政府宣布将苏伊士运河收归国有，此举震动了西方世界，特别是英法两国。这两国掌握苏伊士运河公司 96% 的股票，而且作为运河航道最大使用者的英国，一直把运河作为"大英帝国的动脉"和"生命线"[①]。英法不能容忍埃及的行为。为了维持对运河的控制权，英法不惜以战争手段解决问题。它们勾结以色列，策划和发动了对埃及的侵略战争，即第二次中东战争（1956.10.29—11.6）。

---

① 据统计，1955 年通过苏伊士运河航道的船只达 14666 艘，其中近 1/3 属于英国，同年在英国全年进口的 2800 万吨石油中，有 2000 万吨是通过该运河运输的。参见陈乐民主编：《战后英国外交史》，北京：世界知识出版社，1994 年，第 87 页。

但是在埃及人民同仇敌忾积极抵抗侵略者的情况下，在国际社会的强烈反对下，再加上英法与美国的矛盾以及美苏的压力，英法不得不于 11 月 6 日宣布停火，并于 12 月 22 日将军队全部撤出埃及。已经占领西奈的以色列军队也最终于 1957 年 3 月 8 日撤离西奈。埃及人民收回苏伊士运河的正义斗争取得了胜利。苏伊士运河事件是对英国的沉重打击，企图用军事手段维持殖民利益无济于事，反而加速了英帝国和法兰西帝国的瓦解。不仅如此，这一事件还标志着殖民帝国的解体已经是大势所趋。因此有学者认为，苏伊士运河危机是非洲殖民帝国解体过程中的一个转折点；该事件的主要后果是"法国和英国在这个关键地区的影响几乎全部消失了"。[①] 这是很有道理的。

（4）第四个是肯尼亚的独立。

肯尼亚的独立绝不是一些英国政治家所说的"自动放弃殖民统治"，而是在英国殖民者残酷镇压起义者之后不得不做出的选择。1895 年，肯尼亚沦为英国的"保护地"，1920 年成为英属殖民地。第二次世界大战后，在英国军队中服役的肯尼亚人回到祖国，开始组织"茅茅"运动，他们的口号是"把白人抢去的土地夺回来"。他们发动起义，反抗英国统治。1952 年，斗争大规模进行。殖民当局宣布进入"紧急状态"，残酷镇压起义，杀害了数万名起义者，约 15 万肯尼亚人被关入集中营，而其中许多人与起义并无关联。但是"茅茅"运动持续发展，不仅完全打乱了英国的殖民秩序，而且使之背上了沉重的债务负担，终于迫使殖民当局加速非殖民化进程。1960 年，持续 8 年的"紧急状态"被迫撤销，1963 年，肯尼亚终于赢得了独立。

到 20 世纪 70 年代末，英帝国已经瓦解。它在世界各地剩余的一些小块殖民地，有些也在 80—90 年代获得了独立。进入 21 世纪，英国只剩下 13 个小块领地。

一些英国殖民地在独立后加入了英联邦。今天的英联邦国家由 53 个独立主权国家（包括属地）所组成。它们是：

澳大利亚，巴哈马，孟加拉，巴巴多斯，伯利兹，博茨瓦纳，文莱，喀麦隆，加拿大，塞浦路斯，多米尼克加纳，格林纳达，圭亚那，印度，牙买加，肯尼亚，基里巴斯，莱索托，马拉维，马来西亚，马尔代夫，马耳他，毛里求

---

① Prosser Gifford and Wm. Roger Louis, eds., *Decolonization and African Independence: The Transfer of Power, 1960-1980*, New Haven: Yale University Press, 1988, Introduction, p. 14. 还可参见让-巴蒂斯特·迪罗塞尔：《外交史（1919—1978）》下册（李仓人等译），上海：上海译文出版社，1982 年，第 211 页。

斯，莫桑比克，纳米比亚，瑙鲁，新西兰，尼日利亚，巴布亚新几内亚，卢旺达，圣基茨和尼维斯，圣卢西亚，圣文森特和格林纳丁斯，萨摩亚，塞舌尔，塞拉利昂，新加坡，所罗门群岛，斯里兰卡，斯威士兰，坦桑尼亚，汤加，特立尼达和多巴哥，图瓦卢，乌干达，英国，瓦努阿图，赞比亚，安提瓜和巴布达，南非，巴基斯坦，斐济，冈比亚。[①]

2. 法兰西帝国的解体

表8　法兰西帝国的解体

独立年代	独立国家	摆脱"保护"的国家或地区
1945 年	越南，老挝	
1953 年	柬埔寨	
1956 年	摩洛哥	突尼斯废除法国"保护"
1958 年	几内亚（法属）	
1960 年	加蓬，贝宁（达荷美），布基纳法索（上沃尔特），马里（法属苏丹），喀麦隆，中非共和国（乌班吉沙立），科特迪瓦（象牙海岸），乍得，刚果（法属刚果），多哥，马达加斯加，塞内加尔，毛里塔尼亚，尼日尔	
1962 年	阿尔及利亚	
1975 年	科摩罗	
1977 年	吉布提	
21 世纪非自治领土	法属波利尼西亚，新喀里多尼亚	

在法兰西殖民帝国的解体过程中，武装镇压殖民地人民的反殖民斗争是其突出的使用手段。仅举两个重要事件。

其一，印度支那的反法战争。

第二次世界大战中，法国遭到沉重打击，不仅其本土被纳粹德国军队占领，其殖民地印度支那也一度落入日军之手。印度支那人民特别是越南人民在共产党的领导下展开了反抗法国殖民统治和抵抗日本法西斯的斗争。1945 年 9 月 2 日，胡志明宣布越南民主共和国成立，10 月 12 日老挝组成了临时政府并宣布独立，柬埔寨也出现了争取独立的新局面，但是日本投降后，法国殖民者卷土重来，企图用武力恢复殖民统治。在这场被称为"肮脏的战争"中，法国全部战

[①]　南非、巴基斯坦、斐济、冈比亚是曾经退出又加入的国家。

费高达 3 万亿旧法郎，法军死亡 92200 人，伤 114000 人，另有 28000 人被俘。[①]
但是，这并没有使越南人民屈服。他们在抗日战争胜利后，又进行了 8 年之久
的抗法战争。1954 年法军在奠边府战役[②]中被越军打得惨败，法国才被迫走到
谈判桌前，并于同年 7 月签订了《日内瓦协定》[③]。在该协定中，法国政府声明将
尊重越南、老挝和柬埔寨三国的独立、主权、统一和领土完整；并规定除了一
定数量的法军在规定期限内驻留在规定的地点之外，法军将从三国领土上撤军。
印度支那由此摆脱了法国的殖民统治。

其二，阿尔及利亚独立斗争和法国的被迫撤退。

阿尔及利亚的海岸地区原来是奥斯曼帝国的一部分，1830 年法国入侵并占
领了该地区，将其变为法国的殖民地。法国殖民者不断向南侵略，但受到当地
人的顽强抵抗，直到 1905 年法国才基本完成对整个阿尔及利亚的占领。但是，
阿尔及利亚不同于法国在印度支那或其他地方的殖民地，100 多年来，法国一直
把阿尔及利亚当作它自己的"行省"，实行直接统治的殖民政策，并向阿尔及
利亚大量移民。到 20 世纪 50 年代，在阿尔及利亚 1000 万人口中，已有 100 多万
法裔居民（又称"黑脚"），他们与法国本土居民有着千丝万缕的联系；再加上
经过多年经营，法国在阿尔及利亚也有着十分重要的经济利益和战略利益；特
别是在撒哈拉发现了丰富的石油和天然气，这对能源不足的法国更是相当重要。
因此阿尔及利亚问题就成为牵动法国切身利益的大问题，解决起来十分困难。

但是，第二次世界大战以后，在世界性的反殖民统治的风暴中，在法属印
度支那走向独立的同时，阿尔及利亚的爱国志士同样开展了独立斗争。他们于
1954 年 3 月建立了"团结与行动革命委员会"，后发展为阿尔及利亚民族解放阵
线，并开始建立新的游击队，这就是后来发展为以团结与行动革命委员会为核
心的民族解放军。同年 11 月 1 日，拥有 3000 人的民族解放军发动了武装起义，
开始了长达 7 年半的阿尔及利亚民族解放战争。民族解放军得到本国民众和周

[①] 张锡昌、周剑卿：《战后法国外交史（1944—1992）》，北京：世界知识出版社，1993 年，第 81 页。

[②] 奠边府战役是印度支那进行的抗法战争中的具有转折性的战役，历时 55 天（1954.3.13—5.7），共歼灭法军精锐部队 1.5 万人余人，近 1 万名士兵被俘，包括法国将军和全部参谋人员，击落击毁法军飞机 62 架，从而加快了法国退出印度支那的进程。

[③] 1954 年 4 月 26 日，为谋求和平解决朝鲜问题和印度支那问题的日内瓦会议开幕。参加会议的有中、苏、美、英、法和朝鲜、越南、老挝、柬埔寨等 23 个国家。7 月 21 日，与会国达成协议，签署了《越南停止敌对行动的协定》《老挝停止敌对行动的协定》《柬埔寨停止敌对行动的协定》，会议最后发表了《日内瓦会议最后宣言》，这些文件统称《日内瓦协定》，即关于印度支那地区停战的协议。《日内瓦协定》原文，见《国际条约集（1953—1955）》，北京：世界知识出版社，1960 年，第 163—167 页。

边国家突尼斯和摩洛哥等的支持，在辽阔的国土上与法军进行游击战争，袭击殖民当局的驻地、通信枢纽、军事哨所、宪兵队、警察局和军事目标等，同时民族解放军还进行根据地建设。1956 年 8 月民族解放阵线召开第一次代表大会，选出全国革命委员会作为全国最高权力机构，并成立协调与执行委员会，具体领导武装斗争。

从起义一开始，法国殖民者就调兵进行镇压，到 1958 年，法军已经增加到 50 万人，还有 20 万宪警，比法国在二战中投入的兵力还要多，仅 1956 年法国在阿尔及利亚的军事开支就达 2000 亿旧法郎。法军在阿尔及利亚进行了残酷的围剿和扫荡，还用毒气和细菌弹屠杀人民。据统计，在战争开始后的四年里，阿尔及利亚的死亡人数达 50 万，10 多万人被关进集中营，1000 多个村庄被毁灭。但是殖民者未能扑灭阿尔及利亚人民的斗争烈火。到 1957 年底，民族解放军已经发展到 13 万人，还有数万名游击队，武装斗争已经发展到全国 3/4 地区。而在法国国内，则引起国内反战运动高涨、财政危机、政局不稳。1958 年 5 月上台执政的戴高乐不得不调整对阿尔及利亚的政策。

1959 年 9 月 19 日，阿尔及利亚临时政府在开罗成立，这是阿尔及利亚走向独立的重要一步，后来该政府设在突尼斯市，由阿巴斯任总理。临时政府发表声明，指出其首要任务是领导人民走向解放；同时希望同法国举行谈判，和平解放阿尔及利亚。临时政府获得 30 多个国家的承认和援助。中国也于同年 12 月与阿尔及利亚建交并提供军事援助。而戴高乐政府一面宣布要在阿尔及利亚进行政治经济改革，实现"光荣的和平"，一面增加侵略军，企图做最后挣扎。1959 年 8 月 3 日至 9 月 3 日，法军集中 10 万兵力，进行"重点围剿"和"分段绥靖"，被民族解放军粉碎。至此，民族解放军已经发展到 14 万人。此后法军再也无力发动大规模的进攻了。

1959 年 9 月 16 日，戴高乐发表声明，宣布给予阿尔及利亚人民自决权，提出进行公民投票。但双方进行多次谈判均无结果。1961 年 7 月，阿尔及利亚法国占领区的各大城市爆发大规模爱国运动，反对法国拖延谈判，迫使法国不得不与阿方秘密会谈。终于在 1962 年 3 月 18 日，双方在瑞士的埃维昂签订协议。《埃维昂协议》的重要内容有以下几点：其一，法国立即从阿尔及利亚撤军，承认阿尔及利亚的主权。协议规定："阿尔及利亚国家对内对外将行使其充分和完全的主权。将在一切方面，特别是在国防和外交方面，行使这一主权。阿尔及利亚国家将自由地建立自己的机构，并将选择它认为最符合它的利益的政治和社会制度。"其二，通过法国与阿尔及利亚合作的形式，保留法国的重要利益。

协议规定："法阿合作将由一个撒哈拉技术合作机构予以保证"；"法国的利益将特别通过下列办法得到保证：根据现行的撒哈拉石油法的规定，行使法国颁发的采矿许可证所赋予的权利；在发给新的采矿许可证时，如其他条件相等，应优先给予法国公司"；"阿尔及利亚应把米尔斯·克比尔基地租借给法国使用十五年，经两国协议可以续租"。[①]

1962 年 7 月 3 日，阿尔及利亚独立，结束了法国长达 130 年的殖民统治。

在法兰西帝国的解体中，还有一个重要的历史现象，那就是它有一个从法兰西帝国到"法兰西联邦"，再到"法兰西共同体"的过程。

1946 年，法国仿效英国，建立法兰西联邦，以取代法兰西殖民帝国。法兰西联邦由法兰西共和联邦成员国及其他属地等三部分构成：法国本土及阿尔及利亚；法国海外各省：法属圭亚那、留尼汪等；在非洲的一些殖民地及太平洋上的新喀里多尼亚等海外属地。但是随着非洲的民族独立运动不断发展，"法兰西联邦"日趋瓦解。

戴高乐上台后，面对法兰西联邦的不断瓦解，设计了法兰西共同体，以期继续在实质上维护法国的势力范围和传统利益。因此，在 1958 年 9 月法国制订的第五共和国宪法中规定，把"法兰西联邦"改为"法兰西共同体"；法国总统任共同体总统，各成员国在内政、经济方面有自主权，法国政府设有专门负责与这些国家磋商合作政策的部门，外交、防务等方面仍受法国控制；所有海外领地可以自行决定加入共同体或独立，但独立后的国家则不再属于共同体。法兰西联邦被法兰西共同体所取代，其成员国除法国本土、"海外省"、"海外领土"外，还有前法属非洲的 12 个国家：达荷美（今贝宁）、象牙海岸（今科特迪瓦）、法属苏丹（今马里）、毛里塔尼亚、尼日尔、上沃尔特（今布基纳法索）、乍得、刚果（布）（今刚果共和国）、加蓬、塞内加尔、马达加斯加、乌班吉沙立（今中非）。

但是共同体成立后，就面临其成员不断独立的形势，其成员也逐渐减少。尽管 1960 年法国对宪法做了一定修改："一个共同体成员国也可以通过协议途径变成独立国家而并不因此脱离共同体"，但无济于事。正是在这一年，12 个共同体国家宣布独立，至 1980 年只剩 7 个成员国保持比较密切的经济联系。

---

① 摘自《构成法国和阿尔及利亚之间协定的来往信件和 1962 年 3 月 19 日埃维昂谈判结束时通过的各项声明》（1962 年 7 月 3 日），《国际条约集（1960—1962）》，北京：商务印书馆，1975 年，第 404—445 页。

1995 年法兰西共同体解体。

在共同体解体的过程中，法国戴高乐政府又推出"合作"政策，即法国通过与新独立的国家签订军事、经济、财政、文化等一系列双边"合作协定"，以和平的方式让这些国家独立，同时建立法国与这些非洲国家的特殊关系，以期在新的形势和新的条件下保持在前法属非洲的政治影响、军事存在、经济利益和文化联系。这种做法，我们在《埃维昂协议》中就已经看到了。这就是戴高乐所打算的，通过非殖民化来实现法国的"积极的存在"。

3. 荷兰、比利时、西班牙、葡萄牙等殖民帝国的解体

表 9　荷兰、比利时、西班牙、葡萄牙等殖民帝国的解体

	独立年代	独立国家	宗主国撤出地区
荷兰	1945 年	印度尼西亚	
	1963 年		荷兰把西伊里安移交印度尼西亚
	1975 年	苏里安（荷属圭亚那）	
比利时	1960 年	扎伊尔（比属刚果）	
	1962 年	卢旺达[1]，布隆迪	
西班牙	1956 年		撤出西属撒哈拉
	1968 年	赤道几内亚（西属几内亚）	
	1975 年		撤出西撒哈拉（但其非殖民化并未完成）
葡萄牙	1973 年	几内亚比绍	
	1974 年		葡萄牙从几内亚比绍撤军
	1975 年	莫桑比克[2]，圣多美和普林西比，佛得角群岛，安哥拉	
	21 世纪没有独立地区	亚速尔群岛和马德拉群岛仍为葡萄牙属地，自治	

说明：
（1）2009 年卢旺达成为英联邦成员，是非英国殖民地国家加入英联邦。
（2）1995 年以非英国殖民地国家进入英联邦。

4. 美国殖民帝国的解体

表 10 美国殖民帝国的解体

独立年代	独立国家或自治地区	成为美国的州	与美国签订自由联盟条约，或美国放弃一些地区
1946 年	菲律宾		
1952 年	波多黎各自治（部分自治权）		美国给予其自由邦地位
1959 年		阿拉斯加，夏威夷	
1979 年	马绍尔群岛，密克罗尼西亚		
1982 年			贝劳与美国签订自由联盟条约
1986 年			马绍尔群岛、密克罗尼西亚分别成为美国自由邦
1994 年	贝劳独立		贝劳成为美国自由邦
1999 年			巴拿马从美国手中收回巴拿马运河区全部主权
21 世纪美国控制的海外领土	东萨摩亚（美属萨摩亚）；关岛，现仍被联合国列为非自治领土 美属维尔京群岛		

这里需要指出的是，尽管有些国家的独立是通过相对和平解决的，但是有更多国家的独立经过了大小规模不等的武装斗争。据统计，1945—1975 年，亚洲和非洲分别发生了 124 次和 122 次战争[①]。因此，"非殖民化"是一个充满了"血与火"的过程。

（三）作为"非殖民化"一部分的联合国托管制度

联合国宪章制定了国际托管制度，并设立了托管理事会作为联合国的主要机构之一，以管理并监督置于该制度下的托管领土。《联合国宪章》专门列入了"国际托管制度"和"托管理事会"两章（第十二章至第十三章）内容。

在《联合国宪章》第十二章中，规定了托管制度的适用范围（见第 77 条）："（子）现在委任统治下之领土。（丑）因第二次世界大战结束或将自敌国割离之领土。（寅）负管理责任之国家自愿置于该制度下之领土。"

同时规定了托管制度的基本目的（见第 76 条）："（子）促进国际和平及安全。（丑）增进托管领土之政治、经济、社会及教育之进展；并以适合各领土

[①] 根据齐世荣、廖学盛主编：《20 世纪的历史巨变》，第 322—323 页，表 24："1945 年至 1975 年的战争：殖民主义帝国主义与民族解放运动的较量"提供的数据算出。

及其人民之特殊情形及关系人民自由表示之愿望为原则，且按照各托管协定之条款，增进其趋向自治或独立之逐渐发展。（寅）不分种族、性别、语言或宗教，提倡全体人类之人权及基本自由之尊重，并激发世界人民互相维系之意识。（卯）于社会、经济及商业事件上，保证联合国全体会员国及其国民之平等待遇，及各该国民于司法裁判上之平等待遇，但以不妨碍上述目的之达成，且不违背第80条为限。"

在《联合国宪章》第十三章中，规定在大会下成立托管理事会，其履行职务时需要："（子）审查管理当局所送之报告。（丑）会同管理当局接受并审查请愿书。（寅）与管理当局商定时间，按期视察各托管领土。（卯）依托管协定之条款，采取上述其他行动。"与此同时，《联合国宪章》同时还单独规定了"托管理事会应拟定关于各托管领土居民之政治、经济、社会及教育进展之问题单；就大会职权范围内，各托管领土之管理当局应根据该项问题单向大会提出常年报告"。（见第88条）[①]

如果我们将联合国的托管制度与国际联盟的委任统治制度加以比较，就会发现，联合国的托管制度源于国际联盟时期的委任统治制度。换句话说，联合国在继承委任统治制度的合理成分的基础上，制定了联合国的托管制度。另一方面，托管制度比委任统治制度具有更多的历史进步性，主要表现在：其一，强调发展托管领土的自治或独立；其二，强调托管领土上的居民的政治、经济、社会、教育等的发展，并由托管理事会进行监督；其三，强调全体人类的人权和基本自由；其四，规定托管制度的基本目的是促进国际和平及安全。第四点之所以非常重要，是因为它表明联合国宪章的制定者认识到殖民地半殖民地的发展和独立，与世界和平及安全之间的深刻关系。[②]

联合国成立后，根据托管协定而置于托管制度下的领土共有11处，受托管理国有8个，即澳大利亚、比利时、丹麦、法国、荷兰、新西兰、英国和美国。随着1994年美国托管的贝劳共和国成立，联合国托管理事会的任务完成了。

下表反映了托管领土的独立或选择与他国合并而事实上获得了独立的时间。

---

① 《联合国宪章》见《国际条约集（1945—1947）》，第35—60页。第80条的主要规定是对已经委任统治之地，"本章任何协定绝对不得解释为以任何方式变更国家或人民（根据上下文，指已经委任统治之地。——作者注）之权利，或联合国会员国个别签订之现有国际约章之条款"。

② 需要明确指出的是，中国作为安理会的五个常任理事国之一，又是其中唯一的弱国，在围绕委任统治制度的目的、适用范围和机构设置等问题上，努力调解大国冲突，维护中小国家和广大殖民地人民及民族的利益，做出了自己不可替代的贡献。

表 11　托管领土的独立时间

受托管理国	托管领土	独立时间
英国	多哥，喀麦隆，坦噶尼喀，索马里	分别于 1960 年、1960 年、1961 年、1960 年独立
法国	多哥，喀麦隆	分别于 1960 年独立（分别与英国托管地合并）
比利时	卢旺达－布隆迪	卢旺达和布隆迪分别于 1962 年独立，前者后加入英联邦
新西兰	西萨摩亚	1962 年独立，今萨摩亚独立国，英联邦成员
澳大利亚	新几内亚	1975 年独立，今巴布亚新几内亚，英联邦成员
澳、新、英	瑙鲁	1968 年独立
美国	太平洋若干岛屿，包括 4 个领域：马绍尔群岛，密克罗尼西亚联邦，北马里亚纳群岛，贝劳	马绍尔群岛、密克罗尼西亚联邦于 1979 年独立，1986 年成为美国自由邦；北马里亚纳联邦于 1978 年自治，1986 年获得美国联邦地位（其中关岛为非自治领土）；1994 年贝劳独立

　　另外，《联合国宪章》第十一章中，还专门列入了"关于非自治领土之宣言"。这一部分最重要的内容，就是要求对非自治领土"发展自治"。

　　1945 年联合国成立之际，大约有 7.5 亿人在没有自治、依附于殖民国家的领土上生活，约占当时世界人口的三分之一。此后，80 多个前殖民地获得独立。其中包括全部 11 个托管领土均实现了自决，或实现了独立，或与一个独立国自由结合而获得了独立。到 2019 年 5 月 15 日，随着大批非自治领土的独立或选择与他国合并，只剩下 17 块非自治领土，居民人口不到 200 万。

表 12　联合国确定的非自治领土 ①

	领土	列为非自治领土的领土	管理国	土地面积（平方公里）	人口 [1]
非洲	西撒哈拉	1963	[2]	266000	567000
大西洋和加勒比区域	安圭拉	1946	联合王国	96	15000
	百慕大	1946	联合王国	53.35	65391
	英属维尔京群岛	1946	联合王国	153	28200
	开曼群岛	1946	联合王国	264	63415
	马尔维纳斯群岛 [3]	1946	联合王国	12173	约 3200
	蒙特塞拉特	1946	联合王国	103	5045
	圣赫勒拿	1946	联合王国	310	5527
	特克斯和凯斯特群岛	1946	联合王国	948.2	39788
	美属维尔京群岛	1946	美国	352	104919

---

① 数据来自联合国官网·联合国与非殖民化。2020 年 7 月 17 日。

续表

	领土	列为非自治领土的领土	管理国	土地面积（平方公里）	人口
欧洲	直布罗陀	1946	联合王国	5.8	34003
太平洋	美属萨摩亚	1946	美国	200	60300
	法属波利尼西亚	1946—1947 年和 2013 年以来	法国	3600	275918
	关岛	1946	美国	540	163875
	新喀里多尼亚	1946—1947 年和 1986 年以来	法国	18575	268767
	皮特凯恩	1946	联合王国	35.5	48
	托克劳	1946	新西兰	12.2	1499
（最新更新：2019 年 5 月 15 日）					

说明：

(1) 所有数据均来自联合国秘书处 2018 年关于非自治领土的工作文件；西撒哈拉数据来自联合国经济和社会事务部联合国统计司建立的 UNdata 数据库。

(2) 西班牙于 1976 年 2 月 26 日通知秘书长，自该日起终止西班牙在撒哈拉领土上的存在，并认为有必要正式声明，西班牙此后对该领土的管理不负任何国际责任，因为它已停止参与为该领土设立的临时管理机构。1990 年，大会重申西撒哈拉问题是非殖民化问题，有待西撒哈拉人民最终解决。

(3) 阿根廷政府和大不列颠及北爱尔兰联合王国政府在马尔维纳斯群岛的主权问题上存在争端。

（四）关于"铲除殖民主义国际十年"

从上述论述可以看到，到 20 世纪晚期，非殖民化进程实际尚未真正完成，还有 17 块非自治领土。为真正完成非殖民化的任务，联合国持续推出了"铲除殖民主义国际十年"。

1. 第一个铲除殖民主义国际十年（1990—2000 年）

1988 年，联合国大会对非殖民化进程进行了回顾。鉴于 1990 年将是《给予殖民地国家和人民独立宣言》（又称 1960 年《非殖民化宣言》）30 周年，而殖民主义尚未完全被消灭，这次大会通过了第 43/47 号决议，其中宣布 1990—2000 年为铲除殖民主义国际十年，要求非自治领土管理国、非殖民化特别委员会等采取措施，在 2000 年以前消除殖民主义。1991 年，联合国大会第 46/181 号决议通过了关于铲除殖民主义国际十年的行动计划[①]。该行动计划强调了不同行为体为努力铲除殖民主义发挥的作用，包括：整个国际社会的作用；联合国与管理国合作采取的优先行动；要求管理国采取的优先行动；会员国应在国家一级采取的措施；联合国系统各专门机构和其他组织以及非政府组织的作用；给予殖民地国家和人民独立宣言执行情况特别委员会将采取的行动；等等。

---

① 该行动计划载于 1991 年 12 月 13 日秘书长关于铲除殖民主义国际十年的报告附件（A/46/634/Rev.1）。参见联合国官网。

1999 年的联合国大会审查了非殖民化特别委员会的报告，并要求加快落实 1960 年《非殖民化宣言》的精神，包括要求采取措施，在 2000 年以前消除殖民主义，彻底铲除种族歧视以及侵犯基本人权的行为，查明非自治领土人民的愿望，对非自治的小岛屿领土提供援助，等等。同时会议吁请各管理国依照这些决议，采取一切必要步骤，使有关领土的人民能够尽早充分行使包括独立在内的自决权利；重申殖民主义以任何形式和表现继续存在，包括经济剥削，都与《联合国宪章》《给予殖民地国家和人民独立宣言》和《世界人权宣言》相抵触；吁请非自治领土管理国、非殖民化特别委员会和非自治领土人民就联合国关于非殖民化的相关决议持续开展对话。[①]

2. 第二个铲除殖民主义国际十年（2001—2010 年）

2000 年，联合国大会在第 55/146 号决议中宣布 2001—2010 年为第二个铲除殖民主义国际十年。在这个决议中，大会促请会员国加倍努力，执行上述 1991 年秘书长报告（A/46/634/Rev.1）中所载的第一个国际十年行动计划，并做出必要的补充修订，以作为第二个国际十年行动计划。2001 年，秘书长通知大会，第一个十年行动计划中总结的会员国意见和建议在很大程度上仍与第二个十年相关。根据大会第 55/146 号决议，视需要更新了行动计划，并将其作为附件列入 2001 年 3 月 22 日秘书长关于第二个铲除殖民主义国际十年的报告。[②]该行动计划重申：第二个铲除殖民主义国际十年的最终目标应当是全面执行 1960 年通过的《给予殖民地国家和人民独立宣言》，办法是由尚未实现自治的各领土的人民按照大会一切有关决议和决定以及《宣言》所载之原则，行使其自决权利和独立权利。

与此同时，该行动计划具体规定了 28 项行动，包括国际一级的行动；联合国同各管理国合作应当优先采取行动的领域；要求管理国优先采取行动的领域；国际一级的措施；联合国系统各专门机构和其他组织以及非政府组织的作用；给予殖民地国家和人民独立宣言执行情况特别委员会的行动；等等。并要求特别委员会每年向大会提出一份分析性报告，评价已有行动，提出建议。

3. 第三个铲除殖民主义国际十年（2011—2020 年）

2010 年，联合国大会通过了第 65/119 号决议，其中宣布 2011—2020 年为第三个铲除殖民主义国际十年，并促请各会员国加紧努力，继续执行第二个铲

---

① 详细内容请参见联合国官网。
② 见联合国秘书长报告 A/56/61 的附件。

除殖民主义国际十年行动计划，并与特别委员会（24 国委员会）合作，按需要更新该行动计划，以使其成为第三个国际十年行动计划的基础。①

2017 年 5 月 16 日— 18 日，在牙买加首都金斯敦举行了第三个铲除殖民主义国际十年执行情况加勒比区域讨论会②，主题是：非自治领土非殖民化的未来：前景如何？讨论会的目的，是使特别委员会听取非自治领土代表、专家、民间社会成员和非殖民化进程中其他利益攸关方的意见，请其帮助委员会确定联合国非殖民化进程可采取的政策方针和切实办法。同时，讨论会的讨论也将有助于委员会逐一对非自治领土的局势，以及对联合国系统和整个国际社会如何加强领土援助方案，做出切合实际的分析和评价。会议重申联合国应在秘书长和联合国系统各机构、基金和方案的坚定支持下，继续引领非殖民化政治进程，并强调联合国应提供支持，直至所有未决非殖民化问题得到圆满解决。会议查明第三个十年期间非殖民化进程中的一些问题，包括气候变化（特别是在非自治领土）的影响、全球经济和金融危机、区域合作的作用、教育和公众认识、民间社会作用、妇女作用、增强弱势群体权能、建设充分自治能力的必要性，等等。会议还具体讨论了波多黎各、美属萨摩亚、关岛、法属波利尼西亚③、新喀里多尼亚、马尔维纳斯群岛、直布罗陀和西撒哈拉等自治领土的局势。

作为会议的结论性意见，主要包括：其一，特别委员会与会成员重申所有人民都有自决权，并根据这项权利自由决定其政治地位，自由谋求其经济、社会和文化发展；其二，重申只有在所有悬而未决的非殖民化问题和有关后续事项都根据联合国的相关决议以令人满意的方式得到解决后，非殖民化进程才算完成；其三，在第三个十年的背景下，特别委员会应继续评估非殖民化进程的现有挑战和机会，为第三个十年制订一项切实可行的行动计划，以加速推动非殖民化进程；其四，强调特别委员会必须制定一项积极主动并重点突出的方针，实现联合国清单上的非自治领土非殖民化目标。

由此可见，尽管 21 世纪只剩下 17 块小块领土还没有获得自治或独立，但是对它们来说，非殖民化并未完成。

另外，通过对第二次世界大战后的非殖民化进程的论述，可以得出这样的结论：就"非殖民化"所要达到的目的来看，昔日的殖民地半殖民地已经基本

①　联合国秘书长关于第三个铲除殖民主义国际十年的报告：A/70/73 和 A/70/73/Add.1（2015 年）。

②　这次讨论会记录见 A/72/23 104/120 17-11639 (C) 附件二。

③　该领土政府代表（法国）称法属波利尼西亚不是需要非殖民化的殖民地；请求将法属波利尼西亚从非自治领土清单中删除，但被法属波利尼西亚议会否决。

上获得了政治独立，其经济与社会也有不同的发展，然而，这并不意味着非殖民化过程已经完结。因为"非殖民化"并不仅仅是"在独立的庆典上升、降旗帜这么简单"，原殖民地国家在整个政治制度、经济与文化乃至价值观等方面真正脱离殖民主义的影响而获得"解放"，还有相当长的路要走。

第六章　两次世界大战与世界和平运动的发展

在人类社会所经历的沧海桑田的历史变迁中，战争连绵不断，而"和平"作为"战争"的对立物，也一直是人类最基本的愿望和诉求，并成为人类追求的最朴素最基本的理想之一。中国古代的哲学以人为本，充满着朴素的以"和"为中心的和平、和谐的理念。西方自近代以来，随着资本主义的发展，战争的规模愈来愈大，烈度越来越强。然而，西方哲学中的人文精神也不断传播，并逐渐形成了一种和平主义的社会思潮和与之相伴随的和平主义的社会运动，有关和平的研究也逐渐开展起来。

第一节　第一次世界大战与和平运动

一、第一次世界大战前的和平运动

自近代以来，拿破仑战争作为欧洲历史上第一次大规模战争，促进了欧洲和平主义与和平运动的发展。1815 年，第一个和平协会在纽约成立，随后几年，伦敦、日内瓦和巴黎也诞生了其他类似的和平协会。它们的会员"谴责一切战争，甚至谴责对无端进攻进行自卫的战争"，然后他们开始互相通讯，并聚集到一起来举行会议。19 世纪中叶，这些和平协会曾举行了一系列国际会议，有十几个不同国家的几百名代表参加。尽管他们的呼声在当时并没有达到高高在上的决定外交政策的小集团，但是他们确实影响了各国议会中的一部分激进人士。[①]

在第一次世界大战前国际形势日益紧张的同时，世界和平运动进入了历史

---

①　参见华尔脱斯：《国际联盟史》上卷（汉敖等译），北京：商务印书馆，1964 年，第 15 页。

上的第一个高潮。1889 年在巴黎召开了第一届国际议员大会和世界和平大会，并出版了奥匈帝国女作家、世界和平运动的先驱贝莎·冯·苏特纳（Bertha von Suttner，1843—1914）的反战长篇小说《放下武器》（*Lay Down Your Arms*）一书，在世界上引起了很大反响。[①] 以后世界和平大会每年举行一次，到第一次世界大战前只中断了 5 次，成为大战前最重要的国际和平运动。国际议员大会后来改名为国际议员联盟，吸收各国议会中支持和平运动的议员，总部设在伯尔尼，大战前也是每年举行一次会议；它与两年后成立的国际和平署（总部也设在伯尔尼），成为这一时期最重要的国际和平组织。1895 年著名发明家 A. 诺贝尔（A. Nobelium，1833—1896）在用其 920 万美元的遗产设立诺贝尔奖奖金时，列上了一项和平奖，并于 1901 年开始颁授。一般来说，诺贝尔和平奖成为对那些为和平做出突出贡献的人们的最高奖励[②]。1911 年，美国著名的钢铁企业家安德鲁·卡内基（Andrew Carnegie，1835—1919）设立了总额为 1000 万美元的卡内基和平基金会，主要用于资助战争与和平方面的研究，美国的大部分和平组织都获得过该基金的资助。

各国的工人阶级是人民反战运动的基本力量。在第二国际的领导下，各国的无产阶级政党和工会，除了在议会内部进行斗争、拒绝投票通过军事法案和军事预算之外，也在议会外发动群众进行反战斗争。在俄国，布尔什维克党领导本国的人民进行了反战斗争，谴责帝国主义战争是一种犯罪行为。

还应该指出的是，1899 年和 1907 年在海牙召开的两次和平会议。这两次国际会议之所以称为"和平"会议，是因为它们的正式任务都是限制军备和保障和平。尽管列强各自怀着帝国主义目的，使会议在限制军备这一主题方面一无所获，而仅仅表示了"限制当前加重世界负担的军费，特别是就使用新型号和新口径的海军武器问题达成协议"的愿望以及"限制陆海军和军事预算"的愿望，但是，它们还是缔结了一些限制战争的公约。

1899 年的海牙和平会议在俄国的建议下召开，有 26 个国家参加了会议。在 40 天的会议中，列强大谈和平与裁军，却没有在裁军问题上做出任何实质性的

---

① 贝莎·冯·苏特纳是诺贝尔的老朋友，她的小说出版后，据说诺贝尔致信贝莎，称那是一部"值得景仰的杰作"。据研究，诺贝尔之所以设立和平奖，也是受到她的和平运动的影响并由她促成的。1891 年她创立了奥地利和平组织。贝莎本人于 1905 年获得诺贝尔和平奖。2006 年 3 月 3 日—4 月 2 日，奥地利驻上海总领事馆和上海社会科学院共同主办了纪念贝莎·冯·苏特纳荣获诺贝尔和平奖 100 周年展览，标题是"一生为了和平 —— 贝莎·冯·苏特纳生平纪念展"。

② 需要指出的是，诺贝尔和平奖也由于评委的政治偏见而发给了一些并不应该获得这一殊荣的人。

决议，甚至这次会议的倡导者俄国沙皇在发出会议召开的通知后就感到后悔。尽管如此，这次会议还是缔结了三项公约：（1）和平解决国际争端公约，并据此筹建常设仲裁法院；（2）陆战法规与惯例公约；（3）日内瓦伤者病者公约[①]适用于海战。会议还通过了三项有关限制军事行动的宣言：（1）关于禁止从气球上投抛炸弹和爆炸物的宣言；（2）关于禁止使用专为宣泄毒恶气质的炸弹的宣言；（3）关于禁止使用入体膨胀或易成扁形的子弹的宣言[②]。

鉴于对 1899 年的会议结果普遍感到不满，而国际局势也没有丝毫的缓和，1904 年，美国总统西奥多·罗斯福提议举行新的和平会议，由俄国沙皇负责召集。由于日俄战争的发生，第二次海牙和平会议到 1907 年 6 月才得以召开，有 44 个国家参加。在这次会议上，英国为了保持现有的军备优势，特别是海军优势，主张裁军和限制海军军备，德国则激烈反对裁军。其他列强也忙于扩军备战，对讨论裁军问题极为冷淡。结果在长达 4 个月的会期中，裁减或限制军备问题根本未被列入会议议程，列强也没有实质的裁军行动，只是确认了 1899 年所表示的关于限制军费负担的希望。

但是这次会议重新审查了 1899 年通过的三项公约，并着重讨论了战争的法规问题。这次会议于 1907 年 10 月缔结的各项公约，在国际惯例和国际文献中都按照下列顺序编号引用：

（1）和平解决国际争端公约；（2）限制使用武力索债公约；（3）战争开始公约；（4）陆战法规与惯例公约；（5）陆战时中立国及其人民的权利义务公约；（6）战争开始时敌国商船地位公约；（7）商船改充战船公约；（8）敷设自动水雷公约；（9）战时海军袭击公约；（10）日内瓦公约诸原则适用于海战公约；（11）海战时限制行使捕获权公约；（12）设立国际捕获法院公约；（13）海战时中立国权利义务公约。

会议还通过了关于禁止从飞船上发射炮弹和投掷爆炸物的宣言。这些公约和宣言，被称为《海牙公约》，[③]在国际法上构成了若干限制战争的手段。例如，

---

① 《日内瓦伤者病者公约》签署于 1864 年，全称为"改善战地武装部队伤者病者境遇公约"，统称为"日内瓦公约"。

② 即指如达姆弹那样的武器。达姆弹又俗称"开花弹""入身变形子弹"，是一种不具备贯穿力但却具有极高浅层杀伤力的"扩张型"子弹。大约在 1897 年由英国在印度加尔各答附近达姆达姆地方的兵工厂制造。其致伤机理是：通过外露铅心的弹头，射入人体后，铅心从被甲内鼓出，被压扁成蘑菇状，发生扩张或破裂，迅速释放能量，扩大创伤出口，具有类似爆炸弹头的致伤效果，可对人体造成严重伤害。

③ 其中的第 12 号公约从未生效。

禁止使用毒气和达姆弹、保障战时中立国和中立人员的权利、限制敷设水雷和海军炮击等。另外，与会各国代表一致同意接受强迫仲裁的原则，它们所签署的《和平解决国际争端公约》和常设仲裁法院（后来国际法院的先声）的设立，也是国际社会和平解决国际争端的理念上升为具体行动的开始。从现行的国际法的观点来看，这些有关战争的"原则和规范"是必须遵守的。

美国学者罗伯特·L.奥康奈尔认为：在海牙召开的两次裁军大会，标志着当代反战主义的起源，或至少反映了相当一部分高层次的人士对现代战争潜在后果的忧虑。不过，这个群体人数不多，也没有十分敏锐的洞察力；虽然有些人提到战争不利于经济发展，但反对战争的公开理由仍主要停留在对它的道德谴责上。[①] 这种看法是有一定道理的。

但是，第一次世界大战前，民族利己主义、帝国主义、沙文主义和军国主义的宣传越来越狂热，要求和平的呼声却十分微弱，远不足以对现实政治产生重大影响，而当时的大多数政治家和军事家也信奉用战争手段解决争端。因此，当1914年8月欧洲各国为了一个具体的国家之间的争端纷纷宣布参战时，我们看到的是聚集在这些国家首都的人群欢呼雀跃。而且在大战中，这些在两次和平会议中制定的"原则和规范"，也没有得到完全的遵守。

二、两次世界大战之间的反战与和平运动

第一次世界大战的爆发是对战前和平运动的沉重打击。但是战争的长期化和极端残酷性使人们越来越怀疑究竟为什么要打这场战争。随着交战各国经济危机的加深，人民的反战与和平运动日益高涨。

（一）大战中的反战与和平运动

在第一次世界大战的进程中，所有参战国国内都出现了反战情绪和行动。在1914年12月德国国会通过增加军费的投票中，著名的社会民主党左派议员卡尔·李卜克内西（Karl Liebknecht, 1871—1919）投下了有名的"李卜克内西一票"，即在700多议员中唯一的一张反对票。1915年4月1日，柏林爆发反战示威，但被当局镇压。事后，此次活动的领导人、社会民主党左派罗莎·卢森堡（Rosa Luxemburg, 1871—1919）被捕入狱。4月28日，追求永久和平的妇女国际联合会成立大会在中立城市海牙正式召开。出席海牙会议的代表包括战前领导过争取妇女选举权运动的3位英国妇女，美国也有47位代表出席。经过

---

① 理查德·W.布利特等：《20世纪史》，第282页。

3 天的讨论，她们通过了 20 项决议，要求"立即实现永久性的和平"，要求在学校进行"和平教育"，要求给予妇女选举权。她们还计划向美国以及所有参战国政府派遣"和平使者"，呼吁世界各国政府结束这场血腥搏杀，建立公正而又持久的和平。1916 年 7 月 23 日，英国妇女在新成立的"妇女和平十字军"的领导下，在格拉斯哥举行了第一次反战示威。[①]

大战爆发后，尚未参战的美国也出现了声势浩大的反战运动，各种和平组织纷纷向国会递交请愿书，要求和平，反对卷入欧洲战争。1915 年 8 月 4 日，美国总统伍德罗·威尔逊的密友和顾问豪斯上校写信给当时的美国驻英国大使沃尔特·H. 佩奇说，"我国有 90% 的人民不愿意总统把我们牵连到大战当中"[②]；而佩奇在给威尔逊的信中也写到，"感谢上帝赐予我们许多东西 —— 首先是大西洋"[③]。在 1916 年的大选中，威尔逊迎合大多数美国人的心态，以"他未使我们卷入战争"的口号再次当选为美国总统。美国民众的反战情绪，是美国在战争开始后实行中立政策的原因之一。

战争期间，拒绝服兵役是反战的重要表现。1916 年英国宣布征兵后，有 16500 人拒绝服兵役，其中 6000 人受到军事法庭的审判，800 多人因坚持不服兵役而被判两年以上的监禁，一些人还受到死刑的威胁；1917 年美国在参战后征兵 300 万，约有 4000 人拒绝服兵役。[④] 前线士兵中也有高昂的反战情绪。1917 年 5 月底，法国西线士兵的哗变扩大，3 万多名法国士兵离开战壕，回到后方。在一个城市，哗变者宣布成立"反战政府"。尽管哗变被残酷镇压，但还是不断扩大。[⑤] 到战争后期，反对战争、要求和平成为一些国家发生革命的重要动力。战争引起革命，革命制止战争。1917 年法国的罢工人数为 29 万人，罢工的口号之一便是"打倒战争"；同年德国的罢工人数达到 30 万人，俄国在 10 月底估计有 100 万铁路和运输工人罢工。工人们强烈要求实现不兼并别国领土的和平。"和平、面包、自由"也是 1917 年的俄国革命（包括二月革命和十月革命）、1918 年的德国革命和奥匈帝国境内革命的普遍口号。

---

① 马丁·吉尔伯特：《二十世纪世界史》第一卷上册，第 394、388、456 页。

② Ernest R. May, *The World War and American Isolation 1914-1917*, Boston: Harvard University Press, 1959, p. 89.

③ Burton J. Hendrick ed, *The Life and Letters of Walter H. Page*, Vol. 1, New York: Doubleday, Page and Company, 1922, p. 310.

④ 李巨廉：《战争与和平 —— 时代主旋律的变动》，上海：学林出版社，1999 年，第 339 页。

⑤ 马丁·吉尔伯特：《二十世纪世界史》第一卷下册，第 505 页。

（二）20 世纪 20 年代的反战与和平运动

第一次世界大战前和大战中的反对战争、要求和平的情绪，在战后形成了更为广泛而普遍的厌战、反战和恐战的社会潮流。它的突出表现是：

第一，在受到大战重创的欧洲，和平主义成为一种潮流。这一潮流在英国特别明显。正如英国史学家 W. N. 梅德利科特所写到的："广大民众当然要求和平，他们希望自由自在，不受外国人和外国危机的干扰；在这个意义上，可以说在许多年间总的潮流是和平主义，甚至是孤立主义。"①1919 年，英国在伦敦修建了塞诺塔夫纪念碑，从此，每到第一次世界大战的停战日，纪念碑前都堆满了鲜花和由红色的小花做成的花环，前来缅怀那些在一战中牺牲的人们，并表达自己的反战与和平诉求。②另外，据说是在第一次世界大战结束之后，当时在欧洲很多主要的战场上，都长出了很多鲜红的罂粟花（虞美人），传说那是士兵的鲜血。因此后来在英国佩戴罂粟花也就成了一个标志，即纪念一战当中的死难者，同时也记住战争，祈祷为和平做出更多的努力。③

第二，反战文艺作品大量涌现，其中最具代表性的是德国作家埃里希·雷马克的《西线无战事》和美国作家海明威的《永别了，武器》；在学术界，战争与和平的问题也成为许多学者关注和研究的对象，他们出版了大量论著，研究第一次世界大战的起源，探讨避免新的世界大战和保障和平的方法。

第三，出现了一些比较重要的国际和平团体。在英国：1918 年成立的"国际联盟协会"，致力于宣传国际仲裁和全面裁军，到 1922 年已经拥有 20 万名会员，1932 年则发展到 100 万人④；1921 年成立的"不再战运动"，坚持绝对和平主义，出版《不再战》刊物达 1.5 万份。在美国：1919 年成立的基督教和平团体"国际和解联谊会"，在盛行新教的欧美国家都有分支组织；同年成立的"国际妇女争取和平与自由联盟"，总部设在日内瓦，会员则遍及 48 个国家，在 16 个国家设有分支组织，而最大的分支组织在美国；1921 年成立的颇具影响的和平组织"防止战争全国理事会"，到 1935 年有 21 个成员组织和 10 个协作组织，它通过对国会的游说活动，对华盛顿当局施加影响。⑤

---

① W. N. 梅德利科特：《英国现代史（1914—1964）》，第 118 页。

② Andrew Crompton, *The Secret of the Cenotaph*, from AA Files 34 Pages 64-67, 1999, Recast as pdf file, andew@cromp.com.

③ 2010 年 11 月 9 日—10 日，英国首相戴维·卡梅伦在访问中国期间，他本人和他的代表团成员每人都佩戴了罂粟花，以表示对战争中的死难者的纪念。1918 年 11 月 11 日，是第一次世界大战的停战日。

④ 华尔脱斯：《国际联盟史》上卷，第 232 页。

⑤ 更详细的论述，参见李巨廉：《战争与和平——时代主旋律的变动》，第六章。

第四，以"和平主义"作为政治斗争的工具。例如，英国工党就在 1923 年的大选中，把"国际和平、国内繁荣"作为其竞选的口号。另外，温斯顿·丘吉尔在 1924—1929 年任保守党内阁的财政大臣时，其国防预算历年裁减，均获得普遍赞同①，实际上这也符合了和平运动的要求。

在国际政治领域，也出现了要求结束战争、实现和平的呼吁。

1917 年 11 月 8 日，即十月革命胜利后的第二天，全俄苏维埃代表大会就通过了由列宁起草的《和平法令》，指出帝国主义战争是反人类的，建议各交战国政府立即休战，进行公正的、民主的谈判，缔结不割地、不赔款的和约。《和平法令》作为无产阶级登上国际政治舞台后的第一个外交文件，显示了世界上第一个社会主义国家严厉谴责帝国主义战争、实行和平外交政策的基本取向，从而揭开了世界外交史和国际关系史上崭新的一页。该法令在通过后立即向全世界广播，但并未获得其他协约国和美国政府的回应。1918 年 3 月 3 日，苏俄与德国单独缔结了《布列斯特-立托夫斯克和约》，该条约虽然十分苛刻，但它使苏俄彻底退出了战争，赢得了和平喘息、巩固苏维埃政权的时间。

苏俄退出战争后，遭遇了帝国主义的武装干涉和国内的内战。尽管如此，列宁在 1919 年就已经预见到，随着战争的胜利，国际关系即将出现"社会主义国家和资本主义国家共存的时期"。1920—1924 年是列宁的和平共处思想的重要发展阶段。1920 年 2 月列宁在回答美国《纽约晚报》记者的问题时，第一次较为准确具体地表述了不同社会制度的国家和平共处的思想，即建立以互不侵犯为前提，以互通有无，进行商品贸易为主要内容的和平往来的国家关系。当时美国《纽约晚报》的记者访问列宁，当问到列宁对亚洲的计划是什么时，列宁回答："和对欧洲的一样：同各国人民和平共居，同正在觉醒起来的要求过新生活，过没有剥削，没有地主，没有资本家，没有商人的生活的各国工人和农民和平共居。"当记者问到苏俄同美国保持和平的基础是什么时，列宁十分明确地答道："请美国资本家不要触犯我们，我们是不会触犯他们的。我们甚至准备用黄金向他们购买运输和生产用的机器，工具及其他东西。而且不仅用黄金买，还要用原料买。"1922 年的热那亚会议是苏俄争取与资本主义国家和平共处的一次重大的外交实践，会议期间苏俄与德国签订的《拉巴洛条约》，体现了"两种

① 基思·米德尔马斯：《绥靖战略》上册（复旦大学国际政治系译），上海：上海译文出版社，1978 年，第 26 页。另外，由于英国在第一次世界大战后，以"今后 10 年内不会发生重大战争的假设"的所谓"十年规则"为依据拟定军事计划和预算，所以国防预算也逐年削减。

所有制的实际平等",是列宁和平共处外交政策的胜利。①

美国在战争开始前后,对和平问题十分关心。一方面,美国希望调解欧洲争端,威尔逊总统于 1914 年战争爆发前,以及 1915 年和 1916 年三次派豪斯赴欧调解,但都没有成功。1917 年苏俄的和平建议与一系列和平外交措施,受到了交战国人民和士兵的欢迎,对帝国主义的战争政策是巨大的打击。美国和英国认为,必须消除苏俄的影响,其办法是由美国总统威尔逊也发表一个有关和平政策的声明。这就是威尔逊提出的《世界和平纲领》的"十四点"计划。另一方面,美国对建立战后的世界和平极为关注。根据当代著名美国日裔历史学家入江昭的研究,他认为,在 1914—1917 年初期的美国,在有关战后和平的问题上,有三种相互关联的看法:第一种看法认为,世界和平可以通过多国之间的经济交流来维持和促进。这种看法的基础是美国的经济实力不断增大。第二种看法认为,创立通过多个国家的共同参与来维护和平秩序的国际组织,在这个组织中,各国要遵守经济国际主义原则,以代替旧欧洲的秘密协定和排他式的军事联盟,来保持多国间的合作关系。第三种看法认为,在恢复通商、设置国际机构的同时,要在主要国家内部进行改革,才能保证实现上述国际政治的改革。② 实际上,威尔逊提出的《世界和平纲领》即所谓"十四点"计划,已经在一定程度上体现了这些看法。③

第一次世界大战结束后,战胜国对战后的世界做出安排,建立了凡尔赛–华盛顿体系。这一体系所要求的各国裁减军备,以及英、美、日、法、意五国签订的关于限制海军军备的《华盛顿五国海军条约》,还有在国际上建立了第一个由主权国家政府之间组成的以维护和平为宗旨的政治组织国际联盟,都可视为战后对限制战争、维护和平的一种实际安排。

整个 20 年代,在欧洲经历了解决鲁尔危机和德国赔款的道威斯计划,以及洛迦诺公约的签订;在亚洲经历了日本推行"协调外交",以及中国民族解放运动的高涨而导致列强对中国的一定让步④,因此,20 年代的世界基本呈现出和平的局面。

---

① 这里的引文,依次见《列宁全集》第 2 版,第 37 卷第 188 页、第 38 卷第 158 页、第 43 卷第 190 页。
② 有关的详细论述,参见入江昭:《20 世纪的战争与和平》(李静阁等译),北京:世界知识出版社,2005 年,第 45—47 页。但是该书封面将其写为日籍,不妥。他是美籍日裔。
③ 例如,其中的第三点:在一切赞成和平和维护和平的国家当中尽可能地消除一切经济壁垒,建立平等的贸易条件;第十四:为了大小国家都能相互保证政治独立和领土完整,必须成立一个具有特定盟约的普遍性的国际联盟。至于第六点中有关俄国的内容,则是企图颠覆刚刚建立的苏维埃俄国。
④ 有关的详细情况,请参见第二章的相关内容。

在这一时期，国际和平运动主要表现为通过国际联盟所进行的反战运动和裁军运动，尽管它们都没有获得真正的成功。

在反战方面，有三个值得一提的建议。

第一个建议是德国提出的，它于 1926 年成为国联的成员国及行政院常任理事国。该建议扼要地规定了国联成员国应预先保证在发生争端时接受并实行行政院为了消除战争危机而提出的任何建议——如撤销动员会，撤退军队，甚至停战，如果战事已开始的话。这个建议后来写成了名为"改善防止战争方法总公约"的形式，于 1931 年经国联大会全体一致票批准，并建议全体国联会员国予以采纳。但是，正当国联对这个建议投赞成票的时候，不仅是资本主义经济大危机发作最严重的时候，也是日本侵略中国东北的第一个阶段，日本无意对这一条约签字，主导国联的英法等国家也无意为中国主持正义，致使这个建议就只是一个建议而已。[①]

第二个建议是 1926 年芬兰代表团提出的，目的是使那些可能受到进攻的国家能够从它们在国联的其他成员国那里以优惠的条件得到财政援助。这样的援助将是对国联盟约第 16 条规定的拒绝对进攻国家提供财政便利的实际补充。该建议最终具体化为财政援助协定，并为 1930 年的国联大会所通过。根据这个协定草案，由主要国联成员国信用担保一笔约五千万英镑的款项，经行政院的表决通过就可以用来援助被侵略国。然而，根据裁军与安全相互依存的原则，它的实施要以裁军协定的签订为条件，而裁军会议一直没有达成任何实质性决议，因此该协定也始终仅仅是一个计划。[②]

第三个建议是波兰提出的。在 1927 年大会期间，此时国联已经对阻止战争问题给予了如此多的考虑，因此，当波兰代表团提出一个庄严的宣言，宣布"禁止、并将永远禁止一切侵略战争"时，这个宣言获得了全体一致的通过。当然，它也仅仅是一个宣言而已。[③]

在裁军方面，华盛顿五国海军协定之后，大国继续在限制海军军备的问题上达成了一些妥协。1927 年，在美国的建议下，美、英、日在日内瓦召开海军会议（法国和意大利不接受邀请），美国代表团提出把华盛顿协定的 5∶5∶3 的比例扩大到巡洋舰、驱逐舰和潜水艇等非主力舰的建议，英国的建议更为复杂，

---

① 华尔脱斯：《国际联盟史》上卷，第 429—430 页。

② E. H. Carr, *International Relations between the Two World Wars 1919-1939*, pp. 115-116; 华尔脱斯：《国际联盟史》上卷，第 429—430 页。

③ E. H. Carr, *International Relations between the Two World Wars 1919-1939*, p. 117.

但会议没有达成协议。1930 年，美、英、法、意、日再次召开伦敦海军会议，法国反对英美提出的把华盛顿条约的比例扩大到非主力舰的建议，也拒绝意大利提出的与法国对等的邀请；日本不满华盛顿条约强加给它的不平等，最终勉强接受将华盛顿比例用于大型巡洋舰，条件是允许它在小型巡洋舰和驱逐舰方面为英美的 70%，以及在潜水艇方面与英美对等。这个限制条约只限于英国、美国与日本。同时出席会议的五大国都同意把华盛顿条约延长 5 年。除此之外，列强在其他军备的裁军方面，未能进行合作。

　　自 1919 年《凡尔赛条约》签订以来，裁军问题就被列强提上了议事日程。当时协约国向德国承诺，一旦德国解除武装，协约国也将实行普遍裁军，尽管这绝不意味着把它们的军备裁减到德国的水平。为了显示协约国裁减军备的"诚意"，国际联盟从成立之日起，就把裁军列为其活动的重要内容。但是各大国在裁军立场上大相径庭，无论是在 20 世纪 20 年代的咨询讨论和筹备会议期间，还是在 1932—1934 年的裁军大会期间，列强始终同床异梦。法国主张裁军之前必须先增进安全，并以安全并未真正获得而拒绝裁军；英国认为只有裁军才有助于安全，其目的是削减法国的力量和法国对德国的军备优势；德国则坚持与其他国家的"军备平等"，坚决要求协约国履行诺言，实行裁军，以掩盖自己的重整军备；美国和日本也各有打算。因此正如 1926 年 5 月 26 日的《真理报》所说："会议的每一个参加国所考虑的都不是裁减自己的军备，而是裁减别人的军备，从而使自己在军备方面更强大一些。……这不是在裁军问题上，而是在各国武装力量'均势'问题上的一笔交易。而且每一个国家都力求对'均势'做出有利于自己的解释。"[①] 结果，经过长达 14 年的吵吵嚷嚷，最终以希特勒在 1933 年 10 月坚决退出裁军会议和国际联盟的行动，宣布了裁军活动的实际破产，尽管裁军会议从未正式宣布过休会，也从未正式宣布过闭幕。

　　不过，在国际联盟断断续续的裁军过程中，1928 年《非战公约》的签订，应该视为反战运动的一个值得注意的事件。

---

① 　C. Ю. 维戈斯基等编：《外交史》第三卷下册（大连外语学院俄语系翻译组译），北京：生活·读书·新知三联书店，1979 年，第 699 页。苏联在当时还不是国联成员，但被邀请参加裁军会议。当时苏联在裁军问题上的看法是："如果真诚地希望裁军，那么有一条达到目的的简单办法，那就是解散一切陆军、海军和空军；销毁一切武器、军舰和战斗机；并且除了各国警察和海关手里的武器外任何地方不保存武器"，并要求帝国主义国家立即予以接受或者予以拒绝。但是，国联裁军筹备委员会认为，苏联的建议只是国联最初就这个问题所做的努力的更极端的形式。这些建议在对侵略的担心还没有消除之前绝不能进入实际政治领域。华尔脱斯：《国际联盟史》上卷，第 416 页。实际上，苏联的建议在当时也确实不可行。

1927 年 4 月，法国外长白里安向美国政府建议在法国和美国之间签订一个条约，宣布在两国之间废弃以战争作为实行国家政策的工具。由于很难想象任何国家利益能导致法国和美国之间的战争，因此美国认为这样一个条约对美国来说没有什么实际的重要性，但是该条约将给法国带来某种声誉，并使法国成为美国在欧洲的特殊朋友和伙伴。或许正是由于这个原因，美国国务卿凯洛格在长时间的拖延之后，提出了一个反建议作为回答，即已经建议的这个条约应当是普遍适用的。尽管法国不太高兴，但是美国的反建议还是被多国所接受。于是，1928 年 8 月 27 日，美国、英国、法国、德国、意大利、日本和比利时、波兰、捷克斯洛伐克，以及英国的自治领和印度的代表们聚会巴黎，作为创始国签订了《关于废弃战争作为国家政策工具的一般条约》，即《非战公约》。由于该公约最初在法国与美国之间酝酿，故又称《白里安-凯洛格公约》，也称《巴黎公约》。它的主要内容是：缔约各方"斥责用战争来解决国际纠纷，并在它们的相互关系上，废弃战争作为实行国家政策的工具"；缔约各方之间"可能发生的一切争端或冲突，不论其性质或起因如何，只能用和平方法加以处理或解决"；其他各国都可以加入本公约。《非战公约》于 1929 年 7 月 25 日生效，到 1933 年加入者共 63 个国家（包括但泽自由市）。

从字面看，《非战公约》相当冠冕堂皇，但是它对废弃战争、维护和平并没有规定任何明确的责任，也不要求各国为此而做出任何实际的牺牲；它既未涉及世人瞩目的裁军问题，也未制定实施公约的办法和制裁违约国的措施。因此在当时的国际政治现实中，《非战公约》只是一纸集体安全的原则声明。不仅如此，各签字国还对它们保证废弃战争"作为实行它们与另一个国家关系中的国家政策的工具"的意义做出了解释，这些解释在它们签订该公约之前的相互通信中得到了说明。条约的始作俑者已经宣布并不禁止自卫战争。它们并不接受不抵抗的和平主义原则。在美国看来，自卫包括为阻止侵犯门罗主义而要求采取的任何行动。英国则进一步说明，在它的情况下，自卫的权利包括有权保卫"世界的某些地区，这些地区的繁荣和完整对我们的和平与安全构成了特殊和巨大的利益"。这些地区实际上是指整个大英帝国。这些解释实际上是对这个措辞本已十分抽象的公约提出了各自的保留条件，这些条件集中到一点，就是各国都拥有自己"决定情况是否需要诉诸战争以实行自卫"的权利。[1] 这就使条约的

---

[1]　E. H. Carr, *International Relations between the Two World Wars 1919-1939*, pp. 118-119. 参见《现代国际关系史参考资料（1917—1932）》，北京：高等教育出版社，1958 年，第 381—384、203、204、205 页。

普遍性受到削弱。该条约被许多国家看成是一种原则声明而不是一种责任的规定。每一个国家仍然是它自己的行动的唯一判断者；另外，该公约也没有建立或考虑建立任何旨在解释或实行这个公约的机构。

由此可见，《非战公约》并不能限制帝国主义在借口保卫自身利益的情况下对殖民地附属国和其他国家进行侵略战争和镇压活动。曾任国联副秘书长的华尔脱斯对它的评论可谓一针见血："既然每个签字国都是自己行动的唯一判断者，既然它们当中的两个最大的国家对这个字眼作了广泛的解释，那么就凯洛格公约而论，采取军事行动的道路还是敞开着的。"[1]

但是作为当时世界上绝大多数国家签字的一项具有普遍意义的国际条约，《非战公约》是一个重要的国际文件。英国史学家 E. H. 卡尔认为，"巴黎公约尽管有缺点，但它是一个划时代的界碑。它是历史上第一个几乎全球范围的政治协定"，"由条约的美国发起人使用的'宣布战争为非法'的术语意味着存在一种世界性的、未成文的法律，违反这一法律而进行的战争被宣布是一种犯罪。并不存在惩罚对这一法律的侵犯行为、甚至去宣布该法律已被侵犯的任何权威机构。但是这一观念本身已经扎根于国际政治的思想之中"。[2] 这些看法是有道理的。可以认为，《非战公约》第一次正式宣布在国家关系中放弃以战争作为实行国家政策的工具，和平解决国际争端，从而在国际法上否定了所谓"战争权"的合法性，奠定了互不侵犯原则的法律基础，并且在第二次世界大战后成为国际军事法庭审判德国和日本战犯的重要法律基础。

1928 年《非战公约》的签订，还表明了 20 世纪 20 年代后半期的乐观气氛，即认为和平还能够继续下去。[3] 但是，当日本以"一个自卫行动"为理由发动侵略中国的"九一八事变"时，签订《非战公约》的西方大国的反应却是如此的软弱而苍白无力。这一点，我们在第一章中已经给予论述。

（三）20 世纪 30 年代的和平运动及其影响

在 20 世纪 30 年代，随着以日本、德国和意大利法西斯国家为代表的亚洲和欧洲战争策源地的形成以及局部战争的发生，国际局势日趋紧张。在这种背景下，英国的和平运动更为高涨，不仅出版了大量和平主义书籍，而且出现了各种和平主义团体，并组织了一系列和平主义行动。例如，1932 年初，以女基

---

[1] 华尔脱斯：《国际联盟史》上卷，第 433 页。

[2] E. H. Carr, *International Relations between the Two World Wars 1919-939*, pp. 119-120.

[3] F. S. Northedge, *The League of Nations: Its Life and Times 1920-1946*, Leicester: Leicester University Press, 1986, p. 119.

督教和平主义者莫德·罗伊登（Maude Royden）为首，发起倡议，组织一支不配备武器的和平队，前往军事冲突地区进行隔离调解。由于当时日本帝国主义正在进攻上海，他们便决定先赴上海，在日本军队和中国军队之间筑起一道人墙来制止战争，该倡议公布后，即有 800 人报名，因此被舆论称为"这可能是整个 20 世纪最自信的和平主义创举"。①

在大学校园里，和平主义浪潮也不断高涨。1933 年 2 月 9 日，英国牛津大学俱乐部举行了模拟辩论会，主题是"本议院决不为它的国王和国家而战"。这次辩论会吸引了大约 500 人，有 57 名学生要求在会上发言。尽管该俱乐部的前主席昆廷·霍格在发言中认为，和平主义者和支持单方面裁军的人们都不是"和平的真正朋友"；干预世界事务而没有军事力量作后盾，必然要导致战争，而强大的英国是"和平的必要因素"。但是，当时的名作家和讲师西里尔·乔德②认为，这次辩论会的动议应该如此表述："只要政府决定进行大规模屠杀，本议会决不参加。"他描绘了可怕的空战前景："在对一个西欧国家宣战后不到二十分钟"，轰炸机就会飞抵英国上空，"在一枚炸弹就可以毒死四分之三平方英里地区的一切生物的时候"，高射炮又有什么用呢？他在结束语中说，1918 年的胜利是完全无益的。为使世界是民主制度的安全地方而进行的战争却导致了普遍的军人独裁。"我们本来是为了建立一个新世界而战，结果，旧世界却处在经济崩溃的痛苦之中。我们本来为了使英国成为适合英雄们居住的地方而战，结果，这些英雄现在只能从国家那里得到少得可怜的一点救济金。"因此，一旦有人实际入侵没有武装的英国，"最多也只应该采取一种消极抵抗的政策"。这次辩论会还通过了"决不为国王和国家而战"的决议。随后，在曼彻斯特大学、莱斯特大学、爱丁堡大学和另外大约 20 所大学，通过了类似的决议。③

关于"国王和国家"的辩论生动地反映了英国人在两次世界大战之间的情绪。由于第一次世界大战战场上的长期的大屠杀已经使人们感到精疲力竭并产生了厌战情绪，而且由于大战后长期的经济不景气，使英国民众和他们的领导人都不想再有新的战争，而不论这种战争是由谁挑起的以及英国是否应该为正

---

① Martin Ceadel, *Pacifism in Britain 1914-1945: Defining of a Faith*, Oxford: Oxford University Press, 1980, p. 95. 后来这个行动由于英国政府和国联的干预而未成行。

② 西里尔·乔德（Cyril E. M. Joad），英国哲学家，毕业于牛津大学，曾任伦敦大学伯克贝克学院哲学系主任。

③ 特尔福德·泰勒：《慕尼黑——和平的代价》上册（石益仁译），北京：新华出版社，1984 年，第 312—316 页。

义而战。

1933 年 3 月，伦敦召开了英国全国反战大会，出席的代表达 1500 多人，他们代表各工会、合作社、独立工党、大学生协会和共产党。20 多个英国作家发表声明拥护这个大会。[①] 与此同时，一些政治家也持和平主义态度。例如，1933 年秋天，英国下议院补缺选举，英国工党还是以和平主义作为自己的主要竞选纲领，结果工党从保守党手中赢得了几个重要选区的议席。

1934—1935 年是两次世界大战之间的年代中和平运动的高潮时期。1935 年夏天，在英国工党、自由党和许多"国际联盟协会"会员的赞助下，组织了一次群众性的和平投票。这次投票结果于 6 月 27 日公布：[②]

表 13　英国和平投票结果

参加投票人数	1150 万	
赞成全面裁军	1050 万	占 91.3%
赞成用国际协定来保证全面废除航空部队	约 950 多万	占 82.6%
赞成用国际协定来禁止为私人盈利而制造和出售军火	约 1048 万	占 91.1%
赞成准备在必要时采取经济的非军事的制裁	约 1096 万	占 95.3%
赞成准备在必要时甚至采用军事制裁	约 683 万	占 59.3%

人们普遍认为，这次和平投票是英国第一次形成的严肃的政治运动。但是，这又是一次在希特勒的纳粹德国已经退出国联裁军会议并退出国联，实行扩军政策的情况下，英国舆论却并不顾及这一点而坚持支持国联的裁军活动。在这种情况下，政治家们为了选票，自然迎合公众的要求。

英王乔治五世同样反对战争。据当时的外交大臣塞缪尔·霍尔说，他在 1935 年夏季几次谒见国王，国王"切望"找到可以避免战争的某种妥协办法。国王哀叹道："我已经经历了一次世界大战，我怎么还能经历另一次世界大战呢？如果我继续在位的话，你必须使我们不要卷入战争。"[③]

同年 10 月 3 日，意大利兵分三路入侵埃塞俄比亚，正式发动了侵略埃塞俄比亚的战争。当年 11 月，英国大选。这次选举本来是以一项重整军备纲领为基础的。但是在选举期间，鉴于和平投票的结果，保守党政府的首相斯坦利·鲍

---

① 弗·格·特鲁汉诺夫斯基：《英国现代史》，北京：生活·读书·新知三联书店，1979 年，第 247 页。
② 此表根据约翰·惠勒-贝内特《慕尼黑——悲剧的序幕》第 265 页的数据制成。
③ 特尔福德·泰勒：《慕尼黑——和平的代价》上册，第 262 页。

尔温（Stanley Baldwin，1867—1947）也对和平团体保证说："我向你们保证，不会有任何大规模的军备。"①

第一次世界大战后在英国形成的远较战前更为广泛的反对战争、要求和平的运动，对英国 20 世纪 30 年代的绥靖政策的形成，具有一定的重要影响。在30 年代英国绥靖政策形成的过程中，和平主义思潮与和平运动的发展，为绥靖政策奠定了思想与社会基础。实际上，当张伯伦在 1938 年 9 月 30 日慕尼黑协定签字后飞回英国时，他受到了巨大而热情的欢迎，他还骄傲地展示了一个由希特勒和他本人签署的文件，该文件宣布了这两个国家希望避免所有可能的争执之源并为欧洲的和平做出贡献的强烈愿望。尽管达拉第没有这样一个相似的文件，但是他在法国也受到了同样的欢迎。特别是在慕尼黑协定签订之后的一段时间里，大量祝贺这一协定的签订避免了一场战争的信件从英国以及世界各地飞到首相尼维尔·张伯伦的办公室，这些信件装满了几个大盒子，足以说明当时人们的和平主义情绪和对慕尼黑协定的支持。②

另外，一些组织和平运动的政治家也越来越支持绥靖政策。其中的一个典型人物就是"不再战运动"的发起者之一、英国工党领袖乔治·兰斯伯里（George Lansbury，1859—1940）。③ 在 1936 年以后，随着纳粹德国和法西斯意大利的扩军备战和侵略扩张，许多民众已经越来越倾向于要用武力来制止侵略的时候，兰斯伯里却在 1936、1937、1938 年进行了他所谓的"和平旅行"，向各国领导人呼吁和平。④1937 年，他专程访问了希特勒和墨索里尼，同年 10 月在他出任英国著名和平主义团体"和平誓约联盟"⑤ 的会长后，他宣称该联盟把防止战争的希望建立在"经济绥靖与和解"的基础之上。1938 年，当张伯伦为满足希特勒对捷克斯洛伐克的领土要求而奔走于英、德之间的时候，兰斯伯里竟打电报给捷克斯洛伐克的总统贝纳斯，要求他接受希特勒的条款，为欧洲和

---

① 《泰晤士报》1935 年 10 月 31 日，转引自基思·米德尔马斯：《绥靖战略》上册，第 26 页。
② 这些信件，保存在 The Heslop Room of the University of Birmingham Library 里，笔者于 2004 年在伯明翰大学从事研究工作时，曾查阅过这些信件。
③ 乔治·兰斯伯里，出身于铁路工人。1910 年当选为英国下院议员，在 1929—1931 年的麦克唐纳第二届工党内阁任建筑工程部首席专员，内阁成员，1931 年被选为工党领袖。Charles Loch Mowat, *Britain between the Wars 1918-1940*, London: Methuen & Co. LTD, 1956 (reprinted with minor corrections), pp. 354, 415.
④ Charles Loch Mowat, *Britain between the Wars 1918-1940*, p. 538.
⑤ "和平誓约联盟"（Peace Pledge Union），1936 年 5 月成立，原会长为英国社会活动家、电台播音牧师卡农·谢泼德（Canon Sheppard，1880—1937）。到 1936 年中期，该组织已有 10 万成员，并对 10 万妇女具有号召力。Charles Loch Mowat, *Britain between the Wars 1918-1940*, p. 538.

平做出牺牲。[1]

由此可见，到此时，英国的和平主义运动的主流是不惜代价地追求和平，甚至牺牲小国的主权利益，这与张伯伦政府的绥靖政策已经合拍。英国的和平主义运动的绥靖化，实际标志着该运动的失败。

美国的和平主义运动在两次世界大战之间的年代中也不断发展，而且与美国国内的孤立主义情绪交织在一起。在 1933 年 2 月英国牛津大学俱乐部举行了"本议院决不为它的国王和国家而战"的模拟辩论会期间，美国的学生会也对21000 人进行了民意测验，情况表明，其中有 8000 名和平主义者，有 7000 人表示只有在他们的国家遭到入侵时才会战斗。[2]

美国的和平主义团体对政治家的影响，突出表现在 1937 年日本发动全面侵略中国的"七七事变"之后。鉴于 20 世纪 30 年代德、意、日法西斯国家的侵略扩张，特别是日本对中国的大规模军事侵略，1937 年 10 月 5 日，美国总统富兰克林·罗斯福特意选择孤立主义的大本营芝加哥，发表了有名的实际上是针对日本侵华的"防疫"演说，以试探民意。当时他明确指出："爱好和平的国家必须作出一致的努力去反对违反条约和无视人性的行为，这种行为今天正在产生一种国际间的无政府主义和不稳定状态，仅仅依靠孤立主义或中立主义，是逃避不掉的"；然后，他把日本的侵华行动比喻为一场如同传染病一样的"流行症"，"不幸的是，世界上无法无天的流行症看来确实在蔓延中"，他呼吁，"在生理上的流行症开始蔓延时，社会就会认可并参与把病人隔离起来，以保障社会健康和防止疾病传染"；他还指出，"最为重要的是，爱好和平的国家的和平意志必须伸张到底，以促使可能被诱而破坏协议和侵犯他国权利的国家终止此种行动。必须作出保卫和平的积极努力"。为了不刺激和平主义者和孤立主义者，罗斯福在讲演中多次表示了和平的愿望。[3]

但是，就在罗斯福讲演的第二天，《华尔街日报》就在头版刊登了题为"停止对外干涉，美国要和平"的社论。《商业金融记事报》也发表文章，声称美国对欧洲和亚洲国家的政治困难没有责任，应该对国际行动保持疏远态度，因为它们只会损害美国的独立、安全和幸福。《商业日报》也警告说，经济制裁将产生"严重后果"，而且对制裁的支持将是"迈向战争的一大步"。[4] 特别是美国

---

① Martin Ceadel, *Pacifism in Britain 1914-1945: Defining of a Faith*, pp.274, 318.

② 特尔福德·泰勒：《慕尼黑——和平的代价》上册，第 316 页。

③ 该讲演的全文，见关在汉编译：《罗斯福选集》，第 150—155 页。

④ Dorothy Borg, *The United States and the Far East Crisis of 1933-1938*, Cambridge: Harvard University Press, 1964, p.391.

的六大和平组织联名发起了一场征集 2500 万人的签名活动，要求"避免使美国卷入战争"，众议员菲什甚至提议弹劾总统。有鉴于此，罗斯福只好赶紧缩了回去，宣布"'制裁'是一个难听的字眼，它应当被'抛出窗外'"，[①] 并强调，他的演说的重点在于最后一行，即"美国积极致力于谋求和平"。[②]

因此，第一次世界大战后形成的远较战前更为广泛的反对战争、要求和平的运动，对两次世界大战之间的国际关系产生了深刻的影响。概括地说，20 世纪 20 年代的和平运动在一定程度上促进了当时欧洲和平的建立和经济的发展，而 30 年代的和平运动却事与愿违，实际成为鼓励法西斯国家侵略扩张的一个重要因素。

第二节　第二次世界大战后的和平运动

一、战后世界和平运动的发展

第二次世界大战的空前浩劫使世界各国人民更加关注战争与和平问题。战后不久以美国和苏联这两个超级大国为首的两个军事集团之间的冷战的爆发，以及对第三次世界大战的担忧，成为战后和平运动发展的国际政治背景。二战后期核武器的使用所显示出来的巨大杀伤力，成为推动战后世界和平运动发展的现实要求。

（一）和平运动的四次高潮

战后的世界和平运动出现过几次明显的高潮[③]，西方国家的民众仍然是这些和平运动的一支主力军。

1. 第一次高潮

第一次高潮出现在 20 世纪 40 年代末至 50 年代初，主要内容是要求禁止原子弹和反对世界战争。其表现形式主要有两个：一个是成立了许多与争取世界和平有关的国际或国内组织；另一个是召开了各种保卫世界和平大会。

在国际组织方面，1945 年，在巴黎成立了国际民主妇女联合会，其宗旨是

---

① Dorothy Borg, *The United States and the Far East Crisis of 1933-1938*, p. 383.
② 罗伯特·达莱克：《罗斯福与美国对外政策（1932—1945）》上册，第 215 页。
③ 有关战后世界和平运动高潮的划分，学术界并不一致，例如，潘振强先生分为三次，李巨廉先生分为四次，但并不影响对这一问题的论述和认识。参见潘振强主编：《国际裁军与军备控制》，第 396—402 页；李巨廉：《战争与和平——时代主旋律的变动》，上海：学林出版社，1999 年，第 355—370 页。

争取世界和平，保卫妇女儿童的权利，支持殖民地与附属国的妇女解放斗争。同年还成立了世界工会联合会、世界民主青年同盟、国际学生联合会，等等；1946 年又成立了世界科学工作者协会、国际新闻工作者协会，等等。

在国内组织方面，1947 年法国成立世界和平理事会；1949 年，英国成立了和平委员会，加拿大、澳大利亚也相继成立了和平大会，意大利、巴西、缅甸也成立了全国和平理事会或保卫世界和平理事会；1950 年，日本成立了和平委员会；1951 年，美国成立了和平十字军，等等。

在国际和平会议方面，最重要最有影响的是世界保卫和平大会。

1948 年 8 月，波兰召开了世界文化界人士的保卫和平大会，来自 45 个国家的 500 多位科学家、艺术家和作家与会，其中包括著名核物理学家约里奥·居里夫妇（Frederic Joliot-curie，1900—1958 和 Irene Joliot-Curie，1897—1956）、法国作家阿拉贡（Louis Aragon，1897—1982）、苏联作家法捷耶夫（Alexander Alexandrovich Fadeyev，1901—1956）、西班牙艺术家毕加索（Pablo Picasso，1881—1973）等。大会成立了世界文化工作者国际联络委员会。该联络委员会与国际民主妇女联合会以及 17 个国家的 75 位知名人士联合发出召开世界保卫和平大会的倡议。

1949 年 4 月，第一届世界保卫和平大会在巴黎和布拉格同时举行。共有 72 个国家和 12 个国际组织的 2287 名代表出席。大会认为世界人民正被卷入军备竞赛的危险之中，呼吁将原子能的使用仅限于和平目的和人类福利，缓和国际紧张局势，共同保卫世界和平。大会成立了以约里奥·居里为主席的常设执行委员会。1950 年 3 月，该委员会发表了《斯德哥尔摩宣言》，要求无条件禁止原子武器，建立严格的国际管制制度，哪一个国家首先使用原子武器去反对任何其他国家，就是犯了反人类的罪行，就应当受到谴责。围绕这一宣言，形成了 5 亿多人在宣言上签名的世界范围的群众性和平运动。

1950 年 11 月，第二届世界保卫和平大会在华沙举行，81 个国家和 8 个国际组织的 2065 名代表出席。会议通过了《告全世界人民的宣言》，成立了世界和平理事会以取代以前的执行理事会，宣布其宗旨是保卫世界和平，协调各国的和平运动，其原则是不同制度的国家可以和平共处。中国的郭沫若（1892—1978）是其成员。1951 年，世界和平理事会再次掀起了世界范围内的和平签名运动，签名人数超过 6 亿。

在此时期，各国的和平运动也在发展。例如，1947 年 11 月，法国巴黎举行了首次群众性的保卫和平与自由代表大会。1948 年 7 月，英国各地的代表 1300 多人在伦敦《工人日报》编辑部的主持下举行了争取普遍和平会议，会议坚信人民有力量保卫和平，制止战争，并号召销毁原子弹，裁减军备。[①] 1949 年 10 月，在伦敦召开第一届英国和平大会，代表 400 多个团体的 1090 名代表出席，他们一致声明："今天不需要战争，战争不是不可避免的"。[②] 1949 年 10 月，新中国成立了中国人民保卫世界和平委员会，其他许多国家也都成立了这样的机构，成为推动世界和平的重要力量。

2. 第二次高潮

第二次高潮出现在 20 世纪 50 年代中期至 60 年代初。其直接的原因是美苏之间出现的冷战对抗高潮，如第二次柏林危机和古巴导弹危机、美苏之间的大规模的核军备竞赛以及以人造卫星为代表的太空竞赛。因此，第二次世界和平运动以反对核武器为其鲜明的特点。它首先从科学家开始，并形成了各国国内的群众运动。

科学家的行动是两个影响重大的反对核武器的和平宣言，以及两个重要的行动。

一个是《罗素-爱因斯坦宣言》。1955 年 2 月—4 月，阿尔伯特·爱因斯坦（Albert Einstein，1879—1955）与伯特兰·罗素（Bertrand Russell，1872—1970）通信讨论和平宣言问题。爱因斯坦在去世前的 4 月 11 日签署了这个宣言，18 日，爱因斯坦去世。该宣言于 7 月 9 日由罗素在伦敦发表。他们对核武器带来的危险深表忧虑，并呼吁世界各国领导人通过和平方式解决国际争端，而绝不能通过世界大战来达到目的："有鉴于在未来的任何世界大战中肯定会利用核武器，而这类武器肯定威胁人类的继续生存，因此我们呼吁世界各国政府承认并公开宣布：他们不能通过一场世界大战来达到目的，并因此而呼吁他们找到和平的手段去解决它们之间的一切争端。"[③] 他们的呼吁得到了东西方科学家的认可，包括 10 位获得诺贝尔奖的 11 位科学家在会议宣言上签字。另一个是《迈瑙宣言》。1955 年 7 月 15 日，包括多名诺贝尔奖获得者在内的 52 位科学家在德国联名发表了反对核武器的宣言。

在这两个宣言的影响下，1957 年 7 月，来自东西方的 10 个国家的 22 位科学家，包括中国的周培源（1902—1993），在加拿大的小城帕格沃什举行了国际科学家反战会议。会议决定成立一个国际常设委员会，每年召开年会，开展和

---

① 弗·格·特鲁汉诺夫斯基《英国现代史》（秦衡允等译），北京：生活·读书·新知三联书店，1979 年，第 507 页。

② 弗·格·特鲁汉诺夫斯基《英国现代史》，第 507—508 页。

③ 《罗素-爱因斯坦宣言》引文原文，见 http://www.pugwash.org/about/manifesto.htm。

平问题的讨论。这些年会相继在苏联、英国、印度、捷克斯洛伐克、罗马尼亚、瑞典、美国、日本等国家举行，形成了"帕格沃什"运动。

1958 年 1 月，美国科学家、诺贝尔化学奖获得者莱纳斯·鲍林（Linus Pauling，1901—1994）向当时的联合国秘书长提交了一份签有 49 个国家的 9235 位科学家姓名的请愿书，题为"向联合国请求紧急召开停止核试验国际会议"，该请愿书的签名者到 5 月份已经增加到 11021 人，包括 37 名诺贝尔奖获得者。①

在这些科学家的影响下，英国、美国和日本都出现了反对核武器的和平运动高潮。

在美国，1957 年出现了两个反对核武器的新的和平组织："争取明智的核政策全国委员会"和"非暴力行动委员会"，他们发动和组织了一系列有影响的活动，其中以非暴力行动委员会（The Committee for Nonviolent Action, CNVA）于 1960 年 12 月 1 日—1961 年 10 月 3 日进行的"旧金山–莫斯科的和平长征"最为有名。这些和平主义者步行约 6000 公里，穿越了美国、英国、比利时、西德、东德、波兰和苏联，宣传他们的反对核军备竞赛和无条件裁军的主张。②

在英国，1958 年成立的新的和平组织"争取核裁军运动"，也发动和组织了有名的复活节和平长征运动。到 1960 年 4 月，根据盖洛普民意测验，在英国约有 33% 的公众支持放弃核武器。在这种情况下，英国工党也于同年 9 月通过了有关"放弃本国核武器和撤销美国核基地"的决议。

日本作为世界上唯一一个受到核武器轰炸的国家，反对核武器有深厚的群众基础。为了悼念在核轰炸中的牺牲者，每年 8 月日本都要在广岛和长崎举行悼念活动，在活动中，他们还会以核武器受害者的身份，提出反对核试验、消灭核武器的反核要求，发表和平宣言。在广岛和平纪念公园的慰灵碑上，刻有一句话："安息吧，不会重复过去的错误。"③

---

①　这份请愿书源于鲍林等 2000 名美国科学家签字要求停止核试验的呼吁书，原名为《美国科学家向世界各国政府和人民呼吁》。1957 年 6 月该呼吁书公开发表，并同时递交给美国国会和总统艾森豪威尔，引起了各国科学家的响应，并发展为全世界科学家的签名请愿行动。参见 L. 鲍林：《告别战争：我们的未来设想》（吴万仟译），长沙：湖南出版社，1992 年，第 124—138、179—188 页。

②　这些和平主义者于 1961 年 10 月 3 日到达莫斯科红场，在那里散发了 4.5 万份反战的传单。有关这次"和平长征"的详细情况，见 Gunter Wernicke & Lawrence S. Wittner, "Lifting the Iron Curtain: The Peace March to Moscow of 1960-1961," *International History Review*, Vol. 21, No. 4 (Dec. 1999), pp. 900-917.

③　2005 年 8 月 6 日，广岛和平纪念公园举行纪念广岛遭受原子弹轰炸 60 周年，5 万多各界人士追悼死难者，为和平祈祷。当时的众议院议长河野洋平在致词中坦承广岛、长崎遭受核爆一事日本所应承担的战争责任。他表示，慰灵碑上的"不会重复过去的错误"中的"错误"两字包含日本从明治维新到遭受原子弹轰炸这段时间里，选择了错误的前进方向，走上了与欧美列强一样的帝国主义道路，最终

1954 年 3 月的"福龙丸事件"，在日本的反核史上是一件大事。当时美国在太平洋上的比基尼岛举行氢弹爆炸试验，恰好日本渔船"福龙丸"号在距离美国划定的危险区 35 公里之处作业，结果这艘渔船受到爆炸带来的放射性物质的毒害，造成 1 人死亡多人受伤的重大事件。另外，还有 850 余艘日本渔船遭到核辐射，在该海域捕捞的金枪鱼身上也检验出大量的核辐射物。该事件发生后，日本民众的反核情绪极其高涨，东京都杉并区的家庭主妇组成了"禁止氢弹运动杉并协议会"，发出了"禁止原子弹氢弹签名运动"的呼吁书。日本各界积极响应，以家庭主妇为核心的 28 万人签名掀开了日本禁止原子弹和氢弹运动的序幕，成立了禁止原子弹氢弹签名运动全国协议会，并发起了全国范围的反核运动，到 1954 年底，在"禁止原子弹氢弹呼吁书"上签字的日本民众达 2000 多万人。

在日本民众的反核运动的压力下，1954 年 4 月，日本国会参、众两院通过了多个决议案，呼吁禁止核武器并对原子能的开发进行国际控制。另外，对于日本国内存在的核能项目，日本政府也多次宣称这并不代表日本将会考虑发展核武器。针对民众的疑虑，时任众议员的中曾根康弘（1918—2019，后来曾任首相）提出，日本的核能研究和利用项目应当永远不被应用于开发核武器，并与其他一些议员提出了以此要求为基本精神的"原子能基本法"的议案。1955 年 12 月，《原子能基本法》获得日本国会通过。[①]

"福龙丸事件"发生后，日本民众反对美军部署核武器的情绪更是空前高涨。1955 年 2 月，为了反对运进名为"诚实的约翰"的原子弹以及扩大美军在北富士的练兵场，日本民众掀起了激烈的抵制运动。当年 6 月在全国拥有 35 万会员的母亲大会，聚集 2000 名代表召开全国大会，提出充实社会保障、撤销军事基地和禁止原子弹氢弹等要求。同年 8 月，在禁止原子弹氢弹签名运动全国协议会的号召下，来自不同阶层的 5000 名国内代表和来自 13 个国家的 50 余名国外代表，在广岛召开了第一届禁止原子弹氢弹世界大会。[②] 这个大会以后连续召开，并改名为禁止原子弹氢弹和争取裁军世界大会。

与世界为敌，陷入了大战。广岛市长秋叶忠利呼吁，日本应该遵守放弃核武器的承诺，承担应有的责任，为不重复过去的错误、实现真正的世界和平做出贡献。见孙东民：《镜头中的日本之二：广岛、长崎记忆》系列图片与文字，2007 年 10 月 19 日人民网 www.people.com.cn。

① Matake Kamiya, "Nuclear Japan: Oxymoron or Coming Soon?" *The Washington Quarterly*, Vol. 26, No. 1 (Winter 2002-03), pp. 63-75.

② 信夫清三郎：《日本外交史》下册（天津社会科学院日本问题研究所译），北京：商务印书馆，1980 年，第 812 页。

中国政府坚持自己的和平独立自主发展道路，反对战争。1955 年 4 月 19 日，周恩来总理在亚非会议上的发言，代表了中国政府的和平主张。他指出："世界上不论是生活在哪一种社会制度中的绝大多数人民都要求和平，反对战争。世界各国人民的和平运动有了更加广泛和深入的发展。他们要求终止扩军备战的竞赛，首先各大国应该就裁减军备达成协议。他们要求禁止原子武器和一切大规模毁灭性武器。他们要求将原子能用于和平用途，为人类创造幸福。他们的呼声已经不能被忽视，侵略和战争的政策已经日益不得人心。战争策划者日益频繁地诉之于战争威胁，作为推行侵略战争的工具。但是，战争威胁是吓不倒任何具有抵抗决心的人的，它只能使威胁者自己陷于更加孤立和更加混乱的地位。我们相信，只要我们同世界上一切愿意和平的国家和人民一道，决心维护和平，和平是有可能维护得住的。"①

世界和平运动的第二个高潮，随着 1963 年美苏英三国签署《禁止在大气层、外层空间和水下进行核武器试验条约》而结束。

3. 第三次高潮

世界和平运动的第三次高潮出现在 20 世纪 60 年代中后期至 70 年代初，重点是反对美国侵略越南战争的升级。该运动的中心就在美国。

60 年代的美国是群众运动高涨的时期。美国黑人的争取民权运动、对现实不满的新左派青年运动、妇女运动、工农运动等不同诉求的群众运动与反对越战的运动交织在一起，形成了美国历史上罕见的社会浪潮。

美国学生大规模的反越战运动是从 1965 年美国侵越战争升级后开始的。1964 年 8 月，美国以"北部湾事件"②为借口，把侵略越南的战争从出钱、出枪、出顾问的所谓"特种战争"，升级为美国直接派兵到越南的"局部战争"。1965 年 3 月，第一批美国士兵被派到越南。4 月 17 日，美国学生争取民主社会同盟全国委员会发起了向华盛顿反战进军行动。这次游行示威有 25000 人参加，"是一次彻底否定美国外交政策和反对干涉越南的政治示威"。③10 月 15—16 日，在学生争取民主社会同盟的支持下，由美国各团体组成的"越南日委员会"发

---

① 中华人民共和国外交部、中共中央文献研究室：《周恩来外交文选》，北京：中央文献出版社，1990年，第 115 页。

② 又称"东京湾事件"，北部湾位于越南东北部和中国的雷州半岛与海南岛之间。1964 年 8 月 2 日，美国驱逐舰"马多克斯号"侵入当时的越南民主共和国领海，遭到驱逐。美国约翰逊政府以此为借口，于第二天宣布美国军舰继续在北部湾巡逻，8 月 4 日晚又散布说美国舰只第二次遭到越南鱼雷艇的袭击，并于 8 月 5 日以此为借口对越南民主共和国突然袭击，从此把侵略战争扩大到越南北方。

③ 刘绪贻主编：《战后美国史（1945—2000）》，北京：人民出版社，2002 年，第 328 页。

起了有几千万人参加的全国性反战活动，要求美国马上撤出越南，承认南越民族解放阵线，并弹劾约翰逊总统，有人还烧毁了兵役证。

1966 年春天，由于约翰逊政府决定征召学生入越作战，反战运动更为高涨。在各个大学的校园里，学生不断举行反战集会和反战活动，包括抵制征兵、要求学校取消后备军官训练团、取消一切与军事有关的科研项目、不让中央情报局和军火公司来校招募人员等。当时的美国国防部长、越南战争的重要决策者之一的罗伯特·S.麦克纳马拉（Robert Strange McNamara，1916—2009）在他的回忆录中，描述了 1966 年他访问哈佛大学时所遇到的反战学生对他的抗议和几乎受到袭击的危险状况。麦克纳马拉发现，学校的名气越大，学生受教育的程度越高，就越反对政府的越南政策，最大最激烈的校园示威活动发生在伯克利和斯坦福等著名大学。[①] 1967 年 4 月 15 日，有 30 万人在纽约举行反战游行示威，175 名学生在中央公园烧掉了他们的征兵证。和平示威者在联合国总部前要求制止越南战争，著名黑人民权运动领袖马丁·路德·金（Martin Luther King, Jr，1929—1968）在和平集会上指出：“我们（美国）主动发动了这场战争，我们应该主动结束这场战争。”[②] 同年 10 月 21 日，10 万反战学生在美国国防部五角大楼前示威时，与政府出动的军警发生冲突，多名学生受伤被捕。反战示威者还在美国总统居住的白宫之外不断呼喊一句新口号：“嗨，嗨，约翰逊，你今天又杀了多少孩子？”收到征兵通知的年轻人们或当众撕毁（兵役证），或点火烧掉它们；其他人则越过边境到加拿大以逃避服役。“逃兵”一词已变成一个有人引以为荣、有人忌讳谈及的称谓。[③] 士兵因反战而开小差的人也不断增多，1968 年美军开小差者多达 4 万人。1969—1970 年，大学校园里的反战造反运动达到顶点。学生的反战示威多达 1785 次，激进的学生占领校园、与军警发生冲突。在这种情况下，美国 79 所大学的校长向新总统理查德·尼克松（Richard Nixon, 1913—1994）要求加速从越南撤军。

在此期间，美国各阶层的全国性的反战运动也达到高潮。1969 年，100 多个美国劳工、妇女、青年和学生团体组成了“全国和平行动联盟”和“为抗议越战暂停正常活动委员会”，并在 10 月至 11 月掀起了有数百万人参加的美国历

---

① 　罗伯特·S.麦克纳马拉：《回顾：越战的悲剧与教训》（陈丕西等译），北京：作家出版社，1996 年，第 261—264 页。

② 　转引自李巨廉：《战争与和平——时代主旋律的变动》，第 364 页。

③ 　马丁·吉尔伯特：《二十世纪世界史》第三卷上册（外交学院现代国际关系研究所译），西安：陕西师范大学出版社，2001 年，第 388 页。

史上最大的反战示威，其中包括 80 多名国会议员。[①]美国总统理查德·尼克松在其回忆录中对 1970 年 10 月的"反对越南战争大示威"记忆深刻："大学、国会和新闻界的反战力量已经围绕着将于 10 月 15 日在华盛顿举行的'反对越南战争大示威'而联合起来。他们还策划每月 15 日在各城市举行类似的示威游行，直到战争结束。到 10 月的第一周，抑制着的怒火达到了顶点。反战演说、反战宣讲会和反战群众大会纷纷出现"，"前来华盛顿参加 10 月 15 日'反战大示威'的有 25 万人"。[②]11 月 15 日，华盛顿又有 25 万示威者。

这场反对越战的和平运动也扩展到其他国家，一些国家成立了"为越南争取和平委员会"，举行了声援美国反战运动的集会和游行。在欧洲，罗素和平基金会组织的国际战争罪法庭于 1967 年分别在斯德哥尔摩和哥本哈根对美国在越南的行为和政策举行了两次模拟审判，并裁决美国犯有战争罪。[③]在中国也举行了声势浩大的群众集会和示威游行，谴责美国的侵略政策和战争政策。

这些不同形式的世界反战和平运动，成为迫使美国政府决定从越南撤军的重要因素之一。1973 年 1 月 27 日，美国终于签署了《关于在越南战争结束、恢复和平的协定》。3 月 29 日，美军全部从南越撤出，这场以反对美国侵越战争为核心的和平运动才得以结束。

4. 第四次高潮

战后世界和平运动的第四次高潮是 20 世纪 70 年代后期至 80 年代中期，其主要内容是反对美苏两个超级大国的核军备竞赛。

尽管到 70 年代初，美苏关系有所缓和，但他们不仅已经各自拥有了数千个战略核弹头，而且还在研制和部署新一代的核武器。1977 年，苏联开始在其欧洲地区部署可携带 3 个核弹头的 SS-20 机动中程导弹。为了与苏联抗衡，1979年 12 月，北约通过决议，决定从 1983 年开始在英国、西德、荷兰、比利时、意大利等西欧国家部署数百枚潘兴 II 型中程导弹和战斧式陆基巡航导弹。1983年，美国的里根政府又提出了"战略防御计划"（英文缩写 SDI）[④]，这标志着美

---

① 李巨廉：《战争与和平 —— 时代主旋律的变动》，第 365 页。

② 理查德·尼克松：《尼克松回忆录》中册（裘克安等译），北京：世界知识出版社，2000 年，第 478、481 页。

③ 潘振强主编：《国际裁军与军备控制》，第 398—399 页。

④ 又称"星球大战计划"，即运用高科技手段，在美国上空建立一种反弹道导弹的核战略防御体系，在敌方的导弹起飞、进入太空或重新进入大气层袭击目标的不同阶段，利用太空和地面武器进行层层拦截，以保证美国在核攻击时处于安全状态。该计划实际成为后来小布什政府坚持要建立的"国家导弹防御系统"（NMD）的先声。关于这一计划，参见丹尼尔·奥·格雷厄姆：《高边疆 —— 新的国家战略》（张健志等译），北京：军事科学出版社，1988 年，第 310—313 页。

苏核军备竞赛的进一步升级，并可能扩展到外层空间。在这种形势下，世界和平运动再次掀起了高潮。

1976年，针对美国计划将在西欧发展部署中子弹①的问题上，西欧公众就举行了抗议活动。1978年，英国的和平组织"争取核裁军运动"发起了反对中子弹的运动，有25万人在请愿书上签名。1979年，以北约宣布在西欧部署潘兴Ⅱ型中程导弹和战斧式陆基巡航导弹为导火索，西欧各国和平组织发动和组织了整个欧洲反对核武器的示威和集会，最多时有200万人参加。1981年，英国的妇女和平组织在确定要部署美制导弹的格林汉姆空军基地外，建立了"妇女和平营地"，她们为了反对运进核导弹，坚持了5年多的斗争。北欧国家发起了要求建立"北欧无核区"的运动，南欧的希腊举行了要求退出北约的示威游行，西班牙则掀起了反对加入北约的运动。这一时期欧洲的和平运动，还与保护生态环境的运动日益紧密地结合在一起。1983年，有5000万人参加"欧洲安全与合作行动周"活动。其中伦敦的40万人举行游行示威；西欧的20万民众在100多公里的跨国公路上连接成反对部署核导弹的"世界最长的人链"，蔚为壮观，特别表达了西欧人民的和平诉求。

与此同时，美国的和平组织也进行了规模空前的要求美苏冻结核武器的运动。1980年9月，美国30多个和平、宗教团体发起了"冻结核武器运动"，宣布它的最终目的是使美苏全部停止试验、生产和部署核武器。该运动在1982年6月12日联合国第二届裁军特别大会开幕的当天，在纽约举行了有80万人（一说100万人）参加的大规模示威游行。到1986年，该运动已经拥有1100个冻结核武器分会。美国的一些和平组织还利用各种形式进行有关和平与裁军的宣传教育，甚至在一些大中学校开设了和平教育课程。②

在日本，和平运动一贯着重反对核武器，1982年，日本的各党派和各团体在广岛、东京和大阪举行了有数万人参加的反对核武器大会，并向联合国第二届裁军特别大会提交了一份有8250万人签名的请愿书。1984—1986年，日本一些和平组织多次举行大规模集会，抗议美国在太平洋地区部署战斧式海基巡航导弹，并反对美国军舰访问日本港口，以及反对日本参加美日海军联合演习。在大洋洲，澳大利亚和新西兰的和平组织也举行和平集会，反对携带核武器的

---

① 中子弹是根据中子裂变原理研制的核武器，亦称强辐射弹头。尽管它的冲击波和热效应只限于几英里的范围，但其中子波和γ辐射能穿透装甲和几英尺厚的土地，被认为是对付坦克和装甲部队的战略核武器。

② 潘振强主编：《国际裁军与军备控制》，第400—410页。

军舰或核动力军舰访问他们的港口，要求建立无核区。1985 年，澳大利亚、新西兰等 16 个国家在汤加签署了《南太平洋无核区条约》。

在要求世界和平已成为时代潮流的形势下，1985 年联合国第 40 届大会通过了《国际和平年宣言》，宣布 1986 年为"国际和平年"。在这一年，全球 100 多个国家、250 个非政府组织和 13 个联合国的专门机构，在世界范围内开展了各种争取和平的活动，把这一阶段的世界和平运动推向高潮。

（二）苏联和平运动的特点

十月革命胜利后的第二天，列宁就宣布了"和平法令"，表明了新生的苏维埃政权对外政策的和平取向，并与德国签订了《布列斯特-立托夫斯克和约》，退出了帝国主义战争。1920 年，列宁提出了著名的和平共处原则，并与一些资本主义国家陆续建立了外交关系。但是，无论是第一次世界大战后的 20 年代至 30 年代，还是第二次世界大战后的 40 年代至 50 年代中期，西方主要大国都把苏联作为主要的对手之一，因此，苏联虽然主张世界和平，但仍然通过发展军备特别是核军备，以应对西方国家对苏联发动战争。50 年代中期，随着苏联经济的发展、苏联在与美国的军备竞赛中军力的不断增长，以及整个国际形势的变化，以赫鲁晓夫为代表的苏共领导人在 1956 年的苏共二十大上提出和平共处、和平竞赛、和平过渡的外交路线，从此，无论苏联的内政外交政策出现怎样的变化，苏联的历届领导人都高举"和平"的旗号，表示自己的"和平诚意"，并形成了苏联的和平运动。

苏联的和平运动有几个特点：第一，苏联历届领导人都直接写信给世界著名的和平运动组织和个人，这几乎成为一种惯例。据不完全统计，勃列日涅夫曾有 10 次、安德罗波夫曾有 6 次、契尔年科曾有 13 次发出这类信件。第二，苏联在全国建立了统一的和平机构"全苏保卫和平委员会"，并在全国各地设立了 120 个分会。该委员会经常根据国际形势和苏联外交斗争的需要，在国内开展包括游行、集会、进军、征集签名、投寄和平信件等各种群众性的和平运动。例如，1984 年 10 月，为配合核裁军，苏联开展了"争取裁军进步周"活动，参加者达 5300 万人次。[①] 与此同时，该委员会也同国外的和平组织进行交流与合作，经常采取一些联合行动。

但是，在冷战年代，苏联与西方的和平运动经常发生争论，主要是通过反对许多国家的和平运动来表现出它们的"独立性"，即坚持把美国和苏联这两个

---

① 　李巨廉：《战争与和平——时代主旋律的变动》，第 369 页。

超级大国摆在同一地位并谴责它们进行军备竞赛，而不是单单责怪美国。例如，1982 年 12 月 2 日，苏联保卫和平委员会主席尤里·茹科夫分别致信给西欧 1500 名和平运动积极分子，在信中茹科夫就 1983 年 5 月将在西柏林举行的和平大会的组织工作，指责西欧和平运动的某些负责人，抱怨他们拒绝苏联代表参与大会的筹备工作，认为这是"反民主的"，将会在和平运动内部引起"论战"，把运动"拉向后退"；他攻击大会组织者对苏美两国的政策"故意不作具体分析"，认为"两个集团，首先是美国和苏联"对军备竞赛"负同样的责任"；他还指责"某些人打着为和平而斗争的旗号"，力图把和平运动"拖入论战"，"引向反苏主义的死胡同"，从而使运动"改变方向，涣散和破坏它"，并且"掩盖美国和北约的侵略政策"。但是英国罗素基金会会长肯·科茨在复信中并不接受这些指责，他坚持认为，"不站在（苏美）任何一边是我们和平运动的正确道路"。法国争取裁军、和平和自由运动主席克洛德·布尔代在复信中则表示"完全同意英国同事的复信"，并批评苏联只能容忍完全站在苏联立场上的和平运动。他在信中写道："还是让我们自己来判断在我们的国家应当采取何种斗争方式吧。企图把我们当成不懂事的小孩子，要牵着我们走路"，是"一件注定要失败的差使"。[①]特别是 1979 年苏联出兵阿富汗的侵略行动，令国际社会很难相信苏联政府的和平诚意。

　　尽管在当时的历史背景下，苏联领导人采取这些行动主要是针对美国的，但是大量的苏联人民积极投身和平运动，不仅反映了苏联人民对和平的普遍追求，也壮大了世界和平运动。

　　1985 年，苏共领导人戈尔巴乔夫推行以"改革与新思维"为指导思想的全球缓和战略[②]，强调人类面临生存和发展的共同问题，因此全人类的利益高于一切；在全球性的核冲突中没有胜利者和失败者，只有人类文明的毁灭；并提出和平共处、普遍安全和裁军等外交政策的原则。在这种思想的指导下，苏联主动从阿富汗、东欧、蒙古撤军，并于 1987 年与美国签订了核裁军的《中导条约》。美国也加强了"和平""人权"攻势。东西方关系再次缓和。

（三）"和平学"

　　在世界反战与和平运动的发展过程中，还出现了一种学术研究，即和平研究，并形成了一门"和平学"[③]。不过，在第二次世界大战前，和平研究基本停留

---

① 参见《人民日报》1983 年 2 月 26 日第 7 版。

② 有关内容，参见第三章第三节。

③ 美国学者汉斯·摩根索认为，"和平学"在 19 世纪就已经形成了一门独立的科学知识分支，以此为名的书籍出版了几十种之多。汉斯·摩根索：《国际纵横策论——争强权、求和平》，第 54 页。

在学校的教学领域。二战以后，美国曼彻斯特学院于 1948 年成立了世界上第一个和平研究的机构。1959 年，在挪威奥斯陆成立了国际和平研究所，所长是著名学者、被誉为"和平研究之父"的约翰·加尔通（Johan Galtung，一译盖尔腾格），并创办了世界上第一本和平研究期刊《和平研究杂志》。

与相对传统的战争与和平的研究所注重的条约缔结、联盟体系、外交谈判、霸权理论、战略管理、军备控制等不同，和平学研究超越了民族与国家的界限，更多地探讨更广泛的和平与战争的根源、暴力与非暴力、化解冲突的理论与实践、如何用和平的方式缔造与建设和平等问题。正如英国考文垂大学和平与和解研究中心主任安德鲁·瑞格比所说，和平学的定义是"如何用和平方式创造和平的研究"①。

作为一门跨学科的研究，早期的和平研究主要关注武器竞赛、核裁军和战争问题，主要目的是防止战争；冷战高潮期间，和平学主要研究如何防止核战争与大国之间的冲突；20 世纪 60 年代至 70 年代，加尔通提出了结构性暴力的概念，把暴力和贫穷归因于压制性的社会和经济条件，并将和平定义为"采用非暴力方式创造性地实现冲突的转变"②；20 世纪 70 年代，人权问题成为和平研究的重要领域，国家的可持续发展作为提高贫穷国家人民生活条件从而消除暴力的新战略，越来越得到广泛的认同；20 世纪 80 年代，结构性暴力的概念延伸到妇女研究之中；20 世纪 90 年代，和平学研究更为关注地球环境的恶化对人类的伤害，以及各国内部对和平构成威胁的各种问题。③

当然，和平学作为一门相对年轻和相对边缘的学科，对它的核心内容和学科体系并没有一致的意见。但是，毋庸置疑的是，从事和平学研究的各国学者的研究，不仅深化了和平理论，而且从学术的层面影响了决策层和公众、推动了反战与和平运动的发展。

总的看来，战后的世界和平运动，具有较广泛的群众性、组织与活动方式多样性、发展过程起伏性等特点，并且以反对核武器和核竞赛为始终不变的目

① 刘成：《和平学》，南京：南京出版社，2006 年，序言第 II 页。

② 转引自刘成：《和平学》，第 2 页。

③ 刘成在《和平学》一书的第一章第一节，对和平学研究的历史做了简洁而清晰的勾勒。见该书第 1—3 页。有关和平学的研究，可参见南京出版社出版的"和平学系列丛书"，包括池尾靖志：《和平学入门》（池建新等译），2004 年；约翰·加尔通：《和平论》（陈祖洲等译），2006 年；刘成：《和平学》，2006 年；大卫·巴拉什：《积极和平——和平与冲突研究》（刘成译），2007 年；陈仲丹：《圣贤讲和》，2007 年；等等。另外还可参考韩洪文：《二十世纪的和平研究：历史性考察》，北京：当代中国出版社，2002 年；安德鲁·瑞格比：《暴力之后的正义与和解》（刘成译），南京：译林出版社，2004 年。

标。尽管各个国家的各个和平组织的理论、主张、意识形态、宗教信仰并不完全相同，但追求和平是他们的共同目的。他们的活动，对制约国际军备竞赛、推动国际军控与裁军，起到了积极作用。

二、国际军控与裁军的缓慢进展

（一）以美苏双边为主的军控与裁军

第二次世界大战结束后不久，就发生了冷战，在冷战时期，两个超级大国以及分别以它们为首的东西方两大军事集团争夺军事优势，使以发展核军备为主体的军备竞赛空前激烈。但是，核武器的巨大杀伤破坏作用，是迄今为止任何其他武器所无法比拟的。这一残酷的现实，至少带来了三个结果：第一，核武器成为拥有它的国家的最高决策当局直接控制和运用的战略武器；第二，拥有最多核武器的美国和苏联都不敢贸然发动核战争，极力避免迎头相撞；第三，美苏等核大国希望控制核扩散。因此，美苏既要争夺，又要避免核大战，成为国际军备竞赛和军备控制的一条基本规律。在这一规律的支配下，美苏既要通过军控谈判来避免在冷战对抗中直接相撞，又要通过制定军备竞赛规则来维护双方在军事实力和军事技术方面对其他国家的垄断或优势地位，并使双方的军备竞赛不至于危及它们各自的安全。这就使他们在冷战时期不可能真正地进行裁军。

另外，二战后世界人民的反战与和平运动取得了前所未有的进展，真正具有了世界规模，成为国际政治中的一个不可忽视的重要力量；再加上联合国在坚持反战、军控和裁军方面的不懈努力，也迫使美苏在冷战时期达成了一些军控协议。"不论美苏进行军控谈判的动机如何，也不论它们所达成的协议存在什么样的问题或有多大的缺陷，它们客观上抑制了世界范围内军备竞赛的无限升级和核技术的迅速扩散。"[①] 冷战后期，随着戈尔巴乔夫成为苏联领导人并实行缓和战略，美苏开始了军备数量上的真正裁减。

20 世纪 50 年代到 60 年代，军控主要表现在：

（1）为大国的某一领域的核军备竞赛制定某些规则。1959 年 12 月 1 日美国和阿根廷、澳大利亚等 12 国签订的以禁止在南极试验核武器为主要内容的《南极条约》，1966 年第 21 届联合国大会通过的美苏共同提出、以外层空间的科研需用于和平目的、不在外层空间放置核武器为主要内容的《外空条约》（全称《关于各国探索及利用包括月球与其他天体在内的外层空间活动的原则条约》），

---

① 潘振强主编：《国际裁军与军备控制》，第 53 页。

就是如此。

（2）避免发生核战争。1962 年古巴导弹危机后，1963 年 6 月 20 日，美苏在日内瓦达成了《美苏关于建立直接通讯联系的谅解备忘录》，简称《美苏热线协定》，以免双方擦枪走火。

（3）维持核垄断、防止核扩散。1963 年 7 月 25 日，美苏英三国签署了《禁止在大气层、外层空间和水下进行核武器试验条约》，简称《部分禁止核试验条约》，规定：各缔约国保证在其管辖或控制的大气层、大气层范围以外（包括外层空间）、水下（包括领海或公海）禁止、防止并且不进行任何核武器试验爆炸或任何其他核爆炸。签署这一条约的实质，在于维持美苏等国的核垄断，限制和阻止中国、法国等国拥有核武器。因此中国和法国拒绝参加这个条约。1970年 3 月 5 日，《防止核扩散条约》生效①。该条约在防止核武器扩散、维持世界和平方面有一定作用，但是，当时美苏提出并签订这一条约的主要目的是把它们拥有大量核武器的状况固定化，并未限制它们自己制造、改进、储藏并在其他国家的领土上部署核武器。

总的说来，这一时期的军控条约，主要目的都是为了阻止其他国家掌握核武器，并没有限制美苏自己的核武器的发展，因此在形式上也是以多边条约为主。

20 世纪 60 年代后期到 80 年代中期，军控有了一些重要进展。主要表现在：

（1）继续为某一领域的核军备竞赛制定某些规则。如 1971 年 2 月 11 日美英苏签订的《禁止在海床洋底及其底土安置核武器及其他大规模毁灭性武器条约》，简称《海床条约》。

（2）继续限制核试验。包括 1974 年 6 月 27 日至 7 月 3 日美国总统访问苏联时签署的《美苏限制地下核武器试验条约》，以及 1976 年 5 月 28 日美苏签署的《美苏和平利用地下核爆炸条约》。

（3）继续减少发生核战争的危险。包括 1971 年 9 月 30 日签署的《美苏关于减少爆发核战争危险的措施的协议》和 1973 年 6 月 21 日签署的《美苏关于防止核战争协定》。

（4）开始真正限制美苏自己的核武器数量。包括一系列条约。

---

① 1967 年 8 月，在日内瓦 "18 国裁军委员会" 上，美苏共同提出了该条约的草案，同年第 22 届联合国大会表决通过，1968 年 7 月 1 日开放签字，1969 年 12 月美苏两国正式批准，1970 年 3 月 5 日在批准国超过 40 个国家后，该条约正式生效。当时法国没有参加 18 国裁军委员会，中国还没有恢复在联合国的合法席位。1992 年，中国和法国相继加入该条约。该条约签订时为 25 年，1995 年，178 个缔约国决定无限期延长该条约。

1972 年 5 月 26 日，美苏在莫斯科正式签订《美苏关于限制反弹道导弹系统条约》，即《反导条约》（ABM）。主要内容是：双方可以在以各自的首都为中心的半径 150 公里内，部署不超过 100 枚反弹道导弹和 6 部反导弹雷达；双方可以在一个半径为 150 公里的洲际导弹基地附近，部署不超过 100 枚反弹道导弹、2 部大型相控阵反导弹雷达和 18 部较小的反导弹雷达；双方可对反导弹系统及其组成部分进行现代化改装与更换。

同一天，两国还正式签署了《美苏关于限制进攻性战略武器的某些措施的临时协定》，即《第一阶段限制战略武器协定》（SALT Ⅰ）。规定了双方战略武器的限额：双方战略导弹的总限额分别为：美国 1710 枚，苏联 2358 枚；陆基洲际导弹：美国为 1054 枚（其中重型导弹 54 枚），苏联 1618 枚（其中重型导弹 313 枚）；潜射导弹：美国为 656 枚，苏联为 740 枚；弹道导弹潜艇：美国为 44 艘，苏联为 62 艘；没有对战略轰炸机的限额做出规定。

1972 年 11 月 21 日，美苏开始第二阶段限制战略武器谈判，到 1979 年 6 月 15 日正式签署《美苏关于限制进攻性战略武器的条约》，即《第二阶段限制战略武器协定》（SALT Ⅱ）。规定了双方战略武器总限额，即到 1981 年底，双方的进攻性战略武器运载工具总限额为 2500 件，在条约生效后的 6 个月内，双方必须减少到 2400 件（后来又规定自 1981 年 1 月 1 日起，总限额为 2250 件），确定了分导式多弹头运载工具的构成限额；规定了改进战略武器质量的限度和核查方法。

可以看出，这一阶段的军控内容，已经从主要限制其他国家转变为美苏之间相互限制为主要目的。因此在形式上以美苏双边条约为主。这是军控的进步。但是这些条约有两个特点：一是规定了数量的最高限额，二是没有对质量加以限制，因此就使双方在发展核武器的数量和质量方面都留有相当大的余地。另外，从整体来看，美苏都接受了"相互确保摧毁"对方的核威慑理论，确保了它们之间的核均势。

20 世纪 80 年代中期至 90 年代初，美苏核裁军取得较大进展，终于进入了裁减核武器数量的阶段。主要表现在：

（1）消除了一整类核武器。这就是 1987 年 12 月 8 日美苏签署的《关于消除两国中程和中短程导弹条约》，简称《中导条约》（INF），该条约于 1988 年 6 月 1 日生效。规定在生效后三年内全部销毁中程和中短程导弹，并要进行有效的现场核查。尽管这一类核武器只占美苏核弹头总数的不到 4%，但毕竟是双方对一整类核武器的销毁。

（2）1991 年 7 月 31 日，美苏正式签署了《削减战略武器条约》，即《第一阶段削减战略武器条约》（START Ⅰ），该条约于 1994 年 12 月正式生效。规定：美苏各自部署的陆基弹道导弹、潜射弹道导弹和重型轰炸机将削减到不超过 1600 枚 / 架；据此，美、苏应分别削减 264 枚 / 架和 936 枚 / 架，约占各自总量的 14% 和 37%；美苏还应削减战略核弹头 4487 个，其中美国减 1686 个，苏联减 2801 个，约占两国战略核弹头 22922 个（美国 12081 个，苏联 10841 个）总量的 20%；还规定每一方的重型洲际弹道导弹不得超过 154 枚，据此，苏联的 308 枚、每枚装有 10 个分导多弹头的导弹将削减一半。

尽管双方在限制战略防御武器的问题上仍存在分歧，但该条约首次规定对双方战略核武器数量进行 30%—40% 的削减，确实是美苏自《中导条约》之后在核裁军方面的又一重要进展。当然，这一裁减也没有阻止美苏在质量上对战略核武器的发展。

另外，在常规武器的裁军方面也取得了进展。主要表现在 1990 年 11 月北约和华约签署的《欧洲常规武装力量条约》，对坦克、装甲车、火炮、作战飞机等进行限额限制。①

（二）中国与军控和裁军

中华人民共和国成立后，先后受到美国和苏联的军事威胁与核讹诈。为了国家安全，在冷战时期，新中国所进行的裁军和军备控制的斗争，是与其坚持独立自主与和平共处的外交政策、实行积极的防御战略密不可分的，也是其缓和国际紧张局势、维护世界和平的一个重要方面。

在 20 世纪 50 年代至 60 年代初，由于中国与苏联是同盟关系，而美国与中国处于敌对状态，因此，中国在裁军问题上，一方面支持和照顾苏联提出的建议，另一方面也坚持自己的独立立场，不允许其他国家越俎代庖，同时积极提出自己的主张。例如，针对美国在亚太地区组织军事集团②，1955 年，中国提

---

① 华约和苏联解体后，俄罗斯与北约的常规兵力对比发生很大变化，俄罗斯一直谋求修改该条约，但未获得北约的响应。2007 年 4 月俄罗斯宣布暂停实行该条约。

② 朝鲜战争爆发后，美国在加紧迅速扶植日本的同时，逐步在亚太地区签订了一系列军事防御条约。除了《日美安全保障条约》外，主要包括：1950 年 10 月美国与泰国签订的军事援助协定，1951 年 8 月美国与菲律宾签订的《共同防御条约》，1951 年 9 月美国与澳大利亚、新西兰签订的《美澳新安全条约》（即《太平洋安全保障条约》），1953 年 10 月和 1954 年 12 月美国分别与韩国李承晚政府和蒋介石集团签订的《共同防御条约》（以后发展为东北亚防御联盟），1954 年 9 月美国、英国、法国、澳大利亚、新西兰、菲律宾、泰国和巴基斯坦签订的《东南亚集体防御条约》（即《马尼拉条约》，其后成立了东南亚集体防御条约组织），以及 1955 年 11 月成立的美国以观察员身份参加的由英国、伊朗、伊拉克、土耳其和巴基斯坦组成的巴格达条约组织。

出亚洲和包括美国在内的太平洋沿岸各国签订一个互不侵犯的和平公约的建议，希望把整个亚太地区建设成为一个没有核武器的地区，以争取不同制度的国家和平共处。尽管该建议没有被采纳，但是，它第一次把军备控制和维护地区安全明确地联系起来，至今仍然具有重要的意义。①

另外，中国政府不断宣传自己的和平主张。例如，在 1955 年 4 月 23 日亚非会议政治委员会会议上，周恩来总理特别指出"中国基本上是反对对立性的军事集团的"，并提出了中国代表团的议案——"和平宣言"，其"内容就是亚非会议宣布我们亚非国家决心促进相互的和共同的利益，和平共处，友好合作"，还具体提出了和平共处的七点基础：互相尊重主权和领土完整；互不采取侵略行动和威胁；互不干涉或干预内政；承认种族的平等；承认一切国家不分大小一律平等；尊重一切国家的人民有自由选择他们的生活方式和政治、经济制度的权利；互不损害。此外还提出用和平方法解决国际争端，支持一切正在采取的或可能采取的消除国际紧张局势和促进世界和平的措施。在这次会议上，中国积极支持裁减军备和禁止原子武器，并认为应该把对这个问题的最后决议写进和平宣言当中。②

20 世纪 60 年代中期至 70 年代后期，以美苏签订部分禁止核试验条约为开端，两个超级大国在军控谈判中开始了禁止其他国家拥有核武器的交易，以巩固它们自己的核优势与核垄断，同时在更高的质量方面彼此竞争。在这种形势下，中国政府的基本态度是：第一，坚持自己发展核武器的权利，并表示要以此行动打破核垄断，消灭核武器；第二，要求世界各国都能够参加讨论裁军问题；第三，明确表示中国自己不会首先使用核武器；第四，要求两个超级大国真正承担起停止军备竞赛的义务。

1964 年 10 月 16 日，中国政府发表声明，宣布在当天中国爆炸了一颗原子弹，成功地进行了第一次核试验；声明郑重宣布：中国在任何时候、任何情况下，都不会首先使用核武器；同时向世界各国政府郑重建议：召开世界各国首脑会议，讨论全面禁止和彻底销毁核武器问题。10 月 17 日，周恩来总理写信给世界各国政府首脑，转达前一天中国政府声明中提出的召开世界各国首脑会议讨论全面禁止和彻底销毁核武器问题的建议，同时提出：中国政府一贯主张全面禁止和彻底销毁核武器；中国掌握核武器完全是为了防御，为了保卫中国人

---

① 潘振强主编：《国际裁军与军备控制》，第 411 页。
② 中华人民共和国外交部、中共中央文献研究室：《周恩来外交文选》，第 127、129—133 页。

民免受美国的核威胁；中国政府郑重宣布，在任何时候、任何情况下，中国都不会首先使用核武器；中国政府真诚地希望，中国政府的建议将得到各国政府的考虑和积极响应。

1964 年 11 月 3 日，周恩来总理在与英国贸易大臣贾埃的谈话中再次指出："我们进行核试验的目的，是为了实现全面禁止和彻底销毁核武器，是为了打破核大国的核垄断。我们提出召开世界各国政府首脑会议的建议，是满足全世界人民要求禁止核武器、实现世界和平的愿望的。关于我们爆炸原子弹的政府声明和中国政府致世界各国政府首脑的信同我们第一次核试验成功几乎是同一天。这说明我们的目的是打破核垄断，消灭核武器，也正因为如此，我们声明中国在任何时候、任何情况下，都不会首先使用核武器。"在这次谈话中，周恩来总理还指出，少数国家参加的裁军会议每次都没有结果，禁止核武器是同全世界人民利益攸关的问题，应该让所有的国家参加，"中国主张普遍裁军"。[①]

1971 年中国恢复联合国的合法席位后，中国开始参加联合国系统的各种裁军和军控活动。1972 年 10 月 3 日，中国代表团团长在第二十七届联合国大会一般性辩论的发言中，针对苏联提出的召开"世界裁军会议"的建议，指出："全面彻底裁军已经喊了十几年了，得来的结果是两个超级大国的全面彻底扩军，而全世界所有中小国家却都处于防御不足的地位。这种骗人的局面不应该再继续下去。为了使世界裁军会议不至于变成一种骗人的空谈，而能够真正地开起来并有成效地进行下去，就必须创造召开这样会议的必要条件，那就是：所有核国家，特别是拥有最大量核武器的苏联和美国，必须首先明确义务：在任何时候、任何情况下，保证不首先使用核武器，不仅彼此不使用，更重要的是保证不对无核国家使用核武器；必须撤回在国外的一切武装部队包括火箭核武器部队，撤销设置在别国领土上的一切军事基地包括核基地。只有这样，才能为全世界所有国家，不分大小，一律平等，讨论并解决全面禁止和彻底销毁核武器以及裁减常规武器的重大问题，创造必须的条件。"[②]

20 世界 70 年代后期至 90 年代，中国政府提出的上述这些原则，逐渐为国际社会所接受。与此同时，以中国的改革开放政策为指导，中国在裁军与军控问题上也有了新的发展。

1978 年，联合国召开第一次"裁军特别联大"，由 126 个国家的代表出席，

---

① 中华人民共和国外交部、中共中央文献研究室：《周恩来外交文选》，第 430、431、433 页。
② 转引自潘振强主编：《国际裁军与军备控制》，第 413—414 页。

其中包括 19 位国家元首或政府首脑，51 位外长；是联合国专门为审议裁军问题召开的规模最大、最有代表性的一次会议。会议采取了以下措施：第一，所有国家都有权以平等的地位参加国际裁军谈判。第二，改组联合国的"18 国裁军委员会"，将其扩大为包括世界各地区主要国家参加的"多边裁军谈判会议"，并废除了美苏两主席的制度，改由成员国轮流担任主席的制度。[①] 第三，为国际裁军制定了一些应该遵守的原则，即会议以协商一致的方式通过的《最后文件》。该文件提出了有关裁军的所有重要问题，被视为国际裁军谈判的基础，其中就实际接受了中国政府的主张。例如，该文件包括：核裁军的最终目的应该是全面禁止、彻底销毁核武器及其他大规模杀伤性武器，大量裁减常规武器；拥有世界上最大核武库和常规武库的美国和苏联，对停止军备竞赛和率先大幅度裁军负有特殊责任；所有有核国家应承担义务不对无核国家和无核地区使用及威胁使用核武器；等等[②]。

　　1980 年 3 月 21 日，中国政府在中国维护世界和平大会上，再次阐明了中国在军控和裁军问题上的基本立场和主张，即所谓"裁军九条"，其中包括了中国政府一贯宣布的各种主张。如：全面禁止和彻底销毁核武器；美苏两国应率先停止试验、生产和部署一切类型的核武器；为了防止爆发核战争，所有核国家都应当承担在任何情况下不首先使用核武器以及不对无核国家和无核区使用或威胁使用核武器的义务；苏美部署在欧亚两洲的中程核导弹应同时均衡地裁减和就地销毁；在核裁军的同时，应大幅度裁减常规军备；应尽早谈判缔结一项全面禁止外空武器的国际协定；早日缔结全面禁止和彻底销毁化学武器的国际公约；必须规定有效的裁军核查措施；世界各国都应享有参与讨论和解决有关裁军问题的平等权利；等等。[③]

　　在此时期，以 1978 年中国共产党的十一届三中全会为标志，中国进入了改革开放的历史新时期。与此相适应，中国对国际裁军与军备控制的政策也进行了调整，清除了一些"左"的影响[④]。这些调整主要表现在以下几个方面：第一，

---

① 李铁城：《联合国五十年》（增订本），第 228—229 页。
② 王玲、浦启华：《联合国在推动国际裁军与军控中的作用》，载陈鲁直、李铁城主编：《联合国与世界秩序》，北京：北京语言学院出版社，1993 年，第 175—188 页。
③ "裁军九条"具体内容，参见陈小功主编：《军备控制与国际安全手册》（内部发行），北京：世界知识出版社，1997 年，第 205—206 页。
④ 例如，有时两个超级大国的裁军谈判和世界人民要求它们停止军备竞赛和进行裁军的斗争混淆起来，出现全盘否定裁军斗争的倾向；尽管中国在一段时间里受到美苏两个超级大国的孤立，但由于国内形势的制约，有时也自我孤立，对各国应当参与的裁军斗争采取回避态度；等等。

开始参加多边裁军谈判。1980 年，中国第一次派出代表团出席了日内瓦裁军谈判委员会的工作，并根据具体问题提出自己的提案。第二，正式参加了一些过去没有参加的条约，或宣布承担有关条约的义务。例如，中国正式参加了《禁止生物武器条约》，对于《不扩散核武器条约》，中国从原来的以批评为主，到声明尊重核不扩散原则，坚持不主张核扩散，也不搞核扩散，也不帮助别的国家发展核武器，到 1992 年递交加入该条约的文书并使该条约实际对中国生效，实际加入该条约。1986 年，中国政府也宣布今后将不在大气层进行核试验。第三，从全面否定美苏在裁军和军控问题上达成的双边妥协，到有所肯定，以推动国际形势的进一步缓和。

20 世纪 90 年代初冷战结束后，国际形势发生了巨大变化。1993 年 9 月 20日，中国外长在第 48 届联大发言，进一步阐述了新的国际形势下中国在军控与裁军等重大国际问题上的基本立场和主张。主要包括：指出和平与发展仍然是当今世界的两大主题，维护和平与促进发展已成为各国人民特别是发展中国家人民的迫切要求；以和平方法解决国际争端是联合国宪章规定的一项重要原则；中国赞成不扩散各类大规模杀伤性武器，并认为全面禁止和销毁这类武器才是人类追求的根本目标；中国政府一贯主张在全面禁止和彻底销毁核武器的范畴内，实现全面禁止核试验；国际上还有一些控制武器转让的安排和禁止某些大规模毁灭性武器的条约，也应当考虑把制止任意使用导弹对别国进行袭击的做法包括在关于控制转让导弹及其技术的安排当中；等等。①

第二年，中国外长在第 49 届联大的发言中再谈裁军与军控问题。主要内容是：中国政府作为《不扩散核武器条约》的缔约国，赞成这个条约的延期，但认为这是不够的；为了使人类最终免除核战争的威胁，逐步达到实现无核武器世界的目标，中国政府提出七点主张：（1）所有拥有核武器的国家宣布无条件地不首先使用核武器，立即谈判并签署互不首先使用核武器的条约；（2）支持建立无核区的努力，所有有核国家保证不对无核国家和无核区使用或威胁使用核武器；（3）通过谈判争取不迟于 1996 年缔结一项全面禁止核试验条约；（4）主要核大国如期实施现有核裁军条约并进一步大幅度削减核军备；（5）通过谈判缔结一项禁止生产核武器用的裂变材料公约；（6）签署全面禁止核武器公约，所有拥有核武器的国家承担彻底销毁核武器的义务，并在有效的国际监督下付诸实施；（7）在防止核武器扩散和推进核裁军进程的同时，积极推动和平利用

---

① 更详细的内容，参见潘振强主编：《国际裁军与军备控制》，第 426—428 页。

核能的国际合作。① 这是一个完整的、相互联系的核裁军进程，也显示了中国政府在核裁军与军控方面的成熟。

特别要指出的是，中国政府不仅提出一系列裁军主张和建议，而且主动裁减自己的军队。1985—1987 年，中国主动裁减军队员额 100 万人，从人数上讲，这是 20 世纪 80 年代世界上最大的裁军行动。

1978—1996 年，中国的国防费用在国民经济中的比率呈下降趋势②：

表 14　中国国防费及所占国民经济的比率

年份	国防费（亿元人民币）	国防费占国民经济的比率（%）
1978	167.8	4.68
1982	176.4	3.40
1986	200.8	2.10
1990	290.3	1.64
1991	330.3	1.63
1992	377.9	1.58
1993	425.8	1.36
1994	550.6	1.26
1995	631.0	1.16
1996	715.0	1.05

总之，在第二次世界大战结束后的 40 多年时间里，国际的军控与裁军主要以控制和裁减核武器为主要内容，并以美苏之间的双边斗争为主要形式。尽管到目前为止，裁军取得的进展仍然相当有限，但是对比两次世界大战的浩劫与冷战的军备竞赛，我们还是看到了军控与裁军的进步，以及由此而折射出的和平与发展的历史趋势。

---

① 陈小功主编：《军备控制与国际安全手册》，第 206—207 页。
② 根据陈小功主编《军备控制与国际安全手册》第 208 页的数字。

结束语　对战争与和平的思考

在迄今为止的人类历史的长河中，世界大战是 20 世纪的特有现象。垄断资本主义大国之间的争霸斗争，是世界大战产生的可能条件，并曾实际发展为两次世界大战，而且再次发生这种战争的可能性也不能说已经完全消失。然而，70 多年来世界无大战也是一个基本的事实。这无疑引起了人们对战争与和平问题的进一步思考。究其原因，一个极其重要的因素是，伴随着人类用极端的世界级大战的手段对自己生活家园的一遍又一遍的洗劫，人类本身制约世界大战的能力也达到了空前的程度。

纵观两次世界大战，对交战双方来说都是其综合国力的真刀真枪的较量。战争的进程和最后的结局在很大程度上取决于各国的经济实力。双方为了调动一切经济力量赢得战争，使世界各国的生产因两次世界大战而更加紧密地联系起来。特别是当二战结束，和平重新恢复，经济在高科技的推动下重新起飞之后，世界经济一体化的进程已不以人的意志为转移。与此同时，欧洲联盟、美洲自由贸易区和亚太经济合作等地区一体化组织也越来越发展，各国的经济生活中已经形成了你中有我、我中有你、息息相关、不可分割的局面。在国际竞争日趋激烈之时，国际合作也成为绝对必须之事。

正是这种相互依存的国际经济关系，形成了抑制新的世界大战爆发的重要因素。早在 19 世纪和 20 世纪之交，列宁就曾英明地预言："有一种力量胜过任何一个跟我们敌对的政府或阶级的愿望、意志和决定，这种力量就是世界共同的经济关系。正是这种关系迫使他们走上这条同我们往来的道路。"[①] 今天，经济全球化的程度已经与列宁的时代不可同日而语，因此战争越是成为世界性的，对经济的破坏就越是世界性的，那么要求和平、抑制战争的呼声也就越是世界

---

① 《列宁全集》中文第二版，第 42 卷，第 332 页。

性的。这股要求和平的力量在第一次世界大战前就已存在，但未能发挥作用；在第一次世界大战后它曾经起过一定的作用，使第二次世界大战经过 10 年才最终发展为世界级别。但是只有在第二次世界大战之后，这种从迄今为止最强烈最极端的战争中产生出的对战争自身的否定力量，才随着战后经济的迅速增长而大大发展，并成功地抑制了二战后一系列局部战争与冲突的扩大。今天，中国政府始终坚持大力倡导的"和平共处五项原则"应该成为指导国际关系准则的思想，越来越为世界各国所接受，并正在成为它们处理国际关系和指导对外政策的基本原则。

另外，发端于战争之中，为了军事需要而发展起来的先进军事科学技术，不仅把全面常规战争推到了登峰造极的地步，而且由于核武器的出现而使人类第一次面临着核战争的毁灭性前景。因此无论是自觉还是不自觉，"在一个已经经历过两次世界大战并学会如何用核武器发动总体战的时代，维护和平已成为所有国家关心的首要问题"①，各国人民与政府维护和平的意识都上升到了空前的高度，成为制约爆发世界大战特别是核战争的基本因素。1955 年 3 月 1 日，丘吉尔在众议院的一次讲演中指出，新式武器除了改变战争外，还改变了国际关系；它不仅威胁着像英国这样的小国的生存，而且威胁着美国和苏联这样的超级大国的生存。丘吉尔断言："通过一个极具讽刺意味的过程，我们完全有可能达到这样一个历史阶段：安全成为恐怖的健壮的孩子。"②在冷战期间，大国受到核武器制约的最明显的例子就是 1962 年的古巴导弹危机，它表明两个超级大国都不敢采取以战争作为推进国家政策的工具的传统做法，而是极力把争端和冲突限制在常规的范围之内，使双方不致滑过战争的边缘。③正是在全世界人民的努力下，终于形成了 70 多年无大战的局面。尽管战争并未从地平线上消失，局部常规战争有时亦相当激烈，但核武器的出现的确改变了战争的观念，和平需要以全人类的力量加以维护也逐渐成为人类的共识。

不仅如此，人类还通过战争，特别是 20 世纪的两次世界大战，逐渐学会了如何相处。

---

① 摩根索：《国际纵横策论——争强权、求和平》，第 32 页。

② 斯塔夫里阿诺斯：《全球通史：1500 年以后的世界》，第 852 页。

③ 正是由于核武器的出现以及核战争可能造成的人类毁灭的前景，一些学者认为冷战是"持久和平"。例如，著名美国冷战史学家约翰·刘易斯·加迪斯就把"持久和平"作为一本书的书名。参见 John Lewis Gaddis, *The Long Peace: Inquiries in the History of the Cold War*, Oxford: Oxford University Press, 1987。

　　首先，在约束人类共同的行为准则的国际法方面，对禁止使用武力做出了越来越明确的规定，从而使避免战争本身成为这一系列规定的最终目标。众所周知，传统的国际法曾承认战争是国家推行政策的工具，是解决国际争端的合法手段，"诉诸战争权"是主权国家的合法权利。但是，即使在 19 世纪欧洲各大国仍然秉持这一理念的同时，它们还是希望保持"均势"和"协调"，尽量避免战争。不仅如此，当第一次世界大战前"势力均衡"和"欧洲协调"逐渐被打破，两大军事集团逐渐形成，战争的威胁又一次显现之时，1899 年和 1907 年的两个海牙《和平解决国际争端公约》便规定，各签字国都应当尽量以和平方法解决争端，在诉诸武力之前，应酌情请一个或几个友好国家出面斡旋和调停。第一次世界大战之后建立的国际联盟，作为世界上第一个主权国家组成的常设国际组织，以《国际联盟盟约》为国际法的主要依据，力图保持战后的和平。为此，《国际联盟盟约》进一步限制了"战争权"，要求会员国为增进合作保持和平与安全，承诺不从事战争之义务；要求各国裁减军备、共同保证反对侵略和战争威胁、将争端提交仲裁或依司法解决，并对破坏盟约而进行战争的国家采取经济、军事、政治上的制裁；等等。1928 年的《非战公约》，则是在国际法上第一个宣布废弃战争作为实行国家政策工具的重要文件，从而在国际法上奠定了互不侵犯原则的法律基础。第二次世界大战后期诞生的《联合国宪章》，不仅进一步宣示了国际社会防止再次爆发世界大战的目标和决心，而且指出了达到这一目标的途径——尊重人权、国际平等、发展社会、改善民生；《联合国宪章》开宗明义："我联合国人民同兹决心：欲使后世不再遭受今代人类两度身历惨不堪言之战祸；重申基本人权、人格尊严与价值，以及男女与大小各国平等权利之信念，创造适当环境，俾克维持正义、尊重由条约与国际法其他渊源而起之义务，久而弗懈；促成大自由中之社会进步及较善之民生。"《联合国宪章》在特别规定了单独或集体自卫权、联合国安理会授权或采取的军事行动权，以及为争取民族自决权而进行的武装斗争外，不仅废弃了战争的权力，而且明确规定了禁止使用武力的概念，还对与战争密切相关的裁军问题做出了更明确的规定，这些都是国际法在制止战争方面的重大发展。第二次世界大战结束后进行的纽伦堡国际军事法庭对纳粹战犯的审判，以及远东国际军事法庭和中国审判战犯军事法庭对日本战犯的审判，是对上述国际法规定的重要实践。它们采取进步的法律观点，确认了侵略战争是最大的国际性犯罪，宣告了国际正义与和平的不容破坏。正如纽伦堡国际军事法庭苏方首席起诉人 L. N. 斯米尔诺夫所说："纽伦堡法庭的判决，将永远留在进步人类的记忆中，把它看成是国际刑法史上第一部分非常重要的文件，它揭露了希特勒法西斯主义所犯的罪行，并且宣布了侵略战争是最严重的罪行。"① 另外，联合国对"侵略"的定义以及对使用武力是否合法的规定，都说明人类在避免战争、维护和平方面所做出的不懈努力。

其次，当人类在付出了两次世界大战和一次冷战的巨大代价之后，开始学会处理国际争端的一种既古老而又全新的方法——通过外交手段实行必要的妥协。尽管在第一次世界大战前，欧洲各大国也进行过很多外交活动，但都没有对避免用战争手段解决问题做出真正的努力，最终使大战爆发。一战以后，人们在一定程度上接受了教训，使通向二战的道路曲折得多。一战的极端残酷性以及处于衰落之中的英法等战胜国愿意对凡尔赛体系做出一定调整，以对法西斯国家的绥靖政策祈求和平。然而绥靖政策的实施反而进一步刺激了法西斯国家的欲望，最终使第二次世界大战未能避免。

第二次世界大战之后，人们更多地接受了历史的教训，在处理国与国之间的矛盾与危机时表现出更多的谨慎，不仅冲突的双方都给对方留有余地，而且伴随着冷战的发展、缓和与结束，妥协方式也越来越成为解决国际纠纷的常规手段。今天，妥协意味着任何国家都不能以自己的意志强加于人，意味着参加谈判的国家在捍卫自己的核心利益的同时，必须承认和照顾谈判对手的合理利益，意味着谈判双方在各自所希望得到的东西之间实现某种有取有予的平衡，意味着反对和抵制国际关系中的任何霸权主义和强权政治。妥协是斗争结果的另一种形式。二战结束后的 70 多年来，这种妥协的实例比比皆是：联合国的大多数决议，欧洲联合的进程（当然也包括英国脱欧的方式），关贸总协定的 8 轮谈判结果以及世界贸易组织的成立，石油输出国组织的各项协定，美日、美欧之间一次次"贸易战"的化解，中美关系的改善，亚太经济合作组织的不断发展，一些地区和国家内部武装冲突的政治解决……在国际关系中出现的这种以对话代替对抗、以缓和与合作代替战争或冷战的新局面，是多么来之不易啊！它是人类社会在经过 20 世纪的两次世界大战和一次冷战的风风雨雨、喜怒哀乐之后，进一步走向文明、走向成熟的标志。

今天，两次世界大战已经成为历史的陈迹，冷战也以其独特的方式宣告结束，人类社会正在和平与发展的大潮中，在经济全球化和信息化、网络化的过程中进入了新的千年。但是，如何有效地避免战争、持久地维护和平、可持续

① 　P. A. 施泰尼格尔编：《纽伦堡审判》上卷，第 3 页。

地共同发展、建设共同繁荣的和谐世界，仍然是人类最为关心和必须解决的重大问题。放眼世界，在各国利益越来越相互依赖但发展又极不平衡的情况下，霸权主义和强权政治依然存在；东欧剧变和冷战结束所引起的政治地震的震荡仍未完全消失；民族、种族、宗教等矛盾所引发的一些地区冲突和局部战争至今仍未解决；大规模的杀伤性武器还在危及人类的安全；裁军的进程举步维艰；核威胁依然存在，核扩散也在继续。与此同时，环境污染与生态失衡、资源枯竭与能源危机、人口爆炸与粮食短缺、经济增长与贫富差距、金融危机与贸易保护、国际恐怖主义与毒品和艾滋病……这些足以使我们这个蓝色星球毁灭的大难题已经摆在了人类面前。这些问题，超越了任何一国的利益，也并非任何一国所能单独解决，不管它是多么的强大。实际上，世界各国在解决这些问题方面有着共同的利益，而这个共同利益则应当反映在超越特殊的国家利益的共同政策之上。正由于此，各国政府和人民应该更加理性地运用自己的聪明才智，抛弃种种极端的观念，特别是抛弃几十年来形成的冷战思维①，在不断制止霸权主义和强权政治的过程中，在不断发展自己的综合国力的过程中，在继续推动世界多极化、经济全球化、社会信息化和文化多样化的过程中，在不断改革、发展第二次世界大战所带来的国际政治经济秩序的过程中，携手攻破一个个难题。只有如此，才能创造一个共同繁荣、持久和平、和谐共赢的新世界。今天，中国政府倡导并身体力行的构建人类命运共同体的理念与行动，正是通向这一美好世界的可行之路。

---

① 关于什么是"冷战思维"，学术界并无定论，笔者认为，在国家关系中过分强调国家之间的意识形态和价值观念的对立，过于强调确立一个国家作为头号敌国的观念，以及以强权政治和霸权主义处理国际事务，是冷战思维的重要内容。

参考文献

一、原始档案资料

Baker, R. S. ed., *Woodrow Wilson and World Settlement*, Vol. 2, New York, 1922

BDFA, Part II, Series J: *The League of Nations, 1918-1941*, Vol. 1, *Britain and the League of Nations, 1918-1941: Attitudes and Policy*, University Publications of America, 1992

BDFA, Part IV, *from 1946 through 1950*, Series A, *Soviet Union and Finland, 1946*, Volume 1, *Northern Affairs, January 1946-June 1946*, University Publications of America, 1999

Documents on British Foreign Policy, 1919-1939 (*DBFP*), ser. 2, vol. 13, London: HSMO, 1960

DBFP, ser. 3, vol. 8, London, 1955

DBFP, ser.3, vol.9, London, 1955

Kenneth Bourne and D. Cameron Watt ed., *British Documents on Foreign Affairs (BDFA): Reports and Papers from the Foreign Office Confidential Print*, Part II: *From the First to the Second World War*, Series H: *The First World War, 1914-1918*, Vol. 4: *The Allied and Neutral Powers: Diplomacy and War Aims*, IV: *July-November 1918*, University Publications of America, 1989

Link, Arthur S. ed., *The Papers of Woodrow Wilson*, Vol.4, Vol. 49, Vol. 53, Vol. 54, Princeton, NJ: Princeton University Press, 1970, 1985, 1986

Seymour, Charles ed., *The Intimate Papers of Colonel House*, vol. 2, vol. 3, vol. 4, 1928

Stebbins, Richard and Adam, Elaine eds., *Documents on American Foreign Relations, 1968-1969*, New York, 1972

The U.S. Department of State ed., *Peace and War*, Washington D. C., 1943

The U. S. Department of State., *Foreign Relations of the United States, Diplomatic papers* (*FRUS*) */The Paris Peace Conference, 1919*, Vol. 4, Washington, D. C. (GPO), 1946,

FRUS/The Conferences at Cairo and Tehran 1943, Washington D.C: Government Printing Office (GPO), 1961

FRUS/The Conference s at Washington and Quebec, 1943

FRUS/1943, Vol. 1, Washington D. C., 1950

FRU/ The Conferences at Malta and Yalta 1945, Washington D.C.: Government Printing Office (GPO), 1955

FRUS/1945, Vol. 5, Washington, D. C. (GPO), 1969

FRUS/1946, Vol. 6, Washington, D. C. (GPO), 1970

FRUS/1950, Vol. 1, Washington, D. C. (GPO), 1974

Public Papers of the Presidents of the United States: Richard Nixon, 1970, Washington D. C. (GPO), 1972

Public Papers of the Presidents of the United States: Richard Nixon, 1971, Washington D. C. (GPO), 1972

〔日〕臼井勝美、稻葉正夫解說：《現代史資料》第 9 卷，東京，1964 年

〔日〕日本國際政治學會太平洋戰爭原因研究部編：《通向太平洋戰爭への道》，別卷·資料編，東京，朝日新聞社，1963 年

〔日〕日本外務省編：《日本外交年表竝主要文書》下卷，原書房，1978 年

《德黑兰、雅尔塔、波茨坦会议文件集》，生活·读书·新知三联书店，1978 年

《国际条约集（1917—1923）》，世界知识出版社，1961 年

《国际条约集（1934—1944）》，世界知识出版社，1961 年

《国际条约集（1945—1947）》，世界知识出版社，1959 年

《国际条约集（1953—1955）》，世界知识出版社，1960 年

《国际条约集（1960—1962）》，商务印书馆，1975 年

〔苏〕C. B. 克里洛夫：《联合国史料》第 1 卷，中国人民大学出版社，1955 年

法学教材编辑部审定：《国际关系史资料选编》下册（1945—1980），武汉大学出版社，1983 年

复旦大学历史系中国近代史教研室：《中国近代对外关系史资料选辑（1940—1949）》下卷第一分册，下卷第二分册，上海人民出版社，1977 年

关在汉编译：《罗斯福选集》，商务印书馆，1982 年

国际关系学院编：《现代国际关系史参考资料（1917—1932）》，高等教育出版社，1958 年

国际关系学院编：《现代国际关系史参考资料（1945—1949）》上册，高等教育出版社，1959 年

国际关系研究所编译：《戴高乐言论集（1958年 5 月—1964 年 1 月）》，世界知识出版社，1964 年

河北省社会科学院历史研究所等编：《晋察冀抗日根据地史料选编》上册，河北人民出版社，1983 年

李巨廉、王斯德主编：《第二次世界大战起源历史文件资料（1937.7—1939.8）》，华东师范大学出版社，1985 年

齐世荣主编：《当代世界史资料选辑》第一分册，北京师范学院出版社，1990 年

齐世荣主编：《世界通史资料选辑·现代部分》第一分册，商务印书馆，1980 年，1998 年修订第 2 版；《世界通史资料选辑·现代部分》第三分册，商务印书馆，1985 年

秦孝仪主编：《中华民国重要史料初编——对日抗战时期》第 2 编《作战经过（三）》，中国国民党中央委员会党史委员会编印，台北，1981 年

秦孝仪主编：《中华民国重要史料初编——对日抗战时期》第 3 编《战时外交（三）》，中国国民党中央委员会党史委员会编印，台北，1981 年

王铁崖、王绳祖选译：《1898—1914 年的欧洲国际关系》，生活·读书·新知三联书店，1957 年

吴景平、郭岱君主编：《风云际会——宋子文与外国人士会谈记录（1940—1949）》，复旦大学出版社，2010 年

张炳杰、黄宣选译：《世界史资料丛刊·现代史部分·1919—1939 年的德国》，商务印书馆，1997 年

中国近代经济史资料丛刊编辑委员会：《一九三八年英日关于中国海关的非法协定》，中华书局，1983 年

中国现代史资料丛刊：《抗日战争时期的八路军和新四军》，人民出版社，1980 年

周一良、吴于廑主编：《世界通史资料选辑》近代部分，上下册（本卷主编蒋相泽），商务印书馆，1972 年

周一良、吴于廑主编：《世界通史资料选辑》中古部分（本册主编郭守田），商务印书馆，1974 年

二、回忆录、文集、书信、工具书等

Cecil, Viscount Robert, *A Great Experiment, An Autobiography* (Lord Robert Cecil), Gazette, 1941

Chamberlain, Neville, *The Struggle for Peace*, Hutchinson, 1939

D'Abernon, Lord, *An Ambassador of Peace*, Vol.1, Vol. 2, London, 1929-1930

George, David Llord, *War Memoirs*, Vol.1, Vol.2, London, 1933

George, David Lloyd, *The Truth about the Peace Treaties*, vol. 1, London, 1938

Hull, Cordell, *The Memoirs of Cordell Hull*, Vols. 2, New York, 1948

Sutton, Eric, *Gustav Stresemann: His diaries, Letters and Papers*, Vol. 2, London, 1937

Welles, Sumner, *Where Are We Heading?* New York, Harper & Bros., 1946

Welles, Sumner, *Seven Decisions: That Shaped History*, New York, 1950

松岡洋右:《動し満蒙》，東京，先進社，1931 年

《邓小平文选》第 3 卷，人民出版社，1993 年
《季米特洛夫选集》，人民出版社，1953 年
《列宁全集》第 2 版，第 37 卷、第 38 卷、第 42 卷、第 43 卷，人民出版社，1986 年
《列宁选集》第 4 卷，人民出版社，1995 年
《列宁专题文集·论资本主义》，人民出版社，2009 年
《马克思恩格斯全集》，第 22 卷，人民出版社，1965 年
《马克思恩格斯文集》第 1 卷、第 2 卷、第 5 卷
《毛泽东外交文选》，中央文献出版社、世界知识出版社，1994 年
《毛泽东选集》（合订本），人民出版社，1968 年
《毛泽东选集》第一卷，人民出版社，1991 年第 2 版
《莫洛托夫秘谈录——与莫洛托夫 140 次谈话（菲·丘耶夫日记摘编）》（刘存宽等译），社

会科学文献出版社，1992 年
《斯大林文选》上册，人民出版社，1977 年
《斯大林选集》下卷，人民出版社，1979 年
《周恩来外交文选》，中央文献出版社，1990 年
〔德〕康拉德·阿登纳:《阿登纳回忆录》第 3 卷（上海外国语学院德法语系德语组译），上海人民出版社，1975 年
〔俄〕阿纳托利·多勃雷宁:《信赖——多勃雷宁回忆录》（肖敏等译），世界知识出版社，1997 年
〔俄〕阿纳托利·切尔尼亚耶夫:《在戈尔巴乔夫身边六年》（徐葵等译），世界知识出版社，2001 年
〔俄〕戈尔巴乔夫:《"真相"与自白——戈尔巴乔夫回忆录》（述弢等译），社会科学文献出版社，2002 年
〔俄〕谢·赫鲁晓夫:《导弹与危机——儿子眼中的赫鲁晓夫》（郭家申等译），中央编译出版社，2000 年
〔美〕W. 艾夫里尔·哈里曼等:《特使:与丘吉尔、斯大林周旋记》（南京大学历史系英美对外关系研究室译），生活·读书·新知三联书店，1978 年
〔美〕德怀特·艾森豪威尔:《艾森豪威尔回忆录——白宫岁月（下）:缔造和平（1956—1961）》（静海译），生活·读书·新知三联书店，1977 年
〔美〕哈里·杜鲁门:《杜鲁门回忆录》第一卷、第二卷（李石译），生活·读书·新知三联书店，1974 年
〔美〕孔华润（沃沦·I. 科恩）主编:《剑桥美国对外关系史》上下册（张振江、王琛等译），新华出版社，2004 年
〔美〕理查德·尼克松:《不再有越战》（王昭仁译），世界知识出版社，1998 年
〔美〕罗伯特·S. 麦克纳马拉:《回顾:越南的悲剧与教训》（陈丕西等译），作家出版社，1996 年
〔美〕罗纳德·里根:《里根回忆录——一个美国人的生平》（何力译），新华出版社，1991 年

〔美〕乔治·布什、布伦特·斯考克罗夫特：《重组的世界——1989—1991 年世界重大事件的回忆》（胡发贵等译），江苏人民出版社，2000 年

〔美〕唐·里甘：《里根政权内幕——里甘回忆录》（郁频等编译），天津人民出版社，1992 年

〔美〕伊利奥·罗斯福：《罗斯福见闻秘录》（李嘉译），新群出版社，1950 年

〔美〕兹比格涅夫·布热津斯基：《实力与原则：1977—1981 年国家安全顾问回忆录》（邱应觉等译），世界知识出版社，1985 年

〔苏〕安·安·葛罗米柯：《永志不忘——葛罗米柯回忆录》（伊吾译），世界知识出版社，1989 年

〔苏〕安·扬·维辛斯基、苏·阿·洛佐夫斯基主编：《外交辞典》（杨穆等译），东方出版社，1986 年

〔苏〕尼·谢·赫鲁晓夫：《赫鲁晓夫回忆录》（张岱云等译），东方出版社，1988 年

〔苏〕尼·谢·赫鲁晓夫：《最后的遗言——赫鲁晓夫回忆录续集》（上海国际问题研究所等译），东方出版社，1988 年

〔英〕安东尼·艾登：《艾登回忆录：清算》上中下册（瞿同祖等译），商务印书馆，1976 年

〔英〕哈罗德·麦克米伦：《麦克米伦回忆录》第 5 卷《指明方向》，（山东大学外文系翻译组译），商务印书馆，1976 年

〔英〕温斯顿·丘吉尔：《第二次世界大战回忆录》第一卷至第六卷（吴万沈等译），商务印书馆，1974 年

顾维钧：《顾维钧回忆录》第一分册、第五分册，中华书局，1983 年、1987 年

韩兵等译：《1962 年古巴导弹危机期间赫鲁晓夫与肯尼迪的二十五封通信》，《世界史研究动态》1993 年第 2—4 期

张芝联、刘学荣主编：《世界历史地图集》，中国地图出版社，2002 年

三、专著及论文
（一）专著

Adamthwaite, Anthony P., *France and the Coming of the Second World War 1936-1939,* London, 1977

Albrecht-Carrie, R., *A Diplomatic History of Europe since the Congress of Vienna,* Harper, New York, 1973

Bailey, T. A., *Wilson and the Peacemakers,* New York, 1947

Bailey, T. A., *Woodrow Wilson and the Great Betrayal*, Chicago, 1945

Bailey, T. A., *Woodrow Wilson and the Lost Peace,* Chicago, 1963

Beard, Charles A., *American Foreign Policy in the Making, 1932-1940, A Study in Responsibilities,* New Haven: Yale University Press, 1946

Black, Cyril E., *Rebirth: A History of Europe since World War II,* .Colorado, 1992

Borg, Dorothy. *The United States and the Far East Crisis of 1933-1938*, New York, 1973

Bull, Hedley and Watson Adam ed., *The Expansion of International Society,* Oxford University Press, 1984

Butterworth, S. B., *Daladier and the Munich Crisis: An Appraisal,* Journal of Contemporary History, July 1974

Carr, E. H., *International Relations between the Two World Wars 1919-1939,* The Macmillan Press LTD, Printed in Hong Kong, 1986

Ceadel, Martin, *Pacifism in Britain 1914-1945: Defining of a Faith,* Oxford University Press, 1980

Charmley, I., *Chamberlain, the Lost Peace,* London, 1989

Clark, Ian, *The Hierarchy of States: Reform and Resistance in International Order,* Cambridge, 1989

Clifford, N. R., *Retreat from China, British Policy in the Far East, 1937-1941,* Washington, 1967

Coox, A. D., *Year of the Tiger*, Orient-West, 1971

Cowling, M., *The Impact of Hitler: British Politics and British Policy, 1933-1939*, London, 1975

Craig, Gordon A. and George, Alexander L., *Force and Statecraft, Diplomatic Problems of Our Time*, second edition, Oxford University Press, 1990

Crompton, Andrew. *The Secret of the Cenotaph*, from AA Files 34 Pages 64-67, 1999, Recast as pdf file, andew@cromp.com

Crowley, J. B., *Japan's China Policy, 1931-1938: A Study of the Role of the Military in the Determination of Foreign Policy*, Ph.D. thesis, University of Michigan, 1960

Crowley, J. B., *Japan's Quest for Autonomy, National Security and Foreign Policy 1930-1938*, Princeton, 1966

Darwin, J., *The End of the British Empire: The Historical Debate*, Oxford: Basil Blackwell, 1991

Davis, Kenneth S., *FDR into the Storm, 1937-1940, A History*, New York, 1993

Davis, Lynn Etheridge, *The Cold War Begins: Soviet-American Conflict over Eastern Europe*, Princeton University Press, 1974

Dilks, D., *We Must Hope for the Best and Prepare for the Worst: The Prime Pinister, Cabinet and Hitler's Germany, 1937-1939*, Proceedings of the British Academy, 1987

Dilks, David ed., *Retreat from Power: Studies in Britain's Foreign Policy of the Twentieth Century*, vol.1, London, 1981

Divine, Robert, *The Illusion of Neutrality*, Chicago University Press, 1962

Doerr, Paul W., *British Foreign Policy, 1919-1939: "Hope for the Best, Prepare for the Worst"*, New York, Manchester University Press (distributed by St. Martin's Press), 1998

Earle, E. M., *Turkey, The Great Powers and the Bagdad Railway*, New York, 1923

Endicott, S. L., *Diplomacy and Enterprise: British China Policy 1933-1937*, Manchester University Press, 1975

Feiling, Keith, *The Life of Neville Chamberlain*, London, 1946

Fischer, Fritz, *War of Illusions: German Policies from 1911 to 1914*, London, 1975

Friedman, I. S., *British Relations with China: 1931-1939*, New York, 1940

Fuecher, W., *Neville Chamberlain and Appeasement*, London, 1982

Furnia, Arthur H., *The Diplomacy of Appeasement: Anglo-French Relation and the Prelude to World War II 1931-1938*, Washington University Press, 1960

Gaddis, John L., *The Long Peace: Inquiries in the History of the Cold War*, Oxford University Press, 1987

Gaddis, John L., *The United States and the Origins of the Cold War, 1941-1947*, New York, Columbia University Press, 1972, 2000

Gaddis, John L., *We Now Know: Rethinking Cold War History*, Oxford University Press, 1997

Gaddis, John Lemis, *Strategies of Containment: A Critical Appraisal of Postwar American National Security Policy*, Oxford University Press, 1982

George, Margaret, *The Warped Vision: British Foreign Policy 1933-1939*, Pittsburgh, 1965

Gibbs, N. H., *Grand Strategy*, Vol.1, *Rearmament Policy*, London, 1976

Gifford, Prosser, and Louis, W. Roger eds., *Decolonization and African Independence: The Transfer of Power, 1960-1980*, Yale University Press,1988

Gilbert, M., and Gott, R., *The Appeasers*, London, 1963

Grisword, *The Far East Policy of The United States*, New York, 1938

Gull, E. M., *British Economic Interests in the Far*

East, London, 1943

Haggie, P., *Britannia at Bay: The Defence of the British Empire against Japan 1931-1941*, Oxford, 1981

Hart, Henry Liddell, *Strategy*, Second Revised Edition, London, 1991

Heiden, Konrad, *A History of National Socialism*, New York, 1934

Heiden, Konrad, *Adolf Hitler*, Zuricch, 1936

Heiden, Konrad, *Der Fuhrer*, Boston, 1944

Heiden, Konrad, *Gburt des Dritten Reiches*, Zurich, 1934

Heiden, Konrad, *Geschichteds Nationalsozialismus*, Berlin, 1932

Hendrick, Burton J., ed., *The Life and Letters of Walter H. Page*, Vol.1, New York, 1922

Herring, George C., *America's Longest War: The United States and Vietnam 1950-1975*, New York, 1979

Hinsley, H. F., *British Foreign Policy under Sir Edward Grey*, Cambridge University Press, 1977

Hobsbawm, E. J., *Nations and Nationalism since 1780: Programme, Myth, Reality*, Cambridge University Press, 1990

Hogan, Michael J., *The Marshall Plan, America, Britain, and the Reconstruction of Western Europe, 1947-1952*, Cambridge University Press, 1987

Holsti, Kalevi J., *Peace and War: Armed Conflicts and International Order 1648-1989*, Cambridge University Press, 1991

Iriye, Akira, *The Origins of the Second World War in Asia and the Pacific*, London & New York, 1987

Joll, James, *The Origins of the First World War*, Vol.2, London, 1992

Jones, Joseph M., *The Fifteen Weeks*, New York, 1955

Jordan, W. M., *Great Britain, France and the German Problem, 1919-1939*, London, 1943

Kapstein, Ethan B., and Mastanduno, Michael, eds., *Unipolar Politics: Realism and State Strategies after the Cold War*, Columbia University Press, 1999

Keiger, John F. V., *France and the Origins of the First World War*, London, 1983

Kennan, G. F., *Russia Leaves the War*, Princeton, 1956

Kennedy, M. D., *The Estrangement of Great Britain and Japan, 1917-1935*, University of California Press, 1969

Kennedy, Paul ed., *Grand Strategies in War and Peace*, Yale University Press, New Haven and London, 1991

Kennedy, Paul, *Appeasement*, in Martel ed., *Origins of the Second World War reconsidered: The A. J. P. Taylor debate after 25 Years*, London, 1986

Kennedy, Robert F., *Thirteen Days: A Memoir of the Cuban Missile Crisis*, New York & London, 1999

Keylor, William R., *The Twentieth-Century World: An International History*, the fifth edition, Oxford University Press, 2006

Kirby, M. W., *The Decline of British Economic Power Since 1870*, London, 1981

Kohn, Hans, *Nationalism: Its Meaning and History*, Princeton, 1955

Lamb, Richard, *The Drift to War 1922-1939*, London, 1989

Langer, Willian L., and Gleason, S. Everett, *The Undeclared War, 1940-1941*, Published for Council on Foreign Relations by Harper & Brothers Publishes, New York, 1953

Latynski, Maya ed., *Reappraising the Munich Pact: Continental Perspectives*, Washington D. C., Woodrow Wilson Center Press, 1992

Lee, Bradford A., *Britain and Sino-Japanese War, 1937-1939: A Study in the Dilemmas of British Decline*, London, 1973

Leffler, Melvyn P., *A Preponderance of Power:*

National Security, the Truman Administration, and the Cold War, Stanford University Press, 1992

Lossi, A., *The Rise of Italian Fascism 1918-1922*, London, 1938

Louis, W. R., *British Strategy in the Far East, 1919-1939*, Oxford, 1971

Lowe, P., *Great Britain and the Origins of the Pacific War: A Study of British Policy in East Asia 1937-1941*, Oxford, 1977

Luard, Evan, *A History of the United Nations*, V.1, *The Years of Western Dominations, 1945-1955*, New York, 1982

Lukes, Igor, and Goldstein, Erik, eds., *The Munich Crisis, 1938: Prelude to World War II* (Diplomacy and Statecraft), Frank Cass, London, 1999

Lundestad, Geir, *The American "Empire" and other Studies of US Foreign Policy in A Comparative Perspective*, Oxford University Press, 1990

Marder, A. J., *Old Friends, New Enemies: The Royal Navy and the Imperial Japanese Navy Strategic Illusions, 1936-1941*, Oxford, 1981

Marks III, Frederick W., *Wind Over Sand: The Diplomacy of Franklin Roosevelt*, The University of Georgia Press, 1988

May, Ernest R., *The World War and American Isolation 1914-1917*, Harvard University Press, 1959

McDonough, Frank, *The Origins of the First and the Second World Wars*, Cambridge University Press, 1997

Middlemas, Keith, and Bernes, John, *Baldwin: A Biography*, London, 1969

Middlemass, Keith, *The Diplomacy of Illusion: The British Government and Germany, 1937-1938*, London, 1971

Mommsen W. J., and Kettenacker, L., eds., *The Fascist Challenge and the Policy of Appeasement*, London, 1983

Moon, Parker Thomas, *Imperialism and World Politics*, New York, 1927

Mowat, Charles Loch, *Britain between the Wars 1918-1940*, Methuen & Co. LTD, London, 1956 (reprinted with minor corrections)

Murphy, P., *Party Politics and Decolonization: The Conservative Party and British Colonial Policy in Tropical Africa, 1951-1964*, Oxford: Clarendon Press, 1999

Nish, Ian ed., *Anglo-Japanese Alienation 1919-1952*, Cambridge University Press, 1982

Northedge, F. S., *The League of Nations: Its Life and Times 1920-1946*, Leicester University Press, 1986

Northedge, F. S., *The Troubled Giant: Britain among the Great Powers*, London, 1966

Notter, Harley, *Postwar Foreign Policy Preparation, 1939-1945*, Westport, Conn., Greenwood Press, 1975

Onions, C. T., ed., *The Oxford Dictionary of English Etymology*, Oxford University Press, 1966, reprint 1996

Parker, R. A. C., *Chamberlain and Appeasement: British Policy and the Coming of the Second World War*, London, 1993

Petro, N. N., *The Predicament of Human Rights: The Carter and Regan Policies*, Vol.5, New York, 1983

Reijai, M., *Political Ideology: A Comparative Approach*, New York, 1991

Roberts, Frank, *Dealing with Dictators: The Destruction and Revival of Europe, 1930-70*, the second edition, London, Weidenfeld & Nicolson, 1991

Rock, W., *British Appeasement in the 1930s*, London, 1981

Russell, Ruth B., *A History of the United Nations Charter: The Role of the United States, 1940-1945*, Washington D. C., Brookings Institution, 1958

Salvemini, G., *Under the Axe of Fascism*, London, 1936

Schlesinger, Arthur Jr., *The Dynamics of World Power: A Documentary History of United States Foreign Policy 1945-1973*, New York, 1973

Shafer, B. C., *Nationalism: Myth and Reality*, New York, 1955

Shai, A., *Origins of the War in the East: Britain, China and Japan 1937-1939*, London, 1976

Smith, Joseph, *The Cold War, 1945-1991*, Second Edition, Blackwell Publishers, 1998

Storry, R., *Japan and the Decline of the West in Asia 1894-1943*, London, 1979

Thorne, Christopher, *The Limits of Foreign Policy: The West, the League and the Far Eastern Crisis of 1931-1933*, London, 1972

United Nations, Dept. of Public Information, *The Blue Helmets: A Review of United Nations Peacekeeping*, the second edition, United Nations Dept. of Public Information, 1990

Utley, J. G., *Going to War with Japan 1937-1941*, University of Tennessee Press, 1985

Vadney, T. E., *The World Since 1945: A Complete History of Global Change From 1945 to the Present*, New York, 1987

Watt, D. C., *How War Came: The Immediate Origins of the Second World War, 1938-1939*, New York, 1989

Watt, D. C., *Personalities and Policies*, London, 1957

White, Nicholas J., *Decolonization: The British Experience Since 1945*, 2 edition, London and New York, Taylor & Francis Publishing, 2014

Williams, Joyce Grigsby, *Colonel House and Sir Edward Grey: A Study in Anglo-American Diplomacy*, New York, London, 1984

Wilson, Trevor, *The Downfall of the Liberal Party, 1914-1935*, London, 1966

Woodward, Sir Llewellyn, *British Foreign Policy in the Second World War*, Vols. 1 and 2, London, 1971

Xu Guoqi, *Asia and the Great War: A Shared History*, Oxford University Press, 2017

Young, Arthur N., *China and the Helping Hand, 1937-1945*, Harvard University Press, 1963

矢部貞治:《近衞文麿》，讀賣新聞社，1976 年

伊藤隆:《昭和初期政治史研究：ロンドン海軍軍縮問題をめぐる諸政治集團の對抗と提携》，東京大學出版會，1969

中村菊男:《天皇制ファシズム論》，原書房 1967 年

竹山道雄:《昭和の精神史》，新潮社，1956 のち新潮文庫

《世界史便览（公元前 9000 年—公元 1975 年的世界）》(《泰晤士世界历史地图集》中文版翻译组)，生活·读书·新知三联书店，1983 年

〔德〕P. A. 施泰尼格尔编:《纽伦堡审判》上卷（王昭仁等译），商务印书馆，1985 年

〔德〕弗里茨·费舍尔:《争雄世界：德意志帝国 1914—1918 年的战争目标政策》上册（何江等译），商务印书馆，1987 年

〔德〕弗里德里希·席勒:《三十年战争史》（沈国琴、丁健弘译），生活·读书·新知商务印书馆，2009 年

〔德〕赫尔穆特·施密特:《西方战略》（陈炳辉译），世界知识出版社，1988 年

〔德〕莱因哈德·屈恩尔:《法西斯主义剖析》（邸文等译），军事科学出版社，1992 年

〔德〕维纳·洛赫:《德国史》（北京大学历史系译），生活·读书·新知三联书店，1959 年

〔法〕皮埃尔·热尔贝:《欧洲统一的历史与现实》（丁一凡等译），中国社会科学出版社，1989 年

〔法〕让-巴蒂斯特·迪罗塞尔:《外交史（1919—1978）》下册（李仓人等译），上海译文出版社，1982 年

〔法〕索布尔:《法国大革命史》（马胜利等译），

中国社会科学出版社，1989年

〔美〕C. E. 布莱克、E. C. 赫尔姆赖克：《二十世纪欧洲史》上下册（山东大学外文系英语翻译组译），人民出版社，1984年

〔美〕H. N. 沙伊贝等：《近百年美国经济史》（彭松建等译），中国社会科学出版社，1983年

〔美〕H. 斯图尔特·休斯：《欧洲现代史（1914—1980年）》（陈少衡等译），商务印书馆，1984年

〔美〕J. 布卢姆等：《美国的历程》下册第二分册（戴瑞辉等译），商务印书馆，1988年

〔美〕L. 鲍林：《告别战争：我们的未来设想》（吴万仟译），湖南出版社，1992年

〔美〕W. 艾夫里尔·哈里曼、伊利·艾贝尔：《特使——与丘吉尔、斯大林周旋记（1941—1946）》（南京大学历史系英美对外关系研究室译），生活·读书·新知三联书店，1978年

〔美〕阿诺德·A·奥夫纳：《美国的绥靖政策：1933—1938年美国外交政策与德国》（陈思民等译），商务印书馆，1987年

〔美〕巴巴拉·W. 塔奇曼：《八月炮火》（上海外国语学院英语系翻译组译），上海译文出版社，1981年

〔美〕保罗·肯尼迪：《大国的兴衰——1500—2000年的经济变迁与军事冲突》（王保存等译），东方出版社，1988年

〔美〕布鲁斯·拉西特、哈维·斯塔尔：《世界政治》（1996年第5版）（王玉珍等译），华夏出版社，2001年

〔美〕查尔斯·P. 金德尔伯格：《1929—1939年世界经济萧条》（宋承先等译），上海译文出版社，1986年

〔美〕大卫·巴拉什：《积极和平——和平与冲突研究》（刘成等译），南京出版社，2007年

〔美〕戴维·霍罗威茨：《美国冷战时期的外交政策：从雅尔塔到越南》（上海市"五七"干校六连翻译组译），上海人民出版社，1974年

〔美〕丹·考德威尔：《论美苏关系——1947年至尼克松基辛格时期》（何立译），世界知识出版社，1984年

〔美〕丹尼尔·奥·格雷厄姆：《高边疆——新的国家战略》（张健志等译），军事科学出版社，1988年

〔美〕菲利普·本尼斯：《发号施令——美国是如何控制联合国的》（陈遥遥等译），新华出版社，1999年

〔美〕福雷斯特·C. 波格：《马歇尔传（1945—1959）》（施旅译），世界知识出版社，1991年

〔美〕格哈特·温伯格：《希特勒德国的对外政策》上编《欧洲的外交革命（1933—1936年）》（何江等译），商务印书馆，1992年

〔美〕汉斯·J. 摩根索：《国家间的政治》（杨岐鸣等译），商务印书馆，1993年

〔美〕汉斯·摩根索：《国际纵横策论——争强权，求和平》（时殷弘等译），上海译文出版社，1995年

〔美〕亨利·基辛格：《大外交》（顾淑馨等译），海南出版社，1997年

〔美〕亨利·欧文主编：《70年代美国对外政策》（齐沛合译），生活·读书·新知三联书店，1975年

〔美〕杰里尔·A. 罗塞蒂：《美国对外政策的政治学》（周启朋等译），世界知识出版社，1997年

〔美〕科佩尔·S. 平森：《德国近现代史——它的历史和文化》下册（范德一等译），商务印书馆，1987年

〔美〕孔华润（沃伦·I. 科恩）：《美国对中国的反应——中美关系的历史剖析》（张静尔等译），复旦大学出版社，1989年

〔美〕孔华润（沃伦·I. 科恩）主编：《剑桥美国对外关系史》上下册（张振江、王琛等译），新华出版社，2004年

〔美〕雷麦：《外人在华投资》（蒋学楷等译），商务印书馆，1959年

〔美〕理查德·W. 布利特等：《20世纪史》（陈祖洲等译），江苏人民出版社，2001年

〔美〕理查德·尼克松:《尼克松回忆录》中册（裘克安等译），世界知识出版社，2000年

〔美〕罗伯特·达莱克:《罗斯福与美国对外政策（1932—1945）》上下册（伊伟等译），商务印书馆，1984年

〔美〕罗伯特·特里芬:《黄金与美元危机:自由兑换的未来》（陈尚林等译），商务印书馆，1997年

〔美〕罗杰·西尔斯曼、劳拉·高克伦、帕特里夏·A.韦次曼:《防务与外交决策中的政治——概念模式与官僚政治》（曹大鹏译），商务印书馆，2000年

〔美〕迈克尔·H.亨特:《意识形态与美国外交政策》（褚律元译），世界知识出版社，1999年

〔美〕迈克尔·曼德尔鲍姆:《国家的命运——19世纪和20世纪对国家安全的追求》（军事科学院外国军事研究部译），军事科学出版社，1990年

〔美〕乔治·凯南:《美国外交》（葵阳等译），世界知识出版社，1989年

〔美〕乔治·马立昂:《美帝国主义的扩张》（邝平章译），世界知识出版社，1953年

〔美〕赛勒斯·万斯:《困难的抉择:美国对外政策的危急年代》（郭靖安等译），中国对外翻译出版公司，1987年

〔美〕舍伍德:《罗斯福与霍普金斯——二次大战时期白宫实录》上下册（福建师范大学外语系编译室译），商务印书馆，1980年

〔美〕斯塔夫里阿诺斯:《全球分裂:第三世界的历史进程》上下册（迟越等译），商务印书馆，1993年

〔美〕斯塔夫里阿诺斯:《全球通史:1500年以后的世界》（吴象婴等译），上海社会科学院出版社，1992年;《全球通史:从史前史到21世纪》（吴象婴等译），北京大学出版社，2005年

〔美〕特尔福德·泰勒:《慕尼黑——和平的代价》上下册（石益仁译），新华出版社，1984年

〔美〕托马斯·帕特森等:《美国外交政策》上下册（李庆余译），中国社会科学出版社，1989年

〔美〕威廉·哈代·麦克尼尔:《国际事务概览·美国、英国和俄国，它们的合作和冲突（1941—1946年）》上下册（叶左译），上海译文出版社，1978年

〔美〕威廉·夏伊勒:《第三共和国的崩溃》上下集（尹力耀等译），海南出版公司，1990年

〔美〕威罗贝:《外人在华特权和利益》（王绍坊译），生活·读书·新知三联书店，1957年

〔美〕沃尔特·拉弗贝:《美苏冷战史话（1945—1975）》（游燮庭等译），商务印书馆，1980年

〔美〕沃尔特·拉克尔:《法西斯主义——过去、现在、未来》（张峰译），北京出版社，1996年

〔美〕悉·布·费:《第一次世界大战的起源》上册（于熙俭译），商务印书馆，1959年

〔美〕小阿瑟·施莱辛格:《一千天:约翰·菲·肯尼迪在白宫》（仲宜译），生活·读书·新知三联书店，1981年

〔南斯拉夫〕弗拉迪米尔·德迪耶尔:《苏南冲突经历（1948—1953）》（达洲译），生活·读书·新知三联书店，1977年

〔南斯拉夫〕米洛凡·吉拉斯:《同斯大林的谈话》（司徒协译），世界知识出版社，1989年

〔挪威〕约翰·加尔通:《和平论》（陈祖洲等译），南京出版社，2006年

〔日〕池尾靖志:《和平学入门》（池建新等译），南京出版社，2004年

〔日〕服部卓四郎:《大东亚战争全史》全4册（张玉祥等译），商务印书馆，1984年

〔日〕林三郎编著:《关东军和苏联远东军》（吉林省哲学社会科学研究所日本问题研究室译），吉林人民出版社，1979年

〔日〕日本历史学研究会:《太平洋战争史》（五卷）（金锋等译），商务印书馆，1959年

〔日〕入江昭:《20世纪的战争与和平》（李静阁等译），世界知识出版社，2005年

〔日〕外山三郎:《日本海军史》（龚建国等译），解放军出版社，1988年

〔日〕信夫清三郎：《日本外交史》下册（天津社会科学院日本问题研究所译），商务印书馆，1980年

〔瑞士〕埃里希·艾克：《魏玛共和国史》上下卷（高年生等译），商务印书馆，1994年

〔苏〕B. M. 赫沃斯托夫编：《外交史》第二卷（上）（高长荣等译），生活·读书·新知三联书店，1979年

〔苏〕C. Ю. 维戈斯基等编：《外交史》第三卷、第四卷、第五卷（大连外语学院俄语系翻译组译），生活·读书·新知三联书店，1979—1983年

〔苏〕阿·阿夫托尔哈诺夫：《勃列日涅夫的力量和弱点》（杨春华等译），新华出版社，1981年

〔苏〕弗·格·特鲁汉诺夫斯基：《英国现代史》（秦衡允等译），生活·读书·新知三联书店，1979年

〔苏〕戈尔巴乔夫：《改革与新思维》（苏群译），新华出版社，1988年

〔苏〕特鲁哈诺夫斯基：《国际关系和苏联对外政策史》第1卷：1917—1939（刘功勋等译），世界知识出版社，1965年

〔苏〕伊·费·伊瓦辛：《苏联外交简史》（春华等译），商务印书馆，1995年

〔意〕萨尔沃·马斯泰罗尔：《欧洲政治思想史——从十五世纪到二十世纪》（黄华光译），社会科学文献出版社，1998年

〔印〕孙德拉尔：《1857年印度民族起义简史》，文仲叔等译，生活·读书·新知三联书店，1957年

〔英〕A. J. P. 泰勒：《第二次世界大战的起源》（潘人杰译），华东师范大学出版社，1991年

〔英〕A. J. P. 泰勒：《争夺欧洲霸权的斗争（1848—1918）》（沈苏儒译），商务印书馆，1987年

〔英〕C. A. 麦克唐纳：《美国、英国与绥靖（1936—1939）》（何抗生等译），中国对外翻译出版公司，1986年

〔英〕C. H. 莫瓦特编：《新编剑桥世界近代史》第十二卷《世界力量对比的变化（1898—1945年）》，第二版（中国社会科学院世界历史研究所译），中国社会科学出版社，1987年

〔英〕J. M. 凯恩斯：《凯恩斯文集·预言与劝说》（赵波等译），江苏人民出版社，1997年

〔英〕W. N. 梅德利科特：《英国现代史（1914—1964）》（张毓文等译），商务印书馆，1990年

〔英〕阿诺德·托因比、维罗尼卡·M. 托因比合编：《国际事务概览·轴心国的初期胜利》上下册（许步曾等译），上海译文出版社，1983年

〔英〕艾伦·布洛克：《大独裁者希特勒〔暴政研究〕》上下册（朱立人等译），北京出版社，1986年

〔英〕艾瑞克·霍布斯鲍姆：《帝国的年代（1875—1914）》（贾士衡译），江苏人民出版社，1999年

〔英〕艾瑞克·霍布斯鲍姆：《极端的年代》上下册（郑明萱译），江苏人民出版社，1998年

〔英〕安德鲁·瑞格比：《暴力之后的正义与和解》（刘成译），译林出版社，2004年

〔英〕巴里·布赞、理查德·利特尔：《世界历史中的国际体系——国际关系研究的再构建》（刘德斌主译），高等教育出版社，2004年

〔英〕保罗·约翰逊：《现代：从1919到2000年的世界》下卷（李建波等译），江苏人民出版社，2001年

〔英〕彼得·马赛厄斯、悉尼·波拉德主编：《剑桥欧洲经济史》第8卷（王宏伟等译），经济科学出版社，2004年

〔英〕戴维·赫尔德等：《全球大变革——全球化时代的政治、经济与文化》（杨雪冬等译），社会科学文献出版社，2001年

〔英〕杜德：《今日印度》上下（黄季方译），世界知识出版社，1953年

〔英〕弗·卡斯顿：《法西斯主义的兴起》（周颖如等译），商务印书馆，1989年

〔英〕华尔脱斯：《国际联盟史》上下卷（汉敖、封振声译），商务印书馆，1964年

〔英〕基思·米德尔马斯:《绥靖战略》上册（复旦大学国际政治系译），上海译文出版社，1978年

〔英〕杰弗里·巴勒克拉夫:《当代史导论》（张广勇等译），上海社会科学院出版社，1996年

〔英〕马丁·吉尔伯特:《二十世纪世界史》第一、二、三卷（史建云等译），陕西师范大学出版社，2000年

〔英〕诺曼·斯通:《一战简史·帝国幻觉》（王东兴等译），中信出版社，2014年

〔英〕帕姆·杜德:《英国和英帝国危机》（苏仲彦等译），世界知识出版社，1954年

〔英〕汤因比:《历史研究》中册（曹未风等译），上海人民出版社，1986年

〔英〕伊恩·麦克劳德:《张伯伦传》（西安外语学院英语系译），商务印书馆，1990年

〔英〕约翰·惠勒-贝内特:《慕尼黑——悲剧的序幕》（林书武等译），北京出版社，1978年

〔英〕约翰·平德编:《联盟的大厦:欧洲共同体》（潘琪译），辽宁教育出版社，1998年

《抗日战争时期的八路军和新四军》，人民出版社，1980年

《战后世界历史长编》编委会:《战后世界历史长编（1945.5—1945.12）》第一编第一分册，上海人民出版社，1975年

《战后世界历史长编》编委会:《战后世界历史长编（1947年）》，上海人民出版社，1977年

陈乐民主编:《战后英国外交史》，世界知识出版社，1994年

陈小功主编:《军备控制与国际安全手册》（内部发行），世界知识出版社，1997年

陈仲丹:《圣贤讲和》，南京出版社，2007年

杜攻主编:《转换中的世界格局》，世界知识出版社，1992年

樊亢、宋则行主编:《外国经济史·近代现代》第二册，人民出版社，1980年

方连庆、刘金质、王炳元主编:《战后国际关系史（1945—1995）》（下），北京大学出版社，1999年

韩洪文:《二十世纪的和平研究:历史性考察》，当代中国出版社，2002年

韩莉:《新外交·旧世界——伍德罗·威尔逊与国际联盟》，同心出版社，2002年

洪育沂主编:《拉美国际关系史纲》，外语教学与研究出版社，1996年

花永兰:《当代世界民族主义与中国》，华文出版社，2006年

华庆昭:《从雅尔塔到板门店》，中国社会科学出版社，1992年

黄正柏:《美苏冷战争霸史》，华中师范大学出版社，1997年

康春林:《世界战争起源新论——东欧与两次世界大战》，社会科学文献出版社，2003年

李剑鸣:《美国的奠基时代（1585—1775）》，人民出版社，2001年

李巨廉:《战争与和平——时代主旋律的变动》，学林出版社，1999年

李世安:《太平洋战争时期的中英关系》，中国社会科学出版社，1994年

李铁城:《联合国五十年》（增订本），中国书籍出版社，1995年

李铁城主编:《联合国的历程》，北京语言学院出版社，1993年

李铁城主编:《世纪之交的联合国》，人民出版社，2002年

李一文、马凤书编著:《当代国际组织与国际关系》，天津人民出版社，2002年

刘成:《和平学》，南京出版社，2006年

刘大年主编:《中日学者对谈录——卢沟桥事变五十周年中日学术讨论会文集》，北京出版社，1990年

刘德斌主编:《国际关系史》，高等教育出版社，2003年

刘光溪:《中国与"经济联合国"——从复关到"入世"》，中国对外经济贸易出版社，1998年

刘金质:《冷战史》，世界知识出版社，2003年

刘竟、张士智、朱莉:《苏联中东关系史》，中国社会科学出版社，1987年

刘绪贻主编:《战后美国史（1945—2000）》，

人民出版社，2002 年

米庆余监修，肖伟著：《战后日本国家安全战略》，新华出版社，2000 年

潘振强主编：《国际裁军与军备控制》，国防大学出版社，1996 年

彭树智：《东方民族主义思潮》，西北大学出版社，1992 年

齐世荣、廖学盛主编：《20 世纪的历史巨变》，学习出版社，2005 年

齐世荣主编：《绥靖政策研究》，首都师范大学出版社，1998 年

曲星：《中国外交 50 年》，江苏人民出版社，2000 年

沈志华：《中苏同盟与朝鲜战争研究》，广西师范大学出版社，1999 年

时殷弘：《美苏从合作到冷战》，华夏出版社，1988 年

陶文钊、杨奎松、王建朗：《抗日战争时期中国对外政策》，中共党史出版社，1995 年

王福明主编：《世贸组织运行机制与规则》，对外经济贸易大学出版社，2000 年

王绳祖主编，法学教材编辑部审订：《国际关系史》上册（十七世纪中叶～一九四五年），武汉大学出版社，1983 年

王铁崖主编：《国际法》，法律出版社，1995 年

王晓德：《梦想与现实——威尔逊“理想主义”外交研究》，中国社会科学出版社，1995 年

吴念祖：《欧洲美元与欧洲货币市场》，中国财政经济出版社，1981 年

武寅：《从协调外交到自主外交：日本在推行对华政策中与西方列强的关系》，中国社会科学出版社，1995 年。

邢广程：《苏联高层决策 70 年》第四分册，世界知识出版社，1998 年

徐蓝：《英国与中日战争（1931—1941）》，北京师范学院出版社，1991 年；首都师范大学出版社，2010 年再版

徐世澄主编：《美国和拉丁美洲关系史》，社会科学文献出版社，1995 年

徐迅：《民族主义》，中国社会科学出版社，1998 年。

许光建主编：《联合国宪章诠释》，山西教育出版社，1999 年

杨灏城：《埃及近代史》，中国社会科学出版社，1985 年

张碧琼：《经济全球化：风险与控制》，中国社会出版社，1999 年

张盛发：《斯大林与冷战》，中国社会科学出版社，2000 年

张锡昌、周剑卿：《战后法国外交史（1944—1992）》，世界知识出版社，1993 年

张小明：《冷战及其遗产》，上海人民出版社，1998 年

张小明：《乔治·凯南遏制思想研究》，北京语言学院出版社，1994 年

张幼文等：《世界经济一体化的历程》，学林出版社，1999 年

张振江：《从英镑到美元：国际经济霸权的转移（1933—1945）》，人民出版社，2006 年

张忠绂：《英日同盟》，新月书店，1931 年

周桂银：《欧洲国际体系中的霸权与均势》，陕西师范大学出版社，2004 年

周尚文、叶书宗、王斯德：《苏联兴亡史》，上海人民出版社，1996 年

朱锋：《弹道导弹防御计划与国际安全》，上海人民出版社，2001 年

朱庭光主编：《法西斯新论》，重庆出版社，1991 年

资中筠主编：《战后美国外交史——从杜鲁门到里根》上下册，世界知识出版社，1994 年

（二）论文

Braddick, Henderson B., "The Hoare-Laval Plan: A study in International Politics," in Hans W. Gatzke ed., *European Diplomacy Between Two Wars, 1919-1939*, Chicago, Quadrangle Books, 1972 (Henry A. Turner, Jr. ed., *Modern Scholarship on European History*)

Egerton, George W., "The Lloyd George Government and the Creation of the League of Nations," *American Historical Review*, Vol.79,

No. 2, Apr. 1974

Frazier, Robert, "Did Britain Start the Cold War?" *Historical Journal*, Vol.27, 1984

Hass, E. B., "What is Nationalism and Why Should We Study it?" *International Organization*, Vol.40, No. 3 (Summer, 1986)

Kamiya, Matake, "Nuclear Japan: Oxymoron or Coming Soon?" *The Washington Quarterly*, Vol. 26, No. 1 (Winter, 2002-03)

Morton, Louis, "War Plan ORANGE, Evolution of a Strategy," in *World Politics*, Vol. 11, No. 2, January 1959

Narinsky, Mikhail, "Soviet Foreign Policy and the Origins of the Cold War," Gobriel Gorodetsky ed., *Soviet Foreign Policy 1917-1991, A Retrospective*, London, 1994

Pons, Silvio, "A Challenge Let Drop: Soviet Foreign Policy, the Cominform and the Italian Communist Party, 1947-8," Francesca Gorl, and Silvio Pons ed., *The Soviet Union and Europe in the Cold War, 1943-53,* Macmillan Publishers Limited, 1996

Rice, Condoleezza, "The Evolution of Soviet Grand Strategy," Paul Kennedy ed, *Grand Strategies in War and Peace,* Yale University Press, New Haven and London, 1991

Vagts, Alfred, "The Balance of Power: Growth of an Idea," *World Politics*, Vol. 1 (Oct., 1948)

Vagts, Alfred, and Vagts, Detlev F., "The Balance of Power in International Law: A history of an Idea," *The American Journal of International Law*, Vol. 73, No.4 (Oct., 1979)

Warner, Geoffrey, "From 'Ally' to Enemy: Britain's Relations with the Soviet Union, 1941-8," Francesca Gorl, and Silvio Pons ed., *The Soviet Union and Europe in the Cold War, 1943-53*, Macmillan Publishers Limited, 1996

Watt, D. C., "Document: The Secret Laval—Mussolini Agree of 1935 on Ethiopia," in E. M. Robertson ed., *The Origins of the Second World War*, London, 1971

Wernicke, Gunter, and Wittner, Lawrence S., "Lifting the Iron Curtain: The Peace March to Moscow of 1960-1961," *International History Review*, Vol. 21, No.4 (Dec. 1999)

Winter, J. M., "Britain's 'Lost Generation' of the First World War," *Population Studies*, Vol. 31, No. 3 (Nov., 1977)

爱·阿克顿:《三中传统观点和重评派观点》,转引自刘淑春、翟民刚、王丽华编:《"十月"的选择——90年代国外学者论十月革命》,中央编译出版社,1997年

程人乾:《论近代以来的世界民族主义》,《历史研究》1996年第1期

戴硕:《矛盾中的国际货币基金组织》,《国际关系学院学报》2001年第1期

高村直助:《日中戰爭與在華紡織業》,载井上清、衞藤沈吉主編:《日中戰爭と日中関係——盧溝橋事變五十周年日中學術討論會記録》,原書房,1989年

宫力:《毛泽东怎样打开中美关系的大门》,载国际战略研究基金会编:《环球同此凉热——一代领袖们的国际战略思想》,中央文献出版社,1993年

韩长青:《罗伯茨电报和英国对苏政策方针的转折(1946—1947)》,《历史教学》2008年第12期

花永兰:《国内学者关于当代民族主义研究综述》,《理论前沿》2004年第8期

花永兰:《国外学者关于当代民族主义研究综述》,《国际资料信息》2004年第8期

黄启臣、邓开颂:《明嘉靖至崇祯年间澳门对外贸易的发展》,《中山大学学报》1984年第3期

黄启臣:《清代前期海外贸易的发展》,《历史研究》1986年第4期;《广东在贸易全球化中的中心市场地位——16世纪中叶至19世纪中叶》,《岭南文史》2004年第1期

计秋枫:《意大利城邦国家体系及其影响》,载

朱瀛泉主编：《国际关系评论（2001）》，南京大学出版社，2001 年

贾东海：《关于 60 年来"民族"概念理论研究的述评》，《西北民族大学学报》2009 年第 6 期

金卫星：《美元的崛起与欧美经济民族主义博弈》，《世界历史》2008 年第 4 期

李安山：《论"非殖民化"：一个概念的缘起与演变》，《世界历史》1998 年第 4 期

李宏图：《论近代西欧民族主义和民族国家》，《世界历史》1994 年第 6 期

梁方仲：《明代国际贸易与银的输出入》，《中国社会经济史集刊》1939 年第 6 卷第 2 期。

马瑞映：《民族主义：概念与现实》，《陕西师大学报》1995 年第 4 期

聂理纲：《联合国非殖民化机制浅析》，《国际论坛》2001 年第 3 期

彭萍萍：《民族主义研究综述》，《当代世界与社会主义》2003 年第 1 期

齐世荣：《论 1917 年底至 1918 年初真假和平的斗争》，《世界历史》1982 年第 1、2 期

齐世荣：《论中国抗日战争在第二次世界大战中的地位和作用》，《第十六届国际历史科学大会中国学者论文集》，中华书局，1985 年

钱文荣：《试论联合国改革和我国的对策》，载陈鲁直、李铁城主编：《联合国与世界秩序》，北京语言学院出版社，1993 年

裘克安：《关于否决权问题》，载陈鲁直、李铁城主编：《联合国与世界秩序》，北京语言学院出版社，1993 年

全汉昇：《全汉昇经济史著作集：中国经济史论丛》第 1 册，中华书局，2012 年

谈谭：《从"货币战"到"有限合作"——1933—1936 年美英法三国货币外交》，《世界历史》2009 年第 6 期

谈谭：《美国 1934 年〈互惠贸易协定法〉及其影响》，《历史教学》2010 年第 5 期

田进：《联合国与发展：艰难的历程》，《走向 21 世纪的联合国——纪念联合国成立 50 周年学术研讨会论文集》，世界知识出版社，1996 年

万明：《全球史视野下的明代白银货币化》，《光明日报》2020 年 8 月 3 日，第 14 版，理论·史学。

王玲、浦启华：《联合国在推动国际裁军与军控中的作用》，载陈鲁直、李铁城主编：《联合国与世界秩序》，北京语言学院出版社，1993 年

谢旭人：《加强务实合作 实现互利发展——纪念中国与世界银行合作三十周年》，《人民日报》2010 年 9 月 8 日

徐蓝：《90 年代我国现代国际关系史研究综述》，《史学理论研究》2001 年第 2 期

徐蓝：《法西斯主义研究的重要进展》，《首都师范大学学报》1996 年第 1 期

徐蓝：《关于民族主义的若干历史思考》，《史学理论研究》1997 年第 3 期

徐蓝：《国际联盟与第一次世界大战后的国际秩序》，《中国社会科学》2015 年第 7 期

徐蓝：《试论修筑巴格达铁路的德英之争》，《北京师范学院学报》1985 年第 3 期

徐蓝：《围绕第二次世界大战的国际关系史研究——30 年来的成就与前瞻》，《世界历史》（纪念改革开放 30 年、纪念《世界历史》创刊 30 年），2008 年增刊

徐蓝：《战后国际关系史研究的成果与展望》，《历史研究》2008 年第 6 期

徐蓝：《战争与和平：两次世界大战的比较研究》，载齐世荣、廖学盛主编：《20 世纪的历史巨变》（论文集），人民出版社，2000 年

徐蓝：《中国战后国际关系史研究 30 年》，载华东师范大学冷战国际史研究中心编：《冷战国际史研究》第 8 期（李丹慧主编），世界知识出版社，2009 年 11 月

徐轶杰：《试论科德尔·赫尔的关税思想》，《首都师范大学学报（社会科学版）》2009 年第 6 期

叶江：《西方民族主义研究现状及历史刍议》，《国际观察》2006 年第 4 期

袁士槟：《世界格局转换与美国对联合国的政策》，载陈鲁直、李铁城主编：《联合国与世

界秩序》，北京语言学院出版社，1993 年

张晓刚：《民族主义，文化民族主义，第三世界民族主义》，《战略与管理》1996 年第 3 期

郑振龙、周婉波：《国际货币基金组织反危机功能评析》，《国际金融研究》1998 年第 5 期

周启朋、李铁城：《各国政治要员和学者轮雅尔塔》，《世界史研究动态》1991 年第 4 期

朱雪琴：《国际货币基金（IMF）：面临角色的选择》，《中共宁波市委党校学报》第 22 卷第 6 期

祝宪：《中国与世界银行合作关系的回顾与前瞻》，《国际金融研究》1997 年第 10 期

庄国土：《16—18 世纪白银流入中国数量估算》，《中国钱币》1995 年第 3 期

邹佳怡、莫小龙：《从世界银行政策变化看全球化的矛盾和发展援助的职能》，《世界经济与政治》2002 年第 1 期

三、其他

（一）博士论文

韩长青：《二战期间美国对战后国际和平与安全组织的起源研究》，博士论文，首都师范大学，2008 年 5 月

（二）期刊与报纸

《战略与管理》

《人民日报》

《光明日报》

（三）网站

http://www.pugwash.org/about/manifesto.htm

http://www.un.org/aboutun/charter/history/

http://www.people.com.cn

中华人民共和国财政部网站

世界银行网站

联合国官网

后 记

　　本书是在我承担的国家社科基金一般项目"战争与和平：两次世界大战的比较研究"（批准号：02BSS008）的研究基础上完成的。由于在立项后除了教学工作之外，即参加了由齐世荣先生和廖学盛先生承担的国家社科基金重大项目《20世纪的历史巨变》一书的部分写作工作（该书于2005年入选《国家社科基金成果文库》，并获得2006年北京市第九届哲学社会科学优秀成果一等奖），随后我又受教育部委托，参与了《义务教育历史课程标准（实验稿）》的修订工作，因此本项目延期到2011年才结项。使我倍感欣慰的是，经过专家鉴定，结项的鉴定等级为优秀（证书号20110600）。之后，我又主持了《普通高中历史课程标准（实验稿）》的修订工作和统编普通高中历史教科书的编写工作，这就使本书的修改、补充和进一步完善的工作只能断断续续地进行了。不过，在这个较长的时间里，也使我能够多次审视本书的资料是否翔实、观点是否经得起推敲，同时也陆续发表了本书的一些研究成果。在本书稿的基础上发表的学术论文《国际联盟与第一次世界大战后的国际秩序》获得2019年北京市第十五届哲学社会科学研究优秀成果二等奖。

　　在本书稿终于完成之际，我衷心感谢关心、鼓励、支持、帮助我的所有老师、专家、同事、同学和朋友，并希望得到读者的指正。

徐蓝

2020年10月